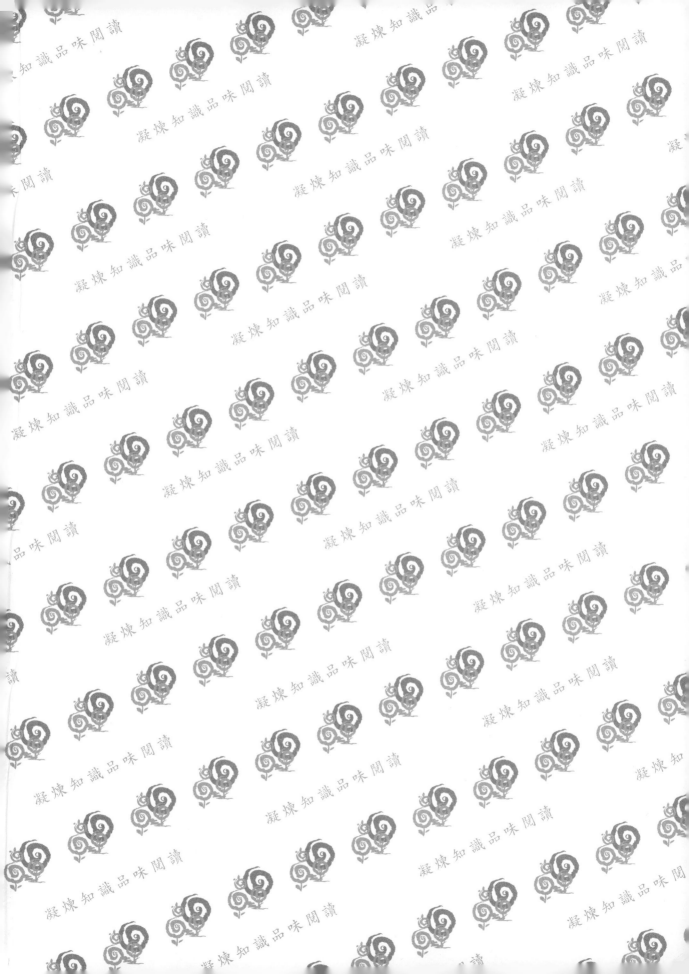

SPSS 與
統計應用分析

吳明隆、涂金堂　著

五南圖書出版公司 印行

序 言

　　在社會及行為科學研究領域中，量化資料的統計分析處理是研究能否完整呈現的重要關鍵之一，如何根據研究問題，選用適當統計分法，考驗研究假設，正確分析、處理資料，進而完整、清晰的呈現數據結果，是多數研究者所關注的焦點之一。很多研究生對於統計套裝軟體操作的學習能力很強，但對於報表結果的解釋與如何統整報表結果，進而詮釋解析報表內容，則倍感困難；其次，對於資料的性質與如何選用適切的統計方法加以分析，也十分困擾。《SPSS與統計應用分析》一書，即是依據此一觀點，以完整的架構，有條理的將研究問題、統計方法、資料處理、報表數據、結果統整呈現與內容解析論述等，串聯成一個有機結構，除統計軟體的操作介紹外，也包括統計方法的分析與解說、統計結果的歸納與統整、統計報表的說明與撰寫，此書可以導引研究者進入量化資料處理的新領域。對於不懂SPSS套裝軟體操作的使用者，本書可作為完整學習的操作手冊；對於不懂統計方法的讀者，本書可作為學習的應用指南；對於不知如何統整報表結果及如何撰寫、詮釋報表內容的研究者，本書可作為論文撰寫的參考工具書。

　　SPSS 統計分析軟體是「社會科學統計套裝軟體」（Statistical Package for the Social Science）的簡稱，由於其簡易的操作界面，且相容於 PC 個人電腦，推出來一直深受不同領域學者與研究者的喜愛；尤其是視窗版軟體 (SPSS for Windows)的問世，資料處理速度更快，富人性化的視窗操作，讓其使用的普及率更廣。《SPSS與統計應用分析》一書，也即是針對視窗版的軟體操作，作了詳盡而清晰的說明，其中除對視窗版SPSS的操作使用，有詳細的解說外，也將統計的應用融合於其中。《SPSS與統計應用分析》一書共分成六大篇：第一篇量化研究的理論與實務、第二篇SPSS操作程序與方法、第三篇初等統計的理論與實務、第四篇高等統計的理論與實務、第五篇信效度分析的理論與實務、第六篇動差結構分析─Amos與結構方程模式的介紹。全書十九章內容涵括了初等統計與高等統計分析、單變量統計分析法與常用的多變量統計分析法、也包含了母數統計法與無母數統計應用的實例、線性結構方程模式等，書中所介紹的內容均是社會及行為科學研究領域中，最常為研究者使用的統計方法，深具實用與參考價值。本

書不僅可作為高等統計研究及套裝軟體應用的參考用書，更可作為論文寫作之量化研究的工具書與統計分析的指南。

　　本書得以順利出版，首先要感謝五南圖書公司的鼎力支持與協助，尤其是張毓芬副總編輯的聯繫與行政支援，其次是感謝恩師長榮大學師資培中心謝季宏副教授、高雄師範大學教育學系傅粹馨教授在統計方法的啓迪與教誨，而高雄師範大學師培中心主任方德隆教授的鞭策，是激勵作者持續撰寫書籍不中斷的重要因素。最後，更要感謝許多的讀者在書本撰寫期間的支持與鼓勵，這是激發筆者撰寫書籍的動力。

　　期望本書的出版，對正在習作研究論文研究生或對多變量統計應用分析有興趣的初學習，或正從事量化研究的研究者，提供實質上的幫助。由於筆者所學有限，拙作歷經一年多的琢磨，著述雖經校對再三，謬誤或疏漏之處在所難免，尚祈各方先進及學者專家不吝指正。

吳明隆　　涂金堂　謹誌於 高師大師培中心
民國 94 年 12 月

目錄

序言

第一篇　量化研究的理論與實務　1

Chapter 1　研究設計與量表分析...3
　1-1　研究設計的基本概念　▶5
　1-2　量表或測驗試題品質分析的步驟　▶21

Chapter 2　研究問題與統計分法解析...................................43
　2-1　研究問題與統計方法的選用　▶47
　2-2　統計考驗與顯著水準　▶64
　2-3　國小學生學習經驗調查問卷　▶76

第二篇　SPSS 操作程序與方法　81

Chapter 3　視窗版 SPSS 之基本操作.................................83
　3-1　視窗版 SPSS 的操作原理　▶85
　3-2　資料檢視視窗　▶97
　3-3　變數檢視視窗　▶105
　3-4　問卷資料的輸入　▶111
　3-5　開啟 Excel 試算表資料檔　▶114
　3-6　統計分析的對話方塊　▶118
　3-7　輸出結果檔的轉換　▶120
　3-8　資料檔的合併　▶121

Chapter 4　資料檢核與基礎統計分析.................................127
　4-1　次數分配　▶129
　4-2　百分位數與百分等級　▶141
　4-3　描述統計　▶148
　4-4　分割檔案　▶162

Chapter 5　資料轉換與重新編碼...167
　5-1　問卷資料的編碼　▶171
　5-2　實例問卷解析——以學習經驗問卷為例　▶184
　5-3　雙層面變數的轉換　▶202

CONTENTS

第三篇　初等統計的理論與實務　213

Chapter 6　相關分析 215

6-1　積差相關　▶218

6-2　Φ相關　▶229

6-3　點二系列相關　▶237

6-4　Spearman 等級相關　▶243

6-5　肯德爾和諧係數　▶250

6-6　列聯相關　▶253

6-7　一致性係數　▶259

Chapter 7　淨相關、部分相關 263

7-1　一階淨相關　▶267

7-2　二階淨相關　▶273

7-3　部分相關　▶275

Chapter 8　卡方考驗一百分比考驗 279

8-1　基本原理　▶281

8-2　關聯係數　▶286

8-3　適合度考驗一──期望次數相等　▶292

8-4　適合度考驗二──期望次數不相等　▶299

8-5　百分比同質性檢定　▶303

8-6　獨立性考驗　▶308

8-7　改變的顯著性檢定　▶314

8-8　費雪爾正確概率檢定　▶318

Chapter 9　平均數的差異檢定── t 考驗 323

9-1　基本原理　▶325

9-2　單一樣本的 t 檢定──母群σ未知和單側考驗　▶330

9-3　單一樣本的 t 檢定──母群σ未知和雙側考驗　▶333

9-4　相依樣本的 t 考驗　▶336

9-5　獨立樣本的 t 檢定　▶339

9-6　學習經驗問卷的實例分析　▶349

CONTENTS

9-7 自變項為連續變項之 t 考驗 ▶356

9-8 無母數統計──二個獨立樣本 ▶363

9-9 無母數統計──相依樣本的差異考驗 ▶370

9-10 家長參與問卷──相依樣本實例 ▶374

10 單因子變異數分析 379

10-1 基本理論 ▶381

10-2 獨立樣本單因子變異數分析 ▶395

10-3 相依樣本單因子變異數分析 ▶411

10-4 學習經驗問卷層面比較 ▶420

10-5 F 檢定與 T 考驗間之關係 ▶425

10-6 無母數統計法──克─瓦單因子等級變異數分析（H 檢定法）▶433

10-7 無母數統計法──弗里曼二因子等級變異數分析 ▶437

11 線性迴歸分析 443

11-1 基本理論 ▶445

11-2 簡單迴歸分析 ▶457

11-3 多元迴歸分析 ▶466

11-4 虛擬變項之迴歸分析 ▶484

11-5 綜合練習──同時投入連續及虛擬變項 ▶495

11-6 徑路分析 ▶502

11-7 學習經驗問卷實例分析 ▶507

11-8 非線性相關與迴歸分析 ▶513

第四篇　高等統計的理論與實務　523

12 二因子變異數分析 525

12-1 二因子獨立樣本變異數分析──交互作用不顯著 ▶534

12-2 獨立樣本二因子變異數分析──交互作用顯著 ▶544

12-3 以分割檔案的方式進行單純主要效果檢定 ▶559

12-4 二因子混合設計變異數分析 ▶576

13 區別分析與 Logistic 迴歸分析 597

13-1 區別分析 ▶599

13-2 Logistic 迴歸分析 ▶623

CONTENTS

14 多變量變異數分析 635
14-1 獨立樣本單因子多變量變異數分析 ▶644
14-2 獨立樣本二因子多變量變異數分析 ▶658
14-3 二因子多變量變異數分析——交互作用顯著 ▶670

15 典型相關分析 689
15-1 理論基礎 ▶691
15-2 執行程序——MANOVA 語法 ▶698
15-3 報表解析 ▶700
15-4 結果說明 ▶710
15-5 以 CANCORR 指令執行典型相關 ▶714

16 共變數分析 723
16-1 獨立樣本單因子共變數分析 ▶725
16-2 獨立樣本雙因子共變數分析 ▶753

第五篇 信效度分析的理論與實務 773

17 項目分析與試題分析 775
17-1 項目分析 ▶777
17-2 試題分析 ▶796

18 因素分析與信度考驗 809
18-1 因素分析 ▶811
18-2 信度分析 ▶840

第六篇 動差結構分析 851

19 Amos 與結構方程模式 853
19-1 Amos Graphics 視窗的介紹 ▶855
19-2 估計變數間的相關 ▶887
19-3 徑路分析 ▶895
19-4 線性結構模式之驗證 ▶915

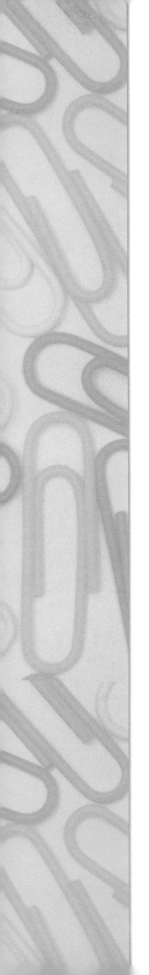

CONTENTS

19-5　一階驗證性因素分析　▶934

19-6　二階驗證性因素分析　▶947

參考文獻..957

Part 1

量化研究的理論與實務

第一章

研究設計與量表分析

「對研究方法可能有所偏好，但不能有所偏見」，量的研究重視研究工具的信效度、資料的檢核正確、採用適切的統計分析方法、合宜的解釋與歸納推論。

1-1 研究設計的基本概念

行為及社會科學（social science）領域中，量的資料（quantitative data）分析與質的研究（qualitative research），是研究的二個主要範疇，量的資料分析受到資訊科學進步的影響，資料的處理更為簡易也較為客觀，因而社會科學領域中多數研究論文仍傾向於量的研究。然而，量的研究與質的研究各有其適用時機與特色，研究者對其中一種方法不能有偏見，最主要的是根據自己研究所長，研究目的所需，挑選適合的研究方法。量的研究與質的研究之特色對照如下表（*Merrian, 1988*：邱兆偉，民 84）：

關注焦點	量的研究	質的研究
研究焦點	數量、多少、數目	品質、性質、本質
哲理根源	實證論、邏輯經驗論	現象學、符號互動論、自然論
相關術語	實驗的、實徵的、統計的	田野工作、民俗誌的、自然取向、主觀的
探討目標	預測、控制、敘述、證實、假設檢定（驗證假設）	理解、敘述、發現、形成假設
設計特徵	先決的、結構的	彈性的、開展的、較無結構的
研究情境	不熟悉的、人為的	自然的、熟悉的
研究樣本	大規模的、隨機的、代表的	小規模的、非隨機的、理論性的
資料蒐集	無生命的工具、如量尺、測驗、調查、問卷、電腦	研究者作為研究工具、晤談、觀察
分析態式	演繹的（借助統計方法）	歸納的（研究者進行歸納）
研究結果	精確的、窄化的、歸約取向	綜合的、全觀的、擴張的

量的研究常與「統計學」（statistics）相關聯，統計學是一門應用數量的方法（quantitative method）來蒐集、整理、統整、分析和解釋研究資料（data），使之變成有意義的資訊（information），並由研究樣本（sample）的性質來推論未知的母群體（population）性質（余民寧，民 86）。統計學為蒐

集、整理、分析及推論數字資料（numerical data）的科學方法（朱經明，民92）。統計學根據其統計推論，可區分為「敘述統計學」（descriptive statistics）及「推論統計學」（inferential statistics）。敘述統計學旨在整理凌亂的資料（data），使之變成有意義的資訊（information），使得原始資料變得有系統、有組織而可以解釋，敘述統計並沒有由樣本推論到母群體或由已知推論到未知的意涵。簡言之，敘述統計包括蒐集、整理、表現、分析與解釋資料，它係討論如何蒐集調查資料，以及將所獲得的資料，加以整理表現解釋與分析，敘述統計學幫助人們了解資料的特性，並由資料的特性得到某些結論（林惠玲、陳正倉，民92）。

　　從樣本的所蒐集的資料結果來推論母群體的特性，且附帶陳述這種推論正確的可能性和可能犯錯的機率（probability）有多大，便是「推論統計學」（inferential statistics），推論統計學又稱為「歸納統計學」（inductive statistics）。推論統計學包括估計與考驗（test；或譯為檢定），估計又包含點估計及區間估計，估計或考驗的目的希望經由樣本的性質，來推論母群體的性質，樣本的統計指標或量數稱作「統計量」或「統計數」（statistic），一般以英文字母來表示：如 M（表示平均數）、SD（表示標準差）、r（表示相關係數）、b（表示迴歸係數）；說明或表示母群體真實性質的統計指標或量數，一般稱作「母數」或「參數」（parameter），一般以希臘字母表示，如μ（表示平均數）、σ（表示標準差）ρ（表示相關係數）、β（表示迴歸係數）。通常，參數是未知的，研究者必需以「統計數」來估計參數，其估計數值的大小就稱為「估計值」（estimate）。推論統計的意義可以以圖 1-1 表示：

圖 1-1

　　社會科學領域許多所謂理論，皆是根據抽象普通研究方法建構出來的，理論彼此間的觀點也未必完全一致。因而社會科學領域多以較低層次理論來解釋許多特殊現象，如投票行為、犯罪行為、攻擊行為等。社會科學理論要

更具說服與解釋力，就應多以直接實證研究結果，作爲立論基礎，但這樣方式，也使得理論類推性受到很大限制。因而在社會科學理論部分，研究者應多從其他理論文獻中獲取與研究主題最有密切關係之「資料」，加以歸納統整爲有用「資訊」。理論階段包括文獻資料的蒐集、整理與歸納，研究者之研究主題最好與研究者實務經驗、學術理論、相關研究或重要議題有關。

　　行爲及社會科學領域之研究設計：心理學家傾向採用實驗設計，社會學家較偏愛採用調查研究或相關研究；不論是實驗設計或調查／相關研究，資料／數據分析，皆要以電腦爲工具，根據變項屬性，選用適當的統計方法來考驗假設，資料蒐集的常用方法包括訪問、問卷調查及觀察等。不論是實驗研究、調查研究、相關研究或後設分析研究，均是一種實證研究模式。實驗研究的單向直線模式如圖 1-2（此模式也是行爲及科學研究爲最多研究者採用的模式）：當研究採取不同的方式蒐集到有效度的資料後，要分析資料、驗證假設就要採用適宜的統計方法，如果統計方法選用有誤或對統計結果報表解釋錯誤，則會造成研究的偏誤。因而實證或量化的研究與統計方法的應用息息相關。

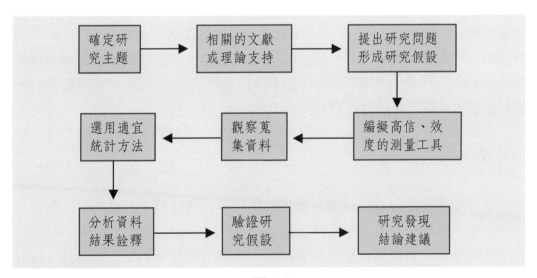

圖 1-2

　　學者 Kirk（*1995*）認爲研究者如採實驗研究時，應當把握以下四大原則：

　　1. 要有適切的統計考驗力，使 μ 和 μ_0 間差異，有實質意義存在。

　　2. 使用最小資源、人數。

　　3. 提供適當的保護，以防止第一類型的錯誤。

　　4. 無關干擾變項的影響要最小。

在實驗研究情境中，各種變項均可以分析，且彼此獨立。實驗情境中有自變項與依變項，自變項又稱實驗變項（experimental variable），是研究設計中可操弄的變項；而依變項（dependent variable）乃根據自變項而來，可對之觀察或評量，以決定實驗效果的變項，又稱之為「結果變項」（outcome variable）或「效標變項」（criterion variable）。至於干擾變項（extraneous variable）亦屬自變項之一，但此變項並非實驗處理變項，干擾變項的變異也可能影響依變項的變異。干擾變項通常可區分為情境變項（situational variables）與個體變項（individual variables），情境變項如時間、實驗情境的物理環境、人為的偏見；個體變項如個人身心特質的差異、心理態度的感受、動機、智力等。實驗設計時最重要的就是要把握：使實驗變項的變異量最大、控制無關干擾變項對依變項變異量的影響、使誤差的變異數變為最小（林生傳，民92；林清山，民92）。嚴謹的實驗設計應採用「真正實驗設計」，能利用各種策略去控制實驗的情境，減少或排除干擾因素的影響，以提高實驗的效度，此方法採用的是「實驗控制」（experimental control）。但在行為及科學研究中，比較接近實際情境的研究，則為「準實驗設計」，研究者明知干擾因素會影響實驗結果，但無法在實驗進行時加以排除或控制，此種情形，只有在實驗之後採用統計分析的方法，把影響結果的因素抽離出來，此方法採用的是「統計控制」（statistical control），統計控制使用的是「共變數分析」（analysis of covariance）。不論是實驗控制或統計控制，要得知自變項對依變項變異的影響是否顯著，皆要運用量化統計分析方法。

在實驗設計的選擇上面，除把握Kirk（1995）所提的以上四個原則外，也要考量到以下五個方面：

1. 這個設計能夠有效計算出實驗效果與誤差效果值，因為由這二個效果值才能得知實驗處理是否有效。
2. 所蒐集的資料足以產生可靠的結果，如果所蒐集的資料有偏誤，統計結果自然不正確。
3. 設計是否可運用適當的統計方法加以考驗，而考驗結果是否具有足夠的統計考驗力？量化的數據如果不能以統計方法考驗，則無法驗證；此外，統計考驗力太低，也代表正確裁決率不高。
4. 在實驗情境限制下，此設計是否是最有效率，也最富經濟化的設計？
5. 實驗程序是否具體可行？在研究領域中所學的方法是否可以使用？在研究情境類似下，研究者之研究結果應能與其他研究者之發現作一比較（吳明隆，民91）。

賦予概念的操作型定義，才能具體表達概念所代表的意義，也才能藉由外在的觀察與測量，而得知概念的層次。在樣本的選擇上，最重要的是樣本要有高的代表性，愈有代表性的樣本，類推樣本母群的性質就愈正確。對母群體而言，選取的樣本是否具有代表性，根據下列三項因素而定：一是選取的樣本大小是否足夠；二是樣本選取時抽樣的方法是否適切；三是從樣本處所獲得的資料是否精確。樣本愈大，抽樣誤差率愈小、樣本愈有代表性愈能反應母群體的特性，從樣本統計量推估到母群參數的效度愈高。

代表性是取樣的基本準則，也是判定受試者適當與否的主要依據，常用的取樣方法有三種（*Gay*，1992）：

1. 隨機抽樣（random sampling）

依據機率理論，以隨機原則方式從母群體中抽取一定比例的受試者（取樣對象為觀察值個體），使用方法如抽籤法、隨機亂數表（random numbers table）抽樣等。隨機抽樣常用的的方法有「簡單隨機抽樣」與「分層隨機抽樣」。簡單隨機取樣實例：某校長想探究該校六年級男學生的體重與身高發展情形是否與全國六年級男學童的體重、身高有所差異，從該校六年級十個班級中，每個班級隨機抽取十位男學童。該校長在抽取每班十名男學生時應採隨機原則（依亂數表或編號抽籤等方式），這樣樣本才能有代表性。簡單隨機抽樣程序如下：

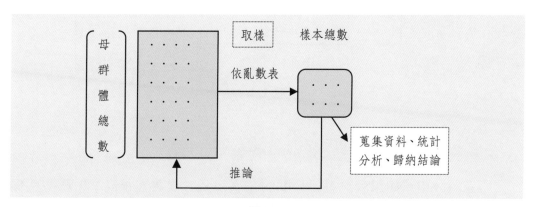

圖 1-3

隨機抽樣必須合乎二個原則：「均等的概率」（equal probability）原則和「獨立的概率」（independent）原則。在抽樣時，母群體內的每一個個體被抽取為樣本的機率均相等，即合乎「均等的概率」原則，如一個學校有九十八教師，要抽取二十名教師填答問卷，則抽取第一人時，每名教師被抽取的機率為 $\frac{1}{98}$，第一人抽完，要抽第二人時，剩下的九十七名教師，每人被抽取為

樣本的機率相等，均爲 $\frac{1}{97}$。如果母群內的某一個體被取爲樣本時，並不會影響到其他個體被抽爲樣本的機率時，就合乎「獨立性」原則。

　　與隨機取樣相對的抽樣方法爲「非隨機抽樣法」。在量化的研究中非隨機抽樣法常用的方法有二：一爲「立意抽樣」（purposive sampling）與「便利抽樣」（convenience sampling）。立意取樣乃研究者根據對群體的了解、研究目的與主觀的判斷，認爲不按隨機取樣方式，而改循刻意、有目的性的抽樣方式，更能有效地取得研究所需的資料，回答待答問題與驗證假設，以達到研究目的；而便利取樣，乃研究者以方便易行爲抽樣的主要考量，常爲爭取時效或達特殊目的，即時進行訪談或實施問卷調查（林生傳，民 91）。立意取樣與便利取樣，考量的因素多爲時間、受試樣本與人力，採取這二種抽樣方式，由於並不是隨機抽樣法，在研究推論—外在效度上要特別加以留意。便利取樣或立意取樣的原理與程序如下：

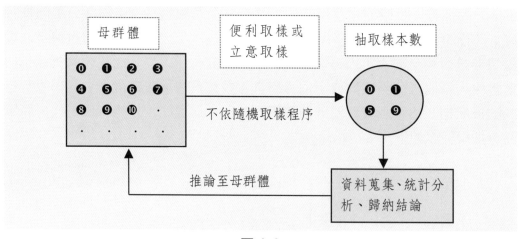

圖 1-4

2.分層隨機抽樣（stratified random sampling）

　　研究設計中，如果受試者母群間的差異很大（異質性很高），或某些樣本點很少，爲顧及小群體的樣本點也能被抽取，應採用分層隨機取樣較爲適宜。在實施上，研究者根據研究關注的準則，先將母群體分成幾個互斥的若干層（不同的小群體），各層間盡可能異質，而各層內盡可能同質，然後從每層中利用隨機取樣方式，依一定比例各抽取若干樣本數。

　　分層隨機抽樣適用的時機，在於母群體的結構較爲複雜，母群體有很高的異質性，此時如果採取隨機抽樣方法，恐怕某些主要群組的樣本數很少，如某社會學者想調查不同成年人的婚姻狀態與其生活滿意度的關係，如果此

研究設計與量表分析

社會學者根據某一行政區的成人採取隨機取樣的方法抽取樣本，可能無法真實反應婚姻狀態與其生活滿意度的關係，因為婚姻狀態的組別間（已婚、未婚、離異、喪偶四組）人數差異可能很大，進而造成統計上的偏誤，此時就應採取分層隨機取樣方法。分層隨機抽樣法又可分為「比率分配抽樣」（proportional allocation sampling）與「等量分配抽樣」（equal allocation sampling）；「比率分配抽樣」根據各分層的人數，選取一定的比例樣本，如研究者想從各分層中選取百分之十的樣本，甲分層中的母群體為 350 人，則甲分層中應隨機抽取 35 人，而乙分層中的母群體有 400 人，則乙分層中應隨機抽取 40 人，抽取的樣本數均為各分層母群體的 $\frac{10}{100}$。比例分配抽樣再如依學校班級數分成大型學校（50 班以上）、中型學校（25 班－ 49 班）、小型學校（24 班以下），要抽取 1000 位國小教師、母群體人數共 6000 人，則分層抽取比例分配如下：

	小型學校（24 班以下）	中型學校（25 班－ 49 班）	大型學校（50 班以上）	合計
學校數	20 所	25 所	35 所	80 所
教師人數	600 人	1800 人	3600 人	6000 人
抽取教師人數	100 人	300 人	600 人	1000 人
依教師人數抽取比例	$\frac{1}{10}=(\frac{600}{6000})$	$\frac{3}{10}=(\frac{1800}{6000})$	$\frac{6}{10}=(\frac{3600}{6000})$	$\frac{10}{10}=1$（1000 位）

「等量分配抽樣」則從各分層中各抽取相等人數的樣本，如在某一地區之婚姻狀態與生活滿意度調查研究中，成年人的婚姻態度分成四個子群體：已婚、未婚、離婚、喪偶等四個，抽樣時各從四個子群體中隨機抽取四十名，總樣本數為 160 位，此為「等量分配抽樣」，等量分配抽樣可以控制各子群體（各組）的人數，不致相差太懸殊。

分層隨機抽樣的步驟如下（*Gay，1992*）：

(1)確認與界定研究的母群體。
(2)決定所需樣本的大小。
(3)確認變項與各子群（階層），以確保取樣的代表性。
(4)依實際研究情形，把母群體的所有成員劃分成數個階層。
(5)使用隨機方式從每個子群中，選取適當的個體；適當的個體意指按照一定的比例人數或相等人數。

分層隨機抽樣的原則：「抽樣之前很明顯指出階層的界限，階層與階層之間的變異盡量要大（層次間異質性要大），但階層本身之內的變異要盡量小（層次內同質性要高）。」

分層隨機抽樣的圖示如下：

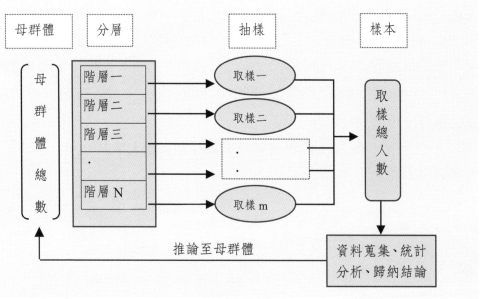

圖 1-5

3.叢集取樣法（cluster sampling）

如果樣本所屬的母群體很大或涵括的地理位置很廣，則採用叢集取樣法較為簡宜。叢集取樣法是以一個群組（cluster）或一個團體為抽取單位，而不以個人為取樣單位。因而叢集取樣法時，抽取的樣本點是一個群組、一個群組，群組與群組間的特徵非常接近，同質性很高；而群組內彼此成員的差異較大，異質性高。在社會科學領域中，叢集取樣的群組如班級、學校、組別、部門、學區等。

以叢集為抽選單位，並使每一叢集都有相等的機率被抽選的抽樣方式，稱為叢集隨機抽樣。叢集抽樣主要運用於二種情況：第一種情況是由於行政的原因，執事者不同意將一個叢集內的個體隨機抽選而被支解分散，如行政人員或任課教師不願意將原任課班級打散接受實驗或受測；第二種情形是母群體數量龐大，且分布範圍頗廣，交通不便，人力、財力不足，如擬施測於全部群體（叢集），每個群體只有少數人接受施測，費時費力，可行性不大，此時可改只抽選若干群體，被抽選的所有個體都接受施測（林生傳，民91）。

如某教育學者想調查國中教師對九年一貫統整課程實施的看法，擬以全國教師為母群體，如果隨機抽取六十所學校，每校再隨機抽取二十名教師，恐怕時間及人力不許可，基於各國中教師對九年一貫統整課程的看法差異應不致太大，為求研究的可行性，乃改採叢集抽樣的方法，自全國學校中隨機抽取十五所學校（學校數減少四分之一），每所抽選到的學校之教師皆為受試對象，如此，取樣的學校數較少，對研究的程序較為可行與有時效性。

叢集取樣的步驟如下：

(1)確認與界定母群體。

(2)決定研究所需的樣本大小。

(3)確認與定義合理的組群。

(4)列出母群體所包括的所有組群。

(5)估計每個組群中平均母群成員的個體數。

(6)以抽取的樣本總數除以組群平均個體數，以決定要選取的組群數目。

(7)隨機取樣方式，選取所需的組群數。

(8)每個被選取之組群中的所有成員即成為研究樣本。

叢集取樣的原理與程序圖示如下：

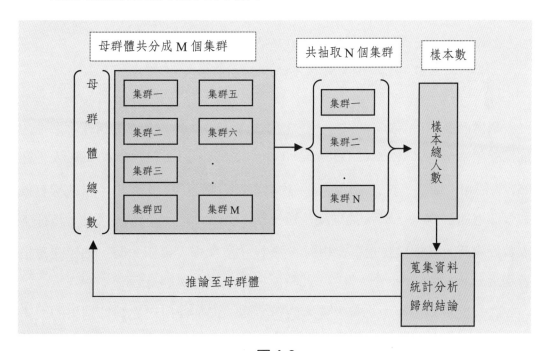

圖 1-6

採用單一叢集抽樣方法，雖有其便利性，但可時可能「代表性」不夠，因而進一步可採用二階段隨機抽樣，第一階段從母群體中隨機抽選叢集之後，第二階段再從這些叢集群體隨機抽取若干樣本，而非是叢集內的所有樣本均為受試者。如研究者想從高高屏三縣市抽取五百位教師為樣本，從高高屏三縣市中隨機抽取二十五所學校（第一階段叢集取樣），每校再依簡單隨機取樣或分層隨機取樣方法抽取二十名教師為樣本（第二階段隨機抽樣），如此，可增加樣本的代表性。

在推論統計中主要經由抽樣的方法，以取得代表性的樣本，經由樣本資料以推論至母群資料。因為樣本不等於母群，樣本資料的分析結果與母群體實際的結果間會有一定的誤差存在。造成樣本資料與母群體資料之間誤差的成因很多，其中最主要的一個原因是「抽樣誤差」（sampling error）；所謂抽樣誤差，是指抽樣樣本不能反應出真正母群體的性質而產生的誤差（張春興，民 78）。理論上，假如合乎抽樣原理的話，那麼樣本愈大，則抽樣誤差率愈小；當採取適切的取樣方法，取樣的人數愈多，則抽樣調查結果的代表性與正確性愈高，在研究實務上，常用「抽樣誤差率」（sampling error rate）來說明抽樣誤差的現象。正常情況下，限於時間、財力與取樣的限制，很少有人會對母群體進行普查以蒐集資料，因而也無從了解抽樣誤差率的精確值（周文欽，民 93）。在 95% 的信賴水準下（α=.05），一般研究以下列公式來估計抽樣誤差率：

$$\text{抽樣誤差率} = \frac{1}{\sqrt{N}} \quad ; N \text{ 為樣本大小}$$

舉例而言，在調查研究中，有效樣本數為 800 人，在 95% 的信賴水準下，抽樣誤差率 $= \frac{1}{\sqrt{800}} \doteqdot \pm 0.035355 \doteqdot \pm 0.035 = 3.5\%$，因而有效樣本 800 人，在 95% 的信賴水準下，其「抽樣誤差率約為正負三點五個百分點」。當取樣有效觀察值增加至 1600 人時，抽樣誤差率 $\frac{1}{\sqrt{1600}} = \pm 0.025 = 2.5\%$。可見，當樣本人數變大時，其抽樣誤差率會相對的變小。當 N 增至無限大時，抽樣誤差率會趨近於 0（$= \frac{1}{\sqrt{\infty}} \doteqdot \frac{1}{\infty} \doteqdot 0$），此時所用的取樣方法即是普查。

在行為科學研究中，有效樣本數愈多時，則抽樣所得之數據結果的誤差會愈小，有學者將此種誤差稱為統計誤差（儲存滋，民 81），統計誤差主要源之於母群的定義不當，及以採用不適當的抽樣調查所得的樣本資料來代表母群體。因而在量化研究中，選取具代表性及一定數目的樣本數非常重要。樣

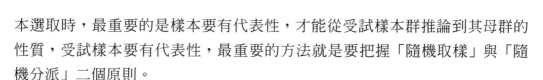
本選取時，最重要的是樣本要有代表性，才能從受試樣本群推論到其母群的性質，受試樣本要有代表性，最重要的方法就是要把握「隨機取樣」與「隨機分派」二個原則。

此外，研究設計與資料處理時，應考量到以下幾個問題：

(一)取樣的樣本要多少才算「夠大」？

在研究設計中，受試者的數目要多大才算具有代表性？多少位樣本才算「夠大」（large enough）？這個議題，社會科學研究領域中，似乎無一致結論。其中，學者 Sudman（1976）提出的看法，可供研究者參考。Sudman（1976）認為：

1. 初學者進行與前人相類似的研究時，可參考別人樣本數，作為自己取樣的參考。
2. 如果是地區性的研究，平均樣本人數在 500 至 1000 人之間較為適合；而如果是全國性研究，平均樣本人數約在 1500 人至 2500 人之間較為適宜。

學者 Gay（1992）對於樣本數多少，則提出以下之看法：

1. 描述研究（descriptive research）時，樣本數最少占母群體的 10%，如果母群體較小，則最小的樣本數最好為母群體的 20%。
2. 相關研究（correlational studies）的目的在於探究變項間的有無關係存在，受試者至少須在 30 人以上。
3. 因果比較研究（causal-comparative studies）與許多實驗研究，各組的人數至少要有 30 位。
4. 如果實驗研究設計得宜，有嚴密的實驗控制，每組受試者至少在 15 人以上，但權威學者還是認為每組受試者最少應有 30 人，最為適宜。

考量研究實際情境與研究間差異，抽取樣本時如拘限於「絕對數量」多少，較為不宜，因為各母群體性質不同，異質性很高，包含個體數差異也很大。所以可接受之受試樣本數準則只是一種參考指標，因為「如果取樣方式不當，雖然選了很大的樣本，代表性很低，還不如以適當抽樣的方法，選取有代表性的小樣本」。不論樣本數的多寡，最重要的是樣本要有足夠的代表性，所謂代表性表示從抽取的樣本數要能正確反應其母群體的特性，如此進行統計分析之推論統計才能有高的效度。此外，如果是特殊母群體，則取樣

的人數自然會較少。

　　樣本大小問題之所以受到重視，是因爲樣本大小與推論統計顯著性有密切的關係，很多期刊都只接受統計顯著的研究（*Kazdin & Bass, 1989*）。如果沒有足夠的樣本大小，社會及行爲科學研究中的一些差異現象就無法偵測出來，如果受試者夠多，不管內容是否有意義，任何研究大都可以達到顯著（*Hays, 1994*）。在推論統計考驗中，足夠的樣本大小仍然有其需要，統計學者 Hinkle 與 Oliver（*1983*）曾明確指出：(1)在其他條件保持不變時，較大樣本所得到的研究發現，會比小樣本所得到的研究發現更爲可信；(2)如果樣本太小，推論統計結果比較不易拒絕虛無假設；(3)即使在一項設計良善的研究中，效標變項的變異數也可能會很大而處理效果卻很小，因而較大樣本的選取是適切而必要的（張漢宜，民 92）。

　　樣本數的多寡會影響統計方法的選用，如樣本數太少，則不宜進行母數統計，而應採用「無母數統計法」（nonparametric statistical test）。學者 Borg 與 Gall（*1983*）二者即認爲，樣本數多少受到多種變項的影響，在下列幾種條件或情境中，要採較大的樣本數：

　　　1.編製之測量工具的「信度」（可靠性）較低時。
　　　2.研究進行中有較多變項無法控制時。
　　　3.母群體的同質性很低時。
　　　4.統計分析時，受試者須再細分爲較小的各群組來分析比較時。
　　　5.實驗設計時，預期會有較多受試者中途退出時。

(二)變項屬性是否正確界定？

　　不同變項屬性，所適用的統計方法也不同，研究者對於變項的屬性如何，應該能清楚掌握，否則可能會誤用統計方法。一個常見的例子是，多元迴歸分析的自變項與依變項均應是「連續變項」，自變項如果是類別變項或次序變項應該先轉換爲虛擬變項（dummy variable）才能投入迴歸方程式，但部分研究者往往未將類別變項或次序變項轉換，而直接投入迴歸方程式中，或於預測變項中投入過多的類別或次序變項，這樣的統計方法，雖然結果也可以解釋，但可能會造成結果解釋的偏誤。

　　資料方析之變項屬性的分類中，多採納學者 Stevens（*1946、1951*）的觀點，Stevens 的看法中，乃根據測量量表或測量水準的基準，將變項屬性類別劃分成以下幾種：

1.名義變項（nominal variable）或稱類別變項（categorical variable）

　　名義變項主要在於分類物件，把物件轉變為間斷類別，變項主要屬性只是用來辨識事物或表示事物的類別而已，如性別、種族、年齡、婚姻狀況、學校規模、縣市別、宗教別、職業別等。名義變項資料只是用來表示類別或辨識事物而已，不能表示類別間的大小、次序、優劣或差異。類別變項不能進行算術中的四則運算，即此變項不能進行加、減、乘、除的數學運算。名義變項必須符合兩個原則，一是「互斥」（mutually exclusive）性，不同類別之間（不同水準數）必須完全互斥，沒有交集或相互重疊之處；第二是「完整」（exhaustive categories）性，水準數（類別）必須包含所有可能的範圍，如婚姻狀態的水準數（level），研究者只分為未婚、已婚、離婚三者，受試樣本如為喪偶者，則無法勾選，此為未具完整性的原則。在水準數的分類中，如果無法包括樣本者的所有屬性，則應在此類別變項中增列「其他」一項。問卷或調查研究中，常有背景變項一項，在劃分背景變項的水準組別時，應該把握「互斥」與「完整」的原則，才能蒐集到完整而正確的資料。

2.次序變項（ordinal variable）

　　變項除具有分類特性外，又具有等級排序關係。變項間根據某個準則，可將物件由最高至最低作有規則的排序，變項主要屬性在於可用數值表示物件間之優劣、多少、高低、次序或等第等。如社經地位變項，分為高、中、低三個水準；教育程度變項，分為碩士以上、大學、專科、高中職以下等四個水準；學業成就變項，分為優、甲、乙、丙、丁等五個水準。次序變項資料除了可用來辨識類別之外，還可以用數值來表示或比較類別間的大小方向及次序。名義變項所測得的數值雖具有前後順序的關係，但由於沒有特定的單位，與類別變項相同，數值間不能進行數學邏輯運算的功能。

3.等距／比率變項（interval/ratio variable）

　　等距變項除可表示物件類別及比較大小次序外，物件類別間距離是相等的，因而變項間有「可加性」（additivity），如溫度、學業成績、智商、李克特量表所測得的數據。如果物件類別間存有絕對的零點（logical zero points），則稱為比率變項，比率變項間有「可乘性」（multiplicativity），二者均屬連續變項（continuous variables）。由於智商或一般測驗分數不具有相等單性（equal unit）的特性，實際的分類上應屬次序變項，但在社會科學領域內，為了研究方便，將其歸類於「等距變項」，否則無法進行各種母數統計及多變

量統計分析。

在行為及社會科學領域中，學者不會特別在意等距變項與比率變項間劃分，因為社會科學領域中，真正的等距變項往往也是比率變項，如收入、評定量表填答的資料等；加上等距變項與比率變項所適用的統計方法並無不同，二者均含有算術計算特性，因而二個變項常被合而為一，資料分析時，似乎不必嚴格區分變項是屬等距變項或比率變項。在變項的分類上，又把等距變項或比率變項稱為「連續變數」（continuous variable）或「計量變數」或「數量變數」（quantitative variable），因其具有相等單位與一般數字之性質類似；而把名義變項及次序變項稱為「間斷變項」（discrete variable）或「質的變數」（qualitative variable）。

在社會科學研究中，常用的李克特式之多選項量表（multiple-item sca-les），嚴格說起來，量表之變項性質是一種次序變項，但次序變項與名義變項均屬「間斷變項」（discrete variable），間斷變項無法求其平均數、或進行相關、迴歸等統計分析，因而無法驗證相關的研究假設，所以多數研究者在編製多選項量表時，皆把量表視為等距變項來設計，此類等距變項也可轉化為不同類別，它雖然不是「真正」等距變項，但多假定具有真正等距變項的性質，如此，才能進行有意義的資料統計分析與歸納出合理的結論（*Bryman & Cramer, 1997*）。

此外，在社會科學領域中，另一個常見的變項為「二分變項」（dichot-omous variables），此變項被視為名義變項或次序變項，均屬於間斷變項（dis-crete variable）（凡測量資料的屬性只能以一種特定的數值來表示，而無法進行無限分割者，又稱非連續變項），物件屬性只分為二大類別，如「男」、「女」；「及格」、「不及格」等。如果間斷變項有三大類或三個水準時，則稱為「三分變項」（trichotomous variable），如以學校規模變項而言，1 代表「大型規模學校」、2 代表「中型規模學校」、3 代表「小型規模學校」；以家庭社經地位而言，劃分為高社經地位、中社經地位、低社經地位等均為三分名義變項。如果變項包含三個類別以上或三個水準以上的間斷變項，又稱為「多分變項」（multichotomous variable）。而等距或比率變項則歸類為「連續變項」（continuous variable），在 t 檢定或 F 統計分析法、迴歸分析、共變數分析等母數統計法中，依變項均必須為連續變項。

在變項屬性的轉換上，等距／比率變項可轉化為次序變項或名義變項，如依某一分量表之得分高低，將樣本分成「高分組」、「中分組」、「低分組」，但次序變項或名義變項不能轉換為等距變項／比率變項，如要轉換，常以「虛擬變項」方式出現，有關虛擬變項的轉換與應用，請參考多元迴歸

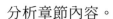
分析章節內容。

(二)統計結論效度

所謂「統計結論效度」（statistical conclusion validity）是指能正確運用統計方法解釋研究結果的程度（周文欽，民 93）。量化研究或推論考驗常被人批評的一點是玩數字遊戲，統計結論效度不高。然而，如果要解釋假設性的母群之母數，以其所對映的樣本統計值來進行推論考驗，在實務的情境仍有其必要性。因為人力、物力、財力與實際情境的限制，要進行普查並非容易，也不是多數研究者能力所及，因而量化研究中的推論考驗仍是無可替代的方法（*Hinkle & Oliver, 1983*）。在量化研究的統計分析中，根據之前的經驗法則，不當的統計考驗或誤用統計方法有以下幾點：

1. 在準實驗設計中，直接以t檢定或變異數分析考驗實驗組與控制組的實驗處理效果差異，而沒有採用統計控制之共變數分析法。
2. 在線性迴歸分析中，投入過多的背景變項（均屬間斷變項），且未將背景變項轉化虛擬變項，而是將背景變項照原先資料檔的水準編碼投入於迴歸模式中，造成結果分析的偏誤。
3. 小樣本的調查研究中，可能違反母數統計法中之母群的基本假定時，或依變項為名義變項或次序變項時，沒有採用「無母數統計法」而直接使用「母數統計法」。
4. 統計邏輯順序顛倒，如第一部分先用單因子變異數分析、第二部分採用雙因子變異數分析，而非直接使用雙因子變異數分析考驗。
5. 對於統計檢定過份重視其是否達「顯著性」，對於未達顯著的部分沒有進一步加以詮釋；此外，對於達到顯著性者，甚少交待效果值（或關聯強度）與統計考驗力。
6. 結果解釋有誤，如在男女生的學習焦慮的t檢定中，二者的平均數分別為 78.87、80.90，t 值=1.967；p=.078>.05，部分研究者會於論文作成如下解釋：「雖然男女生的 t 值未達顯著水準，但女生學習焦慮的平均數還是高於男生的學習焦慮，可見與男生相較之下，女生的學習焦慮較高」，此乃對推論統計內涵未完全理解之故。正確的解釋之一如下列所述：「雖然女生學習焦慮的平均數高於男生的學習焦慮，但二者平均數差異的t檢定值卻未達顯著水準，可見男、女生的學習焦慮並沒有顯著的不同」。
7. 背景變項中水準數組別觀察值人數差異太大而未將組別合併，直接進

行背景變項各組別在依變項上的差異比較，如學歷背景變項中，研究者分成四個水準：高中職以下組、專科組、大學組、研究所以上組，隨機取樣調查後四個組別的觀察值人數分別為 89、102、178、11，其中研究所以上組的樣本數太少，與其他組別人數相差太大，分析時宜將組別合併，而非是分成原先四個水準數。

8. 二變項間不是呈線性關係，而只以積差相關考驗二個變數間的關係，以致無法拒絕虛無假設，如學習焦慮與學習成就間的關係，可能呈一種U形關係，高、低學習焦慮者其學業成就均較中學習焦慮者為低，此種情形不宜採用積差相關或線性迴歸模式，宜用曲線估計迴歸分析。

9. 進行卡方考驗時，當自由度等於 1，而有細格期望次數小於 5 時，未看耶茲氏校正列（Yate's correction for continuity）之卡方值或進行費雪爾正確概率檢定（Fisher's exact probability test），直接引用 Pearson 卡方值，形成相反的結論。

此外，在單因子變異數分析中，有時會讓研究者困惑的一點是：變異數分析的 F 值雖達到顯著水準，但經事後比較結果卻沒有發現有任何二組間的差異達到顯著，此種情形通常發生整體考驗的 F 值不大，其顯著性機率值在.05 附近。碰到此種情形時，因為組別間的差異不顯著，無法獲知那一組在依變項上的表現較佳，因而最好接受虛無假設（組別間的差異不顯著）。

下列為不同年齡組在工作壓力知覺之差異比較，採用單因子變異數分析進行統計考驗時，F 值=2.901，p=.034<.05，達到顯著水準，但經事後比較考驗，卻未有任何二組間平均數的差異達到顯著（有關單因子變異數分析的理論與實務應用請參閱後面章節）。

變異數分析　工作壓力

	平方和	自由度	平均平方和	F 檢定	顯著性
組間	59.318	3	19.773	2.901	.034
組內	4129.706	606	6.815		
總和	4189.025	609			

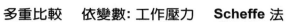

多重比較　　依變數：工作壓力　　**Scheffe** 法

(I)年齡	(J)年齡	平均差異（I–J）	標準誤	顯著性	95%信賴區間 下界	上界
1	2	.23	.29	.888	-.58	1.05
	3	.62	.30	.231	-.22	1.45
	4	.93	.36	.091	-9.23E-02	1.95
2	1	-.23	.29	.888	-1.05	.58
	3	.39	.26	.543	-.35	1.12
	4	.70	.34	.233	-.25	1.64
3	1	-.62	.30	.231	-1.45	.22
	2	-.39	.26	.543	-1.12	.35
	4	.31	.34	.541	-.65	1.27
4	1	-.93	.36	.091	-1.95	9.23E-02
	2	-.70	.34	.233	-1.64	.25
	3	-.31	.34	.841	-1.27	.64

　　上述所介紹之統計方法的誤用及其正確的統計程序在書中後面的章節均會詳細介紹，本節旨在釐清一些統計應用的概念，以便研究者更能採用適切的應用統計方法以分析蒐集到的資料，提高統計結論的效度。

1-2 量表或測驗試題品質分析的步驟

　　在問卷調查法（questionnaire survey）或實驗研究法（experimental method）中，研究或調查工具編製甚為重要，問卷如果編製或選用得宜，則研究才更具可靠性與價值性。本章先說明問卷信效度分析的簡要步驟，各步驟的操作方法則分別於以後各章節詳細說明。

　　問卷信效度分析的步驟，簡要分述如下：

一、編擬預試問卷

　　在預試問卷的編製或修訂上，應根據研究目的、相關文獻資料與研究架構等方面加以考量，如果有類似的研究工具，可根據研究當時的實際情形，加以修訂、增刪；如果是自己重新編製問卷，問卷內容應依據研究架構的層

面，加以編製。在編製問卷時，應注意：

(一)視問卷題項性質增加測謊題或反向題

如果問卷的題項內容過於敏感（如當事者婚前性行為的調查研究、有關學生偏差與不當行為的研究等等），應在問卷中穿插數題「測謊題」，以探知填答者是否據實填答。測謊題只在判定受試者回答的真實性，在統計分析中不納入分析的題項內；此外，在問卷編製中除了正向題項外，也可根據各構念的意涵編製反向題，以測知觀察值對問卷題項回答的可靠性。反向題在之後統計分析中只要反向計分即可（反向計分即重新編碼），至於反向題題項的多寡，學者間並未提出相關的論點或確切的看法。研究者編製的題項內容重點在於能否真正測量出所要測量的心理特質，或真正有效達研究所列的研究目的（反向題重新編碼的操作程序，在第五章中有詳細介紹）。

(二)李克特量表以採用四點量表至六點量表法最佳

態度或心理特質行為量表測量通常採用的是「李克特式量表」（Likert-type Scale）法，量表填答方式以四點量表法至六點量表法最為多人或研究者所採用。對於應採用幾點量表法，學者Berdie（1994）根據研究經驗，提出以下看法，可供研究者參考：

1. 在大多數的情況下，五點量表（points）是最可靠的，選項超過五點，一般人難有足夠的辨別力。
2. 三點量表限制了溫和意見與強烈意見的表達，五點量表則正好可以表示溫和意見與強烈意見之間的區別。
3. 由於人口變項的異質性關係，對於沒有足夠辨別力的人而言，使用七點量表法，會導致信度的喪失；對於具有足夠辨別力的人而言，使用五點量表，又令人有受限的不適感。以上問題至目前還沒有一個很好解釋理由，然而透過預試（pretesting），可以發現這些問題的存在。
4. 量表的點數愈多，選答分布的情形就愈廣，變異數也會變得更大，有些人認為這種情形在統計考驗上會具有很好的區別力，然而，(1)這種選答很廣的分布缺乏可信度，故完全沒有意義；(2)較大的選答變異數，表示也會有較大的抽樣誤差，就統計資料分析的意義而言，是不該有太大的變異數的（彭仁信，民83）。

李克特式量表法，重視其「內在一致性程度」，這是量表題項兩兩之間

關係強度的函數，也是題項與潛在變項間的關係指標，函數值大小與題項數多寡有密切關係，題項數愈多，愈有可能涵括所要測量的潛在變項；不過，題項數過多，在實際研究情境中多數會有實際的困難，如受試者時間不允許或造成填答者不用心作答等。學者 DeVellis（*1991*）對於預試問卷題項數提出以下二點看法，可作為研究者參考：

1. 如果研究者是編製或發展一個正式的測驗或量表，作為其他心理測量之用，則預試題項數最好是將來所需正式題項總數的 3-4 倍。

2. 在某些特定內容範圍中，有些量表題項的發展不容易；或先前相關的研究顯示，這些構念不需要過多的題項即可獲得良好的內在一致性，預試量表的題項數約為正式量表題項數的 1.5 倍即可，如正式量表題項數預計在 20 題附近，則預試問卷時，其預試題項數大約為 30 題，上述為分量表的題項數，非問卷的總題項數。如果某研究者想探討企業員工組織承諾與組織氣氛之關係，編製一份「工作態度知覺問卷」，此問卷包括員工組織承諾與組織氣氛知覺二種量表，研究者計畫正式問卷題項數以 70 題為限，員工組織承諾量表約 30 題、組織氣氛知覺量表約 40 題，則問卷編擬時員工組織承諾量表約為 36 題（1.2 倍）至 45 題（1.5 倍）間，組織氣氛知覺量表約在 48 題（1.2 倍）至 60 題（1.5 倍）間較為恰當。

二、建構專家效度

問卷或測驗之效度乃指一份測驗或量表能正確測量到所要測量特質的程度，效度也就是是測驗內容的正確性、可靠性或有效性。在行為科學研究中，效度通常分為內容效度（content validity）、效標關聯效度（criterion-related validity）、建構效度（construct validity）與專家效度。在成就測驗中，大都使用「雙向細目表」來描述測驗所欲測量特質的內容領域；在態度量表編製中，會使用「內容效度比」（content validity ratio）來代表專家判斷內容效度程度的量數，編製好之問卷後敦請學者專家及該領域之實務工作者審核，以判斷構念（construct）及所包含的題項內容是否適切，此種經專家學者審核判斷題項的適切性，作為初步題項篩選及題項詞句語義修飾修改的參考，稱為「專家效度」。雖然專家效度只是專家之間判斷的一致性指標，而非內容效度本身（*Murphy & Davidshofer, 1994*），但卻可作為構念與題項適切性的參考。近年來，以專家效度作為問卷效度建構之一的研究，愈來愈普遍。至於專家效度

一致性判斷指標的準則，並沒有確切的標準，但總結起來有二個判斷依據：一是根據「題項適合」被勾選的百分比，如題項被判定「適合」的百分比在70%或 80%以上；二是根據「題項適合」及「題項修正後適合」的累積百分比，如題項被判定「適合」或「修正後適合」的累積百分比在80%或90%以上。

三、實施預試

　　預試問卷編擬完後，應實施預試，預試對象的性質應與將來正式問卷要抽取的對象性質相同，如研究對象為國中學生，則預試之受試者也應為國中學生，預試對象人數以問卷中包括最多題項之「分量表」的3～5倍人數為原則，如調查預試問卷中，包括三種分量表，每種分量表包含的題項分別為 40題、35 題、25 題，則預試對象，最好在 120 位（40×3）至 200 位（40×5）中間，如果樣本較為特殊，在預試人數的選取上可考慮再酌減一些。

　　預試時選取樣本數應該多大最為適宜？應考量問卷量表是否進行因素分析。因為因素分析時，以較大樣本分析所呈現的因素組型（factor pattern），比一個只用較小樣本所出現的因素組型，要來得穩定。進行因素分析時，量表的題項數愈多及預期要有較多的因素層面的話，應包括愈多的受試者（*DeVellis, 1991*）。學者Comrey（*1973*）認為如果預試問卷要進行因素分析，以求其建構效度，則樣本數最好在 300 位以上，如果取樣之觀察值少於 100，則不宜進行因素分析。學者 Tinsley 和 Tinsley（*1987*）建議：進行因素分析時，每個題項數與預試樣本數的比例大約為 1：5 至 1：10 之間，如果受試者總數在 300 人以上時，這個比例便不是那麼重要；而學者 Gorsuch（*1983*）則建議進行因素分析時，有效樣本數最少為量表題項數的五倍，且有效樣本數要大於 100。最近，另一學者Comrey（*1988*）也提出另一觀點，如果量表的題項數少於 40 題，中等樣本數約是 150 位，較佳的樣本數是 200 位。其觀點與 Tinsley 二者接近，亦即量表題項數與預試人數比例約為 1：5 最為適合，如有份「成人生活滿意度」預試問卷，內有三份量表，量表一為「社會參與量表」，包含二十五題題項、量表二為「健康狀態知覺量表」，包含二十題題項、量表三為「生活滿意度量表」包含三十題項，則預試人數應在 30 至 150 人間，最佳的預試人數約為 150（30×5）人附近，次佳的預試人數約為 90 次（30×3）。

四、整理問卷、編號與建檔

　　問卷回收後，應一份一份檢查篩選，對於資料不全或不誠實填答之問卷，

應考慮將之刪除；對於填答時皆填同一種答案者，是否刪除，研究者應考量問卷題項本身的內容與描述，自行審慎判斷。上述所提的測謊題與反向題可作為問卷是否有效判斷的參考指標，如測謊題中當事人回答背離實際的經驗法則則問卷可視為無效問卷；反向題與正向題的填答相互矛盾，也可視為無效問卷。當事者未據實回答問卷題項，會造成「垃圾進、垃圾出」的資料，即使採用多變量與高等統計，分析結果的可信度也很低。

篩選完後的問卷應加以編號，以便將來核對資料之用，問卷的編碼如0001、0002、……、0989或950001、950002、……、950003；之後再給予各變數、各題項一個不同代碼，並依問卷內容，有順序的鍵入電腦。其中單選題與複選題的編碼不相同，如果是單選題，每個「題項」應給予一個變數名稱；如果是複選題或排序勾選等級的題項，每個「選項」即應給予一個變數名稱，如在「高中職學校行政主管時間管理問卷」中第五題為「主管時間分配」（陳明華，民93），其內容如下：

由下列項目中，排列出最能反應您平日工作時間分配的情況，請將數字依序填入□內，時間花費最多的填1，其次填2，以此類推……排至8。

□組織發展	（包括：擬定校務發展方針、規劃學校業務進度、評鑑同仁工作績效、提供教育發展與趨勢、實現教育目標與政策……）
□行政領導	（包括：激勵員工士氣，處理或避免員工衝突，適當授權及合理作決定，分配並監督同仁工作，主持或參加會議……）
□事務管理	（包括：經費編列與執行、文書處理與核閱、校園規劃與執行、校舍興建與維護、設備購置與管理……）
□教學視導	（包括：推動教師研究與進修、監督教學計畫與過程、溝通教學理念與作法、查閱學生作業與試卷……）
□學生輔導	（包括：增進教師輔導知能、督辦學生自治活動、規劃學生生涯輔導、做好學生諮詢與諮商工作……）
□公共關係	（包括：擬訂公關計畫、與長官、社區人士、家長等保持密切聯繫、提供社區參與學校活動的機會、建立學校良好形象……）
□研習進修	（包括：參與教學有關的進修活動、參加校內外進階成長研習以及自學輔導等……）
□偶發事件	（包括：意外事件、非正式造訪、臨時交辦事項、家庭問題、不可抗力事故等……）

　　此題包含八個選項，變數編碼時應有八個。屬於排序題項或複選題，如果只給予一個變數名稱，則無法鍵入資料與分析資料，適當的變數編碼如：a5m1、a5m2、a5m3、a5m4、a5m5、a5m6、a5m7、a5m8。資料分析時只要求出每個變項的描述性統計量，求出其平均數，則平均數最小者為學校行政主管時間運用時花費最多的事項。

敘述統計

選項	個數	最小值	最大值	平均數	標準差
a5m1	465	1	8	3.50	2.07
a5m2	465	1	8	2.73	1.60
a5m3	465	1	8	3.04	1.93
a5m4	465	1	8	4.46	2.04
a5m5	465	1	8	4.78	2.22
a5m6	465	1	8	5.23	1.77
a5m7	465	1	8	5.93	1.77
a5m8	465	1	8	6.42	1.87
有效的 N (完全排除)	465				

　　視窗版SPSS可以直接讀取傳統文書檔的資料，配合簡短語法檔程式讀取文書檔資料；此外，也可以直接讀取微軟 Office 應用軟體中 Excel、Access 之檔案、傳統資料庫檔案等，研究者可依自己的習慣，挑選一種自己最熟悉的應用軟體，以快速、有效的方式將資料鍵入電腦。此方面研究者最好是選用 office 軟體輸入資料或直接在 SPSS 資料視窗編輯區鍵入資料，根據應用軟體的屬性與相容性及使用者的習性，筆者建議以Excel試算表建立資料檔或直接於視窗版SPSS軟體中的「資料編輯視窗」中建檔最為便利。資料的建檔與編碼如果不適切，會影響之後統計分析的進行，如有些研究者將每筆觀察值（每份問卷）以直欄式方式建檔（此種方式要經過資料轉換程序才能進行統計分析）或將複選題勾選的選項全部鍵入在一個儲存格內（此種方法要重新鍵入資料才能進行統計分析），以中文名稱作為題項的編碼，以致造成數學運算加總的不便等。

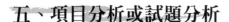

研究設計與量表分析

五、項目分析或試題分析

　　項目分析即在求出每一個題項的「決斷值」（critical ratio；簡稱CR值），其求法是將所有受試者在預試量表的得分總和依高低排列，得分前25%至33%者為高分組，得分後 25%至 33%者為低分組，求出高低二組受試者在每題得分平均數差異的顯著性考驗（多數資料分析時，均以測驗總分最高的 27%及最低的 27%，作為高低分組界限），如果題項之 CR 值達顯者水準（a<.05 或 a<.01），即表示這個題項能鑑別不同受試者的反應程度，此為題項是否刪除首應考量的。

　　項目分析又稱極端組檢驗法，其簡要步驟如下：⑴反向題重新編碼計分、⑵求出量表的總分、⑶根據量表總分排序，求出前、後27%樣本的臨界分數、⑷依高低 27%臨界分數分成高低二組、⑸以獨立樣本t檢定考驗高低二組在量表題項上的差異、⑹根據顯著性或決斷值的高低篩選題項。除了項目分析外，在題項篩選的方法上，也可以將量表的題項加總求出量表總分，然後再以積差相關方法，求出每個題項與量表總分的積差相關係數，如果題項與量表總分的積差相關係數未達顯著，或其積差相關係數太低（一般的篩選標準為 0.3至 0.4 中度相關以上），則此題項可以考慮刪除。在項目分析時如果決斷值均達顯著，而研究者因研究考量，想要刪除部分題項，以免量表題項太多影響受試者填答的意願，可以定一標準的決斷值，保留此決斷值以上的所有題項，至於決斷值訂定的標準，研究者要根據所要保留的題項數而定。

　　除了上述的極端組檢驗法及同質性檢驗法（題項與總分的相關）外，也可以配合採用描述統計評估法。描述統計評估法主要利用各題項的描述統計量，來診斷題項的優劣。如題項平均數的評估法，認為適切的題項，其題項的平均數應趨於量表選填的中間值，過於極端的平均數代表偏態或不良的試題，無法反應題項的集中趨勢。而採用題項變異數的評定，則指出題項的變異數較大，愈能測出受試者在此題項的心理特質或反應，表示題目的鑑別度較大；若一個題項的變異數太小，表示受試者填答的情形趨於一致，題目的鑑別度太低，此題項屬不良的題目（邱皓政，民 89）。

　　項目分析的方法如果用在測驗或成就測驗上，則是試題方法的分析，測驗試題的分析在於判別試題品質的優劣。試題品質的分析包括質的分析（qualitative analysis）與量的分析（quantitative analysis），質的分析通常包括內容效度的評鑑與有效命題的探究（郭生玉，民 76）。量的分析包括試題難度與鑑別度的分析，難度指數（item difficulty index）為高分組答對的百分比與低分組

答對百分比的平均值，難度指數值愈小，表示試題愈難（答對者愈少）；難度指數數愈大，表示試題愈容易（答對者愈多），難度指數值等於.50，表示試題難易適中（答對與答錯者各占一半）。鑑別力指數為高分組答對的百分比與低分組答對百分比的差值，鑑別力指數（item discrimination index）值愈大，表示試題愈佳，試題愈能區別高分組與低分組的填答反應，試題的鑑別力指數最好在.30 以上。

項目分析中所選的高、低分組愈是極端，則其鑑別力愈大，但是太極端的話（如高分組與低分組在 20%以內），則會因選取的受試者太少，影響分析結果的可靠性。在常態分配下，最適當的比率是高低分組各占27%（*Kelley, 1939*）；如果母群的分配較常態分配平坦，則高低分組所占的比率宜高於27%，大約是 33%（*Cureton, 1957*）。在一般的測驗與評量中只要介於 25%至 33%均可，如果是標準化測驗的話，習慣上仍採用 27%作為高、低組別分組的標準（吳裕益、陳英豪，民 80）。

六、因素分析

項目分析完後，為考驗量表的「建構效度」（construct validity），應進行因素分析（或稱共同因素分析 common factor analysis；CFA）。所謂建構效度係指態度量表能測量理論的概念或特質之程度。因素分析目的在找出量表潛在的結構，減少題項的數目，使之變為一組較少而彼此相關較大的變項，此種因素分析方法，是一種「探索性的因素分析」（exploratory factor analysis）。

在行為及社會科學研究中，研究變項的減縮（reduction）與量表的編製常用的方法中，多數使用「主成份分析法」（principal component analysis；簡稱為 PCA）與「共同因素分析」（common factor analysis）二種方法抽取成份或因素。主成份分析是假設所分析之變項不含誤差，樣本之相關係數矩陣即代表母群之相關係數矩陣。N個變項經主成份分析會產生N個成份，一般而言，研究者會從 N 個成份中選取前面數個變異量較大之重要成份，而忽略變異量較小而不重要之成份（*Gorsuch, 1988*）。於主成份分析中，可將 m 個變項加以轉換，使所得線性組合而得P個成份的變異數變為最大（P<m），且成份間彼此無關，這特性也讓研究者將其用在多元迴歸分析中，解決預測變項間的多元共線性問題和在多變項變異數分析中，太多的依變項間具高相關情況下，利用 PCA 使變項變為無關的數個成份分數，以利後續的統計分析（傅粹馨，民 *91a*）。

研究者如要進行因素分析，則預試樣本數最好為量表題項數的 5 倍，即比例為 5：1；如果預試樣本數與量表題項數的比例為 10：1，則結果會更有穩定性。其中量表的題項數非問卷的總題數，而是問卷中包含題項數最多的一份量表。在因素分析時，一項重要工作是要保留多少個共同因素，在探索性因素分析中，常用的篩選原則有二：

(一) Kaiser 的特徵值大於 1 的方法

根據 Kaiser（1960）的觀點，保留特徵值（eigenvalue）大於 1 的因素，但此方法，題項如果太多，可能會抽出較多的共同因素。避免抽出過多的共同因素，研究者也可限定因素抽取的數目，但此方面通常多用於「驗證性因素分析」上面。

特徵值大於 1 之方法原是為分析「母群相關矩陣」（population correlation matrix）主對角線為 1 而設計，且保留特徵值大於或等於 1 之成份。然而，此特徵值大於 1 之方法卻被用分析樣本相關矩陣以決定保留共同因素數目，因而，在共同因素模式和「樣本資料」（sample data）情境下，通常造成高估（overestimate）或偶而低估（underestimate）因素數目之情形（Cliff, 1988）。雖然此法易於執行，且為統計電腦軟體中的內設選項，但使用時宜謹慎，因在某些情境下，此法會將差異微小的特徵值加以區分，如兩個連續的特徵值分別為 1.01 與 0.98，第一個因素成份得以保留，而第二個卻被淘汰，然而這二個成份的差異甚小，這是值得注意的一點。雖然 Kaiser 特徵值大於 1 之方法為部分學者所批評（Cliff, 1988；Tzeng, 1992；Zwick & Velicer, 1986），但此法仍是最常被用來決定成份或因素數目的方法（Ford, MacCallum & Tait, 1986），原因不外是特徵值大於 1 的方法為多數統計軟體之內設選項（傅粹馨，民 91a）。

(二) 陡坡圖考驗法（scree plot test）

根據陡坡圖（scree plot）因素變異量遞減情形來決定，陡坡圖的繪製，乃以因素變異量（特徵值）為縱軸，因素數目為橫軸。在陡坡圖中，如果因素變異量圖形呈現由斜坡轉為平坦，平坦狀態以後的共同因素可以去掉。假定有四個因素的變異量在陡坡圖上由高至低的速度下降很快，幾乎成鉛垂直線狀態，第五個因素以後的下降趨緩，幾成為平坦狀態，則研究者可考慮抽取四個共同因素為宜。

陡坡圖之形成乃是將未轉軸前之特徵值畫在 Y 軸，而因素數目依序畫在 X 軸，再以研究者主觀的判斷決定該圖之決斷點，此點以上的因素表示共同因素，以下的因素則是唯一（unique）的因素，不予採用。目視陡坡圖的方法

有以下三個缺點：一是此法是用來決定母群相關係數矩陣之精確因素數目；二是當採用樣本資料作分析時，難以決定決斷點；三是由於涉及主觀的判斷與研究者經驗之多寡，因而造成因素數目頗不一致的情形（傅粹馨，民 *91a*）。但學者 Zwick 與 Velicer（*1986*）研究指出，利用陡坡圖所得的結果比用特徵值大於 1 或 Bartlett 卡方考驗方法來得正確，亦即，當資料的結構適當（如大樣本或變項之共同性高）與具經驗的研究者作判斷，則陡坡圖也是一種更簡單且較其他方法更能提供準確因素數目的方法（*Tzeng, 1992*）。

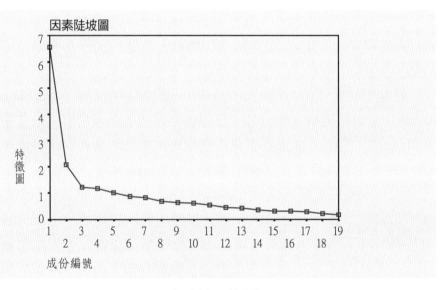

圖 1-7　因素陡坡圖範例

上述採用 Kaiser（*1960*）特徵值大於 1 之方法，如果題項數少於 20 時，有可能低估因數數目；而變項題項數大於 50 時，有可能抽出過多的共同因素，因而在共同因素數目的決定上，統計上的意義與實用上的意義有時要同時考慮。學者 Harman（*1960*）強調，在共同因素數目的選取上，統計上的考驗必須與實用上的意義同時加以考慮。有時，在統計上發現有意義的共同因素，在實際應用上卻無意義性可言。例如，某一研究者用統計考驗的結果發現第三個共同因素的λ值達顯著水準，但研究者卻無法賦予第三個共同因素某種意義（因素無法命名或命名的因素名稱無法包括第三個共同因素題項的內容），或不能合理予以解釋，所以抽取此共同因素反而是一件困擾的事。有時情形正好與此相反，亦即未達到顯著水準（λ值小於 1）的某一共同因素反而具有實用上的意義。因而研究者在因素分析時，應根據研究的實際所需與統計分析的適切性，選取共同因素，才不致失去因素分析的真正意義（林清山，民*92*）。

　　在統計分析中，因素層面是否加以限制，或由電腦自行抽取，研究者均要自行考量，如果早先在題項編製時，研究者已確定量表的層面數，在統計分析時可限定因素抽取的數目以和文獻理論相互配合。在實際教育及社會科學研究中，量表效度建構有時需要進行二至三次因素分析，因為部分量表在第一次因素分析時，因素層面所涵括的題項內容差異太大，納入同一層面，解釋較不合理，因而可能需要刪除部分題項，由於刪除了題項，量表的效度要再重新建構。如果量表不採用建構效度考驗方法，研究者亦可考慮採用其他效度分析法，如「內容效度」（content validity）、「專家效度」、「效標關聯效度」等。

　　學者 Ford 等人（*1986*）檢視社會科學研究使用因素分析之研究，結果發現一般研究者進行因素分析時，通常以下述步驟進行分析：⑴使用主成份分析、⑵抽取特徵值大於 1 之成份、⑶正交轉軸（最大變異法）（varimax）、⑷選取因素負荷量大於.30 或.40 的變項加以解釋。Ford等人（*1986*）進一步提出其研究所得：進行因素分析時，有些研究者即使認知了因素間有相關或從文獻理論間得知因素間有相關，但仍會採用正交轉軸法，以致影響研究的結果。而上述第四項顯著因素負荷量數值之界定，若以負荷量大於.40 之變項來界定因素，而捨棄負荷量為.39 或.38 之題項；或以負荷量大於.30 之變項來界定因素，而捨棄負荷量為.29 或.28 之題項，其合理性令人質疑。此時，應配合陡坡圖的檢視與利用斜交轉軸法來選取題項，才不會過於武斷。

　　下述資料為同樣量表採用正交轉軸（最大變異法）與直接斜交轉軸法之SPSS 結果之部分報表。二種方法均抽取五個共同因素，研究者可比較二種方法中共同因素包含的題項內容及題項的因素負荷量，表中的數字為轉軸後的因素負荷量，符號「E-.02」等於 $\frac{1}{10^2}$，如題項 A3 在因素四的因素負荷量等於 9.593E-.02 $= \frac{9.53}{100} = 0.09593$。

轉軸後的成份矩陣(a) − 正交轉軸法

	成份				
	1	2	3	4	5
A3	.819	.109	.122	9.593E-02	.164
A1	.815	.152	.135	8.381E-02	8.625E-02
A2	.778	.129	.160	3.929E-03	9.557E-02
A6	.772	.231	7.233E-02	.221	.227
A5	.742	7.899E-02	.223	6.344E-02	-3.102E-02
A4	.718	-.192	-6.082E-02	.162	.305
A8	.616	.352	.207	.157	3.584E-02
A7	.598	.156	.403	.149	-.256
A11	.176	.814	.142	-2.769E-02	.204
A12	.356	.769	.157	-2.683E-02	.174
A14	3.851E-02	.767	-7.924E-03	.299	.165
A15	-1.788E-02	.737	.300	9.135E-02	-.140
A13	7.836E-02	.691	9.576E-02	.262	5.039E-02
A10	.336	.669	-7.728E-02	.260	.387
A21	.216	.137	.758	.110	3.960E-02
A20	.289	.139	.737	.226	.265
A22	.428	.238	.441	-.133	.137
A18	.120	.120	1.058E-02	.715	.121
A16	3.758E-02	.289	.138	.623	-8.884E-02
A19	.313	6.645E-02	.188	.557	.233
A9	.250	.259	7.024E-02	4.557E-02	.755
A17	8.825E-02	.215	.437	.242	.667

萃取方法：主成分分析。旋轉方法：旋轉方法：含 Kaiser 常態化的 Varimax 法。
a 轉軸收斂於 8 個疊代。

結構矩陣 − 斜交轉軸法

	成份				
	1	2	3	4	5
A3	.853	.238	.204	.336	-.259
A1	.845	.275	.192	.346	-.182
A6	.831	.364	.344	.314	-.332
A2	.804	.243	.109	.352	-.179
A5	.764	.194	.148	.390	-4.612E-02
A4	.720	-7.202E-02	.221	.107	-.391
A8	.683	.459	.273	.407	-.117
A7	.637	.266	.217	.531	.198
A11	.297	.847	.133	.326	-.246
A12	.466	.823	.141	.369	-.235
A14	.161	.796	.423	.169	-.221
A15	9.230E-02	.753	.196	.401	.125
A10	.453	.740	.416	.167	-.474
A13	.190	.726	.374	.251	-9.869E-02
A18	.207	.214	.740	.128	-.180
A16	.129	.360	.654	.233	4.415E-02
A19	.412	.199	.613	.326	-.287
A20	.446	.304	.323	.831	-.256
A21	.341	.267	.183	.806	-1.648E-02
A22	.506	.334	-2.503E-02	.554	-.153
A9	.370	.356	.177	.235	-.783
A17	.264	.352	.356	.551	-.657

萃取方法：主成分分析。旋轉方法：旋轉方法：含 Kaiser 常態化的 Oblimin 法。

進行因素分析的統計程序不難，但根據實際資料進行探索性因素分析結果，往往會出現共同因素所包含的題項過於紛歧，共同因素無法命名的情形（此種情形的出現率很高）；其次是依據特徵值大於 1 的原則，抽取過多的共同因素，與研究文獻與相關理論的探討相差甚大。對於後者，研究者可根據問卷編製的理論架構加以限制因素抽取的數目，以符合原先編製的架構；對於前者，研究者可能要經多次的探索，逐一刪除較不適切的題項，進行多次探索性因素分析，以求出最佳的建構效度，重要的是共同因素所包含的題項同質性要高，共同因素要能命名。

有關因素分析的程序與報表解釋，請參閱後面的章節，內有詳細介紹。

七、信度分析

信度（reliability）可界定為真實分數（true score）的變異數與觀察分數（observed score）的變異數比例（*MacDonald, 1999；Sax, 1997*）。信度是指測驗分數的特性，而不是指測驗或測量工具本身（*Reinhart, 1996*）。亦即，某測驗是可信賴的說法（test reliable）是不正確的，應該描述成「測驗分數是可信賴的」（scores are reliable），由此可知，信度適用於測驗分數，而非是測驗本身（傅粹馨，民 87a）。信度亦可解釋為某一群特定受試之測驗分數的特性，分數會因受試之不同而有所不同。故許多學者指出，研究者每次施測量表後，應估計分數的特性，而不是只報告前人在信度研究之數值或測驗指導手冊上之數值（*Henson, 2001*）。事實上，分數信度之改變會受到受試樣本的性質與分數的變異性的影響，因此，也有學者認為除了提供目前研究所得分數之信度係數外，最好能提供「信度係數之信賴區間」（confidence interval for reliability coefficient）（*Fan & Thompson, 2001*）。

因素分析完後，繼續要進行分析的是量表各層面與總量表的信度考驗。所謂信度（reliability），就是量表的可靠性或穩定性，在態度量表法常用考驗信度的方法為 L. J. Cronbach 所創的內部一致性α係數。測驗或量表之內部一致性是表示題目間的關聯性（interrelatedness），但不必然是指試題所包括的向度（dimensionality）。α係數是內部一致性之函數，也是試題間相互關聯程度的函數，一組試題之間或許有相當的關聯性且是多向度的（multidimensional）（*Gardner, 1995*）。α係數被廣泛地用來估計內部一致性係數，學者 Gardner（*1995*）闡明內部一致性與單一向度之區別，其認為一個量表具單一向度，則具有內部一致性，但反之則不然；亦即，一個量表具內部一致性，有高α值，則不盡然具有單一向度的特性。如果試題計分為二分名義變數時（正確答案

登錄爲 1，錯誤登錄爲 0），則α係數之值與 KR20 之值是相同的。

Cronbach α係數之計算公式如下：

$$\alpha = \frac{K}{K-1}\left(1 - \frac{\sum S_i^2}{S^2}\right)$$

其中 K 爲量表所包括的總題數。

S^2 爲測驗量表總分的變異量。

S_i^2 爲每個測驗題項總分的變異量。

從上述公式可知，影響α係數大小的因素：一爲樣本的特質（與總分之變異數有關）；二爲試題的特質（與試題和各試題變異數之總和或試題難度之同質性（homogeneity of difficulty）有關）。就第一個因素而言，若一組受試者在所欲測量之特質的同質性愈高，則總分之變異數愈小，此時α係數愈小；若受試者之異質性愈大，總分之變異數愈大，此時α係數愈大（*Thompson, 1994*）。就第二個因素而言，欲改進分數的信度，一項常用的方法是增加題數，但其前提是增加試題後不會降低試題間相關係數之平均數。但也有可能，增加題數後之較長的測驗，分數之信度反而比之前較短測驗分數之信度爲低（*Reinhart, 1996*；傅粹馨，民 *91b*）。

α係數值界於 0 至 1 之間，α出現 0 或 1 兩個極端值的機率甚低，但究竟α係數要多大，才算有高的信度，不同的方法論學者對此看法也未盡相同，這與研究的目的與測驗分數的運用有關。學者 Nunnally（*1978*）認爲α係數值等於.70 是一個較低，但可以接受的量表邊界值，學者 DeVellis（*1991*）也提出以下觀點，α係數值如果在.60 至.65 之間最好不要；α係數值界於.65 至.70 間是最小可接受值；α係數值界於在.70 至.80 之間相當好；α係數值界於在.80 至.90 之間非常好。學者 Nunnally（*1967*）則指出：如欲編製預測測驗（predictor tests）或測量某構念之初期研究，信度係數在.50 或.60 已足夠。當以基礎研究爲目的時，α係數以.80 爲宜。當測驗分數作爲「截斷分數」（cutoff score）之用而扮演重要角色時（例如，是否接受特殊教育、作爲通過入學考試指標等），則信度係數至少在.90，而.95 是適宜可接受的標準（desired standard）。Nunnally 又指出，以發展測量工具爲目的時，信度係數應提高至.70，其他標準不變（引自 *Henson, 2001*）。學者 Loo（*2001*）檢視《諮商發展的測量與評估》（*Measurement and Evaluation in Counseling and Development*）期刊研究中發現，對一般性的研究而言，內部一致性估計值普遍地可接受數值爲.80，當標準化測驗分

數作爲重要的臨床或教育決策時，則係數至少要在.90 以上。

另外，亦可求出量表的折半信度（split-half reliability），所謂折半信度是將量表的題目分成兩半計分，根據受試者在兩半題項上所得的分數，計算二者的相關係數。在 SPSS 軟體「量尺法／信度分析」程序中，模式方法也有折半信度，此外，也提供了校正項目總分相關係數（corrected item-total correlation），此相關係數爲該題項與其他題項加總後總分（總分中不包含該題項本身）的相關；此外也提供題項刪除後整個量表信度係數的變化情形，使研究者知道題項在整個量表中的同質性與重要性成份。下表爲上述因素分析二十二題信度分析結果，總量表的α係數爲.9171，內部一致性信度甚佳。

```
   R E L I A B I L I T Y    A N A L Y S I S   -   S C A L E   (A L P H A)
```

Item-total Statistics

	Scale Mean if Item Deleted	Scale Variance if Item Deleted	Corrected Item-Total Correlation	Alpha if Item Deleted
A1	46.3100	98.2969	.6731	.9110
A2	46.4700	99.0597	.6234	.9120
A3	46.3800	97.8743	.6773	.9108
A4	46.3200	101.6339	.4396	.9158
A5	46.5200	99.8279	.5754	.9130
A6	46.6100	95.1898	.7468	.9089
A7	46.7100	100.9353	.5408	.9137
A8	46.4900	95.7878	.6744	.9107
A9	46.9400	100.4408	.4986	.9147
A10	47.3200	98.0784	.6840	.9107
A11	47.3600	98.7378	.5856	.9128
A12	47.1200	96.8137	.6887	.9104
A13	47.3500	100.8763	.4806	.9150
A14	47.4200	101.6400	.5006	.9145
A15	47.7800	104.3349	.4147	.9160
A16	47.4100	105.0524	.3296	.9172
A17	47.0300	100.3526	.5242	.9141
A18	46.9800	104.6259	.3398	.9172
A19	47.1300	102.1142	.4809	.9149
A20	46.9500	98.2298	.6121	.9122
A21	46.9400	101.1681	.4696	.9152
A22	46.1900	99.8928	.5146	.9144

Reliability Coefficients
N of Cases =   100.0   N of Items = 22
Alpha =   .9171

學者 Schmitt（1996）指出適當使用α係數之方法，應注意以下幾點：(1)α係數不適宜用來當作單一向度指數；(2)當α係數用來測量單一向度的量表時，

校正後（corrected）之數值，才能提供構念（construct）間的真正關係；(3)無所謂可接受或不可接受之α係數數值，某些情境下，雖然量表之α係數不若傳統所設的標準高，但它仍是十分有用的；(4)報告中只呈現α係數是不夠的，量表間的相關和「校正後的交互相關」（corrected intercorrelation）亦須呈現。

有關信度分析的操作程序與報表解釋，在後面章節中有詳細介紹。

八、再測信度

如果要繼續求出量表的再測信度（test-retest reliability），要以正式量表對同一組受試者前後測驗二次，根據受試者前後二次測驗分數得分，求其積差相關係數。再測信度又稱「穩定係數」（coefficient of stability），反應量表的穩定與一致性程度，一般而言，間隔時間愈長，穩定係數愈低。要求出量表的再測信度時，在資料建檔方面，每位受試者二次填答的資料要依序登錄。如包含七個題項的工作壓力量表，資料建檔的正確格式如下：

第一次填答的資料								第二次填答的資料							
Num	A1	A2	A3	A4	A5	A6	A7	Num	B1	B2	B3	B4	B5	B6	B7
001								001							
002								002							
003								003							

下表為錯誤的格式（同一受試者前後的資料未鍵入在同一列上）

第一次填答的資料								第二次填答的資料							
Num	A1	A2	A3	A4	A5	A6	A7	Num	B1	B2	B3	B4	B5	B6	B7
001								010							
002								012							
003								008							

積差相關係數

再測信度

受試者第一次
七個題項總分

受試者第二次
七個題項總分

圖 1-8

　　再測信度的求法程序如上圖所列。再測時間間隔時段，常為研究者使用者為一星期、二星期、三星期、一個月或二個月等，間隔時段為多久，研究者要根據其量表編製的目的與研究可行性等因素加以考量。在求量表的再測信度時，除求總量表的再測信度後，如果量表又分為數個構念因素，則層面構念間的再測信度也應一併呈現。

　　至於最後定稿的正式量表題項數，應該為多少題最為適宜，實無一定而絕對的標準。就一般情形而論，若該份量表是測量一種「普遍的」或多重向度的變項，其題數在 20～25 題即已足夠；若要測量的是特定的變項，以 7～10 題為宜；若每個量表包括不同因素層面之子量表時，每個子量表（因素層面）所包括的題項以 3～7 題較為適宜（王文科，民 80）。

　　量表題項數的多少，應考量實際研究脈絡，如一份問卷共使用了幾種量表，受試對象的年齡與身心成熟度如何、受試者的時間是否許可等因素。如果問卷的題項數過多或問卷設計過於複雜，對受試對象而言，是一種身心的煎熬，受試者在填答時可能較為馬虎，如此，則無法真正蒐集到有正確的資訊。

　　茲將以上量表編製建構的流程圖，統整如下：

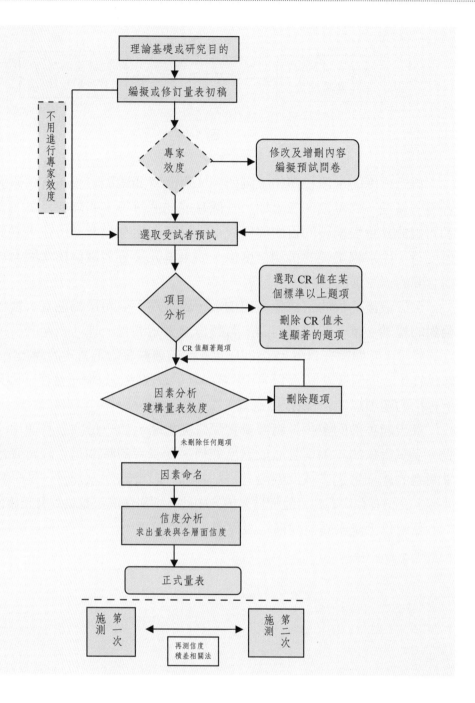

有關應用SPSS統計軟體以處理預試問卷，進行項目分析求其決斷值、如何進行因素分析、信度考驗等問卷分析與應用統計，讀者可參閱吳明隆（民90）編製之《SPSS 統計應用學習實務－問卷分析與應用統計》一書，內也有詳細介紹與說明（知城數位科技股份有限公司出版）。此外，在本書第五篇問卷的信效度考驗中也有完整的介紹。

附　錄

附錄為上述內容說明之資料檔的原始問卷——工作倦怠感問卷。

	從未如此	很少如此	有時如此	經常如此
1. 對工作感覺到有挫折感。	1	2	3	4
2. 覺得自己不被了解。	1	2	3	4
3. 我的工作讓我情緒疲憊。	1	2	3	4
4. 我覺得我過度努力工作。	1	2	3	4
5. 面對工作時，有力不從心的感覺。	1	2	3	4
6. 工作時感到心灰意冷。	1	2	3	4
7. 覺得自己推行工作的方式不適當。	1	2	3	4
8. 想暫時休息一陣子或另調其他職務。	1	2	3	4
9. 只要努力就能得到好的結果。	1	2	3	4
10. 我能肯定這份工作的價值。	1	2	3	4
11. 認為這是一份相當有意義的工作。	1	2	3	4
12. 我可以由工作中獲得心理上的滿足。	1	2	3	4
13. 我有自己的工作目標和理想。	1	2	3	4
14. 我在工作時精力充沛。	1	2	3	4
15. 我樂於學習工作上的新知。	1	2	3	4
16. 我能夠冷靜的處理情緒上的問題。	1	2	3	4
17. 從事這份工作後，我覺得對人變得更冷淡。	1	2	3	4
18. 對某些同事所發生的事我並不關心。	1	2	3	4
19. 同事將他們遭遇到的問題歸咎於我。	1	2	3	4
20. 我擔心這份工作會使我逐漸失去耐性。	1	2	3	4
21. 面對民眾時，會帶給我很大的壓力。	1	2	3	4
22. 常盼望有假期，可以不用上班。	1	2	3	4

資料來源：王瑞安（民87）：〈公立非正規成人教育機構員工工作壓力、工作倦怠與學習需求之關係研究〉。高師大成人教育研究所碩士論文（未出版）。

以下為第一位受試者勾選實例，請與資料檔相互對照。

	從未如此	很少如此	有時如此	經常如此
1. 對工作感覺到有挫折感。	1	2	③	4
2. 覺得自己不被了解。	1	②	3	4
3. 我的工作讓我情緒疲憊。	1	2	③	4
4. 我覺得我過度努力工作。	1	2	③	4
5. 面對工作時，有力不從心的感覺。	1	2	③	4
6. 工作時感到心灰意冷。	1	②	3	4
7. 覺得自己推行工作的方式不適當。	1	②	3	4
8. 想暫時休息一陣子或另調其他職務。	1	②	3	4
9. 只要努力就能得到好的結果。	1	2	3	④
10. 我能肯定這份工作的價值。	1	2	3	④
11. 認為這是一份相當有意義的工作。	1	2	3	④
12. 我可以由工作中獲得心理上的滿足。	1	2	3	④
13. 我有自己的工作目標和理想。	1	2	3	④
14. 我在工作時精力充沛。	1	2	③	4
15. 我樂於學習工作上的新知。	1	2	3	④
16. 我能夠冷靜的處理情緒上的問題。	1	②	3	4
17. 從事這份工作後，我覺得對人變得更冷淡。	1	②	3	4
18. 對某些同事所發生的事我並不關心。	1	②	3	4
19. 同事將他們遭遇到的問題歸咎於我。	1	②	3	4
20. 我擔心這份工作會使我逐漸失去耐性。	1	2	③	4
21. 面對民眾時，會帶給我很大的壓力。	1	②	3	4
22. 常盼望有假期，可以不用上班。	1	2	③	4

　　下面為五位預試對象的實際填答情形，第一行NUM為受試者之編號，A1至 A22 代表第一題至第二十二題的題號代號。

　　題號變數代號編碼時應注意：

1. 題號變數代號不能重複。
2. 同一量表的題號最好有相同的識別碼，如 A1 至 A20 為量表一；B1 至 B25 為量表二；C1 至 C30 為量表三。

3. 名義或類別變項的變數代碼最好與其意義內涵有關，以三至五個英文字簡寫代表最好。如性別為 SEX、年齡為 AGE、教育程度為 EDU、工作類別為 JOB 等等。

4. 變數代碼最好不要用中文字，如要加註部分變數的中文說明，可於 SPSS 操作中加註中文或英文說明。

原始問卷中，第九題至第十六題均為反向題，資料建檔範例如下：

NUM	A1	A2	A3	A4	A5	A6	A7	A8	A9	A10	A11	A12	A13	A14	A15	A16	A17	A18	A19	A20	A21	A22
001	3	2	3	3	3	2	2	2	4	4	4	4	4	2	4	2	2	2	2	3	2	3
002	3	2	2	2	2	2	2	3	3	3	3	3	3	3	3	4	3	2	2	2	4	4
003	3	3	3	3	3	2	2	3	2	2	2	2	3	3	3	3	3	2	3	3	3	3
004	3	3	3	3	3	2	2	3	3	3	3	3	3	3	4	3	2	2	2	2	2	2
005	3	3	3	3	3	2	3	3	3	3	3	3	3	3	3	3	2	1	2	2	3	2

第二章

研究問題與統計方法解析

爲便於研究者熟悉假設與假設驗證方法，將研究問題、假設驗證與統計分析作相關連結，本書根據研究目的與相關理論，規劃一個研究之簡要架構圖，如下圖所示，以便研究者從實例中，能適切的應用各種不同的統計方法，眞正了解統計方法的應用時機。

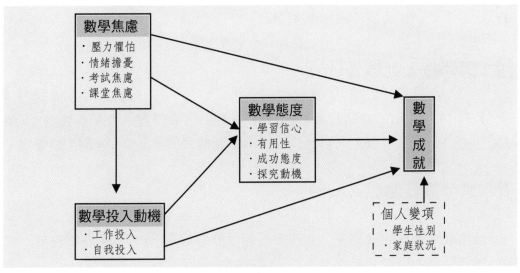

圖 2-1

　　研究架構中，相關變項的性質如下（括號內爲統計分析時之變項代號），其中「間斷變項」包括類別變項與名義變項；而連續變項則是指等距／比率變項。

一、個人變項

　　學生性別（sex），包括男生、女生二個類別，爲二分類別變項，或稱二分名義變項；學生家庭狀況（hom），包括單親家庭組（勾選①只和父親住在一起、②只和母親住在一起）、他人照顧組（勾選③和其他長輩住在一起）、雙親家庭組（勾選④和父母親住在一起者），屬三分類別變項。原始資料建檔中照問卷設計的方式，根據學生實際勾選的情形，輸入 1、2、3、4，之後再用重新編碼的方法，將選項 1、2 合併爲 1、選項 3 編碼爲 2、選項 4 編碼爲 3。

二、數學焦慮（anx）

　　共有 27 個題項，資料鍵入變項代號爲 a1 至 a27。包含壓力懼怕（fea）、情緒擔憂（wor）、考試焦慮（exa）、課堂焦慮（cla）四個因素層面，屬連續變項。

三、數學態度（att）

共有 30 個題項，資料鍵入變項代號為 b1 至 b30，包括學習信心（con）、有用性（use）、成功態度（suc）、探究動機（mot）四個因素層面，屬連續變項。

四、數學投入動機（tin）

共有 14 個題項（實際計分時，只有 13 題），資料鍵入變項代號為 c1 至 c14，包括工作投入（tin）、自我投入（ein）動機二個因素層面，屬連續變項。

五、數學成就測驗（mch）

為自編之數學成就測驗，共四十五題（滿分為 45 分），屬連續變項。

問卷完整內容請參考本章後面「第三部分學習經驗調查問卷」。

本研究共有三個分量表：「數學焦慮」量表、「數學態度」分量表、「數學投入」動機分量表，三個分量表的層面名稱、代號與其題項如下：

量表／層面名稱	變項名稱	包含的題項	題項數
一、數學焦慮分量表			
1.壓力懼怕層面	fea	a19+a15+a21+a23+a14+a22	6
2.情緒擔憂層面	wor	a10+a4+a11+a3+a12+a2+a7+a16	8
3.考試焦慮層面	exa	a6+a13+a18+a9+a17+a8+a1+a5	8
4.課堂焦慮層面	cla	a25+a26+a24+a20+a27	5
數學焦慮分量表總分	anx	fea+wor+exa+cla	27
二、數學態度分量表			
1.學習信心層面	con	b1+b2+b5+b6+b7+b10+b8+b24+b29+b18	10
2.有用性層面	use	b9+b12+b13+b20+b17+b19+b15	7
3.成功態度層面	suc	b25+b23+b22+b28+b21+b26+b27	7
4.探究動機層面	mot	b4+b3+b6+b14+b11+b30	6
數學態度分量表總分	att	con+use+suc+mot	30
三、數學投入動機分量表			
1.工作投入層面	tin	c1+c2+c3+c4+c5+c6+c9	7
2.自我投入層面	ein	c8+c10+c11+c12+c13+c14	6
3.投入動機分量表總分	inv	tin+ein	13

2-1 研究問題與統計方法的選用

【問題研究】

> 國民小學五年級學生的數學焦慮、數學態度、數學投入動機與數學成就的現況如何？

[方法分析]

研究問題一乃在探究學生數學學習行為之現況，以平均數、標準差最為適宜

由於量表中各層面所涵括的題數不一樣，因而不能以層面的平均數比較受試者在各層面得分高低，應將各層面平均得分再除以層面題數，求出「層面中每題的平均得分」，再進行比較，才有實質意義。以數學焦慮四個層面而言，要求出層面的描述性統計量，只要將每個層面所包括的題項加總即可，如「壓力懼怕」層面＝ a19+a15+a21+a23+a14+a22，各層面加總後，執行「分析（Analyze）／描述統計（Descriptive Statistics）／描述性統計量（Descriptives）」程序，按「選項」（Options）鈕，選取適當的統計量即可，此時報表如下：

敘述統計量－層面的平均數

變項名稱	個數	最小值	最大值	平均數	標準差
壓力懼怕	300	6.00	30.00	17.1067	6.5210
情緒擔憂	300	8.00	40.00	24.9533	7.3570
考試焦慮	300	8.00	40.00	25.3400	7.8052
課堂焦慮	300	5.00	25.00	16.3800	4.9704
數學焦慮總分	300	27.00	135.00	83.7800	23.8206

上述報表呈現數學焦慮各層面的描述性統計量，其中以平均數高低排序，學生所知覺的數學焦慮層面依序為「考試焦慮」、「課堂焦慮」、「壓力懼怕」、「課堂焦慮」，其實這樣的呈現與描述是「沒有實質意義存在」，因為各層面所包括的題項數並不相同，研究者應進一步將各層面的平均數除以層面所包括的題項數：

$$壓力懼怕單題平均＝壓力懼怕層面得分÷層面題項數＝17.1067÷6$$
$$＝2.8511$$

$$情緒擔憂單題平均＝情緒擔憂層面得分÷層面題項數＝24.9533÷8$$
$$＝3.1192$$

$$考試焦慮單題平均＝考試焦慮層面得分÷層面題項數＝25.3400÷8$$
$$＝3.1675$$

$$課堂焦慮單題平均＝課堂焦慮層面得分÷層面題項數＝13.3800÷5$$
$$＝3.2760$$

$$數學焦慮單題平均＝數學焦慮量表總得分÷量表總題項數$$
$$＝83.7800÷27＝3.1030$$

上述運算可執行「轉換（Transform）／計算（Compute）」程序、再執行「分析（Analyze）／描述統計（Descriptive Statistics）／描述性統計量（Descriptives）」程序即可求出。結果如下表所列：

敘述統計量－單題題項平均數

變項名稱	個數	最小值	最大值	平均數	標準差	排序
壓力懼怕	300	1.00	5.00	2.8511	1.0868	4
情緒擔憂	300	1.00	5.00	3.1192	0.9196	3
考試焦慮	300	1.00	5.00	3.1675	0.9756	2
課堂焦慮	300	1.00	5.00	3.2760	0.9941	1
數學焦慮總分	300	1.00	5.00	3.1030	0.8822	

從上表中可以得知學生在數學焦慮四個層面的平均得分及其排序，其中以「課堂焦慮」的平均得分最高（M=3.2760）；而以「壓力懼怕」的平均得分最低（M=2.8511），此描述統計量只能看出層面單題平均得分高低，無法看出層面中每題平均得分之差異情形，如果要了解四個層面每題平均得分間之差異是否有實質的意義，進一步應採用「相依樣本變異數分析法」加以考驗。如果未經考驗，則研究者不能隨便下此結論：「學生所知覺的數學焦慮層面，以『課堂焦慮』層面的得分最高；而以『壓力懼怕』層面的得分最低」，因為未經考驗，其間分數的差異是否達到統計上的顯著水準無從得知，如單題平均得分間的差異均未達顯著，則測量分數的高低沒有實質意義。

數學焦慮量表單題的平均得分為3.1030，在五點量表中換成百分等級等於：

$$\frac{3.1030-1}{5-1}=.5257=53\%，約居於中等程度。$$

李克特量表得分與百分等級換算的公式，以五點量表填答爲例如下（M 表量表單題平均得分）：

$$\frac{M-1}{5-1}=\frac{M-1}{4}$$

上述計算式表示：（量表測量平均得分－1）÷（五點量表－1）＝（量表測量平均得分－1）÷ 4；如果是採六點量表方式填答，則量表得分與百分等級換算的公式如下（M表量表單題平均得分）：

$$\frac{M-1}{6-1}=\frac{M-1}{5}$$

上述在五點量表填答中：

如量表單題平均得分爲 3，則百分等級爲：$(3-1)\div 4 = 50\%$

如量表單題平均得分爲 4，則百分等級爲：$(4-1)\div 4 = 75\%$

如果要求百分等級 70%的量表平均得分爲 3.8，其求法如下：

$$(s-1)\div 4 =.70 \quad \Rightarrow \quad s-1 =.70\times 4 = 2.8 \quad \Rightarrow \quad s = 3.8$$

如果要求百分等級 30%的量表平均得分爲，其求法如下：

$$(s-1)\div 4 =.30 \quad \Rightarrow \quad s-1 =.30\times 4 = 1.2 \quad \Rightarrow \quad s = 2.2$$

【問題研究】

學生之數學焦慮、數學態度、數學投入動機、數學成就間是否有顯著的相關存在？

[方法分析]

研究問題二主要在探究「單一變項」與「單一變項」間兩兩相關，其變項間均屬連續變項（continuous variable），可以採用皮爾遜（K. Pearson）「積差相關」（product-moment correlation）的方法加以考驗。

積差相關的基本假定有四：

1. 受試樣本人數最好在 25 人以上。
2. 變項間均為連續變項（等距／比率變項）。
3. 變項母群體均呈常態分配。
4. 二者相關型態為直線相關，而非曲線相關。

積差相關適用「雙變數資料」（bivariate data），其適用時機：

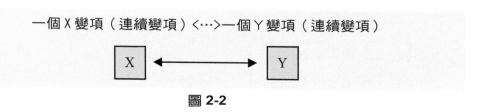

一個 X 變項（連續變項）〈…〉一個 Y 變項（連續變項）

圖 2-2

如果 X 變項與 Y 變項並非皆是連續變項，其中有一個以上不是連續變項，就應採用其他統計方法。在其他相關統計方法上，所謂二分變項有二種：

1. 真正二分變項：變項屬性原來就是二分類別變項或二分次序變項，如性別。
2. 人為二分變項：變項屬性原來是等距／比率變項，經人為操控轉換為二分類別變項或二分次序變項。如學生成就測驗得分原為連續變項，因研究需要，將成績分為「及格」與「不及格」二類。

以下為變項屬性與適用相關方法摘要表：

X 變項	Y 變項	適用之相關方法
連續變項	連續變項	積差相關法
人為二分變項	人為二分變項	四分相關（tetrachoric correlation）
真正二分變項	真正二分變項	φ（phi）相關
人為二分變項	連續變項	二系列相關（biserial correlation）
真正二分變項	連續變項	點二列相關（point-biserial correlation）
二分以上名義變項	連續變項	多系列相關
次序變項	次序變項	Spearman 等級相關 Kendall 等級相關 Kendall 和諧係數
名義變項 （水準數 3 個以上）	名義變項 （水準數 3 個以上）	列聯相關（適用正方形列聯表） Cramer's V 係數（適用長方形列聯表）
名義變項	次序變項	卡方考驗

　　社會科學領域中，四分相關法廣泛應用於心理計量學（psychometrics）方面，常見於試題反應理論（IRT）分析上；而「點二系列相關」應用於心理測驗之中，即是試題鑑別度指數（discrimination index），亦即作為某一試題（非對即錯的試題，Likert 量表式題目不適用）答對與否與測驗總分間的相關（余民寧，民 84），點二列系相關係數愈高，表示該試題的鑑別度愈佳。上述點二系列相關與二系列相關均適用於一個變項是「二分名義變項」、另外一個變項是「連續變項」，如果當名義變項的水準數在二個以上時（三分名義變項或多分名義變項），則應採用「多系列相關」，多系列相關與點二系列相關一樣，可用來作為題目的鑑別度指標。

【問題研究】

> 不同性別的學生，其數學焦慮、數學態度、數學投入動機與數學成就是否有顯著差異。

[方法分析]

　　研究問題中，自變項為學生性別，屬類別變項（nominal variable），有二個「水準」（level）：男生、女生，依變項為連續變項，每個依變項分開考驗，可採用獨立樣本的 t-test。獨立樣本 t-test 的適用時機：

自變項爲二分變項（包括二個水準）→ 一個依變項（爲連續變項）

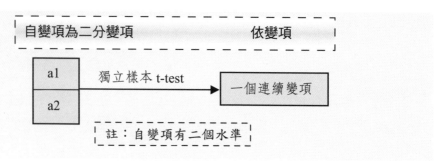

圖 2-3

以上 a1、a2 二個組別是個別獨立的，彼此不受影響，所用的方法是獨立樣本（independent sample）的 t 考驗法，其目的在考驗二個獨立母群體平均數的差異情形。另外一種考驗兩個母群體參數的方法，稱爲相依樣本（dependent sample）的 t 考驗，在相依樣本中，受試者是同一組受試者，此即爲重複量數設計法。此外，實驗設計中之「配對組」法，也適用於相依樣本的 t 考驗。相依樣本適用時機圖：

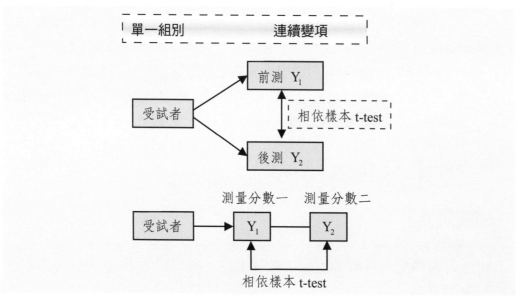

圖 2-4

如果是同一受試者在幾項不同測驗分數得分之比較，則應採用「相依樣本單因子變異數分析」，以上述問題爲例，研究者想要探究受試者在四個數學態度得分之差異情形，就應採用「相依樣本單因子變異數分析」。「相依樣本單因子變異數分析」的模式圖如下：

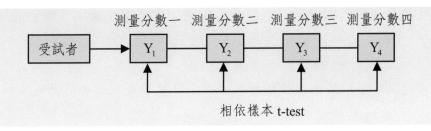

測量分數一　測量分數二　測量分數三　測量分數四

圖 2-5

Y_1	Y_2	Y_3	· · ·	Y_P
S_1	S_1	S_1	S_1	S_1
S_2	S_2	S_2	S_2	S_2
S_3	S_3	S_3	S_3	S_3
S_4	S_4	S_4	S_4	S_4
·	·	·	·	·
·	·	·	·	·
S_n	S_n	S_n	S_n	S_n

【問題研究】

> 不同家庭狀況的學生，其數學成就、數學焦慮是否有顯著差異？

[方法分析]

研究問題中，自變項為家庭狀況，有三個水準：單親家庭組、他人照顧組、雙親家庭組；依變項為連續變項，每個依變項分開考驗，可採用獨立樣本單因子變異數分析（one-way ANOVA）。獨立樣本單因子變異數分析的適用時機圖：

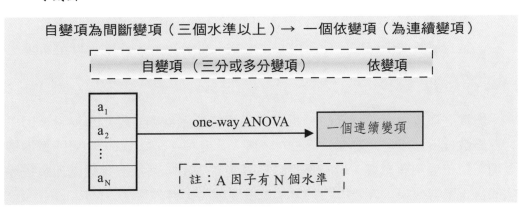

圖 2-6

　　如果自變項爲連續變項，應將此連續變項化爲間斷變項（類別變項或次序變項），如：

　　研究問題爲「不同數學工作投入組學生其數學成就是否有顯著差異？」

　　其中自變項爲數學工作投入、依變項爲數學成就，在統計方法應用上，除可用皮爾遜積差相關求其二者之相關外，亦可將數學工作投入層面，依其得分高低劃分爲「高分組」、「中分組」、「低分組」，如此，數學工作投入層面變項便具有間斷變項的性質，其中有三個水準，採用 one-way ANOVA 統計方法，便能求出不同數學工作投入組學生的數學成就差異情形。

　　如果自變項只歸類爲二組，如「高分組」、「低分組」，則可採用獨立樣本 t-test 法。

　　在組別的劃分中，三組人數最好不要差距太大，常用的方法如：

1. 以數學工作投入層面的平均數上下 0.5 個標準差爲劃分組別界限，平均數.5 個標準差以上者爲高分組，平均數.5 個標準差以下者爲低分組，界於二者之間者爲中分組。

2. 以數學工作投入層面的平均數上下 1 個標準差爲劃分組別界限，平均數 1 個標準差以上者爲高分組，平均數 1 個標準差以下者爲低分組，界於二者之間者爲中分組。

3. 將數學工作投入層面得分按高低排列，分數前 25%～33% 者爲高分組，分數後 25%～33% 者爲低分組，中間 34%～50% 爲中分組。

4. 如果研究者以量表單題平均數作爲測量分數統計分析的依據，則在分組時可以以百分等級將此量表分組，以上述李克特五點量表爲例，百分等級 30（30%）的平均得分爲「2.20」、百分等級 70（70%）的平均得分爲「3.80」，則量表或層面平均得分在 3.80 以上者爲「高分組」、量表或層面平均得分在 2.20 以下者爲「低分組」，介於 2.20 至 3.80 分者爲「中分組」。

　　與獨立樣本單因子變異數分析模式甚爲接近者爲獨立樣本單變量單因子共變異數分析，這是共變數分析法的一種，共變項（covariate）也是一個連續變項，對依變項有影響，但不是實驗操弄的自變項，爲探究實驗處理對依變項的真正影響效果，就要排除共變項對依變項的影響效果。

　　共變量與實驗處理（自變項）之相關要儘量低，以避免所謂的「多元共

線性」（multicollinearity）現象，但是與依變項之相關卻要儘量高，否則便不必使用共變數來排除它的影響（林清山，民 81）。「獨立樣本單因子單共變量變異數」分析的圖示如下：

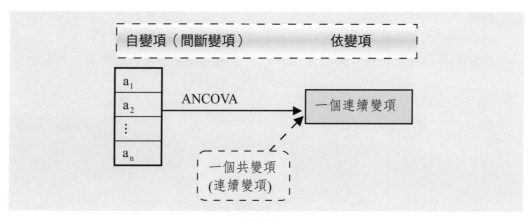

圖 2-7

在實驗設計中，如果要排除的共變量有二個，則採用的統計分析方法為「獨立樣本單因子雙共變量變異數分析」，如圖示如下：

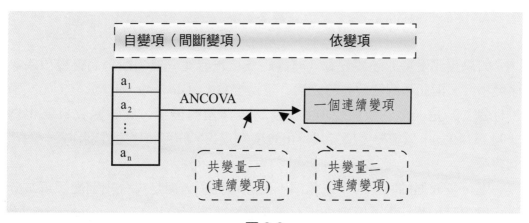

圖 2-8

【問題研究】

> 學生性別、數學焦慮、數學態度、數學投入動機是否可有效預測學生的數學成就？其預測力如何？

[方法分析]

研究問題中，由於預測變項包括「學生性別」、「壓力懼怕」、「情緒擔憂」、「考試焦慮」、「課堂焦慮」、「學習信心」、「有用性」、「成功態度」、「探究動機」、「數學工作投入」、「數學自我投入」等十一個，而依變項為「數學成就」變項一個，因而可採用「多元迴歸分析法」（multiple regression）或稱「複迴歸法」。「多元迴歸分析法」適用時機圖如下：

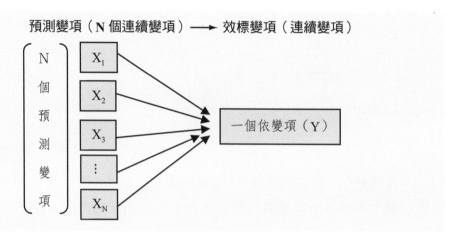

圖 2-9

如果預測變項非連續變數（非等距變項也非比率變項而是名義變項或次序變項），則此預測變項要轉化為「虛擬變項」（dummy variable），如「學生性別」乃是一個「類別變項」，要納入為預測變項，其數據資料要化為「0」、「1」，以虛擬變項方式轉化變項的方式，亦可將學生性別作為一個預測變項。

進行多元迴歸時，如果依變項不是連續變項，而是二分類別變項或二分次序變項時，應採用「區別分析」或「對數式迴歸分析」（logistic regression analysis），如果依變項是多分類別變項或多分次序變項（水準數在三個以上），則須進行區別分析。

依變項為二分變項之區別分析結構圖，也可採用 Logistic 迴歸分析法：

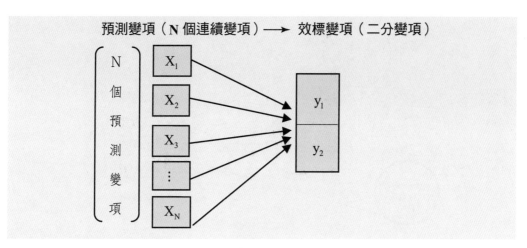

圖 2-10

依變項為多分變項之區別分析結構圖如下，有 N 個自變項，一個依變項 Y，Y 變項有 p 個水準數：

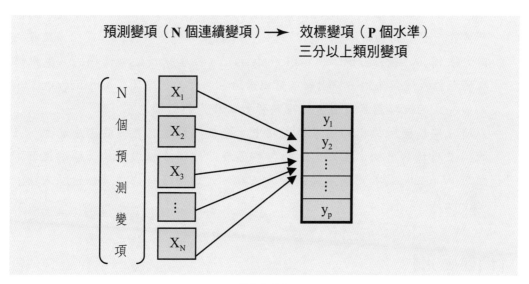

圖 2-11

【問題研究】

研究模式圖是否可以得到支持？

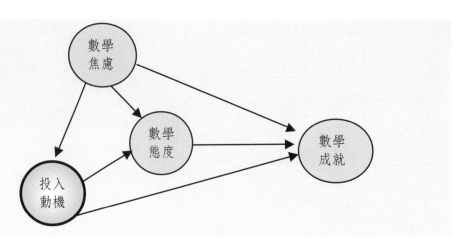

圖 2-12

[方法分析]

研究根據理論與相關文獻提出可能的因果模式，並以「徑路圖」（path diagram）說明各變項間可能的因果關係。在徑路圖中以節點代表變數，而以箭號表示變項的因果關係，箭號起始為「因」，箭號所指為「果」，此種統計方法稱為「徑路分析」（path analysis）。徑路分析之初始模式，應根據相關理論或經驗法則，提出一個可以考驗且合理的徑路圖（path diagram），初始模式的徑路圖為沒有包括徑路係數的模式假設圖。

以研究架構圖所提出的因果模式圖中，變數的影響有先後的次序關係，且此因果關係為單向，徑路圖上的徑路係數即迴歸方程式中的「標準化迴歸係數」（Beta 值），所用的統計方法為多元迴歸分析法之「強迫輸入法」（Enter）。

【問題研究】

學生性別與家庭狀況變項在數學成就上是否有顯著的交互作用。

[方法分析]

研究問題中的自變項有二個：學生性別、家庭狀況，學生性別有二個水準、家庭狀況有三個水準，二個自變項均屬間斷變項；而依變項有一個數學成就，為連續變項，採用「二因子變異數分析」（two-way ANOVA）最為適宜。

在二因子變異數分析中，自變項也稱因子（A因子、B因子），二者是相互獨立的，因而，在實驗設計中也稱「二因子受試者間設計」，又稱「完全隨機化因子設計」（completely randomized factorial design）。獨立樣本二因子變異數分析適用時機：

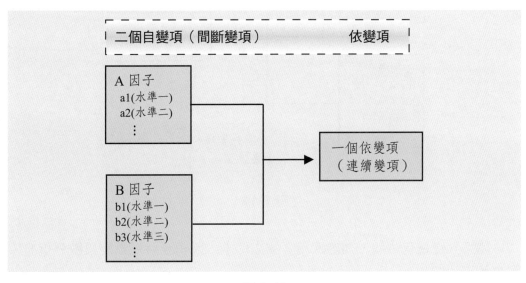

圖 2-13

在二因子變異數分析中，研究者所關注的是A因子與B因子的交互作用情形，如果交互作用顯著，就要進行「單純主要效果」（simple main effects）考驗，如果二因子交互作用不顯著，則要單獨考驗每一個自變項的「主要效果」（main effects），主要效果考驗的結果，與單獨進行t-test（二個水準時）或 one-way ANOVA（三個水準時）之結果一樣。

多數研究者在擬定研究問題時，常按照次序排列，同樣的變項先做 one-way ANOVA，再做 two-way ANOVA，這在研究方法上是多餘的，以探討相同變數而言，如果 two-way ANOVA 的交互作用顯著，則先前進行之 one-way ANOVA 事後比較之結果便沒有實質意義；如果 two-way ANOVA 交互作用不顯著，再進一步進行主要效果考驗，此時便包含先前 one-way ANOVA 之結果。two-way ANOVA 交互作用不顯著，主要效果考驗之結果可與研究問題三、研究問題四相互對照。

在實驗設計中，如果同時考量二個自變項對依變項的影響，則應採用二因子變異數分析，如果有一個共變量，則分析模式變成「獨立樣本雙因子單共變量變異數分析」，其分析模式圖如下：

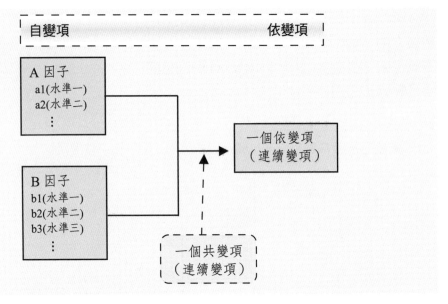

圖 **2-14**

　　如果共變量有二個，則應採用「獨立樣本二因子雙共變量變異數分析」，其分析模式圖如下：

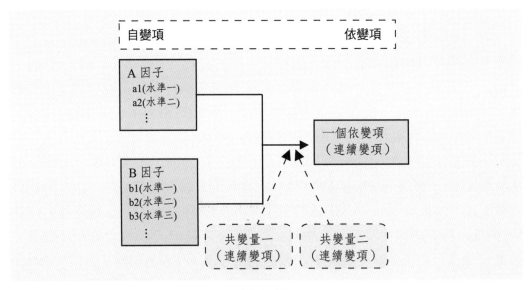

圖 **2-15**

【問題研究】

不同數學工作投入動機組的學生在數學態度四個層面是否有顯著差異？

[方法分析]

此一研究問題，自變項原先雖為連續變項，但依其得分高低劃分成「高分組」（前27%）、「中分組」（中間46%）、「低分組」（後27%），因而屬間斷變數（有三個水準），而依變項（數學態度）包括四個層面：「學習信心」、「有用性」、「成功態度」、「探究動機」，因而實際的依變項有四個，採用單因子多變量變異數分析（multiple analysis of variance；MANO-VA）最為適宜。因為採用 MANOVA 方法可同時考驗數個依變項的平均數之差異情形，進而減少犯第一類型的錯誤率。

MANOVA 分析的步驟，要先進行整體效果考驗（overall test），整體效果考驗值通常看 Wilks' Λ 值，因為整體考驗之 Wilks' Λ 值的韌性較強。整體效果考驗若達顯著水準，則繼續作追蹤考驗（follow-up test），追蹤考驗時亦可採用單變量變異數分析，其考驗程序結果與 ANOVA 一樣。

單因子 MANOVA 的適用時機如下：

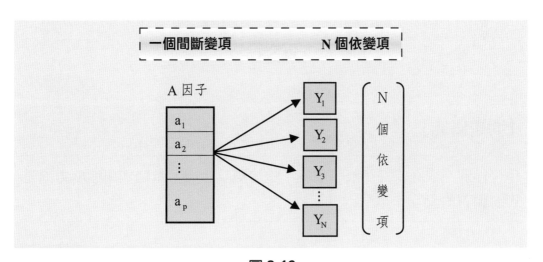

圖 2-16

在單因子多變量分析中，如果自變項的水準數只有二個，即自變項為二分名義變項，而依變項有二個以上，除可採用MANOVA的統計方法外，亦可採用「Hotelling 」的考驗方法，在多變量分析中，Hotelling T^2 考驗是單變量 t 考驗的擴充，主要是用來分析一個樣本或兩個樣本之多變量平均數的假設考驗。在 SPSS 的「分析」模組中，沒有提供專門處理 Hotelling T^2 考驗的指令，研究者可先採用「分析（Analyze）／一般線性模式（General Linear Model）／多變量（Multivariate）」程序執行 MANOVA，再以下列公式求出 Hotelling T^2 值。

$$T^2 = \frac{(N-2) \times P}{N-P-1} \times F$$

上述中 N 為有效觀察值人數、P 是依變項的個數、F 是統計量中的 F 值。「Hotelling T^2」使用時機模式如下：

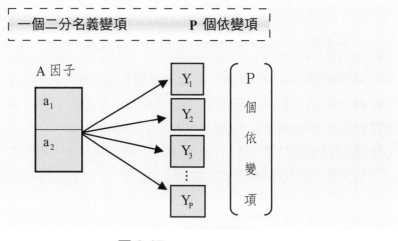

圖 2-17

【問題研究】

學生性別、家庭狀況在數學成就、整體數學焦慮、整體數學態度方面是否有顯著的交互作用？

[方法分析]

此問題中自變項有二個因子，一為二分變項、一為三分變項，均屬間斷變數，而依變項有三個，均屬連續變項，因而採用二因子多變量變異數分析法較為適宜。

獨立樣本二因子多變量變異數分析法適用時機如下圖所示，其中 A 因子有 p 個水準、B 因子有 q 個水準。

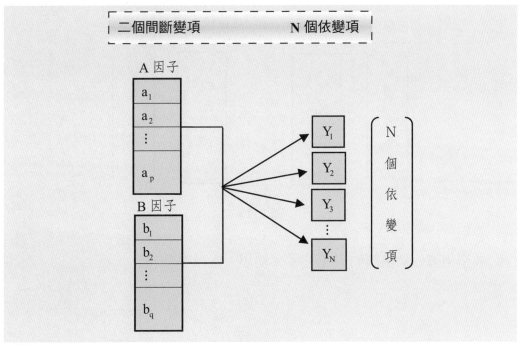

二個間斷變項　　　　　　N 個依變項

A 因子

a_1

a_2

$\vdots$

a_p

B 因子

b_1

b_2

$\vdots$

b_q

Y_1

Y_2

Y_3

$\vdots$

Y_N

N 個依變項

圖 **2-18**

【問題研究】

數學投入動機與數學態度間是否有顯著的典型相關存在？

[方法分析]

此一研究問題中，自變項為數學投入動機，包括二個層面：數學工作投入與數學自我投入動機；而依變項為數學態度，包括四個層面：學習信心、有用性、成功態度與探究動機。在相關分析中，如果自變項只有一個連續變項，而依變項也只有一個連續變項，則採用積差相關；如果自變項在二個以上，而依變項也在二個以上，二者之間的相關應採用「典型相關」（canonical correlation），其目的是找出這一組自變項的線性組合與另一組依變項的線性組合，使二組變項間的相關達到最大。如果有 p 個 X 變項、q 個 Y 變項，X 變項與 Y 變項均為計量變數，則典型相關分析主要目的在找出 p 個 X 變項的加權值（weights）與 q 個 Y 變項的加權值，使 p 個 X 變項的線性組合分數（linear composite/synthetic score）與 q 個 Y 變項之線性組合分數之相關達到最大值，複相關可視為典型相關的一個特例（林清山，民92）。典型相關的適用時機如下：

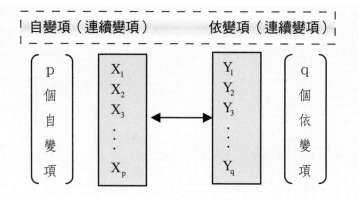

圖 2-19

典型相關的結構圖如下（三個 X 變項、四個 Y 變項）：

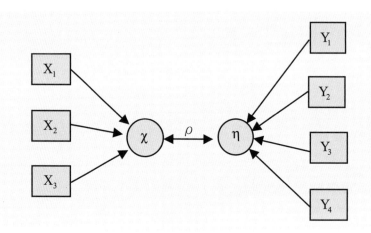

圖 2-20

在研究中，如果要求p個自變項與q個依變項間的典型相關，就可以不必求 X_1, X_2,……, X_m 與 Y_1, Y_2,……, Y_n 間兩兩變項之積差相關，如果二者一起使用，則統計結果可能會重複，但如果研究者要進行交叉檢驗，以驗證假設，則同時使用積差相關與典型相關也可以，只是其最後結果應該差異不大。

2-2 統計考驗與顯著水準

在統計方法應用上，主要分為二大類，一為母數統計（parametric statistics tests）、一為無母數統計（non-parametric statistics tests）。無母數統計法應用時機有四（Conover, 1980）：

1. 類別屬性之量尺。

2. 次序屬性之量尺。

3. 變項爲等距/比率變項，但樣本母群體的分配特性未知或母群不是常態分配。

4. 變項爲等距/比率變項，但受試之樣本數很小。

　　無母數統計法特別適用於類別或次序變項，這二個變項也稱爲「弱量尺」（weaker scales），而母數統計法則適用於「強量尺」（stronger scales），亦即適用於等距／比率變項。資料分析時，當母數統計方法違背母數統計的基本假定（常態分配、變異數同質性、獨立性等），則應改用無母數統計法，因爲無母數統計分析時的假定較爲寬鬆，但大多數無母數統計法的統計考驗力（power）均較母數統計法爲低，且控制無關變項的方法也較少。

　　無母數統計法中，適用於兩個獨立樣本時的方法有以下幾種：費雪爾正確概率檢定（Fisher's exact probability test）、中數考驗（median test）、柯—史二樣本考驗（Kolmogorov-Smirnov two samples test）、曼—惠特尼 U 考驗（Mann-Whitney U test）；適用於二個相依樣本的考驗方法有以下二種：符號考驗（sign test）、魏可遜配對組符號等級檢定（Wilcoxon matched-pairs signed-ranks test）。

　　「麥內瑪考驗」（McNemar test）適用於兩個關聯樣本的資料分析；「寇克蘭 Q 考驗法」（Cochran Q test）考驗適用於 k 個關聯樣本的資料分析，包括同一群 N 個受試者重複在 k 個不同條件下接受觀察，或 N 個配對組，每配對組 k 個人各在其中一個條件下接受觀察，此種方法特別適用於類別變項或二分的次序變項資料。「克—瓦二氏單因子等級變異數分析」（Kruskal-Wallis one-way analysis of variance by ranks）用以考驗 k 個獨立樣本是否來自同一母群或平均數相等的 k 個母群，其功能相當於母數統計法中的獨立樣本單因子變異數分析法。「弗里曼二因子等級變異數分析」（Friedman two-way analysis of variance by ranks）適用於重複樣本次序變數資料的無母數統計法，相當於母數統計法中重複量數單因子變異數分析法（林清山，民 81；Siegel & Castellan, 1988）。

　　統計考驗過程，主要由科學假設（scientific hypothesis），演繹出統計假設（statistical hypothesis），以確認虛無假設（null hypothesis；以符號H_0表示）、對立假設（alternative hypothesis；以符號 H_1 表示），進而隨機方式選取受試者，進行統計考驗，配合變項屬性與樣本大小，採用母數統計法或無母數統計法，最後再歸納推論，上述對立假設依照研究者提出的研究假設企圖之

不同，又分成「單尾」（one-tailed）的對立假設與「雙尾」（two-tailed）的對立假設。在統計考驗中，所要考驗（拒絕或接受）的假設是虛無假設，虛無假設是含等號「＝」的假設，以「虛無」方式呈現，代表的是變項間「沒有關聯」或「沒有差別」，如果統計考驗結果未達顯著，代表沒有足夠證據可以推翻虛無假設，那就要接受虛無假設，表示變項間沒有差別、沒有不同或沒有關聯；相對的，如果統計假設結果達到顯著（p≤.05 或 p≤.01），就要拒絕虛無假設，接受對立假設，表示研究變項間有不同、有差別或彼此間有關聯存在。

　　某研究成人教育之學者想探究已婚男性、已婚女性知覺的生活滿意度是否有所不同，此謂「待答問題」，如果改成「研究假設」則描述變成如下：「已婚男性、已婚女性知覺的生活滿意度有顯著的不同」或「已婚男性、已婚女性知覺的生活滿意度沒有顯著的不同」。研究假設通常根據理論文獻探討（literature review）或經驗法則所提出的一種臆測或邏輯判斷，「研究假設」又稱為「科學假設」（scientific hypothesis）。研究者在提出研究假設後，必須對所研究的變項提出所謂的「操作型定義」（operational definition），亦即對研究變項提出一種客觀、具體、可測量、可量化、可重複驗證的基本說明和解釋。如將研究假設以數量或統計學術語來表達，並對未知的母群體性質作有關的陳述，此種陳述即是「統計假設」（余民寧，民 84）。上述研究者所要探討的問題轉成統計假設如下：「已婚男性生活滿意度得分平均數與已婚女性生活滿意度得分平均數間有顯著差異存在」，此種假設即是對立假設，以符號表示如下：

$$H_1：\mu_1 \neq \mu_2 （雙尾檢定）$$

　　上述假設即是研究者所欲支持或驗證的假設，但在統計檢定上，學者多半不是直接考驗或檢定對立假設，而是提出一個與對立假設完全相反的假設，此假設稱為「虛無假設」，上述對立假設的虛無假設表示如下：

$$H_0：\mu_1 = \mu_2 （雙尾檢定）$$

　　虛無假設才是研究者所要考驗的假設，然後依據蒐集的資料去考驗分析虛無假設的真實性。如果蒐集到的資料支持拒絕虛無假設，相對的可接受對立假設：「已婚男性、已婚女性知覺的生活滿意度有顯著的不同」；如果蒐集的樣本資料無法拒絕虛無假設，則要接受此假設，拒絕對立假設：「已婚

男性、已婚女性知覺的生活滿意度沒有顯著的不同」。

上述對立假設為雙尾檢定，所謂雙尾檢定又稱無方向性的考驗（non-directional test），研究旨在考驗兩組受試者的統計量（上述為平均數）是否有所不同，並不是要考驗那一個受試者樣本的統計量比較大或比較小，此種考驗是沒有方向性的。如果研究者要探究的是那一個受試者樣本的統計量比較大或比較小的問題，則此種考驗是有方向性的，稱為單尾檢定，因為其有方向性又稱為「有方向性的考驗」（directional test）。單尾考驗如：「已婚成年男性所覺的生活滿意度顯著的高於已婚成年女性知覺的生活滿意度」或「已婚成年男性所覺的生活滿意度顯著的低於已婚成年女性知覺的生活滿意度」，此種單尾檢定的對立假設如下：

$$H_1 : \mu_1 > \mu_2 \quad 或 \quad \mu_1 < \mu_2$$

虛無假設如下：

$$H_0 : \mu_1 = \mu_2$$

再以企業員工之「工作滿意」與其「組織認同」之相關研究為例，沒有方向性的考驗即在探究「企業員工之『工作滿意』與其『組織認同』是否有顯著的相關」，研究者研究的企圖旨在探討受試樣本『工作滿意』與其『組織認同』是否存有某種程度的關聯，此關聯可能是正相關，也可能是負相關，此為雙尾檢定之考驗，其對立假設如下：

$$H_1 : \rho \neq 0$$
虛無假設如下：

$$H_0 : \rho = 0$$

如果蒐集的樣本資料分析結果可以拒絕虛無假設，表示應接受對立假設，即企業員工之「工作滿意」與其「組織認同」間有顯著的相關存在。相對的如果蒐集的樣本資料分析結果無法拒絕虛無假設，就應接受它，表示企業員工之「工作滿意」與其「組織認同」間沒有顯著的相關存在。

如研究者根據文獻探討或經驗法則結果，認為企業員工之「工作滿意」愈高，其「組織認同」感也應愈高，表示二者有正相關存在，此種對立假設

的陳述，已強調所欲考驗問題的方向性，便是單側考驗（one-tailed test）問題。此單側考驗的對立假設與虛無假設分別陳述如下：

$H_1 : \rho > 0$

$H_0 : \rho \le 0$

研究假設與統計考驗流程，簡要圖示如下（修改自 *Kirk，1995，p.49*）：

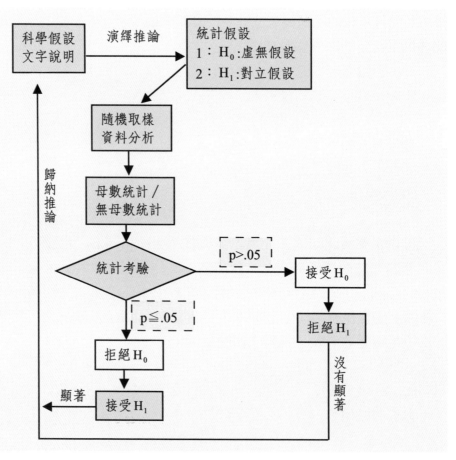

圖 2-21

以下為一個統計方法實施時的流程舉例。

科學假設（文字說明）	國中退休教師的社會參與與其生活滿意度是否有所相關？
統計假設 1. 虛無假設 2. 對立假設	1. H_0：國中退休教師的社會參與與其生活滿意度間沒有顯著相關 2. H_1：國中退休教師的社會參與與其生活滿意度間有顯著相關存在
確定母群的範圍	國中退休教師母群體共 3000 人
抽樣方法	採隨機抽樣方式，抽取母群體的百分之十五
樣本人數	450 人
樣本統計量－採用母數統計	得出相關係數值等於.7892
顯著性考驗	顯著性機率值（p 值）=.002（p＜.05）
虛無假設的驗證	拒絕虛無假設→接受對立假設
歸納結果	國中退休教師的社會參與與其生活滿意度間有顯著的正相關存在

在推論統計中，由於未知母體參數的真正性質，而是根據樣本統計量來做推論或下決策，因而可能會發生錯誤。用來表示推論錯誤的機率值有以下二種：

1. 第一類型錯誤（type 1），以符號α表示。
2. 第二類型錯誤（type 2），以符號β表示。

它們與研究者作決定之關係圖如下：

母群真正的性質

研究者決定		H_0 為真	H_0 為假
	拒絕 H_0	α （第一類型錯誤）	$1-\beta$（power） （統計考驗力） （裁決正確率）
	接受 H_0	$1-\alpha$ （正確決定）	β （第二類型錯誤）

所謂第一類型錯誤，為研究者拒絕虛無假設，但實際上虛無假設為真的情況下所犯的錯誤率，第一類型錯誤的機率以α表示：α＝P（I）＝P（拒絕 H_0 | H_0 為真），α又稱為「顯著水準」（significance level）；而第二類型錯誤，是指當研究者接受虛無假設，但事實上虛無假設為假的情況下所犯的錯

誤率。第二類型錯誤的機率以β表示：$\beta = P(II) = P(接受 H_0 \mid H_0 為假)$ 或 $P(接受 H_0 \mid H_1 為真)$。事實上，第一類型錯誤與第二類型錯誤並不是完全獨立的（*Kirk, 1995*）。如將顯著水準α值定得較小，則統計決策時犯第一類型錯誤比較小；但相對的，犯第二類型之錯誤率反而變得比較大。如果虛無假設為假，而研究者又正確拒絕它，此種裁決正確率以 $1 - \beta$ 表示，這就是所謂的「統計考驗力」（power）。**研究假設驗證方面，除避免犯第一類型錯誤外，也應該有較高的統計考驗力。**

通常在實驗研究中（尤其是有關性命的研究），研究者認為觸犯第一類型錯誤是比較嚴重且不可原諒的，所以必須儘量避免。這就是研究者寧願冒觸犯第二類型錯誤，而不願冒觸犯第一類型錯誤的原因所在。而在進行相關性或調查性的研究時，研究者則會認為觸犯第一類型錯誤是可以容忍的，因此選擇冒觸犯第一類型錯誤，而忽略第二類型錯誤的危險（*余民寧，民 84*）。做假設檢定時發生第一類型錯誤或第二類型錯誤是無可避免的，因此，研究者希望統計推論時錯誤的機率α、β愈小愈好，或正確機率（$1 - \alpha$）與（$1 - \beta$）愈大愈好；然而α變小、則會使β變大，亦即在其他條件固定下，調整決策法則（臨界點）無法同時使α與β都變小。此外，研究者在決定統計決策法則時，除必須考慮兩種錯誤發生的機率的大小外，尚須考慮犯第一類型錯誤與犯第二類型錯誤可能造成的後果或損失的大小（*林惠玲、陳正倉，民 92*）。

研究設計中，增加統計考驗力的方法有以下幾種（*Kirk, 1995*）：

1. 採用較大的α值：因為α值變大、β值會變小，$1 - \beta$ 值相對的就變大。
2. 增加樣本人數：實驗設計或測量程序過程中，樣本人數愈多，抽樣分配的標準誤就愈低，統計考驗力就愈高。
3. 減少母群的標準差：母群的標準差愈低（或變異數愈低），抽樣分配的標準誤就愈小，統計考驗力就會提高。
4. 增加μ和 μ_0 間差異：μ和 μ_0 的差異愈大，處理效果值就愈大，統計考驗力也就愈高。

推論統計中的α，又被稱為「顯著水準」（level of significane），所謂顯著水準就是研究者拒絕真的虛無假設之最大機率值，在行為及社會科學領域中，最大機率值（α值）均採用.05 或.01，作為假設考驗的顯著水準。為何要以.05 或.01為顯著水準值之大小，似無一定準則，可能是學者間約定俗成的習慣。根據相關的文獻指出：.05 顯著水準的訂定是 Fisher 在發展變異數分析（analysis of variance）時所建立的傳統，而且帶有一些武斷（arbitrary）成份

在內（*Cowles & Davis, 1982*）。Fisher 於 1925 年在所出版的《研究工作者之統計方法》一書中，明確提到以 p=.05 作為決定顯著水準的標準，然而回顧機率與統計學的歷史卻可以發現，選擇.05 作為顯著水準似並不是那麼武斷的，其中一個主要因素是受到之前科學傳統的影響。從機率與統計學的歷史來看，二項式（binomial）方法的出現，產生了鐘形分配曲線，後經統計學家 Karl Pearson 命名為常態分配，後經高登爵士（Sir Fracis Galton）組織蒐集到的資料提出百分位數與 Q 的概念，Q 被定義為第三個四分差（第 75 個百分位數）與第一個四分差（第 25 個百分位數）的差異之半，其涵義為：在一個分數的分配中，有一半的離差（deviations）會落在平均數（第二個四分位差）的±Q 之中，這個變異測量值等同於機誤（probable error；PE）（*Cowles & Davis, 1982*；張漢宜，民 *92*）。

　　在標準差未使用之前，機誤是普遍使用的單位，簡單的計算顯示：一個機誤等於.6745 個標準差或約略為三分之二個標準差（*Huberty, 1993*）。3 倍機誤約是 2 個標準差，約占常態分配下 95%的面積。學者 Gosset 在 1908 年以 Student 之名義發表 t 考驗時曾指出：「就大部分的目的而言，3 倍機誤是可以被考慮為顯著水準的」。在 Fisher 於 1925 年出版其第一本統計方法專書之前，3PE 即經常被用來作為決定統計顯著的傳統，3PE 等同於 2SD，如以百分比表示只有 4.56%，但 Fisher 可能將其進位為 5%。由於將顯著水準定在.05 有其歷史淵源，久而久之變成一種約定成俗的用法。在社會及行為科學研究的實務中，研究者如果任意降低顯著水準的標準（即α>.05），則不會讓審稿者、期刊編輯者與其他研究者所同意（*Rossi, 1990*；張漢宜，民 *92*）。

　　以.05 顯著水準而言，表示進行統計考驗推論時，所犯的統計決策上錯誤率的大小。即虛無假設本來是真的，從蒐集的資料分析進行統計考驗時，拒絕此虛無假設時所犯的錯誤率。α所在的區域稱作臨界區（critical region）或稱拒絕區，當假設考驗時所計算的統計量數如 z 值、t 值、χ^2 值、F 值等落入此一區域內，就應拒絕虛無假設，接受對立假設。在 SPSS 統計軟體中，有關推論統計的分析程序中，顯著水準（Significance）內定為.05 或設定 95%信賴區間估計值（Confidence intervals），在『選項』次對話視窗中會出現以下二種內定情況：一為「Confidence 95 %」；二為「Significance .05 」或呈現「Significance level: .05 Confidence intervals are 95% 」，當然研究者也可將顯著水準設定小於.05。

　　對於這種虛無假設原本是真的，卻因為我們蒐集資料的代表性不夠或測量工具的信效度問題，反應出研究者必須拒絕虛無假設，接受對立假設，但實際上取樣樣本的資料可能無法正確反應母群體的真正性質，因而推論時會

有錯誤率存在，此種錯誤容忍度即是顯著水準的大小。如在成年人社會參與其生活滿意度相關的調查研究中，研究者將顯著水準定在.05（α=.05），然後隨機取樣 200 位成年人填寫社會參與量表與生活滿意度量表，再根據蒐集的資料分析，得出考驗值落入「拒絕區」（region of rejection；或稱危險區），或 p 值小於.05，因而研究者乃拒絕虛無假設（H_0：ρ＝ 0）、接受對立假設（H_1：ρ≠0），得出下列統計分析結果：「成年人社會參與其生活滿意度有顯著正相關」，此一結論並不是成年人全部母群體的統計量，而是從抽取樣本數中分析而得，也許母群體的真正性質可能是「成年人社會參與其生活滿意度沒有顯著關聯存在」，因而當研究者歸納結論出：「成年人社會參與其生活滿意度有顯著正相關」時，此推論的錯誤率有 5%，即把α定在.05 顯著水準時，研究者在拒絕虛無假設 H_0 時，可能有 5%的機會犯了統計決策上的錯誤；如果把α定在.01 顯著水準時，研究者在拒絕虛無假設 時，可能有 1%的機會犯了統計決策上的錯誤。再以「不同收入所得之企業員工在工作滿意度上是否有所不同」的研究問題為例，其研究假設為「不同收入所得之企業員工在工作滿意度上有顯著差異」，研究者將α定在.01 顯著水準，資料分析後假設檢定拒絕虛無假設（p<.01），接受對立假設，而得出「不同收入所得之企業員工在工作滿意度上有顯著差異」結論，當研究者下出此結論時，可能有 1%的機會犯了統計決策上的錯誤。由於此結論乃推論統計而得，抽樣樣本的性質可能與母群體的真正性質有所不同，不過此結果推論的統計決策錯誤率在行為及社會科學研究領域上是大眾可接受的範圍。

　　事實上，不論研究者所要考驗的統計假設是單尾考驗或雙尾考驗的對立假設，研究者進行統計考驗在理論上都應該有合理暨可以依據的判斷標準（criterion），以決定是否要拒絕或接受虛無假設。但在推論統計方法之應用上，我們並沒有絕對的判斷標準可以作為統計決策的主要依據，然而，由於過去至今已有不少的統計學家根據他們個人的「經驗法則」（rule of thumb），選定了三個大家比較常用的統計決策基準（通常以希臘字母α表示），即分別為α=.05、α=.01、α=.001（王國川，民 91），這三個決策基準也是現今社會科學領域在推論統計上最常用及最常見的顯著水準。

　　另一個約定俗成的用法是將第二類型錯誤率β設定在小於或等於.20，如果β值設為.20，則考驗的統計考驗力為 1－β，就等於.80。統計考驗力在.80 以上，是許多學者認為可接受的最小值（*Kenny, 1987*；*Kiess, 1989*；*Kirk, 1995*），如果一個研究的統計考驗力低於.80，則最好重新設計實驗程序，以提高統計考驗力。當採納α值等於.05，而β值等於.20 的準則時，研究程序可接受的錯誤率關係是犯第一類型錯誤率為第二類型錯誤率的 $\frac{1}{4}$ 倍，亦即，普通在研究結果

推論中，犯第一類型的錯誤率如為第二類型錯誤率的四倍以上，是較為嚴重之事（Kirk, 1995）。

統計考驗力是否夠高的問題，通常是以.80作為決定高低的標準，以.80作為比較標準，是由於統計考驗力與第二類型錯誤的總和是1（1−β+β=1），因此犯第二類型錯誤的可能機率與犯第一類型錯誤的可能機率的比率將會是.20：.05＝4：1。以.05作為顯著水準的標準是源自於行為科學研究的傳統；而統計考驗力以.80 作為標準，其實是為了反應出犯第二類型錯誤的機率不宜高於.20，而使得犯第二類型錯誤的機率與犯第一類型錯誤機率的比率形成四比一的關係。在其他因素保持不變時，顯著水準訂得愈高，統計考驗力會愈高；然而，在社會及行為科學研究領域，總是認為犯第一類型錯誤的嚴重性大於犯第二類型錯誤，理由在於犯第一類型錯誤將會終止研究人員繼續研究相關主題，因此，在不改變以.05作為顯著水準的傳統要求下，犯第二類型錯誤的機率可以訂為.20，此時統計考驗力為.80就是一般學者所要求的標準（張漢宜，民92）。在SPSS統計軟體中，可以直接求出統計考驗力，執行「分析／一般線性模式／單變量（Univariate」程序，勾選『選項』（Options）的次指令中之「觀察的檢定能力」（observed power）選項即可。

在社會及行為科學研究中，很多研究對於統計考驗力未加以考量，對此，學者Sedlmeier與Gigerenzer（1989）曾歸納出二個主要的原因：一為歷史因素（historical）；二為制度因素（institutional）。歷史因素的癥結在於虛無假設的概念是由Fisher所提出的，而第二類型錯誤及統計考驗力的概念，則是出自於Neyman與Pearson二位學者。由於Fisher的理論比較早被心理學家所接受，所以當Fisher反對Neyman與Pearson的理論後，統計考驗力的概念也就因此而受到了忽視。至於制度的因素方面，雖然二次世界大戰後，大多數的心理與教育統計教科書已將第二類型錯誤及統計考驗力的概念，融入虛無假設的理論中；然而這種混合（hybrid）理論，本身仍有許多矛盾的地方。同時因為許多教科書，並未提及如何計算第二類型錯誤及統計考驗力，因此也造成了統計考驗力的不受重視。Sedlmeier與Gigerenzer（1989）認為除非各期刊的主編能要求作者估算其研究的統計考驗力，否則並不容易改善目前統計考驗力不受重視的現象。學者Clark-Carter則認為統計考驗力無法全面推廣的原因有二點：一為統計考驗力的計算，得先知道效果值（effect size）的大小，然而效果值的真正大小是在獲得研究結果時才能確定。因此，在計算統計考驗力時，必須先預估研究結果的臨界效果，此點不易為研究人員所接受；二為統計考驗力的求法，需要靠數學公式的推導，此點也不利統計考驗力的推廣（謝季宏、涂金堂，民87）。目前在視窗版SPSS統計軟體中，可以直接求出效果值

及統計考驗力，研究者在統計分析中主要將二個選項勾選即可，不必再經複雜的數學公式換算，相信對於統計考驗力的推廣有正面積極的助益。

在研究設計與統計分析中，如果研究者把顯著水準之α值定得很小，則犯第一類型的錯誤率會減低，此時α值雖變小、但β值會變大，相對的 $1 - β$ 值也會變小，因而研究結論雖然犯第一類型的錯誤率很低，但研究結果之統計考驗力也會降低，亦即研究「裁決正確率」會變小。顯著水準與統計考驗力何者重要，端視研究性質與研究目的來考量，當然二者均能兼顧最好。

在 SPSS 電腦報表中，均會提供一個統計考驗量數（z 值、t 值、$χ^2$ 值、F 值）之「精確機率值」（probability of value）或簡稱 p 值。電腦報表中的 p 值指的是虛無假設為真的情況下，得到一個大於或等於此統計量數值大小的機率值。在判定準則上，如果小於或等於原先設定的顯著水準（p 值≤α），則拒絕虛無假設，接受對立假設，表示處理效果或組間的差異顯著；如果 p 值大於設定的顯著水準（p 值＞α），則要接受虛無假設，推翻對立假設，亦即處理效果或組間沒有差異存在。例如在問卷調查中，假定統計分析考驗結果之 t 值=3.85，而電腦報表中所呈現的 p 值（顯著性欄數值或 Sig. 欄的數值）等於.030，表示得到一個等於或大於 3.81 的 t 值機率只有.030，亦即表示 p<.05，研究者應拒絕虛無假設，接受對立假設，或者說此統計考驗達到.05 的顯著水準。研究報告中之 p 值，對讀者而言，是一個非常有用的資訊，因為它是識別是否拒絕虛無假設的重要指標，論文報告中最好能提供此機率值的大小，或用通用的「*」號表示。

但其中有一點值得注意的是，電腦報表中的 p 值是適用於雙側考驗的，如果虛無假設有方向性，則此雙側考驗之 p 值應該再除以 2。就推論統計本身而言，p 值所代表的只是「統計顯著性」（statistics significance），而非是「實用顯著性」（practical significance），統計顯著性在於導引 $μ ≠ μ_0$ 的判斷決定，而實用顯著性則在於是 μ 與 $μ_0$ 差異絕對值要夠大，在現實世界中才有實用性。因而即是 p 值很小，達到統計之顯著水準，也不一定有實用意義存在。如果在假設檢定時，達到統計上的顯著水準，研究者可進一步考慮的是「效果值」的大小（effect size），效果項的大小統計量數常見的為「關聯強度」（strength of association）與效果值。所謂效果值是指虛無假設與對立假設之間的差距情形，也就是因自變項的不同而導致依變項的差異程度。假若有位研究者想從事高中物理科兩種不同教學法之教學效果研究，在研究的過程中，除了教學法不同外，其他因素皆有良好的控制。經過一學年的實驗，研究者對兩個接受不同教學法的實驗班級，施以標準化的高中物理成就測驗。倘若接受不同教學法的二個班級，其物理成就測驗得分的平均數差距愈大，則愈能支持「兩

種教學法的教學效果有差異」的假設，其統計考驗力也將愈高。也就是二個班級測驗得分的平均數差距愈大，其效果值就會愈大，統計考驗力也會相對地提高（謝季宏、涂金堂，民 87）。效果值通常以希臘字母 γ（gamma）表示，每種統計方法都有其各自效果值的計算公式。以 t 考驗之效果值為例：

$$\gamma = \frac{\mu_e - \mu_c}{\sigma}$$

μ_e 為實驗組的樣本平均數

μ_c 為控制組的樣本平均數

σ 代表母群的標準差，若 σ 不知道，則以其不偏估計數（unbiased estimator）

—標準誤（standard error；SE）表示，$SE = \sqrt{\dfrac{\sum X^2 - \dfrac{(\sum X)^2}{N}}{N-1}}$。當樣本數大小增大時，估計母數的標準誤會變得愈小。

對於效果大小，學者 Cohen（1988）曾建議使用 d 為效果大小的指標，然而為了計算上的方便，研究者多數採用 η^2（eta square）來作為判斷效果大小之指標。效果大小指標 η^2，係指自變項可以解釋依變項之變異數多少百分比。效果大小指標之範圍從 0 至 1，愈接近 1，即表示效果大小愈大，反之則愈小。為了判斷效果大小指標之高低，Cohen 根據其個人之經驗法則，提出了三個大、中、小之分界點，效果值高於 14% 屬於大（large），效果值低於 14% 而高於 6% 屬於中（medium）、低於 6% 屬於小（王國川，民 91）。

顯著性差異除了察看 p 值外，電腦報表中也會出現「95% 的信賴區間」（95% Confidence interval）。當研究者說 μ 的 95% 的信賴區間為〔$\overline{X} - 1.96 \dfrac{\sigma}{\sqrt{n}}$，$\overline{X} + 1.96 \dfrac{\sigma}{\sqrt{n}}$〕，它所代表的意義是，當研究者多次執行抽樣時，所產生的眾多上述信賴區間（或隨機區間），其中有 95% 的機率會包含所欲估計的 μ 值（吳冬友、楊玉坤，民 92）。如果 95% 信賴區間的上（Upper）下（Lower）限值有包含「0」在內，表示組別差異性可能為 0，因而要接受虛無假設，考驗之結果不顯著；相對的，在 95% 信賴區間的上（Upper）下（Lower）限值中，如果未包含 0，則應拒絕虛無假設，表示組間差異結果顯著。以獨立樣本 t 檢定而言，在考驗二個樣本平均數的差異時，如果 95% 的信賴區間數值為 [-1.992，1.233]，則此信賴區間可能包含 0 這個數值，亦即二個平均數差異可能為 0，因而應接受虛無假設，拒絕對立假設，而得出二組平均數沒有顯著差異存在。在 SPSS 報表中，當 95% 的信賴區間包含 0 時，其 p 值（顯著性欄或 Sig. 欄）

會大於.05；當 95%的信賴區間未包含 0 時，其 p 值會小於.05，二者得出的結果是相同的。

2-3 國小學生學習經驗調查問卷

下表為一份國小學生學習經驗調查問卷及其編碼情形，其中「數學焦慮量表」中第 24、25、26 三題為反向題；「數學態度量表」中的第 3、8、11、14、15、16、19、24、27、30 等十題為反向題。

【基本資料部分】

( ) 1. 你的性別？　　　(1)男生　　(2)女生
( ) 2. 你在家的生活情形是　　(1)只和父親住在一起　　(2)只和母親住在一起
　　　　　　　　　　　　　　(3)和其他長輩住在一起　　(4)和父母親住在一起

【第一部分－數學焦慮量表】

	完全不同意	很不同意	一半一半不同意	很同意	完全同意
1. 數學考試時，我愈想考得好，我愈覺得慌亂。	1	2	3	4	5
2. 不管我如何用功准備數學，我仍然會害怕數學。	1	2	3	4	5
3. 數學考完後，我常常會為我的作答而後悔不已。	1	2	3	4	5
4. 即使我這次數學科得很好，但是我仍然對下次考試沒有信心。	1	2	3	4	5
5. 數學考試最會使我驚慌。	1	2	3	4	5
6. 在所有科目中，我最害怕數學考試。	1	2	3	4	5
7. 考試時，我最擔心的的科目是數學。	1	2	3	4	5
8. 考數學的時候，我常想起過去的成績表現而感到緊張。	1	2	3	4	5
9. 我常擔心數學考試會不及格。	1	2	3	4	5
10. 我擔心父母對我的數學成績感到失望。	1	2	3	4	5
11. 我擔心老師對我的數學成績感到失望。	1	2	3	4	5
12. 在考數學的時候，我常因過度緊張而把應該會的都忘記了。	1	2	3	4	5
13. 考完數學後，我的心情仍然無法放鬆。	1	2	3	4	5
14. 當要做數學題目時，我的頭腦就一片空白。	1	2	3	4	5
15. 只要看到「數學」這兩個字，我就感到緊張。	1	2	3	4	5
16. 我時常夢見數學考不好被父母責罰。	1	2	3	4	5

17. 同學在討論數學時，我會感到緊張。 …………………… 1　2　3　4　5

18. 我擔心老師公佈數學成績。 …………………………… 1　2　3　4　5

19. 我覺得數學比較深，不容易了解。 ………………… 1　2　3　4　5

20. 上數學課的時候，我一直盼望下課的鐘聲趕快響。 ………… 1　2　3　4　5

21. 我最害怕補上數學課。 ………………………………… 1　2　3　4　5

22. 我覺得自己比別的同學更害怕數學。 ……………… 1　2　3　4　5

23. 在所有的科目中我最害怕數學科。 ………………… 1　2　3　4　5

24. 在數學課中，我常感到輕鬆自在。 ………………… 1　2　3　4　5

25. 上數學課是一件令人愉快的事。 …………………… 1　2　3　4　5

26. 我希望每天都上數學課。 …………………………… 1　2　3　4　5

27. 寫數學作業是一件痛苦的事情。 …………………… 1　2　3　4　5

【第二部分－數學態度量表】

1. 學習數學通常不會令我感到擔心。 ………………… 1　2　3　4　5

2. 我確信我可以做更深的數學作業。 ………………… 1　2　3　4　5

3. 解數學問題並不合我的胃口。 ……………………… 1　2　3　4　5

4. 不能立即解出的數學題目對我來說是一種很好的挑戰。 ………… 1　2　3　4　5

5. 我確信我有數學的能力。 …………………………… 1　2　3　4　5

6. 我認為我可以處理更難的數學。 …………………… 1　2　3　4　5

7. 我能獲得好的數學成績。 …………………………… 1　2　3　4　5

8. 因為某些理由，我雖用功學習數學，但仍然感到困難。 ………… 1　2　3　4　5

9. 為了我未來的工作我需要學數學。 ………………… 1　2　3　4　5

10. 對於數學我有很大的信心。 ………………………… 1　2　3　4　5

11. 我寧可別人把數學難題的答案告訴我，而不願自己去解題。 ……… 1　2　3　4　5

12. 因為我知道數學很有用，所以我學數學。 ………… 1　2　3　4　5

13. 懂得數學對謀生有幫助。 …………………………… 1　2　3　4　5

14. 數學難題是無聊的。 ………………………………… 1　2　3　4　5

15. 在學校裡把數學唸好對我長大以後的生活並不重要。 ………… 1　2　3　4　5

16. 數學題目所引起的挑戰我並不感興趣。 …………… 1　2　3　4　5

17. 長大後，在很多方面我都用得上數學。 …………… 1　2　3　4　5

18. 我喜歡解數學難題。 ………………………………… 1　2　3　4　5

19. 我認為數學是我長大以後很少會用得上的科目。 …… 1　2　3　4　5

20. 為了我未來的工作，我必須對數學十分精通。 …… 1　2　3　4　5

21. 數學考試時獲得第一名會令我很高興。..................... 　1　　2　　3　　4　　5
22. 數學成績名列前茅令我感到很高興。..................... 　1　　2　　3　　4　　5
23. 在數學上表現傑出令我感到光榮。..................... 　1　　2　　3　　4　　5
24. 我不認為我能作更深的數學作業。..................... 　1　　2　　3　　4　　5
25. 如果人家認為我在數學方面很優秀，我會感到很高興。......... 　1　　2　　3　　4　　5

26. 數學方面被認為是突出的，是一件了不起的事。............. 　1　　2　　3　　4　　5
27. 我不喜歡人家認為我的數學很傑出。..................... 　1　　2　　3　　4　　5
28. 我認為在數學方面得到獎賞是了不起的。................. 　1　　2　　3　　4　　5
29. 數學是有趣的，且對我有激發作用。..................... 　1　　2　　3　　4　　5
30. 我儘量少碰數學。..................... 　1　　2　　3　　4　　5

【第三部分－數學投入動機量表】

1. 我學數學的原因是因為數學可使我的思考更為清晰。......... 　1　　2　　3　　4　　5
2. 我學數學的原因是因為數學很有趣。..................... 　1　　2　　3　　4　　5
3. 我學數學的原因是因為數學很吸引我。................... 　1　　2　　3　　4　　5
4. 學好數學是非常重要的。..................... 　1　　2　　3　　4　　5
5. 我學數學的原因是因為數學可增加我的推理能力。........... 　1　　2　　3　　4　　5

6. 因為我喜歡數學所以我想把數學學好。................... 　1　　2　　3　　4　　5
7. 我學數學的原因是因為想要獲得好成績。................. 　1　　2　　3　　4　　5
8. 我學數學的原因是因為我想在數學課堂中表現良好。......... 　1　　2　　3　　4　　5
9. 如果我不學數學的話，我會遇上很多困難。............... 　1　　2　　3　　4　　5
10. 因為想讓老師認為我是位好學生所以我學數學。........... 　1　　2　　3　　4　　5

11. 因為我不想被看起來笨笨的，所以我學數學。............. 　1　　2　　3　　4　　5
12. 如果我不能了解數學的話，我定是愚笨的學生。........... 　1　　2　　3　　4　　5
13. 我學數學的原因是因為想要獲前幾名。................... 　1　　2　　3　　4　　5
14. 我學數學的原因是因為想要獲獎。..................... 　1　　2　　3　　4　　5

　　　　資料的編碼及鍵入之前二筆資料範例如下，有關變數的設定請參考後面的章節。

NUM	MCH	SEX	HOM	A1	A2	A3	A4	A5	A6	A7	A8	A9	A10	A11	A12	A13	A14	A15
1	14	1	1	4	5	5	4	5	5	4	5	5	5	5	5	5	4	5
2	44	2	1	3	1	3	2	3	2	1	2	1	2	2	1	1	2	1

A16	A17	A18	A19	A20	A21	A22	A23	A24	A25	A26	A27	B1	B2	B3	B4	B5	B6	B7
4	4	5	4	1	4	5	5	2	3	4	2	2	3	3	4	3	3	3
1	1	2	1	3	1	1	2	4	3	2	1	1	3	2	3	3	3	3

B8	B9	B10	B11	B12	B13	B14	B15	B16	B17	B18	B19	B20	B21	B22	B23	B24	B25	B26
4	4	3	1	4	4	2	1	3	5	4	1	4	5	5	5	3	4	5
2	4	3	3	4	3	3	2	3	5	3	2	5	5	5	5	3	5	5

B27	B28	B29	B30	C1	C2	C3	C4	C5	C6	C7	C8	C9	C10	C11	C12	C13	C14
1	4	5	1	5	4	4	5	5	3	4	3	5	3	3	3	3	3
1	5	3	1	3	3	3	4	4	3	3	4	3	3	3	2	4	3

　　上述變項中 A1 至 A27 為數學焦慮量表題項、B1 至 B30 為學態度量表題項、C1 至 C14 為數學投入動機量表題項、MCH 為數學成就測驗的得分、SEX 為基本資料中的學生性別變項、HOM 為在家生活情形變項。

Part 2

SPSS 操作程序與方法

第三章

視窗版SPSS之基本操作

本章主要就 SPSS 基本操作及變數的鍵入與設定作一介紹。

3-1 視窗版 SPSS 的操作原理

視窗界面的 SPSS 軟體，不像早期 PC 之 DOS 系統，要撰寫語法程式，才能統計出結果，如果語法有錯、拼字有誤或不符合其格式，則均會出現錯誤。視窗界面的改良，研究者的操作如同一般的套裝軟體一樣，只要開啟資料檔，點選滑鼠，輔以鍵盤輸入，即可順利進行統計分析，而其操作過程，也可全部轉為程式語法檔，加以儲存，以便日後編輯或執行相類似的統計分析。在資料檔的建立部分，可以以傳統文書處理之方式建檔，也可以以資料庫或試算表方式建檔，視窗界面的 SPSS 軟體均能讀取，依目前微軟 office 軟體的使用率、普及率與其簡便特性，在資料建檔方面，建議以 Microsoft 公司開發之 Excel 應用軟體最為方便，因為在大筆資料中，Excel 應用軟體可以「凍結窗格」與「分割窗格」，對於資料的建檔甚為方便。SPSS 對於資料處理的流程可以以圖 3-1 表示：

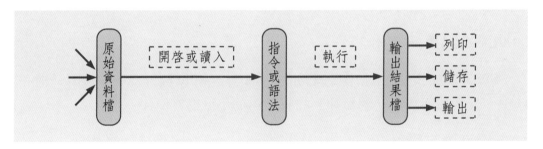

圖 3-1

用 SPSS 分析資料非常簡易，使用者所需進行的步驟可簡略分為以下幾種：

㈠將資料檔讀入 SPSS

使用者可以開啟先前儲存的 SPSS 資料檔（副檔名為 *.sav）；讀取 Excel 試算表、資料庫（Dbase 所建立的資料庫檔案以及各種 SQL 格式檔）或一般文字資料檔（*.txt）；或直接在「資料編輯視窗」中輸入資料。

㈡選取程序

選取功能表中的程序，以重新編碼（轉換資料檔）、進行數值運算、計算統計量、建立繪製各種圖表、篩選特定條件觀察值、分割資料檔、觀察值排序等。

㈢選取分析的變數

資料檔中的所有變數，會出現在各程序的對話方塊中，將欲分析的變數選入程序方塊中即可，包含自變數（Independent Variable）、依變數（Dependent Variable）、及可能無關的共變數（Covariate）等。在調查研究中，常將研究變項區分成解釋變項（Explanatory Variable；自變項）、效果變項（Outcome Variable；依變項）或被劃分成預測變項（Predictor；自變項）與效標變項（Criterion；依變項）。

㈣新資料編輯程式

「資料編輯程式」在新版中已重新進行設計，具有新的「變數」標籤，讓使用者更容易檢視和定義變數屬性，例如資料類型、描述性變數、和數值註解。

另外，還包括增列 ROC 曲線的多重檢定變數、改善在其他應用程式中使用之互動式圖表的品質，以及改善列印效能、新的最適尺度程序，改善的 Logistic 迴歸和 Cox 迴歸輸出等。

㈤結果輸出更多樣化

SPSS12.0 的版本可輸出為網頁檔（.htm）、Word 檔（.doc）、Excel 檔（.xls）、文字檔（.txt），對於報表的整理與美化更為方便。

㈥存檔可選定變數

SPSS12.0 版的存檔可設定保留所有的變數或只選定某些變數存檔，存檔的方式更有彈性。

對使用者而言，三種 SPSS 的視窗界面是一般使用者最常使用到的：一為「資料編輯視窗」（SPSS Data Editor）、二為「語法編輯視窗」（SPSS Syntax Editor）、三為「結果輸出視窗」（SPSS Viewer），三種視窗界面可相互切換，從功能列點選「視窗」（Window）指令即可。資料編輯視窗的操作與 Microsoft Excel 十分類似，可以建立、修改與編輯原始資料，此外在其「變數檢視」（Variable View）子視窗中，可以設定變數的名稱（Name）、類型（Type）、註解（Label）、位數或字元數（Width）、小數位數（Decimals）、使用者定義的遺漏值（Missing）、直行寬度（Columns）、測量量尺（Measure）、資料的對齊（Align）等。語法編輯視窗的功能與 PC 版的編輯視窗十

分相似,可以編輯或修改SPSS視窗版程式檔。結果輸出視窗的操作與Microsoft作業系統中的檔案總管十分類似,採行樹狀圖的縮放方式,其結果可直接存成.spo的結果檔案,也可以輸出為.htm(網頁檔)、.txt(文書檔)、.xls(Excel檔)、.doc(Word檔)等檔案。

一、SPSS 資料編輯視窗

圖 3-2

在資料編輯視窗(SPSS Data Editor)的最上面是十個功能表,包含「檔案」(File)、「編輯」(Edit)、「檢視」(View)、「資料」(Data)、「轉換」(Transform)、「分析」(Analyze)、「統計圖」(Graphs)、「公用程式」(Utilities)、「視窗」(Window)、「求助」(Help)。在功能列上按一下滑鼠左鍵,會出現該功能列的下拉式選單。

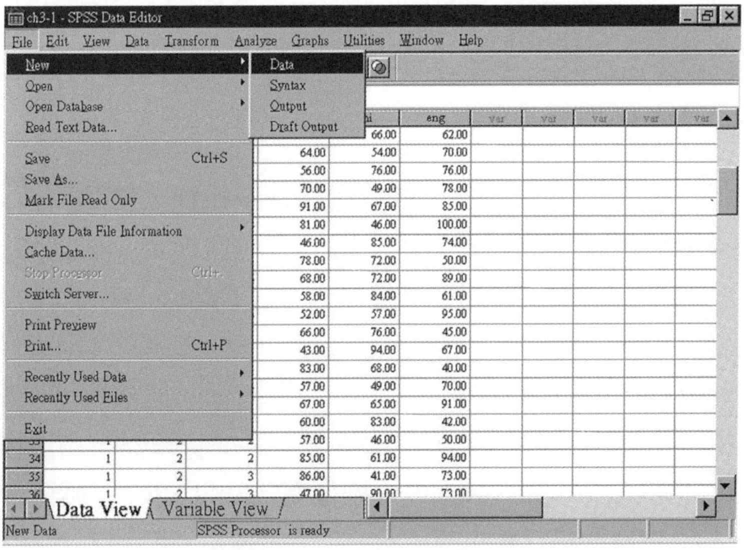

圖 3-3

資料編輯視窗的十個功能表所提供的功能,簡單說明如下:

㈠「檔案」（File）功能表

主要在於開啓或建立新的資料庫視窗、語法視窗、瀏覽器結果視窗檔；存檔、最近開啓的資料檔或檔案；預覽列印或列印資料檔等，其選項內容包括開新檔案、開啓舊檔、開啓資料檔、讀取文字資料、儲存檔案、另存新檔、顯示資料資訊、快取資訊、列印、預覽列印、最近使用的資料、最近使用的檔案等。開啓舊檔（Open）的次功能表選單包括資料檔（Data）、語法檔（Syntax）、結果檔（Output）、程式檔（Script）及其他類（other）檔案。

㈡「編輯」（Edit）功能表

主要在於編輯資料檔或語法檔內容，其功能與一般應用軟體類似，包括復原細格數值的設定（Undo set Cell Value）、復原（Redo）、取消復原、剪下（Cut）、複製（Copy）、貼上（Paste）、貼上變數（Paste Variables）、清除（Clear）、尋找（Find）、選項（Options）（視窗基本設定）等。

㈢「檢視」（View）功能表

主要在於視窗畫面呈現的設定，包含狀態列（Status Bar）、工具列（Toolbars）、字型（Font）、網格線（Grid Lines）、數值標籤（Value Labels）、變數（Variables）視窗的開啓、關閉或呈現狀態的切換。其中字型可設定資料編輯視窗資料顯示的狀態，包括字型、字型樣式及字型大小。

㈣「資料」（Data）功能表

主要在觀察值資料檔的編修、整理與檢核，如插入變項、插入觀察值、選擇觀察值、合併檔案、分割資料檔、跳到某個觀察值、觀察值排序、觀察值加權等。其選項內容主要包括定義變項屬性（Define Variable Properties）、拷貝日期屬性（Copy Data Properties）、定義日期（Define Data）、插入新變數（Insert Variable）、插入新觀察值（Insert Cases）、直接跳到某觀察值（Go to Case）、觀察值排序（Sort Cases）、轉置（Transpose）、合併檔案（Merge Files）、聚合觀察值（Aggregate）、分割檔案（Split File）、選擇觀察值（Select Cases）、觀察值加權（Weight Cases）等。轉置可將資料檔內容的直行與橫列對調、合併檔案可將二個或多個資料檔合併、聚合觀察值可將一群觀察值聚合並視爲單一綜合觀察值來處理。

(五)「轉換」（Transform）功能表

主要在於原始資料算術處理或編碼，如計算、重新編碼、計數、等級觀察值、自動重新編碼、建立時間數列、置換遺漏值、執行擱置的轉換等。其功能表選項內容包括計算（Compute）、重新編碼（Recode）、計數（Count）、等級觀察值（Rank Cases）、自動重新編碼（Automatic Recode）、建立時間序列（Create Time Series）、置換遺漏值（Replace Missing Values）、亂數種子（Random Number Seed）、執行擱置轉換（Run Pending Transfrom）等。

(六)「分析」（Analyze）功能表

主要在於選取不同統計分析方法，為SPSS統計分析的核心。包括母數統計及無母數統計、單變量及多變量等。分析功能表選單內容主要包括報表（Reports）、描述性統計（Descriptives Statistics）、自訂表格（Tables）、比較平均數法（Compare Means）、一般線性模式（General Linear Model）、相關（Correlate）、迴歸（Regression）、分類（Classify）、資料縮減（Data Reduction）、量尺法（Scale）、無母數檢定（Nonparametric Tests）、遺漏值分析（Missing Value Analysis）、複選題分析（Multiple Response）、複雜樣本分析（Complex Samples）等。

(七)「統計圖」（Graphs）功能表

主要在於繪製各種不同的統計圖形，如條形圖、線形圖、圓餅圖、盒形圖、直方圖、序列圖等。統計圖功能表與Excel圖表繪製十分類似，其功能表的選項內容主要包括：圖庫（Gallery）、互動式（Interactive）、條形圖（Bar）、線形圖（Line）、區域圖（Area）、圓餅圖（Pie）、高低圖（High-Low）、柏拉圖（Pareto）、管制圖（Control）、盒形圖（Boxplot）、誤差長條圖（Error Bar）、散布圖（Scatter）、直方圖（Histogram）、P-P 圖（P-P）、Q-Q 圖（Q-Q）、序列圖（Sequence）、ROC 曲線圖（Roc Curve）、時間序列圖（Time Series）。

下面為教育程度變項的直方圖的一個實例：

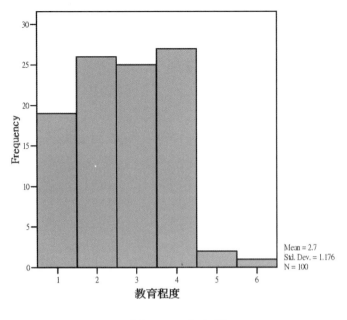

圖 3-4　直方圖

下面為教育程度變項的線形圖實例：

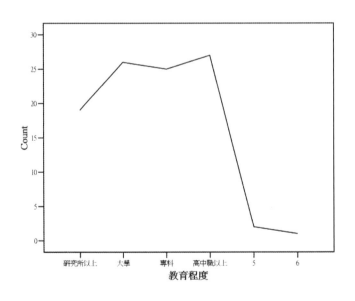

圖 3-5　線性圖

(八)「公用程式」（Utilities）功能表

　　主要在於設定或提供SPSS視窗版之界面與環境，如變數資訊（Variable）、檔案資訊、執行外部應用程式檔（Run Script）、功能表編輯程式的設定（Menu

Editor）、定義集合（Define Sets）、使用集合（Use Sets）等。

㈨「視窗」（Window）

主要在於各種視窗的切換，主要為「資料編輯」視窗、「語法編輯」視窗、「瀏覽器結果」視窗。

㈩「求助」（Help）

主要提供各種不同的線上輔助說明及連到 SPSS 首頁等。

分析（Analyze）功能表為 SPSS 統計分析的主軸，在其內的選項中如果有「►」符號，表示後面還有次功能表，其中常用統計程序如：

1. 描述性統計（Descriptive Statistics）包含以下幾個統計程序：Frequencies（次數分配表）、Descriptives（描述性統計量）、Explore、Crosstabs（交叉表）、Ratio 等。

2. 比較平均數法（Compare Means）包含以下幾個統計程序：Means（平均數）、One-Sample T Test（單一樣本 T 檢定）、Independent-Sample T

Test（獨立樣本T檢定）、Pair-Sample T Test（成對樣本T檢定）、One-Way ANOVA（單因子變異數分析）。這些程序可以進行平均數的差異檢定。

3. 相關（Correlate）包含以下幾個統計程序：雙變數（Bivariate）、偏相關（Partial）、距離（Distance）等。

4. 一般線性模式（General Linear Model）包含以下幾個統計程序：單變量（Univariate）、多變量（Multivariate）、重複量數（Repeated Measures）、變異成分（Variance Components）等。這些程序可以進行共變數、多變量、多因子變異數分析、相依樣本變異數分析等。

5. 無母數檢定（Nonparametric Tests）包含以下幾個統計程序：卡方分配（Chi-Square）、二項式（Binomial）、連檢定（Runs）、單一樣本 K-S統計（1-Sample K-S）、二個獨立樣本檢定（2 Independent Samples）、K 個獨立樣本檢定（K Independent Samples）、二個相關樣本檢定（2 Related Samples）、K 個相關樣本檢定（K Related Samples）等。

6. 分類（Classify）包含以下幾個統計程序：二步驟集群分析（TwoStep Cluster）、K平均數集群法（K-Means Cluster）、階層集群分析法（Hierarchical Cluster）、判別（區別分析）（Discriminant）。這些程序可以進行多變量分析中的集群分析及區別分析。

7. 量尺法（Scale）包含以下幾個統計程序：信度分析（Reliability Analysis）、多元尺度分析（Multidimensional Scaling）（PROXSCAL；ALSCAL）等，這些程序可進行量表或測驗的信度考驗及進行多元尺度分析（MDS）。

8. 迴歸分析（Regression）包含以下幾個統計程序：線性（Linear）、曲線估計（Curve Estimation）、二元邏輯迴歸（Binary Logistic）、多項式邏輯迴歸（Multinomial Logistic）、次序（Ordinal）、Probit分析、非線性（Nonlinear）、加權估計（Weight Estimation）、二階最小平方法（2-Stage Least Square）、最適尺度（Optional Scaling）等。這些程序可以進行各種迴歸統計分析等。

視窗界面除了十大功能表外，也呈現了十六個工具列，如果不知道工具列的功能，只要將滑鼠移到工具列上面，在工具列的下方，會出現該工具列圖示的簡要說明。十六個工具列的功能說明分別為：

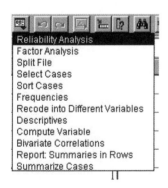

圖 **3-6**

1. ⊡：開啓檔案（Open File），按此鈕直接出現「Open File」對話盒，可直接開啓各資料檔、「Syntax（*.sps）」語法檔程式、「Viewer document（*.spo）」結果輸出檔。在功能列「檔案」（File）的選項之內，相當於執行「File」→「Open」程序。

2. ⊟：儲存檔案（Save File），按此鈕直接出現「Save As」對話盒，可將資料檔、語法檔、結果檔儲存起來。在功能列「檔案」（File）的選項之內，相當於執行「File」→「Save」程序。

3. ⊟：列印檔案（Print），直接將開啓視窗的檔案列印出來，按此鈕時，對話盒的內容會隨著視窗型態，資料檔、語法檔、結果檔或圖形檔的不同，而有所差異。

4. ⊟：對話盒記憶（Dialog Recall），按此鈕在此工具列的下方會出現最近使用的對話盒或程序有哪些，即最近操作過的程序。如下圖所示。

5. ⊡⊡：復原（Undo）／取消復原（Redo），視窗操作程序或步驟的復原或取消復原。

6. ⊟：尋找觀察值（Go to Case），按此鈕會直接開啓「Go to Case」對話盒，輸入欲找尋的觀察值，指標會直接跳到此觀察值的所在列。在功能列「資料」（Data）內的選項之內，相當於執行「Data」→「Go to Case」程序。

7. ：變數資訊（Variables），按此鈕可查詢選擇之變數資訊，包括變數的註解、數值標籤、遺漏值、測量的性質等。

圖 **3-7**

8. ：尋找（Find），按此鈕會出現「Find Data in Variable 變數名稱」對話盒，輸入欲尋找的觀察值內容，可快速找尋此觀察值所在儲存格。

9. ：插入觀察值（Insert Cases），按此鈕可以快速於游標位置，插入一筆新的觀察值（新增一橫列）。在功能列「資料」（Data）的選項之內，相當於執行「Data」→「Insert Cases」程序。

10. ：插入變項（Insert Variables），按此鈕可以快速於游標位置，插入一個新的變數（新增一直行）。在功能列「資料」（Data）的選項之內，相當於執行「Data」→「Insert Variable」程序。

11. ：分割檔案（Split File），按此鈕可依據某個變項的內容將資料檔垂直分割，分割後的資料檔，會個別進行其統計分析工作，在變異數分析中如要進行單純主要效果考驗，要先根據因子進行檔案分割。在功能列「資料」（Data）的選項之內，相當於執行「Data」→「Split File」程序。

12. ：觀察值加權（Weight Cases），依據某個變數值來加權（大多用於次數已事先統計好之加權），觀察值加權用於次數已整理過的數據，可能為二手資料，而非原始建檔數據。在功能列「資料」（Data）的選項之內，相當於執行「Data」→「Weight Cases」程序。

13. ：選擇觀察值（Select Cases），只選擇符合設定之條件的觀察值來

進行統計分析工作。在功能列「資料」（Data）的選項之內，相當於執行「Data」→「Select Cases」程序。

14. ：數值標籤（Value Lables），數值標籤設定內容是否呈現，如 sex 變項可出現 1、2 或出現其數值註解「男生」、「女生」。在功能列「檢視」（View）的選項之內，相當於執行「View」→「Value Labels」程序。

15. ：使用設定（Use Sets），按此鈕可用來設定哪些變數要出現在統計分析的變數清單中。

二、SPSS 語法編輯視窗

圖 3-8

　　語法編輯視窗（SPSS Syntax Editor）可儲存各程序執行時按下「Paste」（貼上語法）轉換之程式語法檔，此功能與早期PC版之編輯視窗相近，不過在語法編輯視窗也提供下拉式的輔助功能表及其對話盒，供使用者操作。語法編輯視窗提供的功能表包括十一項：「檔案」（File）、「編輯」（Edit）、「檢視」（View）、「資料」（Data）、「轉換」（Transform）、「分析」（Analyze）、「統計圖」（Graphs）、「公用程式」（Utilities）、「執行」（Run）、「視窗」（Window）、「輔助說明」（Help）。與上述資料編輯視窗最大的差別在於增列「執行」（Run）功能表。執行功能表下拉式選單中，包括四項：「All」（執行全部的語法程式）、「Select」（只執行選取的語法程式）、「Current」（執行游標所在列的語法程式）、「To End」（自游標所在列的語法程式開始執行，直到結束）。

　　當執行各程序時，按下『Paste』鈕（貼上語法）會直接將語法程式呈現語法編輯程式；此外，如要開啓舊的語法檔或建立新的語法檔視窗，可執行功能表：

File（檔案） 　New（開新檔案） 　　Syntax（語法）	File（檔案） 　Open（開啓舊檔） 　　Syntax（語法）

在語法編輯視窗，也可以開啓資料檔或結果檔：「檔案」（File）／「開啓舊檔」（Open）／「資料」（Data）或「檔案」（File）／「開啓舊檔」（Open）／「輸出」（Output）。

三、結果輸出檔

當研究者執行「分析」各項程序後，會直接將其結果呈現於結果輸出視窗（SPSS Viewer）中（中文版翻譯成 SPSS 瀏覽器視窗），SPSS 瀏覽器視窗可以列印、編修或儲存，並包括以下幾項功能：檔案（File）、編輯（Edit）、瀏覽（View）、資料（Data）、轉換（Transform）、插入（Insert）、格式（Format）、分析（Analyze）、繪圖（Graphs）、公用（Utilities）、視窗（Window）及輔助（Help）等幾項。

SPSS 瀏覽器視窗的畫面，劃分成二大部分，左半部爲樹狀結構，其功能與操作很像微軟作業系統中的「檔案總管」，而右半部爲樹狀結構項目的內容。SPSS 瀏覽器結果檔案存檔時可以直接存檔或設定密碼存檔（Save with Password），若以密碼存檔，將來開啓檔案，需鍵入正確的密碼才能開啓結果檔案，此操作功能與Excel的密碼（Password）存檔類似，SPSS 瀏覽器結果檔案存檔的副檔名內爲「*.spo」，存檔類型爲「Viewer Files（*.spo）」；此外，結果檔案也可以「輸出」（Export）方式將結果檔轉換成以下幾種檔案：「HTML file（*.htm）」、「Text file（*.txt）」、「Excel file（*.xls）」、「Word/RTF file（*.doc）」等。

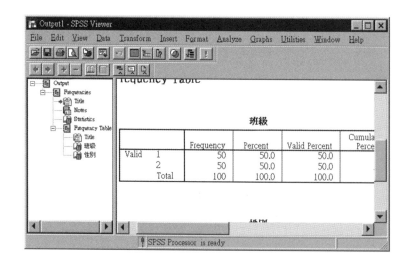

圖 3-9

3-2 資料檢視視窗

「SPSS 資料編輯程式」視窗工作表包括「資料檢視」（Data View）與「變數檢視」（Variable View）二大部分。「資料檢視」工作表為原始資料鍵入之視窗，「變數檢視」工作表為設定變數內容的視窗，包括變數名稱（Name）、變數類型（Type）、寬度（位數或字元數）（Width）、數值小數位數（Decimals）、變數註解（Label）、數值註解（Values）、遺漏值（Missing）、資料對齊（Align）、儲存格欄寬（Columns）、測量量尺（Measure）等。

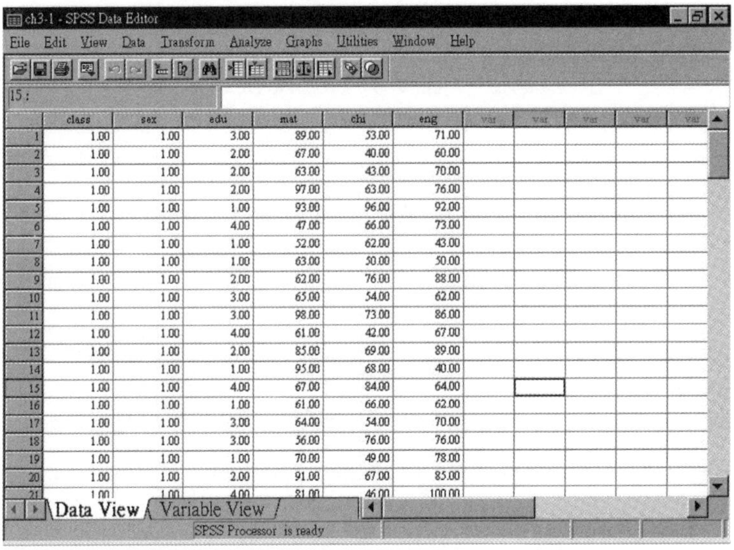

圖 3-10

「資料檢視」（Data View）的大部分功能和Excel試算表大同小異，如：

㈠插入新的欄位（插入新的變數）

執行「Data」（資料）/（Insert Variable）（插入新變數），會出現一個新變數名稱，如「VAR00001」，可切換到「變數檢視」（Variable View）視窗，更改變數名稱及變數屬性；也可以於「Variable View」視窗中，在「Name」直欄中的空白儲存格直接按二下，以鍵入變數名稱（視窗版 SPSS12.0 版可直接選取變數儲存格修改變數儲存格的內容）。

(二)插入新的一橫列（插入新的觀察值）

執行「Data」（資料）/「Insert Cases」（插入新觀察值）程序。

(三)刪除橫列（觀察值）或直欄（變數）

選取橫列或直欄，執行「Edit」（編輯）/「Clear」（清除）程序，如果選取多個間斷的變項或觀察值，在選取第二個變項或觀察值時，同時按下『Ctrl』鍵。

(四)直接跳到某觀察值

執行「Data」（資料）/「Go To Case」（直接跳到某觀察值）程序，出現「移至觀察值」（Go to Case）視窗，在「Case Number」（觀察值個數）內輸入數值，如「20」，按『OK』（確定）鈕，即快速跳至第20位觀察值（第20份問卷）處。

(五)尋找儲存格中的數值（在變數中找尋資料）

選取欄，執行「Edit」（編輯）/「Find」（尋找）程序，出現「Find Data in Variable」（在變數中找尋資料）對話視窗，在「Find what」（尋找內容）右邊的空格內輸入數值，按『Find Next』（找下一筆）鈕。

「編輯」/「尋找」可以找到相關的數值，如學生性別變數中，數值註解內1為男生、2為女生，如果出現3可能鍵入資料時發生錯誤，執行「Analyze」（分析）/「Descriptive Statistics」（描述性統計）或「Frequencies」（次數分配表）程序，即可獲知變數數值之次數統計分配情形，包括變數數值之次數及其百分比，如果在學生性別變數中發現有 3 以上的數值出現，解決方法有二：一為將 3 以上的數值設為遺漏值；二為執行「Edit」（編輯）/「Find」（尋找）程序，找出 3 以上的數值，及其對映的問卷編號，核對原始問卷，將其更改為正確的數值。

SPSS 視窗之「資料檢視」工作表和 Excel 試算表二者之間主要的差別在於以下幾點：

(一)列（橫的）的數值

代表觀察值，每一橫列代表一位受試者或觀察值、如一位問卷填答者資料。因而每份問卷或每位受試者填答的資料，需占一橫列。受試者資料與變項名稱位置如下：

內定值	變項名稱一	變項名稱二	變項名稱三	‥‥‥
1	受試者一（S_1）	受試者一（S_1）	受試者一（S_1）	‧
2	受試者二（S_2）	受試者二（S_2）	受試者二（S_2）	‧
3	受試者三（S_3）	受試者三（S_3）	受試者三（S_3）	‧
4	受試者四（S_4）	受試者四（S_4）	受試者四（S_4）	‧
5	受試者五（S_5）	‧	‧	‧

㈡欄（直的）的變項

　　代表一個變項或一個要測量的特質，也就是變項名稱（每欄的第一個儲存格定要為變數名稱），如 year、studsex、teacsex、home、grade 等，變項名稱的命名要與原問卷題項作有機的連接。不論是名義變項、次序變項或等距變項，如果是「單選題項」，每個「題項」即占一欄，亦即每個題項均單獨成一個變數名稱；如果是複選題或填入重要性程度的題項，每個「選項」均單獨為一個變數名稱，如果一個題項內有五個選項，則有五個變數名稱，如：

題項1：您認為視導人員進行教室觀察時，應包含哪些內容？（請複選）

□1.教學計畫	□2.教室氣氛
□3.班級管理	□4.教學評量
□5.教學活動	□6.輔助教材與教具的使用
□7.師生互動	□8.情境布置

　　則題項 1 在變數命名上，包括八個變數名稱，如 a1m1、a1m2、a1m3、a1m4、a1m5、a1m6、a1m7、a1m8，「a1」表示第一題，「m?」表示第幾個選項，資料建檔時有勾選的選項鍵入「1」、沒有勾選的選項鍵入「0」，統計分析時可計算 1 的次數及百分比。

　　上述題項編碼及假設二筆資料如下：

num	⋯	a1m1	a1m2	a1m3	a1m4	a1m5	a1m6	a1m7	a1m8	⋯
001		1	0	1	1	1	0	0	1	
002		0	1	0	0	1	1	1	0	

在一份高中職學校行政主管時間管理問卷中，其第四題為主管時間運用之困擾因素的調查（陳明華，民93）：

四、困擾因素

在工作上，時常會影響您對時間管理的困擾因素有哪些？（可複選，至多選五項）請在□內打「✓」

□ 1. 對許多事承諾太多無法拒絕。

□ 2. 書面資料及公文處理費時。

□ 3. 權責不清，不易作決定。

□ 4. 經常缺乏計畫，手忙腳亂。

□ 5. 工作經常拖延，無法依原訂進度執行。

□ 6. 電話干擾不斷。

□ 7. 不速之客造訪。

□ 8. 與人溝通協調，占用太多時間。

□ 9. 許多事須親自處理，授權不易。

□ 10. 經常參加會議及各項活動。

□ 11. 學校偶發事件處理。

□ 12. 上級長官臨時交辦事項。

□ 13. 同仁沒有時間管理觀念。

□ 14. 家庭問題。

上述困擾因素調查之變項建檔與複選題一樣，因有十四個選項須建立十四個變項名稱如：b4m1、b4m2、b4m3……b4m12、b4m13、b4m14，勾選的其中五個選項，數值鍵入1；沒有勾選者全部鍵入0。

SPSS12.0 版之資料建檔與變數名稱的命名與先前的版本差異不大，其中主要的差別，在於先前的版本只能讀取Excel試算表4.0之工作表，而SPSS10.0版以後的版本可以讀取 Excel 5.0 以後的試算表資料內容。變數名稱必須符合下列規則（SPSS 使用者指南）：

1. 以英文字母作為變數起始字元

名稱必須要以英文字母開頭（a-z），其餘的字母可以是任何字母、數字、句點或@、#、_或$符號。如果是以數字開頭，電腦會出現「變數名稱包含一個不合法的起始字元」（Variable name contains an illegal first character）警告視窗。

圖 3-11

2.不可以句點「‧」作為變數名稱結束符號

變數名稱不可以用句點作為結束。應避免以底線作為變數名稱的結尾（以免跟某些程序自動建立的變數互相衝突）。如以「‧」作為變數結束字元，則電腦會出現「變數名稱包含一個不合法的結束字元」（Variable name contains an illegal last character）警告視窗。

圖 3-12

3.變數名稱不可超過 8 個字元數

變數名稱的總長度不可超過 8 個字元（中文字元不可超過 4 個中文字），但 SPSS12.0 版的軟體變數名稱不受此限制。

4.不能使用空格或特殊字元

變項名稱不可使用空格和特殊字元，如！、？、*。如果變數的名稱包含空格或不合規定的特殊字元，電腦會出現「變項名稱包含一個不合法的字元」（Variable name contains an illegal character）的提示視窗。

圖 3-13

5.變數名稱不可重複

每個變數名稱都必須是唯一的，不能有二個變數名稱一樣，亦即變數名稱不能重複。變數名稱不分大小寫，如STUsex、stuSEX、stusex均視為一樣。如果新鍵入的變數名稱已存在，則電腦會出現「變數名稱和已有的變數名稱重複」（The variable name duplicates an existing variable name）警告視窗。

圖 3-14

6.不能以 SPSS 保留字作為變數名稱

SPSS的保留字（reserved keywords）不能作為變數名稱，這些保留字如：ALL、NE、EQ、TO、LE、LT、BY、OR、GT、AND、NOT、GE、WITH等，如果在鍵入變數名稱或更改變數名稱使用到這些保留字，電腦會出現「名稱是個保留字」（Name contains a reserved word）的警告訊息視窗。

圖 3-15

如果為複選題，則有勾選的選項輸入 1、沒有勾選的選項輸入 0，將來統計分析時，計算八個變數名稱勾選 1 的次數及百分比，執行「Analyze」（分析）/「Descriptive Statistics」（描述性統計）/「Frequencies」（次數分配表）程序即可。

如果是直接寫入重要性等級的題項，如：

題項 11：您認為視導人員進行教室觀察時，優先的順序如何？（請填數字，1為最重要、2次要，依此類推）

☐教學計畫	☐教室氣氛
☐班級管理	☐教學評量
☐教學活動	☐輔助教材與教具的使用
☐師生互動	☐情境佈置

　　八個選項變數數值為1至8，如果有受試者只填三個，則沒有填答部分可給予數值4；如果受試者只填五個，則沒有填答部分可給予數值6，將來統計分析時，執行「Analyze」（分析）/「Descriptive Statistics」（描述性統計）/「Descriptive」（描述性統計量）程序，察看八個變數名稱的平均數高低，依平均數高低排列，平均數最低者為全體受試者認為第一重要的項目；平均數次低者為全體受試者認為第二重要項目，從「平均數」的高低可以看出八個選項被選填的重要性程度。

㈡儲存格

　　代表每位觀察值在每個變數名稱所呈現的數值，除有效數值外，也可能是遺漏值。和試算表不同的是「資料檢視」中儲存格的內容是原始資料，不包含公式，如以「Transform」（轉換）/「Compute」（計算）求得的新變數也是一個數值資料，內容不會出現原始公式（即變成一個新資料）。

　　大量資料建檔時，由於按鍵關係，可能會出現錯誤的數值出現，如量表為李克特量表（Likert Scale），最小值為1、最大值為5，但研究者建檔時可能有超出5之極端值出現，因而在執行轉換、層面加總及各種統計分析程序之前，要先檢核儲存格數值資料，其中一個最簡單的方式，即是執行「Analyze」（分析）/「Descriptive Statistics」（描述性統計）/「Frequencies」（次數分配表）程序，可看出各選項被勾選的次數及百分比。以下為三題李克特量表問卷，120位受試者填答結果，可以清楚看出第三題（下頁表 A3）出現二個錯誤值，分別為 15、23，次數各一次，從次數分配表可以得知有二位受試者在第三題的填答有問題，應加以修改或將其設為遺漏值。

次數分配表：

統計量

		A1	A2	A3	A4	A5
個數	有效的	120	120	120	120	120
	遺漏值	0	0	0	0	0

從上表中可以得知有效的觀察值個數為 120 位，沒有遺漏值。

次數分配表：

A1

		次數	百分比	有效百分比	累積百分比
有效的	1	24	20.0	20.0	20.0
	2	21	17.5	17.5	37.5
	3	22	18.3	18.3	55.8
	4	31	25.8	25.8	81.7
	5	22	18.3	18.3	100.0
	總和	120	100.0	100.0	

第一題（A1）的填答在 1 至 5 間，沒有異常的數值出現。因為採用填答的方式為李克特量表法，所以應有五個選項數值：1、2、3、4、5。如果選項數值超過 5 或不是 1～5 間的數值表示鍵入的資料有誤。

A3

		次數	百分比	有效百分比	累積百分比
有效的	1	21	17.5	17.5	17.5
	2	25	20.8	20.8	38.3
	3	17	14.2	14.2	52.5
	4	20	16.7	16.7	69.2
	5	35	29.2	29.2	98.3
	15	1	.8	.8	99.2
	23	1	.8	.8	100.0
	總和	120	100.0	100.0	

第三題的填答資料出現一個數值「15」、一個數值「23」，這二個數值皆是異常值或無效值，研究者應對照原始問卷將其更改，或直接將其設為遺漏值。如果資料未進行檢核工作，錯誤之數值資料可能會影響日後統計分析之正確性，尤其當異常值數值愈大，進行有關平均數差異考驗時，則統計分析的偏誤會愈大。

3-3 變數檢視視窗

在資料編輯視窗包含「Data View」（資料檢視視窗）與「Variable View」（變數檢視視窗）二種，「Data View」與 Excel 試算表的工作表十分類似。「Variable View」視窗則在於修改變數名稱、變數註解與遺漏值的設定。

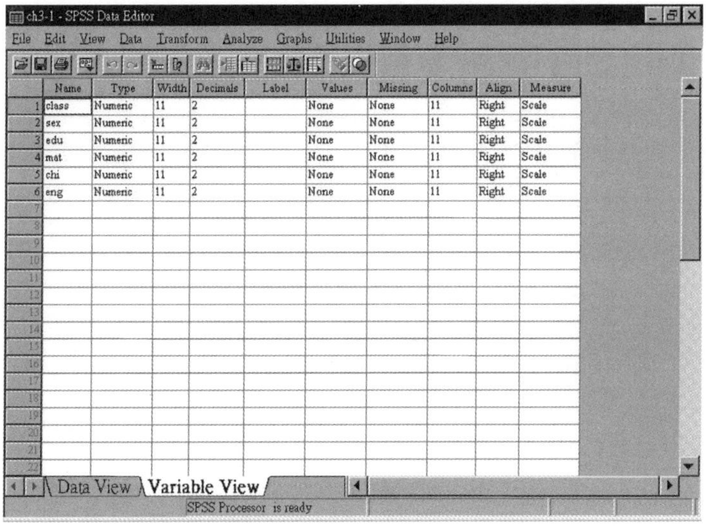

圖 3-16

變數檢視工作表，包括以下各項：變數的名稱（Name）、類型（Type）、註解（Label）、位數或字元數（Width）、小數位數（Decimals）、使用者定義的遺漏值（Missing）、直行寬度（Columns）、測量量尺（Measure）、資料的對齊（Align）等。

一、「名稱」（Name）

使用者自訂之變數名稱，如「sex」（學生性別）「edu」（教育程度）、「mat」（數學成績）、「chi」（國文成績）、「eng」（英文成績）等，變數

名稱須符合變數名稱的命名規則。如直接在「SPSS 資料編輯程式」中執行「Data」（資料）/「Insert Variable」（插入新變數）程序，可插入新的變數名稱，內定的變數名稱為 var00001、var00002、var00003 等。修改變項名稱時，直接在「名稱」欄儲存格上按二下，可以編修變項名稱，SPSS12.0 可直接選取變項名稱加以更改或增列變數名稱。

二、「類型」（Type）

變數的類型，常見者為「數字」或「字串」。操作時在直欄「類型」中，於要更改的儲存格內「數字的」（Numeric）右邊按一下，會出現『…』符號，按此符號鈕會出現定義變數類型對話視窗。「定義變數類型」視窗包含下列幾種形式：「Numeric」（數值）、「Comma」（逗點）、「Dot」（句點）、「Scientific Notation」（科學記號）、「Data」（日期）、「Dollar」（貨幣）、「Custom Currency」（自訂貨幣）、「String」（字串）。

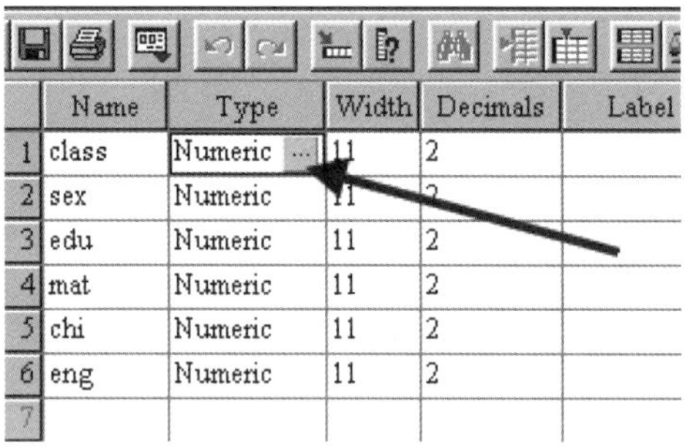

	Name	Type	Width	Decimals	Label
1	class	Numeric ...	11	2	
2	sex	Numeric	11	2	
3	edu	Numeric	11	2	
4	mat	Numeric	11	2	
5	chi	Numeric	11	2	
6	eng	Numeric	11	2	
7					

圖 3-17

研究者在問卷資料建檔設定時，最好將「變數類型」設成「數值」，對於數值，研究者可以輸入任何帶有小數點位數的值，且整個數值都會被存入。「資料檢視」僅顯視小數位數的定義數字，並將超出位數的數值自動四捨五入，實際計算時，仍以原始完整的數值為主（此功能與 Excel 小數位數的增刪與計算相同）。

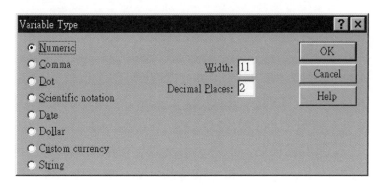

圖 3-18

在實際的調查研究、相關研究或實驗研究中，所蒐集的資料除學業成就等少數變項需要鍵入小數點外，其餘多數的資料如背景資料、複選題、李克特量表測量均不需要使用小數點，如果研究者想要事前設定新變數的寬度及小數點的位數，則可以執行以下程序：「編輯」（Edit）／「選項」（Options），出現選項視窗，按『資料』次視窗，於「顯示新數值變項格式」（Display Format for New Numeric Variables）的方盒中設定新變數的寬度及小數點的位數，內定的寬度為 8、二位小數點。「Decimal Places」後面的數字為小數點的位數，可以點選後面的▲上三角、▼下三角鈕調整或直接鍵入數字。如果將小數點的位數設為 0，則將來設定鍵入資料，所有變數資料就不會出現小數點。

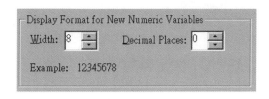

圖 3-19

三、「寬度」（Width）

自訂位數或字元數。內定的字元位數是 8。

四、「小數」（Decimals）

自訂儲存格的小數位數為多少位數。操作時在小數欄位上按一下，會出現增減小數位數之控制上下三角鈕，調整三角鈕，數字會跟著改變，內定選項的小數位數為二位小數。

五、「註解」或「標籤說明」（Label）

為變數名稱的註解，如變數「edu」的註解為「教育程度」、變數名稱「sex」的註解為「學生性別」、「mat」的註解為「數學成績」。操作時直接在「註解」欄填入變數名稱的敘述性註解（中英文均可以），在儲存格上連按二下（按一下是選取儲存格，按二下可鍵入、增刪或修改儲存格的內容），SPSS12.0版在儲存格按一下可直接修改變數名稱。與變數名稱長度不同的是，變數名稱的長度只限定在「8個字元」以內（如以中文字作為變數名稱最多為四個中文字；SPSS12.0可以超過八個字元），但變數註解的長度可達 256 個字元。變數名稱如果加上註解，在統計分析程序或數值運算等變數清單中，會出現「數值註解 [變數名稱]」的表示符號，如「教育程度[edu]」、「學生性別[sex]」、「數學成績[mat]」等。

六、「數值」（Values）

數值內容的註解，如學生性別變數之「sex」，「數值」內容等於「1」時，數值註解為「男生」；「數值」內容等於「2」時，數值註解為「女生」。操作時在「變數」列要更改的儲存格內「數值」欄右邊按一下，會出現『…』符號，按此符號鈕會出現「數值註解」對話視窗。在「數值」（Value:）的右邊鍵入數值如「1」；在「數值註解」（Value Label:）的右邊鍵入數值註解的說明如『男生』，按『新增』鈕，中間的方盒會出現「1.00="男生"」的註解。繼續接著在「數值」（Value:）的右邊鍵入數值如『2』；在「數值註解」的右邊鍵入數值註解的說明如『女生』，按『新增』（Add）鈕，中間的方盒會出現「2.00="女生"」的註解。

選取中間方盒內的數值註解，可以『變更』（Change）或『移除』（Remove）。

圖 3-20

　　數值註解或譯為觀察值註解特別適用於背景變項及層面名稱的中文說明，當背景變項的水準數大於 3 時，加數值註解後於報表結果中會出現註解中英文說明，如婚姻狀態的編碼值中 1 表示「喪偶組」、2 表示「離異組」、3 表示「未婚組」、4 表示「已婚組」，加數值註解後，在多數結果會直接出現喪偶組、離異組、未婚組、已婚組，如果不界定其數值註解，則結果報表會直接出現 1、2、3、4 四個編碼值來代表喪偶組、離異組、未婚組、已婚組四個組別。

七、「遺漏值」（Missing）

　　將資料值設定為使用者遺漏值。所謂「遺漏值」是受試者未填答時，研究者自行鍵入的資料，如李克特量表，受試者在第十五題未填答，則研究者在鍵入資料時，可鍵入為 9，在統計分析前，十五題的 9 如設定為遺漏值，則分析時此題不會納入統計分析的資料之中，一般在遺漏值的設定上，常以「9」作為受試者在李克特量表上未填答的資料（因為李克特量表法很少採用九點量表法），而以「999」作為學業成就上未填答的資料（學業成就或標準化成就測驗很少有 999 分出現）。操作時在「變數」列與「遺漏」（Missing）欄的儲存格內按一下，會出現『…』符號，按此符號鈕會出現「遺漏值」的對話視窗。

　　在『離散遺漏值』方盒中使用者可以設定三種個別獨立的遺漏值，如鍵入資料時，常將未填答者以『0』、或『9』代替，在統計分析時此二個數值即可設定為「遺漏值」。

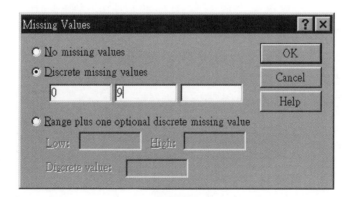

圖 3-21

在「Missing Values」視窗中，有三個設定：「No Missing Values」（無遺漏值）、「Discrete Missing Values」（間斷或離散遺漏值的設定），可設三個間斷的遺漏值、「Range Plus One Optional Discrete Missing Value」（範圍加上一個選擇性的遺漏值），可設定一個範圍內的遺漏值，另外，還可再設定一個間斷的遺值。

在『範圍加上一個選擇性的遺漏值』，可以設定一個範圍值為「遺漏值」，如學生性別數值內只有1（男生）、2（女生），資料鍵入後以「分析」/「描述性統計」/「次數分配表」發現也有3、4、5、8，使用者可以將此四個數值設定為「遺漏值」，勾選『範圍加上一個選擇性的遺漏值』，『低』的右方鍵入『3』；『高』的右方鍵入『5』，『離散值』（個別值）鍵入『8』。

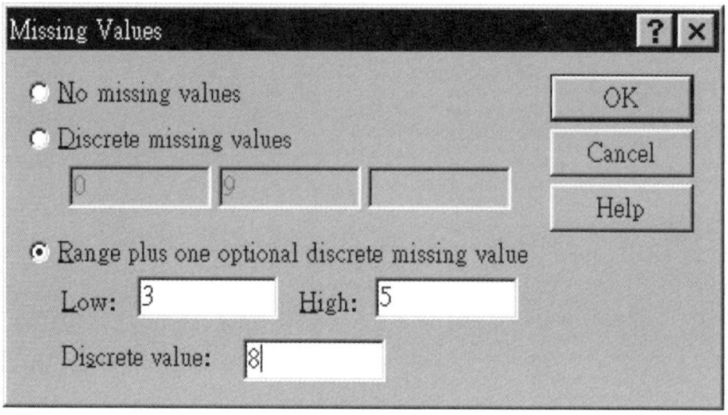

圖 3-22

八、「欄」（Columns）

直行寬度字元數的設定。直接在變數列對映之「欄」中的儲存格加以調整其數字大小或回到資料檢視視窗，直接拉曳變數右上方欄邊界也可以（同Excel調整欄的寬度一樣，直接拉曳欄右上方的邊界線）。

直行格式只會影響資料編輯視窗中數值的顯示。因而雖然變更直行的欄寬值，卻不會變更變數的定義寬度。

九、「對齊」（Align）

設定資料檢視視窗中儲存格對齊的方式。對齊方式有『左、右、中』三種。「左」（Left）表示儲存格內的值向左對齊、「右」（Right）表示儲存格內的值靠右對齊，「中」（Center）表示儲存格內的值置中對齊。儲存格數值的對齊方式不會影響資料統計分析的結果。

十、「測量」（Measure）

定義變數的屬性，內有三種屬性，分別為『量尺』（Scale）變數、『次序變數』、『名義變數』（Ordinal）。問卷內涵設定，使用者可以均將其設定為『量尺』，不會影響統計分析結果。基本資料的部分（背景變項）視其性質定義為名義的或次序的變數，如將其設為「量尺」測量屬性也可以。

3-4 問卷資料的輸入

以一份學生「生活感受調查問卷」為例

第一部分基本資料

（　）1.你的年級？　(1)國小四年級　(2)國小六年級　(3)國中二年級

（　）2.你的性別？　(1)男生　(2)女生

（　）3.你數學老師的性別？　(1)男老師　(2)女老師

（　）4.你在家的生活情形是？　(1)只有和父親住在一起　(2)只有和母親住在一起　(3)和父母親住在一起　(4)和其他長輩住在一起

（　）5.你上學期的數學成績等第為？　(1)丙以下　(2)乙　(3)甲　(4)優

第二部分父母影響歷程

	完全不同意				完全同意
	1	2	3	4	5
1. 父母親對我的成績從來沒有滿意過。					
2. 我想我在學校已經表現很好了，但父母總認為我還可以表現得更好。	□	□	□	□	□
3. 考試成績不好時我怕回家。	□	□	□	□	□
4. 考試只有考一百分父母才會高興。	□	□	□	□	□
5. 父母親對我的期望太高。	□	□	□	□	□
6. 父母總認為我在學校還沒有盡力。	□	□	□	□	□
7. 做回家作業時，父母會給我很多壓力。	□	□	□	□	□
8. 如果父母親不那麼嚴格，上學會更令人愉快。	□	□	□	□	□
9. 好成績使我興奮，因為我知道那會使父母高興。	□	□	□	□	□
10. 我在學校表現很好，其中父母的幫忙很大。	□	□	□	□	□
11. 我和父母親相處得非常好。	□	□	□	□	□
12. 父母親期望我讀大學。	□	□	□	□	□

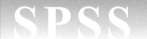

13. 父母親希望我進一所「好」大學。 □ □ □ □ □

14. 父母親對我的回家作業非常有興趣。 □ □ □ □ □

15. 父母關心我在學校的上課情形。 □ □ □ □ □

16. 如果我盡力了，父母會感到滿意。 □ □ □ □ □

以Excel試算表建檔爲例

第一列爲變項名稱，如果是類別變項或單選題題項，每個「題項」即成爲一個變項，如果是複選題，則每個題項內的「每個選項」均單獨成一個變項。以上面「生活感受調查問卷」爲例，均爲單選題，鍵入的資料檔如下：

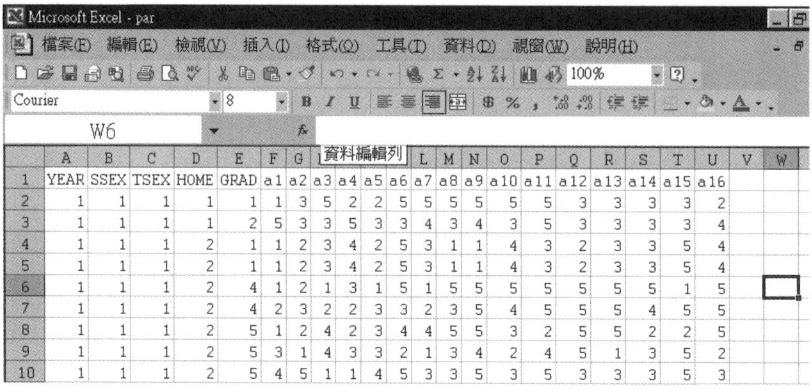

	A	B	C	D	E	F	G					L	M	N	O	P	Q	R	S	T	U
1	YEAR	SSEX	TSEX	HOME	GRAD	a1	a2	a3	a4	a5	a6	a7	a8	a9	a10	a11	a12	a13	a14	a15	a16
2	1	1	1	1	1	1	3	5	2	2	5	5	5	5	5	5	3	3	3	3	2
3	1	1	1	1	2	5	3	3	5	3	3	4	3	4	3	5	3	3	3	3	4
4	1	1	1	2	1	1	2	3	4	2	5	3	1	1	4	3	2	3	3	5	4
5	1	1	1	2	1	1	2	3	4	2	5	3	1	1	4	3	2	3	3	5	4
6	1	1	1	2	4	1	2	1	3	1	5	1	5	5	5	5	5	5	5	1	5
7	1	1	1	2	4	2	3	2	2	3	3	2	3	5	4	5	5	5	4	5	5
8	1	1	1	2	5	1	2	4	2	3	4	4	5	5	3	2	5	5	2	2	5
9	1	1	1	2	5	3	1	4	3	3	2	1	3	4	2	4	5	1	3	5	2
10	1	1	1	2	5	4	5	1	1	4	5	3	3	5	3	5	3	3	3	5	3

圖 3-23

上述問卷與變項名稱、變數數值的對照表如下：

變項	變項名稱	小數點欄位數	變數數值註解
學生年級	year	0	*1.* 國小四年級；*2.* 國小六年級；*3.* 國中二年級
學生性別	ssex	0	*1.* 男生；*2.* 女生
數學教師性別	tsex	0	*1.* 男老師；*2.* 女老師
在家生活狀態	home	0	*1.* 只有和父親住在一起；*2.* 只有和母親住在一起；*3.* 和父母親住在一起；*4.* 和其他長輩住在一起
數學成績等第	grad	0	*1.* 丙以下、*2.* 乙、*3.* 甲、*4.* 優
父母影響歷程量表（共16題）	a1、a2、a3…a15、a16	0	*1.* 非常不同意；5.非常同意；*2.*、*3.*、*4.*介於二者之間

　　其中a1 至a16 為問卷 16 個題項的變項名稱，a1 為第 1 題；a2 為第 2 題；a3 為第 3 題，而「year」為學生年級，儲存格內數值 1 表示國小四年級、數值 2 表示國小六年級、數值 3 表示國中二年級；「ssex」為學生性別，儲存格內數值 1 表示男生、2 表示女生；「tsex」為老師性別，儲存格數值 1 表示男老師、2 表示女老師；「home」 為生活情形，儲存格數值 1 表示只有和父親住在一起、數值 2 表示只有和母親住在一起、數值 3 表示和父母親住在一起、數值 4 表示和其他長輩住在一起；「grad」為數學成績，儲存格數值 1 表示等第為丙以下、數值 2 表示等第為乙、數值 3 表示等第為甲、數值 4 表示等第為優。

　　在Excel鍵入資料檔時，可以執行【資料】／【驗證】來設定直欄數值鍵入的範圍，如「父母影響歷程量表」16 題採用的是李克特五點量表法，問卷鍵入時最大值為 5、最小值為 1，可以執行以下的程序，來設定資料輸入的範圍，這樣在輸入資料檔時比較不會有異常值的出現，如 44、32、6 等。

　　1. 選取直欄的範圍，第一列的變數名稱不要選取。

　　2. 執行【資料】／【驗證】程序，出現「資料驗證」視窗。

　　3. 選取「設定」頁次，在「儲存格內允許（A）:」的下拉式選單中選取「整數」；「資料（D）:」的下拉式選單選取「介於」；「最小值（M）」的方框內輸入「1」；「最大值（X）」的方框內輸入「5」，按『確定』鈕，如果使用者在設定範圍內，鍵入小於 1 或大於 5 的數值，工作表的視窗會提示錯誤的訊息，此種資料驗證準則的設定，對使用者鍵入資料的正確性有很大的助益。

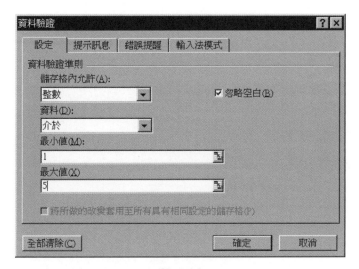

圖 3-24

3-5 開啟 Excel 試算表資料檔

開啟 Excel 試算表資料檔：在「SPSS 資料編輯程式」視窗中執行「File」（檔案）/「Open」（開啟舊檔）/「Data」（資料），出現「Open File」（開啟舊檔）視窗，按「搜尋位置」右方的▼符號，找到存放資料檔的資料夾，在「檔案類型」右方的▼符號，切換到『Excel（*.xls）』試算表檔案，選取 Excel 試算表資料表檔案，按「開啟舊檔」鈕，出現「開啟 Excel 資料來源」（Opening Excel Data Source）視窗。

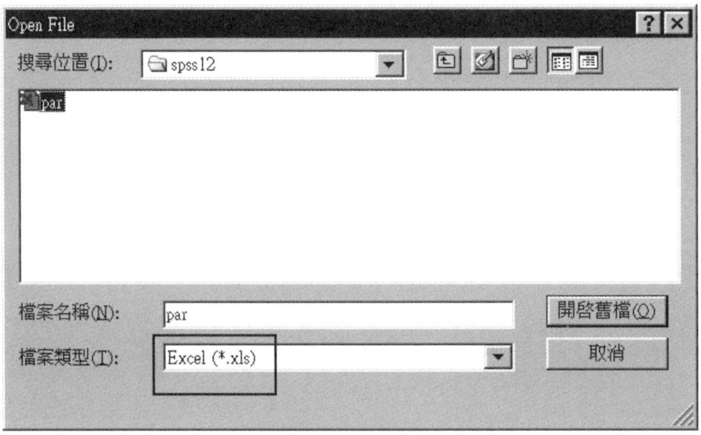

圖 3-25

在「開啟 Excel 資料來源」視窗，**勾選「□從資料第一列開始讀取變數名稱」**（**Read variable names from the first row of data**）一項，以便 SPSS 能轉換變數名稱。

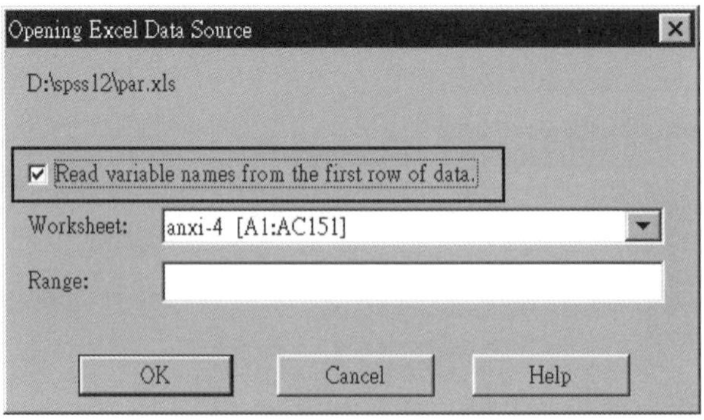

圖 3-26

Excel 試算表讀入 SPSS 資料編輯視窗後的資料檔如下：

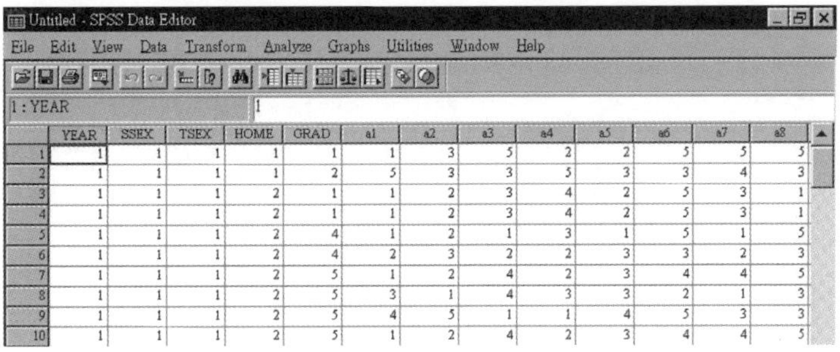

	YEAR	SSEX	TSEX	HOME	GRAD	a1	a2	a3	a4	a5	a6	a7	a8
1	1	1	1	1	1	1	3	5	2	2	5	5	5
2	1	1	1	1	2	5	3	3	5	3	3	4	3
3	1	1	1	2	1	1	2	3	4	2	5	3	1
4	1	1	1	2	1	1	2	3	4	2	5	3	1
5	1	1	1	2	4	1	2	1	3	1	5	1	5
6	1	1	1	2	4	2	3	2	2	3	3	2	3
7	1	1	1	2	5	1	2	4	2	3	4	4	5
8	1	1	1	2	5	3	1	4	3	3	2	1	3
9	1	1	1	2	5	4	5	1	1	4	5	3	3
10	1	1	1	2	5	1	2	4	2	3	4	4	5

圖 3-27

使用者也可以直接於「SPSS 資料編輯程式」視窗建檔，於「資料檢視」視窗中，第一步要先執行「data」（資料）/「Insert Variable」（插入新變數）程序，第二步切換到「變數檢視」視窗，於「名稱」欄更改內定的變數名稱 var00001、var00002、var00003…有意義的變項，如第一部分問卷題項有 20 題單選題，可將其變數名稱命名爲 a1、a2……、a19、a20；第二部分問卷題項有 15 題單選題，可將其變數名稱命名爲 b1、b2……b14、b15；第三部分問卷題項有 25 題單選題，可將其變數名稱命名爲 c1、c2……c24、c25；第四部分爲一題複選題，有六個選項，可將其變數名稱命名爲 d1m1、d1m2、d1m3、d1m4、d1m5、d1m6。

直接而有效的變項名稱建入，可於「Variable View」（變數檢視）視窗中直接鍵入比較快，執行「File」/「New 」/「Data」（開啓一個新的資料檔），切換到「Variable View」（變數檢視）視窗，在「Name」（變項名稱）中逐一鍵入各變項名稱。變項的名稱、註解、變數數值、小數點位置設定完後，再切回到「Data View」視窗中鍵入各筆資料。如統計分析二班國三之數學成績、國文成績、英文成績時，包含六個變項，班級（class）、性別（sex）、教育程度（edu）、數學成績（mat）、國文成績（chi）、英文成績（eng），六個變項於 SPSS 視窗中直接建檔，再於「Data View」視窗輸入各筆資料。

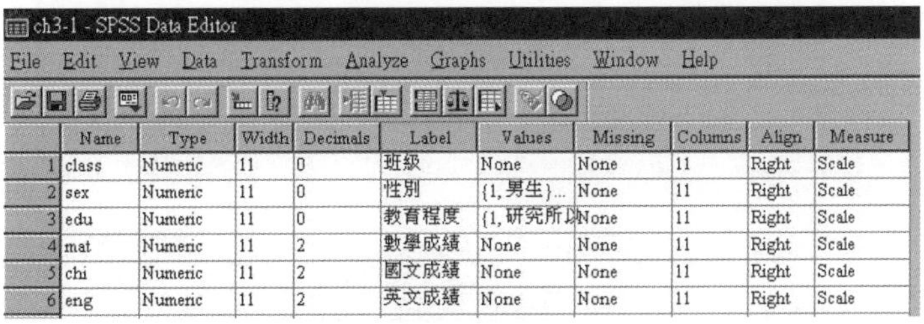

	Name	Type	Width	Decimals	Label	Values	Missing	Columns	Align	Measure
1	class	Numeric	11	0	班級	None	None	11	Right	Scale
2	sex	Numeric	11	0	性別	{1, 男生}...	None	11	Right	Scale
3	edu	Numeric	11	0	教育程度	{1, 研究所以	None	11	Right	Scale
4	mat	Numeric	11	2	數學成績	None	None	11	Right	Scale
5	chi	Numeric	11	2	國文成績	None	None	11	Right	Scale
6	eng	Numeric	11	2	英文成績	None	None	11	Right	Scale

圖 3-28

二班成績及變項於 Excel 中的建檔情形如下：

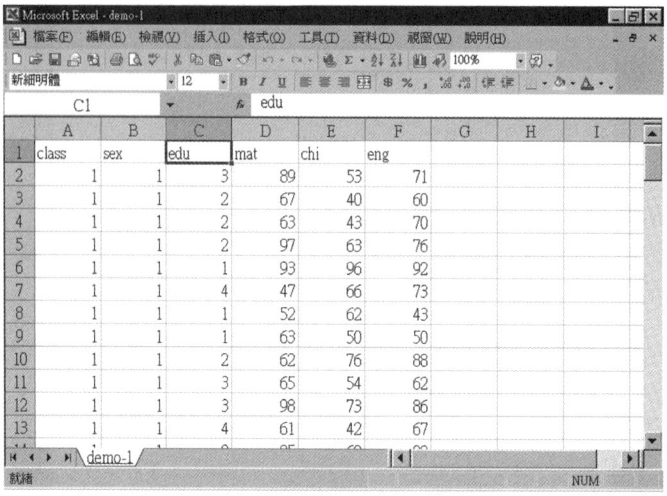

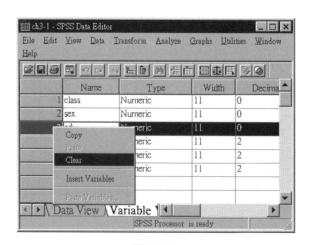

圖 3-29

在資料編輯視窗內可直接插入新變數名稱或刪除變數名稱，其快速作法有二：

1. 在「Variable View」（變數檢視）工作表中，選取變數名稱，此時被選取的變數會反白（橫列），如要選取連續的變數，在選取區塊第二個變數加按『⇧Shift』鍵，如果要選取多個不連續的變數，在選取第二個以後的變數時加按『Ctrl』鍵。選取後按滑鼠右鍵，會出現快速鍵選單的功能鍵：複製（Copy）、貼上（Paste）、清除（Clear）變數名稱及資料、插入變項（Insert Variables）、貼上變項（Paste Variables）等。

圖 3-30

2. 在「Data View」（資料檢視）工作表中，選取變數名稱，此時被選取的變數會反白（直行），如要選取連續的變數，在選取區塊第二個變數加按『⇧Shift』鍵，如果要選取多個不連續的變數，在選取第二個以後的變數時要加按『Ctrl』鍵。選取後按滑鼠右鍵，會出現快速鍵選單的功能鍵：剪下（Cut）、複製（Copy）、貼上（Paste）、清除（Clear）變數名稱及資料、插入變項（Insert Variables）、變項觀察值遞增排序（Sort Ascending）、變項觀察值遞減排序（Sort Descending）等。

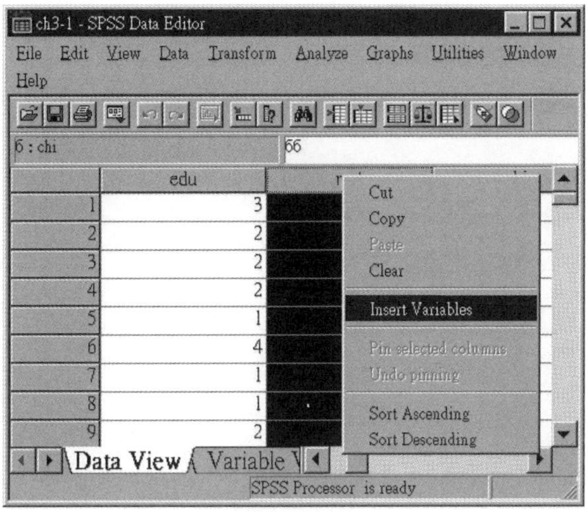

圖 3-31

如要快速變更變項的位置，可切換至「Variable View」（變項檢視）工作表，選取變項（此時整個變項的橫列會反白），按住滑鼠左鍵不放，移動變數至適當位置，再放開滑鼠（移動滑鼠時變項的橫列下方會出現一條紅色提示線，以讓使用者知悉變項目前的位置）。

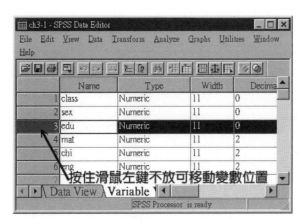

圖 3-32

3-6 統計分析的對話方塊

大部分「分析」的選擇項，均會開啟變數選擇的對話方塊，您可以使用對話方塊，來選取統計分析時要用到的變數名稱和選項。方塊中的左半部會出現原始全部的「來源變數清單」供使用者選擇；而右半部的方盒中會出現一個以上方盒，放置使用者已選取的變數清單，包括分析時的自變項、依變項或共變項。

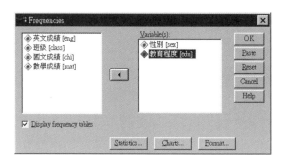

圖 3-33

每個分析方盒中均會出現「確定」（Ok）、「貼上語法」（Paste）、「重設」（Reset）、「取消」（Cancel）、「輔助說明」（Help）的方塊按鈕。

(一)「確定」（Ok）鈕

按確定鈕，馬上進行選取之統計分析程序，結果會立即出現於「SPSS Viewer」視窗；如果有關觀察值的數值運算、排序或分割，則結果會新增變項或對觀察值重新排序。

(二)「貼上語法」（Paste）鈕

在統計分析對話視窗中，按『貼上』鈕，會將統計分析執行程序，轉換成指令語法，貼到語法視窗，此部分類似傳統 DOS 版之 SPSS 的語法指令。

圖 3-34

使用者可以執行「視窗」（Window）/「SPSS 資料編輯程式」（SPSS Data Editor）程序；「視窗」（Window）/「SPSS 語法編輯程式」（SPSS Syntax Editor）程序；「視窗」（Window）/「SPSS 瀏覽器」（SPSS Viewer）程序來切換到資料檔視窗、語法檔視窗或執行結果檔視窗的畫面。也可以執行「Window」/「Minimize All Windows」，將所有開啟的視窗最小化。

㈢「重設」（Reset）鈕

在各式對話視窗中按『重設』鈕，會取消所有選擇的變數清單及各種研究者點選的設定，並將對話方塊的所有按鈕（次對話方塊按鈕）中的設定，還原成原先的預設狀態或內定值（default）。

㈣「取消」（Cancel）鈕

在各式對話視窗中按『取消』鈕，會取消對話方塊中的任何變更，對話方塊會保留上一次的變數清單與按鈕的設定（最後一次點選的設定值）。

㈤「輔助說明」（Help）鈕

在各式對話視窗中按『輔助說明』鈕，會開啟統計分析功能程序的輔助功能視窗，此鈕功能可以查詢目前使用中對話視窗內各按鈕的用途及操作說明。

在左邊原始的變數清單中，變數如有加註解會顯示變數註解及變數名稱，如果沒有註解只會顯示變數名稱。如「性別[sex]」，[sex]為原始變數名稱，而「性別」為變數註解；「第 1 題[a1]」，「a1」為變數名稱，而「第 1 題」為變數註解。

變數選取時與一般視窗應用軟體甚為類似，選取單一變數時，只要在原始左邊變數清單上按一下，然後按一下方塊中間的右箭號▶即可；也可以連按兩下要選取的變數，此變數即會從左邊原始變數清單移到右邊的目標變數清單中。

此外，使用者也可以配合鍵盤的功能鍵執行變數的多重選擇：

1. 選取多個連續變數：先選取第一個變數（按滑鼠左鍵一下），移到要選取的最後一個變數，先按住鍵盤的「⇧ Shift」鍵，然後再按一下最後一個變數。
2. 選取多個不連續變數：先選取第一個變數，然後選取第二個變數時，加按鍵盤的「Ctrl」鍵，依此類推，即可選取多個不連續變數。

3-7 輸出結果檔的轉換

SPSS 可將統計分析的結果，轉存成副檔名為「*.htm」、「*.doc」的檔案，這些檔案可用微軟之 Word 應用軟體加以開啟，直接進行編排增刪與美化，然後以【編輯】/【複製】；【編輯】/【貼上】貼放於論文文書檔之適當位置處。

1. 切換到「SPSS 瀏覽器」視窗（【視窗】/【輸出 1-SPSS 瀏覽器】），執行【檔案】（File）/【輸出】（Export）程序，出現「匯出輸出」（Export Output）視窗。

2. 「輸出檔案名稱」（Export File）：可按右邊的『瀏覽』（Browse）鈕，選取要存放的磁碟機與資料夾，並在資料夾的後面鍵入新檔案名稱，內定之檔案名稱為「OUTPUT」。

3. 「輸出內容」（Export What）：輸出內容的範圍，包括「所有物件」（All Objects）、「所有顯示的物件」（All Visible Objects）、「選取的物件」（Selected Objects）。「所有物件」選項會包括所有呈現於結果視窗中的資料；而「選取的物件」選項則只輸出研究者選取的部分資料物件。

4. 「輸出格式」（Export Format）：檔案類型選取「HTML file（*.htm）」或「Word/RTF file（*.doc）」，使用者在輸出 SPSS 瀏覽器結果檔時，最好選擇「HTML fiel」或「Word/RTF」檔案類型，而不要選擇文字檔（Text file），否則無法完整匯出表格資料。

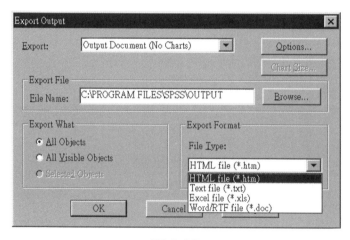

圖 3-35

在「Export Output」（輸出結果）視窗中，有個『選項』（Options）按鈕，使用者在結果輸出時，應先按「選項」按鈕，勾選「Export Footnotes and Caption」、「Export All Layers」二個選項，以完整輸出所有的結果資料資訊。

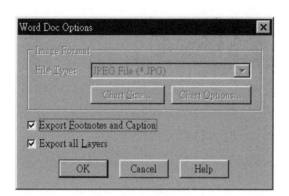

圖 3-36

3-8 資料檔的合併

資料檔的合併，包含觀察值的合併（垂直合併）與變項的合併（水平合併）。

一、觀察值的合併

某研究者想探究學生的性別、數學成就與數學態度的關係，他採隨機取樣的方式，共抽取二班學生為樣本，為節省資料建檔的時間，此研究者將二班的資料同時請人建檔，二班資料檔的檔名分別為「數學態度一.sav」、「數學態度二.sav」，二個資料檔有相同順序的變項名稱：class（班別）、num（編號）、sex（性別）、math（數學成就）、atti（數學態度），在資料分析前須將二班的資料檔合併，以進行整體的分析。

「數學態度一.sav」資料檔案如下：

班別 class	編號 num	性別 sex	數學成就 math	數學態度 atti
1	1001	1（男）	80	58
1	1010	1（男）	78	51
1	1025	2（女）	87	60
1	1033	2（女）	51	45

「數學態度二.sav」資料檔案如下：

班別 class	編號 num	性別 sex	數學成就 math	數學態度 atti
2	2001	1	68	56
2	2009	1	72	49
2	2021	2	83	61
2	2023	2	95	65
2	2038	2	74	47

觀察值垂直合併的操作程序如下：

開啟「數學態度一.sav」資料檔（單獨放在第一列）

Data（資料）→Merge Files（合併檔案）→Add Cases（新增觀察值）→出現「Add Cases: Read File」對話視窗，在「搜尋位置」的後面選擇要加入的資料檔檔名（如數學態度二.sav）→按『開啟舊檔』鈕→按『OK』鈕

圖 3-37

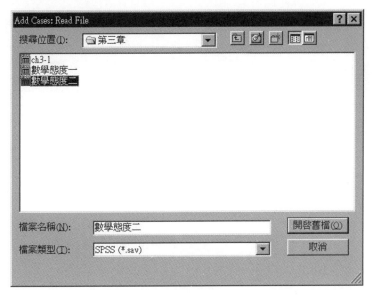

圖 3-38

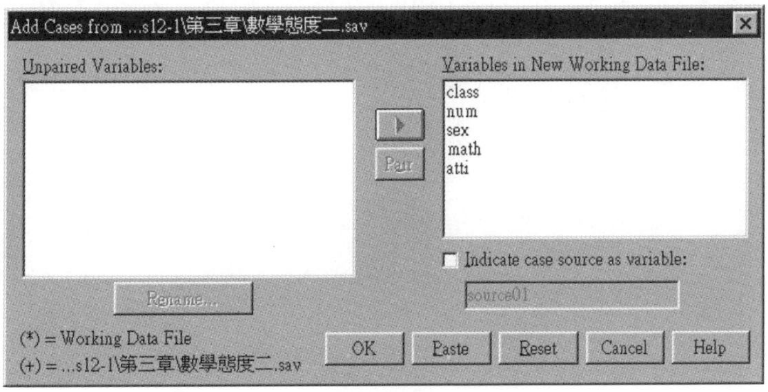

圖 3-39

在上述的操作中，如勾選「Indicate case source as variable」（指明觀察值來源爲變數）選項，則合併後的新資料檔會新增一個「indicator」變數，此變數爲二個名義變項，數值內容爲 0、1，其值爲 0 者表示該筆觀察值是來自開啓中的工作檔；其值爲 1 者，表示該筆觀察值是來自新增的（被合併的）檔案資料檔。

合併後的新資料檔如下：

	class	num	sex	math	atti	var
1	1	1001	1	80	58	
2	1	1010	1	78	51	
3	1	1025	2	87	60	
4	1	1033	2	51	45	
5	2	2001	1	68	56	
6	2	2009	1	72	49	
7	2	2021	2	83	61	
8	2	2023	2	95	65	
9	2	2038	2	74	47	
10						

圖 3-40

二、變數的合併

在資料建檔上，上述研究者也蒐集了第一班的數學焦慮、英文成績、國文成績，並儲存檔名為「其他成績.sav」的資料檔內，研究者想把第一班同學的資料全部合併為一個檔案，以便進行樣本資料的統計分析。

「其他成績.sav」資料檔案如下：

班別 class	編號 num	數學焦慮 m_anxi	英文成績 eng_s	國文成績 chi_s
1	1001	54	89	79
1	1010	65	75	85
1	1025	49	68	84
1	1033	70	95	83

變項水平合併的操作程序如下：

Data（資料）→Merge Files（合併檔案）→Add Variables（新增變數）→出現「Add Variables: Read File」對話視窗，在「搜尋位置」的後面選擇要加入的資料檔檔名（其他成績.sav）→按『開啟舊檔』鈕→點選要合併的新變數→按『OK』（確定）鈕

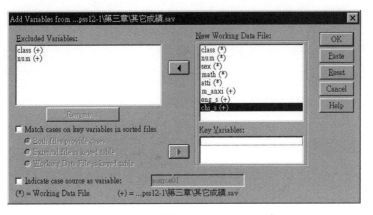

圖 3-41

　　在上述的對話視窗中，右邊「New Working Data Files」（目前啟用的新資料檔中的變數）方盒中，變數的後面有星號符號「*」者，表示此變數是原先工作資料檔中的變數；而變數名稱後面加上加號「＋」者，表示此變數是外部資料檔中的變數，如果變數不想合併，可點選右邊變數清單中的變數，按中間「◄」符號，則變數會移往左邊「Excluded Variables」（被排除的變數）下的方盒中。在進行變數合併時，工作資料檔與外部資料檔必須有共同的「關鍵變數」（Key Variables）才可以，二個資料檔合併前必須根據關鍵變數作「遞增」（由小到大）排序。在預設情況下，系統會排除第二個資料檔（其變數名稱與工作資料檔中的相同）中的變數名稱，因為「新增變數」選項，會假設這些變數包含重複的資訊。

　　下表為「數學態度一.sav」與「其他成績.sav」二個檔案變數合併後的新資料檔。

	class	num	sex	math	atti	m_anxi	eng_s	chi_s
1	1	1001	1	80	58	54	89	79
2	1	1010	1	78	51	65	75	85
3	1	1025	2	87	60	49	68	84
4	1	1033	2	51	45	70	95	83
5								

圖 3-42

第四章

資料檢核與基礎統計分析

進行資料統計分析之前，研究者定要做資料內容的檢核工作，否則可能會影響分析結果的正確性。如在李克特六點量表中，題項的最大值為 6，但在資料鍵入時，研究者或協助資料鍵入者可能會誤打為 66 或其他超過 6 的數值；再如學校類型背景變項數值中：1 代表公立、2 代表私立，但在資料檔中卻出現 3 以後的數值（此數值非研究者刻意輸入）等情形，均可能發生。因而抽樣收集的資料經編碼、輸入電腦後應做資料檢核工作，再進行各種母數統計或無母數統計的分析考驗。

4-1 次數分配

下述為二個班級數學、國文、英文三科的學期成績，變項說明如下：

變項名稱	變項說明	數值代碼
class	班級	1 表示甲班、2 表示乙班
sex	學生性別	1 表示 male、2 表示 female
edu	父親教育程度	1 表示研究所以上、2 表示大學畢業、3 表示專科畢業、4 表示高中職以下
mat	數學成績	
chi	國文成績	
eng	英文成績	

下表為部分資料檔的建檔內容：

class	sex	edu	mat	chi	eng
1.00	1.00	4.00	46.00	85.00	74.00
1.00	1.00	3.00	78.00	72.00	50.00
1.00	1.00	4.00	68.00	72.00	89.00
1.00	2.00	1.00	58.00	84.00	61.00
1.00	2.00	4.00	52.00	57.00	95.00

上表資料檔可執行次數分配程序加以檢核

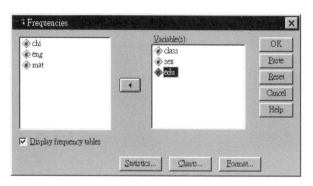

> Analyze（分析）
> Descriptive Statistics（描述性統計量）
>   Frequencies...（次數分配表）
>   點選 class、sex、edu 三個變項至右邊目標清單中
>   勾選下方的「Display frequency tables」選項
>   按『OK』鈕

圖 **4-1**

在「Frequencies」對話視窗中，要勾選下方的「Display frequency tables」，則不會呈現次數分配表。

統計分析結果如下：

Statistics

		class	sex	edu
N	Valid	100	100	100
	Missing	0	0	0

上表為三個背景變項之有效樣本數與遺漏值的個數，有效樣本數為 100位，資料均沒有遺漏值（missing）。

Frequency Table
class

		Frequency	Percent	Valid Percent	Cumulative Percent
Valid	1.00	50	50.0	50.0	50.0
	2.00	50	50.0	50.0	100.0
	Total	100	100.0	100.0	

上表爲班級（class）的次數分配表。數值爲 1 者（甲班）有效人次有 50 人；數值爲 2 者（乙班）的有效人次也有 50 人。第一直欄爲變數的數值編碼、第二直欄爲次數（Frequency）、第三直欄爲百分比（Percent）；第四直欄爲有效百分比、第五直欄爲累積百分比。

sex

		Frequency	Percent	Valid Percent	Cumulative Percent
Valid	male	49	49.0	49.0	49.0
	female	51	51.0	51.0	100.0
	Total	100	100.0	100.0	

上表爲性別變項的次數分配表，其中男生有 49 人、女生有 51 人。

edu

		Frequency	Percent	Valid Percent	Cumulative Percent
Valid	1.00	19	19.0	19.0	19.0
	2.00	26	26.0	26.0	45.0
	3.00	25	25.0	25.0	70.0
	4.00	27	27.0	27.0	97.0
	5.00	2	2.0	2.0	99.0
	6.00	1	1.0	1.0	100.0
	Total	100	100.0	100.0	

上表爲父親教育程度次數分配表，從此次數分配表呈現的結果中可以發現：教育程度的數值代碼中除了 1 至 4 外，數字 5 出現 2 次；數字 6 出現 1 次，「5」、「6」可能是建檔錯誤。因爲父親教育程度只分四個水準，1 表示研究所以上、2 表示大學畢業、3 表示專科畢業、4 表示高中職以下，沒有數字 5 及數字 6 的類別，因而在父親教育程度變項（edu）欄中，原始資料可能有誤。當利用次數分配檢核到資料檔有誤時，研究者要先進行資料的更正或相關設定，以免影響日後統計分析的正確性。

研究者在這方面的處理有二種方式：

一、找出數值5、6的學生編號，更改正確的教育程度代碼

選取 edu 變項直欄

Edit（編輯）

　Find...（尋找），出現「Find Data in Variable edu」對話視窗

　　Find what 的後面輸入 5

　　　按『Find Next』鈕

　　　如在 edu 欄中資料檔中找到 5，會出現該數值所在的儲存格

　　將滑鼠移往該儲存格並修改儲存格的內容為正確的資料

　　回到「Find Data in Variable edu」對話視窗

　　　按『Find Next』鈕，繼續尋找

　　直到出現「5 Not found」對話視窗

　　再於「Find what」的後面輸入 6

　　按『Find Next』鈕重複上述步驟

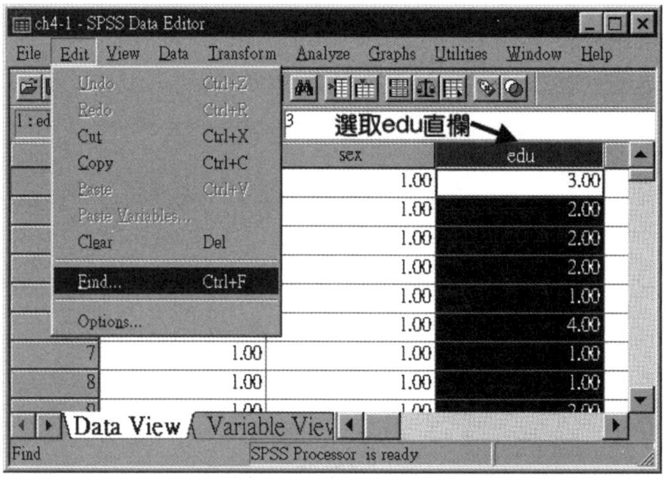

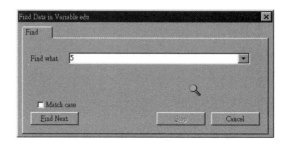

圖 4-2

圖 **4-3**

圖 4-3 中的對話視窗標題出現「Find Data in Variable edu」（在變項 edu 中尋找資料），表示要在「edu」變項直欄中尋找資料。在尋找變數儲存格內的數值時，必須先選取此變項的直欄，選取變項的操作如下：將滑鼠移往變數上，此時滑鼠會出現「⇩」符號，再按一下滑鼠左鍵，則被選取的變項欄會呈反白顯示。

圖 4-4

在「Find Data in Variable edu」對話視窗中，按『Find Next』鈕，會繼續找尋下一筆資料，當變項欄內的數值資料沒有 5 時，會出現「5 Not found」的警告視窗。

如果是問卷調查，問卷在建檔之前，最好將問卷加以編碼，如 93001、93002⋯⋯，在問卷資料編碼中，第一個變數應為編碼簡稱，如「num」。編碼的目的，以便將來可以檢核問卷與原始資料檔，便於更改有錯誤的地方。

二、將 edu 變項中之 5、6 設為遺漏值（missing）

研究者如果無法找出原始問卷加以檢核更改，或受試者於原始問卷即空白沒有填答，此時可將變項中 5 及 6 數值設為遺漏值，其操作程序：

切換到「Variable View」（變數檢視）工作表視窗
　　選取 edu 變項的「Missing」（遺漏值）欄的儲存格，按儲存格
　　最右邊「...」符號
　　出現「Missing Values」（遺漏值）對話視窗
　　　選取「Discrete missing values」（間斷遺漏值）項
　　　在空格內分別輸入 5、6
按『OK』鈕

圖 **4-5**

如果再執行次數分配，則可發現 edu 變項中的 5、6 均變為遺漏值，其次數統計不在有效百分比（Valid Percent）之中。

Statistics

N（個數）	Valid（有效的）	97
	Missing（有遺漏值）	3

上表中有效的觀察值個數為 97 位、遺漏值有三位。

edu

		Frequency	Percent	Valid Percent	Cumulative Percent
Valid	1.00	19	19.0	19.6	19.6
	2.00	26	26.0	26.8	46.4
	3.00	25	25.0	25.8	72.2
	4.00	27	27.0	27.8	100.0
	Total	97	97.0	100.0	
Missing	5.00	2	2.0		
	6.00	1	1.0		
	Total	3	3.0		
Total		100	100.0		

上述中的第一欄為父親教育程度名義變項的類別；第二欄是各選項勾選的次數（Frequency），總共有 100 個樣本，遺漏值的次數為三，有效樣本 97人；第三欄百分比（Percent），由各類別人次除以總樣本數（包括遺漏值，此為 100 人）再乘以100；第四欄有效百分比（Valid Percent），由各類別人次除

以有效樣本總人數（不含遺漏值，此為 97 人）後再乘以 100，如 $\frac{19}{97} \times 100 = 19.6$；第五欄有累積百分比（Cumulative Percent），其百分比數字為第四欄有效百分比由上而下累加而得。「Missing」列以下的橫列資料為遺漏值，遺漏值的數值為「5」及「6」，「5」的數值有二個、「6」的數值有一個，遺漏值的總次數（Total）有 3 個。

在之前次數分配（Frequencies）的視窗中，還包括三個次指令

(一) Statistics（統計量）

可輸出選取變項的百分位數值（Percentile Values）、集中趨勢（Central Tendency）、分散情形（Dispersion）及變項數值的分配情形（Distribution）。「Frequencies: Statistics」對話盒中所提供的統計量數及其功能如下：

統計量數	功能
Quartiles	四分位數
Cut points for □ equal groups	使用者自訂畫分的等級數
Percentile	百分位數
Mean	平均數
Median	中位數
Mode	眾數
Sum	總和
Std deviation	標準差
Variance	變異數（為標準差的平方）
Range	全距（最大值-最小值）
Minimum	最小值
Maximum	最大值
S.E. mean	平均數的估計標準誤$= \dfrac{SD}{\sqrt{N}}$
Skewness	偏態；其值大於 0.5 為正偏態、小於 0.5 為負偏態 $-0.5 \leq skewness \leq 0.5$ 一般視為常態分配
Kutorsis	峰度；其值 >0 為高狹峰、<0 為低闊峰

常見的統計量數說明如下：

1. 平均數

　　為資料數值的總和除以總個數，因為平均數是所有平均數中最常用的一個，因此，一般所指的平均數（Mean）即泛指算術平均數。在推論統計中，我們常用樣本平均數（sample mean）估計母群體平均數（population mean）。

(1)樣本平均數：經抽樣取得的樣本資料之平均數，一般以符號$\overline{X}$（讀作 X bar）表示，如果樣本數為 n，X_i 是第 i 個分數，樣本平均數的公式如下：

$$\overline{X} = \frac{\sum_1^n X_i}{n} = \frac{X_1 + X_2 + \cdots + X_n}{n}$$

(2)母群平均數：母群體平均數只有在普查（census）時才看得到，普查的實施適用小的母群體，如整班學生的學業成就平均。母群平均數即母群體全部資料的平均數，通常以符號 μ（讀作 mu）表示。一個大小為 N 的有限母群，母群的平均數公式如下：

$$\mu = \frac{\sum_1^N X_i}{N}$$

　　根據大數法則（law of large number），對於任何一個常數 c 而言，只要 n 夠大，則 P（$|\overline{X}-\mu| < c$）的機率便接近 1，換言之，只要樣本數夠大，樣本平均數（$\overline{X}$）落在母群平均數μ附近（neighborhood of μ）（μ-c，μ+c）的機率接近 1。根據中央極限定理（the central limit theorem），母群體隨機變數 X 的期望值為μ，標準差為σ，換言之，X～（μ，σ），$x_1, \cdots, x_n$ 為抽樣自此母群體的 n 個隨機樣本，當抽樣數目 n 夠大時：$\overline{X}$ 為近似常態分配，樣本平均數的平均數等於母群體的平均數μ，這些平均數的標準差等於 $\frac{\sigma}{\sqrt{n}}$，稱之為平均數分配的標準誤，換言之，$\overline{X} \doteq N（\mu，\frac{\sigma}{\sqrt{n}}）$；而 $\frac{\overline{X}-\mu}{\frac{\sigma}{\sqrt{n}}}$ 為近似標準常態分配 N（0，1）（吳冬友、楊玉坤，民 92）。

2. 中位數（簡稱 Md）

　　將分數由大到小排列時，中間的那個值即為中位數。當觀察值的個數為

奇數時，中位數即爲最中間的那一個數值；當觀察值的個數爲偶數時，中位數爲最中間兩個數值的算術平均數。

3. 眾數（簡稱 Mo）

指資料中出現頻率最高的資料或出現次數最多的那個數值。

4. 全距

資料中最大值與最小值的差值，通常以符號 R 表示。全距是一種最簡單的變異量數（measures of variance），計算最爲簡易，但其缺點爲易受兩個極端值的影響，十分不穩定，此外它也只考慮到最大值與最小值，而沒有考慮到兩者間其他數值的分散情形。

5. 變異數與標準差

樣本變異數（variance）$= S^2 = \dfrac{\Sigma (X-\overline{X})^2}{N}$，變異數開根號即爲標準差 SD（standard deviation 或簡稱 S），$SD = \sqrt{\dfrac{\Sigma (X-\overline{X})^2}{N}}$。由於數學的推理證明要用樣本的變異數代替母群體的變異數時，分母須除以 N−1，而不是 N，才不會低估它，所以計算母群的變異數的不偏估計值時，應使用下列公式：

$$S^2 = \frac{\Sigma (X-\overline{X})^2}{N-1} \qquad S = \sqrt{\frac{\Sigma (X-\overline{X})^2}{N-1}}$$

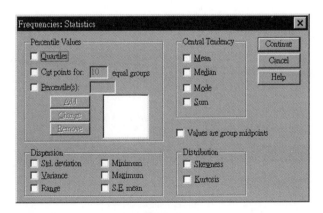

圖 4-6

6. 四分位數

四分位數是將數值排序後，分成四等份的分位數，三個四分位數分別以

符號 Q_1、Q_2、Q_3 表示，這些分位數是個分數點，可以將整個群體分隔成四個相等的部分，每個部分各為 25%的人數，其中 Q_1 為第一四分位數或稱下四分位數（the lower quartile），在百分位數中相當於 25 百分位數、第二四分位數（Q_2）即為中位數，在百分位數中相當於 50 百分位數、Q_3 為第三四分位數或稱上四分位數（the upper quartile），在百分位數中相當於 75 百分位數。四分位數的圖解如下：

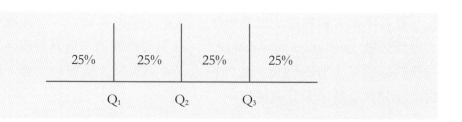

而所謂的四分位差，即是「內四分位數全距」（interquartile range）$Q_3 - Q_1$ 的平均，其公式如下：

$$QD = \frac{Q_3 - Q_1}{2}$$

當四分位差的值愈大時，代表資料序列中的資料愈不整齊，亦即觀察值個體之間的差異愈大。

7. 百分位數

百分位數是一組數值資料依小至大排序，然後將其分割成 100 等分，等分分割點數值記作：P_i（i=1, 2, 3, ... , 99），是指至少有 $\frac{i}{100}$ 的觀察值小於或等於該數值，至少有 $\frac{(100-i)}{100}$ 的觀察值大於或等該數值，如 P_1、P_2、……、P_{99}，其意義分別表示：1%的觀察值小於或等於 P_1、2%的觀察值小於或等於 P_2，98%的觀察值大於或等於 P_{98}，……，99%的觀察值小於或等於 P_{99}。

8. 偏態與峰度

偏態乃與常態分配相較之分布，在二項分配（binomial distribution）中，當 $(p+q)^n$ 的 n 接近無限大，且 p 與 q 的值為 0.5 時，二項分配曲線便會逐漸趨於常態分配曲線，此曲線是一條左右對稱的平滑鐘形曲線。在常態分配中平均數等於中位數。如果資料型態所構成的型態不是對稱的，那就是「偏態」，所謂偏態即是在次數分配中，大多數觀察值的測量分數落在平均值的

哪一邊而言。當平均數小於中位數時稱爲左偏（left-skewed）分配或負偏（nega-tive-skewed）分配，負偏態分配曲線時，大多數分數都集中在高分部分的曲線；當平均數大於中位數時稱爲右偏（right-skewed）分配或正偏（positive-ske-wed）分配，正偏態分配曲線時，大多數分數都集中在低分部分的曲線。

峰度指的是分配曲線平坦陡峭的程度，如果次數分配曲線較爲平坦，且兩極端的分數次數較少，稱爲低闊峰（platykurtosis）分配，低闊峰表示資料的分布較平均分散於兩端；如果次數分配曲線較爲陡峭，且兩極端分數的次數較多稱爲高狹峰（leptokurtosis），高狹峰表示資料的分布集中於平均數附近。

㈡ Charts...（圖表）

按「Charts...」（圖表）次指令鈕可輸出界定變項之統計圖，包括長條圖（Bar charts）、圓餅圖（Pie charts）、直方圖（Histograms）等三種，其中選取直方圖時還可以勾選是否要呈現常態分配曲線（勾選 With normal curve）。在圖表值（Chart Values）的選項中，對於各圖形的呈現方式，可以選擇以次數分配（Frequencies）或百分比（Percentages）的方式呈現。

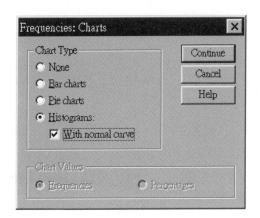

圖 4-7

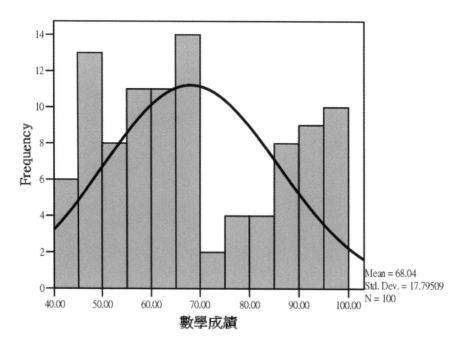

圖 **4-8**

　　上圖為數學成就的直方圖,水平軸代表數學成就的分數組距,垂直軸代表實際的次數。圖中的曲線即為理論之常態分配曲線,若變項實際次數分配的曲線圖與常態分配曲線圖愈吻合,則表示該變項之機率分配越接近常態分配。在直方圖的右下角會呈現該變項的標準差(Std. Dev)及平均數(Mean),100 位同學的數學成就之平均數為 68.04、標準差為 17.80。

　　若要修改或美化圖表,先點選圖表然後再圖表上連按二下,會出現各圖表美化的功能列與工具列。當出現圖表編輯(Chart Editor)對話視窗時,亦可以選取要修改或美化的圖表部分,再按滑鼠『右鍵』鈕,會出現快顯功能列(此部分的操作與 Excel 的圖表美化十分類似)。

【備註】:在正式論文或研究報告的撰述,標題列的呈現原則是「圖下表上」,圖的說明標題列要放在圖的下方,而表的說明標題列要放在表格的最上方。

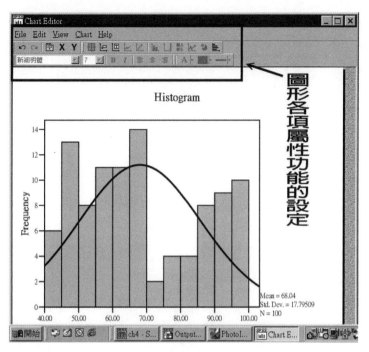

圖 **4-9**

（二）Format...（格式）次指令

Format 次指令鈕的功能在於設定輸出報表的格式。次數分配表可以根據資料中的實際數值，或是數值的個數（次數）加以排列；排列的順序有四：依觀察值遞增排序、依觀察值遞減排序、依個數遞增排序、依個數遞減排序。如果是要呈現直方圖或百分位數，則次數分配表會假設變數為數值變數，並以遞增方式來顯示變數值。

4-2　百分位數與百分等級

百分位數（percentile points）是將一組觀察值分割 100 等分的一群數值，它與百分等級（percentile ranks）皆是用來表示某個分數在群體中所占的位置為何的量數，二者皆稱為「相對地位量數」。百分位數通常以 P_p 表示之，指在團體中所占有某個等級的個體，它的分數應該是多少的量數。

利用「Statistics...」指令鈕求數學成績（mat）的百分位數，在「Frequencies: Statistics」對話盒中，勾選「Cut points for □ equal groups」，其中間的方格輸入 100 即可。

圖 4-10

一、數學科分數轉換百分位數一覽表

Statistics

mat

N	Valid	100						
	Missing	0						
Percentiles	1	40.0100	26	54.0000	51	66.0000	76	85.7600
	2	41.0000	27	54.2700	52	66.5200	77	86.0000
	3	41.0000	28	55.0000	53	67.0000	78	87.5600
	4	41.0000	29	55.2900	54	67.0000	79	88.0000
	5	41.1000	30	56.3000	55	67.0000	80	88.8000
	6	43.1200	31	57.0000	56	64.5600	81	90.6200
	7	45.0700	32	57.0000	57	68.0000	82	91.0000
	8	46.0000	34	57.3400	58	68.5800	83	91.0000
	9	46.0000	34	57.3400	59	69.0000	84	91.0000
	10	46.0000	35	58.3500	60	69.0000	85	92.7000
	11	46.0000	36	59.0000	61	69.0000	86	93.0000
	12	46.1200	37	59.0000	62	69.0000	87	93.0000
	13	47.0000	38	59.3800	63	69.6300	88	93.0000
	14	47.1400	39	60.0000	64	72.5600	89	93.0000
	15	48.1500	40	60.0000	65	75.9500	90	94.8000
	16	49.0000	41	60.4100	66	77.0000	91	95.0000
	17	49.0000	42	61.0000	67	77.0000	92	95.0000
	18	49.0000	43	61.0000	68	77.6800	93	95.9300
	19	49.1900	44	61.4400	69	80.0700	94	96.9400
	20	50.4000	45	62.0000	70	81.0000	95	97.9500
	21	52.0000	46	62.4600	71	82.4200	96	98.0000
	22	52.0000	47	63.0000	72	83.0000	97	98.0000
	23	52.0000	48	63.4800	73	84.4600	98	98.9800
	24	52.4800	49	64.4900	74	85.0000	99	99.0000
	25	54.0000	50	65.5000	75	85.0000		

上述第二欄爲百分等級，第三欄爲百分等級所等應的分數（百分位數），如 $P_{16}=49$ 分；$P_{80}=88.8$ 分；$P_{99}=99.0$ 分。以 Frequencies 指令所求得的百分等級與百分位數對照表，輸出的結果報表只呈現於結果輸出視窗中，而無法於資料編輯視窗中得知目標變項的百分等級，使用者要參考結果報表而新建一個變項，逐筆輸入每位觀察值的百分等級，如果要將目標變項的百分等級直接增列於資料編輯視窗中，可執行「Transform」（轉換）／「Rank Cases...」（觀察值等級化）程序。

二、求數學科原始成績的百分等級

百分等級（Percentile Rank）通常以PR表示，是用來表示某個分數在團體中所占的等級是幾等的量數，亦即一個觀察值的原始分數在群體資料依序被分成 100 個等級的情況下，此分數勝過多少個等級。如某個人的得分是 65 分，在團體一百個人中贏過 72 人，則他的百分等級是 72；PR=72。相反的，如果他想在此群體中贏過 72 人，則此人必須獲得 $P_{72}=65$ 分；。

原始資料的百分等級求法如下：

$$PR = 100 - \frac{(100R-50)}{N}$$

其中，R 代表對映觀察值資料在數列中的排名。
SPSS 視窗的操作：

Transform（轉換）
　Rank Cases...（觀察值等級化），出現「Rank Cases」對話視窗
　點選數學成績 mat 變項至右邊的目標清單中
　　按『Rank Types...』（等級類型）鈕，出現「Rank Cases: Types」子視窗
　　　勾選「□Fractional rank as %」（小數點等級以%表示）核取方塊
　　　按『Continue』鈕
　『OK』執行統計

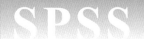

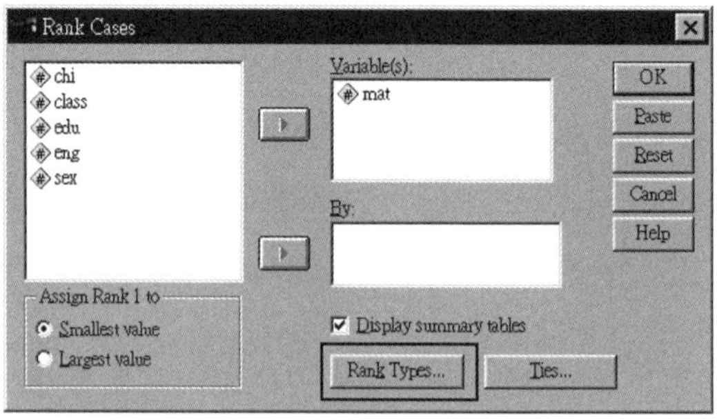

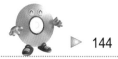

圖 4-11

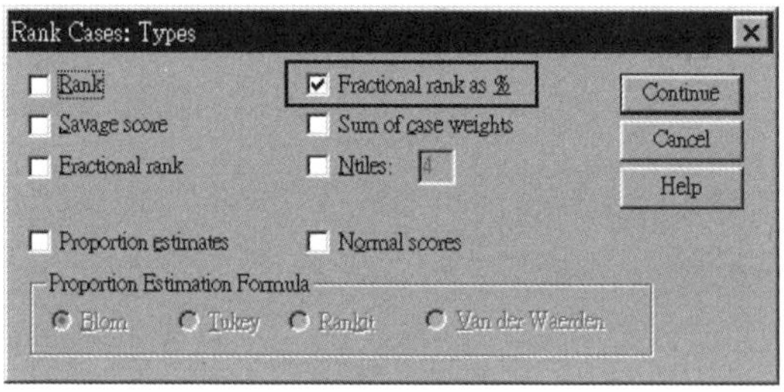

圖 4-12

在「Rank Cases」對話盒中，按『OK』鈕後，SPSS 會立即算出目標變項原始分數的百分等級，並將百分等級的值存到一個新的變數 Pmat 中。範例資料中，第一位觀察值數學的原始分數爲 89 分，其百分等級 PR=81；第四位觀察值數學原始成績爲 97，其百分等級爲 PR=95。

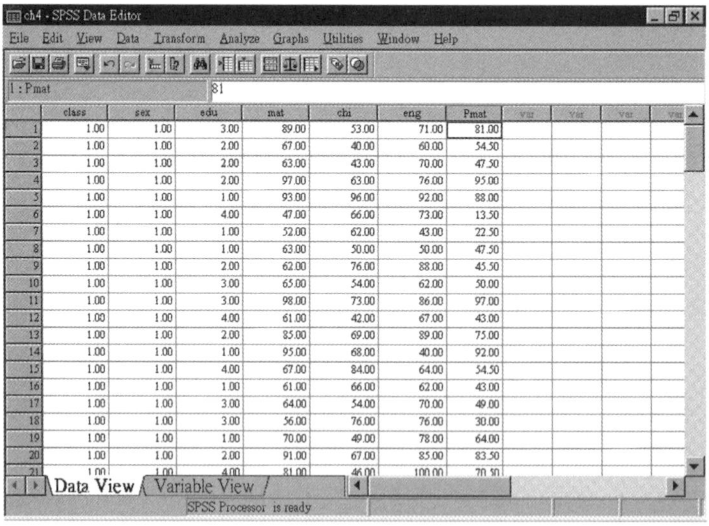

	class	sex	edu	mat	chi	eng	Pmat	var	var	var	var
1	1.00	1.00	3.00	89.00	53.00	71.00	81.00				
2	1.00	1.00	2.00	67.00	40.00	60.00	54.50				
3	1.00	1.00	2.00	63.00	43.00	70.00	47.50				
4	1.00	1.00	2.00	97.00	63.00	76.00	95.00				
5	1.00	1.00	1.00	93.00	96.00	92.00	88.00				
6	1.00	1.00	4.00	47.00	66.00	73.00	13.50				
7	1.00	1.00	1.00	52.00	62.00	43.00	22.50				
8	1.00	1.00	1.00	63.00	50.00	50.00	47.50				
9	1.00	1.00	2.00	62.00	76.00	88.00	45.50				
10	1.00	1.00	3.00	65.00	54.00	62.00	50.00				
11	1.00	1.00	3.00	98.00	73.00	86.00	97.00				
12	1.00	1.00	4.00	61.00	42.00	67.00	43.00				
13	1.00	1.00	2.00	85.00	69.00	89.00	75.00				
14	1.00	1.00	1.00	95.00	68.00	40.00	92.00				
15	1.00	1.00	4.00	67.00	84.00	64.00	54.50				
16	1.00	1.00	1.00	61.00	66.00	62.00	43.00				
17	1.00	1.00	3.00	64.00	54.00	70.00	49.00				
18	1.00	1.00	3.00	56.00	76.00	76.00	30.00				
19	1.00	1.00	1.00	70.00	49.00	78.00	64.00				
20	1.00	1.00	2.00	91.00	67.00	85.00	83.50				
21	1.00	1.00	4.00	81.00	46.00	100.00	70.50				

圖 4-13

三、以次數分配程序分析專家效度

在問卷或量表的效度檢核方面，除了採用因素分析之建構效度外，常用者為「專家效度」，專家效度乃問卷或量表編製或修改完後，敦請對研究問題有涉獵或有相關研究的學者專家，或實務工作者進行內容的檢核與詞句適切性的增刪，此種方式所建立的效度稱為「專家效度」。下表為一份「高中職學校行政主管時間管理策略運用狀況問卷」建構專家效度的基本範例（陳明華，民 93）：

高中職學校行政主管時間管理策略運用狀況問卷

本部分「時間管理策略運用狀況問卷」係在了解學行政主管對時間管理策略運用之知覺情形。本問卷共計 44 題，分成「前置性策略」10 題、「工具性策略」10 題、「人際性策略」10 題、「管理性策略」14 題等四個層面。採用 Likert 五點量表，從非常符合至非常不符合，分數由 5 分至 1 分，填答分數愈高者，表示時間管理策略運用愈佳。

請就每一題所述，依您對高中職學校行政主管時間管理策略運用的看法與意見，勾選其適合的程度；若您認為題目所述有需修正之處，請您在修正意見欄惠賜您寶貴的意見。

㈣管理性策略層面

	非常符合	大部分符合	尚稱符合	大部分不符合	非常不符合	適合	修正後適合	不適合	宜調整至層面
	5	4	3	2	1				
1.我會鼓勵同仁重視時間的有效運用。	□	□	□	□	□	□	□	□	（ ）
※修正意見：									
2.我授權同仁任務時，會表明完成期限並定期追蹤進度。	□	□	□	□	□	□	□	□	（ ）
※修正意見：									
3.我在交辦重要工作時，會以文字明確敘述，以免溝通不良，浪費時間。	□	□	□	□	□	□	□	□	（ ）
※修正意見：									
4.學校的公文能依權責分層決行。	□	□	□	□	□	□	□	□	（ ）
※修正意見：									
5.我經常要求同仁重視公文的處理時效。	□	□	□	□	□	□	□	□	（ ）
※修正意見：									

6. 我能掌控會議開始和結束的時間。　　　　　　□ □ □ □ □ □ □ （　）

※修正意見：

7. 不易決定的事務，在開會前先交付專案小組負責溝通 □ □ □ □ □ □ □ （　）
　研究後再作決定。

※修正意見：

8. 我按照自己最有效率的時段來處理重要的事。　　　□ □ □ □ □ □ □ （　）

※修正意見：

9. 要完成某件事，我會依計畫確定執行。　　　　　　□ □ □ □ □ □ □ （　）

※修正意見：

10. 我會善用上班的「零碎時間」。　　　　　　　　□ □ □ □ □ □ □ （　）

※修正意見：

11. 性質相似的事務，我會採用「同時處理」原則，以節 □ □ □ □ □ □ □ （　）
　省時間。

※修正意見：

12. 我的時間表有彈性時間，以應付危機及突發事項。 □ □ □ □ □ □ □ （　）

※修正意見：

13. 我辦公桌上的文件，會在下班之前清理完畢。　　□ □ □ □ □ □ □ （　）

※修正意見：

14. 任務執行過程中，我會評鑑時間運用是否合適。　□ □ □ □ □ □ □ （　）

※修正意見：

　　上表「四、管理性策略層面」十四個題項的資料建檔如下：十四題的變數名稱為v1、v2、v3、……、v14。變數中的數值註解：1表示「適合」、2表示「修正後適合」、3表示「不適合」、4表示「宜調整至層面」，勾選4者不列入統計，將其設為遺漏值。

num	V1	V2	V3	V4	V5	V6	V7	V8	V9	V10	V11	V12	V13	V14
1	1	1	1	1	1	1	1	1	1	1	2	1	3	2
2	1	1	1	1	1	1	2	2	1	1	3	2	2	1
3	1	1	1	1	2	1	2	1	1	1	2	1	2	3
4	2	1	2	2	3	1	1	1	1	1	1	1	1	2
5	1	1	2	1	1	3	1	3	1	1	1	1	1	2
6	1	1	1	1	2	2	1	1	1	1	1	1	1	1
7	1	2	1	1	1	2	1	2	1	3	1	2	1	3
8	1	1	1	3	1	1	1	1	1	1	2	1	1	3
9	2	1	1	1	2	1	1	1	1	3	3	1	1	3
10	1	1	1	1	1	3	1	1	1	2	2	1	1	2
11	1	1	3	1	1	2	1	1	1	2	1	1	1	2
12	1	1	1	1	1	2	1	1	1	1	1	2	1	3
13	1	1	2	2	1	1	1	1	3	1	1	1	1	1
14	1	1	1	1	2	1	2	1	3	1	1	1	2	1
15	1	1	1	2	1	1	3	1	2	1	2	1	1	1

操作程序如下：

```
Analyze（分析）
  Descriptive Statistics（描述性統計量）
   Frequencies...（次數分配表）
    點選 V1、V2、V3、...V13、V14 等變項至右邊目標清單中
    勾選下方的「Display frequency tables」
    按『OK』鈕
```

上述十四題專家檢核結果如下（報表只呈現第 1、第 3、第 14 題之次數百分比分布情形）：經專家效度檢核後要如何篩選題項，視研究的性質而定，其篩選題項原則大約分為以下幾種：

1. 低標準：勾選「適合」與「修正後適合」選項次數的百分比在 70%或 75%以上。
2. 中標準：勾選「適合」與「修正後適合」選項次數的百分比在 85%或 90%以上。
3. 高標準：勾選「適合」選項次數的百分比在 80%以上。
4. 最高標準：勾選「適合」選項次數的百分比在 90%以上。

由於篩選題項的標準與題項是否保留有密切關係，因而如何設定題項篩選標準值非常重要。

V1

		Frequency	Percent	Valid Percent	Cumulative Percent
Valid	1	13	86.7	86.7	86.7
	2	2	13.3	13.3	100.0
	Total	15	100.0	100.0	

第一題如果採取「高標準」－勾選「適合」選項百分比在 80%以上者，此題保留，如果採取「最高標準」則此題可刪除。

V3

		Frequency	Percent	Valid Percent	Cumulative Percent
Valid	1	11	73.3	73.3	73.3
	2	3	20.0	20.0	93.3
	3	1	6.7	6.7	100.0
	Total	15	100.0	100.0	

第三題如果採取「中標準」—勾選「適合」與「修正後適合」選項次數的百分比在 90%以上，此題可保留，二者的累積百分比為 93.3%。

V14

		Frequency	Percent	Valid Percent	Cumulative Percent
Valid	1	5	33.3	33.3	33.3
	2	6	40.0	40.0	73.3
	3	4	26.7	26.7	100.0
	Total	15	100.0	100.0	

第十四題如果採取「低標準」—勾選「適合」與「修正後適合」選項次數百分比在 75.0%以上，則第十四題應刪除，如果低標準的百分比設定為 70.0%以上，則此題可保留。

4-3 描述統計

一、描述統計量

如果變項是連續變項（等距或比率變項），則可以求出各變項的描述統計，如平均數、總和、標準差、變異數、最大值、最小值、全距、峰度與偏態等。

SPSS 視窗操作程序：

Analyze（分析）

　Descriptive Statistics（描述性統計量）

　　Descriptives...（描述性統計量）

　　　　按右下方的『Options...』（選項）鈕

　　　　　勾選要呈現的描述性統計量

按『OK』鈕

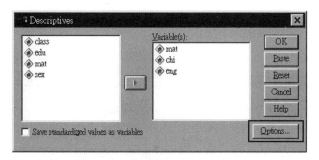

圖 4-14

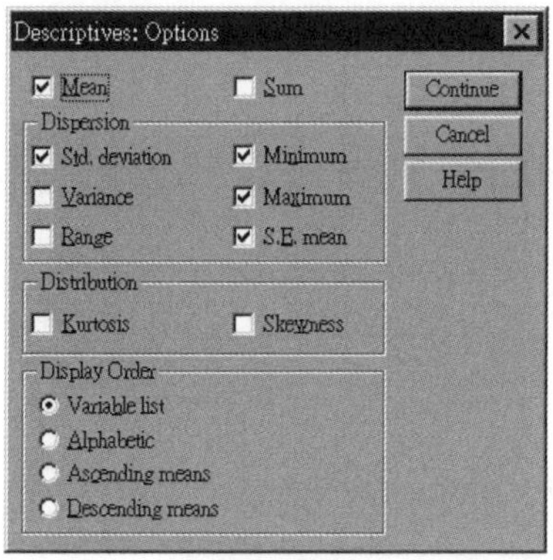

圖 4-15

　　100 位觀察值之數學（mat）、國文（chi）、英文（eng）成績之基本描述性統計量如下。最小值（Minimum）與最大值（Maximum）可以查看是否有異常極端值，如下述數學、國文、英文成績的最高分均為 100 分，最大值如有超過 100 分者，表示原始資料檔有錯誤。再如李克特五點量表，最小值為 1、最大值為 5，在描述統計量的報表中，最小與最大值應在 1～5 間，如果出來的結果數值，不在 1-5 的數值範圍內，表示原始資料檔有錯誤，此時可配合次數分配指令，找出異常值的次數，加以更正或設為遺漏值。

Descriptive Statistics

	N	Minimum	Maximum	Mean		Std. Deviation
	Statistic	Statistic	Statistic	Statistic	Std. Error	Statistic
Mat	100	40.00	99.00	68.0400	1.77951	17.79509
Chi	100	40.00	97.00	64.6600	1.61391	16.13905
Eng	100	40.00	100.00	67.0900	1.73375	17.33141
Valid N(listwise)	100					

其他的統計量數如下：

Descriptive Statistics

	N	Range 全距	Mean 平均數	Std. Deviation 標準差	Variance 變異數	Skewness 偏態		Kurtosis 峰度	
	Statistic	Statistic	Statistic	Statistic	Statistic	Statistic	Std. Error	Statistic	Std. Error
Mat	100	59.00	68.0400	17.79509	316.665	.276	.241	-1.196	.478
Chi	100	57.00	64.6600	16.13905	260.469	.262	241	-.980	.478
Eng	100	60.00	67.0900	17.33747	300.588	.086	.241	-1.198	.478
Valid N(listwise)	100								

上表中為 100 位受試者之數學成績、國文成績、英文成績的描述統計量，以數學成績為例：

1. 數學成績的全距為 59.00 ＝最大值－最小值＝ 99.00－40.00
2. 數學成績的平均數為 68.0400、平均數的標準誤等於 $\frac{17.79509}{\sqrt{100}}=1.77951$，平均數標準誤，代表抽樣誤差的可能大小。
3. 數學成績的標準差為 17.79509、變異數等於 316.665＝ $(17.79509)^2$。標準差是最穩定的變異量數（measure of variation），為表示群體個別差異大小的指標，如果標準差值愈大，表示學生間的個別差異愈大。
4. 偏態係數為.276，大於.05，表示其曲線分配為正偏態。
5. 峰度係數為-1.196，小於 0，曲線分配較接近低闊峰型態。

在「Descriptives: Options」次對話視窗中，描述性統計量呈現的結果（Display Order）有四種方式：依內定的目標變數清單（◉Variable list）呈現、依字

母順序（Alphabetic）呈現、依平均數遞增排序（Ascending means）、依平均數遞減排序（Descending means）。方盒中可供選擇的描述統計量包括：平均數（Mean）、總和（Sum）、標準差（Std. deviation）、變異數（Variance）、全距（Range）、最小值（Minimum）、最大值（Maximum）、平均數估計標準誤（S.E. mean）、峰度（Kurtosis）、偏態（Skewness）。

平均數估計標準誤的量數源自「中央極限定理」（central limit theorem）。所謂中央極限定理乃是一個母群體無論是呈何種分配，假設其平均數為μ，標準差為σ（變異數為σ²），自母群體中簡單隨機抽取大小為 N 的樣本，若樣本數夠大（一般認為N≥30），則樣本平均數的抽樣分配會趨近於常態分配。亦即自一個母群體中隨機抽取一個樣本大小為 N 的樣本，其平均數為 $\overline{X}$，若重複一步驟，則無限多個樣本的平均數所形成之抽樣分配的平均數（即樣本平均數的平均數）恰等於母群體的平均數（μ），其次數分配會非常接近常態分配；其變異數（樣本平均數的變異誤）等於 $\dfrac{\sigma^2}{N}$；標準差（樣本平均數的標準誤）恰等於 $\dfrac{\sigma}{\sqrt{N}} = \sigma_{\overline{X}}$。此一樣本平均數的標準差，稱之為「樣本平均數的標準誤」（standard error of the mean）。

研究者在應用中央極限定理時應注意以下二點（林惠玲、陳正倉，民92）：

1. 樣本數 N 需要多大時才可以利用中央極限定理？N 的大小決定於母群體的分配，若母群體愈接近於常態分配，則較小的 N 值就會趨近於常態分配。若母群體為偏態（正偏態或負偏態），則 N 值要較大，樣本平均數才會趨近於常態分配。一般而言，不論母群體為何種分配（常態或非常態），只要每次抽取的樣本數≥30 時，樣本平均數的抽樣分配就會趨近於常態分配。
2. 中央極限定理僅適用於大樣本；若母群體非常態分配，則雖是大樣本，則樣本平均數的抽樣分配不是常態分配，而是近似常態分配。

二、標準分數及 T 分數

在行為及社會科學領域中，常會用到標準化分數（standardized score）。以學科測驗分數而言，如果研究者不是使用標準化成就測驗，而是直接蒐集各班學生的學期成績或期考成績，由於各班評分標準與試題難易度不一樣，因而如果能將各班成績化為標準化分數，再進行各種統計分析或比較，會較

為客觀與適切。

z 分數（z score）是一種最典型、最常見的標準分數，它的數學定義如下：

z 分數＝（原始分數－群體分數總平均數）÷（群體分數的標準差）$= \dfrac{X - \overline{X}}{S_x}$，z 分數也可說是離均差（某個分數與算術平均數之差）是標準差的多少倍。上述的定義為樣本資料的標準化分數；如果是母群體資料的標準分數，則定義如下：

$$Z = \frac{X - \mu}{\sigma}$$

z 分數有以下特性（黃國光，民 89）：

(1) 由於 z 分數的分母、分子單位相同，所以 z 分數本身是一個沒有單位的數值，因此 z 分數可以用來比較母體中兩個不同單位的觀察值。

(2) z 分數可以用來表示某一觀察值與平均數之差，是標準差的幾倍。假定標準差是一個單位，z 分數表示該觀察值落在平均數之上或之下幾個單位處。

(3) 轉換後的 z 分數，其平均數等於 0、標準差等於 1、變異數等於 1。

(4) 沒有單位的 z 分數所代表的意義為數值資料 x 在整體資料中所在的相對位置；當觀察值小於算術平均數，z 分數為負值；反之，當 z 分數為正值時，表示觀察值大於算術平均數；正因為常會出現負的 z 分數或帶小數的 z 分數，才會衍生 T 分數。

T 分數是一種經過常態化（normalized）的標準分數，由美國測驗專家麥柯爾（*McCall, 1993*）所創用。T 分數=50+10×z 分數，T 分數的平均數為 50、標準差=10；此種常態化的標準分數，有一個重要的基本假設：那即是所測量的特質之母群體的分配必須是「常態分配」，如果特質的母群體不屬於常態分配，則不應使用 T 分數。

如果某一變項的母群呈常態分配，經轉換後的 z 分數所形成的分配可以稱為常態化的 Z 分配，常態化的 Z 分配經數理統計推導得出：常態化的 Z 分配的機率密度與 Z 分數間具有一定關係（如常態曲線下的總面積設為 1，即 100%）：

(1) 會有 68.26% 的觀察值落在平均數上下一個標準差之內，即得分在 $\mu \pm 1\sigma$ 之間者，占總面積的 .6826。

(2) 會有 95.44% 的觀察值落在平均數上下二個標準差之內，即得分在 $\mu \pm 2\sigma$ 之間者，占總面積的 .9544。

(3) 會有 99.72% 的觀察值落在平均數上下三個標準差之內，即得分在 $\mu \pm 3\sigma$ 之間者，占總面積的 .9972。

(4) PR 與 z 分數可相互轉換，若 PR=50，則 z 分數等於 0；PR > 50，則 z 分數為正；PR < 50，則 z 分數為負。

(5) 得分在平均數上下三個標準差之觀察值，約占總人數的 99.74%，上下三個標準差以外者占不到 1%。

(一) 篩選群體

範例中有二班，目前只要求第一班數學成績的 z 分數及 T 分數。首先只篩選第一班的受試者進行資料分析。

Data（資料）

  Select Cases... 出現「Select Cases」（選擇觀察值）對話盒

    勾選「⦿If condition is satisfied」（如果滿足設定條件）選項

    按『If...』鈕—出現「Select Cases: If」（選擇觀察值: If）對話盒

        點選清單變項中的 class 至右邊空格

        再於「class」變項的後面鍵入 1（右邊空盒內出現 class=1）

  按『OK』鈕—執行資料篩選

執行上述程序後，在資料編輯視窗中，會多出一個過濾變項（filter_$），變項的內容為 1 及 0，數值等於 1 者為選取的觀察值、數值等於 0 的觀察值表示未被選取的觀察值，未被選取的觀察值在執行「分析」功能表各種統計分析程序時，不會被納入分析之中。數值等於 0 的觀察值只是暫時未被選取而已，資料檔還在；在選擇觀察值視窗（Select Cases）中，如選取「全部觀察值」（All cases）選項，則所有資料均會再次納入統計分析程序中。

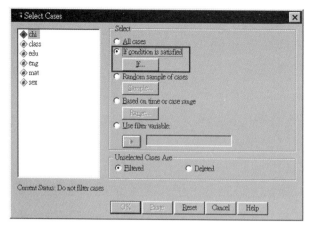

圖 **4-16**

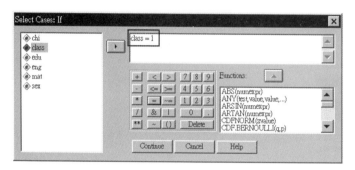

圖 **4-17**

　　上述「Select Cases: If」的對話視窗中，右邊空格為觀察值條件篩選的數值或邏輯運算式，變項名稱必須是左邊變數清單中有的變數，右邊中間為小算盤按鍵，「Functions」下的函數為 SPSS 內建函數，其功能與 Excel 函數運算十分類同，要運用函數時，先從下拉式選單中選取函數，點選▲上移符號，則選取的函數會移至上面的空格中。上述範例中「class=1」表示選取的觀察值是 class 數值中為 1 者，即第一班的觀察值，如果要選取的觀察值是第一班的男生，則邏輯運算式為「class=1 & sex=1」，「&」符號表示「and」（且），因而選取的觀察值是第一班「且」性別變數數值編碼為 1 者（男生）。如果要選取的觀察值為「數學成績或英文成績不及格的觀察值」，其邏輯運算式為「eng<60 | mat<60」，「 | 」符號表示「OR」（或），運算式表示的是英文成績小於 60 分者（未包含 60 分）「或」數學成績小於 60 分者（未包含 60分）；如果邏輯運算式為「（eng>=60 | mat>=60）&（chi>=90）」則表示是英文成績或數學成績及格者且其國文成績要在 90 分上以上的觀察值。

　　在選擇觀察值視窗（Select Cases）中，「全部觀察值」（All cases）選項可讓全體觀察值均納入統計分析中；「如果滿足設定條件」（◉If condition is satisfied）選項，可以在其對話視窗中，設定要選取的觀察值之條件；「觀察值的隨機樣本」（Random sample of cases）選項，可以依據近似百分比或精確的觀察值個數，來選擇觀察值個數。近似百分比法中，使用者只要在「選擇觀察值:隨機樣本」（Select Cases: Random Sample）對話視窗中第一行填入所要選擇觀察值之百分比數字，SPSS 即會從資料檔中隨機抽取使用者所訂定之百分比的觀察值進行統計分析；精確法的選取，在於選取第二行選項，第一個空白內填入要選擇的觀察值數目、同時在第二個空格內填入要從第幾個觀察值開始選取。「以時間或觀察值範圍為準」（Based on time or case range）選項，可以自行設定要選取觀察值之起始與結束的範圍，在「選擇觀察值: 界定範圍」（Select Cases: Range）對話視窗中，分別在「第一筆觀察值」（First Case）及「最後一筆觀察值」（Last Case）下的空白中輸入觀察值在原始資料檔中的位置數字，SPSS 會根據使用者設定的範圍，選擇範圍內的觀察值進行統計分析，如使用者分別在「First Case」及「Last Case」下的方格中鍵入 20、43，則 SPSS 會選擇原始資料檔中的第 20 位觀察值至第 43 位觀察值，共 14（43-20+1）筆資料（14 個觀察值）進行統計分析，其餘的觀察值則暫時不會納入統計分析的資料檔中。

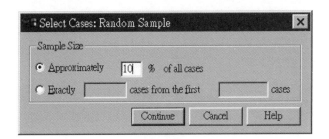

圖 4-18

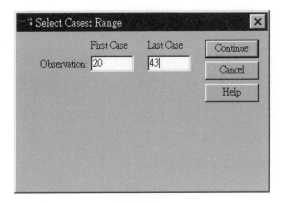

圖 4-19

在選擇觀察值的條件設定方面，不論是以何種方式選取觀察值，在下方「未被選擇的觀察值為」（Unselected Cases Are）方盒中，最好選取內定的「Filtered」（過濾）選項；而不要選取「刪除」（Deleted）選項，否則使用者如果在資料編輯視窗中，不小心按了存檔鈕，則原始資料會被破壞，使用者不可不慎（勾選 Deleted 選項，未被選取的資料，會直接被刪除掉）。

(二)求標準分數

Analyze（分析）

Descriptive Statistics（描述性統計量）

Descriptives...（描述性統計量）

點選連續變項 mat 至右邊目標清單中

勾選下方「□Save standardized values as variables」

（將標準化的數值存成變數）選項

按『OK』鈕

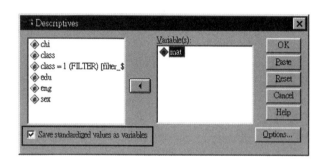

圖 4-20

在描述性統計量（Descriptives）對話視窗中，如勾選「將標準化的數值存成變數」（Save standardized values as variables）選項，則在資料編輯視窗中會根據選取的目標變項（如 mat），於目標變項的名稱前面新增一個「Z」字母，作為目標變項的 z 分數變項名稱（如 Zmat）。

以第一位觀察值而言，其數學成績等於 89.00，z 分數等於 1.25636。甲班（class=1）之數學平均總成績為 68.040、標準差等於 16.6831，甲班第一位觀察者數學成績 89 分轉換為 z 分數的求法 $= \dfrac{89-68.040}{16.6831} = 1.25636$。

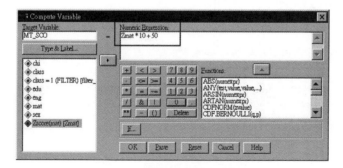

圖 4-21

(二)求 T 分數

操作步驟如下：

> Transform（轉換）
>
>   Compute...（計算），會出現「Compute Variable」（計算變數）對話盒
>
>   左邊「Target Variable:」（目標變數）輸入 T 分數的變項名稱「MT_SCO」
>
>   右邊「Numeric Expression」（數值運算式）鍵入 「Zmat*10+50」
>
> 按『OK』鈕

備註：目標變數（Target Variable）內的變數名稱要符合 SPSS 命名規定　Zmat 變
項最好以點選方式，否則可能會打錯字。Zmat*10+50 表示變數 Zma×10，
再加上 50，其中乘號「×」在電腦運算式中為「*」符號，如果鍵入
Zmat×10+50，會出現錯誤的提示視窗

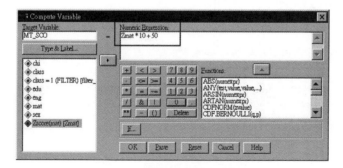

圖 4-22

按下「確定」鈕後，於資料編輯視窗中會出現「MT_SCO」變項，此變項
內容為第一班數學科的 T 分數。

在「計算變數」（Compute Variable）對話視窗中，左邊的「目標變數」（Target Variable），新變數的命名與資料編輯視窗中變數的命名一樣，右邊的「數值運算式」（Numeric Expression），可進行變數的算術運算，除可用如 Excel 之函數運算外（包括算術函數、統計函數、分配函數和字串函數），也可直接利用加、減、乘、除、括號進行各項四則運算。如在態度量表中，a1、a2、a3、a4、a5、a6 為一個層面（構念或向度），統計分析前要先求六個題項的總分，在「數值運算式」中可以採用以下三種方式：

1. 一為一般算術運算模式：直接在「數值運算式」下的空白處鍵入運算式的一般四則運算。

a1+a2+a3+a4+a5+a6

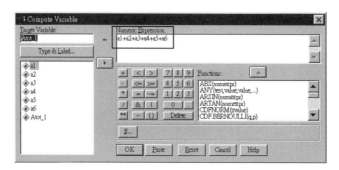

圖 **4-23**

2. 二為算術函數模式：選取函數，在函數後面「？」的地方填入參數，如總和函數：sum（?,?），在?的地方鍵入清單變項中的變數名稱，變數名稱中以半形「,」隔開。

sum （a1,a2,a3,a4,a5,a6）

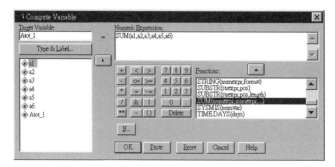

圖 **4-24**

資
料
檢
核
與
基
礎
統
計
分
析

3. 三為函數及連續變項界定模式：清單變項的變數界定如為連續數字式的方式，則可以以「to」的方式界定，格式如：sum（起始之清單變數 to 結束之清單變數）。

sum（a1 to a6）

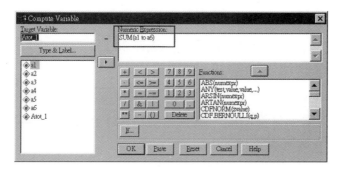

圖 4-25

所謂連續數字式的變數清單，乃是變項名稱中最後一個字元為數字，如 ia1、ia2、ia3、ia4、ia5、ia6⋯⋯，如果層面或構念所包含的題項編號不是連續題項式的，則不宜採用此種方式，而改以第一種及第二種方式較為適宜。以下為求 ia1、ia2、ia3、ia4、ia5、ia6 六個清單變項的總和。

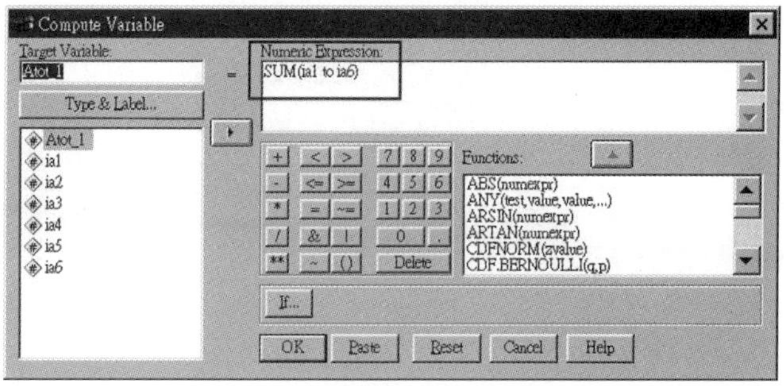

圖 4-26

假設某個「工作滿足」層面，包含的題項是 b1、b5、b9、b10、b11、b12、b13、b18，要求其層面的總分時，可以採用下列的運算式：

b1+b5+sum（b9 to b13）+b18

如果層面所包含的題項包括b6、b7、b8、b9、b25、b26、b27、b28、b29，要求其層面的總分時，可以採用下列的運算式：

> sum（b6 to b9）+sum（b25 to b29）

SPSS 有關算術運算式與函數在執行時，有關遺漏值的處理方式有所不同，如：（v1+v2+v3+v4）/4 算術運算式中，只要有一個變數含有遺漏值的話，則結果視爲遺漏值；而MEAN（v1,v2,v3,v4）之平均數函數，只有當四個數值均爲遺漏值時，其傳回結果才是遺漏值。

在「Compute Variable」（計算變數）對話視窗，「數值運算式」（Numeric Expression）之下爲小算盤按鍵，最右側爲SPSS內建函數，其功能與Office 應用軟體中的 Excel 差不多，如：

函數名稱	用途
SUM（v1,v2,.....）	求所有變數值的總和
MEAN（v1,v2,.....）	求所有變數值的平均數
SD（v1,v2,.....）	求所有變數值的標準差
MIN（v1,v2,.....）	求變數數值中的最小值
MAX（v1,v2,.....）	求變數數值中的最大值
ABS（var1）	求變數的絕對值
SQRT（var1）	求變數的開方根值
RND（var1）	求變數的四捨五入值
TRUNC（var1）	將變數的小數去除（無條件求到整數位）

小算盤中各運算式中的符號說明如下：

算術運算式符號	關係運算式符號	邏輯運算式
＋：加號	＜：小於	＆：AND（且），前後二個關係式均 True，結果才會真
－：減號	＞：大於	
＊：乘號	<=：小於且等於（不大於）	｜：OR（或），前後二個關係式只要有一個爲 True，結果就會真
／：除法	>=：大於且等於（不小於）	
＊＊：次方	＝：等於	～：True 或 False 的相反
（）括號	~=：不等於	

小算盤中的「Delete」（刪除）鍵，可刪除「數值運算式」（Numeric Expression）中的運算式，操作時先選取原先中設定的運算式，再按「Delete」（刪除）鍵。

在函數的操用程序，以求所有觀察值國文、數學、英文三科平均成績爲例：

【操作1】

在「Compute Variable」（計算變數）對話視窗，函數（Functions）方盒中選取平均數（MEAN）統計函數，點選▲上移符號，將平均數函數選至「數值運算式」（Numeric Expression）下的空格中，此時會出現 MEAN（?,?）。左邊目標變數（Target Variable）下的方格中，輸入三科平均數的新變數名稱「sco_ave」。

圖 4-27

【操作2】

將平均數函數MEAN（?,?）中的「?」選入變數，變數之間要以半形逗號「,」隔開，完成的函數運算式爲「MEAN（mat,chi,eng）」，其中三科成績的變項順序不一樣沒有關係，其結果均是在求三科的平均成績→按『OK』（確定）鈕。當按下確定鈕，資料編輯視窗中會多出一個平均數的變項名稱「sco_ave」，變項的內容爲數學、英文、國文三科的平均成績。

圖 4-28

如果設定的新目標變數（Target Variable）在資料編輯視窗中已存在，則系統會出現提示視窗「要變更現有變數嗎？」（Change existing variable），按下『確定』鈕，則新變數內容會取代原先變數的內容。

圖 **4-29**

4-4 分割檔案

當觀察值要根據某一變項的屬性類別，分別進行統計分析時，則要先將此變數進行檔案分割（Split File），分割檔案程序，可根據某個分組（或多個）分組變數的值，將資料檔分成不同的組別以進行分析。依據分組之變項必須是「間斷變項」。如二個班級中，第一個分組變數為class（班級類別）、第二個分組變數為sex（性別），則觀察值將先依class變數將檔案分組，每個班級再依性別（sex）變項分組。

Data（資料）

　Split File...（分割檔案）

　　選取「⊙Organize output by groups」（依組別組織輸出）選項

　　將分組變數 class、sex 變數選入右邊「Groups Based on:」（以組別為準）下的方格中

　　　勾選下方「⊙Sort the file by grouping variables」（依分組變數排序檔案）選項

　按『OK』鈕

備註：執行分割檔案後，資料檔會依分組變項的順序重新調整觀察值的順序。

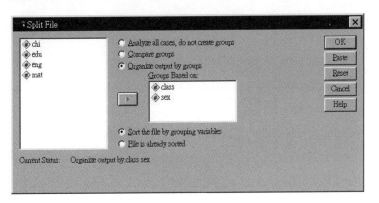

圖 4-30

在進行分割檔案時，選入「以組別為準」（Groups Based on:）的分組變數，最少為一個，最多可選取八個分組變數（均要為間斷變數），原始資料檔必須先根據分組變項（如 class、sex）進行排序，才能正確地分割原始資料檔，如果原始資料檔已根據分組變項排序，則在「分割檔案」（Split File）對話視窗中，可勾選「檔案已排序」（File is already sorted）選項；如果原始資料檔未依分組變項排序好，則在「分割檔案」對話視窗中要勾選內定的「⊙依分組變數排序檔案」（Sort the file by grouping variables）選項。在實際操作時，不論原始資料檔案是否根據分組變數排序好，最好均選取內定之「依分組變數排序檔案」（Sort the file by grouping variables）選項，因為選取此內定選項，SPSS 會根據分組變數先排序好原始資料檔，再執行分割檔案程序，操作上比較方便。

依 class、sex 變數分割檔案後，如執行描述統計，求出 mat（數學成績）、eng（英文成績）、chi（國文成績）的描述統計量，結果如下：

class = first, sex = male（class 水準編碼=1 且 sex 水準編碼=1 的觀察值）

Descriptive Statistics

	N	Minimum	Maximum	Mean	Std. Deviation
Mat	24	46.00	98.00	71.6250	15.94505
Chi	24	40.00	100.00	71.4583	15.77554
Eng	24	40.00	96.00	63.5833	14.72625
Valid N(listwise)	24				

上表為 class=1&sex=1 之觀察值的描述性統計量，亦即甲班（第一班）男學生數學、英文、國文三科成績的描述統計量。

class = first, sex = female（class 水準編碼=1 且 sex 水準編碼=2 的觀察值）

Descriptive Statistics

	N	Minimum	Maximum	Mean	Std. Deviation
Mat	26	40.00	98.00	64.7308	16.96716
Chi	26	40.00	96.00	65.0385	17.32624
Eng	26	41.00	94.00	69.7308	17.30100
Valid N(listwise)	26				

　　上表為「class=1&sex=2」之觀察值的描述性統計量，亦即甲班（第一班）女學生數學、英文、國文三科成績的描述統計量。

class = second, sex = male（class 水準編碼=2 且 sex 水準編碼=1 的觀察值）

Descriptive Statistics

	N	Minimum	Maximum	Mean	Std. Deviation
Mat	25	41.00	99.00	69.2000	18.41648
Chi	25	41.00	96.00	68.2800	16.74196
Eng	25	40.00	97.00	61.9200	16.63059
Valid N(listwise)	25				

　　上表為「class=2&sex=1」之觀察值的描述性統計量，亦即乙班（第二班）男學生數學、英文、國文三科成績的描述統計量。

class = second, sex = female（class 水準編碼=2 且 sex 水準編碼=2 的觀察值）

Descriptive Statistics

	N	Minimum	Maximum	Mean	Std. Deviation
Mat	25	41.00	99.00	66.8800	19.90042
Chi	25	41.00	98.00	63.8400	19.29525
Eng	25	42.00	94.00	63.1600	15.46146
Valid N(listwise)	25				

上表爲「class=2&sex=2」之觀察值的描述性統計量，亦即乙班（第二班）女學生數學、英文、國文三科成績的描述統計量。

上述論述中，原始資料檔可依某個變數或多個變數進行排序。排序即是將資料檔中的觀察值（橫列）重新置放，觀察值可依排序的變數作遞增（Ascending）（由小至大排列）或遞減（Descending）（數值由大至小排列）排列，如果排序變項爲字串變數，則排列時，大寫字母會排在小寫字母的前面。原始資料檔中先依「班級」（class）變項作遞增排序，班級中再依「性別」（sex）變項作作遞增排序，操作如下：

Data（資料）
Sort Cases...（觀察值排序），出現「Sort Cases」（觀察值排序）的對話盒
將 class 變數選入右邊空格內，選取「Ascending」（遞增）選項
將 sex 變數選入右邊空格內，選取「Ascending」（遞增）選項
按『OK』鈕

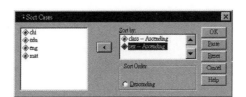

圖 4-31

ch4-1 - SPSS Data Editor

20 : class 1

	class	sex	edu	mat	chi	eng
20	1.00	1.00	2.00	91.00	67.00	85.00
21	1.00	1.00	4.00	81.00	46.00	100.00
22	1.00	1.00	4.00	46.00	85.00	74.00
23	1.00	1.00	3.00	78.00	72.00	50.00
24	1.00	1.00	4.00	68.00	72.00	89.00
25	1.00	2.00	1.00	58.00	84.00	61.00
26	1.00	2.00	4.00	52.00	57.00	95.00
27	1.00	2.00	3.00	66.00	76.00	45.00
28	1.00	2.00	3.00	43.00	94.00	67.00
29	1.00	2.00	2.00	83.00	68.00	40.00
30	1.00	2.00	4.00	57.00	49.00	70.00
31	1.00	2.00	2.00	67.00	65.00	91.00
32	1.00	2.00	3.00	60.00	83.00	42.00
33	1.00	2.00	2.00	57.00	46.00	50.00
34	1.00	2.00	2.00	85.00	61.00	94.00
35	1.00	2.00	3.00	86.00	41.00	73.00
36	1.00	2.00	3.00	47.00	90.00	73.00
37	1.00	2.00	5.00	98.00	54.00	57.00
38	1.00	2.00	3.00	93.00	81.00	46.00
39	1.00	2.00	4.00	69.00	41.00	76.00
40	1.00	2.00	2.00	83.00	58.00	57.00

Data View / Variable View

SPSS Processor is ready

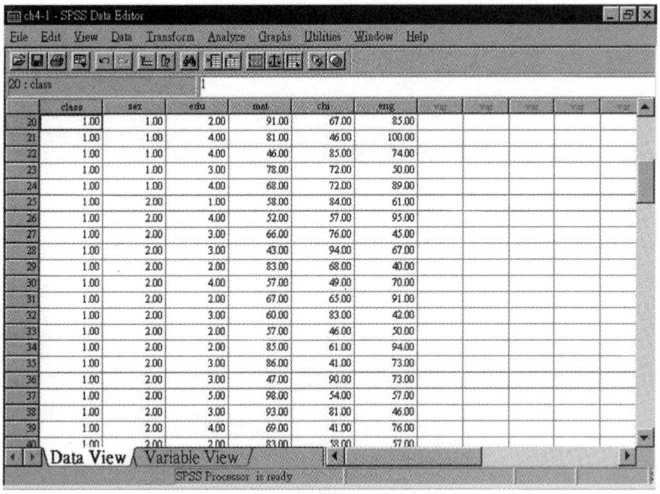

圖 4-32

上表資料編輯視窗中，觀察值先按變數班級 class 由小至大排序（遞增），變數 class 的數值相同時再依學生性別變項 sex 由小至大排序（遞增）。

第五章

資料轉換與重新編碼

在問卷調查中，常有反向題的設計，如在之前介紹的「數學焦慮量表」中，量表採用李克特五點量表法，得分愈高，表示學生的數學焦慮感愈高，以第一題爲例：「數學考試時，我愈想考得好，我愈覺得慌亂」，學生如勾選「非常不同意」（1 分），表示其數學焦慮知覺最低，勾選「非常同意」（5 分），表示其數學焦慮知覺最高；再如第五題：「數學考試最會使我驚慌」，受試者如勾選「非常不同意」（1 分），表示其數學焦慮知覺最低，勾選「非常同意」（5 分），表示其數學焦慮知覺最高，此種一致性計分的題目稱爲正向題，正向題表示得分愈高，數學焦慮感也愈高。

　　反向題如二十四題：「在數學課中，我常感到輕鬆自在」、二十五題：「上數學課是一件令人愉快的事」、二十六題：「我希望每天都上數學課」，這三個題項如果受試者勾選「非常不同意」（1 分），表示其數學焦慮知覺最高，勾選「非常同意」（5 分），表示其數學焦慮知覺最低，得分愈低，表示數學焦慮感愈高。這三題的計分方式剛好與正向題相反，因而需將其填答的資料反向計分－重新編碼，如果其勾選「非常不同意」（1 分），表示數學焦慮感最高，1 分應轉換爲 5 分；如勾選「非常同意」（5 分），表示其數學焦慮知覺最低，題項的 5 分應轉換爲 1 分。計分的方向一致才能解釋並下操作型定義。五點量表分數重新編碼的對照表如下：

```
舊值        新值
1------------>5
2------------>4
3------------>3
4------------>2
5------------>1
```

	非常不同意	不同意	一半同意一半不同意	同意	非常同意
1. 數學考試時，我愈想考得好，我愈覺得慌亂。	1	2	3	4	5
5. 數學考試最會使我驚慌。	1	2	3	4	5
21. 我最害怕補上數學課。	1	2	3	4	5
22. 我覺得自己比別的同學更害怕數學。	1	2	3	4	5
23. 在所有的科目中我最害怕數學科。	1	2	3	4	5

24.在數學課中，我常感到輕鬆自在。（反向題）………………	1	2	3	4	5
25.上數學課是一件令人愉快的事。（反向題）……………………	1	2	3	4	5
26.我希望每天都上數學課。（反向題）…………………………	1	2	3	4	5
27.寫數學作業是一件痛苦的事情。…………………………………	1	2	3	4	5

　　再以「國小學生學習經驗調查問卷」的背景資料為例：在學生家庭狀況方面，分為四組：只和父親住在一起（選填 1 者）、只和母親住在一起（選填 2 者）、和其他長輩住在一起（選填 3 者）、和父母親住在一起（選填 4 者）。如此劃分考量到研究倫理與資料蒐集的方便，但在分析統計時則將選填 1、2 者合併稱為「單親家庭」（數值編碼為 1），和其他長輩住在一起者稱為「他人照顧」家庭（數值編碼為 2）、和父母親住在一起者稱為「雙親家庭」（數值編碼為 3），如此，則原來資料建檔之 1、2、3、4 需要重新編碼成 1、2、3，以符合研究需求與假設驗證。此背景變項重新編碼的情形如下：

```
舊值        新值
1--------------->1
2--------------->1
3--------------->2
4--------------->3
```

　　在問卷調查法中常會探討不同背景變項在依變項上的差異情形，研究者多數採用隨機取樣或分層隨機抽樣方式，此種抽樣方法可能會使某些背景變項中的組別人數差距太大，使得統計分析時產生偏誤，因而需把部分的選項組合併，以符合母數統計的基本假定。如在父親學歷調查中，原分為「1.國中以下」、「2.高中職」、「3.專科」、「4.大學」、5「研究所以上」五個水準，蒐集資料後分析其次數分配情形，發現「1.國中以下」組及「5.研究所以上」組的人數太少，因而可將父親學歷背景變項重新編碼（原始資料建檔時還是依其勾選的選項鍵入 1、2、3、4、5），變成「1.高中職以下」、「2.專科」、「3.大學以上」三個水準。

　　此背景變項重新編碼的情形如下：

```
舊值          新值
1-------------->1
2-------------->1
3-------------->2
4-------------->3
5-------------->3
```

5-1 問卷資料的編碼

一、自動重新編碼

「自動重新編碼」（Automatic Recode）會把字串和數值變數重新轉換成連續的整數。「自動重新編碼」程序會保留原來舊的變數資料，並新建一個編碼後變數，數值變數會根據其數值大小排列，字串變數會根據字母順序重新編碼。

以數學成績（mat）變項為例，因統計需要，將數學成績重新編碼，操作程序：

Transform（轉換）

　Automatic Recode...（自動重新編碼），出現「Automatic Recode」對話盒

　　將清單變項中數學成績變項 mat 選入右邊上方的目標變數的空格內

　　在右邊「New Name」（新名稱）的方格鍵入新變數名稱 matcode

　　　按『Add New Name』鈕

按『OK』鈕

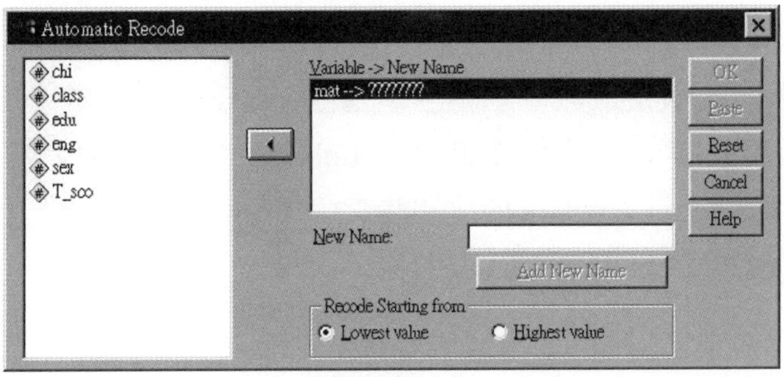

圖 5-1

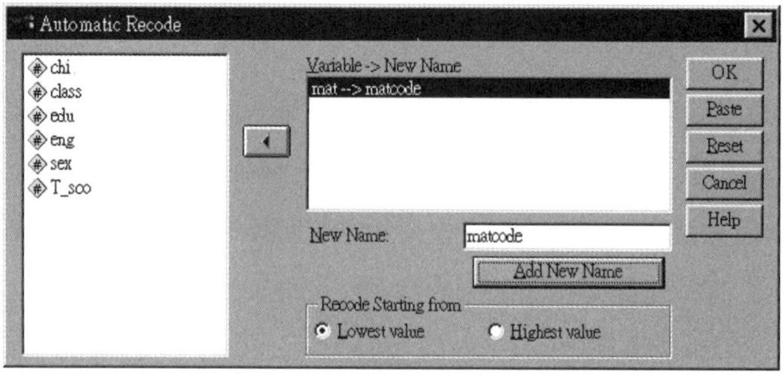

圖 5-2

「數學成績」（mat）變項自動重新編碼的舊值與自動編碼後的新值對照表如下。

mat into matcode

Old Value	New Value	Value Label
40.00	1	40.00
41.00	2	41.00
•	• •	
•	• •	
98.00	42	98.00
99.00	43	99.00

mat 變數執行自動重新編碼後，在資料編輯視窗中會多出一個變數名稱「matcode」。在自動編碼視窗（Automatic Recode）中，下方有一個「重新編碼起始值」（Recode Starting from）的方盒，其內有二個選項：一為「最低值」（⊙Lowest value）、二為「最高值」（Highest value）。「最低值」選項表示編碼時，數值最小的給予新編碼 1、次小值給予新編碼 2，新編碼變項的數值內容愈大者，其原先的數值愈大，如上述 matcode 變數，新值 1 表示原始數學成績 40、新值 2 表示原始數學成績 41、新值 42 表示原始數學成績 98、新值 43 表示原始數學成績 99；「最高值」（Highest value）選項表示編碼時，數值最大的給予新編碼 1、次大值給予新編碼 2，新編碼變項的數值內容愈大者，其原先的數值愈小。

二、計算觀察值內的數值次數

計算次數（Count）指令可以新建一個新變項，並計算新變項符合條件的次數。如研究者想了解觀察值中每位學生三科成績：數學成績（mat）、英文成績（eng）、國文成績（chi）三個科目中不及格的科目次數（即每位受試有有幾科不及格或低於 60 分），可以利用 Count 指令。

操作程序：

Transform（轉換）

　Count..（次數）

　　在「Target Variable」（目標變數）方格下輸入新變項名稱 npass

　　將變數清單中 mat、eng、chi 三個變數選入右邊的目標變項方格中

　　按『Define Values...』（定義數值）鈕

　　　選取第五列之「Range」（範圍）選項，

　　　在「Lowest through □」右邊方格內輸入 59

　　　按『Add』（新增）鈕

　　按『Continue』鈕

按『OK』鈕

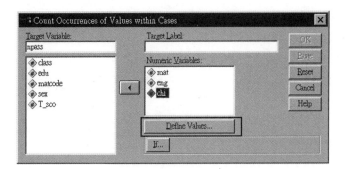

圖 5-3

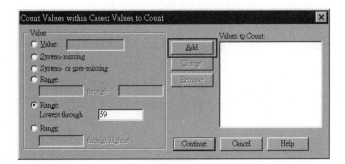

圖 5-4

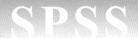

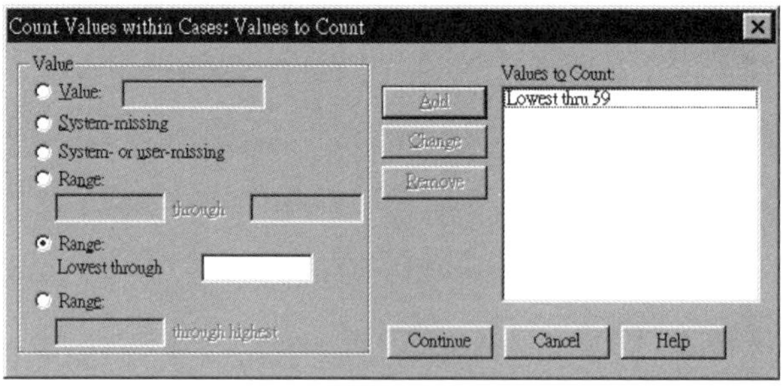

圖 5-5

執行Count指令，選定變數及設定條件值後，在資料編輯視窗中，新增一個npass變項，其內的數值表示每位受試者三科成績中不及科的科目共有幾科。

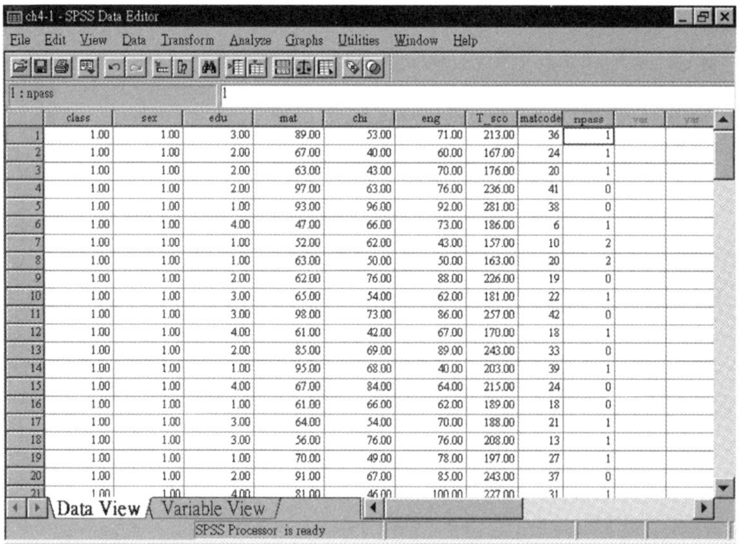

	class	sex	edu	mat	chi	eng	T_sco	matcode	npass	var	var
1	1.00	1.00	3.00	89.00	53.00	71.00	213.00	36	1		
2	1.00	1.00	2.00	67.00	40.00	60.00	167.00	24	1		
3	1.00	1.00	2.00	63.00	43.00	70.00	176.00	20	1		
4	1.00	1.00	2.00	97.00	63.00	76.00	236.00	41	0		
5	1.00	1.00	1.00	93.00	96.00	92.00	281.00	38	0		
6	1.00	1.00	4.00	47.00	66.00	73.00	186.00	6	1		
7	1.00	1.00	1.00	52.00	62.00	43.00	157.00	10	2		
8	1.00	1.00	1.00	63.00	50.00	50.00	163.00	20	2		
9	1.00	1.00	2.00	62.00	76.00	88.00	226.00	19	0		
10	1.00	1.00	3.00	65.00	54.00	62.00	181.00	22	1		
11	1.00	1.00	3.00	98.00	73.00	86.00	257.00	42	0		
12	1.00	1.00	4.00	61.00	42.00	67.00	170.00	18	1		
13	1.00	1.00	2.00	85.00	69.00	89.00	243.00	33	0		
14	1.00	1.00	1.00	95.00	68.00	40.00	203.00	39	1		
15	1.00	1.00	4.00	67.00	84.00	64.00	215.00	24	0		
16	1.00	1.00	1.00	61.00	66.00	62.00	189.00	18	0		
17	1.00	1.00	3.00	64.00	54.00	70.00	188.00	21	1		
18	1.00	1.00	3.00	56.00	76.00	76.00	208.00	13	1		
19	1.00	1.00	1.00	70.00	49.00	78.00	197.00	27	1		
20	1.00	1.00	2.00	91.00	67.00	85.00	243.00	37	0		
21	1.00	1.00	4.00	81.00	46.00	100.00	227.00	31	1		

圖 5-6

在「觀察值間數值的個數:欲計數的數值」（Count Values with Cases: Values to Count）的對話視窗中，共有六種計算變數次數的選項：分別是個別編碼值（Value）、系統遺漏值（System-missing）、使用者界定之遺漏值（System-or-user-missing）、二個數值之間的範圍（第一個Range選項）、最小編碼值到某一個數值間的範圍（第二個 Range 選項）、某個數值到最大編碼值之間（第三個 Range 選項）。上述範例中在求三科中低於 60 分的次數，選取第二個Range選項，選項內容為最小編碼值（Lowest）至（through）59，表示計算目標變數中 59 分以下的次數（包含 59 分），如果要包含 60 分，則「through」右邊的方格內要鍵入 60，如果原始成績鍵入時包含二位小數，計算 60 分以下的變項次數時，「through」右邊的方格內要鍵入 59.99。

在「觀察值內數值出現的次數」（Count Occurrences of Values with Cases）對話視窗中，最下方有一個『If...』（若）選項，可設定變項計次時是要以全部觀察值（Include all cases）或自訂條件下的觀察值為主（Include if case satisfies condition），如研究者只要分析性別變項（sex）中的男生，則可以按『If...』鈕來設定條件。操作程序：

> 在 Count Occurrences: If Cases 對話視窗中
>
> > 選取右邊 Include if case satisfies condition
> >
> > 將清單變數中的 sex 變項選入右邊的方格中
> >
> > 在 sex 的右方用滑鼠選入或鍵盤輸入=1
>
> 按『Continue』鈕回到「Count Occurrences: If Cases」對話視窗

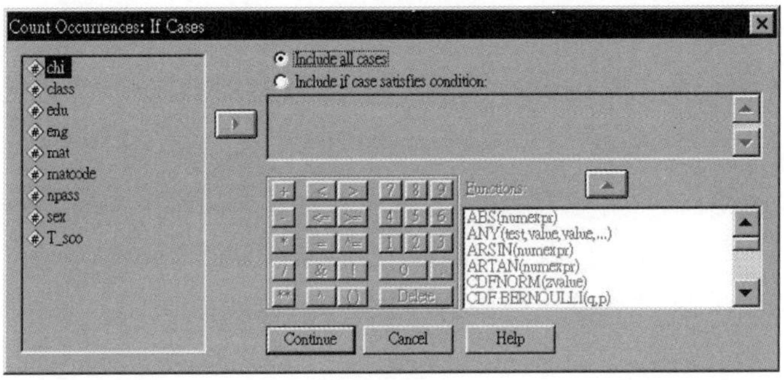

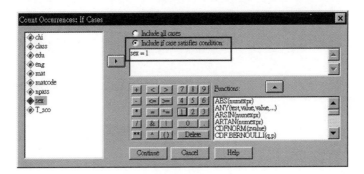

圖 5-7

圖 5-8

三、自訂重新編碼或分組

(一)編碼成同一變數

在問卷調查過程中，量表題項反向題或背景變項的重新編碼，多數會編碼成同一變數。

五點量表法重新編碼成同一變數的操作如下：

Transform（轉換）

　Recode（重新編碼）

　　Into Same Variable（成同一變數）

　　將反向題 a1、a3 選入右邊目標變項方格中

　　按『Old and New Values』鈕（舊值與新值）

　　(a)Old Value 方盒中勾選「⊙Value」選項、Value 的右邊方格鍵入 1

　　(b)New Value 方盒中勾選「⊙Value」選項、Value 的右邊方格鍵入 5

　　(c)按『Add』（新增）鈕

　　　重複(a)、(b)、(c)步驟

　　　　　(a)分別鍵入 2、3、4、5

　　　　　(b)分別鍵入 4、3、2、1

　　按『Continue』鈕

　按『OK』鈕

備註：「舊值」（Old Value）為原始資料檔的數值內容，「新值」（New Value）
　　　為編碼後的新數值，五點量表的反向題重新編碼，舊值與新值的轉換如下：
　　　1--->5、2--->4、3--->3、4--->4、5--->1。如果是六點量表，則反向題重新
　　　編碼時舊值與新值的轉換如下：1--->6、2--->5、3--->4、4--->3、5--->2、
　　　6--->1。

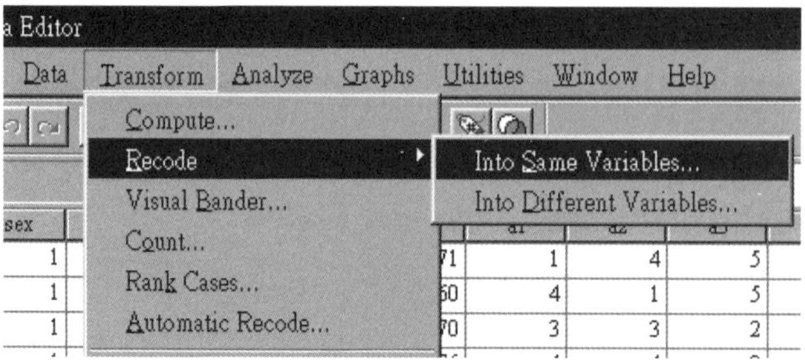

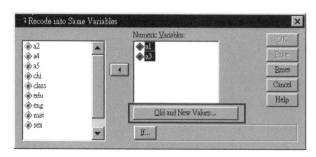

圖 5-9

圖 5-10

在「重新編碼成同一變數」（Recode into Same Variables）對話視窗中，選入右邊「數值變數」（Numeric Variables）的目標變項，可以一個或多個，如果選取多個變數的話，它們的類型必須相同（數值或字串）。下方『舊值與新值』（Old and New Values...）鈕，可以開啓舊值與重新編碼之新值的設定視窗；按『若』（If...）鈕，可以開啓重新編碼變項之觀察值的篩選條件，如研究者因統計分析需要，只要挑選性別變項（sex）中之男生（sex=1）的觀察值，設定如下：

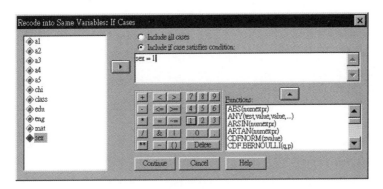

圖 5-11

圖 5-12

　　在「重新編碼成同一變數:舊值與新值」（Recode into Same Variables: Old and New Values）對話視窗中，SPSS共提供了七種舊值（原始資料）之編碼方式，供研究者選擇，分別是個別數值（Value）、系統界定的遺漏值（System-missing）、系統或使用者界定之遺漏值（System or user-missing）、二個編碼值之間（第一個Range）、最小值到某一個使用者設定的編碼值之間（第二個Range）、使用者設定的編碼值到最大編碼值之間（第三個 Range），及其他所有的編碼值（All other values）。如果某一個舊值與新值的設定已經完成（已按了 Add 鈕），則其編碼值的轉換情形會出現在「Old-->New」（舊值-->新

值）下的方格中，如果發現某個編碼值轉換錯誤，可以直接於方格中選取編碼值的轉換列，則『變更』（Change）鈕與『刪除』（Remove）鈕會出現，此時可以變更新的編碼值或編碼值的轉換列從方格中刪除。

(二)重新編碼成不同變數

研究者想要依數學成績、英文成績、國文成績三科的總分將學生分成「高學業成績」組（數值編碼為1）、「中學業成就」組（數值編碼為2）、「低學業成就」組（數值編碼為3）三組，使用者先求出三科的總分。執行步驟如下：

> 「Transform」（轉換）
>
> 「Compute...」（計算）
>
> 左方「Target Variable」（目標變數）下的方格鍵入 T_sco
>
> 右方「Numeric Expression」（數值運算式）下的方格選
>
> （或鍵）入 eng+mat+chi
>
> 按『OK』鈕

上述數值運算式的加總 eng+mat+chi，也可以以數學函數表示：

> sum（eng,mat,chi）

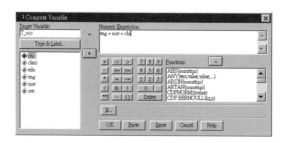

圖 5-13

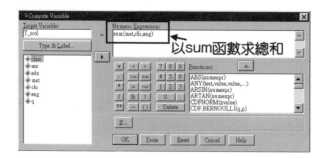

以sum函數求總和

圖 5-14

　　當按下『確定』（OK）鈕後，資料編輯視窗會多出一個變數名稱（T_sco），T_sco變項的內容為三科的總分。在總分的分組方面，為讓三組人數不要差異太大，以觀察值在 T_sco 變項得分之前 30％為高分組、後 30%為低分組、介於二者中間 40%的人數為中分組，因為總觀察值有 100 人，如果觀察值依 T_sco 變數遞減排序，則前 30%的觀察值臨界值落在第 30 位觀察值，$100 \times \frac{30}{100} = 30$，經查第 30 位受試者的 T_sco 值為 212；後 30%的觀察值臨界值落在第 71 位觀察值（N-30+1=100-30+1=71），經查第 71 位受試者的 T_sco 值為 185。如有 250 的觀察值，則前 30%的觀察值臨界值落在第 75 位觀察值，$250 \times \frac{30}{100} = 75$；後 30% 的 觀 察 值 臨 界 值 落 在 第 176 位 觀 察 值（N-75+1=250-75+1=176）。

根據 T_sco 數值排序觀察值；從功能表選擇

Data（資料）

　Sort Cases...（觀察值排序...）

　　在右下方「Sort Order」（排序順序）方盒中勾選 Ascending（遞增）選項

　　將清單變數中的 T_sco 選入右邊「Sort by」下的方格內

按『OK』鈕

選取 T_sco 變項直欄資料（資料會反白）

直接跳到 71 位觀察值；從功能表選擇

Data（資料）

　Go to Cases...（直接跳到某觀察值）

　　在「Case Number」（觀察值號碼）右邊方格輸入 71

按『OK』鈕

圖 5-15

　　將連續變項重新編碼成類別變項，在統計應用方面，可進行各種母數統計，如變異數分析、多變量分析或區別分析。上述觀察值根據 T_sco 變項數值的高低將觀察值分成三組，新組別的變項名稱，假定為 GT_sco。

　　將連續變項分組的操作程序如下：

Transform（轉換）
  Recode（重新編碼）
    Into Different Variables（成不同變數）
      將 T_sco 變項選入右邊「Numeric Variable->Output Variable」方格中
      在最右邊「Output Variable」方盒「Name」下輸入新分組變項
      「GT_sco」名稱
      按『Change』（變更）鈕
      按『Old and New Values...』（舊值與新值）鈕
        左邊 Old Value（舊值）方盒中
          選取第三個「Range」選項，方格內輸入 212（212 through highest）
        右邊 New Value（新值）方盒中
          選取 Value 選項，右邊的方格輸入 1
        按『Add』（新增）鈕
        左邊 Old Value（舊值）方盒中
          選取第二個「Range」選項，方格內輸入 185（Lowest through 185）
        右邊 New Value（新值）方盒中
          選取 Value 選項，右邊的方格輸入 3
        按『Add』（新增）鈕
        左邊 Old Value（舊值）方盒中
          選取第一個「Range」選項，through 前後二個方格分別輸入 186、
          211（186 through 211）
        右邊 New Value（新值）方盒中
          選取 Value 選項，右邊的方格輸入 2
        按『Add』（新增）鈕
        按『Continue』（繼續）鈕。
按『OK』（確定）鈕。

備註：在「重新編碼成不同變數：舊值與新值」（Recode into Different Variables: Old and New Value）的對話視窗，三組設定好後，中間右方「舊值-->新值」（Old-->New）的方格中會出現新舊值的轉換關係：

212 thru Highest--->1
Lowest thru 185--->3
186 thru 211--->2

第一列表示總成績 212 分以上（含 212 分）的受試者為第一組，數值編碼

爲 1（高分組）。

第二列表示總成績在 185 分以下（含 185 分）的受試者爲第三組，數值編碼爲 3（低分組）。

第三列表示總成績界於 186 分至 211 分的受試者（含 185 分及 211 分）爲第二組，數值編碼爲 2（中分組）

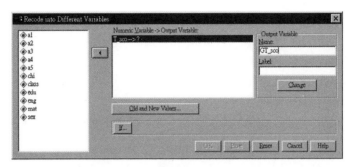

圖 5-16

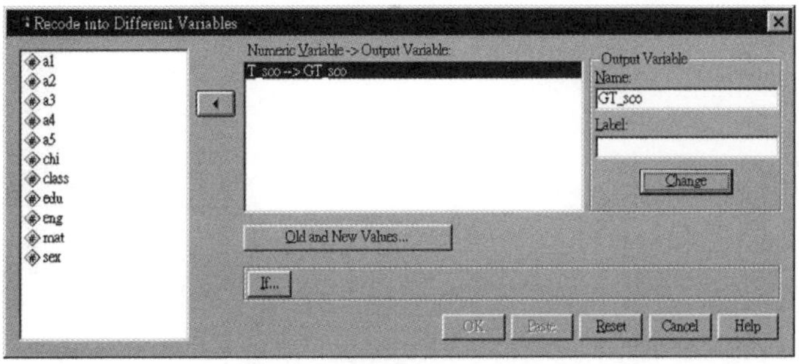

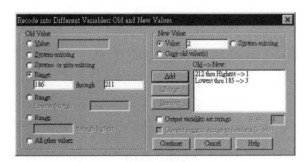

圖 5-17

圖 5-18

在「重新編碼成不同變數:舊值與新值」（Recode into Different Variables: Old and New Values）的對話視窗中，舊值（Old Value）可以是單一數值、範圍中的數值、和系統或使用者界定的遺漏值；重新編碼的新值（New Value）可以是一個數值或字串，如果使用者想把數值重新編碼成字串變數的話，必

須勾選右邊「輸出變數為字串」（Output variables are strings）選項。舊值中未設定的部分，均不會編碼轉換成新值，如果要保留舊值，如五點量表中 3-->3，新值可設定為 3，或將其選為「複製舊值」（Copy old value（s））。如果想包括所有不需要重新編碼的舊值，則舊值要選取「全部其他值」（All other values），再將新值設為「複製舊值」（Copy old value（s））。

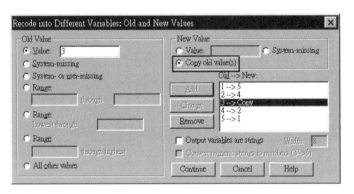

圖 5-19

四、資料檔之轉置

　　在資料檔的建立方面，SPSS 資料檔的縱行（直欄）通常是變項名稱，如果是單選題就是題項的變數名稱；如果是複選題就是複選題中的選項變數名稱；而橫列代表的是每位觀察值，每列即是一位觀察值或受試者。但有時資料分析的特殊需要，必須改以橫列代表變項，縱欄代表觀察值，此時資料檔如果已建檔完成，可能就需要重新輸入資料檔，如果資料檔很多，則其所花費的時間與人力將更多；或請人幫忙鍵入資料檔時，資料鍵入完才發現橫列觀察值與直欄變項顛倒，此時如要再重新鍵入資料，也需要耗費很多時間。有鑑於此，視窗版 SPSS 提供一個資料「轉置」（transpose）功能，可將原始資料檔中的橫列與直行互換，將橫列觀察值變成變數、直行變數轉變成觀察值，並形成一個新的資料檔，「轉置」功能可自動建立新的變數名稱，並顯示新變數名稱的清單。

　　以下為一個班上四位同學五個科目的考試成績，每一橫列觀察值包括sub、amy、lily、tom、peter 五個變項名稱。

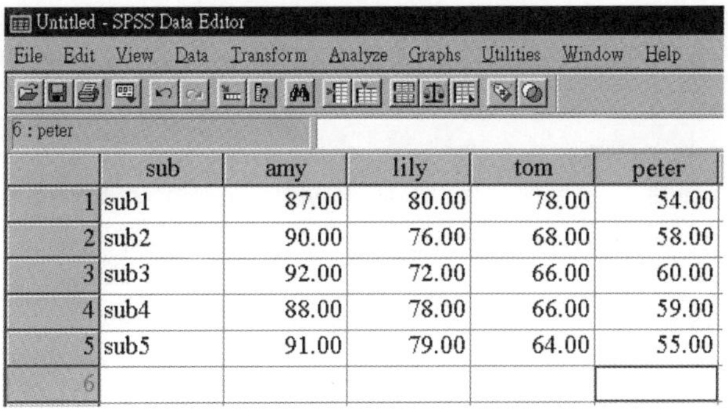

	sub	amy	lily	tom	peter
1	sub1	87.00	80.00	78.00	54.00
2	sub2	90.00	76.00	68.00	58.00
3	sub3	92.00	72.00	66.00	60.00
4	sub4	88.00	78.00	66.00	59.00
5	sub5	91.00	79.00	64.00	55.00
6					

圖 5-20

資料檔轉置步驟：

Data（資料）

　Transpose...（轉置）

　　將變數清單sub、amy、lily、tom、peter五個變項選入右邊目標變項方格
按『OK』鈕

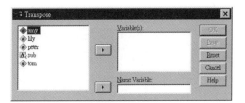

圖 5-21

圖 5-22

　　轉置後的資料檔，會自動新建一個含原始變數名稱（sub、amy、lily、
tom、peter）的新字串變數－「CASE_LBL」，「CASE_LBL」變項名稱用以
儲存原來資料檔之原始變數名稱，此外，包括 var001、var002、var003、
var004、var005 五個變數用來儲存原先每位受試者五個科目（sub1、sub2、
sub3、sub4、sub5）成績資料。

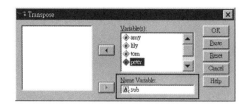

圖 5-23

在「轉置」對話視窗中，右下方有個「名稱變數」（Name Variable）方盒，「名稱變數」方格，允許使用者自清單來源變數中，選擇一個變項，通常是字串變項，使該變項各觀察值之編碼值，成為轉置後之變項名稱。亦即，如果在原始工作資料檔中，有ID或名稱字串變數，此變數僅有一個唯一值，使用者便可以使用這個變數作為「名稱變數」。在範例中，使用者以原先「sub」變項作為「名稱變數」，由於 sub 變項，原先包括五個觀察值內容：sub1 sub2 sub3 sub4 sub5，因而轉置後，新資料檔便以這五個觀察值名稱為新變項的名稱。

圖 5-24

圖 5-25

5 - 2　實例問卷解析──以學習經驗問卷為例

通常在推論統計的撰寫方面，首先要呈現的是各類別變項的分佈情形與各量表的基本數據，常見的是層面或量表的平均數、標準差、最大值與最小

值等。以第二章學生學習經驗問卷為例，量表有二題背景變項，一個數學成就變項（最高分為 45 分），三份量表分別是「數學焦慮量表」、「數學態度量表」、「數學投入動機量表」。

一、原始資料的檢核與遺漏值設定

此部分可執行次數分配表，以求得各變項水準數值編碼及其次數、百分比，如有發現極端值或錯誤數值，可尋找數值儲存格加以更改或將其數字設為遺漏值。此外，也可採用描述性統計量，查看各數值的最小值與最大值來檢核資料。

資料檔之次數分配程序執行程序如下：

Analyze（分析）

  Descriptive Statistics（描述性統計量）

    Frequencies...（次數分配表）

      點選所有變項 mch、sex、hom、a1.....a27、b1.....b30

      c1.....c14 至右邊目標清單中

      勾選下方的「☐Display frequency tables」（顯示次數分配表）

      按『OK』鈕

資料檔之描述統計執行程序如下：

Analyze（分析）

  Descriptive Statistics（描述性統計量）

    Descriptives...（描述性統計量）

      點選所有變項 mch、sex、hom、a1.....a27、b1.....b30

      c1.....c14 至右邊目標清單中

        按右下方的『Options...』（選項）鈕，出現「Descriptives: Options」

        （描述性統計量：選項）對話視窗

        勾選「最大值」（Maximum）、「最小值」（Minimum）二個選項

        按『Continue』鈕

  按『OK』鈕

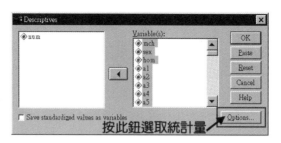

圖 5-26

執行描述統計量報表如下：

Descriptive Statistics

	N	Minimum	Maximum		N	Minimum	Maximum
mch	300	0	44				
sex	300	1	2	b9	300	1	5
hom	300	1	4	b10	300	1	5
a1	300	1	5	b11	300	1	5
a2	300	1	5	b12	300	1	5
a3	300	1	5	b13	300	1	5
•	•	•	•	•	•	•	•
b6	300	1	5	c13	300	1	5
b7	300	1	5	c14	300	1	5
b8	300	1	5	Valid N (listwise)	300		

　　從上表中可以很快發現是否有異常值出現，數學成就「mch」變項的分數界於 0～45 分之間，報表中的最小值為 0、最大值為 44，無異常值出現；學生性別有二個水準（男生、女生），數值編碼分別為 1、2，報表中的最小值為 1、最大值為 2，無異常值出現；家庭狀況變項有四個水準，數值編碼為 1 至 4，報表中的最小值為 1、最大值為 4，無異常值出現；數學焦慮、數學態度、數學投入動機三份量表採用李克特五點量表法，數值編碼為 1 至 5，報表中的最小值為 1、最大值為 5，均符合資料數值範圍，全部有效樣本均為 300，表示每份問卷沒有遺漏填寫的資料。

　　當原始資料檢核後就可進行進一步的資料分析：

1. 背景變項中人次較少的組別併於其他組別中，以免各水準組別的受試者差異太大。此部分可藉用執行次數分配程序，查看背景變項各水準

（各組別）的人數，如在組織員工學歷的調查方面，原分成五個水準：高中職以下（數值編碼為 1）、專科（數值編碼為 2）、大學（數值編碼為 3）、研究所（數值編碼為 4）、博士（數值編碼為 5），經實際調查結果，水準 2 專科組人數與水準 5 博士組人數太少，則可將水準 2 與水準 1 人數合併，新的組別為「專科以下組」或水準 2 與水準 3 人數合併，新的組別為「專科大學組」；水準 5 與水準 4 組別人數合併，新的組別為「研究所以上組」。

2. 問卷中如有反向題，反向題的題項要重新編碼，將反向題題項反向計分，否則層面題項的分數會相互抵銷，產生加總分數的錯誤。

3. 如果是態度量表，內含數個層面（構面或構念），應先執行加總的工作，將層面內個別題項的測量分數相加。如果是複選題或單題逐題分析模式，則其題項就不必進行數學函數運算。

4. 選取適當的統計方法分析資料。問卷量化的資料分析多數會呈現各變項或各層面的描述性統計量，如平均數、標準差等。

5. 進行適合的統計方法如母數統計法或無母數統計法。

二、反向題重新編碼

在學生學習經驗調查問卷中，三份量表採用的是李克特五點量表填答方式，正向題的題項計分時給予 5、4、3、2、1 分，而反向題的題項計分時，則分別給予 1、2、3、4、5 分。統計分析在進行分析之前，就是將題項計分方式化為一致。五點量表分數轉化情形如下：

```
舊值          新值
1-------------->5
2-------------->4
3-------------->3
4-------------->2
5-------------->1
```

(一)【操作 1】

將問卷中反向計分的題項重新編碼（recode），數學焦慮量表中的第 24、25、26 題；數學態度量表中的第 3、8、11、14、15、16、19、24、27、30 等

題均為反向題。

【Transform】（轉換）→【Recode】（重新編碼）→【Into Same Variables】（成同一變數），執行此程序後，會出現「重新編碼成同一變數」（Recode into Same Variables）的對話視窗。

㈡【操作2】

在「Recode into Same Variables」（重新編碼成同一變數）對話視窗中，將左邊清單中 a24、a25、a26、b3、b8、b11、b14、b15、b16、b19、b24、b27、b30 等變項選入右邊「Numeric Variables:」（數值變數）的空盒中。

㈢【操作3】

按『Old and New Values…』（舊值與新值……）鈕。

出現「Recode into Same Variables: Old and New Values」（重新編碼成同一變數：舊值與新值）的次對話視窗。

在左邊「Old Value」（舊值）方盒中，選取「⊙Value」（數值），在後面的空格內輸入1：「⊙Value: 1 」。

在右邊「New Value」（新值為）方盒中，選取「⊙Value」，在後面的空格內輸入5：「⊙Value: 5 」。

然後按『Add』（新增）鈕。

重複此動作，分別將2分轉為4分、3分轉為3分、4分轉為2分、5分轉為1分（這是一個五點量表）。

按『Continue』（繼續）鈕，回到「Recode into Same Variables」對話視窗→按『OK』（確定）鈕。

㈣【操作4】

原始變項「hom」的數據中，為便於學生填答，將單親家庭選填分為1（只和父親住在一起）及2（只和母親住在一起），而勾選3者（和其他長輩住在一起）代表「他人照顧組」，勾選4者（和父母住在一起）代表「雙親家庭組」，1、2分開統計人數較少，因而可將勾選1、2者人數合併。在各項統計分析前，先將 hom 的資料重新編碼（recode），1、2轉化為1；3轉化為2；4轉化為3。

```
舊 值          新 值
1-------------->1
2-------------->1
3-------------->2
4-------------->3
```

轉化後的「hom」變項是一個三分變項。

有關【Transform】（轉換）/【Recode】（重新編碼）/【Into Same Variables】（成同一變數）程序的操作方法與前述方法相同。轉化後變項「hom」的數值代碼分別是：「1」表單親家庭組、「2」表他人照顧組；「3」表雙親家庭組。

㈤【操作5】

資料檔案的視窗為已經反向計分的新資料，將新資料重新存在另一個檔案中，為保留原始資料完整便於資料查核或作為日後進一步其他探究之用，新資料的檔名最好不要與原始檔案混在一起（保留原始檔案的完整性），以免編碼錯誤而覆蓋原始資料檔，將原始資料檔（依照問卷填答數據鍵入之資料檔）與編碼後的檔案分別儲存，在電腦應用統計分析上十分重要，如果有完整的原始資料檔，則在之後的統計分析上才能獲致正確的結果。

【File】（檔案）/【Save as】（另存新檔），在「儲存於（I）:」後面選取存放的磁碟及資料夾；在「檔案名稱（N）:」後面的空格內輸入檔案的名稱，再按【存檔（S）】鈕。

三、各層面與分量表的加總

本研究共有三個分量表：「數學焦慮」分量表、「數學態度」分量表、「數學投入」動機分量表，三個分量表的層面名稱、代號與其題項如下：

量表／層面名稱	變項名稱	包含的題項	題項數
一、數學焦慮量表			
1.壓力懼怕層面	fea	a19+a15+a21+a23+a14+a22	6
2.情緒擔憂層面	wor	a10+a4+a11+a3+a12+a2+a7+a16	8
3.考試焦慮層面	exa	a6+a13+a18+a9+a17+a8+a1+a5	8
4.課堂焦慮層面	cla	a25+a26+a24+a20+a27	5
數學焦慮量表總分	anx	fea+wor+exa+cla	27
二、數學態度量表			
1.學習信心層面	con	b1+b2+b5+b6+b7+b10+b8+b24+b29+b18	10
2.有用性層面	use	b9+b12+b13+b20+b17+b19+b15	7
3.成功態度層面	suc	b25+b23+b22+b28+b21+b26+b27	7
4.探究動機層面	mot	b4+b3+b6+b14+b11+b30	6
數學態度量表總分	att	con+use+suc+mot	30
三、數學投入動機分量表			
1.工作投入層面	tin	c1+c2+c3+c4+c5+c6+c9	7
2.自我投入層面	ein	c8+c10+c11+c12+c13+c14	6
3.投入動機量表總分	inv	tin+ein	13

㈠【操作1】

【Transform】（轉換）→【Computer...】（計算）→出現「Compute Variable」對話視窗。

㈡【操作2】

在左邊「Target Variable:」（目標變數）下面的空盒中輸入新變項名稱，例題為「fea」。

在右邊「Numeric Expression:」（數值運算式）下面的空盒中輸入要加總函數及變項名稱，在此為計算層面總分，選取「sum」函數，「sum」函數的表示法為「sum（numexpr,numexpr,…）」，在右邊「Numeric Expression:」（數值運算式）下面的空盒中輸入「fea」（壓力懼怕）層面所包含 6 題總和的函數運算式：

> 「sum（a19, a15, a21, a23, a14, a22）」

於「數值運算式」（Numeric Expression）的空格中也可以直接以傳統數

學總和表示法求出六題的總分：

> 「a19+a15+a21+a23+a14+a22」

之後按『OK』（確定）鈕，資料視窗中會多出一個「fea」變項。

㈡【操作3】

重複【操作1】與【操作2】的步驟，計算出各層面的總分與分量表的總分。

【備註】：上述層面與分量表的加總也可以語法指令來執行。

【另一操作方式】在【操作2】的最後一項，如果不是按『OK』（確定）鈕，而是按『貼上語法』（Paste）鈕，可將相關語法（syntax）命令貼至語法視窗上面，此時會出現「Syntax-SPSS Syntax Editor」的編輯視窗。在視窗內會出現加總的 SPSS 語法（相似 DOS 版 SPSS PC 的程式）。

```
COMPUTE fea = a19+a15+a21+a23+a14+a22.
EXECUTE.
```

「COMPUTE」為 SPSS 的「計算」語法，後面的「fea」為層面名稱代號；等號右邊為題項的總和。Compute 語法列最後要有「.」符號。語法操作如下：

1. 在語法編輯視窗撰寫加總語法檔

以文書編輯方式，將下列資料鍵入於 EXECUTE.之前（每列資料之後的「.」不能去掉），最後一列鍵入「EXECUTE.」，將語法資料複製到「Syntax-SPSS Syntax Editor」的編輯視窗或直接開啟 SPSS 語法編輯視窗：執行「File / New / Syntax」程序，出現「Syntax-SPSS Syntax Editor」視窗時，直接將下列加總的語法鍵入。

```
COMPUTE fea=a19+a15+a21+a23+a14+a22.
COMPUTE wor=a10+a4+a11+a3+a12+a2+a7+a16.
COMPUTE exa=a6+a13+a18+a9+a17+a8+a1+a5.
COMPUTE cla=a25+a26+a24+a20+a27.
COMPUTE anx=fea+wor+exa+cla.
```

```
COMPUTE con=b1+b2+b5+b6+b7+b10+b8+b24+b29+b18.
COMPUTE use=b9+b12+b13+b20+b17+b19+b15.
COMPUTE suc=b25+b23+b22+b28+b21+b26+b27.
COMPUTE mot=b4+b3+b6+b14+b11+b30.
COMPUTE att=con+use+suc+mot.


COMPUTE tin=c1+c2+c3+c4+c5+c6+c9.
COMPUTE ein=c8+c10+c11+c12+c13+c14.
COMPUTE inv=tin+ein.
EXECUTE.
```

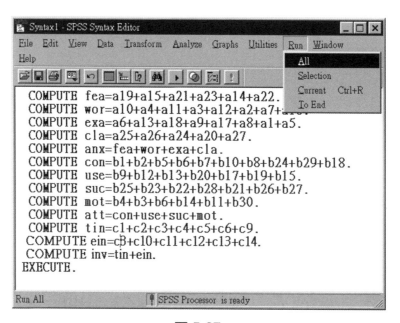

圖 5-27

2. 執行語法指令

執行語法命令→【Edit】/【Select All】----選取全部語法程式
　【Run】/【Selection】或【Run】/【All】---執行選取之語法程式

回到資料檔視窗，會出現各分量表層面與分量表加總的變項名稱。

在選取語法命令列時，也可以用滑鼠操作方式（按著滑鼠左鍵不放，然後移動範圍），選取只要執行的部分語法列，被選取之語法命令列會呈現反白，然後執行選取的語法列：【Run】/【Selection】。

如果要執行語法視窗內所有的語法列，可直接下執行命令：【Run】/【All】。

㈣【操作4】

執行「Window」/「SPSS Data Editor」程序，切換到資料編輯視窗。回到資料編輯視窗再切換到「Variable View」，可設定各變項的中英文註解。

四、求背景變項各水準的分配情形及各層面的描述統計量

㈠計算類別或次序變項之次數分配

【操作】

- ◉ 【Analyze】→【Descriptive Statistics】→【Frequencies...】，出現「Frequencies」（次數分配表）對話視窗。
- ◉ 將左邊變項清單之「sex」（學生性別）、「hom」（家庭狀況）選入右邊「Variable（s）」（變數）下的空盒內→按『OK』鈕。

㈡求出各層面的描述統計

1. 執行「Frequencies...」程序

此為第一種求計量變項之描述性統計量的方法

【操作1】

- ◉ 【Analyze】→【Descriptive Statistics】→【Frequencies...】，出現「Frequencies」（次數分配表）對話視窗。
- ◉ 將左邊變項清單之「fea」、「wor」、「exa」、「cla」、「anx」、「con」、「use」、「suc」、「mot」、「att」、「tin」、「ein」、「mch」選入右邊「Variable（s）」（變數）下的空盒內，按『Statistics…』鈕。

【操作2】

- ◉ 出現「Frequencies: Statistics」（次數分配表）次對話視窗。

- 在「Central Tendency」（集中趨勢）方盒中選取「□Mean」（平均數）。
- 在「Dispersion」（差異係數）方盒中選取「□Std. deviation」（標準差）；
  「□Minimum」（最小值）、「□Maximum」（最大值）。
- 按『Continue』鈕，回到「Frequencies」（次數分配表）對話視窗。
- 按『OK』鈕。

2.執行「Descriptives」程序

此為第二種求計量變項之描述性統計量的方法

【操作1】

- 【Analyze】（分析）→【Descriptive Statistics】（描述統計）→【De-
  scriptives...】，出現「Descriptives」（描述性統計量）對話視窗。
- 將左邊變項清單之「fea」、「wor」、「exa」、「cla」、「anx」、
  「con」、「use」、「suc」、「mot」、「att」、「tin」、「ein」、
  「mch」選入右邊「Variable（s）」下的空盒內。

【備註】：如果有定義變項的中文註解，則左邊清單之變項會出現「壓力懼怕[fea]」、
「情緒擔憂[wor]」、「考試焦慮[exa]」、「課堂焦慮[cla]」、「數學焦慮
[anx]」、「學習信心[con]」、「有用性[use]」、「成功態度[suc]」、「數
學態度[att]」、「探究動機[mot]」、「工作投入[tin]」、「自我投入
[ein]」、「數學成就（mch）」格式，括號內為原變項代號，括號前為中文
註解說明。

【操作2】

- 按右下角[Options…]（選項）鈕，出現「Descriptives: Options」（描述
  性統計量:選項）次對話視窗，選取所需要的各種量數：「平均數」（□
  Mean）、「標準差」（□Std. Deviation）、「最大值」（□Maxi-
  mum）、「最小值」（□Minimum）。
- 按『Continue』鈕，回到「Descriptives」對話視窗。
- 按『OK』鈕。

五、報表說明

㈠背景資料的次數分配表

Frequency Table

sex

		Frequency	Percent	Valid Percent	Cumulative Percent
Valid	1	146	48.7	48.7	48.7
	2	154	51.3	51.3	100.0
	Total	300	100.0	100.0	

【說明】

在調查樣本資料中，男生有 146 人，占樣本總數的 48.70%；女生有 154 人，占樣本總數的 51.30%，女生人數稍多於男生，總樣本人數為 300 人。上表為未加註變項中文註解及水準數值標籤之畫面，如果在資料檔中加註變項 sex 的中文註解—學生性別，及設定二個水準的數值標籤內容，則輸出結果如下：

學生性別

		Frequency	Percent	Valid Percent	Cumulative Percent
Valid	男生	146	48.7	48.7	48.7
	女生	154	51.3	51.3	100.0
	Total	300	100.0	100.0	

hom

		Frequency	Percent	Valid Percent	Cumulative Percent
Valid	1	100	33.3	33.3	33.3
	2	100	33.3	33.3	66.7
	3	100	33.3	33.3	100.0
	Total	300	100.0	100.0	

【說明】

由於採分層隨機抽樣，各家庭結構的人數均為 100 人，其中 1 代表單親家庭組（問卷中填答 1、2 者）、2 代表他人照顧家庭組（問卷中填答 3 者）、3 代表雙親家庭組（問卷中填答 4 者）。

原始資料鍵入時，1、2均代表單親家庭組、3代表他人照顧組、4代表雙親家庭組，經資料轉換後，1代表單親家庭組、2代表他人照顧組、3代表雙親家庭組。下表為加註變項註解及三個水準的數值標籤內容後所呈現的結果報表。

家庭狀況

		Frequency	Percent	Valid Percent	Cumulative Percent
Valid	單親家庭組	100	33.3	33.3	33.3
	他人照顧組	100	33.3	33.3	66.7
	單親家庭組	100	33.3	33.3	100.0
	Total	300	100.0	100.0	

以上受試者的背景資料多數呈現於論文的第三章研究設計與實施中，其主要目的就是讓他人知道研究者抽取樣本之分配情形，也可讓他人知悉此研究抽樣時，各背景變項水準之觀察值的人次及占總觀察值的百分比。在量化研究中，背景變項各水準之有效觀察值人次及其百分比最好能呈現出來。

(二) 各層面的描述統計量

1. 執行次數分配表之統計量結果

Frequencies
Statistics

		Fea	wor	Exa	cla	anx
N	Valid	300	300	300	300	300
	Missing	0	0	0	0	0
Mean		17.1067	24.9533	25.3400	16.3800	83.7800
Std. Deviation		6.52102	7.35696	7.80518	4.97037	23.82064
Minimum		6.00	8.00	8.00	5.00	27.00
Maximun		30.00	40.00	40.00	25.00	135.00

以上為數學焦慮四個層面及整體數學焦慮的描述統計量，包括有效觀察值個數、遺漏值、平均數、標準差、最小值、最大值（數學態度、數學投入動機結果報表略）。

2. 執行描述統計量結果

Descriptives

Descriptive Statistics

	N	Minimum	Maximum	Mean	Std. Deviation
fea	300	6.00	30.00	17.1067	6.52102
wor	300	8.00	40.00	24.9533	7.35696
exa	300	8.00	40.00	25.3400	7.80518
cla	300	5.00	25.00	16.3800	4.97037
anx	300	27.00	135.00	83.7800	23.82064
Valid N (listwise)	300				

【說明】

　　以上為執行次數分配表（Frequencies）之統計量與執行描述性統計（Descriptive）程序之報表：二個報表呈現的數據均相同，唯二者排列的方式不同，前者是橫向排列，依選取的變項順序由左至右出現；後者是縱向排列，依選取的變項由上至下排列，多數研究論文均採用後者呈現的方式，以便論文的編排。

　　上述二個報表中呈現的是「層面」的描述統計量，由於各層面所包含的「題項數」不同，因而不能直接從平均數的大小來比較，如果將各層面的平均數除以各層面的題項，則可以求出層面中單題題項的平均得分，因而研究者須進一步求出層面中單題的平均得分。

六、求各層面單題的平均數

㈠新增層面單題平均數變數

　　求各層面單題的平均數可藉由執行「轉換」／「計算」的程序，在「數值運算式」方格中用層面變數除以該層面的題項數即可，以「壓力懼怕」層面（fea）而言，單題項平均數的變數名稱設為「av_fea」，層面包含的題項數有 6 題，因而其數值運算式為「fea／6」。

Transform（轉換）
  Compute...（計算），會出現「Compute Variable」（計算變數）對話盒
  左邊「Target Variable:」（目標變數）輸入新變項名稱「av_fea」
  右邊「Numeric Expression」（數值運算式）（鍵）入「fea /6」
按『OK』鈕

備註：重複上述步驟，可求出各層面單題的平均數。上述視窗操作貼於語法視窗
　　　的語法指令如下：
　　　COMPUTE av_fea = fea / 6 .
　　　EXECUTE.

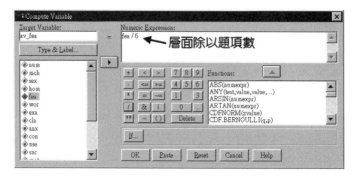

圖 5-28

將上述新變項名稱與數值運算式的關係整理如下：

COMPUTE av_fea = fea / 6 .
COMPUTE av_wor = wor / 8 .
COMPUTE av_exa = exa / 8 .
COMPUTE av_cla = cla / 5 .
COMPUTE av_anx = anx / 27.

COMPUTE av_con = con / 10.
COMPUTE av_use = use / 7 .
COMPUTE av_suc = suc / 7 .
COMPUTE av_mot = mot / 6 .
COMPUTE av_att = att / 30.

COMPUTE av_tin = tin / 7.
COMPUTE av_ein = ein / 6 .
COMPUTE av_inv = inv / 13.

```
COMPUTE av_mch = mch / 45.
EXECUTE .
```

(二)求出單題平均數的描述性統計量

操作程序如下：

```
Analyze（分析）
  Descriptive Statistics（描述性統計量）
   Descriptives...（描述性統計）
    點選 av_fea、av_wor、av_exa、av_cla、av_anx、av_con、av_use、av_suc、
    av_mot、av_att、av_tin、av_ein、av_inv、av_mch 等變項至右邊
    目標清單中
    按『Option...』選項鈕
    勾選「Mean」（平均數）、「Std. deviation」（標準誤）選項
    按『Continue』鈕
    按『OK』鈕
```

(三)單題平均數報表

Descriptive Statistics

	N	Mean	Std. Deviation
av_fea	300	2.8511	1.08684
av_wor	300	3.1192	.91962
av_exa	300	3.1675	.97565
av_cla	300	3.2760	.99407
av_anx	300	3.1030	.88225
av_con	300	2.9270	.81267
av_use	300	3.7186	.73657
av_suc	300	3.7210	.79824
av_mot	300	3.4189	.74641
av_att	300	3.3953	.58285
av_tin	300	3.2933	.85144
av_ein	300	2.7050	.76668
av_inv	300	3.0218	.59473
av_mch	300	.5494	.23518
Valid N（listwise）	300		

將上述各層面變數的描述統計與層面單題平均數描述統計報表，整理成如下表格：

變項名稱	N	層面平均數	層面標準差	題項數	單題平均數	單題標準差	排序
壓力懼怕	300	17.1067	6.52102	6	2.8511	1.08684	4
情緒擔憂	300	24.9533	7.35696	8	3.1192	.91962	3
考試焦慮	300	25.3400	7.80518	8	3.1675	.97565	2
課堂焦慮	300	16.3800	4.97037	5	3.2760	.99407	1
整體數學焦慮	300	83.7800	23.82064	27	3.1030	.88225	—
學習信心	300	29.2700	8.12674	10	2.9270	.81267	4
有用性	300	26.0300	5.15600	7	3.7186	.73657	2
成功態度	300	26.0467	5.58766	7	3.7210	.79824	1
探究動機	300	20.5133	4.47847	6	3.4189	.74641	3
整體數學態度	300	101.8600	17.48560	30	3.3953	.58285	—
工作投入	300	23.0533	5.96005	7	3.2933	.85144	1
自我投入	300	16.2300	4.60011	6	2.7050	.76668	2
整體投入動機	300	39.2833	7.73147	13	3.0218	.59473	—
數學成就	300	24.72	10.583	45	.5494	.23518	—

從上述整理之描述性統計量中可以知悉：

1. 就整體數學焦慮量表來說，其每題得分平均值為 3.1030，約居於中等程度範圍，在其四個層面中，以「課堂焦慮」層面的得分（M=3.2760）最高，而以「壓力懼怕」層面的得分最低（M=2.8511）。

2. 就整體數學態度量表而言，單題題項的平均值為 3.3953，亦屬於中等程度範圍，而在其四個層面中，以數學「學習信心」層面的得分（M=2.9270）最低，其平均值低於 3，而以數學「成功態度」及數學「有用性」層面的得分較高，可見目前國小學生對數學的功用抱持肯定的看法，對數學方面的成功感受也持正向的觀感，但對於數學學習之信心則有待加強。

3. 就整體數學投入動機而言，單題題項的平均數為 3.0218。就二個層面比較來看：學生數學工作投入動機（M=3.2933）大於數學自我投入動機（M=2.7050）。

4. 就標準化數學成就測驗得分來看，平均數為 24.72 分，學生所得成績並

不高，此外標準差為 10.58，高低分差距甚大，可見國小五年級學生數學成就間個別差異情形頗大。

【備註】：在論文或相關研究中，描述統計量數數值的小數點四捨五入至小數第二位即可。

　　此種描述性統計量的文字敘說只能說明某一量表單題題項的平均數得分現況多少，大約位於五點量表中選項那個位置。至於量表層面的單題平均數之描述性統計量，從平均數的數值只能看出平均數得分的高低排序，至於層面單題平均數得分間的差異值是否有意義，進一步還須使用相依樣本的t檢定或相依樣本的變異數分析加以考驗，如果考驗結果不顯著，則平均數間的高低並沒有實質的意義存在。

　　以數學投入動機二個層面而例：工作投入動機層面的單題平均分數為3.2933、自我投入動機層面的單題平均分數為 2.7050，二者之間的差異是否達到顯著，須進一步以相依樣本的 t 檢定加以考驗，差異值考驗結果為.5833、t 值等於 9.154，小於.05 顯著水準，表示學生在數學工作投入動機知覺感受顯著的高於其在數學自我投入動機的知覺感受，二者之間的差異值是有意義的。

　　有關相依樣本的t檢定或相依樣本的變異數分析考驗請參考後面的章節，內有詳細的介紹。

T-Test
Paired Samples Statistics

		Mean	N	Std. Deviation	Std. Error Mean
Paor 1	av_tin	3.2933	300	.85144	.04916
	av_ein	2.7050	300	.76668	.04426

Paired Samples Test

		Paired Differences						t	df	Sig. (2-tailed)
		Mean	Std. Deviation	Std. Error Mean	95% Confidence Interval of the Difference					
					Lower	Upper				
Pair 1	av_tin - av_ein	.58833	1.11316	.06427	.46186	.71481	9.154	299	.000

 ## 雙層面變數的轉換

在一項組織主管的領導行為與組織氣氛的相關研究中，研究者分別對抽樣對象實施主管領導行為量表與組織氣氛量表，其中主管領導行為分為二個層面（dimension）：關懷取向（consideration）、倡導取向（initiation）。在統計分析上，研究者想依二個領導層面之得分平均數高低各分成二個水準：高關懷取向組（數值編碼1）、低關懷取向組（數值編碼2）；高倡導取向組（數值編碼1）、低倡導取向組（數值編碼2）；此外，研究者想將每個層面中的二個水準合併，而將組織主管領導行為分為以下四種取向：

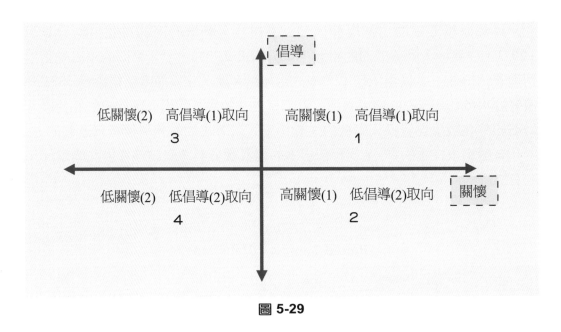

圖 5-29

樣本原始資料及分組變項如下：

	A	B	C	D	E	F	G	H	I	J	K	L	M	N	O	P
Consid	11	25	13	24	15	16	17	10	19	20	21	22	24	23	21	7
Initate	5	8	15	11	25	21	20	19	16	12	15	9	11	17	18	19
gr_con	2	1	2	1	2	2	2	2	1	1	1	1	1	1	1	2
gr_ini	2	2	2	2	1	1	1	1	1	2	2	2	2	1	1	1
Gro	4	2	4	2	3	3	3	3	1	2	2	2	2	1	1	3

操作程序如下：

一、求主管領導行為二個層面的描述統計量

> Analyze（分析）→Descriptive Statistics（描述性統計量）→Descriptives...，
> 出現「Descriptives」（描述性統計量）對話視窗。
> →點選左邊清單變數中的「關懷量表[consid]」、「倡導量表[initate]」二個變項至右邊目標清單中
> →按『OK』（確定）鈕

下面為領導行為二個面向的描述性統計量，其中關懷取向、倡導取向的平均數分別為 18.0000、15.0625。關懷取向以樣本得分 18 為分組的依據，18 分以下為低關懷取向組（數值編碼為 2），19 分以上為高關懷取向組（數值編碼為 1），關懷取向分組的變數名稱為「gr_con」。倡導取向以樣本得分 15 為分組的依據，15 分以下為低倡導取向組（數值編碼為 2），16 分以上為高倡導取向組（數值編碼為 1），倡導取向分組的變數分稱為「gr_ini」

Descriptive Statistics

	N	Minimum	Maximum	Mean	Std. Deviation
關懷量表	16	7.00	25.00	18.0000	5.52570
倡導量表	16	5.00	25.00	15.0625	5.37238
Valid N(listwise)	16				

二、依平均數高低將主管領導行為層面分為二個水準

㈠依關懷量表平均數新增一個分組變數（gr_con）

> 「Transform」（轉換）→「Recode」（重新編碼）→「Into Different Variables」（成不同變數），出現「重新編碼成不同變數」對話視窗。
> →將「關懷量表[consid]」變項選入右邊「Numeric Variable->Output Variable」（數值變數->輸出變數）下的方格中。

→在最右邊「Output Variable」方盒「Name」（名稱）下輸入新分組變項「gr_con」名稱→按『Change』（變更）鈕→按『Old and New Values...』（舊值與新值）鈕，出現「重新編碼成不同變數:舊值與新值」（Recode into Different Variables: Old and New Values）的次對話視窗。

→左邊「Old Value」（舊值）方盒中，選取第三個「◉Range」（範圍）選項，方格內輸入 19（ 19 through highest）→右邊「New Value」（新值為）方盒中，選取「◉Value」選項，右邊的方格輸入 1→按『Add』（新增）鈕。

→左邊「Old Value」（舊值）方盒中，選取第二個「◉Range」選項，方格內輸入 18（Lowest through 18 ），右邊「New Value」（新值為）方盒中，選取「◉Value」選項，右邊的方格輸入 2

→按『Add』（新增）鈕→按『Continue』（繼續）鈕→按『OK』（確定）鈕。

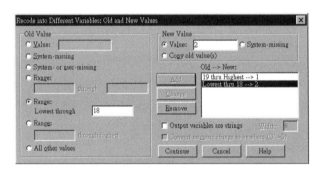

圖 5-30

(二)依倡導量表平均數新增一個分組變數（gr_ini）

「Transform」（轉換）→「Recode」（重新編碼）→「Into Different Variables」（成不同變數），出現「重新編碼成不同變數」對話視窗→按『Reset』（重設）鈕，清除上面的設定。

→將「倡導量表[initate]」變項選入右邊「Numeric Variable->Output Variable」（數值變數->輸出變數）下的方格中。

→在最右邊「Output Variable」方盒「Name」（名稱）下輸入新分組變項「gr_ini」名稱→按『Change』（變更）鈕→按『Old and New Values...』（舊值與新值）鈕，出現「重新編碼成不同變數:舊值與新值」（Recode into Different Variables: Old and New Values）的次對話視窗。

→左邊「Old Value」（舊值）方盒中，選取第三個「◉Range」（範圍）選項，方格內輸入16（ 16 through highest）→右邊「New Value」（新值為）方盒中，選取「◉Value」選項，右邊的方格輸入1→按『Add』（新增）鈕。

→左邊「Old Value」（舊值）方盒中，選取第二個「◉Range」選項，方格內輸入15（Lowest through 15 ），右邊「New Value」（新值為）方盒中，選取「◉Value」選項，右邊的方格輸入2→按『Add』（新增）鈕→按『Continue』（繼續）鈕→按『OK』（確定）鈕。

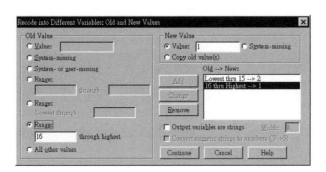

圖 5-31

下表為領導行為二個面向分組後的次數百分比情形，全部十六位樣本者，知覺主管領導行為屬於高關懷取向者有9位、屬於低關懷取向者有7位；從倡導行為面向來看，知覺主管領導行為屬於高倡導取向者有 8 位、屬於低倡導取向者有8位。

關懷分組

		Frequency	Percent	Valid Percent	Cumulative Percent
Valid	高關懷	9	56.3	56.3	56.3
	低關懷	7	43.8	43.8	100.0
	Total	16	100.0	100.0	

倡導分組

		Frequency	Percent	Valid Percent	Cumulative Percent
Valid	高倡導	8	50.0	50.0	50.0
	低倡導	8	50.0	50.0	100.0
	Total	16	100.0	100.0	

三、新設四個暫時分組變數

(一)新增高關懷高倡導取向變數——gro1

> 「Transform」（轉換）→「Compute...」（計算），出現「Compute Variable」（計算變數）對話視窗。
>
> →左邊「Target Variable:」（目標變數）下的方格輸入新變項名稱「gro1」
>
> →右邊「Numeric Expression」（數值運算式）選（鍵）入「gr_con=1 & gr_ini=1」判別運算式→按『OK』鈕

備註：gr_con=1 & gr_ini=1　式子中，&符號表示「and」（且），其代表的意義為 gr_con=1 且 gr_ini=1，亦即高關懷組「且」高倡導取向組之樣本。

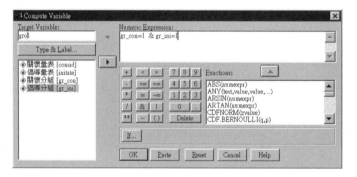

圖 5-32

(二)新增高關懷低倡導取向變數——gro2

> 「Transform」（轉換）→「Compute...」（計算），出現「Compute Variable」（計算變數）對話盒→按『Reset』（重設）鈕，清除之前的變數及運算式。
>
> →左邊「Target Variable:」（目標變數）下的方格輸入新變項名稱「gro2」
>
> →右邊「Numeric Expression」（數值運算式）選（鍵）入「gr_con=1 & gr_ini=2」判別運算式→按『OK』鈕

備註：gr_con=1 & gr_ini=2　其代表的意義為 gr_con=1 且 gr_ini=2 之樣本，亦即為高關懷組「且」低倡導組之觀察值。

圖 5-33

(三)新增低關懷高倡導取向變數——gro3

「Transform」（轉換）→「Compute...」（計算），出現「Compute Variable」（計算變數）對話盒→按『Reset』（重設）鈕，清除之前的變數及運算式。

→左邊「Target Variable:」（目標變數）下的方格輸入新變項名稱「gro3」

→右邊「Numeric Expression」（數值運算式）選（鍵）入「gr_con=2 & gr_ini=1」判別運算式→按『OK』鈕

備註：gr_con=2 & gr_ini=1　其代表的意義為 gr_con=2 且 gr_ini=1 之樣本，表示為低關懷組「且」高倡導組的觀察值。

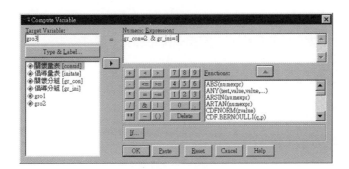

圖 5-34

(四)新增低關懷低倡導取向變數——gro4

「Transform」（轉換）→「Compute...」（計算），出現「Compute Variable」（計算變數）對話盒→按『Reset』（重設）鈕，清除之前的變數及運算式。

→左邊「Target Variable:」（目標變數）下的方格輸入新變項名稱「gro4」

→右邊「Numeric Expression」（數值運算式）選（鍵）入「gr_con=2 & gr_ini=2」判別運算式→按『OK』鈕

備註：gr_con=2 & gr_ini=2　其代表的意義為 gr_con=2 且 gr_ini=2 之樣本，亦即低關懷組「且」低倡導組的觀察值。

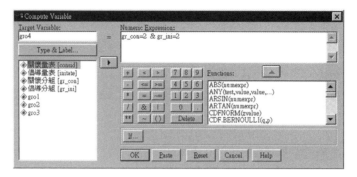

圖 5-35

四、把暫時分組變數重新編碼

上述新增四個暫時分組變數的數值內容均為 1，而我們所需要的是當「gr_con=1 & gr_ini=2」（變數為 gro2）條件時，數值內容為 2；當「gr_con=2 & gr_ini=1」（變數為 gro3）條件時，數值內容為 3；「gr_con=2 & gr_ini=2」（變數為 gro4）條件時，數值內容為 4，因而須進一步將此三個暫時分組的變數重新編碼。

變項名稱	舊值	新值
gro1（高關懷高倡導組）	1	1
gro2（高關懷低倡導組）	1	2
gro3（低關懷高倡導組）	1	3
gro4（低關懷低倡導組）	1	4

㈠將分組變項 gro2 重新編碼，數值內容由 1→2

「Transform」（轉換）→「Recode」（重新編碼）→「Into Same Variable」（成同一變數），出現「重新編碼成同一變數」對話視窗→將暫時分組變數 gro2 選入右邊目標變項「數值與變數」方格中→按『Old and New Values』鈕（舊值與新值），出現「重新編碼成同一變數：舊值與新值」次對話視窗→「Old Value」（舊值）方盒中勾選「⊙Value」（數值）選項、在其右邊的方格中鍵入「1」；「New Value」（新值為）方盒中勾選「⊙Value」（數值）選項、在其右邊方格中鍵入「2」→按『Add』（新增）鈕→按『Continue』鈕→按『OK』鈕

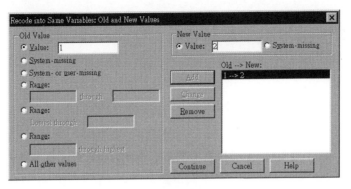

圖 5-36

⊜將分組變項 gro3 重新編碼，數值內容由 1→3

> 「Transform」（轉換）→「Recode」（重新編碼）→「Into Same Variable」（成同
> 一變數），出現「重新編碼成同一變數」對話視窗→將暫時分組變數gro3 選入右
> 邊目標變項「數值與變數」方格中→按『Old and New Values』鈕（舊值與新值），
> 出現「重新編碼成同一變數：舊值與新值」次對話視窗→「Old Value」（舊值）
> 方盒中勾選「⊙Value」（數值）選項、在其右邊的方格中鍵入「1」；「New Value」
> （新值為）方盒中勾選「⊙Value」（數值）選項、在其右邊方格中鍵入「3」→按
> 『Add』（新增）鈕→按『Continue』鈕→按『OK』鈕

㊀將分組變項 gro4 重新編碼，數值內容由 1→4

> 「Transform」（轉換）→「Recode」（重新編碼）→「Into Same Variable」（成同
> 一變數），出現「重新編碼成同一變數」對話視窗→將暫時分組變數gro4 選入右
> 邊目標變項「數值與變數」方格中→按『Old and New Values』鈕（舊值與新值），
> 出現「重新編碼成同一變數：舊值與新值」次對話視窗→「Old Value」（舊值）
> 方盒中勾選「⊙Value」（數值）選項、在其右邊的方格中鍵入「1」；「New Value」
> （新值為）方盒中勾選「⊙Value」（數值）選項、在其右邊方格中鍵入「4」→按
> 『Add』（新增）鈕→按『Continue』鈕→按『OK』鈕

五、將四個暫時分組變數加總

Transform（轉換）→Compute...（計算），出現「Compute Variable」（計算變數）
對話盒
→左邊「Target Variable:」（目標變數）下的方格輸入新變項名稱「gro」
→右邊「Numeric Expression」（數值運算式）選（鍵）入「gro1+gro2+gro3+gro4」
運算式→按『OK』鈕

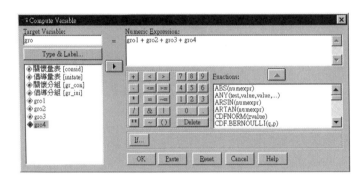

圖 5-37

六、刪除暫時分組變項

在資料編輯視窗中，按「Variable View」（變數檢視）視窗，選取 gro1、
gro2、gro3、gro4 等四個變數，執行功能列「Edit」（編輯）／「Clear」（清
除）程序，即可刪除所選取的變數及變數中的資料。

圖 5-38

下表為分類的次數分配表：

領導分組

		Frequency	Percent	Valid Percent	Cumulative Percent
Valid	高關懷高倡導	3	18.8	18.8	18.8
	高關懷低倡導	6	37.5	37.5	56.3
	低關懷高倡導	5	31.3	31.3	87.5
	低關懷低倡導	2	12.5	12.5	100.0
	Total	16	100.0	100.0	

Part 3

SPSS 與統計應用分析

初等統計的理論與實務

第六章

相關分析

　　相關分析旨在求兩個變數之間的關聯程度（degree of association）。在統計學上，兩個變數間的關聯程度，常以「相關係數」（correlation coefficient）來表示。相關係數有二個特性：一為相關係數大小的絕對值愈大，表示兩個變數間的關聯性愈強；絕對值愈小，表示兩個變數間的關聯性愈弱。二為相關係數的正負，表示兩個變數之間是順向或反向的關係，如果相關係數為正，表示一個變數增加（／減少），另外一個變數也會增加（／減少），此種相關方向稱為正相關，即二個變數間有順向關係；如果相關係數為負，表示一個變數增加（／減少），另外一個變數會減少（／增加），此種相關方向為負相關，即二個變數間具有反向關係。

　　相關分析時根據變項性質屬性，而有不同的相關方法。相關係數可以表示相關的程度／強弱（magnitude）與方向（direction）。用來測量兩個變數間的關聯程度之相關係數可以分成二類：一為 A 型相關係數，其值介於 0 至 1 之間；二為 B 型相關係數，其值介於 − 1 至 1 之間（余民寧，民 84）。就 B 型相關係數而言，如果變數間相關係數的值為 0 時，稱為「零相關」、相關係數的值大於 0 時，稱為「正相關」（positive correlation）、相關係數的值小於 0 時，稱為「負相關」（negative correlation）。如以相關係數的絕對值來看，其絕對值愈接近 0 者，表示二個變數之間關聯程度愈弱；反之其絕對值愈接近 1 者，表示二個變數之間關聯程度愈強。在相關分析中屬於 B 型相關的相關方法如：積差相關、點二系列相關、二系列相關、四分相關等。B 型相關中，相關係數為 1 者稱為「完全正相關」、相關係數為 − 1 者稱為「完全負相關」，「完全正相關」與「完全負相關」在統計理論上是存在的，但在行為及社會科學領域的實際研究中卻很難發現。

　　另外一種 A 型相關係數的值則介於 0 至 1 間，此種相關係數的值愈接近於 0，表示二個變數間的關聯程度愈弱；反之，如果其相關係數的值愈接近於 1，表示二個變數間的關聯程度愈強。相關分析屬於 A 型相關的相關方法如：等級相關、列聯相關、Φ相關、Kendall 和諧係數、Kappa 一致性係數、曲線相關等。

　　如以變數個數來區分，可分為簡單相關與多元相關（複相關）：簡單相關只探討二個變數間的關係；而複相關則可探究三個以上變項之間的關係，其係數稱為多元相關係數。如以關係性質來區分，可分為線性或非線性的關係：線性關係表示二個變數間的相關情形可用直線來描述者，非線性關係即非線性關係，又稱為曲線相關（如相關比），表示二個變數之間的關係無法以直線關係來表示，曲線相關的實例如探究學生的學習壓力與其學業成就二個變數的相關情形時，發現高學習壓力者其學業成就低、而低學習壓力者其

學業成就也低，在中學習壓力狀態下，學生的學業成就反而最佳，此種具曲線相關性質者，稱爲非線性相關。

6-1 積差相關

一、【適用時機】

積差相關（product-moment correlation）適用於二個變項均爲連續變項，亦即二個變項均爲等距變項或比率變項或一個變項爲等距變項；另外一個變項爲比率變項。

二、【問題研究】

> 問題：某研究者想探究學生的數學成就與自然成績間有無顯著關係存在，他從六年級某班上抽取十名學生，其成績如下，研究者該如何解釋此結果？

學生成績	A	B	C	D	E	F	G	H	I	J
數學成績	74	76	77	63	63	61	69	80	58	75
自然成績	84	83	85	74	75	79	73	92	70	85

三、【執行步驟】

> 「分析」（Analyze）→「相關」（Correlate）→「雙變數」（Bivariate...）
> →出現「雙變數相關分析」（Bivariate Correlations）對話視窗，將左邊二個變項「數學成績[math]」、「自然成績[natu]」選入右邊「變數」（Variables）下的空盒中→在「相關係數」（Correlation Coefficients）方盒中勾選「□Pearson相關係數」及最下方「□相關顯著性訊號」（□Flag significant correlations）。

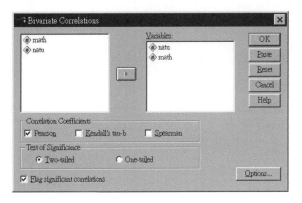

圖 6-1

→按右下角『選項』（Options...）鈕，出現「雙變數相關分析：選項」（Bivariate Correlations: Options）次對話視窗，勾選「統計量」方盒中之「□叉積離差與共變異數矩陣」（Cross-product deviations and covariances）→按『繼續』（Continue）鈕，回到「雙變數相關分析」對話視窗→按『確定』（OK）鈕。

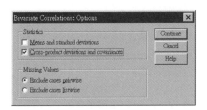

圖 6-2

在「Bivariate Correlations」（雙變數相關分析）對話視窗中，其下方的「Correlation Coefficients」（相關係數）方盒中，SPSS提供三種相關係數供使用者選擇，操作時至少須選擇一項：

1. 「☑Pearson」：Pearson相關係數，為SPSS內定的選項。結果輸出時會呈現相關矩陣，中間對角線為變項與變項自身間的相關，相關係數均為1.00，對角線的上三角和下三角是對稱的，其數值內容完全一樣。

2. 「Kendall's tau-b」：是一種等級相關係數（τ correlation），用以測量二個次序變項之相關程度的無母數量數。如二位評分者評分結果是否為一致的等級相關指標量數。在輸出結果報表中與上述類似。

3. 「Spearman」：是一種等級相關係數（ρ），適用於變數為次序變項或可以轉換成次序變項的連續變項料，或沒有滿足常態性假設的等距變項。

如勾選最下方的「相關顯著性訊號」（Flag significant correlations），則在

輸出結果報表中，會於相關係數旁附加「*」星號以代表顯著水準，機率值（顯著性）達到.05 顯著水準則呈現一個「*」號，如「.214（*）」；達到.01 顯著水準則呈現二個「*」號，如「.492（**）」；如果顯著水準小於.001 也是呈現二個「*」號。

按『選項』（Options...）鈕，會出現「Brvarate Correlations: Options」（雙變數相關分析: 選項）次對話視窗，在此視窗中，「Statistics」（統計量）方盒可以選擇是否印出下列統計量：

1. 「□Means and standard deviation」（平均數與標準差）：印出每一個變項的平均數、標準差、有效值個數等。

2. 「Cross-product deviations and covariances」：印出每一個變數的離均差交乘積和與共變數。離均差交乘積等於兩個變數每一觀察值與平均數之差的交乘積

$$SS = (X_i - \overline{X})(Y_i - \overline{Y})$$

離均差交乘積和（sum of cross-product）就是離均差交乘積的總和

$$CP_{xy} = \sum (X_i - \overline{X})(Y_i - \overline{Y}) = \sum xy$$

而共變數（covariance）是離均差交乘積和除以總人數；在推論統計中，共變數是兩個變項間關係的未標準化量數，等於離均差交乘積和除以 N-1，N-1 即為自由度。所謂共變數就是二個變項共同改變的情形（王文中，民 89），如有二個變數 X 與 Y，如果 X 的改變和 Y 的改變沒有關聯，那麼共變數的值就是 0，共變數等於 0 表示二個變數是零相關；如果 X 變得愈大／愈小，Y 也跟著變得愈大／愈小，則共變數的值就大於 0，共變數大於 0 表示二個變數是正相關；如果如果 X 變得愈小（／愈大），Y 反而跟著變得愈大（／愈小），則共變數的值就小於 0，共變數小於 0 表示二個變數是負相關，共變數與積差相關有密切關係。樣本共變數的公式如下：

$$COV_{XY} = \frac{\sum (X_i - \overline{X})(Y_i - \overline{Y})}{N-1}$$

共變數的概念與變異數的概念是相通的，只不過在變異數分析中，只針對一個變數而已，但在共變數分析中，則針對二個變數（王文中，民89），一個 X 變數的樣本變異數公式如下：

$$S_{xx} = \frac{\Sigma(X_i - \overline{X})(X_i - \overline{X})}{N-1} = \frac{\Sigma(X_i - \overline{X})^2}{N-1} = S^2_{xx}$$

共變數可以用來判斷二個變數的關聯方向，方向可能是零相關、正相關、負相關，但因共變數的大小會隨著尺度的不同而不同，所以共變數無法用來判斷二個變數之間關聯的強度。為了要互相比較，就是要將共變數除以二個變數的標準差，如此一來就不會受到單位不同的影響（王文中，民89）。共變數除以二個變數的標準差的值就稱為積差相關係數，或稱皮爾遜積差相關係數（product-moment correlation coefficient），其公式如下：

$$r_{XY} = \frac{COV_{XY}}{S_X S_Y} = \frac{\dfrac{\Sigma(X_i - \overline{X})(Y_i - \overline{Y})}{N-1}}{S_X S_Y}$$

$$= (XY \text{ 的共變數}) \div [(X \text{ 的標準差}) \times (Y \text{ 的標準差})]$$

$$= \frac{\Sigma(X_i - \overline{X})(Y_i - \overline{Y})}{(N-1)S_X S_Y} = \frac{CP_{XY}}{(N-1)S_X S_y}$$

在「Bivarate Correlations: Options」（雙變數相關分析：選項）次對話視窗內的下方「Missing Values」（遺漏值）方盒中，包括二種處理遺漏值的方法：

1. 「成對方式排除」（Exclude cases pairwise）：這是 SPSS 內定的選項，將含有遺漏值資料的單一觀察值從分析中排除，不納入相關分析之資料。
2. 「完全排除遺漏值」（Exclude cases listwise）：將含有遺漏值的整筆觀察值，在所有的相關分析均加以排除掉。

四、【報表說明】

Correlations
Descriptive Statistics

	Mean	Std. Deviation	N
Natu	80.0000	6.91215	10
math	69.6000	7.80598	10

　　上述描述性統計量包括變項名稱natu（自然成績）、math（數學成績）二個，二個變數的平均數、標準差與有效樣本數。自然成績的平均數、標準差分別為 80.00、6.91215；數學成績的平均數、標準差分別為 69.60、7.80598。數學成績變項中有效樣本數為 10 人、自然成績變項中有效樣本數為 10 人。

Correlations

		natu	math
Natu	Pearson Correlation（Pearson 相關）	1	.879
	Sig.（2-tailed）（雙尾顯著性）	.	.001
	Sum of Squares and Cross-products（叉乘積平方和）	430.000	427.000
	Covariance（共變數）	47.778	47.444
	N（個數）	10	10
Math	Pearson Correlation（Pearson 相關）	.879	1
	Sig.（2-tailed）（雙尾顯著性）	.001	.
	Sum of Squares and Cross-products（叉乘積平方和）	427.000	548.400
	Covariance（共變數）	47.444	60.933
	N（個數）	10	10

　　上表為沒有勾選「□相關顯著性訊號」（□Flag significant correlations）選項的報表。natu 變項與 math 變項的相關為.879，p=.001<.01，達到顯著水準。

Correlations

		數學成績	自然成績
數學成績	Pearson Correlation	1	.879（**）
	Sig.（2-tailed）	.	.001
	N	10	10
自然成績	Pearson Correlation	.879（**）	1
	Sig.（2-tailed）	.001	.
	N	10	10

** Correlation is significant at the 0.01 level（2-tailed）

上表爲有勾選「相關顯著性訊號」（Flag significant correlations）選項結果，報表中積差相關係數如達.05 的顯著水準，會於相關係數的旁邊加上（*）符號，如果顯著性小於.01 或.001 會在相關係數的旁邊加上（**）符號，其餘數值的表示均一樣。相關係數的矩陣是對稱的，如上表中右上角與左下角的數字是相同的，第一列爲相關係數值（=.879），第二列爲顯著水準機率值（p=.001），第三列爲有效觀察值的個數（=10）。

$$r_{xy} = \frac{\sum (X_i - \overline{X})(Y_i - \overline{Y})}{(N-1)S_x S_y} = \frac{CP_{xy}}{(N-1)S_x S_y} = \frac{COV_{xy}}{S_x S_y}$$

由上述公式可知：二個變項積差相關係數是這二個變項的共變數除以二個變項的標準差。自然成績與數學然成績的標準差分別爲 6.91、7.81；數學成績與自然成績的交乘積是 427.00，二個變項的共變數等於 427÷（10-1）= 47.444。二者的積差相關係數= $\frac{47.444}{6.91 \times 7.81}$ = 0.879。

本研究的對立假設與虛無假設分別如下：

1. H_1 對立假設：$\rho \neq 0$（二者相關不等於 0 即是有顯著相關存在）
2. H_2 虛無假設：$\rho = 0$（二者相關等於 0 就是沒有相關）

相關係數=.879　p=.001　小於.05 ，統計考驗應拒絕虛無假設（二者相關=0），接受對立假設（二者相關不等於 0），表示二個變項間有顯著的相關存在，由於相關係數爲正，因而數學成績（math）與自然成績（natu）二者之間爲正相關，即學生的數學成績與其自然成績有顯著的正相關存在。

在行爲及社會科學研究論文之推論統計資料報表呈現方面，顯著性機率

值 p 值小於.05，通常以符號『*』表示；p 值小於.01，以符號『**』表示；p 值小於.001，以符號『***』表示。在相關分析中，如勾選「相關顯著性訊號」，其符號表示如下：如果顯著性小於.05，則會出現一個星號『*』，如果顯著性小於.01 或小於.001 均會出現二個星號『*』。

以本題問題爲例，如果研究者不想呈現 p 值，可敘述如下：

　　「數學成就與自然成績的相關爲.88**，二者有顯著的正相關存在，表示數學成績愈高者，學生的自然成績也愈高，變項間的決定係數r²爲.7744，表示數學成就可以被自然成績解釋的變異量爲 77.44%；相對的自然成績可以被數學成就解釋的變異量亦爲 77.44%。」

「決定係數」（coefficient of determination）即變異數分析中的「關聯性強度係數」（coefficient of strength of association）或效果值的大小。

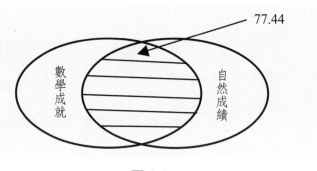

圖 6-3

在相關係數的解釋時，不能只解釋相關係數的大小及其顯著性，還應解釋「決定係數」（coefficient of determination），決定係數即爲相關係數的平方，決定係數即變項可以解釋另一變項的變異量百分比，在迴歸預測分析中，表示：「在依變項 Y 的總變異量中，被自變項X所能解釋的變異量百分比或自變項X能解釋依變項Y變異量的百分比」。積差相關中相關係數絕對值的大小可表示關聯強度，係數的絕對值愈大關聯強度愈強，但二個變數的關聯強度並不是與|r|值成正比，而是與 r²（決定係數）成正比。

相關係數本身不是一個等距變項，也不是一個比例變項，係數間沒有倍數關係，其大小與樣本的變異程度有關，如果兩變項的變異數太小（同質性很高），會使相關係數變小；此外，也受到測量誤差與團體異質性程度影響。在解釋相關係數時，應注意以下幾點：(1)二個變項之間的相關係數須經過假

設考驗，不能直接以其係數值大小作爲判斷依據。(2)二個變項間有相關，不一定表示二者間有因果關係（cause-and-effect relationship）存在，因爲二個變數可能同時爲因、或同時爲果。(3)絕對值相等的相關係數，代表二變項間方向不同，但其關聯程度是一樣的。(4)積差相關係數適用於直線關係，二個變數之間沒有直線相關，不一定表示二個變數完全沒有關聯，因爲二個變數可能有曲線相關存在（如 U 型關係）。(5)相關係數並沒有倍數關係，不能說相關係數爲.60 的二個變數其關聯強度是相關係數爲.30 二個變數的二倍，只能說前者的關聯強度比後者大。(6)爲了確定二變數間是否爲直線相關，可以使用散佈圖（scatter plot）來判斷，如果散佈圖中分散的觀察值點呈現如圖形「／」的分佈，則兩個變數有正相關；如果散佈圖中分散的觀察值點呈現如圖形「＼」的分佈，則兩個變數間有負相關，至於相關係數是否顯著，應加以考驗。(7)相關係數可以換算爲決定係數，用以解釋變異量的比率，而「1-r^2」則稱爲未決定係數（coefficient of undetermination），爲變數無法解釋部分所占的比率。

求散佈圖的執行程序如下：

統計圖（Graphs）→散佈圖（Scatter）→出現「Scatterplot」對話視窗，內有四種圖示，選取左上角「簡單」（Simple）圖示→按『定義』（Define）鈕，出現「Simple Scatterplot」次對話視窗→將數學成績[math]變數選入「Y Axis」（Y軸）下的方格內，將自然成績[natu]變數選入「X Axis」（X軸）下的方格內→按『OK』鈕

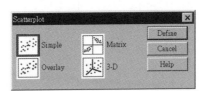

圖 6-4

圖 6-5

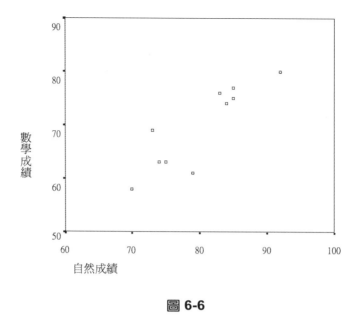

圖 6-6

在上述相關散佈圖中，可以明顯看出二個變數大致呈「／」圖形，即二個變數呈直線的正相關。

四、學習經驗問卷實例分析

在上述學生學習經驗中，研究者想探究學生的數學焦慮層面、整體數學焦慮與其數學成就之關係，則可採用上述的積差相關統計分析法，以求得二個變數間的關係。

操作程序如下：

「分析」（Analyze）→「相關」（Correlate）→「雙變數」（Bivariate...）→出現「雙變數相關分析」（Bivariate Correlations）對話視窗，將左邊清單中變數數學成就[mch]、壓力懼怕[fea]、情緒擔憂[wor]、考試焦慮[exa]、課堂焦慮[cla]、整體數學焦慮[anx]等六個變數選入右邊「變數」（Variables）下的空盒中→在「相關係數」（Correlation Coefficients）方盒中勾選「□Pearson相關係數」及最下方「□相關顯著性訊號」（Flag significant correlations）→按『確定』（OK）鈕

上述執行程序的報表如下：

Correlations

		數學成就	壓力懼怕	情緒擔憂	考試焦慮	課堂焦慮	整體數學焦慮
數學成就	Pearson Correlation	1	-.278(**)	-.192(**)	-.210(**)	-.145(*)	-.235(**)
	Sig. (2-tailed)	.	.000	.001	.000	.012	.000
	N	300	300	300	300	300	300
壓力懼怕	Pearson Correlation	-.278(**)	1	.749(**)	.788(**)	.702(**)	.910(**)
	Sig. (2-tailed)	.000	.	.000	.000	.000	.000
	N	300	300	300	300	300	300
情緒擔憂	Pearson Correlation	-.192(**)	.749(**)	1	.854(**)	.605(**)	.920(**)
	Sig. (2-tailed)	.001	.000	.	.000	.000	.000
	N	300	300	300	300	300	300
考試焦慮	Pearson Correlation	-.210(**)	.788(**)	.854(**)	1	.583(**)	.929(**)
	Sig. (2-tailed)	.000	.000	.000	.	.000	.000
	N	300	300	300	300	300	300
課堂焦慮	Pearson Correlation	-.145(*)	.702(**)	.605(**)	.583(**)	1	.779(**)
	Sig. (2-tailed)	.012	.000	.000	.000	.	.000
	N	300	300	300	300	300	300
整體數學焦慮	Pearson Correlation	-.235(**)	.910(**)	.920(**)	.929(**)	.779(**)	1
	Sig. (2-tailed)	.000	.000	.000	.000	.000	.
	N	300	300	300	300	300	300

**Correlation is significant at the 0.01 level (2-tailed).

* Correlation is significant at the 0.05 level (2-tailed).

　　上表是個 6×6 的相關矩陣，上三角和下三角的相關係數是對稱的，中間對角線是變數與變數自己的相關，其相關係數為 1。從積差相關係數中可以發現：壓力懼怕、情緒擔憂、考試焦慮、課堂焦慮等四個數學焦慮層面及整體數學焦慮與數學成就變數均呈顯著的負相關，其相關係數分別為 -.278、-.192、-.210、-.145、-.235，其間的相關均屬「低度相關」，其解釋變異數（決定係數）分別為 .0773、0369、.0441、.0210、.0552。

　　二個變數之間相關係數值與其相關程度的劃分，通常有下列二種分級狀況：

1. 第一種分成三級：

　　(1)高度相關：r 值在 .80 以上（包含 .80）

　　(2)中度相關：r 值在 .40 以上（包含 .40）至 .80 以下（不包含 .80）

　　(3)低度相關：r 值在 .40 以下

2.第二種分成五級：

　(1)很高相關：r 值在.80 以上（包含.80）

　(2)高相關：r 值在.60 以上（包含.60）至.80 以下（不包含.80）

　(3)中相關：r 值在.40 以上（包含.40）至.60 以下（不包含.60）

　(4)低相關：r 值在.20 以上（包含.20）至.40 以下（不包含.40）

　(5)很低相關（微弱相關）：r 值在.20 以下（不包含.20）

五、Kendall's tau 等級相關

如果改求十位受試者在數學成績排序與自然成績排序之等級相關情形，則應採用等級相關。以下為在「Bivariate Correlations」（雙變數相關分析）對話視窗中，勾選「☑Kendall's tau-b」等級相關結果。

Nonparametric Correlations
Correlations

			math	natu
Kendall's tau_b	math	Correlation Coefficient	1.000	.659
		Sig. (2-tailed)	.	.009
		N	10	10
	natu	Correlation Coefficient	.659	1.000
		Sig. (2-tailed)	.009	.
		N	10	10

上述 Kendall's tau 係數等於.659； p=.009，達顯著水準，十位受試者二科成績的排序情形有顯著相關存在。

六、「Spearman」等級相關

以下為在「Bivariate Correlations」（雙變數相關分析）對話視窗中，勾選「☑Spearman」等級相關結果。

Nonparametric Correlations

Correlations

			math	natu
Spearman's rho	math	Correlation Coefficient	1.000	.841
		Sig. (2-tailed)	.	.002
		N	10	10
	natu	Correlation Coefficient	.841	1.000
		Sig. (2-tailed)	.002	.
		N	10	10

上述 Spearman ρ 係數等於.841；p=.002，達顯著水準，十位受試者二科成績的排序情形有顯著相關，這與上述採用 Kendall 等級相關分析之結果相同。

6-2 Φ相關

一、細格期望次數小於 5 之分析

㈠【適用時機】

Φ（phi correlation）適用二個變項皆是名義二分變項（nominal-dichotomous variable）的資料，即二個變項均是二分類別變項。二分名義變項間適用之相關法除Φ相關外，也可採用「列聯相關」，進行卡方考驗。

㈡【問題研究】

問題：研究者想探究國中男學生中父母管教方式（權威式管教、民主式管教）和學生攻擊性行為（有攻擊性行為、無攻擊性行為）間有無顯著關係存在？從某一國中二年級男學生中隨機抽取十五名學生，所得資料如下，研究者該如何解釋其結果？

變項＼學生	A	B	C	D	E	F	G	H	I	J	K	L	M	N	O
父母管教方式	1	0	1	1	1	0	0	1	0	1	0	1	1	0	0
攻擊性行為	1	0	1	1	1	0	1	1	0	1	1	1	1	0	1

在研究問題中，父母管教方式資料鍵入中，「0」表示權威式管教，「1」表示民主式管教，是一個二分名義變項；在學生攻擊性行為資料鍵入中，「0」表示「有攻擊性行為」，「1」表示「無攻擊性行為」，亦為二分名義變項，二個變項均為二分名義變項，適合採用Φ相關。父母管教方式的變項名稱為 disc、學生攻擊性行為的變項名稱為 beha。

(二)【執行步驟】

Analyze（分析）
   Descriptive Statistics（描述性統計量）
      Crosstabs...（交叉表）
      將清單變項 beha 選入右邊 Row(s)（列）下的方格
      將清單變項 disc 選入右邊 Column(s)（直行）下的方格
      按『Statistics...』（統計量）鈕
         勾選「Chi-square」選項及「Phi and Cramer's v」選項
         按『Continue』鈕
      按『Cell...』（格）鈕
         勾選「Observed」選項及「Total」選項
         按『Continue』鈕
   按『OK』鈕

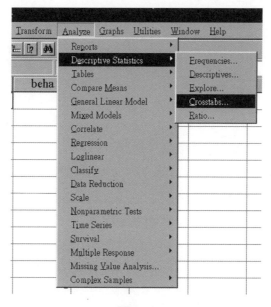

圖 6-7

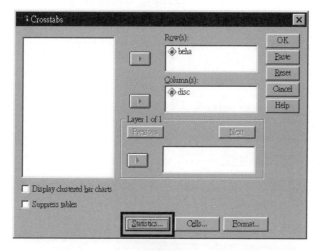

圖 6-8

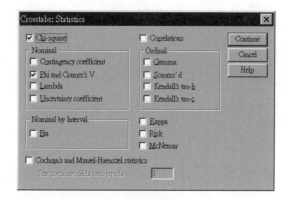

圖 6-9

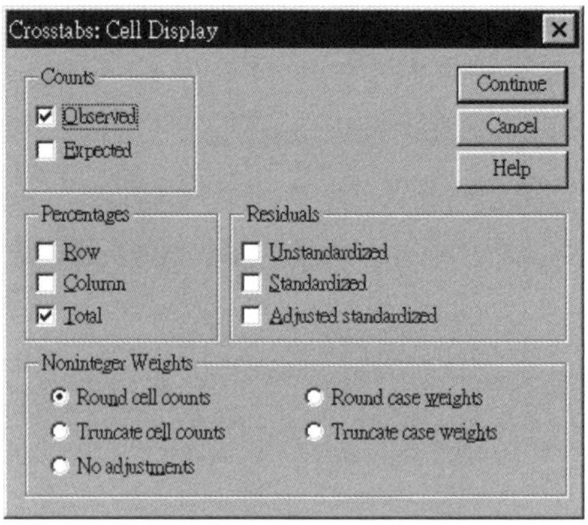

圖 6-10

（四）【報表說明】

Crosstabs

Case Processing Summary

	Cases					
	Valid		Missing		Total	
	N	Percent	N	Percent	N	Percent
Beha * disc	15	100.0%	0	0%	15	100.0%

上表為觀察值處理摘要表，觀察值在二個變項均為有效值個數有 15 筆觀察值，遺漏值為 0，觀察值的總個數有 15 筆。

beha * disc Crosstabulation

			Disc		Total
			權威式	民主式	
beha	有攻擊性行為	Count	4	0	4
		% of Total	26.7%	0%	26.7%
	無攻擊性行為	Count	3	8	11
		% of Total	20.0%	53.3%	73.3%
Total		Count	7	8	15
		% of Total	46.7%	53.3%	100.0%

上表為父母管教方式與攻擊性行為之交叉表，在父母管教方式中，採用權威式管教方式者有 7 名，占全部樣本的 46.7%；採用民主式管教方式者有 8 名，占全部樣本的 53.3%。就學生攻擊性行為而言，有攻擊性行為者有 4 名，占全部樣本的 26.7%；無攻擊性行為者有 11 名，占全部樣本的 73.3%。

	Value	Df	Asymp. Sig (2-sided)	Exact Sig. (2-sided)	Exact Sig. (1-sided)
Pearson Chi-Square（Pearson 卡方值）	6.234	1	.013		
Continuity Correction（連續性校正值）	3.654	1	.056		
Likelihood Ratio（概似比）	7.837	1	.005		
Fisher's Exact Test（費雪爾正確概率檢定）				.026	.026
Linear-by-Linear Association（線性對線性的關聯）	5.818	1	.016		
N of Valid Cases	15				

a Computed only for a 2x2 table（只能計算 2×2 表格）

b 2 cells（50.0%）have expected count less than 5. The minimum expected count is 1.87.—2 格（50%）的期望個數少於 5，最小的預期個數為 1.87。

由上述報表中得知，父母管教方式與學生攻擊性行為二變項間之卡方值（χ^2）（Pearson Chi-Square）等於 6.234，在自由度等於 1 時，p=.013，達到.05 顯著水準。表示「父母管教方式」與「學生攻擊性行為」二變項間有顯著相關存在，由列聯交叉表中發現，父母採用民主式管教方式的觀察值，學生顯著較少攻擊性行為。當進行 χ^2 考驗時，如果細格理論的期望次數（expected frequency）小於 5，則要進行「耶氏校正法」（Yate's correction for continuity），以避免 χ^2 值高估而發生錯誤的結論，如果樣本較少時，χ^2 分配會遠離常態分配，趨向於偏態的高狹峰分配，如沒有進行校正，則計算出的 χ^2 值會比理論期望值還大，造成高估現象。上述交叉表細格理論期望次數小於 5，Yate's 校正卡方值（continuity correction）為 3.654，p 值大於.05，因此應接受虛無假設，表示「父母管教方式」與「學生攻擊性行為」二變項間無顯著相關存在，造成二個完全相反的結論，即在於取樣的樣本數太少，細格理論的期望次數小於 5，造成 χ^2 值高估的現象。本範例如以卡方檢定進行二變項間相關之假設考驗，應採用第二種 Yate's 校正卡方值，而做出「『父母管教方式』與『學生攻

擊性行為』二變項間無顯著相關存在」的結論。

在上述說明中，曾述及在 2×2 的列聯表中（df=1）計算 χ^2 值時，如果發現有任何一個細格內的理論次數小於 5，就必須進行 Yate's 校正。事實上，當自由度等於 1 時，如果有細格理論期望次數小於 5，縱然使用 Yate's 校正仍不一定十分適切，如果樣本數時很小，而且 2×2 列聯表係由兩組不同受試者的間斷變數資料所構成，此間斷變數可能為名義變數或次序變數，則使用無母數統計法中的「費雪爾正確概率考驗」（Fisher's exact probability test）更為適當（林清山，民 81）。

Symmetric Measures

		Value	Approx. Sig.
Nominal by Nominal	Phi	.645	.013
	Cramer's V	.645	.013
N of Valid Cases		15	
a Computed only for a 2x2 table			
b 2 cells （50.0%） have expected count less than 5. The minimum expected count is 1.87.			

上表為 Φ（Phi）相關係數及 Cramer's 係數的檢定結果，Φ相關係數值等於.645、Cramer's V 的值也等於.645。由於Φ相關與卡方考驗之間有很密切的關係存在，且在考驗Φ相關是否達顯著時，其標準差計算很繁瑣，因此，學者多半以卡方考驗法代替，對Φ相關係數值顯著水準的檢定，常將Φ相關值轉換成 χ^2 值，採用 χ^2 分配進行檢定（余民寧，民 86；林清山，民 81）。Φ相關與卡方考驗之間的關係如下：$\chi^2 = N\Phi^2 = 15 \times (1.645)^2 = 6.234$，自由度=1 時，如果 χ^2 值達到顯著水準，則Φ相關係數值也會達到顯著水準，上表中 χ^2 值的漸近顯著性（p 值）為.013，而Φ相關係數值的顯著性近似值（p 值）也等於.013，均達.05 的顯著水準，因而 χ^2 值及Φ相關係數值的顯著水準檢定結果均相同。

Φ相關係數只適用於二個變項均為二分的名義變項，也就是適用於 2×2 的列聯表情況，如果其中有一個變項是三分變項以上，則不適合採用Φ相關係數。當兩個類別變項中，有任何一個變項的水準數在二個以上時，卡方值可能會大於樣本數，造成Φ相關係數大於 1 的情況。在 R×C 方形列聯表中，如果 R 或 C 的水準數均＞2，如二個變項均為三分名義變項（3×3 列聯表）、或二個變項均為四分名義變項（4×4 列聯表），則應採用「列聯係數」（contingency coefficient）；如果二個名義變項的類別數不一樣（R 的水準數 ≠C 水準數），如一個是二分名義變項、一個是三分名義變項（2×3 列聯表）；或

一個是三分名義變項、一個是四分名義變項（3×4 列聯表），採用上述列聯係數亦不太方便，此時應採用 Cramer's 係數較為適宜。

二、沒有細格期望次數小於 5 之分析

上述在Φ相關分析中，出現「b 2 cells （50.0%） have expected count less than 5.」提示語，表示有 2 格細格的期望次數小於 5，此時可能會出現未校正之卡方考驗與 Yates 校正值相反的結果，如果沒有細格理論期望（expected frequency）次數小於 5，則不用採用 Yates 校正值，因而不會出現上述情形。如果樣本數夠大，則細格理論期望次數小於 5 的情形就比較少見。

㈠【問題研究】

> 問題：某教育學者想探究國中學生家庭結構與其攻擊行為間的關係，他採取分層隨機取機方式，共抽取四十五學生，統計分析結果如下，則此教育學者要作如何解釋？

在上述資料編碼中，家庭結構以home變數表示，其水準數值中 0 表示單親家庭、1 表示完整家庭；而攻擊行為的變數名稱為beha，其水準數值中 0 表示有攻擊行為、1 表示沒有攻擊行為。執行「Analyze」（分析）／「Descriptive Statistics」（描述性統計量）／「Crosstabs...」（交叉表）程序後之結果如下（詳細的步驟請參考第一部分所介紹的）。

㈡【報表說明】

Case Processing Summary

家庭結構 * 攻擊行為 Crosstabulation

			攻擊行為		Total
			有攻擊行為	沒有攻擊行為	
家庭結構	單親家庭	Count	15	6	21
		% of Total	33.3%	13.3%	46.7%
	完整家庭	Count	3	21	24
		% of Total	6.7%	46.7%	53.3%
Total		Count	18	27	45
		% of Total	40.0%	60.0%	100.0%

上面為細格間的次數與百分比，在 21 位單親家庭的國中學生中有攻擊行為者有 15 位、無攻擊行為者有 6 位；在 24 位完整家庭的國中學生中有攻擊行為者有 3 位、無攻擊行為者有 21 位。

Chi-Square Tests

	Value	Df	Asymp. Sig (2-sided)	Exact Sig. (2-sided)	Exact Sig. (1-sided)
Pearson Chi-Square	16.205 (b)	1	.000		
Continuity Correction(a)	13.843	1	.000		
Likelihood Ratio	17.359	1	.000		
Fisher's Exact Test				.000	.000
Linear-by-Linear Association	15.845	1	.000		
N of Valid Cases	45				

a Computed only for a 2x2 table
b 0 cells (.0%) have expected count less than 5. The minimum expected count is 8.40.

上表為卡方考驗結果，由於沒有細格理論期望次數小於 5，因而直接看 Pearson 卡方值，Pearson χ^2 值＝ 16.205，在自由度等於 1 時，p=.000，達到.05 顯著水準。

Symmetric Measures

		Value	Approx. Sig.
Nominal by Nominal	Phi	.600	.000
	Cramer's V	.600	.000
N of Valid Cases		45	

a Not assuming the null hypothesis.
b Using the asymptotic standard error assuming the null hypothesis.

由於卡方值達到顯著水準，所以Φ相關係數也會達到顯著水準，從上述「對稱性量數」（Symmetric Measures）的報表中發現：Φ相關係數=.600，p = .000<.05；而 Cramer's V 係數也等於.600，p=.000<.05。可見國中學生之家庭結構與其攻擊性行為間有顯著的相關存在，單親家庭的國中學生有較多的攻擊性行為；而完整家庭的國中學生其攻擊性行為較少。Cramer's V 係數適用於長方形列聯表，也適用於 2×2 列聯表。

其中 $\Phi = \sqrt{\dfrac{\chi^2}{N}} = \sqrt{\dfrac{16.205}{45}} = 0.600$。2×2 的列聯表中，$\Phi$ 係數值介於 0 至 1 間。

Cramer's V 係數 $= \sqrt{\dfrac{\chi^2}{N(m-1)}}$，m=min（R，C），因為此為 2×2 列聯表，所以 R=C=2，最小值為 2，分母中的 N (m−1) = N (2−1) = N，$\sqrt{\dfrac{\chi^2}{N(m-1)}}$ 公式變成 $\sqrt{\dfrac{\chi^2}{N(2-1)}} = \Phi$ 相關係數的求法，所以 Cramer's V 係數會等於 Φ 相關係數值。V 係數的值也介於 0 至於 1 間。

6-3 點二系列相關

一、【適用時機】

　　適用於一個變項為連續變項（等距或比率變項），另一個變項為眞正的名義二分變項。此外，如果有某個變項呈雙峰狀態分配，亦即有雙衆數時，雖然它不是眞正的名義二分變項，也適用於點二列系相關法（point-biserial correlation）。

　　心理測驗中之「鑑別度指數」（discrimination index），就是點二系列相關係數，指受試者在某一試題上答錯或答對情形與測驗總分間之相關，「答錯或答對」（或答是、否）二種為一眞正名義二分變項，測驗總分為一個連續變項，因而其相關乃適用點二系列相關。鑑別度指標表示，就某一試題而言，答對此試題的受試者，其測驗總分會較高；答錯此試題的受試者，其測驗總分會較低；如果情形剛好相反，答對某一試題者，其測驗總分較低；答錯此一試題者，其測驗總分較高，表示此試題的鑑別度很低，鑑別度高低是篩選試題或題目重要準則之一。

二、【問題研究】

　　問題：某教師想了解該班學生之數學科成績與性別間有無顯著關係？從班上中隨機抽取十五位學生，以下為這十五位學生的數學科成績與其性別分配情形，試問該班學生之數學科成績與性別間有無顯著關係存在？

學生	A	B	C	D	E	F	G	H	I	J	K	L	M	N	O
成績	67	73	90	80	75	60	43	92	68	89	69	85	77	91	50
性別	0	0	1	1	0	1	0	1	0	1	0	1	0	1	0

　　研究問題中，數學成績（math）是一個連續變項，學生性別（sex）是一個真正二分名義變項，其中「0」表示女生、「1」表示男生，二者相關應採用點二系列相關。在 SPSS 統計軟體中，並沒有專門獨立出處理點二系列相關的操作程序，因為在處理點二系列相關時，其操作程序可藉用處理積差相關法的方式，因而其 SPSS 統計分析的步驟與積差相關統計分析的步驟相同。

　　點二系列相關的公式如下：

$$r_{pb} = \frac{\overline{X}_p - \overline{X}_q}{S_t} \sqrt{pq}$$

$\overline{X}_p$　：抽樣樣本中男學生數學科的平均成績。

$\overline{X}_q$　：抽樣樣本中女學生數學科的平均成績。

S_t　：全部受試者數學成績的標準差。

p　：全部受試者中男學生所占的百分比。

q　：全部受試者中女學生所占的百分比。

三、【執行步驟】

Analyze（分析）

　Correlate（相關）

　　Bivariate...（雙變數）

　　　將清單變項中的 math、sex 選入右邊的目標變項方格中

　　　勾選「☑Pearson」選項

　　　勾選「☑Flag significant correlations」（相關顯著性訊號）

　　　按『Options...』（選項）鈕

　　　　勾選「☑Means and standard deviations」選項

　　　　按『Continue』鈕

　按『OK』鈕

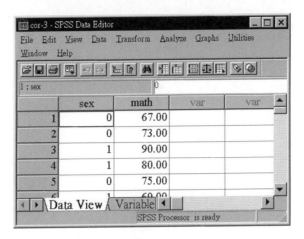

圖 6-11

圖 6-12

四、【報表說明】

Correlations

Descriptive Statistics

	Mean	Std. Deviation	N
數學成就	73.9333	14.89231	15
學生性別	.47	.516	15

上表為勾選「平均數與標準差」選項所呈現的描述統計量，在十五名觀察值中數學成就的平均數等於 73.9333、標準差等於 14.8923。學生性別由於是二分名義變項，其中的平均數是編碼值為 1（數值 1 為男生）者占總樣本數的百分比為 47%；相對的，數值編碼為 0 之女生，占總樣本數的百分比為 53%。如以次數分配求學生性別的分布情形如下，其中男生觀察值有 7 人、女生觀察值有 8 人，男生占全體樣本數的百分比等於 7÷15=46.7%。

Frequencies

學生性別

		Frequency	Percent	Valid Percent	Cumulative Percent
Valid	女生	8	53.3	53.3	53.3
	男生	7	46.7	46.7	100.0
	Total	15	100.0	100.0	

上表中為間斷變數（學生性別）的次數分配表

Correlations

		數學成就	學生性別
數學成就	Pearson Correlation	1	.645（**）
	Sig. (2-tailed)	.	.009
	N	15	15
學生性別	Pearson Correlation	.645（**）	1
	Sig. (2-tailed)	.009	.
	N	15	15
** Correlation is significant at the 0.01 level (2-tailed)			

上表中點二系列相關係數為.645，其 p 值等於.009 小於.05，表示學生性別與其數學成就間有顯著相關存在，在編碼時由於 0 是女生、1 是男生，此時相關係數為正相關，可見，數學成就愈高者、愈有可能是男生（編碼值為 1）；數學成就愈低者，愈可能是女生（編碼值是 0）。

點二系列相關中，由於有一個變項是二分名義變項，名義變項的編碼方式會影響點二系列相關係數的方向，上述性別變項的編碼中：0 為女生、1 為男生，點二系列相關係數為.645；如果將性別變項重新編碼轉成 0 為男生、1 為女生，點二列系相關係數值的方向會與上述相反，點二系列相關係數變成-.645；表示性別變項與數學成就的相關方向相反，亦即數學成就愈高者，愈有可能是男生（編碼方式雖然不同，但最後結果解釋是一樣的）。

Correlations

Descriptive Statistics

	Mean	Std. Deviation	N
數學成就	73.9333	14.89231	15
學生性別	.53	.516	15

上表學生性別的平均數為.53，表示其水準編碼為 1 者（女生）的次數占全部有效樣本的百分比（53%），學生性別水準編碼為 0 者 （男生） 的次數占全體樣本的百分比為 47%。因為學生性別水準編碼數值的不同，其出現的報表數據正好與上述相反，但其結果解釋則是相同的。

Correlations

		數學成就	學生性別
數學成就	Pearson Correlation	1	-.645 （**）
	Sig. (2-tailed)	.	.009
	N	15	15
學生性別	Pearson Correlation	-.645 （**）	1
	Sig. (2-tailed)	.009	.
	N	15	15
** Correlation is significant at the 0.01 level (2-tailed)			

上面點二系列相關中，學生性別與數學成就的相關係數為-.645，其正負號正好與上述結果相反，而相關係數的絕對值則相同。由於學生性別二分變項的編碼會影響報表中點二系列相關係數之正負號，因而在解釋時要格外注意。

此外，由於學生性別為真正的二分名義變項，數學成績為連續變項，除了採用點二系列相關之外，亦可採用「獨立樣本 t 檢定」，以考驗不同性別學生，其數學成就的差異情形。統計方法使用中，因為性別為二分變項，數學成就為連續變項，性別中二個群體為分開受試者，如採用「獨立樣本t檢定法」，考驗出來的結果與點二系列相關考驗之結果相同，其探討問題變成：「不同性別的學生其數學科成績是否有顯著不同？」

　1. 對立假設：μ男 ≠ μ女
　2. 虛無假設：μ男 ＝ μ女

有關獨立樣本t檢定的操作程序請參考後面的章節，以下僅列出其結果。

組別統計量

	學生性別	個數	平均數	標準差	平均數的標準誤
數學成就	女生	8	65.2500	12.2212	4.3208
	男生	7	83.8571	11.3053	4.2730

上表為男生與女生在數學成就之平均數、標準差及平均數的標準誤。

獨立樣本檢定

		變異數相等的Levene 檢定		平均數相等的 t 檢定						
		F 檢定	顯著性	t	自由度	顯著性（雙尾）	平均差異	標準誤差異	差異的95%信賴區間	
									下界	上界
數學成就	假設變異數相等	.154	.701	-3.045	13	.009	-18.6071	6.1109	-31.8088	-5.4054
	不假設變異數相等			-3.062	12.944	.009	-18.6071	6.0769	-31.7412	-5.4731

上表為獨立樣本 t 檢定結果。從 t 檢定結果，可以發現 t 值等於-3.045，p 值=.009<.05（t 檢定顯著性機率值為.009 與點二系列相關係數顯著性機率值相同），達到顯著水準，女學生的數學成就（M = 65.2500）顯著的低於男學生的數學成就（M = 83.8571）。上述學生性別的編碼中，如果把男學生編碼為 1、女學生編碼為 0，獨立樣本 t 檢定的 t 值會等於正值=3.045。

此外，點二系列相關也可採用「單變量變異數分析求出」，執行程序「分析／一般線性模式／單變量」，有關單變量的操作程序請參考後面章節，以下僅列出其結果。

受試者間效應項的檢定　依變數：數學成就

來源	型 III 平方和	自由度	平均平方和	F 檢定	顯著性	淨相關Eta平方
校正後的模式	1292.576 (a)	1	1292.576	9.272	.009	.416
截距	83002.976	1	830021.976	595.379	.009	.979
SEX	1292.576	1	1292.576	9.272	.009	.416
誤差	1812.357	13	139.412			
總和	85097.000	15				
校正後的總數	3104.933	14				
a R 平方 = .416（調過後的 R 平方 = .371）						

在上述「變異數的單變量分析」結果報表中，可以發現 F 值等於 9.272，其顯著性機率值.009 等於「獨立樣本t檢定」時之顯著性機率值，因而其結果

相同，其中 F 值等於 t 檢定時 t 值的平方，亦即 9.272 ＝(−3.045)²。報表的最後一欄為「淨相關 Eta 平方」就是效果值的大小，也就是前述所說的「決定係數」，其值等於點二系列相關係數值的平方，即.416=.645×.645。

點二系列相關係數值的平方即決定係數，在獨立樣本t檢定中稱為「效果大小」（effect size），通常以（eta square）表示效果大小的指標，其計算公式如如下：

$$\eta^2 = \frac{t^2}{t^2 + (n1 + n2 - 2)} = \frac{(-3.045)^2}{(.-3.045)^2 + (7 + 8 - 2)} = .416$$

此效果值的大小即上述採用變異數單變量分析中所求出的「淨相關 Eta 平方」欄所呈現的數值，此值即點二系列相關係數值的平方。

6 - 4 Spearman 等級相關

一、【適用時機】

二個變項均為次序變項或可以轉化為次序變項的連續變項，二者相關在於求出其等級間一致性程度。視窗版 SPSS 提供二種求等級相關的方法，一為 Spearman 等級相關（Spearman rank correlation）、二為 Kendall tau 等級相關。Kendall tau 等級相關法通常適用於受試者人數較少的情形。Spearman 等級相關係數的計算公式如下：

$$r_s = 1 - \frac{6 \sum d^2}{N(N^2 - 1)} \text{，其中 d 為等第差距值}$$

其顯著性的檢定公式如下：

$$t = \frac{r_s}{\sqrt{\frac{1 - r_s^2}{N - 2}}}$$

二、【問題研究】

問題：學校語文競賽，二位書法教師家評審十名學生書法作品成績，成績評審結果如下，試問二位書法教師打分數之等級一致性程度如何？

第一位	90	60	75	65	80	70	95	55	85	50
第二位	75	80	95	60	85	65	70	50	90	55

三、【執行步驟】

Analyze（分析）

　Correlate（相關）

　　Bivariate...（雙變數）

　　　將清單變項中的 v1、v2 選入右邊的目標變項方格中

　　　在「Correlation Coefficients」方盒中勾選「☑Spearman」選項

　　　勾選「☑Flag significant correlations」（相關顯著性訊號）

按『OK』鈕

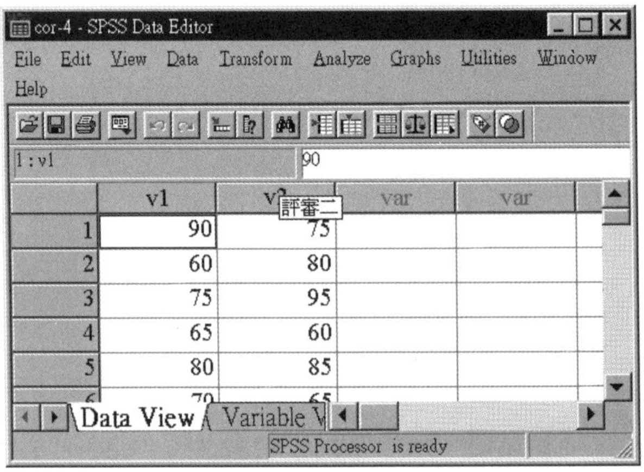

圖 6-13

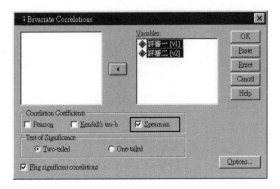

圖 6-14

四、【報表說明】

Nonparametric Correlations

			評審一	評審二
Spearman′s rho	評審一	Correlation Coefficient	1.000	.564
		Sig. (2-tailed)	.	.090
		N	10	10
	評審二	Correlation Coefficient	.564	1.000
		Sig. (2-tailed)	.090	.
		N	10	10

　　上表為 Spearman 等級相關檢定結果。Spearman 等級相關係數為.564，p值=.090 大於.05，未達顯著水準，表示二位評分者評分等級的一致性很低或評分等級的相關程度不高。

　　研究者可利用「等級觀察值」步驟，將原始資料轉化為等級，查看二位評分者給予的名次情形。

> 【Transform】（轉換）→【Rank Cases...】（等級觀察值），出現「等級觀察值」對話視窗

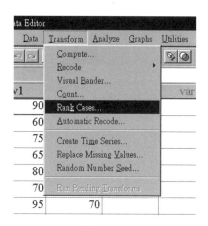

圖 6-15

→將左邊變項「評審一[v1]」、「評審一[v2]」選入右邊「Variable(s)」（變數）下
面的空格中→左下角「Assign Rank 1 to」（等級 1 指定給）方盒中選取「⊙Largest
value」（最大值）→按『OK』鈕。

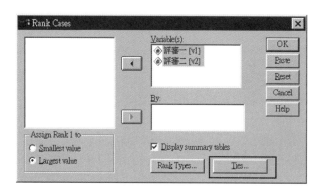

圖 6-16

上述「Rank Cases」（等級觀察值）對話視窗中，左下角「Assign Rank 1
to」（等級 1 指定給）方盒中有二個選項：

1. 「⊙Smallest value」（最小值）：觀察值中分數最小者其等級排列為
   1、次小者其等級排列為 2，等級排列最高者，表示觀察值的分數最高。
2. 「⊙Largest value」（最大值）：觀察值中分數最高者其等級排列為 1、
   次高者其等級排列為 2，等級排列最高者，表示觀察值的分數最低；等
   級排列最低者，觀察值的測量分數最高。

「Rank Cases」（等級觀察值）對話視窗中，『Ties』（等值結）按鈕，可開啟「Rank: Cases: Ties」（等級觀察值：同分時）次對話視窗，其中「Rank Assigned to Ties」（指定同分的等級）方盒中，內有四種不同等級化的設定。內定為「Mean」（平均數），同分時，採用同分分數者之等級平均數為代表。

1. 「Mean」：觀察值同分時，將其等級的平均值指定為觀察值的新等級，此為系統的內定值。

2. 「Low」：觀察值同分時，以其最小等級者指定為這些觀察值的新等級。

3. 「High」：觀察值同分時，以其最大等級者指定為這些觀察值的新等級。

4. 「Sequential ranks to unique value」（同分觀察值依順序給唯一值）：等級值從 1 到 R，其中 R 是一個唯一性等級數值。如果觀察值的分數相同，則這些觀察值的等級均相同。

圖 6-17

以下為採用不同方法進行同分之等級化情形。

原始資料	平均數 Mean	低 Low	高 High	同分觀察值依順序給唯一值
70	6	6	6	4
75	4	3	5	3
75	4	3	5	3
75	4	3	5	3
80	2	2	2	2
85	1	1	1	1

「Rank Cases」（等級觀察值）對話視窗中，『Types...』（類型）按鈕，可開啟「Rank: Cases: Types」（等級觀察值: 類型）次對話視窗。

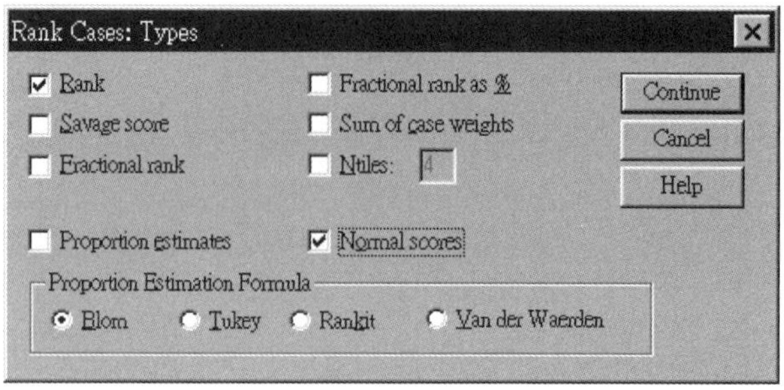

圖 **6-18**

在「Rank: Cases: Types」（等級觀察值: 類型）次對話視窗中，有八種不同等級化的方式選項：

1. 「Rank」（等級）：簡單的等第排列。
2. 「Savage Score」（Savage 等級分數）。
3. 「Fractional rank as %」（小數點的等級以%表示）：即一般的百分等級，即（每個觀察值等第÷觀察值的總數）×100。
4. 「Sum of cases weights」（觀察值加權數總和）：以原始資料觀察值的總數作為新變項數值內容。
5. 「Fractional rank」（含有小數點的等級）：和「Fractional rank as %」選項的主要差別在於一個以百分等級的方式呈現，「Fractional rank」以小數點方式呈現（每個觀察值等第除以觀察值的總數）。
6. 「Nitles」（自訂等分）：讓研究者指定將原始資料分成幾個百分位數，內定數值為 4，可將原始資料分為 4 個等分。
7. 「Proportion estimates」（比例估計）：依某種特殊等級化比例估計公式來估計資料的累積次數分配。
8. 「Normal scores」（常態分數）：將原始資料依某種特殊等級比例估計公式轉換成常態化的 Z 分數。

「Proportion Estimate Formula」（比例估計公式）方盒中，特殊比例估計公式共有四種計算累積百分比公式：Bloom 法、Tukey 法、Rankit 法、Van der Waerden 法等。

當按下『OK』（確定）鈕後，資料檔中會增加二個新變數，新變數名稱為原來變數名稱再加上一個「r」，研究範例中，原始二個變數名稱為 v1、v2，等級觀察值後，新增的二個變數其變數名稱分別為「Rv1」、「Rv2」。

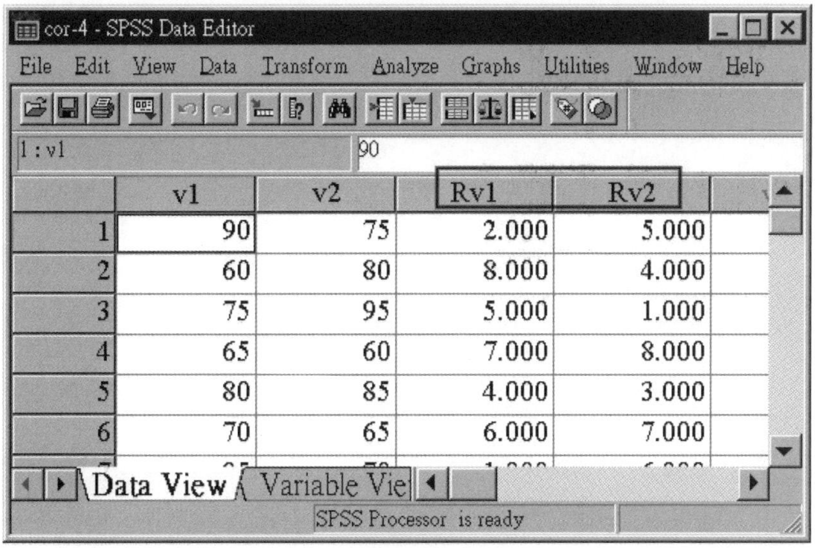

圖 6-19

原始成績資料檔轉換成名次的資料檔如下，變數除原先的二個 V1、V2 外，新增二個變數名稱：Rv1、Rv2。

編號	V1	V2	Rv1	Rv2	等級差異
A	90	75	2	5	-3
B	60	80	8	4	+4
C	75	95	5	1	+4
D	65	60	7	8	-1
E	80	85	4	3	+1
F	70	65	6	7	-1
G	95	70	1	6	+5
H	55	50	9	10	-1
I	85	90	3	2	-1
J	50	55	10	9	+1

從上述等級變數中可以看出，二位教師對十名學生所評定的等級差異頗大，如學生 C，二位教師所評定的等級分別爲第五名、第一名；就學生 G 而言，教師一評定其爲第一名，而教師二則評定其爲第六名；此外，對學生A、B 的成績等級評定也差異甚大。至於整體等級評定是否有所顯著差異，則需要加以考驗才能得知。

如果直接改以次序變數Rv1、Rv2 爲分析資料，求其Spearman等級相關，

其結果與用原始分數變數 V1、V2 求出的結果相同，以下為 Rv1、Rv2 二個次序變數間的等級相關係數，其報表數值與上述一樣，Spearman's rho 等級相關係數等於.564，p=.090>.05，未達顯著水準。

相關

			RANK of V1	RANK of V2
Spearman′s rho 係數	RANK of V1	相關 係數	1.000	.564
		顯著性（雙尾）	.	.090
		個數	10	10
	RANK of V2	相關 係數	.564	1.000
		顯著性（雙尾）	.090	.
		個數	10	10

6-5 肯德爾和諧係數

一、【適用時機】

肯德爾和諧係數（Kendall's coefficient of concordance）適用於 k 個變項之等級一致性程度，代表三個評分者以上的信度指標，Spearman 等級相關主要用於二位評分者評 N 個人的成績或 N 個人的作品，或同一位評審者前後二次評 N 個人的作品或 N 個人的成績，它適用於二個變項等級間的一致性程度，可以被視為 Kendall 和諧係數的一種特例。Kendall 和諧係數適用於 k 個評分者評 N 個人的成績或 N 個人的作品，如果 k 等於 2 時，就變成 Spearman 等級相關。

二、【問題研究】

> 問題：演說比賽時，五位評審教師評十位參賽同學的名次等級如下。試問五位評審評選結果的一致性為何？

評分者	V1	V2	V3	V4	V5	V6	V7	V8	V9	V10
A	3	9	8	1	6	4	10	2	5	7
B	7	8	6	2	5	3	9	1	10	4
C	3	9	5	1	6	4	10	2	7	8
D	5	10	9	3	4	2	8	1	6	7
E	6	9	7	3	4	2	10	1	8	5

資料建檔與編碼如圖 6-20。

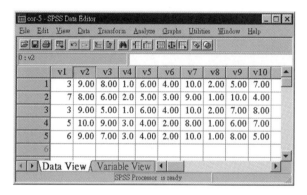

圖 6-20

二、【執行步驟】

「Analyze」（分析）→「Nonparametric」（無母數檢定）→「K Related Samples」（K 個相關樣本），出現「多個相關樣本的檢定」對話視窗

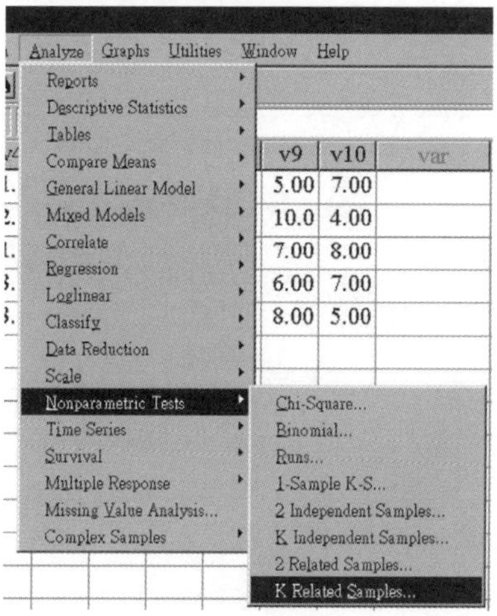

圖 6-21

→在「Tests for Several Related Samples」對話視窗中,將左邊十個變數選入右邊「Test Variables」(檢定變數)下的空盒中→「Test Type」(檢定類型)方盒中勾選「☑Kendall's W 檢定」選項→按『OK』鈕。

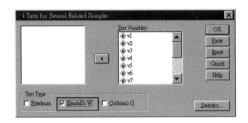

圖 6-22

三、【報表說明】

NPar Tests Kendall's W Test
Ranks

	Mean Rank
v1	4.80
v2	9.00
v3	7.00
v4	2.00
v5	5.00
v6	3.00
v7	9.40
v8	1.40
v9	7.20
v10	6.20

Test Statistics

N	5
Kendall's W(a)	.838
Chi-Square(卡方)	37.713
Df(自由度)	9
Asymp. Sig.(漸近顯著性)	.000
a Kendall's Coefficient of Concordance	

上表為 Kendall ω和諧係數考驗結果。第一個表為平均數等級結果，以第一位受試者 V1 而言，五位評審者給予名次等級分別為 3、7、3、5、6，整體平均名次等級為(3+7+3+5+6)÷5=4.80；以受試者 V10 而言五位評審者給予名次等級分別為 7、4、8、7、5，整體平均名次等級為(7+4+8+7+5)÷5=31÷5=6.20。在 Kendall 和諧係數考驗中的統計假設為：

H₁ 對立假設：五位評審者的評分間有顯著相關（評分結果頗為一致）。

H₀ 虛無假設：五位評審者的評分間沒有顯著相關。

在第二個考驗統計表中，Kendall ω和諧係數值＝.838，卡方值＝37.713，顯著性之 p 值（＝.000）小於.05，統計考驗拒絕虛無假設、接受對立假設，顯示五位評審者的評分間有顯著相關存在，亦即五位評審者的評分結果頗為一致，其中以 V8 的等級平均數最低為 1.40，名次最佳，五位評審者的評分結果等級分別給予 2、1、2、1、1；次佳名次的是 V4，其等級平均數為 2.00；而以 V7 的名次最差，其等級平均數為 9.40，五位評審者的評分結果等級分別給予 10、9、10、8、10。

6-6 列聯相關

一、【適用時機】

列聯相關（contingency coefficient）適用於二個變數均為類別變項，二個變項的類別水準數相同情況下。列聯變項兩個變項的類別間不一定要有某種次序關係存在，兩個變數的分數也不一定要有連續性，只要可以分成 I×J 等各種形式的列聯表皆可以適用，其中 I 不一定要等於 J，但列聯相關較常用於 I≥2、J≥2 的「方形」列聯表資料。

列聯相關係數的計算公式可以表示如下：

$C = \sqrt{\dfrac{\chi^2}{N+\chi^2}}$，檢定列聯相關係數（C）是否顯著，可查看 χ^2 值是否顯著，如果列聯表檢定之 χ^2 值達到顯著，則列聯相關係數亦達顯著。列聯相關係數 C 最小值是 0，最大值則取決於列聯表的大小，如果是 R×R 方形的列聯表，則 C 的最大值是 $\max(C) = \sqrt{\dfrac{R-1}{R}}$。

如果二個變項均為二分名義變項（2×2列聯表資料），則可採用Φ相關或列聯相關，如果二個變項的類別水準數不一樣（I≠J的長方形列聯表），則較常使用 Cramer's V 相關。

二、【問題研究】

> 問題：某位教育學者想探討國小退休教師社會參與頻率與其退休後生活滿意度的關係。從退休教師母群體中隨機抽取 1051 位教師，試問退休教師的參與頻率與其退休後生活滿意度是否有顯著的關係？

		社會參與		
		時常參加	偶而參加	很少參加
生活滿意	很滿意	250	129	60
	無意見	150	140	88
	不滿意	45	87	102

在上述問題中，共有二個變項，一為社會參與頻率、一為生活滿意度；「社會參與程度」變項共分三個類別水準：時常參加、偶而參加、很少參加；「生活滿意度」變項也分成三個類別水準：很滿意、無意見、不滿意，二者構成一個 3×3 的方形列聯表，應採用列聯相關進行假設考驗。資料的建檔中，共有三個變項，「social」代表「社會參與頻率」、「life」代表「生活滿意度」、「fre」代表細格次數。

圖 6-23

三、【執行步驟】

(一)觀察值加權

上面的資料檔為已經整理過的細格分配次數，非原始資料檔案。由於多了一個細格變數，因而要加上一個細格次數變數（fre），如果是以原始資料分析，則只需要二個變數即可－社會參與及生活滿意變數。

Data（資料）

   Weight Cases...（加權觀察值）

      勾選「◉Weight cases by」（依據...加權觀察值）選項

      將細格次數變項「次數[fre]」選入右邊「Frequency Variable」下的方格中

按『OK』鈕

圖 6-24

(二)求列聯相關

Analyze（分析）

   Descriptive Statistics（描述性統計量）

      Crosstabs...（交叉表）

      將清單變項 life 選入右邊 Row(s)（列）下的方格

      將清單變項 social 選入右邊 Column(s)（直行）下的方格

      按『Statistics...』（統計量）鈕

         勾選「☑Chi-square」選項及「☑Contingency coefficient」選項

         按『Continue』鈕

按『OK』鈕

上述操作程序中，life、social 二個變項並非因果關係，因而二個變項點選
置放於右邊 Row、Column 之方格的位置可以替換。下述二種均可

將清單變項「生活滿意[life]」選入右邊 Row(s)（列）下的方格
將清單變項「社會參與[social]」選入右邊 Column(s)（直行）下的方格

將清單變項「社會參與[social]」選入右邊 Row(s)（列）下的方格
將清單變項「生活滿意[life]」選入右邊 Column(s)（直行）下的方格

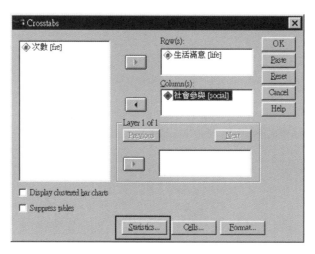

圖 6-25

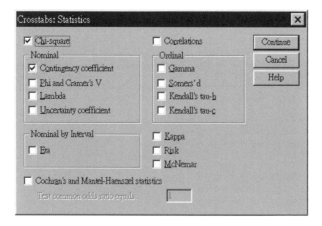

圖 6-26

四、【報表說明】

Crosstabs
Case Processing Summary

	Cases					
	Valid		Missing		Total	
	N	Percent	N	Percent	N	Percent
生活滿意*社會參與	1051	100.0%	0	.0%	1051	100.0%

上表中為「生活滿意」程度與「社會參與頻率」二個變項均為有效值的數據（1051 位觀察）、遺漏值的數據（0），全部的觀察值有 1051 位，有效觀察值有 1051 位。

生活滿意*社會參與 Crosstabulation
Count

		社會參與			Total
		時常參加	偶而參加	很少參加	
生活滿意	很滿意	250	129	60	439
	無意見	150	140	88	378
	不滿意	45	87	102	234
Total		445	356	250	1051

上表中為「生活滿意程度」與「社會參與頻率」二個變項之二向度列聯表，橫列代表「生活滿意程度」，縱行代表「社會參與頻率」變項，由於二個變項均有設定變數的標籤註解及數值註解，因而列聯表會直接印出相對映的註解內容。在社會參與頻率方面，國小退休教師時常參加者共有 445 位，其中在生活滿意度程度的知覺中，知覺「很滿意」者有 250 位、「無意見」者有 150 位、知覺「不滿意」者有 45 位。對生活滿意程度的知覺中，不滿意者共有 234 位，知覺生活不滿意的國小退休教師，在社會參與頻率上，45 位時常參加、87 位偶而參加、102 位很少參加。

Chi-Square Tests

	Value	df	Asymp. Sig. (2-sided)
Pearson Chi-Square	114.269(a)	4	.000
Likelihood Ratio	115.539	4	.000
Linear-by-Linear Association	109.940	1	.000
N of Valid Cases	1051		

a 0 cells (.0%) have expected count less than 5. The minimum expected count is 55.66.

　　上述報表的附註中，細格期望次數的最小值為 55.66，細格中沒有細格理論期望次數小於 5 者（0 cells (.0%) have expected count less than 5），因而報表中不再呈現 Yate's 校正卡方值（Continuity Correction）。Pearson Chi-Square 值等於 114.269，在自由度等於 4 時，達.05 的顯著水準（p=.00），可見國小退休教師社會參與頻率與其退休後生活滿意度有顯著的相關存在。列聯表中自由度的計算為 (I-1) × (J-1) = (3-1) × (3-1) = 4。

Symmetric Measures

		Value	Approx. Sig.
Nominal by Nominal	Contingency Coefficient	.313	.000
N of Valid Cases		1051	

a Not assuming the null hypothesis.

b Using the asymptotic standard error assuming the null hypothesis.

　　上表中為列聯相關係數量數，其中列聯相關係數 C=.313，p=.000<.05，其顯著的機率值與 Pearson Chi-Square 所呈現的機率值相同。由於卡方檢定顯著，因而列聯相關係數亦達顯著，二者的關係如下：

$$C = \sqrt{\frac{\chi^2}{N+\chi^2}} = \sqrt{\frac{114.269}{1051+14.269}} = .313$$

6-7 一致性係數

一、【適用時機】

「Kappa 一致性係數」（Kappa coefficient of agreement）適用於檢定類別變項間一致性的程度。如果二個變項均屬於次序變項（變項資料可以排出次序或等級），則變項間的一致性程度可以採用等級相關，等級相關常被用來作為評分者信度指標。如果評分者所評定的資料不能排定出次序或等級，只能把它歸類到某一個類別時，應採用「Kappa 一致性係數」。Kappa 一致性係數的公式如下：

$$K = \frac{P(X) - P(E)}{1 - P(E)}$$

P(X)為評分者實際評定為一致的次數百分比、P(E)為評分者理論上評定為一致的最大可能次數百分比。

二、【問題研究】

題目：有二位教師想對國中學生的學習型態作一分類，他們觀察 100 位國中學生的學習型態，並將其各自歸類，二位教師歸類的結果如下。試問二位教師歸類的一致性為何？

		第二位評定者		
		型態一	型態二	型態三
第一位評定者	型態一	23	6	9
	型態二	7	20	3
	型態三	8	4	20

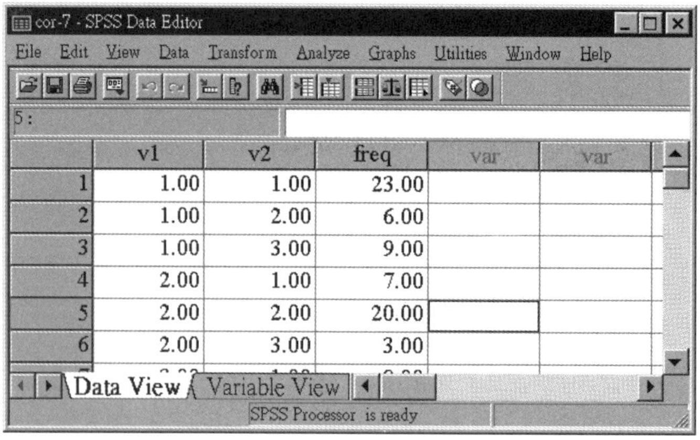

	v1	v2	freq	var	var
1	1.00	1.00	23.00		
2	1.00	2.00	6.00		
3	1.00	3.00	9.00		
4	2.00	1.00	7.00		
5	2.00	2.00	20.00		
6	2.00	3.00	3.00		

圖 6-27

三、【執行步驟】

㈠觀察值加權

> Data（資料）
>
>   Weight Cases...（加權觀察值）
>
>   勾選「Weight cases by」（依據...加權觀察值）選項
>
>   將細格次數變項 freq 選入右邊「Frequency Variable」下的方格中
>
> 按『OK』鈕

㈡求 Kappa 係數

> Analyze（分析）
>
>   Descriptive Statistics（描述性統計量）
>
>   Crosstabs...（交叉表）
>
>   將清單變項 v1 選入右邊 Row(s)（列）下的方格
>
>   將清單變項 v2 選入右邊 Column(s)（直行）下的方格
>
>   按『Statistics...』（統計量）鈕
>
>   勾選「☑Chi-square」選項及「☑Kappa」選項
>
>   按『Continue』鈕
>
> 按『OK』鈕

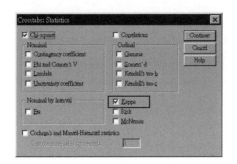

圖 6-28

四、【報表說明】

Crosstabs

Case Processing Summary

	Cases					
	Valid		Missing		Total	
	N	Percent	N	Percent	N	Percent
第一位評定者*第二位評定者	100	100.0%	0	.0%	100	100.0%

上述為有效樣本的次數及百分比。

第一位評定者*第二位評定者 Crosstabulation

			第二位評定者			Total
			型態一	型態二	型態三	
第一位評定者	型態一	Count	23	6	9	38
		% of Total	23.0%	6.0%	9.0%	38.0%
	型態二	Count	7	20	3	30
		% of Total	7.0%	20.0%	3.0%	30.0%
	型態三	Count	8	4	20	32
		% of Total	8.0%	4.0%	20.0%	32.0%
Total		Count	38	30	32	100
		% of Total	38.0%	30.0%	32.0%	100.0%

上表中為二位教師將學生學習型態歸類交叉表。第一位教師將學生學習型態歸類為型態一者有 38 人、將學習型態歸類為型態二者有 30 人、將學習型態歸類為型態三者有 32 人；第二位教師將學生學習型態歸類為型態一者有 38

人、將學習型態歸類為型態二者有 30 人、將學習型態歸類為型態三者有 32 人。第一位評定者及第二定評定將學生的學習均歸類為型態一者有 23 人次，將學習型態均歸類為型態二者有 20 人次，將學習型態均歸類為型態三者有 20 人次。

Chi-Square Tests（卡方檢定）

	Value	df	Asymp. Sig. (2-sided)
Pearson Chi-Square	42.126(a)	4	.000
Likelihood Ratio	39.501	4	.000
Linear-by-Linear Association	13.420	1	.000
N of Valid Cases	100		
a 0 cells (.0%) have expected count less than 5. The minimum expected count is 9.00.			

上表為卡方檢定結果，卡方值等於 42.126，df=4，p=.000<.05，達到顯著水準。應拒絕虛無假設，表示二位教師評定的學習型態間並不獨立，而是有所關聯。

Symmetric Measures（對稱性量數）

		Value	Asymp. Std. Error (a)	Approx. T (b)	Approx. Sig.
Measure of Agreement	Kappa	.442	.073	6.238	.000
N of Valid Cases		100			
a Not assuming the null hypothesis.（未假設虛無假設為真）					
b Using the asymptotic standard error assuming the null hypothesis.（使用假定虛無假設為真時之漸近標準誤）					

上表為對稱性量數考驗結果。Kappa 一致性係數值等於.442，p=.000<.05，達到.05 顯著水準，拒絕虛無假設 H_0：K＝0；即二位評定者對於學生學習型態的歸類一致性程度相當高。教師一將學生學習型態歸類為型態一者有 38 位，在此 38 位學生中教師二也將其歸類為學習型態一者有 23 位；教師一將學生學習型態歸類為型態二者有 30 位，在此 30 位學生中教師二也將其歸類為學習型態二者有 20 位；教師一將學生學習型態歸類為型態三者有 32 位，在此 32 位學生中教師二也將其歸類為學習型態三者有 20 位。

第七章

淨相關、部分相關

所謂「淨相關」（partial correlation）是指一組雙變數變項同時與第三個變項有關係存在，當我們排除第三個變項的影響後（即控制第三個變項的影響），這一組雙變數之間的關係。在行為及社會科學研究中，有些人將「partial correlation」一詞譯為「偏相關」。

　　在前面積差相關係數的探討中，研究者如發現二個變項間有顯著的正相關或顯著的負相關，只能說是二個變項間有某種顯著的關係程度，而不能說明二個變項有因果關係，因為這二個變項可能皆為因或二個變項皆為果的變數；也有可能是一因一果的關係，但也有可能二者都不是。研究者在解釋相關係數時不可輕下任何具因果關係的結果。

　　在行為及社會科學領域中，有時研究者發現兩個變數之間有某種關係存在，但實際上這二個變項間的相關很有可能是透過第三個變項造成的，如果把第三個有顯著相關的變項去除後，則前述二個變項間的相關可能就很低。假定某一研究者對國中一年級的學生進行數學焦慮、數學態度與數學成就的測驗，結果發現數學態度與數學成就之間有顯著高相關存在，亦即數學態度得分愈高者，學生的數學成就測驗分數也愈高。研究者進一步發現國中學生的數學焦慮與數學成就有顯著相關，數學焦慮愈低者其數學成就愈高；而國中學生的數學焦慮與其數學態度也有顯著相關，數學焦慮愈低者其數學態度愈積極，上述國中學生的數學態度與其數學成就間有顯著高相關存在，可能是因為這二個變項均與第三個變項「數學焦慮」有顯著相關存在的緣故。如果，研究者把「數學焦慮」變項的解釋力自數學態度得分及數學成就分數中移去或排除，是否數學態度與數學成就二個變項之間仍有高相關存在。在上述例子中，所謂淨相關就是把數學態度與數學成就二個變項中的「數學焦慮」變項之解釋力排除後，數學態度與數學成就二者之間的純相關。

　　如果沒有控制變項，亦即沒有排除其它變項的影響，則此淨相關稱為「零階淨相關」（zero-order partial correlations），「零階淨相關」通常指的是二個變項間沒有排除其它變項之簡單相關（積差相關），「零階淨相關」就是沒有第三個變項（如數學焦慮變項）自二個變項中（如數學態度與數學成就變項）排除。

　　上述範例中，把數學態度與數學成就二個變項中的「數學焦慮」變項之解釋力排除，此種控制變項有一個（排除一個變項的影響，排除數學焦慮變項的解釋力），則此淨相關稱為「一階淨相關」（first-order partial correlation），「一階淨相關」的公式如下：

$$r_{12.3} = \frac{r_{12} - r_{13} \times r_{23}}{\sqrt{1 - r_{13}^2} \times \sqrt{1 - r_{23}^2}}$$

$r_{12.3}$　表示第一個變項與第二個變項同時排除第三個變項的影響後，第一個變項與第二個變項間的淨相關。

r_{12}　表示第一個變項與第二個變項間的積差相關（零階淨相關）。

r_{13}　表示第一個變項與第三個變項間的積差相關（零階淨相關）。

r_{23}　表示第二個變項與第三個變項間的積差相關（零階淨相關）。

　　如果控制變項有 2 個則稱爲「二階淨相關」（$r_{12.34}$），即第一個變項和第二個變項中同時排除第三個變項與第四個變項之解釋力之後，第一個變項與第二個變項間的純相關；如果控制變項有 3 個，即同時排除的變項有三個，則稱爲「三階淨相關」（$r_{12.345}$）；控制變項有 4 個則稱爲「四階淨相關」（$r_{12.3456}$）。淨相關的自由度=樣本總數-2-控制變項數。以一階淨相關而言，如果有效觀察值有 120 位，則自由度=120-2-1=117。通常淨相關之值會小於簡單相關之值。

　　「二階淨相關」（$r_{12.34}$）的公式如下：

$$r_{12.34} = \frac{r_{12.4} - r_{13.4} \times r_{23.4}}{\sqrt{1 - r_{13.4}^2} \times \sqrt{1 - r_{23.4}^2}}$$

　　上述公式表示同時排除第三個變項、第四個變項的影響後，第一個變項與第二個變項間的相關。二階淨相關如利用 t 公式考驗 $r_{12.34}$ 的顯著性時，自由度爲 N-2-2=N-4。在社會科學研究實務中，二階以上之高階淨相關，解釋較爲不易，故較少被人使用。

　　研究者對受試者進行數學投入動機（inv）、數學焦慮（anx）、數學態度（att）三份量表及數學成就測驗（mch），如果控制數學投入動機變項（inv），則數學態度（att）、數學焦慮（anx）、數學成就（mch）間之一階淨相關爲何？如果控制數學投入動機變項、數學焦慮變項，則數學態度與數學成就間的二階淨相關爲何？

　　「部分相關」（part correlation）又稱「半淨相關」（semipartial correlation），假使有三個變數 X_1、X_2、X_3，如果 X_1 與 X_2 二個變項同時排除 X_3 變項的影響力後，則 X_1 與 X_2 二者的相關即是淨相關，淨相關是將第三個變項的解

釋力自二個變數中同時去除。而部分相關則是將第三個變項自其中的一個變數中去除，如從自變數 X_2 中排除變數 X_3 的解釋力後（以 $X_{(2.3)}$ 符號表示），變數 X_1 和變數 $X_{(2.3)}$ 的相關。以上述數學成就（X_1）、數學態度（X_2）與數學投入動機變（X_3）而言，研究者只想自數學態度變項（X_2）中排除數學投入動機變項（X_3）的解釋力（新的變數為 $X_{(2.3)}$），但不想自數學成就變項（X_1）中排除數學投入變項（X_3）的解釋力；換言之，研究者只想求數學成就變項（X_1）與 $X_{(2.3)}$ 間之相關，這即是所謂的部分相關或半淨相關。

在部分相關中，兩個求相關的變項之中，只有一個變項要加以調整，因此，通常部分相關和淨相關的數值並不相同，但其相關的正負號是相同的，且部分相關的絕對值通常小於淨相關的絕對值（林清山，民 81）。

部分相關的計算公式如下：

$$r_{1(2.3)} = \frac{r_{12} - r_{13} \times r_{23}}{\sqrt{1 - r_{23}^2}}$$

部分相關的計算公式與淨相關的公式十分類似，唯一的差別僅在分母項，淨相關的分母為 $\sqrt{1 - r_{13}^2} \times \sqrt{1 - r_{23}^2}$；而部分相關公式的分母為 $\sqrt{1 - r_{23}^2}$，淨相關多除了一項 $\sqrt{1 - r_{13}^2}$，此項為小數點，因而淨相關係數值會比部分相關的係數值還大。

部分相關與淨相關一樣，有所謂的「二階部分相關」（second-order part correlation），假設有四個變數 X_1、X_2、X_3、X_4，從變數 X_2 中排除變數 X_3 與變數 X_4 的解釋力後（新變數為 $X_{(2.34)}$），變數 X_1 和變數 $X_{(2.34)}$ 間的相關。

7-1 一階淨相關

一、操作程序如下

Analyze（分析）
  Correlate（相關）
    Partial...（偏相關）
    將目標變項 mch、anx、att 三個變項選入右邊「Variables」下方格內
    將控制變項 inv 選入右邊「Controlling for」右邊下的方格內
    按『Options...』選項

勾選「Means and standard deviation」選項

勾選「Zero-order correlations」選項

按『Continue』鈕

按『OK』鈕

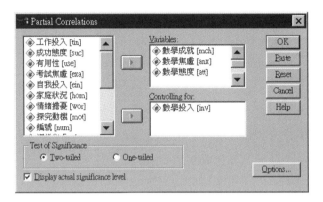

圖 7-1

在「Partial Correlations」（偏相關）對話視窗中，「Variables」（變數）下的方格內，可以選取二個以上要分析之淨相關之連續變項；「Controlling for」（控制的變數）可以選取一個以上數值控制變數。「Test of Significance」（顯著性檢定）方盒中可以選擇雙尾檢定（Two-tailed）或單尾檢定（One-tailed），如果研究者事先知道關聯的方向，則可以選取「單尾檢定」，否則應選取「雙尾檢定」。「Display actual significance level」（顯示實際的顯著水準）選項，會呈現相關係數的顯著機率值與自由度，如果取消此選項，則報表不會呈現相關係數的顯著機率值與自由度，如果相關係數的顯著水準小於.05，會於係數值旁加一個星號（*）；如果相關係數的顯著水準小於.01，會於係數值旁加二個星號（**）。

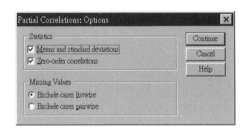

圖 7-2

在「Partial Correlations: Options」（偏相關: 選項）對話視窗中，如勾選「☑Zero-order correlations」（零階相關）選項，於結果報表中會呈現所有控制變數間的零階相關係數（即積差相關係數），包括控制變數。「☑Means and standard deviations」（平均數與標準差）選項，會呈現每個變數的平均數、標準差及有效觀察值的個數。內定選項中「⊙Exclude cases listwise」，表示遺漏值的處理方式中，凡含有遺漏值的觀察值均排除不用（不會納入統計分析中）。

二、結果說明

Correlations

		數學成就	數學焦慮	數學態度	數學投入
數學成就	Pearson Correlation	1	-.235(**)	.412(**)	.181(**)
	Sig. (2-tailed)	.	.000	.000	.002
	Sum of Squares and Cross-products	33488.037	-17681.260	22788.380	4432.517
	Covariance	112.000	-59.135	76.215	14.824
	N	300	300	300	300
數學焦慮	Pearson Correlation	-.235(**)	1	-.530(**)	-.300(**)
	Sig. (2-tailed)	.000	.	.000	.000
	Sum of Squares and Cross-products	-17681.260	169659.480	-66067.240	-16542.300
	Covariance	-59.135	567.423	-220.961	-55.325
	N	300	300	300	300
數學態度	Pearson Correlation	.412(**)	-.530(**)	1	.566(**)
	Sig. (2-tailed)	.000	.000	.	.000
	Sum of Squares and Cross-products	22788.380	-66067.240	91418.120	22866.900
	Covariance	76.215	-220.961	305.746	76.478
	N	300	300	300	300
數學投入	Pearson Correlation	.181(**)	-.300(**)	.566(**)	1
	Sig. (2-tailed)	.002	.000	.000	.
	Sum of Squares and	4432.517	-16542.300	22866.900	17872.917
	Covariance	14.824	-55.325	76.478	59.776
	N	300	300	300	300

** Correlation is significant at the 0.01 level (2-tailed)

上表為所有變數的積差相關，乃另外執行「Analyze/Correlate/Bivariate...」程序之結果，其中有效觀察值個數為 300 位，數學態度與數學成就變項間的積差相關係數為.412（p=.000）、數學焦慮與數學成就變項間的積差相關係數為-.235（p=000）、數學投入動機與數學成就變項間的積差相關係數為.181（p=002）；數學焦慮與數學態度變項間的積差相關係數為-.530（p=000）、數學投入動機與數學態度變項間的積差相關係數為.566（p=000）；數學投入動機與數學焦慮變項間的積差相關係數為-.300（p=000）。從積差相關係數及顯著水準，數學投入動機變項（inv），數學態度（att）、數學焦慮（anx）、數學成就（mch）間的相關均達顯著。

Partial Corr

Descriptive Statistics

	Mean	Std. Deviation	N
數學成就	24.7233	10.58301	300
數學態度	101.8600	17.48560	300
數學焦慮	83.7800	23.82064	300
數學投入	39.2833	7.73147	300

上表為所有變數的描述性統計量，包括控制變數（數學投入動機）。第一欄為變數名稱、第二欄為平均數、第三欄為標準差、第四欄為有效觀察值個數，有效觀察值共 300 個。

Correlations

Control Variables			數學成就	數學態度	數學焦慮	數學投入
-none-(a)	數學成就	Correlation	1.000	.412	-.235	.181
		Significance (2-tailed)	.	.000	.000	.002
		Df	0	298	298	298
	數學態度	Correlation	.412	1.000	-.530	.566
		Significance (2-tailed)	.000	.	.000	.000
		Df	298	0	298	298
	數學焦慮	Correlation	-.235	-.530	1.000	-.300
		Significance (2-tailed)	.000	.000	.	.000
		Df	298	298	0	298
	數學投入	Correlation	.181	.566	-.300	1.000
		Significance (2-tailed)	.002	.000	.000	.
		Df	298	298	298	0

Control Variables			數學成就	數學態度	數學焦慮	數學投入
數學投入	數學成就	Correlation	1.000	.381	-.192	
		Significance (2-tailed)	.	.000	.001	
		Df	0	297	297	
	數學態度	Correlation	.381	1.000	-.458	
		Significance (2-tailed)	.000	.	.000	
		Df	297	0	297	
	數學焦慮	Correlation	-.192	-.458	1.000	
		Significance (2-tailed)	.001	.000	.	
		Df	297	297	0	
a Cells contain zero-order (Pearson) correlations.						

上表中為淨相關結果，第一欄「Control Variables」中「-none-(a)」列項所包括的表格為零階相關（皮爾遜積差相關）矩陣，表格中的第一列「Correlation」為零階相關係數、第二列「Significance (2-tailed)」為顯著性檢定之機率值、第三行為自由度（N-2=300-2=298）。零階相關的相關矩陣與上述以積差相關求出之結果相同。

第一欄「Control Variables」中「數學投入」列項所包括的表格為一階淨相關矩陣，亦即排除數學投入變項的影響外，數學成就、數學態度與數學焦慮的一階淨相關係數矩陣，表格中的第一列「Correlation」為一階淨相關係數、第二列「Significance（2-tailed）」為顯著性檢定之機率值（p值）、第三行為自由度（N-2-1=300-2-1=297）。當同時排除數學投入動機變項後，數學成就與數學態度的淨相關係數為.381（p=.000）、數學成就與數學焦慮的淨相關係數為-.192（p=.001）、數學焦慮與數學態度的淨相關係數為-.456（p=.000），均達顯著水準。

當數學成就與數學態度二個變項，同時排除數學投入動機的解釋力後，二者間的一階淨相關係數等於：

$$r_{12.3} = \frac{r_{12} - r_{13} \times r_{23}}{\sqrt{1-r_{13}^2} \times \sqrt{1-r_{23}^2}} = \frac{.412 - .181 \times .566}{\sqrt{1-.181^2} \times \sqrt{1-.566^2}} = .381$$

$r_{12.3}$ 為第一個變項（數學成就）與第二個變項（數學態度）同時排除第三個變項（數學投入動機）的影響後，第一個變項與第二個變項間的一階淨相關。

r_{12} 為數學成就變項與數學態度變項間的積差相關（零階淨相關），等於.412。

r₁₃ 為數學成就變項與數學投入動機變項間的積差相關（零階淨相關），
等於.181。

r₂₃ 為數學態度變項與數學投入動機變項間的積差相關（零階淨相關），
等於.566。

再以數學焦慮與數學態度的一階淨相關為例，當數學焦慮與數學態度二
個變項，同時排除數學投入動機的解釋力後，二者間的一階淨相關係數等於：

$$r_{12.3} = \frac{r_{12} - r_{13} \times r_{23}}{\sqrt{1-r_{13}^2} \times \sqrt{1-r_{23}^2}} = \frac{-.530 - (-.300) \times .566}{\sqrt{1-(-.300)^2} \times \sqrt{1-.566^2}} = \frac{-.3602}{.7864} = -.458$$

r₁₂.₃ 為第一個變項（數學焦慮）與第二個變項（數學態度）同時排除第
三個變項（數學投入動機）的影響後，第一個變項與第二個變項間
的一階淨相關。

r₁₂ 為數學焦慮變項與數學態度變項間的積差相關（零階淨相關），等
於-.530。

r₁₃ 為數學焦慮變項與數學投入動機變項間的積差相關（零階淨相關），
等於-.300。

r₂₃ 為數學態度變項與數學投入動機變項間的積差相關（零階淨相關），
等於.566。

在「Partial Correlations」（偏相關）對話視窗中，如果沒有勾選「Display
actual significance level」（顯示實際的顯著水準）選項，則報表不會呈現相關
係數的顯著機率值與自由度。如果勾選「顯示實際的顯著水準」，淨相關係
數值的旁邊會加上星號（*）表示係數值是否達到顯著水準，下表的相關均達.
01 的顯著水準，係數值的旁邊加註二個星號（**）表示。

Correlations

Control Variables			數學成就	數學焦慮	數學態度	數學投入
-none-(a)	數學成就	Correlation	1.000	-.235(**)	.412(**)	.181(**)
	數學焦慮	Correlation	-.235(**)	1.000	-.530(**)	-.300(**)
	數學態度	Correlation	.412(**)	-.530(**)	1.000	.566(**)
	數學投入	Correlation	.181(**)	-.300(**)	.566(**)	1.000
數學投入	數學成就	Correlation	1.000	-.192(**)	.381(**)	
	數學焦慮	Correlation	-.192(**)	1.000	-.458(**)	
	數學態度	Correlation	.381(**)	-.458(**)	1.000	

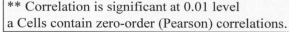
** Correlation is significant at 0.01 level
a Cells contain zero-order (Pearson) correlations.

7-2 二階淨相關

一、操作程序

Analyze（分析）

  Correlate（相關）

    Partial...（偏相關）

    將目標變項 mch、att 三個變項選入右邊「Variables」下方格內

    將控制變項 inv、anx 選入右邊「Controlling for」右邊下的方格內

    按『Options...』選項

      勾選「Means and standard deviation」選項

      勾選「Zero-order correlations」選項

      按『Continue』鈕

    按『OK』鈕

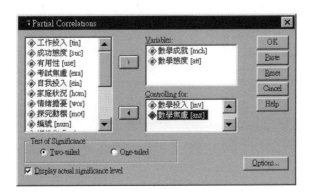

圖 7-3

二、結果說明

Correlations

Control Variables			數學成就	數學態度
數學投入&數學焦慮	數學成就	Correlation	1.000	.336
		Significance (2-tailed)	.	.000
		df	0	296
	數學態度	Correlation	.336	1.000
		Significance (2-tailed)	.000	.
		df	296	0
a Cells contain zero-order (Pearson) correlations.				

上述報表解釋與一階淨相關報表解釋類同，上半部為所有變數的零階相關矩陣（此部分報表省略）。下半部為二階淨相關矩陣，包括淨相關係數、顯著水準及自由度，自由度等於 N-2-2=300-2-2=296。由報表中得知，當同時排除數學投入動機、數學焦慮二個變項的影響後，數學成就與數學態度變項的二階淨相關係數等於.336（p=.000），也達到顯著水準。

二階淨相關係數的求法如下。

變項 1：表數學成就、變項 2：表數學態度、變項 3：表數學焦慮、變項 4：表數學投入動機。由上述一階淨相關係數得知：

$$r_{12.4} = .381 \; ; \; r_{13.4} = -.192 \; ; \; r_{23.4} = -.458$$
$$r_{12.34} = \frac{r_{12.4} - r_{13.4} \times r_{23.4}}{\sqrt{1 - r_{13.4}^2} \times \sqrt{1 - r_{23.4}^2}} = \frac{.381 - (-.192) \times (-.458)}{\sqrt{1 - (-.192)^2} \times \sqrt{1 - (-.458)^2}} = \frac{.2931}{.8724} = .336$$

數學成就、數學態度的零階相關係數、一階淨相關係數、二階淨相關係數值如下：

$$r_{12} = .412 \; ; \; r_{12.3} = .381 \; ; \; r_{12.34} = .336，其間的大小通常有以下的排列順序：$$
$$r_{12} \, (=.412) > r_{12.3} \, (=.381) > r_{12.34} \, (.336)。$$

即零階相關係數＞一階淨相關係數＞二階淨相關係數。

7-3 部分相關

研究者想瞭解調整數學投入動機變項（inv）後的數學態度變項（att）與未經調整的數學成就變項（mch）間的部分相關。

一、操作程序

Analyze（分析）

  Regression（迴歸方法）

    Linear...（線性）

      將依變數 mch 選入右邊「Dependent」（依變數）下的方格中

      將自變數 att、inv 選入右邊「Independent」（自變數）下的方格中

      按『Statistics...』（統計量）按鈕

        勾選「Estimates」（估計量）、「Model fit」（模式適合度）、

          「Part and partial correlations」（部分與偏相關）選項

      按『Continue』鈕

      按『OK』鈕

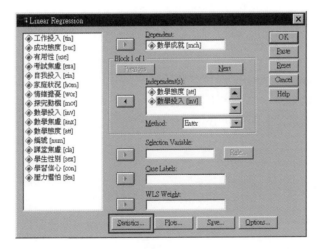

圖 7-4

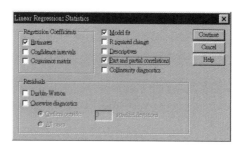

圖 7-5

在「Linear Regression: Statistics」（線性迴歸:統計量）對話視窗中勾選「Estimates」（估計量）選項會顯示未標準化的迴歸係數、標準化的迴歸係數估計值及迴歸係數顯著性檢定之 t 值、「Model fit」（模式適合度）選項會於報表中呈現複相關係數 R、R^2、及 adjusted R^2、估計標準誤、ANOVA 摘要表、「Part and partial correlations」（部分與偏相關）選項會於報表中呈現部分相關與淨相關（偏相關）。

二、結果分析

Regression

Variables Entered/Removed (b)

Model	Variables Entered	Variables Removed	Method
1	數學投入，數學態度(a)	.	Enter
a All requested variables entered.			
b Dependent Variable: 數學成就			

上表中說明依變數為數學成就變項，而自變數有二個：數學投入與數學態度變項，採用強迫進入法（Enter 法），首先進入迴歸方程式的變數是數學投入變項，其次是數學態度變項。

Model Summary

Model	R	R Square	Adjusted R Square	Std. Error of the Estimate
1	.417(a)	.174	.168	9.653
a Predictors: (Constant)，數學投入，數學態度				

上表為迴歸分析模式摘要表，多元相關係數=.417，R平方（決定係數）=.174，調整後的 R 平方=.168，估計標準誤（Std. Error of the Estimate）=9.653。多元相關係數（=.417）又稱複相關，通常以 R 表示，複相關是根據二個以上的預測變數（自變數）來預測一個效標變數（依變項）時，所預測的分數與實際分數之間的相關。

ANOVA (b)

Model		Sum of Squares	df	Mean Square	F	Sig.
1	Regression	5812.832	2	2906.416	31.191	.000(a)
	Residual	27675.204	297	93.183		
	Total	33488.037	299			
a Predictors： (Constant)，數學投入，數學態度						
b Dependent Variable：數學成就						

上表為變異數分析摘要表，以數學投入、數學態度為預測變項，而以數學成就為依變項，整體迴歸模式顯著性考驗的 F 值等於 31.191，p=.000<.05，達到顯著水準。

Coefficients (a)

Model		Unstandardized Coefficients		Standardized Coefficients	t	Sig.	Correlations		
		B	Std. Error	Beta			Zero-order	Partial	Part
1	(Constant)	.772	3.514		.220	.826			
	數學態度	.275	.039	.455	7.112	.000	.412	.381	.375
	數學投入	-.104	.088	-.076	-1.191	.235	.181	-.069	-.063
a Dependent Variable：數學成就									

上表中迴歸分析的係數值，包括未標準化的迴歸係數（B）、迴歸係數標準誤、標準化的迴歸係數（Beta）、迴歸係數的 t 值、顯著性雙尾檢定結果、依變數與投入變數的零階相關、淨相關與部分相關值。由表中可知數學態度與數學成就變項間的零階相關 r_{12} 為.412、數學態度變項與數學成就變項間的淨相關 $r_{12.3}$ 為.381、數學態度與數學成就的部分相關 $r_{1(2.3)}$ 等於.375。數學投入變項如果排除數學態度的影響力後，與數學成就的部分相關為-.063；數學投入

變項與數學成就同時排除數學態度變項的影響力後,其淨相關為-.069,此一係數與最初數學投入變項與數學成就變項間的零階相關值.181減低不少。

在積差相關分析中,數學成就與數學態度的相關為.412、數學成就與數學投入變項的相關為.181、數學態度與數學投入變項的相關為.566,數學態度在排除數學投入變項的影響後與數學成就的部分相關值.375求法如下:

$$r_{1(2.3)} = \frac{r_{12} - r_{13} \times r_{23}}{\sqrt{1 - r_{23}^2}} = \frac{.412 - .181 \times .566}{\sqrt{1 - .566^2}} = .375$$

淨相關係數絕對值>部分相關係數絕對值,如:.381>.375。

第八章

卡方考驗－百分比考驗

卡方考驗適用於非連續變項（名義或次序變項）關係之探討。

8-1 基本原理

在社會及行為科學研究中，如果研究者探討的變項是二個間斷變項（名義變項或次序變項）的問題，則較常使用的統計方法稱為χ^2統計方法－卡方檢定（chi-square test），卡方考驗又稱百分比考驗，列聯表中的細格不是次數便是百分比，列聯表中的二個變項為非計量性變項，可以是名義變項或次序變項。

χ^2統計方法特別適用於處理非連續變項中次數、人次之類的變數資料。如不同教師性別樣本（男教師、女教師）對不同性別的行政人員（男行政人員、女行政人員）之偏好度是否有所不同？再如不同社經地位的家庭（高社經、中社經、低社經）對政府施政滿意度（非常滿意、滿意、無意見、不滿意、非常不滿意）是否有所不同？此種涉及二分以上名義變項或次序變項的資料，大都以次數或百分比表示，在統計方法上採用卡方檢定來進行推論統計檢定。卡方檢定以細格次數來進行交叉分析，細格內的數值不是次數（人次）便是百分比，卡方檢定又稱百分比考驗。卡方檢定考驗的目的，在於考驗實際觀察到的樣本次數或百分比與理論或母群體的期望次數或百分比是否有所關聯，或是否有顯著差異。

卡方考驗的定義公式如下：

$$\chi^2 = \sum \frac{(f_0 - f_e)^2}{f_e}$$

f_0 為觀察次數（observed frequencies），觀察次數又稱「實際次數」，是指調查研究中實際獲得的有效樣本的人次或次數。

f_e （expected frequencies）代表期望次數或稱理論次數，是指根據統計理論所推估出來的人數或次數。

卡方考檢所檢定的是樣本的觀察次數或百分比與統計理論或母群體的次數或百分比之間的差距，當觀察次數與理論次數（期望值）之間有很大的差距時，卡方考驗的結果愈容易達到顯著，此時卡方值會愈大；如觀察次數與理論次數（期望值）之間的差異愈小，則卡方值愈小，考驗的結果愈不容易達到顯著。卡方檢定的基本假定如下：

1. 觀察值獨立

   觀察值個體相互獨立,每位觀察值只能歸類於一個類別或水準。

2. 資料必須來自一個「多項式分配」(multinomial distribution) 的隨機樣本,細格期望次數不能太小:

   (1)在 2×2 列聯表中,細格理論期望次數要大於 5,如果小於 5,應採用「耶茲氏連續校正」(Yate's continuity correlation);如果總樣本數小於 20 時,最好採用「費雪爾正確概率考驗」(Fisher's exact test) 方法加以分析處理。

   (2)在 R×C 列聯表中,期望次數小於 5 的細格數不可超過全部細格數的 20%,且所有細格的期望次數均應在 1 以上。

卡方檢定主要適用於兩個質的變數(類別或次序變數)之差異分析。在社會科學領域中卡方檢定的主要用途,常見的有以下四種(林清山,民 81;余民寧,民 86;邱皓政,民 89)。

一、適合度考驗

研究者關心某一個變項是否與某個理論分配或母群分配相符合之時,以卡方考驗進行的統計檢定稱為適合度考驗(goodness-of-fit test)。在社會科學領域中,研究者想要探究樣本在某個間斷變項(如喜愛的課外書籍種類、對組織的滿意度、休閒活動類型、宗教信仰偏好等)上反應的百分比是否有所差異,像此種只根據樣本在某一名義變項或次序變項上的反應,進行資料的分析,稱為「單因子分類」(one-way classification)。根據單因子分類資料,考驗實察觀察次數與理論期望次數間是否一致之卡方考驗,即為適合度考驗。因而適合度考驗即在考驗單一變項上的觀察次數與期望次數間是否有所差異存在,其自由度為 k-1,k 為單一變項的組數或類別數。適合度分析的研究問題如:

> 某位校長想了解教師對運動會服裝的五種款式看法是否有所差異,此校長隨機訪談該校六十位教師……。

此問題中主要在考驗觀察次數是否符合某種特定的分配,如果教師沒有特別的喜好,理論上每種服裝款式被選擇的人數為 60÷5=12,12 稱為期望次數,但是實際調查的結果(觀察次數)是否與期望次數相符合,則需要加以

考驗，此稱為適合度考驗。此研究問題的虛無假設 H_0 為：「教師對五種服裝款式的喜好程度沒有不同」；對立假設 H_1 為：「教師對五種服裝款式的喜好程度有所不同」。

二、百分比同質性考驗

「百分比同質性考驗」（test of homogeneity proportions）主要目的在檢定由二個間斷變項所交叉構成的列聯表中各細格的百分比是否有所差異，列聯表通常是由 I 個橫列及 J 個縱行所構成的 I×J 個細格表，I 的水準數可能等於 J 的水準數（I=J）或不等於 J 的水準數（I≠J，I>J、I<J）。

如不同社經地位的家庭（分為三個水準或類別：高社經地位、中社經地位、低社經地位），其家庭的教養方式（分為民主式、權威式、放任式三種類別或水準）是否有所差異？在上述的問題中，二個間斷變項中有一個變項是研究者事先所進行操弄的自變項或研究者找來比較的類別變項，此一變項稱為「設計變項」（design variable），分成 J 個群體，由於它是研究者所操弄的，因此樣本在各水準的次數研究者已事先知道。至於交叉表中的另一個變項是研究者想要分析或探討的變項，通常稱為「反應變項」（response variable）（如家庭的教養方式分為民主式、權威式、放任式三種類別或水準；I=3），反應變項是研究者所要分析或探討的依變項，通常分成 I 個類別或 I 個反應項目。

其自由度等於 (I-1) × (J-1)。在 I×J 個細格列聯表中，進行百分比同質性考驗時，設計變項 J 個類別（如社經地位有三組，J=3，表示有三個母群或三個組別）的邊緣總次數或總人數是固定的，即在研究計畫前即已事先決定；而細格中的資料則需視實際調查得到的次數或人數之機率而定。百分比同質性考驗的假設如：「樣本在 I 變項反應的百分比因 J 變項群體的不同而有顯著差異。」如果卡方檢定結果達到顯著，則要進一步進行百分比同質性考驗的事後比較（a posteriori comparisons）。因為卡方檢定顯著只能說明：「J 個群體或類別間，至少有二個組別間的百分比有顯著差異」，但未呈現是那二組的百分比有顯著差異，因而研究者必須在卡方值達顯著後，再進行事後比較。百分比同質性的事後比較最好採用同時信賴區間估計法（simultaneous confidence interval），以避免全部的事後比較觸犯第一類型錯誤的總機率大於卡方考驗所選用的α值。百分比同質性考驗結果之卡方值如果顯著，則至少有一組百分比的意見反應有顯著差異，此組即是百分比反應最大的水準組別與百分比反應最小的水準組別，至於其他組別間的差異則要經由同時信賴區間的考驗方能得知。

三、獨立性考驗

同質性考驗是二個以上樣本在同一個變項的分布狀況的檢驗；獨立性考驗是同一個樣本的兩個變項之關聯情形的考驗。在I×J所構成的交叉表（cross-tabulation table）中，當二個變項都是反應變項，研究者所關心的是自母群中取樣而來的一組受試在這二個變項間是否互為獨立？如果不是互為獨立，則二者的關聯性的性質與程度如何？在進行獨立考驗時，I×J 所構成的交叉表中，只有總人數 N 事先知道，其他細格人數或邊緣人數均由調查決定。在百分比同質性考驗中，研究者的目的在探究設計變項（自變項）各類別樣本在依變項（反應變項）各水準上反應的差異，其中有一個變項（設計變項或自變項）各類別的次數是在研究進行前研究者就已經事先決定；而獨立性考驗是研究者想要同時檢測兩個類別變項（X與Y）之間的關係，亦即在探討樣本在二個依變項（反應變項）上的反應是否彼此有相關存在或是否互為獨立？獨立性考驗的二個變項皆是反應變項，它們的次數要經調查研究後才知道。

獨立性考驗的問題如：「研究者隨機抽取 420 名學生，探究學生的七大休閒活動類型是否與學生的社經地位有所關聯？」、「某學者想探究父親的管教態度（分為民主式、權威式、放任式）與男學生的攻擊性行為（時常有攻擊性行為、偶而有攻擊性行為、無攻擊性行為）是否有所關聯？」等。此種獨立性考驗的問題假設考驗如：樣本在 X 變項與 Y 變項上反應的百分比有顯著相關。

在百分比同質性考驗上，如果卡方值達到顯著水準，表示J個群體的百分比之間有顯著差異，進一步需要進行事後比較，以找出到底那幾組的百分比之間有顯著差異。至於獨立性考驗的結果，如果二個變項間的關係達到顯著後，則需要進行二個變項關聯性（association）強度與性質的檢定。由於獨立性考驗中，二個變項均是反應變項，二個變項均非研究者所能操弄，其分析目的在於檢定二個變項間之相關，而非探討自變項在依變項上的差異，因此獨立性考驗不用像百分比同質性一樣進行事後比較。

在關聯性強度的檢定方面，如 2×2 列聯表中可用 phi（Φ）相關係數；3×3 以上之正方形列聯表中，可用列聯係數（coefficient of contingency）；I×J（I>2, J>2）之長方形列聯表資料中，可使用克瑞碼 V 統計數（Cramer's V 係數）。當二個變項關聯性的係數檢定值愈接近 1，表示二個變項的關聯性愈強；其值愈接近 0，表示二個變項的關聯性愈弱。至於二個變項間關聯性性質的檢定，可採用「預測關聯性指標」（index of predictive association；λ值）來檢核（*Hays, 1988*）。

四、改變的顯著考驗

改變的顯著性考驗（test of significance of change）之目的，主要用於考驗同一群受試者對一件事情前後二次反應之間的差異情形，亦即在分析樣本於某一個類別變項各水準上的反應，在前後二次測量間改變的百分比是否有顯著差異。因同一群受試者均需前後被重複測量二次，類似於「重複量數」（repeat measure）的設計，就 I×J 交叉表上的二個變項而言均為反應變項。在進行改變的顯著性考驗之前，研究者唯一知道的訊息只有調查研究的總人數或總次數。改變的顯著性考驗問題如：「某位教師想了解學生對他所任教的科目，在學期初和學期中的喜愛情形是否有所改變」。類似此種於前後二次測量中，態度或反應發生改變的次數或百分比是否有所差異，皆可用卡方考驗進行樣本反應改變的顯著性考驗，常用的二種方法有二：一為「麥氏考驗」（McNemar test），「麥氏考驗」適用於 2×2 列聯表資料；二為包卡爾對稱性考驗（Bowker's test of symmetry），適用於 R×C 列聯表資料。

在上述四種卡方檢定中，當自由度為 1 時（2×2 列聯表），有個基本條件限制必須滿足，那就是任何細格的理論期望次數不能小於 5，若有細格理論次數小於 5 時，就必須進行校正工作，以避免卡方值高估而發生錯誤的結論。因而進行卡方檢定時，各細格期望次數（理論次數）最好大於或等於 $5(f_e \geq 5)$，或至少要有80%的細格期望值要大於或等於 5，否則會造成卡方檢定結果的偏差。

在卡方檢定中，分類細格的期望值不可小於 5，在調查研究中如果發現某一細格的期望值（理論期望次數）小於 5，除了可採用上述的「費雪爾正確概率考驗」外，最好將該細格與其他細格合併（重新將變數水準數分類），或增加抽樣的樣本數。在實務研究中，以將變數水準重新編碼分組的方式最為可行，也最為實用。若有細格的期望次數小於 5 時，研究者可採取以下的處理方式：

1. 增加樣本人數：如果時間或人力許可，可以增加取樣樣本的人數（或受試對象），以提高細格的期望次數，增加樣本人數即擴增抽樣樣本數。如原先取樣人數為 200 人，取樣的觀察值可再增列 50 人或 100 人等，當取樣的樣本人數增加後，抽樣誤差率（sampling error rate）也會明顯降低。

2. 合併細格次數：若有細格的期望次數小於 5 時，又無法增加樣本人數，

可適當調整變項的分類方式，將部分水準或類別合併，如此可提高細格的期望次數。如在學歷變項中，研究者原先分為四個水準：高中職以下、專科、大學、研究所以上，隨機抽樣調查結果，研究所以上組的人數過少，分析時可將大學類別人數與研究所以上類別人數合併，統稱為「大學以上」，由原先四個水準數變為三個水準數：高中職以下組、專科組、大學以上組，以提高細格的期望次數。

3.使用校正公式：若研究者有實際研究困難無法增加取樣樣本數；又不想將部分細格合併，可採用「耶茲校正」（Yate's correction for continuity）法來加以校正，若細格次數小於 5，卡方分配的兩端次數會呈現不對稱的分布，分配情形遠離常態分配，沒有進行校正，計算出的卡方值會比理論期望值還大，造成高估的現象。「耶茲校正」的原則為：當觀察次數大於理論次數時，觀察次數就減 0.5；相對的，當觀察次數小於理論次數時，觀察次數就加 0.5。這樣會使得卡方值較未修正前為小，較不易推翻虛無假設。

上述中，期望次數以 5 作為校正判斷的界限，只是一個大約的界限而已，事實上，當期望理論次數小於 10 時，最好就進行校正工作（林清山，民 81；余民寧，民 86）。在 2×2 列聯表中，若細格的期望次數次數低於 10 但高於 5，SPSS 統計軟體不計算卡方值，且改以二項式考驗（Binomial test）檢定改變的顯著水準；若期望次數低於 5 時或樣本總人數低於 20 時，也可使用「費雪正確機率考驗」（Fisher's exact probability test）進行假設考驗。

8-2 關聯係數

常用來檢定橫列變數與縱行變數是否獨立的計量數為為「皮爾森卡方」（Pearson chi-square），其計算方法是將每一細格的殘差（觀察次數減期望次數）平方，再除以期望次數，之後再將其全部加總起來。另有一種常用的卡方檢定統計法為「可能性比卡方」（likelihood-ratio chi-square），這種檢定是以最大可能性理論（maximum-likelihood theory）為基礎，常用於分析類別資料，當樣本數較大時，皮爾森卡方與可能性比卡方的值相差很小。卡方值在檢定變數間的獨立性時，計算求得的卡方值，其大小不僅受到獨立性符合程度影響，也受樣本大小的影響，當樣本增加N倍時，卡方值也會增加N倍（張紹勳、張紹評、林秀娟，民 93a）。

在卡方檢定時，卡方值範圍可能從 0 到無限大，當細格數或人數愈多，

卡方值愈大。亦即卡方值容易受到樣本數的影響，當樣本數愈多時，卡方值會愈大，因而卡方值不適合作為「關聯量數」，卡方值本身的大小並無法直接看出二個變項間的關聯情形。卡方考驗中關聯量數（measures of association）類似於相關係數，其值界於 0 至 1 間，可代表二個類別變項之間的關聯情形，在相關係數的分類中屬於 A 型相關（余民寧，民 86）。當卡方值達到顯著水準，表示二個類別變項間有相關存在，只能說這二個變項間非互為獨立，至於二個變項間的關聯性程度和性質則需要由關聯係數來判定。

一、Φ 係數（phi coefficient）

$$phi（\Phi）係數 = \sqrt{\frac{\chi^2}{N}} \quad ;N 為樣本數$$

Φ係數在 2×2 交叉表中，其值等於 Pearson 相關係數，數值介於 0-1 之間，數值越接近 1，表示兩個變項的關聯越強。由於卡方本身沒有負值，所以Φ係數無法反應出關聯的方向，只可表示關聯的強度。如果卡方值達到顯著水準，Φ相關係數亦會達到顯著水準。Φ係數適用於 2×2 的列聯表，Φ等於 Pearson 積差相關，當兩個類別變項有任何一個超過二個水準，卡方值可能會比樣本數還大（$\chi^2 \geq N$），Φ值就不一定落在 0 與 1 之間，使得Φ值可能出現大於 1 的情況，若採用列聯係數（coefficient of contigency）C，即可改善係數大於 1 的問題。

二、列聯係數

上述Φ相關係數適用於 2×2 列聯表，當 I×J 列聯表中，I 或 J≥2，可能造成Φ相關係數值大於 1 的情況，為避免造成Φ相關係數值大於 1 的情形，應採用「列聯係數」，列聯係數的公式如下：

$$列聯係數 C = \sqrt{\frac{\chi^2}{\chi^2 + N}}$$

C 係數最小值是 0，C 係數可能的最大值須視行與列的個數來決定，如果是方形列聯表，則 C 的最大值是 $\sqrt{\frac{R-1}{R}}$。列聯係數的值界於 0-1 之間，但通常無法達到 1 的上限。

三、克瑞瑪 V 係數

在 I×J 交叉表中，如果此交叉表不是正方形的列聯表，即二個變項的類別或水準數並不相等，通常需採用 Cramer's V 係數（Cramers's V coefficient）。在列聯係數公式中，當樣本數越大時，列聯係數值會減小，Cramer's V 係數可修正此一問題。Cramer's V 係數的公式如下：

$$V = \sqrt{\frac{\chi^2}{N(m-1)}} = \sqrt{\frac{\phi^2}{m-1}}$$

其中 m=min(R, C)，m 為行數或列數中數值較小者。在（m−1）式中表示分母除以列的自由度或行的自由度中較小者。

以上為對稱形式的統計量數，用以表示二個變項間關聯性的程度。Φ相關係數、列聯相關係數、Cramer's V 相關係數的關聯強度係數值均在 0 到 1 之間，其值愈接近 1，表示二個變項間的關聯性愈強；其值愈接近 0，表示二個變項間的關聯性愈弱。如果是非對稱形式，則可使用λ係數、不確定性係數（uncertainty coefficient），及 Goodman 與 Kruskal τ（Tau）係數。λ係數、不確定性係數二者適用於非對稱形式的二個統計量數，也可以適用於對稱形式的關聯分析。

列聯相關係數、Cramer's V 係數、Φ係數僅適用於兩個變項均是類別變項或名義變項，表示二個變項間關聯程度的大小，不能像決定係數或變異數分析中之ω²，可以以變項解釋的變異量來解釋變項間的關係。

四、Lambda（λ）值

λ係數的原理係基於當二個變項間有關聯存在時，則知道樣本在某一變項訊息，將有助於預測樣本在另一變項的訊息，因此λ係數愈高，代表根據樣本在一變項訊息，愈能正確在另一變項的訊息。計算λ係數的原理是，當要預測橫列變項時，將各縱行細格次數最多的相加後，減去橫列邊際次數最高者，再除以總樣本數減橫列邊際次數最高者之值；反之，當要預測縱行變項時，係將各橫列細格次數最多的相加後，減去縱行邊際次數最高者，再除以總樣本數減縱行邊際次數最高者之值（王保進，民 91）。Lambda 係數係以「削減誤差比」（proportioned reduction error；PRE）來計算關聯係數。削減誤差比表示以某一個類別變項去預測另一個類別變項時，能夠減少誤差所占的比例，

不過一般都說成可以增進多少預測的正確性比例，當比例愈大，兩個變項的關聯性愈強（邱皓政，民 89）。削減誤差比的計算公式如下：

$$PRE = \frac{E_1 - E_2}{E_1} = 1 - \frac{E_2}{E_1}$$

E_1　為不知 X 變數時而直接預測 Y 變數時所產生的誤差（期望誤差）

E_2　為知道 X 變數時而直接預測 Y 變數時所產生的誤差（觀察誤差）

　　Lambda（λ）值可以說明一個變項可以有效預測另一個變項的比率，其值介於 0-1 間，當λ值愈高，表示以某一變項去解釋另一個變項時有效預測的正確比例高（有效消除誤差的比例愈高）。當λ值為 0 時，表示自變項在預測依變項時沒有幫助；而當λ值為 1 時，表示自變數能完全解釋依變數，須注意的是，兩變數互為獨立（沒有相關）時，λ值必為 0，但當λ值等於 0 時，並不表示兩變數互為獨立，可能只是因為兩個變數間沒有特殊型態的關聯。Lambda 係數適用於對稱形式（symmetrical）與非對稱形式（asymmetrical）的二個變項，對稱形式的變項指變項 X 與 Y 二個變項是對稱的，無法區別何者為依變項，何者為自變項。如果 X 與 Y 二個變項可以區分為何種為自變項、何種為依變項則稱為非對稱式變項（邱皓政，民 89；張紹勳、張紹評、林秀娟，民 93a）。

五、Tau（Tau-y）量數

　　Goodman 與 Kruskal Tau 係數，與非對稱形式的 Lambda 係數非常類似，適用於不對稱關係類型的關聯分析。其計算方法是比較直行邊緣比例和由橫列邊緣比例進行預測的誤差機率。Tau 係數值介於 0 至 1 間，與削減誤差比的意涵類似，即以 X 變數去預測 Y 變數時可以削減的誤差比例。由於 Tau 係數的計算考慮了所有的次數，因此敏感度較 Lambda 係數為高，探究不對稱形式變項的關聯量數最好採用 Tau 係數（邱皓政，民 89）。

六、次序變項（ordered categories）的關係量數

　　次序變數間的關係可以運用類別量數的關係加以測量，但次序量數還可以反應出所增加的資訊。如一觀察值的兩個變數值皆大於（／或皆小於）另一觀察值，則稱此對觀察值具有「一致性」（concordant），一致表示一個因素 A 的等級增加，另外一個因素 B 的等級也增加，其間的關係為正向關係

（positive association）；反之，若某一觀察值的第一個變數值大於另一觀察值，而第二個變數值小於另一觀察值，則稱此對觀察值爲「不一致」（discordant），不一致表示一個因素 A 的等級增加，另外一個因素 B 的等級減少，其間的關係爲負向關係（negative association）。若二觀察值一個變項或兩個變項值相等時，則稱此對觀察值「相等」（tied），相等時表示成一致關係對數與成不一致關係的對數大約相等（張紹勳等，民 93a；SPSS, 1999）。

有關次序變項間關係測量的公式，常見的有以下幾種（SPSS, 1999）：

(一) Kendall's tau-b 值 $= \tau_b = \dfrac{P-Q}{\sqrt{(P+Q+T_x)(P+Q+T_y)}}$

如果 R×C 列聯表中，當 R＝C 且沒有一個邊緣次數等於 0，則 τ_b 值可能介於 -1 至 1 間。

(二) Kendall's tau-c 值 $= \tau_c = \dfrac{2m(P-Q)}{N^2(m-1)}$

如果 R×C 列聯表中，每一邊緣次數不致差距太大，則 τ_c 值與 τ_b 值相差不多。

(三) $G = \dfrac{P-Q}{P+Q}$

在沒有相等的情況下，可以把 G 看做：隨機抽取一對觀察值，這對觀察值一致的機率減去不一致的機率。如果所有觀察值集中在列聯表由左上到右下的對角線上時，則 G＝1；若觀察值獨立時，則 G 值等於 0，除了 2×2 列聯表外，G 爲 0 時，並不一定表示觀察值獨立（張紹勳等，民 93a）。

(四) Somer's d 不對稱公式 $= d_Y = \dfrac{P-Q}{P+Q+T_Y}$

上述公式中 P 表示一致的配對組總數對數；Q 表示不一致的配對組總數對數；T_x 表示在變數 X 相等但在變數 Y 不相對的對數；T_y 表示在變數 Y 相等但在變數 X 不相對的對數，m 爲列數與行數中的較小值，在 R×C 列聯表中，m＝min（R，C）。

在本章的資料分析方面，會用到整理後的二手資料檔（細格次數已整理好），如果細格次數未事先整理歸納，則直接使用原始資料檔，以十五位成位人的社經地位與其知覺的生活滿意度關係之研究中，社經地位變項爲 ses，爲類別變項，內有三個水準：1 表示「高社經地位」、2 表示「中社經地位」、3 表示「低社經地位」；生活滿意度變項爲 sati，爲類別變項，內有二個水準，1 表示「滿意」、2 表示「不滿意」。原始資料檔的建檔如下：

num	ses	sati
A	1	1
B	1	2
C	1	1
D	1	1
E	1	1
F	2	2
G	2	2
H	2	1
I	2	1
J	2	1
K	3	2
L	3	2
M	3	1
N	3	2
O	3	1

如將上面原始資料檔經整理後（共有 15 位觀察值），變成下述 3×2 列聯表資料，則建檔時除二個變數外，要新增一個細格次數變數。

社經地位＼生活滿意		生活滿意	
		滿意 1	不滿意 2
社經地位	高社經地位 1	4	1
	地社經地位 2	3	2
	低社經地位 3	2	3

上述列聯表資料的變項及建檔情形如下：

ses	stai	freq
1	1	4
1	2	1
2	1	3
2	2	2
3	1	2
3	2	3

其中第一列為三個變數名稱，第二列表示「高社經地位」知覺「滿意者」有 4 人次；第三列表示「高社經地位」知覺「不滿意者」有 1 人次，由於次數已經加總，因而在資料分析時，要先將細格次變數 freq 作為「加權變數」，才能復原成原始資料。依據 freq 變數作為加權值觀察值後，統計分析才不會發生錯誤。

8-3 適合度考驗———期望次數相等

一、【問題研究】

某位教育學者想了解教師對「學校實施校務評鑑制度」的看法，其選項共有五個：「很不重要」、「不重要」、「無意見」、「重要」、「很重要」，共調查 242 位教師，請問教師在五個選項間的勾選次數是否有顯著的不同？

選項	很不重要1	不重要2	無意見3	重要4	很重要5
人次	45	60	20	35	82

資料建檔如下圖所列：

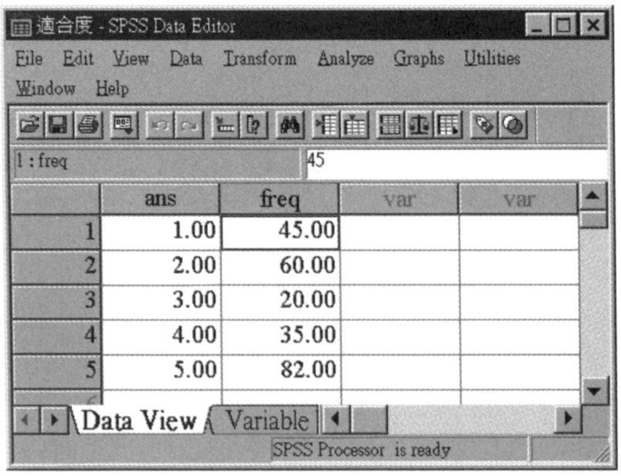

圖 8-1

二、操作程序

(一)次數加權

Data（資料）

　　Weight Cases...（加權觀察值）

　　　　勾選「◉ Weight cases by」（依據...加權觀察值）選項

　　　　將細格次數變項「次數[freq]」選入右邊「Frequency Variable」下的方格中

按『OK』鈕

圖 8-2

(二)執行無母數統計

Analyze（分析）

　　Nonparametric Tests（無母數檢定）

　　　　Chi-Square...（卡方分配）

　　　　將選項變項 ans 選入右邊「Test Variables List」下的方格中

　　　　按『Options...』（選項）鈕

　　　　　　勾選「☑Descriptive」（描述性統計量）選項

　　　　　　按『Continue』鈕

　　　　按『OK』鈕

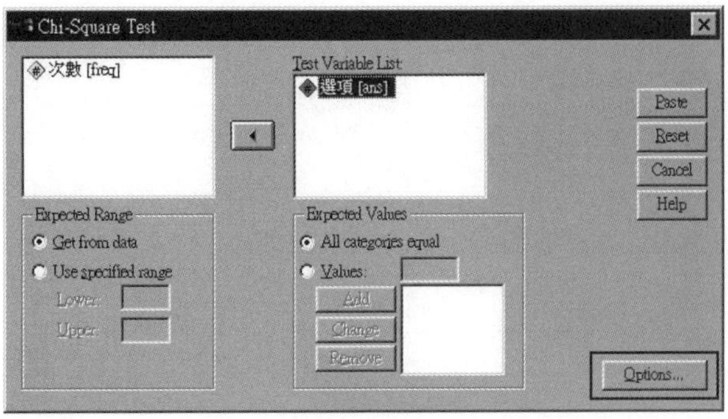

圖 8-3

上述在「Chi-Square Test」（卡方考驗）的對話視窗中，右下角為「期望值」（Expected Values）方盒中，可設定水準期望值的比重，內定選項「所有類別的期望水準均相等」（◉ All categories equal），第二個比重值（Value）可以設定各水準期望值的比重，而其總和要為 1，如有三個水準，比重分別為 0.1、0.6、0.3。

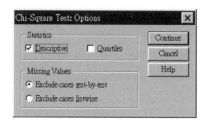

圖 8-4

三、結果分析

NPar Tests

			Descriptive Statistics		
	N	Mean	Std. Deviation	Minimum	Maximum
選項	242	3.2025	1.56873	1.00	5.00

上表為變項的描述性統計量，包括有效觀察值個數、平均數、標準差、最小值、最大值，因為題項為李克特五點量表，最大值為 5、最小值為 1。

Chi-Square Test　Frequencies

選項

	Observed N（觀察個數）	Expected N（期望個數）	Residual（殘差）
很不重要	45	48.4	-3.4
不重要	60	48.4	11.6
無意見	20	48.4	-28.4
重要	35	48.4	-13.4
很重要	82	48.4	33.6
Total（總和）	242		

上表中第一欄為五個選項內容：1 表示很不重要、2 表示不重要、3 表示

無意見、4 表示重要、5 表示很重要。第二欄為觀察次數，第三欄為期望次數，期望次數設定每一個水準的次數均相等，故皆為 48.4（242÷5=48.4）。第四欄為殘差值等於觀察次數減去期望次數。由於在期望值（Expected Values）方盒中選取內定的選項：「全部類別相等」（⦿ All categories equal），因而五個選項的期望個數相等＝ 242÷5=48.4。殘差值為正，表示觀察值個數比預期個數為多；殘差值為負，表示觀察值個數比期望次數為少。

Test Statistics

	選項
Chi-Square (a)	46.719
Df	4
Asymp. Sig	.000

a 0 cells (.0%) have expected frequencies less than 5. The minimum expected cell frequency is 48.4.（0 個格（.0%）的期望次數少於 5。最小的期望格次數為 75）。

上表中為卡方檢定結果，χ^2 值等於 46.719，p=.000<.05，自由度=4，小於.05 的顯著水準，應拒絕虛無假設，顯示教師對「學校實施校務評鑑制度」的看法，在「很不重要」、「不重要」、「無意見」、「重要」、「很重要」五個選項中，勾選的次數有顯著的不同，其中以勾選「很重要」選項的百分比最多，勾選「無意見」的百分比最少。

四、對數模式分析

在適合度考驗方面也可採用「對數模式分析」的方式，利用對數模式分析要新增一個變數－期望值，並設定期望值的比值，本例期望值的比值均為 1。資料檔如下。

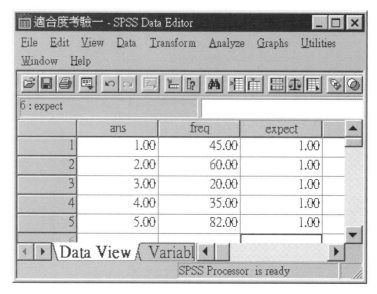

圖 8-5

㈠操作程序

執行觀察值次數的加權

「分析」（Analyze）→「對數線性」（Loglinear）→「一般化」（General），出現「一般對數線性分析」（General Loglinear Analysis）對話視窗，將依變數「選項[ans]」選入右邊「因子」（Factor）下的方格中，將期望值變項 expect 選入右邊「格共變量」（Cell Covariate）下的方格中。

→按『模式』（Model...）鈕，出現「一般對數線性分析：模式」（General Loglinear Analysis: Model）次對話視窗，勾選右邊「自訂」（Custom）選項，將期望值變數 expect 選入右方「模式中的項目」（Terms in Model）下的方格中。中間「建立效果項」（Build Term）選取內定之「交互作用」（Interaction）選項→按『Continue』鈕。

→按『選項』（Options...）鈕，出現「一般對數線性分析：選項」（General Loglinear Analysis: Options）次對話視窗，在「顯示」（Display）方盒中勾選「次數分配表」（☑Frequencies）、「殘差」（☑Residuals）選項→按『Continue』鈕→按『OK』鈕。

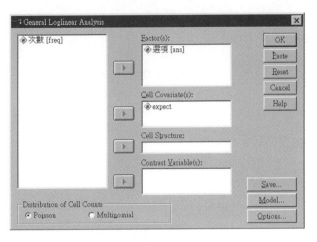

圖 8-6

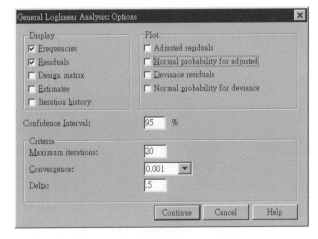

圖 8-7

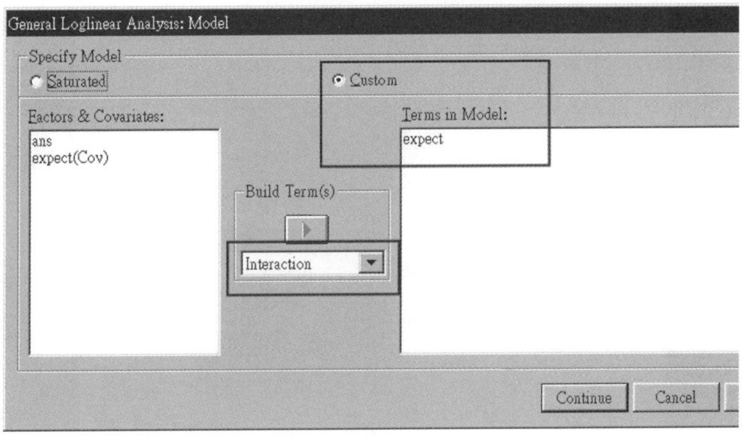

General Loglinear Analysis: Options

Display
☑ Frequencies
☑ Residuals
☐ Design matrix
☐ Estimates
☐ Iteration history

Plot
☐ Adjusted residuals
☐ Normal probability for adjusted
☐ Deviance residuals
☐ Normal probability for deviance

Confidence Interval: 95 %

Criteria
Maximum iterations: 20
Convergence: 0.001
Delta: .5

圖 8-8

(二)一般化對數線性分析結果

General Loglinear
Data Information

		N
Cases	Valid	5
	Missing	0
	Weighted Valid	242.00
Cells	Defined Cells	5
	Structural Zeros	0
	Sampling Zeros	0
Categories	選項	5

上表為分析資料的訊息,其中加權值有效個數為 242(為總樣本數),定義的細格有五個,即變數有五個水準。

Goodness-of-Fit Tests (a,b)

	Value	Df	Sig.
Likelihood Ratio	47.649	4	.000
Pearson Chi-Square	46.719	4	.000

a Model: Poisson
b Design: Constant + expect

上表為適合度檢定之結果,df=4 的情況下,χ^2 值等於 46.719,p=.000<.05,卡方值達到顯著水準,應拒絕虛無假設,接受對立假設(以對數模式分析之χ^2 值與上述執行無母數檢定/卡方分配程序之χ^2 相同)。

Cell Counts and Residuals (a,b)

選項	Observed(觀察次數)		Expected(期望次數)		Residual (殘差)	Standardized Residual (標準化殘差)	Adjusted Residual (調整後殘差)
	Count	%	Count	%			
1.00	45	18.6%	48.400	20.0%	-3.400	-.489	-.546
2.00	60	24.8%	48.400	20.0%	11.600	1.667	1.864
3.00	20	8.3%	48.400	20.0%	-28.400	-4.082	-4.564
4.00	35	14.5%	48.400	20.0%	-13.400	-1.926	-2.153
5.00	82	33.9%	48.400	20.0%	33.600	4.830	5.400

a Model: Poisson
b Design: Constant + expect

上述為觀察次數及其百分比、理論次數及其百分比，殘差值為觀察次數與期望次數相減值，殘差值與採用無母數統計分析之值一樣。

上述一般化對數線性分析結果與採用無母數統計法分析之結果完全相同。

【研究問題一】的適合度考驗報表整理如下：

選項	觀察個數		期望個數		殘差值	χ² 值
	次數	百分比	次數	百分比		
很不重要	45	18.6%	48.4	20.0%	-3.4	46.719***
不重要	60	24.8%	48.4	20.0%	11.6	
無意見	20	8.3%	48.4	20.0%	-28.4	
重要	35	14.5%	48.4	20.0%	-13.4	
很重要	82	33.9%	48.4	20.0%	33.6	
Total（總和）		242				df=4
*** p<.001						

由上表中可以得知：適合度卡方檢定結果，自由度等於 4 情況，χ² 值等於 46.719，p=.000<.05，達到顯著水準，應拒絕虛無假設，顯示教師對「學校實施校務評鑑制度」的看法，在「很不重要」、「不重要」、「無意見」、「重要」、「很重要」五個選項中，勾選的次數有顯著的不同，其中以勾選「很重要」選項的百分比最多（33.9%），勾選「無意見」的百分比最少，其百分比不到一成（8.3%）。

8-4 適合度考驗二——期望次數不相等

一、【問題研究】

某位教育學者想了解國小學生家長對國小校務評鑑的看法是否與三年前有所差異，乃各從國小家長母群體中隨機抽取五百名家長的意見，作為分析的依據，三年前的調查結果，發現國小學生家長對國小實施校務評鑑的看法中有三成表示非常重要、一成五表示重要、四成表示不重要、一成五表示非常不重要。三年後的調查中發現有 250 位受試者表示非常重要、125 位受試者表示重要、100 位受試者表示不重要、25 位受試者表示非常不重要。請問此教育學者如何解釋此結果？

	非常重要1	重要2	不重要3	非常不重要4	總數
三年前	150（比重0.3）	75(0.15)	200(0.4)	75(0.15)	500
今年	250	125	100	25	500

註：三年前選項比重爲觀察次數除以總次數，如勾選非常重要者有150人，其比重等
於150÷500=0.3。

資料檔建檔如下：

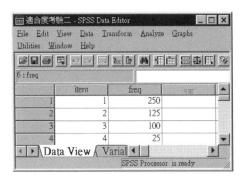

圖 8-9

二、操作程序

(一)觀察值變數加權

> Data（資料）
>
> Weight Cases...（加權觀察值）
>
> 勾選「◉Weight cases by」（依據...加權觀察值）選項
>
> 將細格次數變項次數[freq]選入右邊「Frequency Variable」下的方格中
> 按『OK』鈕

(二)執行無母數統計

> Analyze（分析）
>
> Nonparametric Tests（無母數檢定）
>
> Chi-Square...（卡方分配）」

將選項變項item選入右邊「Test Variables List」（檢定變數清單）下的方格中

在「期望值」（Expected Values）方盒中勾選「數值」（Values）選項

　在「數值」（Values）後面方格輸入期望值0.3（或150）

　按『新增』（Add）鈕

　在「數值」（Values）後面方格輸入期望值0.15（或75）

　按『新增』（Add）鈕

　在「數值」（Values）後面方格輸入期望值0.4（或200）

　按『新增』（Add）鈕

　在「數值」（Values）後面方格輸入期望值0.15（或75）

　按『新增』（Add）鈕

按『OK』鈕

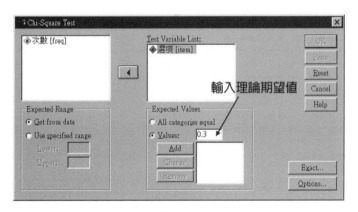

圖 8-10

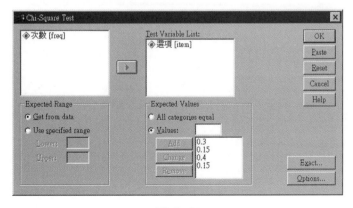

圖 8-11

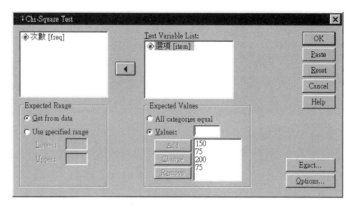

圖 8-12

在上述「期望值」（Expected Values）比重的設定中如果有錯誤，可以選取方格中的比重值或次數，按『改變』（Change）鈕或『移除』（Remove）鈕更改或刪除錯誤數據。

三、結果分析

Chi-Square Test Frequencies

選項

	Observed N（觀察個數）	Expected N（期望個數）	Residual（殘差）
非常重要	250	150.0	100.0
重要	125	75.0	50.0
不重要	100	200.0	-100.0
非常不重要	25	75.0	-50.0
Total	500		

Test Statistics

	選項
Chi-Square (a)	183.333
Df	3
Asymp. Sig.	.000

a 0 cells (.0%) have expected frequencies less than 5. The minimum expected cell frequency is 75.0.（0 個格（.0%）的期望次數少於 5。最小的期望格次數為 75）。

從上述卡方檢定中，可以發現，在自由度等於 3 時，χ^2 值等於 183.333，p=.000<.05，達到顯著水準，應拒絕虛無假設，此次國小學生家長對國小校務

評鑑重要性的看法之比例與 0.3、0.15、0.4、0.15 有顯著的不同，亦即此次國小學生家長對國小校鑑重要性的知覺態度與三年前有顯著不同，其中知覺「非常重要」的比例由三成增加爲五成；而知覺「非常不重要」的比例由 15%減少至 5%。

8-5 百分比同質性檢定

所謂百分比同質性檢定，即在考驗 J 個群體在 I 個反應方面的百分比是否一致（同質），考驗此種 I×J 交叉表百分比同質性的方法，亦是卡方檢定的用途之一。卡方考驗之百分比同質性檢定與變異數分析相同，均是一種「整體性考驗」，因而如果卡方值達到顯著水準，只能拒絕虛無假設，表示 J 個群體的百分比之間有顯著差異存在，亦即所有組別當中，至少有二個組別間的意見百分比有顯著差異，至於是那二個群體間有差異，則要進行百分比同質性的事後比較（a posteriori comparisons）。

百分比同質性事後比較，最好採用「同時信賴區間」（simultaneous confidence interval）估計法，此估計法屬於沒有方向性的雙側考驗，以控制第一類型的錯誤率，亦即使全部的事後比較犯第一類型錯誤總概率不致大於進行卡方考驗時所訂的α值。同時信賴區間的比較組數爲 k×(k-1)÷2，其中 k 爲組別數（J 個群體的水準數或類別數），如果 k=3，則要進行三組的同時信賴區間考驗，如果=4，則要進行六組的同時信賴區間考驗。同時信賴區間考驗的公式如下：

$$\Psi = (P_1 - P_2) \pm \sqrt{\chi^2_{1-\alpha,(I-1)(J-1)}} \sqrt{\frac{P_1 Q_1}{N_1} + \frac{P_2 Q_2}{N_2}}$$

其中（$P_1 - P_2$）是所要比較兩個群體百分比的差異值。

而 $\sqrt{\chi^2_{1-\alpha,(I-1)(J-1)}}$ 是考驗同時信賴區間顯著性之臨界值，其自由度等於 (I-1)×(J-1)，α值通常設定爲.05，此值須查卡方分配表方能得知。

如果 I=2（反應變項爲二分名義變項），J=3（設計變項爲三分名義變項），則：

$$\sqrt{\chi^2_{1-\alpha,(I-1)(J-1)}} = \sqrt{\chi^2_{95,(2-1)(3-1)}} = \sqrt{\chi^2_{95,2}} = 2.448$$

如果 I=3（反應變項爲三分名義變項），J=4（設計變項爲四分名義變項），則：

$$\sqrt{\chi^2_{1-\alpha,(I-1)(J-1)}} = \sqrt{\chi^2_{95,(3-1)(4-1)}} = \sqrt{\chi^2_{95,6}} = 3.549$$

$\sqrt{\dfrac{P_1 Q_1}{N_1} + \dfrac{P_2 Q_2}{N_2}}$ 值為百分比差值的標準誤（SE）。

同時信賴區間考驗的判別方面，如果同時信賴區間的值包括 0 在內，必須接受虛無假設，表示二個群體之百分比的差異值未達顯著，因為二個群體百分比的差異值可能為 0；相反的如果同時信賴區間考驗結果的差異值未包括 0 在內，必須拒絕虛無假設，表示二個群體之百分比的差異值達到顯著水準。

一、【問題研究】

學校辦理營養早餐調查問卷
填答人身分：□學生　　　□教師　　　□家長
1.您對學校辦理營養早餐的意見如何？
　　□贊成
　　□反對

在問卷資料編碼方面，設計變項中填答人身份代碼為「sub」，包含三個類別或水準：1 為學生、2 為教師、3 為家長；而第一題辦理營養早餐的意見反應代碼為「opi」（反應變項），包含二個類別：1 為勾選贊成、2 為勾選反對。

二、操作說明

【操作 1】

【Analyze】/【Descriptive Statistics 】/【Crosstabs...】
（【分析】/【描述性統計量】/【交叉表...】）
出現「Crosstabs」（交叉表）對話視窗。

【操作 2】

將左邊方盒中「意見[opi]」變項選入右邊「Row (s):」（列）的空盒內。
將左邊方盒中「對象[sub]」變項選入右邊「Column (s):」（行）的空盒內。

【操作 3】

按『Statistics...』（統計量）鈕

出現「Crosstabs: Statistics」（交叉表：統計量）次對話視窗。

勾選左上方的「☑Chi-square」（卡方統計量）選項。

在「Nominal」（名義的）方盒中，選取下面二項：

1. 「☑Contingency coefficient」（列聯係數）。
2. 「☑Phi and Cramer's V」（Phi 與 Cramer's V 係數）。

按『Continue』（繼續）鈕，回到「Crosstabs」（交叉表）對話視窗。

【操作 4】

按『Cells...』（格...）鈕，會出現「Crosstabs: Cell Display」（交叉表：細格顯示）次對話視窗。

在「Counts」（個數）方盒內勾選「☑Observed」（觀察值）選項。

在「Percentages」（百分比）方盒內勾選下列三個選項：「☑Row」（橫列）、「☑Column」（直行）、「☑Total」（總和）。

按『Continue』（繼續）鈕，回到「Crosstabs」（交叉表）對話視窗。

按『OK』（確定）鈕。

三、結果分析

Crosstabs
Case Processing Summary

	Cases					
	Valid		Missing		Total	
	N	Percent	N	Percent	N	Percent
意見*對象	100	100.0%	0	.0%	100	100.0%

上表為觀察值處理摘要表，有效觀察值個數為 100，遺漏值為 0。

意見 * 對象 Crosstabulation

			對象			Total
			學生	教師	家長	
意見	贊成	Count	14	10	30	54
		%within 意見	25.9%	18.5%	55.6%	100.0%
		%within 對象	46.7%	33.3%	75.0%	54.0%
		%of Total	14.0%	10.0%	30.0%	54.0%
	反對	Count	16	20	10	46
		%within 意見	34.8%	43.5%	21.7%	100.0%
		%within 對象	53.3%	66.7%	25.0%	46.0%
		%of Total	16.0%	20.0%	10.0%	46.0%
Total		Count	30	30	40	100
		%within 意見	30.0%	30.0%	40.0%	100.0%
		%within 對象	100.0%	100.0%	100.0%	100.0%
		%of Total	30.0%	30.0%	40.0%	100.0%

上表為細格的觀察次數、占橫列百分比、占縱行百分比及占樣本數的百分比。以左上角細格內的數字為例，學生贊成的次數為 14（14 位學生贊同），贊成的總人數有 54 人，14 位學生所占的百分比=14÷54=25.9%；取樣的學生數總共有 30 人，14 位贊成的學生數占總學生數的 14÷30=46.7%；全部的樣本數有 100 位，14 位學生數占總樣本數的 14÷100=14.0%。

Chi-Square Tests

	Value	df	Asymp. Sig. (2-sided)
Pearson Chi-Square	12.909(a)	2	.002
Likelihood Ratio	13.356	2	.001
Linear-by-Linear Association	6.490	1	.011
N of Valid Cases	100		

a 0 cells (.0%) have expected count less than 5. The minimum expected count is 13.80.

上表為卡方考驗結果，df=2 時，χ^2 值=12.909，p=.002<.05，拒絕虛無假設，接受對立假設，表示三組受試者對學校營養早餐設置的看法中，持贊成意見的百分比有顯著不同。

卡方檢定的統計量數又稱為「皮爾遜卡方」（Pearson chi-square）量數，另一個於對數線性模式（loglinear model）中，被使用於卡方檢定的統計量數

稱為「概似比卡方檢定」（likelihood-ratio chi-square）量數。當樣本數很大時，概似比卡方檢定值與皮爾遜卡方檢定量數值會十分接近。

如果變項是量化變項，則「線與線關聯卡方檢定值」（linear-by-linear association chi-square）是皮爾遜相關係數的一個函數，此分析中，由於二個變項均為類別變項，所以此量數可忽略不管。

Symmetric Measures

		Value	Approx. Sig.
Nominal by Nominal	Phi	.359	.002
	Cramer's V	.359	.002
	Contingency Coefficient	.338	.002
N of Valid Cases		100	
a Not assuming the null hypothesis.			
b Using the asymptotic standard error assuming the null hypothesis.			

上表為對稱性量數檢定，關聯強度係數顯示，克瑞法瑪 V 係數（Cramer's V）等於.359，p=.002<.05，而列聯係數等於.338，p=.002<.05，均達到顯著水準，表示三組受試者與意見反應變項二者間有某種關聯程度存在。

四、百分比同質性事後比較

問卷調查反應數據之列聯交叉表整理如下：

	學生	教師	家長	全體
贊 成	14	10	30	54
反 對	16	20	10	46
n_j	30	30	40	100
p_j	.467	.333	.750	
q_j	.533	.667	.250	

公式請參考之前的說明。

$$\text{學生}-\text{教師}= (.467-.333) \pm (2.448) \times \sqrt{\frac{.467 \times 5.333}{30} + \frac{.333 \times .667}{30}}$$

$$=.134 \pm .307$$

$$= (.441, -.173) \quad （p>.05，兩組間的差異沒有達到顯著）$$

因為其 95%的信賴區間包含 0，所以未達顯著水準，以下圖表示；如果 95%的信賴區間未包含 0，則達到顯著水準。

$$教師-家長 = (.333-.750) \pm (2.448) \times \sqrt{\frac{.333 \times .667}{30} + \frac{.750 \times .250}{40}}$$

$$= -.417 \pm .269$$

$$= (-.686, -.148) \quad (p<.05，兩組間的差異達到顯著)$$

$$學生-家長 = (.467-.750) \pm (2.448) \times \sqrt{\frac{.467 \times .533}{30} + \frac{.750 \times .250}{40}}$$

$$= -.283 \pm .279$$

$$= (-.562, -.004) \quad (p<.05，兩組間的差異達到顯著)$$

從百分比同質性事後比較得知，教師－家長、學生－家長間贊同學校辦理營養早餐的百分比有顯著差異，家長贊同學校辦理營養早餐的百分比（75.0%）顯著的高於教師（33.3%）及學生（46.7%）贊同的比例；而教師與學生二個群體間贊同學校辦理營養早餐看法的百分比則沒有顯著差異存在。

8-6 獨立性考驗

一、【問題研究】

某位教育學者想探討國小退休教師社會參與頻率與其退休後生活滿意度的關係。從退休教師母群體中隨機抽取 1077 位教師，試問退休教師的社會參與頻率與其退休後生活滿意度是否有顯著的關係？

		社會參與		
		時常參加	偶而參加	很少參加
生活滿意	很滿意	350	150	48
	無意見	120	102	88
	不滿意	30	87	102

在上述問題中，共有二個變項，一為社會參與頻率、一為生活滿意度，二個變項各有三個水準，因而構成一個 3×3 的正方形列聯表，應採用列聯相關進行假設考驗，亦即採用卡方考驗進行獨立樣本之檢定。獨立性檢定之目的在了解自母群體中取樣而來的一組受試者（退休教師）的兩個反應變項（社會參與頻率與生活滿意度）之間是否互為獨立？如果不是互為獨立，則進一步探討二者關聯性的性質與關聯程度。

二、【執行步驟】

㈠觀察值加權

> Data（資料）
>
>   Weight Cases...（加權觀察值）
>
>   勾選「◉ Weight cases by」（依據...加權觀察值）選項
>
>   將細格次數變項 freq 選入右邊「Frequency Variable」下的方格中
>
> 按『OK』鈕

㈡求卡方值

> Analyze（分析）
>
>   Descriptive Statistics（描述性統計量）
>
>   Crosstabs...（交叉表）
>
>   將清單變項生活滿意變數 life 選入右邊 Row(s)（列）下的方格
>
>   將清單變項社會參與變數 social 選入右邊 Column(s)（直行）下的方格
>
>   按『Statistics...』（統計量）鈕
>
>   勾選「☑Chi-square」選項、「☑Contingency coefficient」選項
>
>   、「☑Lambda」選項
>
>   按『Continue』鈕
>
>   按『Cells...』鈕
>
>   勾選「☑Observed」、「☑Expected」、「☑Row」、「☑Column」、
>
>   「☑Total」等選項
>
>   按『Continue』鈕
>
> 按『OK』鈕

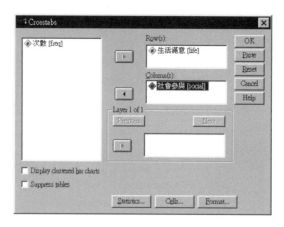

圖 8-13

上述對話視窗中，由於社會參與頻率變項 social 與生活滿意度變 life 項間並非因果關係，而是一種對稱形式之關係，因而 Row 與 Column 之方格置放哪一個變項均可以。

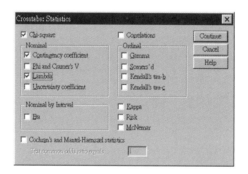

圖 8-14

在「Crosstabs: Statistics」對話視窗中，勾選「Chi-square」檢定、列聯相關係數（Contingency coefficient）及預測關聯性指標 Lambda 係數。

圖 8-15

上表中勾選「Observed」、「Expected」、「Row」、「Column」、「Total」等選項，會於結果交叉表中分別輸出實際觀察次數、理論期望次數、占橫列百分比、占縱行百分比及占總數百分比等統計量。

三、【結果分析】

Crosstabs
Case Processing Summary

	Cases					
	Valid		Missing		Total	
	N	Percent	N	Percent	N	Percent
生活滿意*社會參與	1077	100.0%	0	.0%	1077	100.0%

上表為觀察值在生活滿意及社會參與頻率二個變項上之有效觀察值個數，共 1077 位，沒有遺漏值。

生活滿意*社會參與 Crosstabulation

			社會參與			Total
			時常參加	偶而參加	很少參加	
生活滿意	很滿意	Count	350	150	48	548
		Expected Count	254.4	172.5	121.1	548.0
		% within 生活滿意	63.9%	27.4%	8.8%	100.0%
		% within 社會參與	70.0%	44.2%	20.2%	50.9%
		% of Total	32.5%	13.9%	4.5%	50.9%
	無意見	Count	120	102	88	310
		Expected Count	143.9	97.6	68.5	310.0
		% within 生活滿意	38.7%	32.9%	28.4	100.0%
		% within 社會參與	24.0%	30.1%	37.0%	28.8%
		% of Total	11.1%	9.5%	8.2%	28.8%
	不滿意	Count	30	87	102	219
		Expected Count	101.7	68.9	48.4	219.0
		% within 生活滿意	13.7%	39.7%	46.6%	100.0%
		% within 社會參與	6.0%	25.7%	42.9%	20.3%
		% of Total	2.8%	8.1%	9.5%	20.3%
Total		Count	500	339	238	1077
		Expected Count	500.0	339.0	238.0	1077.0
		% within 生活滿意	46.4%	31.5%	22.1%	100.0%
		% within 社會參與	100.0%	100.0%	100.0%	100.0%
		% of Total	46.4%	31.5%	22.1%	100.0%

　　上表爲生活滿意與社會參與頻率二個變項的細格交叉表，由於生活滿意變數有三個水準：「很滿意」、「無意見」、「不滿意」；社會參與頻率變數也有三個水準：「時常參加」、「偶而參加」、「很少參加」，因而構成的細格交叉表爲 3×3 的列聯表。各細格的統計量：「Count」、「Expected Count」、「% within 生活滿意」、「% within 社會參與」、「% of Total」分別代表爲實際觀察次數、理論期望次數、占橫列百分比、占縱行百分比及占總次數百分比。以社會參與頻率「時常參加」者，知覺生活滿意度「很滿意」的細格而言，實際觀察次數有 350 位，理論期望次數爲 254.4，占橫列百分比爲 63.9%（實際觀察次數除以生活滿意度「很快樂」邊際次數=350÷548=63.9%）；占縱行百分比爲 70.0%（實際觀察次數除以社會參與頻率水準「時常參加」邊際次數=350÷500=70.0%），占總有效樣本數的百分比爲 32.5%（350÷1077）。

Chi-Square Tests

	Value	df	Asymp. Sig. (2-sided)
Pearson Chi-Square	207.329(a)	4	.000
Likelihood Ratio	221.401	4	.000
Linear-by-Linear Association	206.907	1	.000
N of Valid Cases	1077		

a 0 cells (.0%) have expected count less than 5. The minimum expected count is 48.40.

　　上表爲 Pearson Chi-Square 值及獨立性卡方檢定結果。在本例中 χ^2 值等於 207.329，df=4，p=.000<.05，達到.05 的顯著水準，應拒絕虛無假設，表示國小退休教師的「社會參與頻率」與其「生活滿意度」之間有顯著相關存在，亦即「社會參與頻率」與「生活滿意度」二個變項間並非互爲獨立。

　　當二個變項有相關存在時，可繼續探討二個變項之間關聯性的程度和性質，如果是 2×2 的正方形列聯表，可使用Φ相關係數表示二個變項間關聯性的大小；如果是 3×3 以上的正方形列聯表，可使用用列聯相關係數；如果是其他的長方形列聯表（橫列變項的水準數與縱行變項的水準數不相同）可使用 Cramer's V 係數。二個變項間的關聯性大小除採用Φ相關係數、列聯相關係數、Cramer's V 相關係數外，也可使用「預測關聯性指標」（index of predictive association；λ係數）來說明二個變項間的關聯強度。

Directional Measures

			Value	Asymp. Std. Error(a)	Approx. T (b)	Approx. Sig
Nominal by Nominal	Lambda	Symmetric	.114	.019	5.804	.000
		生活滿意 Dependent	.102	.022	4.449	.000
		社會參與 Dependent	.125	.019	6.384	.000
	Goodman and Kruskal tau	生活滿意 Dependent	.103	.013		.000(c)
		社會參與 Dependent	.100	.012		.000(c)

a Not assuming the null hypothesis.

b Using the asymptotic standard error assuming the null hypothesis.

c Based on chi-square approximation.

　　上表中為預測關聯性指標數量，在本例中，生活滿意列的λ值等於.102，表示「當知道樣本的社會參與頻率的訊息下，可增加預測樣本生活滿意度之正確性達10.2%之多」。如果不知道國小退休教師社會參與頻率的訊息，而要預測國小退休教師的生活滿意度知覺，則最好是預測其為「很滿意」，因為其最大的橫列邊緣次數為548，占全部觀察值的50.9%；但是我們若知道樣本社會參與頻率為「時常參加」時的訊息時，則我們的預測準確度就會增加，亦即得知樣本社會參與頻率為「時常參加」時，則最好預測樣本的生活滿意度為「很滿意」，因為此交叉細格的觀察次數為350，是縱行次數最高的；若得知樣本社會參與頻率為「很少參加」，則研究者最好預測樣本的生活滿意度為「不滿意」，因為此交叉細格的觀察次數為 102，是縱行次數最高的，λ值可提供我們作為關聯性的一種參考指標。

　　相對的，當研究者知道樣本的生活滿意度的訊息，可增加預測樣本社會參與頻率之正確性12.5%，如果知道樣本的生活滿意度為「很滿意」，則研究者最好預測樣本社會參與頻率為「時常參加」，因其細格次數350是該橫列最高的；如果知道樣本的生活滿意度為「不滿意」，則研究者最好預測樣本社會參與頻率為「很少參加」，因其細格次數102是該橫列最高的；如果不知道樣本的生活滿意度知覺程度為何，而要預測國小退休教師的社會參與頻率時，則最好是預測「時常參加」，因「時常參加」的邊際次數達 500，占全部的46.4%。

　　λ係數的計算是，當要預測橫列變項（生活滿意度）時，將各縱行細格次數最多的相加後，減去橫列邊際次數最高者，再除以總樣本數減橫列邊際次數最高者之值。

當知道社會參與頻率，要預測其生活滿意度之λ係數的計算公式：

λ值=[(350+150+102) -548]÷ (1077-548) =.102

當知道生活滿意度，要預測其社會參與頻率之λ係數的計算公式：

λ值=[(350+120+102) -500]÷ (1077-500) =.125

Symmetric Measures

		Value	Approx. Sig.
Nominal by Nominal	Contingency Coefficient	.402	.000
N of Valid Cases		1077	
a Not assuming the null hypothesis.			
b Using the asymptotic standard error assuming the null hypothesis.			

　　上表為列聯相關係數及顯著性檢定結果，列聯相關係數值等於.402，p=.000 <.05，達到.05 的顯著水準，「社會參與頻率」與「生活滿意度」二個變項間之關聯性屬於中度相關。在獨立性檢定中，如果卡方值達到顯著，則可根據其交叉表的屬性選擇適合的關聯性相關量數，上表為 3×3 的正方形列聯表，因而採用「列聯相關係數」作為「社會參與頻率」與「生活滿意度」二個變項間的關聯性之強度統計量。

8-7 改變的顯著性檢定

一、【問題研究】

> 某位補習班教師想了解其任教班級的學生，在開學時和學期末對其任教之物理科目的喜愛態度是否有所改變，他隨機抽取 200 名其任教班級學生，調查的數據如下，請問此補習班教師的學生對物理課的態度是否有所改變？

學期末（end）	開學時（begin）	
	喜歡	不喜歡
喜歡	40	120
不喜歡	15	25

數據資料的建檔如下：

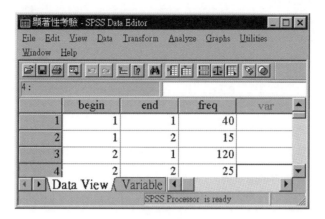

圖 8-16

上述變項中 begin 為學期初、end 變數為學期末。變項數值中 1 代表喜歡、2 代表不喜歡。變數 freq 是人次，作為加權變數。上述問題為同一組受試者進行前後二次的調查，以探究受試者對同一事件前後的態度或觀感是否產生顯著改變，它是一個 2×2 的列聯表，所以採用「McNemar」考驗，以檢定受試者在前後二次測量間的改變情形。如果列聯交叉表大於 2×2 以上時，則應採用「包卡爾對稱性檢定」（Bowker's test of symmetry）。

二、【問題思考】

將研究問題整理成如下交叉表：

		學期末		總和
		喜歡	不喜歡	
開學初	喜歡	40	15	55
	不喜歡	120	25	145
總和		160	40	200

在上表中，有 40 位學生開學初及學期末均喜歡物理課，25 位學生開學初及學期末均不喜歡物理課，在 200 位受試者中，開學初及學期末對物理課態度均沒有改變者共 40+25=65 位，不過這不是研究者所表探究的重點。研究者所感興趣的是開學初與學期末對物理課態度有改變的學生。學期初喜愛物理課，但學期末反而不喜歡者有 15 人；學期初不喜愛物理課，但學期末反而喜

歡者有 120 人，態度有顯著改變者共 15+120=135 位。假設此四格的人數及邊緣人數以下述代號表示：

A	B	(A+B)
C	D	(C+D)
(A+C)	(B+D)	(A+B+C+D)

在上述表格中，研究者所關心的是開學初與學期末態度有改變的人次，所以是（B+C）的和，如果沒有顯著改變，則 B 應等於 C，在虛無假設 H_0：B=C 的情況下，理論上有 $\dfrac{B+C}{2}$ 的人由學期初喜歡態度變成不喜歡態度；也有 $\dfrac{B+C}{2}$ 的受試者由不喜歡變成喜歡的態度。所以此二格的期望次數都是 $\dfrac{B+C}{2}$。

根據卡方的定義公式：

$$\chi^2 = \sum \frac{(f_0 - f_e)^2}{f_e}$$

$$所以\ \chi^2 = \frac{(B - \frac{B+C}{2})^2}{\frac{B+C}{2}} + \frac{(C - \frac{B+C}{2})^2}{\frac{B+C}{2}} = \frac{(B - C)^2}{B + C} = \frac{(15 - 120)^2}{120 + 15} = 81.667$$

在 SPSS 視窗操作中，如果 (B+C)>25，則使用校正之 χ^2 值 $= \sum \dfrac{(f_0 - f_e - 0.5)^2}{f_e}$ $= \dfrac{(|B - C| - 1)^2}{B + C} = \dfrac{(120 - 15 - 1)^2}{120 + 15} = 80.119$。

㈠操作程序

1. 執行觀察值加權

Data（資料）

　　Weight Cases...（加權觀察值）

　　　　勾選「⦿ Weight cases by」（依據...加權觀察值）選項

　　　　將細格次數變項 freq 選入右邊「Frequency Variable」下的方格中

　　按『OK』鈕

*備註：如果是原始資料，則直接以原始資料分析，不必進行觀察值次數加權。

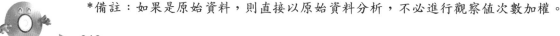

2. 進行無母數統計

```
Analyze
  Nonparametric Test
    2 Related Samples
    將目標變項 begin、end 選入右邊「Test Pair(s) List」下的方格內
    在「Test Type」勾選「McNemar」選項
    按『OK』鈕
```

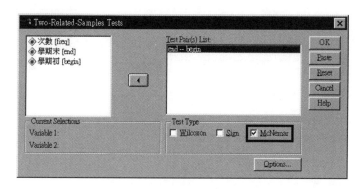

圖 8-17

㈡結果分析

NPar Tests

學期初 & 學期末

學期末	學期初	
	喜歡	不喜歡
喜歡	40	120
不喜歡	15	25

上表為細格的次數分配，學期初喜歡物理課，但學期末不喜歡物理課者有 15 人；學期初喜歡物理課，學期末也喜歡物理課者有 40 人；學期初不喜歡物理課，但學期末喜歡物理課者有 120 人；學期初不喜歡物理課，學期末也不喜歡物理課者有 25 人，其中改變最大者為學期初不喜歡物理課，但學期末喜歡物理課者的學生數（N=120）。

Test Statistics (b)

	學期初 ＆ 學期末
N	200
Chi-Square (a)	80.119
Asymp. Sig.	.000
a Continuity Corrected	
b McNemar Test	

上述為 McNemar 檢定結果。經 McNema 考驗結果，卡方值為 $80.119 = \frac{(120-15-1)^2}{120+15}$，p=.000<.05，達到.05 顯著水準，故拒絕虛無假設，接受對立假設，表示學生在開學初及學期末對物理課喜愛態度有顯著的改變。在學期初不喜歡物理課，但在學期末喜愛物理課的樣本有 120 名；在學期初喜愛物理課，但在學期末不喜愛物理課的樣本只有 15 名。

8-8 費雪爾正確概率檢定

在 2×2 的列聯表（自由度等於 1）計算χ^2 係數值時，如果發現任何一個細格內的理論期望次數小於 5 時，則必須進行Yate's 校正；但事實上，在自由度等於 1 的情境中，假如有細格理論期望次數小於 5，縱然使用 Yate's 校正仍不一定非常精確，如果樣本數很小又有細格理論期望次數小於 5，則採用「費雪爾正確概率檢定」（Fisher's exact probability test）會更為適當（*Siegel & Castllan, 1989*；林清山，民 *81*）。

對於 2×2 列聯表的差異性檢定，究竟應選擇哪種無母數統計方法，學者 Cochran（*1954*）提出以下三個原則供研究者統計分法選擇的參考：

1. 只要有效樣本總數小於 20 時，最好採用「費雪爾正確概率檢定」法來考驗假設。
2. 若有效觀察值個數在 20 至 40 之間時，如未出現細格理論期望次數小於 5 的情形，則使用卡方百分比同質性考驗；假設有出現細格理論期望次數小於 5 的情形，則應使用「費雪爾正確概率檢定」法，進行假設考驗。
3. 若有效觀察值之樣本數在 40 以上，則不論細格是否出現期望次數小於 5，一律使用校正後的卡方值。

假定研究者所得的 2×2 列聯表觀察資料如下：

變項 （Variable）	Group		Total
	I	II	
＋	A	B	A＋B
－	C	D	C＋D
Total	A＋C	B＋D	N

則「費雪爾正確概率檢定」法之公式如下：

$$P = \frac{(A+B)!(C+D)!(A+C)!(B+D)!}{N!\,A!\,B!\,C!\,D!}$$

若 2×2 列聯表內沒有任何細格有 0 出現，則費雪爾正確概率檢定值為原先的 P 值加上此列聯表更極端的情形之概率。

如下述列聯表格，為調查 12 名學生對戶外課外活動喜歡程度的情形（修改自 *Siegel & Castellan, 1989, pp.104-106*）：

變項 （Variable）	性別		Total
	男生	女生	
喜愛	4	1	5
不喜愛	1	6	7
Total	5	7	12

$$P \text{ 值} = \frac{5!\,7!\,5!\,7!}{12!\,4!\,1!\,1!\,6!} = .04419$$

極端的情形之列聯表如下：

變項 （Variable）	性別		Total
	男生	女生	
喜愛	5	7	5
不喜愛	0	0	7
Total	5	7	12

$$極端情形的\ P\ 值=\frac{5!\ 7!\ 5!\ 7!}{12!\ 5!\ 0!\ 0!\ 7!}=.00126$$

費雪爾正確概率檢定值：P ＝.04419+.00126 ＝.04545

一、【問題研究】

某教育學者想了解國小三年級男女學生對早上讀經的喜愛程度是否有所差異，訪問了 10 位男生、12 位女生，男生回答喜歡的有 2 人、不喜歡的有 8 人；女生回答喜歡的有 8 人，不喜歡的有 4 人，請問學生性別對讀經喜愛與否的知覺感受是否有所差異？

二、【執行步驟】

(一)觀察值加權

Data（資料）

　　Weight Cases...（加權觀察值）

　　　　勾選「◉Weight cases by」（依據...加權觀察值）選項

　　　　將細格次數變項 freq 選入右邊「Frequency Variable」下的方格中

按『OK』鈕

(二)求卡方值

Analyze（分析）

　　Descriptive Statistics（描述性統計量）

　　　　Crosstabs...（交叉表）

　　　　將清單變項學生性別 sex 選入右邊 Row(s)（列）下的方格

　　　　將清單變項知覺態度 atti 選入右邊 Column(s)（直行）下的方格

　　　　按『Statistics...』（統計量）鈕

　　　　　　勾選「☑Chi-square」選項

> 按『Cells...』鈕
>> 勾選「☑Observed」、「☑Total」等選項
>> 按『Continue』鈕
> 按『OK』鈕

㈡結果分析

Crosstabs
Case Processing Summary

	Cases					
	Valid		Missing		Total	
	N	Percent	N	Percent	N	Percent
學生性別 * 知覺態度	22	100.0%	0	.0%	22	100.0%

　　上表為資料檔的觀察值在學生性別與知覺態度二個變項上之有效個數，有效觀察值總數為 22 位、沒有缺失值。

學生性別 * 知覺態度 Crosstabulation

			知覺態度		Total
			喜歡	不喜歡	
學生性別	男生	Count	2	8	10
		% of Total	9.1%	36.4%	45.5%
	女生	Count	8	4	12
		% of Total	36.4%	18.2%	54.5%
Total		Count	10	12	22
		% of Total	45.5%	54.5%	100.0%

　　上表為學生性別與學生對讀經知覺態度所構成的列聯表，因為學生性別有二個水準（男生、女生）、知覺態度感受也有二個水準（喜歡、不喜歡），所以構成一個 2×2 的交叉表，交叉表中只呈現細格的人次及細格人次與總人數的百分比。

Chi-Square Tests

	Value	df	Asymp. Sig. (2-sided)	Exact Sig. (2-sided)	Exact Sig. (1-sided)
Pearson Chi-Square	4.791(b)	1	.029		
Continuity Correction(a)	3.094	1	.079		
Likelihood Ratio	5.032	1	.025		
Fisher's Exact Test				.043	.038
Linear-by-Linear Association	4.573	1	.032		
N of Valid Cases	22				

a Computed only for a 2x2 table

b 1 cells (25.0%) have expected count less than 5. The minimum expected count is 4.55.

　　上表爲SPSS所輸出的卡方檢定量，有一個細格期望次數小於5（看註b：1 cells（25.0%） have expected count less than 5）。費雪爾正確概率檢定（Fisher's Exact Test）之結果，在雙側檢定下，p值等於.043；單側檢定下，p值等於.038。本研究的對立假設爲：「學生性別對讀經喜愛與否的知覺感受有所差異」，屬雙側考驗。在雙側考驗下，p＝.043<.05，達到顯著水準，拒絕虛無假設→接受對立假設，表示學生性別對讀經喜愛與否的知覺感受有顯著的不同，與男生相較之下，國小三年級女生較喜愛讀經的百分比明顯高於男生。

　　在卡方檢定量中，也出現卡方百分比同質性考驗結果，未校正的卡方值等於4.791，p=.029<.05，拒絕虛無假設→接受對立假設，表示學生性別對讀經喜愛與否的知覺感受有顯著的不同；由於有一個細格期望次數小於5，因而也呈現Yate校正後的卡方值，耶茲氏校正χ^2值（Continuity Correction (a)列資料）等於3.094，p=.079>.05，接受虛無假設→拒絕對立假設，表示學生性別對讀經喜愛與否的知覺感受沒有顯著的差異。在2×2列聯表中，如是小樣本且有細格期望次數小於 5 的狀況，採用不同的方法進行假設檢定，常會出現以上情形─結論不一致。因而對於小樣本的資料分析，要格外謹慎。

第九章

平均數的差異檢定 —— t 考驗

9-1 基本原理

平均數差異的檢定，常用於推論統計中。在行為科學的研究領域，研究者可以測量群體的行為特質、態度反應或學習成效的程度，以算出平均數並進行統計檢定，但由於研究的母群體多半過於龐大，無法搜集到全部的資料，研究者通常只能抽取局部樣本作為研究對象，根據抽取樣本所得的結果來推論母群體的特性，並且附帶說明此種推論可能犯錯的機率與推論為正確的可能性為何。推論統計又因群體條件不同，而有母數統計與無母數統計的檢定方法，母數檢定適用於所有的母群體分配為常態分配（normal distribution）。一般描述母群體的特性稱為母數或參數（parameters），以說明或表示母群體的真實性質，母數或參數通常以希臘字母表示，樣本的統計數稱為統計量（statistics），以說明或表示樣本性質的統計指標或量數，統計數通常以英文字母表示。

就樣本的變異數與標準差而言，樣本的變異數（variance）$=S^2=\dfrac{\Sigma\,(X-\overline{X})^2}{N}$ 變異數開根號即為標準差SD（standard deviation）。在推論統計學中，作為推論母群體的變異數和標準差的統計數，不是以 N 為分母，而是以 N-1 作為計算變異數的分母。

根據數學的推理證明（*Hogg & Tanis, 1988*）要用樣本的變異數代替母變的變異數時，分母須除以 N-1，而不是 N，才不會低估它，「N-1」就是自由度所以計算母群的變異數與標準的的不偏估計值時，應使用下列公式：

$$S^2=\frac{\Sigma\,(X-\overline{X})^2}{N-1}$$
$$S=\sqrt{\frac{\Sigma\,(X-\overline{X})^2}{N-1}}$$

就平均數的推估而言，如果母群體的σ（標準差）未知時，我們可以以樣本的平均數（M）來推估母群體的平均數（μ），因為 M 是μ的不偏估計值。

在社會科學的統計分析方面，常會遭遇到比較兩個平均數之差異的問題。此類問題如性別間工作壓力知覺的差異比較、學習前與學習後的學業成就是否有所改變、講述法與合作學習法那種教學方法的成效較佳、公私立學校教師的工作投入感是否有所不同、高社經地位與低社經地位的學生其學習態度是否有所差異、實驗前與實驗後某種特質是否有所改變等，這些均屬於兩個母群體參數之假設考驗問題。

與兩個母群體參數間之顯著性考驗或差異比較的檢定，常與「實驗設計」（experimental design）的規劃有關。在實驗設計中常用的方法設計有二：一為「獨立樣本」（independent sample）設計、一為「相依樣本」（dependent sample）設計。獨立樣本設計採用「等組法」，採用隨機抽樣與隨機分派（random assignment）的方法，將受試者分成二組，一組為實驗組，一組為控制組；實驗組的受試者接受實驗處理（treatment）、控制組則接受不同於實驗處理之其他處理方法，由於二組受試者是隨機取樣而來，均為不相同的受試者，即稱為獨立樣本。獨立樣本的兩組受試者均為獨立個體，兩組的反應不相互影響，理論上，在獨立樣本的情況下，兩組受試者反應的相關是等於零，像此種利用隨機抽樣與隨機分派的方式使不同受試者接受不同的實驗處理，在實驗設計中又稱為「受試者間設計」（between-subjects design），或完全隨機化設計。

如果兩組受試者不獨立，而只是一組受試者，採重複量數（repeated measure）設計方式，讓同一組受試者重複接受不同的實驗處理，然後讓同一組受試者接受實驗處理之前後測，因為是同一組受試者，在不同處理的反應中會有某種程度的關聯，此種樣本設計，稱為相依樣本，相依樣本又稱「受試者內設計」（within-subject design）或隨機化區組設計（randomized block design）。如果是採用配對組法（subject matching），雖然二組受試者不是同樣的人，但因其在某個特質上完全相同，因而可視為是有關聯的兩組受試者，也是屬於相依樣本，在統計方法應用上，也應使用相依樣本的 t 檢定法。

在獨立樣本平均數考驗方法中，如果母群體的標準差已知或是大樣本時，可根據中央極限定理，來推估抽樣分配的標準誤，並且根據假設為常態分配的情況，使用 Z 分配作為檢定的方法，但是如果未能知道母群體的標準差（σ）或樣本數太少時，抽樣分配的標準誤必須由樣本標準差來推估，則應使用 t 分配來作為考驗的依據。一般而言，在調查研究或實驗設計中，母群體的標準差多無法獲知，因此使用 Z 考驗的機會較少；其次由於 t 考驗會隨著自由度的改變而改變，當樣本數大於 30 時，t 分配與 Z 分配則十分接近，使用 t 考驗其實涵蓋了 Z 考驗的應用。在統計學上，將 t 考驗這類可以視不同分配特性而調整理論分配的考驗方式稱為「強韌統計」（robust statistics），強韌統計考驗表示能夠根據不同的問題而調整（邱皓政，民 89）。

獨立樣本 t-test 基本假定如下：

1. 常態化（normality）：樣本來自的兩個母群體，分別呈常態分配。當兩組人數增加，樣本平均數差異的抽樣分配趨近於常態分配。
2. 變異數同質性（homogeneity of variance）：兩個母群的變異數相等，即σ

$$\sigma_1^2 = \sigma_2^2 = \sigma^2 \text{ 。}$$

3. 獨立性（independent）：每個樣本觀察值是獨立的，彼此間沒有任何關聯。

t-test 分析中，如果同時違背常態性與變異數同質性，則即使樣本數很大，結果正確率也會很低，此時最好使用無母數統計法（nonparametric statistical methods）來進行分析。如曼－惠特尼 U 考驗（Mann-Whitney U test）、克-瓦二氏單因子等級變異數分析（H 考驗）（Kruskal-Wallis one-way analysis of variance by ranks）。

雙側檢定之 t-test 的虛無假設與對立假設分別為：

$$H_0 : \mu_1 = \mu_2$$
$$H_1 : \mu_1 \neq \mu_2$$

上述的雙尾檢定（two-sided hypothesis），不強調方向性，只強調有差異的假設考驗，雙尾檢定或雙側考驗，又稱為無方向性的考驗（nondirectional hypothesis）。凡考驗單一方向的問題時，就叫做單側考驗（one-sided hypothesis），單側考驗又稱方向性考驗（directional hypothesis），它通常適用於含有重於、高於、大於、多於、低於、短於、輕於、……之類的問題。其虛無假設與對立假設如下：

$$H_0 : \mu_1 \geq \mu_2$$
$$H_1 : \mu_1 < \mu_2$$

或

$$H_0 : \mu_1 \leq \mu_2$$
$$H_1 : \mu_1 > \mu_2$$

平均數差異的檢定公式，可細分如下：

1. 一個母群體平均數的假設考驗：σ已知或 N>30 時，使用 Z 分配考驗：

$$Z = \frac{\overline{X} - \mu}{\sigma_{\overline{X}}} = \frac{\overline{X} - \mu}{\frac{\sigma}{\sqrt{N}}}$$ ，其中μ是想考驗的母群體平均數，如果從樣本中所得

的 Z 值落入臨界區（超出α顯著水準的標準常態分布的 Z 值，p<α），則拒絕虛無假設，接受對立假設。在社會科學研究中，母群體標準差（或變異數）已知的情況並不多見。

2. 一個母群體平均數的假設考驗：σ未知或N≤30時，使用 t 分配考驗。由於在實際量化研究中，母群體標準差已知的情況較少，因而就不適用於上述之 Z 檢定，此時應使用樣本標準差來估計母群體的標準差，使用 t 分配考驗。

公式：$t = \dfrac{\overline{X} - \mu}{S_{\overline{X}}} = \dfrac{\overline{X} - \mu}{\dfrac{S}{\sqrt{N}}}$，自由度為 n-1 的 t 分配，μ是想考驗的母群體平均數。

$S = \sqrt{\dfrac{\sum (x - \overline{x})^2}{N-1}} = \sqrt{\dfrac{\sum x^2 - \dfrac{(\sum x)^2}{N}}{N-1}}$

3. 二個平均數的差異顯著性檢定－獨立樣本、σ_{x1} 和σ_{x2} 未知

若二個樣本來自σ^2 相同的兩個不同母體，且$\sigma_{x1}^2 = \sigma_{x2}^2$，即兩個母群體的變異數相等，使用下列公式：

$t = \dfrac{\overline{X_1} - \overline{X_2}}{\sqrt{S_P^2 \left(\dfrac{1}{N_1} + \dfrac{2}{N_2} \right)}}$

$S_P^2 = \dfrac{\left[\sum X_1^2 - \dfrac{(\sum X_1)^2}{N_1} \right] + \left[\sum X_2^2 - \dfrac{(\sum X_2)^2}{N_2} \right]}{N_1 + N_2 - 2}$ （稱合併變異數）

自由度 $= N_1 + N_2 - 2$

當$\sigma_{x1}^2 \neq \sigma_{x2}^2$即兩個母群體的變異數不相等時，應使用柯克蘭和柯克斯（Cochran & Cox）所發展的檢定公式：

公式：$t = \dfrac{\overline{X_1} - \overline{X_2}}{\sqrt{\dfrac{S_1^2}{N_1} + \dfrac{S_2^2}{N_2}}} = \dfrac{\overline{X_1} - \overline{X_2}}{\sqrt{S_{\overline{X1}}^2 + S_{\overline{X2}}^2}}$

獨立樣本的t值等於組平均數差值除以組平均數差值的標準誤，因而如果t值愈大，表示兩組間平均數差距愈大，愈會達顯著水準。

$$t \; 值 = \frac{兩組平均數相減}{平均數差值的標準誤}$$

4. 二個平均數的差異顯著性檢定－獨立樣本、σ_{x1} 和 σ_{x2} 已知

二個平均數獨立樣本、σ_{x1} 和 σ_{x2} 已知時，應使用下列公式檢定：

$$z = \frac{\overline{X_1} - \overline{X_2}}{\sqrt{\dfrac{\sigma_{X1}^2}{N_1} + \dfrac{\sigma_{X2}^2}{N_2}}}$$

5. 二個平均數的差異顯著性檢定－相依樣本

$$公式：t = \frac{\overline{X_1} - \overline{X_2}}{\sqrt{\dfrac{S_{X1}^2 + S_{X2}^2 - 2rS_{X1}S_{X2}}{N}}}, \; df = N - 1$$

在上述二個獨立樣本 t 檢定達到顯著時，研究者可進一步求出其「效果大小」（effect size）（*Cohen, 1988*）。在社會科學研究中，研究者大多重視統計學上的顯著性，而忽略研究結果實際上的重要性－實用顯著性（practical significance）。所謂實際上之重要性，係指在真實世界中研究者所獲得的效果是否足夠大到有用或有價值的程度。對於實用顯著性的考驗，有兩種常用的量數可以協助研究者作此效果大小之評估，即關聯強度（strength of association）與效果大小（王國川，民 91）。效果大小值的指標最常用的方法是採用「eta square」（η^2）來判斷，其公式如下：

$$\eta^2 = \frac{t^2}{t^2 + (n_1 + n_2 - 2)}$$

效果大小指標 η^2 之範圍介於 0 至 1 之間，其意義係指自變項可以解釋依變項有多少變異數的百分比，因而效果值愈大，表示依變項可以被自變項解釋的百分比愈大；反之效果值愈小，表示依變項可以被自變項解釋的百分比愈小。η^2 值愈大，愈有實用顯著性，因為自變項與依變項間的關聯程度愈高。對於 η^2 值的判斷準則，學者 Cohen（*1988*）提出以下的看法：其值在 .06 以下屬微弱關係、大於 .06 小於 .14 屬中度關係、在 .14 以上屬強度關係。

9-2 單一樣本的 t 檢定 —— 母群σ未知和單側考驗

一、【問題研究】

某教育學者認為國小男學童的書包重量偏重，課程改革並未減輕學童的書包重量，此教育學者從六年級男學童中隨機抽取十五名，測量學童的書包重量如下，今已知國小六年級男學童適宜的書包重量為 5.3 公斤，試問該教育學者的論點是否可以得到支持？

Num	1	2	3	4	5	6	7	8	9	10	11	12	13	14	15
重量	6.5	4.8	5.1	7.2	4.9	8.1	5.8	6.5	7.5	6.8	5.9	4.9	5.8	6.3	6.6

上述問題中，因為該教育學者認為國小六年級男學童的書包重量比一般學者所提的適宜重量為重，故係屬單側考驗的問題，其統計假設中的虛無假設與對立假設分別如下：

$$H_0 : \mu_1 \leq \mu$$
$$H_1 : \mu_1 > \mu$$

由於母群的σ未知，故必須以它的不偏估計值 s 來代替，假設考驗的公式如下：

$$t = \frac{\overline{X} - \mu}{S_{\overline{X}}} = \frac{\overline{X} - \mu}{\frac{S}{\sqrt{N}}}$$

假定這位教育專家認為犯第一類型錯誤是較嚴重的事情，故將錯誤率α設為.01 的顯著水準，即α=.01。因為研究之對立假設為：$H_1 : \mu_1 > \mu$，故屬於單側考驗問題。

二、操作程序

> Analyze（分析）
>
>   Compare Means（比較平均數法）
>
>   One-Sample T Test...
>
>   將目標變數重量 weight 選入右邊「Test Variable(s)」下的方盒內
>
>   在「Test Value」（檢定值）右邊的空格內輸入檢定值 5.3
>
>   按『Options...』（選項）鈕
>
>   在「Confidence Interval」（信賴區間）右邊空格改爲 99
>
>   按『Continue』鈕
>
>   按『OK』鈕

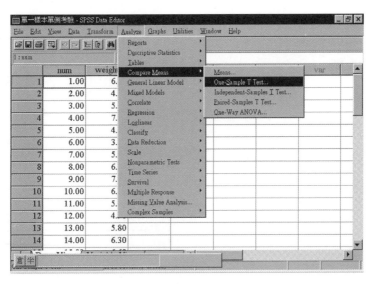

圖 9-1

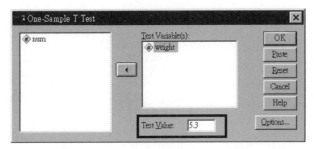

圖 9-2

上述在「One-Sample T Test」（單一樣本T檢定）對話視窗中，「Test Value」（檢定值），內定值為0，分析時須輸入一個數字檢定值，以便根據該值，比較每個樣本平均數。

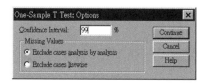

圖 9-3

上述在「One-Sample T Test: Options」（單一樣本 T 檢定:選項）對話視窗中，「Confidence Interval」（信賴區間）內定值為 95%，SPSS 結果會顯示平均數和假設考驗檢定值間差異的 95%信賴區間，研究者須輸入 1 到 99 之間的數值，就可以設定不同的信賴水準。上圖中輸入「99」，表示假設考驗檢定值的信賴區間為 99%。

三、結果分析

T-Test

One-Sample Statistics

	N	Mean	Std. Deviation	Std. Error Mean
weight	15	6.1800	.99871	.25787

上表分別為變項名稱、有效觀察值個數、平均數、標準差與平均數的標準誤。有效觀察值有 15 位、平均數為 6.1800、標準差為.99871、平均數的標準誤等於.25787。

One-Sample Test

	Test Value = 5.3					
	T	df	Sig. (2-tailed)	Mean Difference	99% Confidence Interval of the Difference	
					Lower	Upper
wdight	3.413	14	.004	.88000	.1124	1.6476

上表中雙側考驗時 t 值等於 3.413、自由度等於 14、p=004；但由於本例題爲單側考驗，故此部分可捨棄不看。在單側考驗時，應查看差異值 99% 的信賴區間（99% Confidence Interval of the Difference）數值，99% 的信賴區間爲〔.1124，1.6476〕，未包含 0 值，因而表示應拒絕虛無假設，接受對立假設，該教育學者認爲國小六年級男學童的書包重量比學者所定的適宜重量還重，亦即該教育學者所認定國小六年級男學童的書包重量並未因教育改革而減輕的論點獲得支持。

如果此題爲雙側考驗，可直接看 t 值，t 值等於 3.413，p=.004<.05，達到顯著水準，表示六年級男學童的書包重量與學者所定的適宜重量 5.3 公斤間有顯著的不同，同時從樣本平均數的大小（M=6.1800），可以看出，六年級男學童的書包重量顯著的重於學者所定的適宜重量 5.3 公斤。

$$上述之\ t\ 值 = \frac{\overline{X}-\mu}{S_{\overline{x}}} = \frac{\overline{X}-\mu}{\dfrac{S}{\sqrt{N}}} = \frac{6.18-5.30}{\dfrac{.99871}{\sqrt{15}}} = \frac{.88}{.25787} = 3.413$$

9-3 單一樣本的 t 檢定 ── 母群σ未知和雙側考驗

一、【問題研究】

教育部在全國性的調查中，國小三年級男學童的平均體重爲 32 公斤，某國小校長想得知該校三年級男學童的體重狀況，編班後隨機從各班抽取二十名男學童，量得的體重數據如下，請問此校長如何解釋該校三年級男學童體重發展情形？

Num	1	2	3	4	5	6	7	8	9	10
體重	30	31	35	27	28	36	35	31	30	33

Num	11	12	13	14	15	16	17	18	19	20
體重	34	29	27	28	26	34	33	36	34	29

上述問題中該校校長想知道三年級男學童的體重發展與全國學生三年級

男學童平均體重發展是否有所差異，並未假設該校男學童的體重是過重或偏輕，因而是屬於雙尾檢定問題，其統計假設如下：

$H_0：\mu_1 = \mu$

$H_1：\mu_1 \neq \mu$

二、操作程序

Analyze（分析）

　　Compare Means（比較平均數法）

　　　　One-Sample T Test...

　　　　將目標變數體重 weight 選入右邊「Test Variable(s)」下的方盒內

　　　　在「Test Value」（檢定值）右邊的空格內輸入檢定值 32

　　　　按『Options...』（選項）鈕

　　　　　在「Confidence Interval」（信賴區間）右邊空格設為內定的 95%

　　　　　按『Continue』鈕

　　　　按『OK』鈕

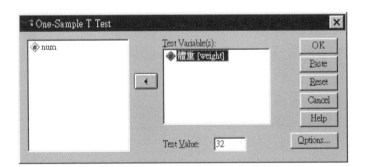

圖 9-4

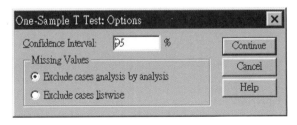

圖 9-5

三、結果分析

T-Test

One-Sample Statistics

	N	Mean	Std. Deviation	Std. Error Mean
體重	20	31.3000	3.24605	.72584

由計算結果可知樣本平均數為 31.30、標準差為 3.24605、平均數的標準誤為.72548，其中平均數的標準誤 $S_{\bar{x}} = \dfrac{S}{\sqrt{N}} = \dfrac{3.24605}{\sqrt{20}} = .72584$。

One-Sample Test

	Test Value = 32					
	t	df	Sig. (2-tailed)	Mean Difference	95% Confidence Interval of the Difference	
					Lower	Upper
體重	-.964	19	.347	-.70000	-2.2192	.8192

上述的單一樣本 t 檢定值等於-.964；df=19，p=.347>.05，平均差異值為-.70，故應接受虛無假設；此外也可以從「差異的 95%信賴區間」（95% Confidence Interval of the Difference）來判別，「差異的 95% 信賴區間」為〔-2.2192，.8192〕，包含 0 值，應接受虛無假設，表示該校三年級男學童的平均體重發展與全國性三年級學童的平均體重發展沒有顯著差異存在。

$$\text{單一樣本檢定的 t 值} = \frac{\bar{X} - \mu}{S_{\bar{x}}} = \frac{\bar{X} - \mu}{\dfrac{S}{\sqrt{N}}} = \frac{31.30 - 32.00}{.72584} = -0.964$$

上述報表的整理如下：

單一樣本 t 檢定

	N	Mean	SD	檢定值	t 值
體重	20	31.30	3.25	32	-0.96n.s.

n.s. p>.05

t值等於-0.96，p>.05 未達.05 的顯著水準，所以該校三年級男學童的平均體重發展與全國性三年級學童的平均體重發展沒有顯著差異存在，亦即該校三年級男學童的體重發展情形良好。

9-4 相依樣本的 t 考驗

相依樣本代表二個樣本之間彼此有關聯存在，不像獨立樣本時兩個樣本的相關被視為0，相依樣本又包括二種情形：一為重複量數，另一為配對組法。

一、【問題研究】

> 某研究者想了解自我導向學習是否有助於提高學生的數學學業成就，他隨機抽取二十名學生為受試者，讓他們接受三個月的自我導向學習訓練，並收集受試者學習前與學習後的數學學業成就，測得的數據如下表，請問該研究者如何解釋數據結果？

Num	1	2	3	4	5	6	7	8	9	10
學習前	75	88	70	82	76	67	73	81	85	68
學習後	78	92	75	84	79	75	80	84	86	70

Num	11	12	13	14	15	16	17	18	19	20
學習前	72	71	77	87	85	86	70	80	74	79
學習後	77	79	77	90	90	87	88	89	79	83

從統計方法之觀點，研究者選擇「兩個相依樣本的平均數差之 t 統計考驗」（two related samples Student's test）的目的，主要是在於考驗兩個相依樣本（即兩個變項）觀察值平均值差異值（the mean of difference）是否相等（即兩個平均差異值是否為0），或平均數差異值達到統計有顯著的意義，如第一個變項的平均值顯著高於第二個變項的平均數或第一個變項的平均值顯著低於第二個變項的平均數。至於這二個變項均必須為連續變項（continuous variables）。理論上，在應用相依樣本的平均值差異之t統計考驗時，分析資料最好能夠符合以下兩項統計條件或前提：一為這二個變項平均值差呈「常態分配」（normally distributed）；二為這二個變項之平均值差也必須彼此互相獨立

（mutually independently）（王國川，民91）。如果分析資料違背以上二個統計條件或前提，則可採用無母數統計法，如Wilcoxon符號等級之統計考驗（Wilcoxon signed ranks test）（*Siegel & Castellan, 1988*）。

二、操作程序

Analyze（分析）

  Compare Means（比較平均數法）

    Paired-Samples T Test...（成對樣本T檢定）

    將配對的變數before、after同時選入右邊「Paired Variables」下的方盒內

    按『Options...』（選項）鈕

      在「Confidence Interval」（信賴區間）右邊空格設定顯著水準95%

      按『Continue』鈕

    按『OK』鈕

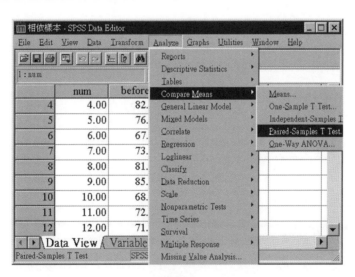

圖 9-6

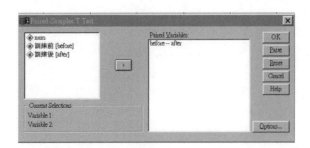

圖 9-7

在上述「Paired-Samples T Test」（成對樣本 T 檢定）對話視窗中，右邊「Paired Variables」（配對變數）下的方盒中，至少要選取一對變數，每對變數中的第一個變數會成為「變數 1」；而第二個變數會成為「變數 2」。「Options」按鈕可以設定不同的信賴區間，內定的數值為 95%。

三、結果分析

T-Test

Paired Samples Statistics

		Mean	N	Std. Deviation	Std. Error Mean
Pair 1	訓練前	77.3000	20	6.69721	1.49754
	訓練後	82.1000	20	6.07757	1.35899

上表中為訓練前與訓練後的平均數、有效觀察值個數、標準差與平均數的標準誤；訓練前的數學成就為 77.30、標準差為 6.697；訓練後的數學成就為 82.10、標準差為 6.078，此部分只能得知訓練後的數學成就平均數高於訓練前的數學成就平均數，至於其差異數是否有具有統計上的意義，還須加以考驗才能得知。

Paired Samples Correlations

		N	Correlation	Sig.
Pair 1	訓練前&訓練後	20	.811	.000

上表為受試者訓練前數學成就與訓練後數學成就的相關，其相關係數為.811，p=.000<.05，達到.05 的顯著水準，表示前測成績與後測成績間有顯著的相關存在。

Paired Samples Test

		Paired Differences					T	Df	Sig. (2-tailed)
		Mean	Std. Deviation	Std. Error Mean	95% Confidence Interval of the Difference		T	Df	Sig. (2-tailed)
					Lower	Upper			
Pair 1	訓練前－訓練後	-4.8000	3.96830	.88734	-6.65722	-2.94278	-5.409	19	.000

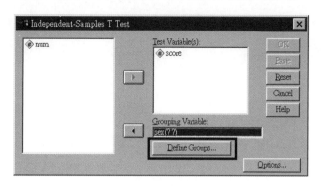

圖 9-8

在「Independent-Samples T Test」（獨立樣本 T 檢定）的對話視窗中，右邊「檢定變數」（Test Variable(s)）下的空盒中，至少要選取一個以上的檢定變數，檢定變數也就是「依變數」，依變數必須是等距變數或比率變數，可以只點選一個依變數或同時選取多個依變數均可。「分組變數」（Grouping Variable）下方的空格中，只能點選一個自變項，此自變項通常是二分名義變項，上述變項中 sex（？？）為尚未定義二分名義變項數值前的情形。

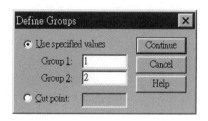

圖 9-10

「定義組別」（Define Groups）的對話視窗中，SPSS 提供二種分組的方式：

1. 如果原先的自變項是二分類別變項，則選擇「◉Use specified values」（使用指定的數值）選項，在「組別1」（Group 1:）及「組別2」（Group 1:）右邊的方格中，分別輸入二分類別變項二組的數字編碼組，如性別編碼中男生為1、女生為2，則二個編碼組分別為1、2；如果研究者在輸入資料時，男生編碼為1、女生編碼為3，則二個編碼組分別為1、3。

2. 若自變項是連續變項（尚未分組），則應選擇「◉Cut point」（分割點）選項，在其後的方格中輸入分組的臨界分數，此臨界分數可把自變項分成二個組別，分組的原則是：觀察值如果「小於」（<）分割點

的話，就被分成一組；而「大於或等於」（>=）分割點的觀察值，則被分成另外一組。在分成二組的臨界分數選擇上，通常是變數的平均數或其中位數。

如自變項為工作壓力連續變項，研究者想以此變數的平均數（M=20.00），將受試者分成「高工作壓力組」與「低工作壓力組」，則操作程序如下：

在「Define Groups」（定義組別）對話視窗中，選取最下面的「⊙Cut point:」（分割點）選項，後面的空格輸入數值「20」：
「⊙Cut Point: 20　　　」
代表t考驗時，觀察值「小於20分」者為第一組（低工作壓力組）；觀察值「大於或等於 20 分」者為第二組（高工作壓力組）。經此操作後，可將工作壓力連續變項轉換成二分類別變項。

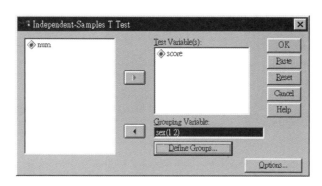

圖 9-11

三、結果分析

T-Test

Group Statistics

	Sex	N	Mean	Std. Deviation	Std. Error Mean
score	male	20	81.2000	6.28783	1.40600
	female	19	87.0000	6.52346	1.49658

上表為描述統計量，分別是依變數名稱、自變項的名稱及數值註解、有

效樣本數（N）、平均數（Mean）、標準差（Std. Deviation）、平均數的標準誤（Std. Error Mean）。範例中依變項為英文成績（score）、自變數為學生性別（sex），其中數值註解 1 為 male、2 為 female，男生有效樣本為 20 名、女生有效樣本為 19 名。男學生英文成績的平均數為 81.20、標準差為 6.29、平均數的估計標準誤為 1.406；女學生英文成績的平均數為 87.00、標準差為 6.52、平均數的估計標準誤為 1.497。

Independent Samples Test

| | | Levene's Test for Equality of Variances | | t-test for Equality of Means | | | | | 95% Confidence Interval of the Difference | |
		F	Sig.	t	df	Sig. (2-tailed)	Mean Difference	Std. Error Difference	Lower	Upper
score	Equal variances assumed	.002	.969	-2.827	37	.008	-5.80000	2.05145	-9.95663	-1.64337
	Equal variances not assumed			-2.825	36.707	.008	-5.80000	2.05344	-9.96178	-1.63822

上表為獨立樣本 t 檢定結果。平均數差異檢定的基本假設之一就是變異數同質性假設，亦即樣本的變異數必須具有同質性，因而 SPSS 在進行 t 考驗之前，會先進行二組之的離散狀況是否相似，當二個母體變異數相同時，則稱兩個母體間具有變異數同質性（homogeneity of variance）。如果樣本所在母群體的變異數之間有顯著差異，平均數檢定的方法會有所不同，未能符合 $\sigma^2_{x1} = \sigma^2_{x2}$ 的基本假定時，最好採用校正公式－柯克蘭和柯克斯所發展的 t 考驗法（*Cochran & Cox, 1957*；林清山，民 *81*）。

「Levene's Test for Equality of Variances」為考驗變異數是否相等的 Levene 檢定法，Levene 檢定用於考驗二組變異數是否同質，經 Levene 法的 F 值考驗結果，F 值等於.002，p=.969>.05，未達.05 的顯著水準，應接受虛無假設：

$H_0 : \sigma^2_{x1} = \sigma^2_{x2}$，故二組變異數可視為相等，因而看「Equal variances assumed」（假設變異數相等）一列；如果 Levene 法的 F 值考驗結果達到顯著水準，要拒絕虛無假設，接受對立假設 $H_1 : \sigma^2_{x1} \neq \sigma^2_{x2}$，此時應該查看「Equal variances not assumed」（不假設變異數相等）一列，表示二組樣本變異數不同質，採用校正過的 t 考驗法。

　　上表中 Levene 法檢定之 F 值未達顯著差異，表示二組樣本變異數同質，採第一列之 t 值，t 值等於-2.827、df=37、p=.008<.05，已達.05 顯著水準，平均數的差異值等於-5.80，表示男女生的英文成績有顯著差異存在，其中女生的英文成績顯著的優於男生的英文成績。

　　t 值顯著性的判別中，判別二組平均數差異檢定之 t 值是否是顯著，除參考機率值（p 值）（Sig. 顯著性欄之值）外，亦可判別差異值之 95%的信賴區間，此欄在報表中為最後一欄「差異 95%信賴區間」，如果 95%的信賴區間未包含 0 在內，表示二者的差異顯著，如果包含 0 在內，表示二者平均數有可能相等，二者的差異就不顯著，本表中 95%的信賴區間為〔-9.957，-1.643〕，未包含 0，表示英文成績因性別的不同而有顯著差異。在獨立樣本 t 檢定中，SPSS 只提供雙側考驗結果，如果統計假設是屬於單側考驗，則須再將 SPSS 輸出之值除以 2。

　　報表中「Std. Error Difference」欄為平均數差異值的估計標準誤，在此研究問題中為 2.051，其值等於二組樣本平均數標準誤的平方相加後，再開根號而來：

$$2.051 = \sqrt{1.406^2 + 1.497^2}$$

獨立樣本 t 檢定的檢視流程，可將之繪成如下的流程圖，以示判別。

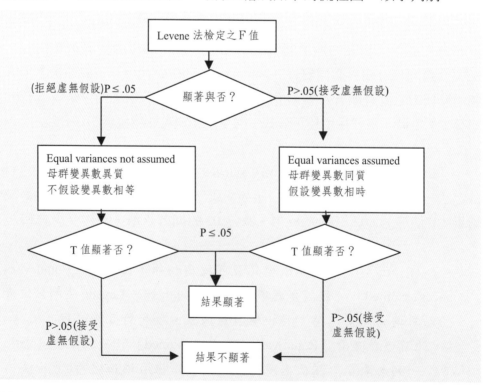

四、效果大小的計算

由於t考驗結果顯著,表示不同性別的國三學生其期中考的英文成績有顯著差異存在,進一步可檢定其效果大小值,效果大小值可以看出自變項學生性別可以解釋依變項英文成績之變異數多少百分比。

㈠操作程序

分析(Analyze)→比較平均數法(Compare Means)→平均數…(Means),出現「平均數」對話視窗,將依變項「英文成績[score]」選入右邊「依變數清單」(Dependent List)下的方格中,將自變項「性別[sex]」選入右邊「自變數清單」(Independent List)下的方格中

→按右下方的『選項』(Options…)鈕,出現「平均數:選項」(Means: Options)次對話視窗,勾選下方「☑Anova table and eta」選項→按『繼續』鈕(Continue)

→按『確定』(Ok)鈕。

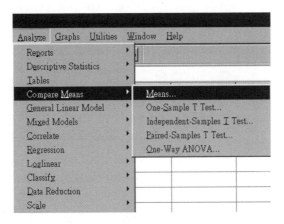

圖 9-12

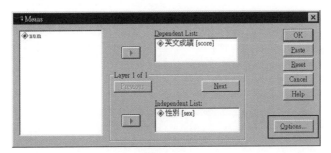

圖 9-13

圖 9-15

在上述「平均數:選項」次對話視窗中,左方為「統計量」(Statistics)清單、右方為「格統計量」(Cell Statistics),格統計量為報表中各組別要呈現的統計量,內定的統計量為平均數、觀察值個數、標準差,其上下排列的次序為報表呈現的順序,不論類別為何,每個變數的摘要統計量都會顯示出來。在統計量清單中包括以下統計量:總和、觀察值個數、平均數、中位數、組別中位數、平均數的標準誤、最小值、最大值、全距(範圍)、分組變數第一個類別的變數值、分組變數最後一個類別的變數值、標準差、變異數、峰度、峰度的標準誤、偏態、偏態的標準誤、總和百分比、N 總數百分比、總和百分比、N 的百分比、幾何平均數、調和平均數等。

此外,在「下方第一層統計量」(Statistics for First Layer)方盒中,包括二個選項,「Anova 表格與 eta 值」會呈現變異數分析摘要表、eta 值與 eta 值的平方,eta 值的平方為組間平方和與總和平方和的比例,在變異數分析中即關聯強度的數值;「測試線性」(Test for linearity)為直線性檢定,會產生 R 和 R^2,當自變數的類別依序排列時,此法是直線性檢定最簡易的方式。

「平均數:選項」對話視窗中,「統計量」清單中所有統計量如下:

統計量	說明
Sum	總和
Number of Cases	觀察值個數
Mean	平均數
Median	中位數
Standard Deviation	標準差

Grouped Median	組別的中位數
Std. Error of Mean	平均數標準誤
Minimum	最小值
Maximum	最大值
Range	全距（範圍）
First	分組變數第一個類別的變數值
Last	分組變數最後一個類別的變數值
Variance	變異數
Kurtosis	峰度
Std. Error of Kurtosis	峰度的標準誤
Skewness	偏態
Std. Error of Skewness	偏態的標準誤
Harmonic Mean	調和平均數
Geometric Mean	幾何平均數
Percent of Total Sum	總和的百分比
Percent of Total N	總數的百分比

㈡結果分析

Means

Report

英文成績

性別	Mean	N	Std. Deviation
男生	81.2000	20	6.28783
女生	87.0000	19	6.52346
Total	84.0256	39	6.96792

上表為學生性別的二個群體的平均數、有效觀察值個數與標準差。其值與進行獨立樣本 t 考驗之「組別統計量」（Group Statistics）結果一樣。

ANOVA Table

			Sum of Squares	df	Mean Square	F	Sig.
英文成績 * 性別	Between Groups	(Combined)	327.774	1	327.774	7.993	.008
	Within Groups		1517.200	37	41.005		
	Total		1844.974	38			

上表為變異數分析摘要表,即以學生性別為自變項,而以英文成績為依變項所進行的獨立樣本單樣子變異數分析,當自變項為二分名義變項(二個水準時),除可採用獨立樣本 t 檢定外,也可採用獨立樣本單樣子變異數分析,變異數分析考驗的 F 值等於 t 檢定之 t 值平方,二者的顯著性機率值相同(p=.008<.05),即 $F=t^2$,本範例中的 F 值等於 7.993,t 值等於−2.827;7.993＝(−2.827)^2,有關變異數分析理論與操作部分請參考後面章節。

Measures of Association

	Eta	Eta Squared
英文成績 * 性別	.421	.178

上表為關聯量數,Eta 值等於.421、Eta Squared(η^2)等於.178,如以上述所介紹效果值大小的公式,η^2 值等於下列式子:

$$\eta^2 = \frac{t^2}{t^2+(n_1+n_2-2)} = \frac{(-2.827)^2}{(-2.827)^2+(20+19-2)} = \frac{7.9919}{44.9919} = 0.178$$

η^2 值等於 0.178,表示國三學生性別變項可以解釋期中考英文成績 17.8%的變異量,二者間的關係屬強度關係。

㈡以 GLM 單變量分析求效果大小

另一種求效果大小或關聯強度的方法,為執行「分析／一般線性模式／單變量」的程序。其操作程序如下:

分析→一般線性模式→單變量，出現「單變量」對話視窗，將依變項「英文成績[score]」選入右邊「依變數」下的方格中，將自變項「性別[sex]」選入右邊「固定因子」下的方格中→按右下方的『選項』（Options...）鈕，勾選「效果項大小估計值」（Estimates of effect size）選項→按『繼續』鈕→按『確定』鈕。

「GLM 單變量分析」執行結果如下，輸出的報表為「單變量變異數分析」（Univariate Analysis of Variance）。

Tests of Between-Subjects Effects
Dependent Variable: 英文成績

Source	Type III Sum of Squares	Df	Mean Square	F	Sig.	Partial Eta Squared
Corrected Model	327.774(a)	1	327.774	7.993	.008	.178
Intercept	275658.236	1	275658.236	6722.485	.000	.995
sex	327.774	1	327.774	7.993	.008	.178
Error	1517.200	37	41.005			
Total	277197.000	39				
Corrected Total	1844.974	38				

a R Squared = .178 （Adjusted R Squared = .155）

上表為 GLM 單變量變異數分析摘要表，其表中包含上述變異數分析中的數值，在「校正模式」（Corrected Model）列的最後一欄「淨 Eta 平方」（Partial Eta Squared）等於下述的 R 平方（R Square）值＝.178，此值即是效果大小值 η^2。

9-6 學習經驗問卷的實例分析

一、【問題研究】

不同性別的學生在數學成就、數學焦慮、數學態度、數學投入動機等變項是否有顯著差異？

此研究問題的研究假設如下：

1. 不同性別的學生在數學成就表現上有顯著差異。

2. 不同性別的學生在數學焦慮的知覺上有顯著差異。

3. 不同性別的學生在數學態度的知覺上有顯著差異。

4. 不同性別的學生在數學成就的知覺上有顯著差異。

二、操作說明

【操作 1】

【Analyze】（分析）╱【Compare Means】（比較平均數）╱【Independent-Samples T Test…】（獨立樣本 T 檢定…）。

【操作 2】

出現「Independent-Samples Test」（獨立樣本 T 檢定）對話視窗。

將左邊變項清單之「數學成就[mch]」、「壓力懼怕[fea]」、「情緒擔憂[wor]」、「考試焦慮[exa]」、「課堂焦慮[cla]」、「整體數學焦慮[anx]」、「學習信心[con]」、「有用性[use]」、「成功態度[suc]」、「探究動機[mot]」、「整體數學態度[att]」、「工作投入[tin]」、「自我投入[ein]」、「整體投入動機[inv]」等依變數選入右邊「Test Variable(s):」（檢定變數）下的空盒內（要考驗的變項就是依變項）。

【操作 3】

將左邊變項視窗中自變項「學生性別[sex]」選入右邊下方「Grouping Variable」（分組變項）下面的空盒內，按『Define Groups…』（定義組別）鈕。

進入「Define Groups」次對話視窗，在「Group 1:」（組別 1）後面的空格內輸入「1」，如「Group 1: 1 」。

在「Group 2:」（組別 2）後面的空格內輸入「2」（空格內後面的數字 1、2 表群體組別的代號），如「Group 2: 2 」。

按『Continue』（繼續）鈕，回到「Independent-Samples T Test」（獨立樣本 T 檢定）對話視窗。

再按『OK』（確定）鈕。

平均數的差異檢定──t考驗

三、輸出報表

T-Test

Group Statistics

	學生性別	N	Mean	Std. Deviation	Std. Error Mean
數學成就	男生	146	23.16	10.534	.872
	女生	154	26.21	10.448	.842
壓力懼怕	男生	146	16.4863	6.39098	.52892
	女生	154	17.6948	6.60889	.53256
情緒擔憂	男生	146	24.1849	7.47594	.61871
	女生	154	25.6818	7.19087	.5746
考試焦慮	男生	146	24.0959	7.69176	.63657
	女生	154	26.5195	7.75290	.62475
課堂焦慮	男生	146	15.8630	5.02083	.41553
	女生	154	16.8701	4.88790	.39388
整體數學焦慮	男生	146	80.6301	23.67918	1.95970
	女生	154	86.7662	23.64437	1.90532
學習信心	男生	146	30.6575	7.89451	.65335
	女生	154	27.9545	8.15002	.65675
有用性	男生	146	25.9658	5.13865	.42528
	女生	154	26.0909	5.18843	.41810
成功態度	男生	146	25.6507	5.57407	.46131
	女生	154	26.4221	5.59269	.45067
探究動機	男生	146	20.6507	4.72790	.39128
	女生	154	20.3831	4.23986	.34166
整體數學態度	男生	146	102.9247	17.22912	1.42589
	女生	154	100.8506	17.72218	1.42809
工作投入	男生	146	23.1644	6.05153	.50083
	女生	154	22.9481	5.88983	.47462
自我投入	男生	146	16.3767	4.50615	.37293
	女生	154	16.0909	4.69788	.37857
整體投入動機	男生	146	39.5411	7.30151	.60428
	女生	154	39.0390	8.13440	.65549

Independent Samples Test

		Levene's Test for Equality of Variances		t-test for Equality of Means						
		F	Sig.	t	df	Sig (2-tailed)	Mean Difference	Std. Error Difference	95% Confidence Interval of the Difference	
									Lower	Upper
數學成就	Equal variances assumed	.000	.995	-2.517	298	.012	-3.050	1.212	-5.435	-.666
	Equal variances not assumed			-2.517	296.869	.012	-3.050	1.212	-5.435	-.665
壓力懼怕	Equal variances assumed	.208	.649	-1.609	298	.109	-1.20850	.75126	-2.68695	.26994
	Equal variances not assumed			-1.610	297.881	.108	-1.20850	.75059	-2.68562	.26862
情緒擔憂	Equal variances assumed	.028	.867	-1.768	298	.078	-1.49689	.84681	-3.16337	.16959
	Equal variances not assumed			-1.766	295.481	.078	-1.49689	.84769	-3.16516	.17139
考試焦慮	Equal variances assumed	.062	.803	-2.717	298	.007	-2.42359	.89212	-4.17924	-.66794
	Equal variances not assumed			-2.717	297.381	.007	-2.42359	.89193	-4.17888	-.66830
課堂焦慮	Equal variances assumed	.138	.710	-1.760	298	.079	-1.00712	.57123	-2.13304	.11881
	Equal variances not assumed			-1.759	296.089	.080	-1.00712	.57254	-2.13388	.11965
整體數學焦慮	Equal variances assumed	.556	.457	-2.245	298	.025	-6.13610	2.73315	-11.51481	-.75739
	Equal variances not assumed			-2.245	297.101	.026	-6.13610	2.73325	-11.51509	-.75711
學習信心	Equal variances assumed	.091	.764	2.915	298	.004	2.70299	.92717	.87835	4.52763
	Equal variances not assumed			2.918	297.860	.004	2.70299	.92638	.87990	4.52608
有用性	Equal variances assumed	.006	.938	-.210	298	.834	-.12516	.59653	-1.29910	1.04879
	Equal variances not assumed			-.210	297.427	.834	-.12516	.59638	-1.29881	1.04850
成功態度	Equal variances assumed	.021	.885	-1.196	298	.233	-.77139	.64497	-2.04067	.49788
	Equal variances not assumed			-1.196	297.251	.233	-.77139	.64491	-2.04057	.49778

探究動機	Equal variances assumed	2.377	.124	.517	298	.606	.26757	.51795	-.75173	1.28687
	Equal variances not assumed			.515	290.407	.607	.26757	.51945	-.75480	1.28994
整體數學態度	Equal variances assumed	.053	.818	1.027	298	.305	2.07401	2.01960	-1.90047	6.04849
	Equal variances not assumed			1.028	297.809	.305	2.07401	2.01807	-1.89748	6.04550
工作投入	Equal variances assumed	.059	.809	.314	298	.754	.21633	.68949	-1.14056	1.57322
	Equal variances not assumed			.314	296.077	.754	.21633	.68999	-1.14158	1.57424
自我投入	Equal variances assumed	.420	.517	.537	298	.592	.28580	.53200	-.76114	1.33275
	Equal variances not assumed			.538	297.958	.591	.28580	.53140	-.75998	1.33158
整體投入動機	Equal variances assumed	3.462	.064	.562	298	.575	.50213	.89410	-1.25741	2.26168
	Equal variances not assumed			.563	297.123	.574	.50213	.89152	-1.25237	2.25564

四、求效果大小值

上述變項中，學生性別在數學成就、考試焦慮層面、整體數學焦慮與學習信心態度層面有顯著差異，可進一步求其效果大小值。

> 分析（Analyze）→比較平均數法（Compare Means）→平均數...（Means），出現「平均數」對話視窗，將依變項「數學成就[mch]」、「考試焦慮[exa]」、「整體數學焦慮[anx]」、「學習信心[con]」四個依變項選入右邊「依變數清單」（Dependent List）下的方格中，將自變項「學生性別[sex]」選入右邊「自變數清單」（Independent List）下的方格中
> →按右下方的『選項』（Options...）鈕，出現「平均數：選項」（Means: Options）次對話視窗，勾選下方「□Anova table and eta」選項→按『繼續』鈕（Continue）→按『確定』（Ok）鈕。

以下只呈現其變異數分析摘要表與效果值大小。在變異數分析摘要表中可從顯著性（Sig.）再次判斷組別的差異是否達到顯著（p<.05）。

ANOVA Table

			Sum of Squares	df	Mean Square	F	Sig.
數學成就 * 學生性別	Between Groups	(Combined)	697.309	1	697.309	6.337	.012
	Within Groups		32790.727	298	110.036		
	Total		33488.037	299			
考試焦慮 * 學生性別	Between Groups	(Combined)	440.221	1	440.221	7.380	.007
	Within Groups		17775.099	298	59.648		
	Total		18215.320	299			
整體數學焦慮 * 學生性別	Between Groups	(Combined)	2821.868	1	2821.868	5.040	.025
	Within Groups		166837.612	298	559.858		
	Total		169659.480	299			
學習信心 * 學生性別	Between Groups	(Combined)	547.571	1	547.571	8.499	.004
	Within Groups		19199.559	298	64.428		
	Total		19747.130	299			

Measures of Association

	Eta	Eta Squared
數學成就 * 學生性別	.144	.021
考試焦慮 * 學生性別	.155	.024
整體數學焦慮 * 學生性別	.129	.017
學習信心 * 學生性別	.167	.028

五、報表統整與說明

不同學生性別在數學成就、數學焦慮、數學態度與數學投入動機之 t 考驗摘要表：

	學生性別	N	平均數	標準差	t 值	η^2
數學成就	男生	146	23.16	10.534	-2.517*	.021
	女生	154	26.21	10.448		
壓力懼怕	男生	146	16.4863	6.39098	-1.609n.s.	—
	女生	154	17.6948	6.60889		

情緒擔憂	男生	146	24.1849	7.47594	-1.768n.s.	—
	女生	154	25.6818	7.19087		
考試焦慮	男生	146	24.0959	7.69176	-2.717**	.024
	女生	154	26.5195	7.75290		
課堂焦慮	男生	146	15.8630	5.02083	-1.760n.s.	—
	女生	154	16.8701	4.88790		
整體數學焦慮	男生	146	80.6301	23.67918	-2.245*	.017
	女生	154	86.7662	23.64437		
學習信心	男生	146	30.6575	7.89451	2.915**	.028
	女生	154	27.9545	8.15002		
有用性	男生	146	25.9658	5.13865	-.210n.s.	—
	女生	154	26.0909	5.18843		
成功態度	男生	146	25.6507	5.57407	-1.196n.s.	—
	女生	154	26.4221	5.59269		
探究動機	男生	146	20.6507	4.72790	0.517n.s.	—
	女生	154	20.3831	4.23986		
整體數學態度	男生	146	102.9247	17.22912	1.027n.s.	—
	女生	154	100.8506	17.72218		
工作投入	男生	146	23.1644	6.05153	0.314n.s.	—
	女生	154	22.9481	5.88983		
自我投入	男生	146	16.3767	4.50615	0.537n.s.	—
	女生	154	16.0909	4.69788		
整體投入動機	男生	146	39.5411	7.30151	0.562n.s.	—
	女生	154	39.0390	8.13440		

*p<.05　**p<.01　n.s.（未達顯著水準）p>.05

由上表中可以發現，不同性別的學生在「數學成就」、「考試焦慮層面」、「整數學焦慮」、「學習信心層面」等變項有顯著差異；而在「壓力懼怕」層面、「情緒擔憂」層面、「課堂焦慮」層面、「有用性」層面、「成功態度」層面、「探究動機」層面、整體數學態度、「工作投入」動機層面、「自我投入」動機層面、整數數學投入動機等變項均無顯著差異。在達到顯著水準的變項中，從平均數得知：國小五年級女學生的數學成就（M=26.2100）顯著優於男學生（M=23.1600）；但在考試焦慮層面（M=26.5195）與整體數學焦慮（M=86.7662）的知覺感受上，也比男學生為高（M=24.0959、

M=80.6301）。在學習數學信心態度層面上，與男學生（M=30.6575）相較之下，女學生的數學學習信心（M=27.9548）較低。

　　從效果值的大小來看，學生性別對「數學成就」、「考試焦慮層面」、「整數學焦慮」、「學習信心層面」四個變項的解釋變異數分別為 2.1%、2.4%、1.7%、2.8%，均小於 6%，表示性別自變項與「數學成就」、「考試焦慮層面」、「整數學焦慮」、「學習信心層面」四個依變項間的關係均屬微弱關係。

【備註】：上表為便於研究者對照，所以小數點照報表結果呈現，在正式研究論文或量化的研究中，數值小數點位數取到「小數第二位」（四捨五入）即可。

9-7 自變項為連續變項之 t 考驗

一、【問題研究】

> 「不同數學焦慮組的學生，其數學態度是有顯著差異？」

　　上述研究問題中，自變數為數學焦慮、依變數為數學態度，二個變數均為連續變項，在統計方法應用上，除可用積差相關探究學生數學焦慮與數學態度變數之關係外，亦可將數學焦慮分成高數學焦慮組、低數學焦慮組，數學焦慮變數由連續變項變成二分名義變項，如此，可使用獨立樣本t檢定，以探究高、低數學焦慮組學生的數學態度有無差異存在。

二、操作程序

(一)求數學焦慮的描述統計

> Analyze
> 　　Descriptive Statistics
> 　　　　Descriptives...
> 　　　　將目標變數「數學焦慮[anx]」選入右邊方格中
> 　　　　按『OK』鈕

Descriptives
Descriptive Statistics

	N	Minimum	Maximum	Mean	Std. Deviation
數學焦慮	300	27.00	135.00	83.7800	23.82064
Valid N (listwise)	300				

　　數學焦慮的平均數為 83.78，數學焦慮總分為整數，因而決定以 84 分為分組臨界點。

(二)執行獨立樣本 t 檢定

Analyze（分析）

　Compare Means（比較平均數法）

　　　Independent-Samples T Test...（獨立樣本 T 檢定）

　　　將目標變數「數學態度[att]」選入右邊「Test Variable(s)」（檢定變數）

　　　下的方盒內

　　　將自變項「數學焦慮[anx]」選入右邊「Grouping Variable」

　　　（分組變數）下方的空格中

　　　按『Define Groups』（定義組別）鈕

　　　　選取「Cut point」選項，在右邊方格輸入分組臨界值 84

　　　　按『Continue』鈕

　　　按『OK』鈕

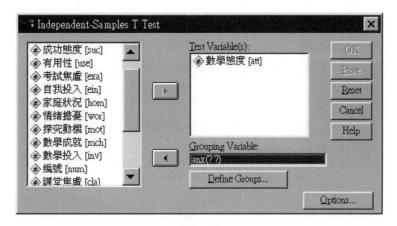

圖 9-15

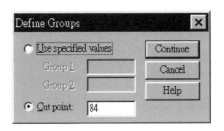

圖 9-17

上表中分割點（Cut point）後面方格分組變數值 84，表示觀察值數學焦慮總分如果小於 84 分，就分成一組，此為「低數學焦慮組」；數學焦慮總分大於或等於 84 分，則又分成另一組，此為「高數學焦慮組」。

三、結果分析

T-Test

Group Statistics

	數學焦慮	N	Mean	Std. Deviation	Std. Error Mean
數學態度	>= 84.00	148	96.1689	15.66589	1.28773
	< 84.00	152	107.4013	17.43114	1.41385

上表中數學焦慮≧84 分以上的觀察值有 148 位（高數學焦慮組），高數學焦慮組學生的數學態度平均數、標準差、平均數的估計標準誤分別為 96.17、15.67、1.29；數學焦慮＜84 分以下的觀察值有 152 位（低數學焦慮組），低數學焦慮組學生的數學態度平均數、標準差、平均數的估計標準誤分別為 107.40、17.43、1.41。高、低數學焦慮組學生的數學態度平均數差異為-11.23，t 考驗的目的即在於當考慮樣本個別差異及測量誤差的變異量後，這個平均數的差異值是否達到統計學上的顯著差異，如果平均數差異值未達統計學上的顯著水準，則這個平均數的差異值可能是抽樣誤差或機遇所造成的。

Independent Samples Test

| | | Levene's Test for Equality of Variances | | t-test for Equality of Means | | | | | | |
| | | F | Sig. | t | df | Sig. (2-tailed) | Mean Difference | Std. Error Difference | 95% Confidence Interval of the Difference | |
									Lower	Upper
數學態度	Equal variances assumed	1.582	.210	-5.865	298	.000	-11.23240	1.91511	-15.00125	-7.46354
	Equal variances not assumed			-5.873	296.117	.000	-11.23240	1.91239	-14.99599	-7.46881

上述「變異數相等的 Levene 檢定」（Levene's Test for Equality of Variances）欄中的 F 值=1.582，p=.210>.05，未達顯著水準，應接受虛無假設，兩組變異數應視為相等，因此須看「Equal variances assumed」（假設變異數相等）列之 t 值，否則應看「Equal variances not assumed」（不假設變異數相等）列之 t 值；在「Equal variances assumed」（假設變異數相等）列之 t 值中，t=-5.865，df=298，p=.000<.05，達到 .05 顯著水準，可見高、低數學焦慮組學生的數學態度知覺有顯著差異存在，低數學焦慮組學生的數學態度（M=107.40）顯著的比高數學焦慮組（M=96.17）學生正向、積極。

如果在數學焦慮高低分組上面，研究者不以自變項的平均數為基準，而想取前後極端組作為高低組別也可以，其中高分組可取前 25%至前 33%的觀察值；而低分組可取後 25%至 33%的觀察值。如在上述研究問題數學焦慮的分組中，研究者可以根據實際研究所需，將數學焦慮變數重新編碼成不同的組別，如研究者要將其分成三組：高分組、中分組、低分組。如此便可使用單因子變異數分析，探究三個組別之數學態度的差異情形；此外，也可只探討「高分組」、「低分組」學生間數學態度知覺的差異。

㈠依數學焦慮總分排序

執行「Data→Sort Cases...」程序，觀察值依數學焦慮變數遞增排序，分別求出第 100 位及第 201 位觀察值的分數，分別為 75 分及 93 分。（假設依全部觀察值排序，前三分之一為高分組、後三分之一為低分組、中三分之一為中分組，全部觀察值有 300 位，各分界點的觀察值分別為第 100 位及第 201 位）。

(二)依數學焦慮重新編碼

執行「Transform→Recode→Into Different Variables」程序，將數學焦慮變數「anx」重新編碼成「g_anx」變數，編碼的舊值與新值如下：

1. 數學焦慮 93 分以上者為高分組：93 through highest→1。
2. 數學焦慮 75 分以下者為低分組：Lowest through 75→3。
3. 數學焦慮界於 76 至 92 分者為中分組：76 through 92→2。

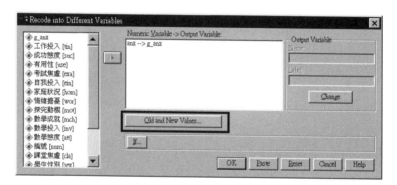

圖 9-17

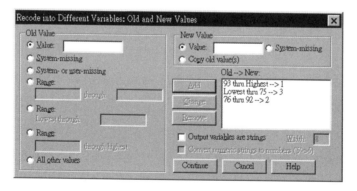

圖 9-18

四、求高分組、低分組在數學態度上的差異

自變數為數學焦慮重新編碼之分組變數「g_anx」，依變項為數學態度變數。

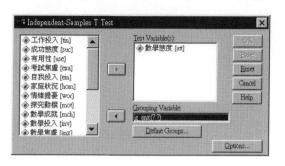

圖 9-19

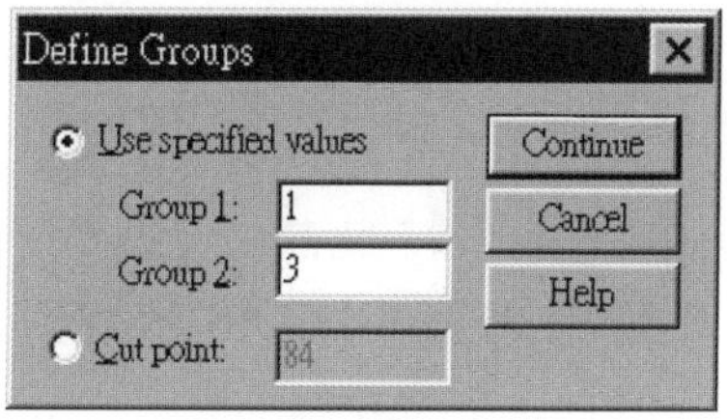

圖 9-20

　　在「定義組別」（Define Groups）視窗中，由於要比較的是數學焦慮「高分組」（數值編碼為 1）與「低分組」（數值編碼為 3）在數學態度知覺的差異，因而在「使用指定的數值」（Use specified values）選項中，「Group 1」、「Group2」後面的方格分別鍵入 1、3，此時觀察值中 g_anx 變數數值如果不是 1、3，則不納入分析。

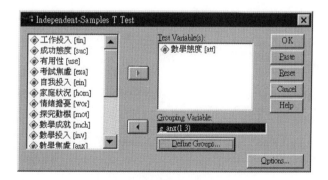

圖 9-21

五、結果分析

T-Test

Group Statistics

	g_anx	N	Mean	Std. Deviation	Std. Error Mean
數學態度	1.00	104	94.6154	15.23302	1.49372
	3.00	105	110.7048	18.33236	1.78906

上述變數「g_anx」為數學焦慮分組，1為高分組、2為低分組，數學焦慮高分組的觀察值有104位、數學焦慮低分組的觀察值有105位，其中各分組觀察值人數未正好等於總觀察值 300 名的三分之一，因為在分割點的分數有同分的緣故。

Independent Samples Test

		Levene's Test for Equality of Variances		t-test for Equality of Means						
		F	Sig.	t	df	Sig. (2-tailed)	Mean Difference	Std. Error Difference	95% Confidence Interval of the Difference	
									Lower	Upper
數學態度	Equal variances assumed	4.833	.029	-6.897	207	.000	-16.08938	2.33270	-20.68827	-11.49048
	Equal variances not assumed			-6.903	200.940	.000	-16.08938	2.33065	-20.68504	-11.49371

上述「變異數相等的Levene檢定」（Levene's Test for Equality of Variances）欄中的F值=4.833，p=.029<.05，達到.05 顯著水準，應拒絕虛無假設，兩組變異數應視為不同質，因此須看「Equal variances not assumed」（不假設變異數相等）列之 t 值，使用校正公式，否則要查看「Equal variances assumed」（假設變異數相等）列之 t 值。在「Equal variances not assumed」（假設變異數相等）列之 t 值中，t=-6.903，df=200.940，p=.000<.05，達到.05 顯著水準，可見數學焦慮高分組、低分組學生的數學態度知覺有顯著差異存在，數學焦慮高分組學生的數學態度顯著的比數學焦慮低分組學生負向、消極。

當$\sigma_{x1}^2 \neq \sigma_{x2}^2$即兩個母群體的變異數不相等時,應使用柯克蘭和柯克斯(Coch-ran & Cox)所發展的檢定公式:

$$t = \frac{\overline{X_1} - \overline{X_2}}{\sqrt{\dfrac{S_1^2}{N_1} + \dfrac{S_2^2}{N_2}}} = \frac{\overline{X_1} - \overline{X_2}}{\sqrt{S_{\overline{X1}}^2 + S_{\overline{X2}}^2}}$$
$$= \frac{94.6154 - 110.7048}{\sqrt{\dfrac{15.23302^2}{104} + \dfrac{18.33236^2}{105}}} = \frac{-16.0894}{2.330648} = -6.9034$$

9 - 8 無母數統計──二個獨立樣本

當 t 考驗之基本的假定無法滿足,最常用來替代 t 考驗最適切的方法便是魏可遜二樣本考驗(Wilcoxon two-sample test)。魏可遜二樣本檢定有許多種不同形式,其中最常用的就是曼-惠特尼 U 考驗(Mann-Whitney U test)。此方法特別適用於二獨立樣本、次序尺度以上變項之表現差異的顯著性考驗;其次是小樣本的情形。當研究者發現檢定的變數資料(依變項),不屬於連續變數,U 考驗是替代 t 檢定來考驗二個母體差異的適當方法。

一、【問題研究】

某大學電腦任課教師,想了解其任教的電腦課程中採用傳統講述法與自學法的差異,進行為期二個月的的教學實驗,依受試者的電腦程度隨機分派成二組。實驗結束後,依學生完成的作品與專題成果,給予學生 1-6 的等級分數(等級 1 最差、等級 6 最佳,等級排序愈低,學習成果愈差),其結果等級成績如下表,請問二組學生的學習效果是否有所差異?

組別	A	B	C	D	E	F	G	H
傳統法	5	6	6	5	5	4	6	6
自學法	4	1	5	3	4	3	2	

(一)操作程序

分析（Analyze）→無母數統計（Nonparametric test）→兩個獨立樣本（2 Independent Sample），出現「兩個獨立樣本檢定」（Two-Independent-Samples Tests）對話視窗→將依變項「評量結果[score]」選入右邊「檢定變數清單」（Test Variable List）下的方格中，將自變項組別「group」選入中間「分組變數」（Grouping Variable）下的方格中

→按『定義組別』（Define Groups）鈕，出現「兩個獨立樣本:定義組別」次對話視窗，在「組別1」（Group 1）的後面方格輸入自變項的第一個水準數值「1」；在「組別2」（Group 2）的後面方格輸入自變項的第二個水準數值「2」，按『繼續』鈕

→回到「兩個獨立樣本檢定」（Two-Independent-Samples Tests）對話視窗，在左下方「檢定類型」（Test Type）方盒中，勾選「Mann-Whitney U」統計量選項→按『確定』（Ok）鈕

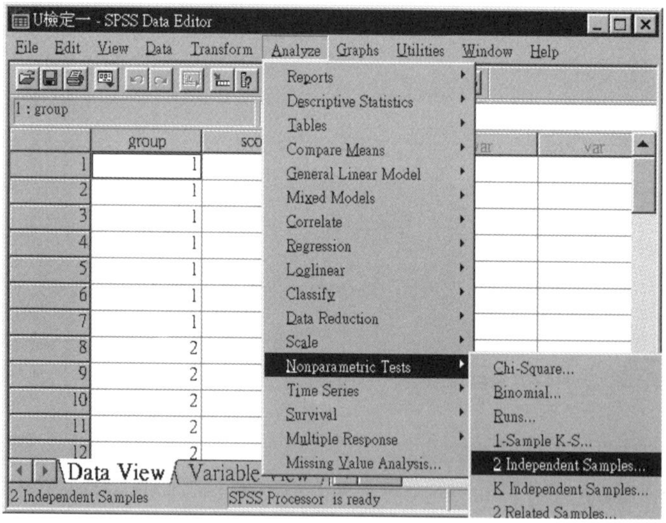

圖 9-22

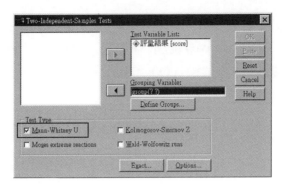

圖 **9-23**

　　在上述「兩個獨立樣本檢定」（Two-Independent-Samples Tests）對話視窗中，「檢定變數清單」（Test Variable List）下的方格中至少要選取一個以上的依變項。在「檢定類型」（Test Type）方盒中，共有四種檢定方法：曼－惠特尼 U 考驗（Mann-Whitney U）、柯－史二組樣本考驗（Kolmogorov-Smirnov Z）、Moses 極端反應檢定（Moses extreme reactions）、Wald-Wolfowitz 連檢定等四種。分析時應勾選一種以上的統計考驗方法。

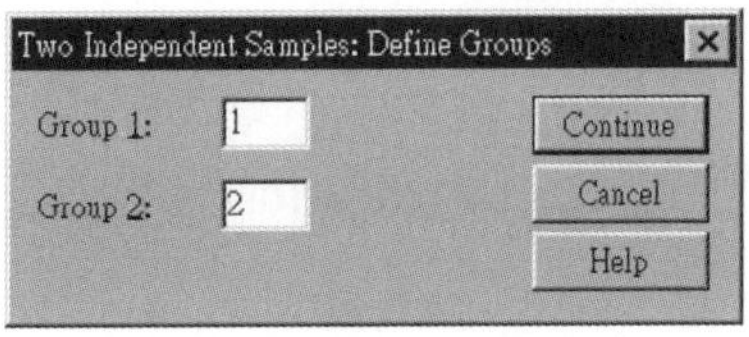

圖 **9-24**

　　上述在「兩個獨立樣本：定義組別」次對話視窗中，「Group 1:」、「Group 2:」空格的後面要分別輸入一個整數值，而其他數值的觀察值會從分析中排除。

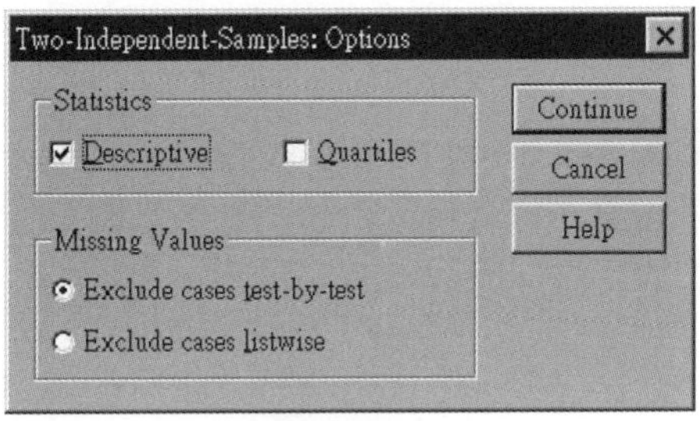

圖 **9-25**

在「兩個獨立樣本:選項」次對話視窗中，統計量包括描述統計量與四分位數。描述統計量（Descriptive）包括平均數、標準差、最小值、最大值和非遺漏值觀察值的個數。四分位數（Quartiles）會呈現第 25 個、第 50 個、第 75 個百分位數相對應的數值。

(二)報表解釋

NPar Tests

Mann-Whitney Test

Ranks

	組別	N	Mean Rank	Sum of Ranks
評量結果	自學法	7	4.50	31.50
	傳統法	8	11.06	88.50
	Total	15		

上表為等級摘要表，將十五位受試者的等級排序後，七位採用自學法受試者的等級總和為 31.50、等級平均數為 4.50；八位採用傳統講述法的受試者之等級總和為 88.50、等級平均數為 11.06。

Test Statistics (b)

	評量結果
Mann-Whitney U	3.500
Wilcoxon W	31.500
Z	-2.901
Asymp. Sig. (2-tailed)	.004
Exact Sig. [2*(1-tailed Sig.)]	.002(a)

a Not corrected for ties.

b Grouping Variable: 組別

上表為檢定統計量，包括 Mann-Whitney U 統計量、Wilcoxon W 統計量、Z 檢定、漸近顯著性（雙尾）、精確顯著性[2*（單尾顯著性）]。Z 檢定適用時機是：當分數出現同分（值結-ties 相等時），應採用等級校正後所得的檢定結果。上表中，Mann-Whitney U 統計量為 3.50、Wilcoxon W 統計量 31.500，雙側檢定之 p 值等於.002<.05，達到顯著水準，應拒絕虛無假設；而 Z 值為負，表示自學法的等級平均數小於傳統講述法的等級平均數。可見經二個月的教學實驗後，採用傳統講述法的學習效果顯著比採用自學法的學習效果為佳。

二、【問題研究】

某心理學者想探究國中資賦班群體中，男、女學生的學習焦慮是否有所差異，她從資賦班母群體中隨機抽取 9 位男生、11 位女生，讓學生填一份「學習焦慮」量表，其數據如下，請問此心理學者如何分析及解釋結果？

性別	1	2	3	4	5	6	7	8	9	10	11	
男生	60	56	78	68	67	64	59	67	75			anxi
女生	65	45	38	57	64	55	58	48	42	70	54	sex

其中 64 分有二個。

(一)操作程序

分析（Analyze）→無母數統計（Nonparametric Test）→兩個獨立樣本（2 Independent Samples），出現「兩個獨立樣本檢定」（Two-Independent-Samples Tests）對話視窗→將依變項「學習焦慮[anxi]」選入右邊「檢定變數清單」（Test Variable List）下的方格中，將自變項性別「sex」選入中間「分組變數」（Grouping Variable）下的方格中，按『定義組別』（Define Groups）鈕，出現「兩個獨立樣本:定義組別」次對話視窗，在「組別 1」（Group 1）的後面方格輸入自變項的第一個水準數值「1」；在「組別 2」（Group 2）的後面方格輸入自變項的第二個水準數值「2」

→按『繼續』鈕→回到「兩個獨立樣本檢定」（Two-Independent-Samples Tests）對話視窗，在左下方「檢定類型」（Test Type）方盒中，勾選「Mann-Whitney U」統計量、「Komogorov-Smirnov Z」統計量選項

→按『選項』鈕，出現「兩個獨立樣本:選項」次對話視窗，勾選「描述性統計量」選項，按『繼續』（Continue）鈕→按『確定』（Ok）鈕。

(二)報表解釋

NPar Tests

Descriptive Statistics

	N	Mean	Std. Deviation	Minimum	Maximum
學習焦慮	20	59.50	10.590	38	78
性別	20	1.55	.510	1	2

　　上表爲描述性統計量，學習焦慮的平均數數爲 59.50、標準差爲 10.59、最小值爲 38、最大值爲 78。學生性別二個水準，最小值爲 1、最大值爲 2、平均值爲 1.55。

Mann-Whitney Test

Ranks

	性別	N	Mean Rank	Sum of Ranks
學習焦慮	男生	9	14.17	127.50
	女生	11	7.50	82.50
	Total	20		

　　上表爲二個組別的個數、等級平均數與等級總和。從等級平均數來看，女生的學習焦慮較男學生的學習焦慮爲低（因爲學習焦慮測量分數愈高，表示學生知覺的學習焦慮愈高，而學習焦慮測量分數愈高者，其等級排序愈高，學習焦慮測量分數最低者，其排序等級爲 1）。男學生等級平均數爲 14.17、女學生等級平均數爲 7.50。

Test Statistics (b)

	學習焦慮
Mann-Whitney U	16.500
Wilcoxon W	82.500
Z	-2.509
Asymp. Sig. (2-tailed)	.012
Exact Sig. [2* (1-tailed Sig.)]	.010(a)

a　Not corrected for ties.

b　Grouping Variable: 性別

由於有分數同分情形，因而採用校正後的 Z 值，Z 值為-2.509，p=.012<.05，達到顯著水準。表示男女生的學習焦慮有顯著差異。由於 Z 值為負，表示男生的等級平均數大於女生的等級平均數，亦即資賦班男學生的學習焦慮顯著的高於資賦班女學生的學習焦慮。

下表為勾選「**Kolmogorov-Smirnov Z**」選項統計量之結果

Two-Sample Kolmogorov-Smirnov Test

Frequencies

	性別	N
學習焦慮	男生	9
	女生	11
	Total	20

在次數分配中，男生有 9 名、女生有 11 名，取樣的有效觀察值共 20 名。

Test Statistics (a)

		學習焦慮
Most Extreme Differences	Absolute	.616
	Positive	.616
	Negative	.000
Kolmogorov-Smirnov Z		1.371
Asymp. Sig. (2-tailed)		.047
a Grouping Variable: 性別		

上表為柯－史二組樣本考驗的檢定統計量中。從此表中得知：「Kolmogorov-Smirnov Z」等於 1.371、p=.047<.05，已達顯著水準，表示二組樣本之累積機率分配有顯著差異，亦即二組樣本學習效果的等級平均數並不一致。

柯－史二組樣本考驗所關心的是兩個累積觀察值次數的分配是否一致，如果這二個累積觀察次數分配彼此很接近，則這兩個樣本可能係來自同一母群，如果在任何一點顯示兩個分配相差太大，則兩個樣本可能來自不同的母群。使用柯－史二樣本考驗時，除了兩個樣本彼此獨立之外，所用的資料須屬於次序變數資料（林清山，民 81）。

9-9 無母數統計——相依樣本的差異考驗

　　相依樣本的差異考驗，即在考驗二組樣本在依變項的表現是否有所差異，在無母數統計法中，常用的方法有「符號考驗」（sign test）及「魏可遜配對組符號等級考驗」（又稱魏氏考驗）（Wilcoxon matched-pairs signed-rank test）等二種，符號考驗是利用正負符號來作為資料的統計方法，主要在檢定一組樣本在某一變項（次序尺度以上變項）前後二次測量值的差異情形，算出每對分數之差異的正負號，並考驗這些符號是否純由機遇所造成，或其分配有符合隨機性（randomness）。如果二個母群體並無真正差異存在，則正負號之中，應有一半是正號、一半是負號，如果正負號的分配中，大部分是正的或大部分是負的，則二個母群有顯著差異的可能性愈大。「魏可遜配對組符號等級考驗」是符號考驗法的修正，它是一種兼顧反應正負方向及大小差異值的檢定方法。在符號考驗法中，只考慮前後二次測量之差值的正負號，但未能考慮到差異值的大小，「魏可遜配對組符號等級考驗」可同時考慮到差值的正負號與差值的大小。在統計分析中，除了要知道每對分數差值的方向（正負號）外，還要知悉差值絕對值大小的次序等級（即把每對之差異值依大小次序加以排列），就可使用魏氏考驗法（林清山，民81）。魏氏考驗法的統計考驗力明顯高於符號考驗法，因而在行為科學中較為研究者所使用。此二者的考驗法均相當於母數統計法中，考驗兩個相依樣本平均數差異顯著性的t考驗法。

一、【問題研究】

　　某一心理學者想探究其出版的《現代心理學》一書採「彩色印刷」與「黑白印刷」二種版本對讀者喜愛程度的影響，以作為正式出版印刷的參考。在正式出版印刷前，二種版本先各印製十二本樣書，並隨機抽取十二位心理學系大學生閱讀，閱讀完後請其填寫一份1至6個等級的喜愛程度量表，6表示非常喜愛，1表示非常不喜愛，受試者填答數據如下，請問受試者是否因書籍印刷方式不同而有不同的喜愛程度？

受試者	A	B	C	D	E	F	G	H	I	J	K	L
彩色印刷	6	5	5	4	5	4	5	3	6	6	3	5
黑白印刷	2	3	2	3	2	2	1	1	3	2	4	2

二、操作程序

分析（Analyze）→無母數檢定（Nonparametric Tests）→二個相關樣本（2 Related Samples），出現「二個相關樣本檢定」（Two-Related-Samples Tests）對話視窗→將要考驗的二個相依樣本依變數「彩色印刷[color]」、「黑白印刷[black]」選入右邊「欲檢定之配對變數的清單」（Test Pairs List）下的方格中→按『選項』（Options...）鈕，出現「兩個相關樣本:選項」（Two-Related-Samples: Options）次對話視窗，勾選「描述性統計量」（Descriptive）選項→按『繼續』（Continue）鈕→按『確定』（Ok）鈕。

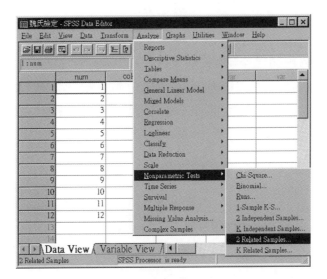

圖 9-26

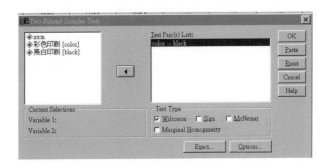

圖 9-27

在上述「二個相關樣本檢定」（Two-Related-Samples Tests）對話視窗中，「檢定類型」（Test Type）方盒包括四種相依樣本之無母數統計法：Wilcoxon檢定法（魏氏考驗）、Sign 檢定法（符號考驗）、McNemar 檢定法（麥內瑪考驗）、Marginal Homogeneity 檢定法（邊緣同質性考驗法）。魏氏考驗會考慮有關成對變數間、差異符號和差值級數二者的相關資訊，提供的資訊較多。如果原始資料已經分類，可使用「邊緣同質性考驗法」，此法是 McNemar 檢定的擴展功能，能從二元反應延伸到多項式反應。

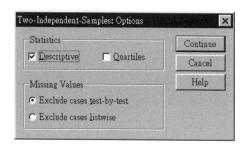

圖 9-28

在上述「兩個相關樣本:選項」（Two-Related-Samples: Options）次對話視窗，統計量方盒包含描述性統計量及四分位數。描述性統計量選項會顯示平均數、標準差、最小值、最大值和非遺漏觀察值的個數。

三、結果分析

NPar Tests
Descriptive Statistics

	N	Mean	Std. Deviation	Minimum	Maximum
彩色印刷	12	4.75	1.055	3	6
黑白印刷	12	2.25	.866	1	4

上表為描述統計量，有效受試者有十二位，十二位學生對彩色印刷喜愛程度的平均數為 4.75、標準差為 1.055；對黑白印刷喜愛程度的平均數為 2.25、標準差為.866。

Wilcoxon Signed Ranks Test
Ranks

		N	Mean Rank	Sum of Ranks
黑白印刷 - 彩色印刷	Negative Ranks	11(a)	6.95	76.50
	Positive Ranks	1(b)	1.50	1.50
	Ties	0(c)		
	Total	12		
a 黑白印刷＜彩色印刷				
b 黑白印刷＞彩色印刷				
c 黑白印刷＝彩色印刷				

　　上表爲魏氏符號等級檢定計算結果。十二名受試者，對黑白印刷喜愛程度之測量分數低於對彩色印刷喜愛程度之測量分數者有十一名（黑白印刷＜彩色印刷；Negative Ranks）；將其測量分數的差值等級化後，此十一名受試者的平均等級爲 6.95，等級總和爲 76.5（11×6.95=76.5）。對黑白印刷喜愛程度之測量分數高於對彩色印刷喜愛程度之測量分數者有一名（黑白印刷＞彩色印刷；Positive Ranks）此名受試者的平均等級爲 1.50，等級總和爲 1.50；對於二種印刷程度給予相同喜愛程度分數者（Ties）爲 0 人。

Test Statistics(b)

	黑白印刷 – 彩色印刷
Z	-2.963(a)
Asymp. Sig. (2-tailed)	.003
a Based on positive ranks.	
b Wilcoxon Signed Ranks Test	

　　上表爲「魏可遜配對組符號等級考驗」統計量，二個平均等級差異量檢定之 Z 值等於-2.963，p=.003<.05，達到顯著水準。表示二種不同的印刷方式對讀者的喜愛程度有顯著的不同，有 11 個「－」號（黑白印刷＜彩色印刷）、1 個「＋」號（黑白印刷＞彩色印刷）。與黑色印刷版面相較之下，受試者顯著對彩色印刷版面較爲喜愛。

9-10 家長參與問卷──相依樣本實例

一、【問題研究】

> 「家長參與校務之『參與能力』與『參與意願』」間的知覺是否有所差異？」

在量化研究之問卷調查法中，常會出現雙向度的知覺選項，如下列「家長參與與校務調查問卷」中（林美惠，民91），第二部分為家長參與校務的知覺，其中同一題項的填答包括家長參與校務的「參與能力」及「參與意願」二個向度。在家長參與校務的情況共有四大層面：

    1. 在班級（群）性校務方面：計有6題。
    2. 在溝通協調方面：計有4題。
    3. 在全校性校務方面：計有7題。
    4. 在決策性校務方面：計有4題。

在統計分析方面除探討不同背景變項在四大層面之差異外，進一步應該分析抽取樣本在「參與能力」與「參與意願」二個向度上的差異情形，由於是同一群受試者，在二個依變項測量分數之差異，因而可採用「成對樣本t檢定法」，考驗時，應分別將其題項總分加總。加總後變項如下：

層面一	班級參與能力 tb1	班級參與意願 tc1
層面二	溝通參與能力 tb2	溝通參與意願 tc2
層面三	校務參與能力 tb3	校務參與意願 tc3
層面四	決策參與能力 tb4	決策參與意願 tc4

家長參與校務調查問卷

壹、【基本資料】（請依您個人的背景資料，在適當的□中打✓）

1. 您是孩子的：□(1)父親　　　　　　　　□(2)母親
2. 最高學歷：□(1)研究所　　　　　　　　□(2)大學、專科
　　　　　　　□(3)高中職　　　　　　　　□(4)國中以下

貳、參與校務能力與意願知覺

二、家長參與校務的情況：每一個問題後面，都有二組反應項目，一組為「參與意願」，由高至低共分五個選項；另一組為「參與能力」，也是由高至低共分五個選項。請根據您的看法，在兩組反應項目中各選一個符合您看法的意見，並在□內打「✓」。

㈠在班級（群）性校務方面（班級參與）

	參與能力 （高→低） 5 4 3 2 1	參與意願 （高→低） 5 4 3 2 1
1.協助班級（群）校外教學事宜	□□□□□	□□□□□
2.協助班級（群）教學佈置、美化、清潔與維護	□□□□□	□□□□□
3.提供老師教學資源	□□□□□	□□□□□
4.捐贈班級（群）圖書或教學設備	□□□□□	□□□□□
5.參加班親會（或班級家長會），討論班級（群）事務	□□□□□	□□□□□
6.貢獻專長並參與部分教學活動，如晨光教學、說故事媽媽.	□□□□□	□□□□□

㈡在溝通協調方面（溝通參與）

1.和老師討論並參與兒童的學習評量，如：通關評量	□□□□□	□□□□□
2.和老師討論孩子的成長與需要	□□□□□	□□□□□
3.協助排解教師與家長的紛爭	□□□□□	□□□□□
4.和老師討論教育理念，擔任老師的教學助手	□□□□□	□□□□□

㈢在全校性校務方面（校務參與）

1.擔任學校義工，如交通導護、環境整理	□□□□□	□□□□□
2.參與低成就學生的學習輔導工作，如補救教學	□□□□□	□□□□□
3.參與學校綠化、美化工作	□□□□□	□□□□□
4.參與學生不良適應行為的輔導工作，如認輔學生	□□□□□	□□□□□
5.參加學校各項活動,如校慶、教學參觀日、園遊會等	□□□□□	□□□□□
6.參加學生獎懲委員會	□□□□□	□□□□□
7.辦理親職教育、成長團體、讀書會，協助家長成長	□□□□□	□□□□□

㈣在決策性校務方面（決策參與）

1.參與學校校務會議，對重要校務做決策	□□□□□	□□□□□
2.參與教科書選擇	□□□□□	□□□□□
3.參加「課程發展委員會」，與學校共同討論，擬定課程發展 　方向及課程方案的規劃	□□□□□	□□□□□
4.參加教評會，參與學校教師的甄選	□□□□□	□□□□□
5.擔任學校家長會的家長代表或家長委員	□□□□□	□□□□□
6.參與校園及校舍整體規劃	□□□□□	□□□□□
7.參與校長遴選工作	□□□□□	□□□□□

二、操作程序

Analyze（分析）→Compare Means（比較平均數法）→成對樣本 T 檢定（Paired-Samples T Test...），出現「成對樣本 T 檢定」對話視窗，將配對的變數「tb1 & tc1」、「tb2 & tc2」「tb3 & tc3」「tb4 & tc4」選入右邊「配對變數」（Paired Variables）下的方盒內
→按『Options...』（選項）鈕→在「Confidence Interval」（信賴區間）右邊空格設定顯著水準 95%→按『Continue』鈕→按『OK』鈕

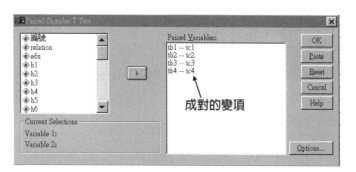

圖 9-29

三、結果分析

成對樣本統計量

		平均數	個數	標準差	平均數的標準誤
成對 1	班級參與能力	18.8423	596	6.7534	.2766
	班級參與意願	20.0470	596	6.9706	.2855
成對 2	溝通參與能力	13.2466	596	4.8415	.1983
	溝通參與意願	13.6728	596	4.7228	.1935
成對 3	校務參與能力	19.8322	596	7.8536	.3217
	校務參與意願	20.7399	596	8.0578	.3301
成對 4	決策參與能力	16.2908	595	8.0978	.3320
	決策參與意願	16.5059	595	8.3449	.3421

　　上表為四個層面二個向度平均數、有效觀察值個數、標準差、平均數標準誤。以第四層面在決策性校務方面，家長參與能力知覺的平均數為 16.2908、標準差為 8.0978；而在參與意願知覺的平均數為 16.5059、標準差為 8.3449。

此二者平均數的雖有高低，但是否達顯著水準，還須經統計考驗結果方能得知。

成對樣本相關

		個數	相關	顯著性
成對 1	班級參與能力 和 班級參與意願	596	.557	.000
成對 2	溝通參與能力 和 溝通參與意願	596	.560	.000
成對 3	校務參與能力 和 校務參與意願	596	.603	.000
成對 4	決策參與能力 和 決策參與意願	595	.761	.000

上表為四個層面二個向度間的積差相關係數，以層面二溝通協調方面而言，家長參與能力與參與意願二者間的相關為.560，p=.000<.05，達到顯著水準。

成對樣本檢定

		成對變數差異					t	自由度	顯著性（雙尾）
		平均數	標準差	平均數的標準誤	差異的 95% 信賴區間 下界	上界			
成對 1	班級參與能力 - 班級參與意願	-1.2047	6.4653	.2648	-1.7248	-.6846	-4.549	595	.000
成對 2	溝通參與能力 - 溝通參與意願	-.4262	4.4878	.1838	-.7872	-6.5141E-02	-2.318	595	.021
成對 3	校務參與能力 - 校務參與意願	-.9077	7.0922	.2905	-1.4783	-.3372	-3.125	595	.002
成對 4	決策參與能力 - 決策參與意願	-.2151	5.6848	.2331	-.6728	.2426	-.923	594	.356

上表為成對相依樣本 t 檢定統計量。

將上述結果整理如下表：

參與校務能力與意願知覺之平均數、標準差與其 t 檢定值

變項名稱		平均數	個數	標準差	t 值
在班級（群）校務方面	參與能力	18.8423	596	6.7534	-4.549***
	參與意願	20.0470	596	6.9706	
在溝通協調方面	參與能力	13.2466	596	4.8415	-2.318*
	參與意願	13.6728	596	4.7228	
在全校性校務方面	參與能力	19.8322	596	7.8536	-3.125**
	參與意願	20.7399	596	8.0578	
在決策性校務方面	參與能力	16.2908	596	8.0978	-0.923n.s.
	參與意願	16.5059	596	8.3449	

* p<.05　**p<.01　*** p<.001　n.s. p>.05

從上表中可以得知：「在班級（群）校務方面」、「在溝通協調方面」、「在全校性校務方面」三個面向，家長參與能力與參與意願間的知覺均有顯著差異存在，家長在「參與能力」的知覺均顯著的低於家長「參與意願」的知覺；而在「在決策性校務方面」，家長參與能力與家長參與意願間的知覺感受沒有顯著差異，t 值=-.923，p>.05。

第十章

單因子變異數分析

10-1 基本理論

單因子變異數分析（one-way analysis of variance；簡稱為 one-way ANO-VA）的目的主要在於考驗三個或三個以上獨立樣本觀察值之各組平均數（means）彼此間是否相等。其中的自變項為間斷變項，依變項為連續變項，自變項為三分名義變項或多分類別變項。研究問題如不同學校規模（大規模學校、中規模學校、小規模學校）之行政人員的工作壓力是否有所不同？不同婚姻狀態（未婚、已婚、離異、喪偶）的成年人其生活滿意度是否有所不同？不同領導類型的組織主管（高關懷高倡導、高關懷低倡導、低關懷高倡導、低關懷低倡導）其組織氣氛是否有所差異？不同家庭結構（單親家庭、雙親家庭、隔代教養家庭）之青少年其學習成就是否有所差異？不同社會參與程度（時常參加、偶而參加、很少參加）的退休人員，其生活滿意度是所有所差異？

在資料分析中，若要進行二組平均數的顯著性考驗，以前述介紹的t考驗法最為適合，t考驗可以用來比較兩個母群平均數的差異，如果組別在三組以上，亦即要進行三組以上母群體平均數的顯著性考驗，t考驗法便不適宜。以四組平均數考驗為例，如果研究者要以t考驗的方式，逐一比較二組平均數的差異，總共要進行六次（$C_2^4 = \dfrac{4 \times 3}{2} = 6$）的t考驗，此種作法會提高犯第一類型的錯誤，如婚姻狀態有四個水準－未婚、已婚、離異、喪偶，逐一比較二組平均值之差異，總共要比較的組別如下：未婚－已婚、未婚－離異、未婚－喪偶、已婚－離異、已婚－喪偶、離異－喪偶；而如果三組平均數要進行平均數的差異比較，採用 t 考驗，總共要進行三次比較 $(3 \times 2) \div 2 = 3$，這樣的比較結果均會提高犯第一類型的錯誤。

研究者如果考驗C個獨立的比較，每個考驗的顯著水準設為α，則至少犯一次以上第一類型錯誤的機率為 $1 - (1 - \alpha)^c$，如果α值很小，則此錯誤最大機率值大約為C×α。

在α為顯著水準之下，考驗一個比較（二個平均數差異的考驗），犯第一類型的錯誤率為α，不會犯第一類型的錯誤率為 $1 - \alpha$；如果考驗二個比較，不會犯第一類型的錯誤率為 $(1 - \alpha) \times (1 - \alpha)$；每個比較均在α顯著水準之下，進行考驗，如果總共進行 C 個比較（共考驗 C 個虛無假設），則不會犯第一類型的錯誤率為 $(1 - \alpha) \times (1 - \alpha) \times \cdots \times (1 - \alpha)$，亦即共有 C 個 $(1 - \alpha)$ 相乘，其值等於 $(1 - \alpha)^c$，因而如進行 C 個獨立比較時，則不會犯第一類型錯誤

的機率爲 $(1 - \alpha)^c$，相對的，會犯第一類型錯誤的機率等於 $1 - (1 - \alpha)^c$。在獨立比較中，第一類型錯誤率隨著比較組數的增加而變大，此種性質也適用於非獨立性質的比較，在非獨立比較中，如果進行 C 個比較，則犯一個以上第一類型的錯誤率 $\leq 1 - (1 - \alpha)^c$。

以組別三組、五組的比較而言，如果採用 t 考驗，則分別要進行 3 次、10 次的比較，在全部比較中至少犯第一類型錯誤（type I errors）率如下：

$$p = 1 - (1 - .05)^3 = .14$$
$$p = 1 - (1 - .05)^{10} = .40$$

以分開進行 6 次獨立的比較爲例，則在全部比較中至少一次犯第一類型錯誤的機率爲：

$$p = 1 - (1 - .05)^6 = .2649$$

因而若研究者進行 6 次獨立的 t 考驗（比較），以比較四組平均數是否有顯著差異時，研究者有 .265 的機率至少犯一次第一類型錯誤，這與原先設定整體的顯著水準爲 .05 或 .01 有很大的不同。如果研究者採用變異數分析法，則不僅可以同時考驗三個母群體以上平均數的差異情形，亦可維持整體考驗的顯著水準爲 .05 或 .01。當然，變異數分析法亦可適用於二個母群體平均數間差異的顯著性考驗，此時 F 考驗之 F 值剛好是 t 考驗時 t 值平方倍（F 值 $= t^2$）。

變異數分析也稱 F 統計法，F 統計法是在計算組間（between groups）與組內（within groups）的離均差平方和（SS），然後除以自由度，就可得到均方（mean square；簡稱 MS），MS 就是母群變異數的不偏估計值 s^2，F 值就是組間變異數（s_b^2）與組內變異數（s_w^2）的比值。問卷調查法在進行變異數分析時，與實驗設計採用變異數分析相同，有五個重要的基本假定（王保進，民 91；林清山，民 81；Kirk，1995）：

一、常態性（normality）

觀察值係從常態分配母群中抽出，亦即樣本所來自的母群在實驗研究的依變項方面，其分配是常態分配的。變異數分析時，如果是大樣本時，除非是明顯的抽樣誤差，否則根據中央極限定理，研究者並無必要必去考驗常態性的問題。如果眞的違反常態性假定時，則較易使第一類型錯誤的機率提高，

亦即在實際上未達到顯著水準,而統計分析結果卻達到顯著水準的錯誤結論,產生高估樣本的估計值。統計分析時,如果碰到違反常態性的假定,通常只要將顯著水準α值定得較小(較嚴)即可。

二、隨機抽樣(randomized)

觀察值是從母群中隨機抽樣而得的或實驗單位(受試者)被隨機分派至實驗處理。隨機抽樣與隨機分派是實驗控制方法,實驗時如果無法完全做到隨機抽樣與隨機分派,則要採用準實驗設計,以統計控制方法加以處理。

三、獨立性(independent)或可加性(additivity)

從各母群體所抽出的各隨機樣本互相獨立,各變異來源對總離均差平方和解釋量正好可分割成數個可相加的部分。F統計量的分子和分母是彼此獨立的,亦即各變異來源對總離均差平方和和解釋量正好可分割為幾個可相加在一起的部分,如 $SS_t = SS_b + SS_w$(總離均差平方和=組間離均差平方和+組內離均差平方和)。此種性質又稱可加性,亦指各變異來源,包括自變項效果、受試者效果及誤差項效果的離均差平方和(sum of square of deviation mean;通常簡稱為 SS),相加後恰等於依變項的總離均差平方和。

四、變異數同質性(homogeneity)

如同 t 考驗一樣,F 統計量的分子和分母是相同母群變異量的估計值,亦即各組樣本之母群變異數相同。由於平均數差異檢定時,各組受試者是隨機取自同一母群體的不同樣本,因為各組樣本是來自同一母群體,因而各組樣本在依變項得分的變異數應該具有同質性,即 $\sigma_1^2 = \sigma_2^2 = \sigma_3^2 \cdots = \sigma_k^2$。變異數分析時,如果違犯變異數同質性的假定,將使平均數差異檢定的結果導致錯誤的結論,所以此項假定是變異數分析時最應遵守的一點。

在各組樣本人數相等之等組設計中,變異數分析具有強韌性(robustness),可以違反常態性和同質性等基本假定,亦即變異數是否同質,對犯第一類型錯誤及第二類型錯誤的機率影響並不大;但當使用不等組設計時,變異數同質假定卻是獲得正確結果的必要條件,亦即各組樣本人數差異愈大時,變異數是否同質的假定,對接受或拒絕虛無假設的影響很大,因而在進行變異數分析時,如果各水準(各組別)的樣本數差異較大,最好先做變異數同

質性的檢定，以免導致錯誤的結果。假使違反變異數同質性的假定，可進行資料轉換，如平方根轉換、對數轉換，各變組變異數值趨於相近，以便進行變異數分析。不過，資料經過轉換後，資料的某些特質會被改變，但有些特質和資料間關係仍然會被保留下來（余民寧，民 86）。

五、球面性假設

如果是相依樣本的變異數分析，除了遵循以上變異數分析的一般性假設外，必須再符合球面性（sphericity）或環狀性（circularity）假設，所謂球面性或環狀性是指受試樣本於自變項的每一實驗處理中，在依變項上的得分，兩兩配對相減所得的差之變異數必須相等（同質），亦即，不同的受試者在不同水準間配對或重複測量，其變動情形應具有一致性（邱皓政，民 89），相依樣本的變異數分析，如違反此項假設，將會提高第一類型犯錯的機率。

學者 Box（1954）報告指出，在下列三種情況下，ANOVA F 考驗雖然違反此一假定，仍具有強韌性（robust），所謂強韌性係指不符合基本假定時，統計考驗結論正確的程度：一為每個處理水準的觀察數目一樣；二為母群是常態的；三是最大與最小變異數的比值未超過 3，如果超過 3，則對異質性變異量之 ANOVA 強韌性表質疑態度。

如果違反以上基本假定，變異數分析時會產生錯誤結果：

1. 每個受試者有二個以上觀察值就不是獨立，誤差項不獨立會嚴重影響第一類型錯誤（type I）和 F 統計的「統計考驗力」（power）。以實驗設計而言，某些實驗設計允許分數不獨立，但誤差效果項定要獨立（此乃指重複量數設計）。

2. 違反隨機化假定，會影響內外在效度，未隨機分派會減低內在效度；未採用隨樣取樣會降低調查研究或實驗的外在效度。

3. 如果違背常態性假定，較易犯第一類型錯誤，亦即較易在事實上未達顯著水準時，卻得到達顯著水準的結果，遇此情況，可考慮將α定得較小。在研究中要注意以下二點：

   (1)稍微違犯常態性假定較無關係，特別是對稱，但非常態化情境，而樣本人數等於或大於 12 人以上時，F 統計也富於強韌性。如果樣本數夠大（組別人數在 20 人以上時），除非偏態情形特別嚴重，否則 F 考驗皆具有相當程度的強韌性。

   (2)偏態對第一類型錯誤的影響較小，但如樣本數不多時，對「power」

的影響較大。當母群呈高狹峰時，F 考驗則顯著較爲保守，眞正的α值小於設定的α值，第一類型錯誤率會降低；如果母群呈低闊峰時，F 考驗則顯得較爲鬆散，第一類型錯誤率會增加。

4.如果嚴重違反變異數同質性之假定，則將導致嚴重錯誤，若發現變異數異質情形嚴重時，可將原始分數加以轉換以使變異數同質。在研究分析中，分數轉換的三個目的：一爲達到誤差變異數同質性、二爲促使誤差效果常態化、三爲獲得效果值的可加性。分數轉換的方法如平方根轉換法、對數轉換法、倒數轉換法、反正弦轉換法等。

在變異數同質性考驗方面，常用的方法爲拔雷特（Bartlett）考驗、哈特萊（Hartley）考驗法、Brown-Forsythe 考驗法、Welch 考驗法幾種。而 SPSS 統計軟體，自 5.0 版起只提供 Levene 檢定法，至於如 SAS 統計軟體對於同質性檢定的方法是採用哈特萊最大最小變異法，將最大的變異數除以最小的變異數，然後考驗其 F 值。

多重比較的種類可以分成以下幾種類型（傅粹馨，民 84；林清山，民 81）：

一、正交比較和非正交比較

正交（orthogonal）比較與非正交（nonorthogonal）比較係數如：

$$\psi_1 = (1)\overline{Y_1} + (-1)\overline{Y_2} + (0)\overline{Y_3} = \overline{Y_1} - \overline{Y_2}$$
$$\Sigma C_j = (1) + (-1) + (0) = 0$$
$$\psi_2 = (1)\overline{Y_1} + (0)\overline{Y_2} + (-1)\overline{Y_3} = \overline{Y_1} - \overline{Y_3}$$
$$\Sigma C_j = (1) + (0) + (-1) = 0$$
$$\psi_3 = (\frac{1}{2})\overline{Y_1} + (\frac{1}{2})\overline{Y_2} + (-1)\overline{Y_3} = \frac{\overline{Y_1} + \overline{Y_2}}{2} - \overline{Y_3}$$
$$\Sigma C_j = (\frac{1}{2}) + (\frac{1}{2}) + (-1) = 0$$

上述中ψ_1、ψ_2分別代表第一組與第二組、第一組與第三組之平均數的成對比較，ψ_3表示第一組與第二組之平均數的平均數與第三組平均數相比較，每組比較之「比較係數」（coefficient comparison）之和皆爲 0。上述中ψ_1和ψ_3二個比較互爲正交比較，因其相對應之比較係數乘積和爲 0，亦即 $(1) \times (\frac{1}{2}) + (-1) \times (\frac{1}{2}) + (0) \times (-1) = 0$。所謂正交比較（orthogonal comparisons）是指

彼此之間互爲獨立事件或不重疊的比較，正交比較時，除了滿足各組比較係數和等於 0 外，二組比較相對的比較係數的相乘積和亦爲 0；如果二個相對應之比較係數乘積和不等於 0，則此二者之事後比較互爲非正交比較。一般說來，在 k 個實驗處理水準時，正交比較的數目有 k-1，在獨立樣本變異數分析時，MS_b 的自由度正是 k-1，它是 k 個平均數時，所能進行的正交比較之數目。

二、事前比較與事後比較

ANOVA 分析之 F 值如果達到顯著，表示組別間至少有一對平均數之間有顯著差異，但至於是那二組之間的差異，無從得知，而在變異數分析中，F 值如達顯著，則進一步要進行「成對組多重比較」（pairwise multiple comparisons）分析，即所謂的「多重事後比較」，常以「posteriori」、「unplanned」、「post hoc tests」稱之，多重事後比較是一種「探索性資料分析」法（exploratory data analysis）。因而事後比較是在變異數分析的整體性 F 值（overall F）達到顯著水準之後才決定要進行所有成對的平均數之間差異的比較，如果自變項的水準數或組別爲 k，則總共要進行 $\frac{k(k-1)}{2}$ 組成對平均數比較。

在進行變異數分析之前，研究者如果依據理論或相關文獻而決定進行那幾對平均數之差異比較，亦即，研究者只想了解感興趣的那幾對之平均數是否有差異，像這種爲了要考驗某種假設而在還沒看到實際觀察資料之前就事先已經計畫好的多重比較，就稱之爲事前比較（a priori 或 planned comparisons）。

在變異數分析中，與事後比較相對應的爲「事前比較」（priori 或 planned test）。所謂事前比較，即是在實驗之前，研究者根據相關理論或實驗目的，事先選定好要比較的組別，而以規劃設計的實驗來驗證，這種比較與變異數分析考驗之 F 值是否達顯著無關，即使 F 值未達顯著，研究者還是根據事先計畫好的比較進行分析。事前比較通常適用於「驗證性資料分析」（confirmatory data analysis）上面。在事前考驗裏，通常使用 t 統計法，在事後比較裏，須使用 q 統計法或 F 統計法。

探索性資料分析典型用於研究程序的初始階段，此時，研究者因欠缺完整的資訊，以致無法做出正確的預測或建立一個考驗的模式。探索性資料分析的目的，在於資料或變項的探究，於模式組型試探上較有彈性，可作爲驗證性資料分析與未來理論模式建立的基礎。至於驗證性資料分析通常使用在研究者已累積足夠的資訊，可以預測或建立模式，而以驗證性資料分析法來驗證。驗證性資料分析強調的是「模式驗證」，而探索性資料分析則強調有

彈性的蒐集模式證物（變項），常實施於驗證性資料分析之前（*Kirk, 1995*）。

在探索性資料分析中，如果變異數分析之整體考驗的 F 值未達顯著，表示各組平均數間沒有顯著差異，就不必進行事後比較。事後比較的基本假設如同變異異數分析（ANOVA）的假設，須滿足以下的假定：1.常態性：樣本來自的母群在依變項上呈常態分配；2.獨立性：每個觀察值必須是獨立的；3.變異數同質性：各組的變異數是相同的，亦即$\sigma_1^2 = \sigma_2^2 = \sigma_3^2 \cdots = \sigma_k^2$，假若嚴重違反此一假設，將造成錯誤的結果，此點宜特別留意。Toothaker（*1993*）從相關研究中發現：大部分事後比較的方法具有強韌性，可以違反常態性的基本假設，而不會影響第一類型與第二類型的錯誤。

事後比較分析的方法很多，如根據符合基本假設與未符合基本假設來劃分，可統整如下表（*傅粹馨，民 84；Kirk, 1995*）。

符合基本假設	未符合基本假設
(一)所有成對（all pairwise）比較的考驗	(一)所有成對（all pairwise）比較的考驗
‧ Tukey 考驗	*1.* 適用於不等組但變異數同質的情況
‧ Fisher-Hayter 考驗	‧ Tukey-Kramer 考驗
‧ REGW F，FQ 及 Q 考驗	‧ Fisher-Hayter 考驗
	2. 適用變異數異質的情況
	‧ Dunnett's T3 考驗
	‧ Dunnett's C 考驗
	‧ Games-Howell（GH 法）考驗
(二)所有可能的比較考驗	(二)所有可能的比較考驗
‧ Scheffe	*1.* 適用變異數異質的情況
	‧ Brown-Forsythe 考驗

上表中所列的各種方法，當研究者作整體或部分（complete or partial）假設時，其α_{FW}都維持在α之內，不若其他方法如 NK、Duncan、LSD 法無法控制α_{FW}於α之內；再者，上表中各種方法都擁有下列特點中的某些項：如良好的考驗力、容易計算和解釋，可以建立信賴區間和強韌性（*傅粹馨，民 84；Kirk, 1995*）：

(一)Tukey's HSD 法／T 法

Tukey（杜凱氏）的 HSD（honesty significant different）或 WSD（wholly significant difference）是一種使用相當普遍的事後比較方法之一，其特性如下：

1. T 法利用單一步驟（single-step）方式控制整個α_{FW}小於或等於α，執行所有成對的事後比較，亦即 p(p-1)/2 對時，其α_{FW}仍維持在.05。

2. T法適用於雙尾的檢定；也適用於等組的情況，若不等組，則用 Tukey-Kramer 法較爲適宜。

杜氏法（Tukey 法）：Tukey 事後比較方法稱爲「最實在性顯著差異考驗法」（honestly significant difference；簡稱爲 HSD 法）。HSD 法是成對組（pairwise）一一比較，錯誤率的觀念單位是「整個」（overall）實驗，它可控制整體的α（第一類型錯誤）爲.05，如果比較組數目較多，則 HSD 法在偵測個別差異時，可能較爲敏感，HSD 法考驗力並不輸於 Scheffe 法。

(二) Fisher-Hayter 法／FH 法

Hayter（*1986*）將 Fisher's LSD 加以修正，而提出 Fisher-Hayte 的事後比較法，此法的特點是在於當不等組且組數大於 3 時，α_{FW}不會大於α，其特性如下：

1. 若進行成對的事後比較，FH 法較 T 法更具有統計考驗力（power）。

2. FH 法適用於不等組，且組數大於 3（k>3）的情況。

(三) Scheff'e 法／S 法

Scheffe 法：當各組人數不相等或想進行複雜的比較時，使用 S 法較富強韌性。它也可控制整體α值等於.05。S 法在考驗每一個平均數線性組合，並提供水準保護，而非只是考驗一對平均數間的差異情形，因而 S 法顯得較爲保守。由於 S 法較保守，因而有時變異數分析之 F 值達到顯著（此時的顯著水準在.05 附近），但事後比較時，卻沒有發現有任何二組的平均數達到顯著差異。雪費法（Scheffe's method）所犯第一類型錯誤的機率較低，對資料分配違反常態性與變異一致性二項假定時較不敏感，是所有事後比較方法中「最嚴格、檢定力最低」的一種多重比較法。

S 法的特色如下：

1. 其不若 T 法只適用於成對的比較，當組數 (k) ≥3 時，任何的非成對（nonpairwise）比較（或稱複雜的比較）和成對的比較（或稱簡單的比較）亦可使用之，且其α_{FW}均維持在α之內，故有人認爲此方法相當嚴謹，但從統計考驗力的觀點而言，會稱此法不夠靈敏（low power），

亦即不易拒絕虛無假設，即上述所謂的事後比較較不會達到顯著性。

2. 此法可建立同時信賴區間；亦適用於不等組的情況，但各組的變異數要相等。

3. 當研究者想進行非成對的比較時，用此法最為適宜，對成對的比較而言，似乎太過嚴謹。

(四) T3 法、C 法和 GH 法

T3 法、C 法和 GH 法均適用於不等組且各組變異數異質的情境。其中 GH 法的特性：(1)其臨界值的算法與 Brown-Forsythe 法接近。(2)學者 Games 與 Howell 認為在不等組但變異數同質的情況，宜採用 Tukey-Kramer 法的事後比較，具有較佳的統計考驗力；但當不等組且變異數異質時，宜採用 GH 法，但以每組人數不少於 6 人為宜，因人數太少，對 α_{FW} 會有影響（*Toothaker, 1993*）。Kirk（*1995*）將 T3 法、C 法和 GH 法三種事後比較法的性質歸納如下：

1. 一般而言，GH 法比 C 法更具統計考驗力，當各組變異數異質性降低則 GH 法更加寬鬆，故以變異數愈是異質最適用。

2. 當誤差的自由度愈大時，C 法比 T3 法更具考驗力，當誤差的自由度愈小時，T3 法比 C 法更具考驗力。這兩種方法均將 α_{FW} 控制在 α 之內。當研究者非常在意 α_{FW} 必須控制得非常嚴且變異數之間有差異，但仍近似時，建議採用 T3 法或 C 法，要比 GH 法為佳。

(五) 紐曼—柯爾法

紐曼—柯爾法（Newman-Keuls）的事後比較，簡稱 NK 法，其最大的特色在於：依平均數之大小次序使用不同的臨界 q 值，亦即藉著從大到小或降步（step-down）的方式進行，由平均數差異最大的那一對比較起，若差異顯著，則一直進行至差異最小的那一對，否則立即停止。NK 法的特性如下：

1. 適用於等組、變異數同質之事後比較；此法無法取得信賴區間。

2. 相關研究指出，當組數大於 3（k>3）時，NK 法並未 α_{FW} 維持在研究者預設的 $\alpha=.05$ 之內，故統計考驗力較高，亦即較易拒絕虛無假設，會有較多對的比較達到顯著差異。

㈥ Duncan 法

Duncan 法的事後比較與 NK 法類似，也是採用由大到小程序（step-down procedure）的等級（r）方式；不同的是，於 NK 法中，每個等級均採用相同的顯著水準，如α=.05，而在 Duncan 法中是不同等級採用不同的顯著水準：$1-(1-\alpha)^{r-1}$，r=5，α=.186；r=4，α=.143；r=3，α=.098；r=2，α=.050，可見，當有三組時 $1-(1-0.5)^{3-1}$=.098，α_{FW} 已達.098 之高，因而當組數等於或大於 3（k ≥ 3），此法並不是一種適當的事後比較法，Duncan 法又比 NK 法寬鬆，會有較多對平均數的差異會達到顯著水準。

㈦ Fisher's LSD 法

LSD（least significant difference）法的特性如下：⑴ LSD 法適用於成對的比較，亦可用於不等組的情況。⑵此法無法建立同時信賴區間。⑶ LSD 法採用雙步驟方式，亦即當第一步 ANOVA 之 F 值顯著後，接著第二步作 LSD，若所有成對平均數之差異大於等於臨界值，則拒絕虛無假設，表示成對的平均數達顯著的差異。⑷當組別有三組時，LSD 的α_{FW} 不會大於α；但當組別在三組以上時，則 LSD 無法控制α_{FW} 在預設的α之內，亦即造成第一類型錯誤率偏高的情形，易於拒絕虛無假設。

近年研究理論指出，「紐曼－柯爾法」（Newman-Keuls' method」及「Duncans」多重比較考驗法，由於未提供水準防護（無法在所有情形下控制整體的α值），因而較少被研究者採用（*SPSS Inc., 1998*）。多重比較方法的選擇方面，要考量此方法可以同時保護犯第一類型的錯誤，同時又確保有最大的統計考驗力。

綜合以上多重事後比較的特性可以歸納如下表（*Kirk, 1995, p.158*）：

考驗方法	成對的比較	成對或非成對的比較	等組	等組或不等組	變異數同質	變異數異質
(一)所有成對的比較						
Fisher's LSD	X			X	X	
Tukey's HSD	X		X		X	
Tukey-Kramer	X			X	X	
Dunnett's T3	X			X		X
Dunnett's C	X			X		X
Games-Howell	X			X		X
Fisher-Hayter	X			X	X	
REGW F, FQ, and Q	X		X(FQ, Q)	X(F)	X	
Newman-Keuls	X		X		X	
Duncan	X		X		X	
Peritz F, FQ, and Q	X		X(FQ, Q)	X(F)	X	
(二)所有成對及非成對的比較						
Scheff'e		X		X	X	
Brown-Forsythe		X		X		X

　　對於變異數分析之多重比較方法的選擇上，學者 Kleinbaum 等人（*1988, p.373*）規劃了一個流程，可供研究者參考。**Kleinbaum 等人所提之多重比較方法中，對於事後比較方法，亦建議研究者採用 Tukey 法與 Scheffe 法二種。**

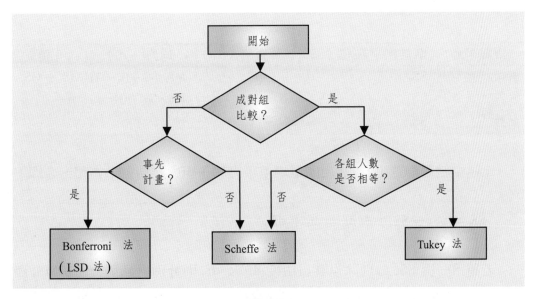

圖 10-1

單因子設計的統計分析模式如下（*Kirk, 1995*；吳冬友、楊玉坤，民 92）：

$$x_{ij} = \mu + \tau_j + \varepsilon_{ij}，j = 1, 2, \cdots, k，i = 1, 2, \cdots, n_j$$

其中μ為共同效應，τ_j為第 j 個處理效應，ε_{ij}為第 j 個處理中第 i 個實驗單位的個別效應，也可稱為個別差異或隨機效應，且有二個以下特性：

1. $\varepsilon_{ij} \sim N(0，\sigma^2)$。
2.所有ε_{ij}間相互獨立。

獨立樣本單因子變異數分析之虛無假設與對立假設（雙側考驗）分別為：

$$H_0：\mu_1 = \mu_2 = \mu_3 = \cdots = \mu_k$$
$$H_1：\mu_i \neq \mu_j（就某一個 i、j；i \neq j）$$

變異數分析之統計假設如為單側考驗，則虛無假設與對立假設如下：

$$H_1：至少一個\mu_j > 0（或至少一個\mu_j < 0）$$
$$H_0：\mu_j \leq 0（或\mu_j \geq 0）；j = 1, 2, 3, \cdots, k$$

獨立樣本單因子變異數分析摘要表如下：

變異來源	離均差平方和（SS）	自由度（df）	均方（MS）	F 值
組間（處理）	SS_b	$k - 1$	$MS_b = SS_b \div (k-1)$	$MS_b \div MS_w$
組內（誤差）	SS_w	$N - k$	$MS_w = SS_w \div (N-k)$	
全體	SS_t	$N - 1$		

上述中總離均差平方和=組間離均差平方和＋組內離均差平方和。亦即：

$$SS_t = SS_b + SS_w；而 df_t = df_b + df_w$$

若將 SS_b 與 SS_w 分別除以其自由度 df_b 及 df_w 則分別得到均方值：MS_b 與 MS_w，此二值的比值即為 F 統計量，即是變異數分析所檢驗的統計量，其所形成的分配稱為 F 分配，F 分配所進行的檢定稱之為 F 考驗。獨立變異數分析之

F值等於組間均方值除以組內均方值，以變異量觀點來看，總變異量是組間變異量加上組內變異量，而F值就是組間變異量與組內變異量的比例，如果F值愈大，代表組內變異量（誤差變異量）愈小；而組間的變異量愈大，亦即組間平均數差異愈大，愈容易達到統計之顯著水準。

1. SS_t：表示總平方和（total of sum square），代表每一筆資料與總平均之差異平方總和。自由度為 n-1。

2. SS_b：表示組間平方和（between-group sum of square），代表各組（處理水準）平均與總平均之差異平方的加權總和，其中權數為各組樣本數（n_j）。自由度為 k-1。

3. SS_w：表示組內平方和（within-group sum of square）或稱誤差平方和，代表各組（處理水準）內的資料與該組平均數之差異平方總和。自由度為 n-k。

4. 組間均方和（between-group mean square）MS_b＝組間離均差平方和÷組間離均差平方和自由度＝$\dfrac{SS_b}{k-1}$。

5. 組內均方和（within-group mean square）MS_w＝組內離均差平方和÷組內離均差平方和自由度＝$\dfrac{SS_w}{n-k}$。

相依樣本是屬於「受試者內設計」的一種實驗設計，包括重複量數、配對組法、同胎法等情況。在重複量數中，整個實驗所產生的總變異數可以分成幾個部分：由受試者間造成的變異和由受試者內造成變異之分，前者稱為「受試者間變異數」（variance between subjects），此項完全由受試者間個別差異造成的，因而不是分析探究的重點；後者稱為「受試者內變異數」（variances within subjects），這部分又分成二個部分：一是來自實驗操弄所造成的效果，是研究者真正關心的研究重點；另一者則純由隨機誤差所造成的變異和研究本身所具有的隨機誤差部分，二者合併稱為「組內誤差」。在相依樣本中，真正的誤差部分是扣除受試者間個別差異所造成的變異後剩下的殘差（residual）誤差（余民寧，民86）。

以N個受試者重複接受k個實驗處理時，相依樣本的變異數分析摘要。

相依立樣本單因子變異數分析摘要表如下：

變異來源	離均差平方和（SS）	自由度（df）	均方（MS）	F 值
組間（處理）	SS_b	$N-1$		
組內（誤差）	SS_w	$N \times k - k$		
處理效果	SS_s	$k-1$	$MS_s = SS_s \div df_s$	$MS_s \div MS_r$
殘差	SS_r	$(N-1) \times (k-1)$	$MS_r = SS_r \div df_r$	
全體	SS_t	$N \times k - 1$		

相依樣本的總離均差平方和有以下關係存在：

總離均差平方和＝受試者間離均差平方和＋受試者內離均差平方和

＝受試者間離均差平方和＋處理效果離均差平方和＋殘差

$$SS_t = SS_b + SS_w = SS_b + SS_s + SS_r$$

在單因子變異數分析中，如果樣本很大，差異顯著性考驗很容易達到顯著水準。因為受試樣本很大，$MS_w = SS_w \div (N-k)$ 的算式中，$(N-k)$ 值就會變得很大，MS_w 值會變得很小（分母變大）；相對的在 $MS_b \div MS_w$ 的 F 值算式中，F 值也會變得較大，因而 F 考驗很容易達顯著水準。

進一步的探究應求其「關聯強度」（strength of association；ω^2）指數，以補充說明假設考驗的結果，並了解變項間的關係程度，關聯強度即是依變項總異量可以由自變項解釋的百分比，關聯強度指數如同多元迴歸分析中之 R 平方一樣，均表示自變項對依變項所能解釋的變異量。在變異數分析中，如果 F 值達顯著，但 ω^2 值很小，表示自變項對依變項的影響不大，此種結果只有統計顯著意義存在，欠缺實質應用的價值。這也是前面章節中所介紹的只有「統計顯著性」，而沒有「實用的顯著性」。

關聯強度指數與複迴歸之決定係數（R^2）的解釋意義一樣，在於說明依變項總變異量中，有多少百分比的變異量可以被自變項（或實驗處理效果或預測變項）所解釋到。因而在變異數分析中，如果 F 值達顯著，也應該呈現關聯強度 ω^2 值。

$$單因子之關聯強度 \, \omega^2 = \frac{SS_b - (k-1) MS_w}{SS_t + MS_w}$$

在關聯強度指數高低判斷方面，依 Cohen（1982；1988）所提標準，解釋變異量在 6%以下者，顯示變項間關係微弱；解釋變異量在 6%以上且在 16%以下者，顯示變項間屬中度關係；解釋變異量在 16%以上者，顯示變項間具

強度關係（吳明隆，民 86）。

在 SPSS 視窗版 GLM 一般線性模式，可進行單變量共變數分析，亦可進行單變量的變異數分析，其中也包括關聯強度指數（Eta squared）與統計考驗力指數（$1-\beta$），實際的關聯強度指數值為「調整後的 R 平方」（adjusted R squared）。

10-2 獨立樣本單因子變異數分析

以下述研究問題為例：不同家庭狀況的學生其數學成就、數學焦慮是否有顯著差異？

在上述問題中，自變項為家庭狀況屬三分名義變項，其中三個水準分別為單親家庭組（數值編碼為 1）、他人照顧組（數值編碼為 2）、雙親家庭組（數值編碼為 3）。依變項有二個分別為數學成就及數學焦慮，均屬連續變項，因而宜用獨立樣本單因子變異數分析進行資料處理。

一、操作程序

【操作 1】

【Analyze】（分析）→【Compare Means】（比較平均數法）→【One-Way ANOVA...】（單因子變異數分析…）

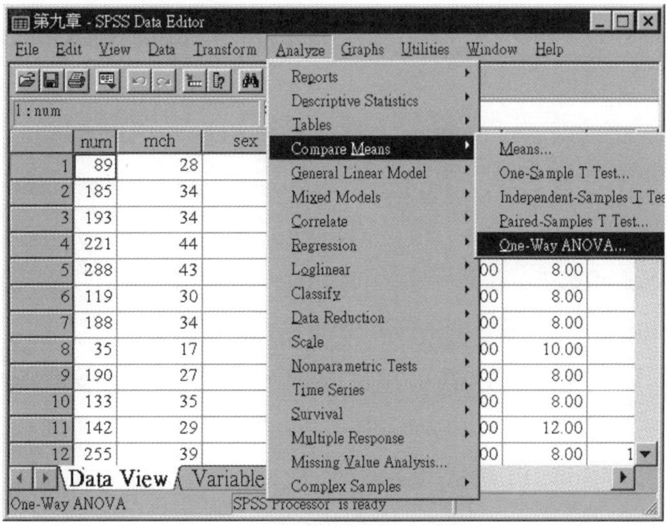

圖 10-2

【操作2】

　　出現「One-Way ANOVA」（單因子變異數分析）對話視窗，將左邊變項「數學成就（mch）」、「數學焦慮[anx]」（依變項）選入右邊「Dependent List:」（依變數清單）下方的空盒中；將「家庭狀況（hom）」選入「Factor:」（因子）下的空盒中（因子即是自變項）。

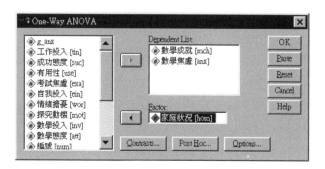

圖 10-3

　　在「One-Way ANOVA」（單因子變異數分析）對話視窗中，「Factor」因子下的方格要選取一個因子變數（一個自變項），「Dependent List:」（依變數清單）下的空格中，依變數的數目至少為一個或多個，如選取N個依變數，則分別進行N個單因子變異數分析。

【操作3】

　　按『Post Hoc…』（Post Hoc 檢定…）鈕，選取事後比較的統計方法。

　　出現「One-Way ANOVA: Post Hoc Multiple Comparisons」（單因子變異數分析：Post Hoc 多重比較）對話視窗。

　　在「Equal Variance Assumed」（假設組別母群變異數相同）方盒中選取一種事後比較，此即在變異數分析中，F值如達顯著時所要使用的「事後多重比較法」，常用者為「Scheffe」法與「Tukey」法。

　　在此選用 Scheffe 法、Tukey 法、Duncan 法，勾選「□Scheffe」、「□Tukey」、「□Duncan」選項，按『Continue』鈕（繼續）鈕→回到「One-Way ANOVA」（單因子變異數分析）對話視窗。（這裡選取多種事後比較方法，在於結果的說明，在實際統計分析中，可以只選取一種事後比較方法加以探究即可，如常用的 Scheffe 法或 Tukey 法等）

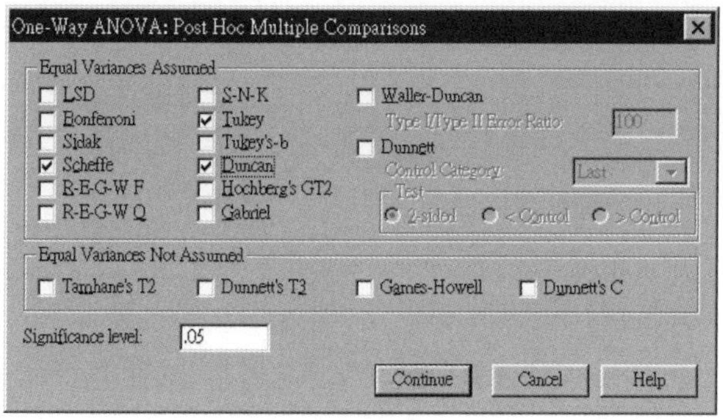

圖 10-4

在「One-Way ANOVA: Post Hoc Multiple Comparisons」對話視窗中，多重事後比較方法包括變異數同質與變異數異質二種情況。如果假定組別母群變異數不相等，在多重事後比較時，選取「Equal Variance Not Assumed」（未假設相同的變異數）方盒內之四種方法之一，包括 Tamhane T2 法、 Dunnett T3 法、Games-Howell 法、Dunnett C 法，此四種方法使研究者在進行資料分析，如發現資料違反變異數同質性假定時，可不必進行資料轉換之校正，而直接進行事後比較。在「One-Way ANOVA: Post Hoc Multiple Comparisons」對話視窗中，各種事後比較方法檢定時，顯著水準內訂為.05。

【操作 4】

按『Options…』（選項…）鈕，出現「One-Way ANOVA: Options」（單因子變異數分析：選項）對話視窗。

在「Statistics」（統計量）方盒中勾選「□Descriptive」（描述性統計量）、「□Homogeneity-of-variance」（變異數的同質性考驗）。如勾選「Mean plot」（平均數圖），可顯示各組在依變項之平均數的趨勢圖。

「描述性統計量」可計算各組觀察值的個數、平均數、標準差、平均數的標準誤、最小值、最大值、各組平均數 95% 的信賴區間等。

變異數的同質性考驗是以「Levene」統計量來檢定組別變異數是否相等（變異數是否同質），這個假定跟常態性假設無關。

按『Continue』鈕（繼續鈕），回到「One-Way ANOVA」（單因子變異數分析）對話視窗→按『OK』鈕（確定）。

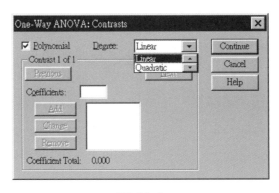

圖 10-5

在「One-Way ANOVA」（單因子變異數分析）對話視窗，如按『Contrasts』（比對）鈕，可開啟「One-Way ANOVA: Contrasts」次對話視窗，視窗的副指令可界定所要進行的事前比較與趨勢分析。如勾選多項式（Polynomial）選項，可執行趨勢分析，後面的次數（Degree）下拉式選單中可選擇所要進行的趨勢走向，選單中共可選擇第一、第二、第三、第四或五次多項式，第一多項式為線性（linear）、第二多項式為二次趨勢（Quadratic）、第三多項式為三次趨勢（Cubic）。事前比較各處理水準之係數（coefficients）總和須等於0。如自變項有三個水準，研究者想要比較第第一組與第二組平均數的平均數與第三組平均數的比較，比較係數分別輸入 0.5、0.5、-1 三個係數。係數清單中，係數的順序與因子變數的值是相對應的，係數清單中的第一個係數對應著因子水準中數值最小者（編碼數值最小的組別）；最後一個係數對應著因子水準中數值最大者（編碼數值最大的組別），係數也可用小數表示，報表結果中會出現比較係數的值、標準誤、t值、t的自由度及雙側考驗的機率值、合併組與分開組的變異數估計值。

圖 10-6

二、操作程序二──單變量程序

【操作1】

【Analyze】（分析）→【General Linear Model】（一般線性模式）→
【Univariate…】（單變量…）。

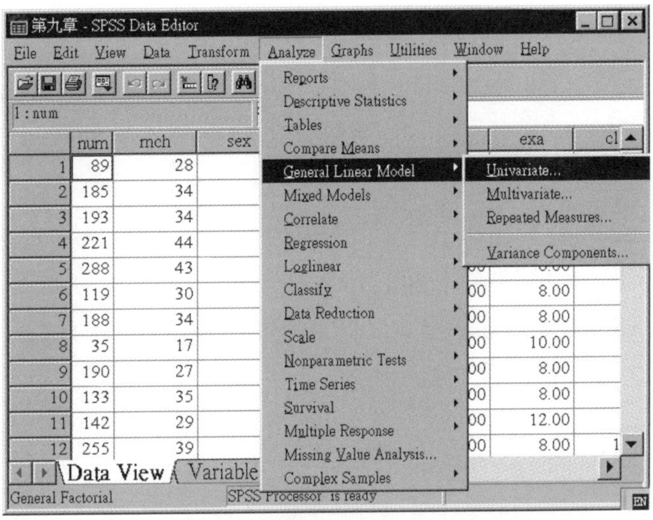

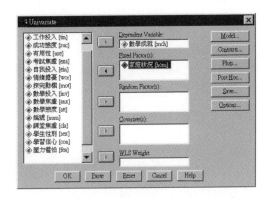

圖 10-7

【操作2】

出現「Univariate」（單變量）對話視窗。將左邊視窗中「數學成就[mch]」
變項選入右邊「Dependent Variable:」（依變數）下的方盒中。

將左邊「家庭狀況[hom]」自變項選入右邊「Fixed Factor(s):」（固定因
子）下的空盒中。

圖 10-8

在「Univariate」（單變量）對話視窗中，只能選取一個依變數，但「Fixed Factor(s):」（固定因子）下的方格中，可以點選一個或多個自變數，如果固定因子在二個以上，即成為多因子變異數分析，固定因子中有二個自變項，則為二因子變異數分析。

如果是進行共變數分析，則再把共變量選入右邊「Covariate(s):」（共變量）下的方盒中，共變量可以一個或一個以上。

【操作 3】

按『Post Hoc…』鈕（Post Hoc 檢定），出現「Univariate: Post Hoc Multiple Comparisons for Observed Means」（單變量：觀察平均數的 Post Hoc 多重比較）的次對話視窗。

將左邊「Factor(s)」（因子）下面的自變項「hom」選入右邊「Post Hoc Tests for:」（Post Hoc 檢定）下面的空盒內。

在「Equal Variance Assumed」（假設相同的變異數）方盒中選取一種事後多重比較方法，在此點選「□Scheffe」法、「□Tukey」、「□Duncan」法。

按『Continue』鈕（繼續鈕）→回到「Univariate」（單變量）對話視窗。

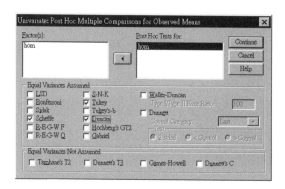

圖 10-9

【操作 4】

按『Options...』（選項…）鈕，出現「Univariate: Options」（單變量：選項）次對話視窗。

在「Display」（顯示）方盒中選取：

1. 「□Descriptive statistics」（敘述統計）：描述統計量。
2. 「□Estimates of effect size」（效果項大小估計值）：效果值（Eta 平方值）的估計量，此為關聯強度值。

3. 「□Observed power」（觀察的檢定能力）：統計考驗力。

4. 「□Homogeneity tests」（同質性檢定）：變異數同質性檢定。

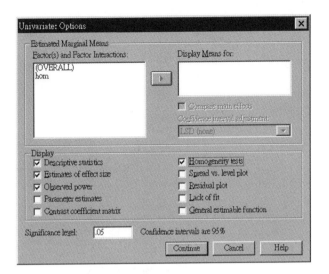

圖 10-10

在「Univariate: Options」（單變量：選項）次對話視窗中：

　　右邊「Display Means for:」（顯示平均數）可顯示細格平均數（交互作用）或邊緣平均數（主要效果比較），在範例中，只有一個因子，可以不用選擇。

　　「□Compare main effects」（比較主效應）選項，當在「顯示平均數」清單中選取主要效果項後，才可使用此功能。此選項功能可提供受試者間與受試者內因子之邊緣平均數（主要效果）的成對比較（事後比較）。

在「Univariate」（單變量）對話視窗中，如果按『Model…』（模式…）鈕，則會出現，「Univariate: Model」（單變量：模式）的次對話視窗。在此視窗中，「Specify Model」（指定模式）的方盒，包括「⦿Full factorial」、「○Custom」二個選項。

1. 「⦿Full factorial」：為完全因子模式，包含所有因子和共變數分析的主要效果與所有因子間的交互作用，但不包括共變數交互作用。

2. 「○Custom」：自訂模式選項，可以自定某變異數或共變數分析模式中包含了哪些效果項（變異來源）。

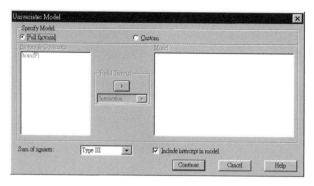

圖 10-11

三、報表說明

(一) Oneway ANOVA 分析報表

Descriptives －變異數分析之描述統計

		N	Mean 平均數	Std. Deviation 標準差	Std. Error 標準誤	95% Confidence Interval for Mean		Minimum	Maximum
						Lower Bound	Upper Bound		
數學成就	1	100	24.07	10.35	1.03	22.02	26.12	5	44
	2	100	27.12	9.86	.99	25.16	29.08	6	44
	3	100	22.98	11.16	1.12	20.77	25.19	0	44
	Total	300	24.72	10.58	.61	23.52	25.93	0	44
數學焦慮	1	100	86.0700	22.3603	2.2360	81.6332	90.5068	27.00	135.00
	2	100	80.6600	25.8399	2.5840	75.5328	85.7872	27.00	129.00
	3	100	84.6100	23.0265	2.3027	80.0410	89.1790	29.00	135.00
	Total	300	83.7800	23.8206	1.3753	81.0735	86.4865	27.00	135.00

　　上表為變異數分析之描述統計量，第一欄為各依變項的名稱，此範例的依變數分別數學成就、數學焦慮；第二縱行為不同家庭狀況的水準數代碼，其中 1 代表單親家庭組、2 代表他人照顧組、3 代表雙親家庭組，如果在資料檔中「Variable View」視窗中，有設定「Values」內的數值標籤，則報表會出現設定的數值標籤，如單親家庭、他人照顧、雙親家庭，而不是 1、2、3 等數字。第三縱行以後分別為各組在依變項之有效觀察值個數、平均數、標準差、標準誤、95%的信賴區間、各組樣本在依變項上的最小值與最大值。「Total」橫列為全部樣本在依變項的描述統計量，由表中可知，就數學成就依變項而

言，全部有效的觀察值為 300 位，總平均數為 24.72，標準差為 10.58，平均數的估計標準誤為.61，95%的信賴區間為 23.52 到 25.93 之間，三組的平均數分別為 24.07、27.12、22.98；標準差分別為 10.35、9.86、11.16。

單因子變異數的目的，在檢定各組的平均數與總平均數 24.72 間的差異是否達到統計學上的顯著水準，透過各組 95%信賴區間的估計值（區間估計值），也可以檢定樣本平均數與總平均數間差異的情形。當某一組樣本平均數的 95%信賴區間估計值所構成的區間，未包含了總平均數（24.72）這個點，就表示該組平均數與總平均數間的差異達.05 的顯著水準；相對的，當某一組樣本平均數的 95%信賴區間估計值所構成的區間，包含了總平均數（24.72）這個點，就表示該組平均數與總平均數間的差異未達.05 的顯著水準。同時，各組 95%信賴區間估計值中，只要有任一組的區間未包括總平均數這個點，則變異數分析之 F 值一定會達到顯著水準，各組 95%信賴區間估計值中，如果每一組的區間均包括總平均數這個點，則變異數分析之 F 值就不會達到顯著水準（王保進，民 91）。

就數學成就變項而言，三組 95%信賴區間估計值而言，分別為〔22.02，26.12〕、〔25.16，29.08〕、〔20.77，25.19〕，有一組 95%信賴區間的估計值未包括總平均數 24.72 這個點，因而變異數分析結果會達到顯著水準；就數學焦慮變項而言，三組 95%信賴區間估計值而言，分別為〔81.63，90.51〕、〔75.53，85.79〕、〔80.04，89.18〕，三組 95%信賴區間的估計值均包括總平均數 83.78 這個點，表示各組間平均數沒有顯著差異存在，變異數分析結果不會達到顯著水準，因而須接受虛無假設。

Test of Homogeneity of Variances（變異數同質性考驗）

	Levene Statistic	df1	df2	Sig.
數學成就	2.099	2	297	.124
數學焦慮	1.377	2	297	.254

上表為變異數同質性考驗結果，就數學成就而言，F 值等於 2.099，p=.124>.05；就數學焦慮變項而言，F 值等於 1.377，p=.254>.05，二者均未達.05 的顯著水準，均應接受虛無假設，表示三組的變異數差異均未顯著，亦即均並未違反變異數同質性假定。在變異數同質性檢定中，如果「Levene 法」F 考驗結果之 F 值顯著（p<.05），表示違反變異數分析之變異數同質性的假定，此時，研究者須進行校正工作或在事後比較時，點選適合變異數異質之事後比較的四種方法之一。

ANOVA－變異數分析摘要表

		Sum of Squares	df	Mean Square	F	Sog.
數學成就	Between Groups（組間）	921.007	2	460.503	4.200	.016
	Within Groups（組內）	32567.030	297	109.653		
	Total（全體）	33488.037	299			
數學焦慮	Between Groups（組間）	1566.740	2	783.370	1.384	.252
	Within Groups（組內）	168092.740	297	565.969		
	Total（全體）	169659.480	299			

上表為變異數分析摘要表，本表共分七欄，第一欄為依變項名稱；第二縱行為變異來源，包括組間、組內及全體三部分；第三縱行為離均差平方和，全體的 SS 等於組間 SS 加組內 SS；第四縱行為自由度，組間 df=k-1=3-1=2、組內 df=N-k=300-3=297、全體 df=N-1=300-1=299；第五縱行為均方（MS）等於 SS 除以 df 而得，這是組間及組內變異數的不偏估計值；第六縱行為 F 考驗之 F 值，由組間 MS 除以組內 MS 而得，第七縱行為顯著性考驗。

在變異數分析摘要表中，相關數值關係如下（以數學成就依變項為例）：

$$SS_t = 33488.037 = SS_b + SS_w = 921.007 + 32567.030$$
$$MS_b = 460.503 = SS_b \div df_b = 921.007 \div 2$$
$$MS_w = 109.653 = SS_w \div df_w = 32567.030 \div 297$$
$$F \text{ 值} = MS_b \div MS_w = 460.503 \div 109.653 = 4.200$$

由上述變異異數分析摘要表中知悉：

1. 就數學成就依變項而言，F 值達到顯著水準（F=4.200；p<.05）。應而須拒絕虛無假設，表示不同家庭狀況的學生，其數學成就間有顯著差異存在。

2. 就數學焦慮依變項而言，F 值未達顯著差異（F=1.384；p>.05），應而須接受虛無假設。表示不同家庭狀況的學生，其數學焦慮間沒有顯著差異存在。

Post Hoc Tests

Multiple Comparisons

Dependent Variable		(I)家庭狀況	(J)家庭狀況	Mean Difference(I-J)	Std. Error	Sig.	95% Confidence Interval	
							Lower Bound	Upper Bound
數學成就	Tukey HSD	1	2	-3.050	1.481	.100	-6.54	.44
			3	1.090	1.481	.742	-2.40	4.58
		2	1	3.050	1.481	.100	-.44	6.54
			3	4.140(*)註 a	1.481	.015	.65	7.63
		3	1	-1.090	1.481	.742	-4.58	2.40
			2	-4.140(*)註 b	1.481	.015	-7.63	-.65
	Scheffe	1	2	-3.050	1.481	.122	-6.69	.59
			3	1.090	1.481	.763	-2.55	4.73
		2	1	3.050	1.481	.122	-.59	6.69
			3	4.140(*)	1.481	.021	.50	7.78
		3	1	-1.090	1.481	.763	-4.73	2.55
			2	-4.140(*)	1.481	.021	-7.78	-.50
數學焦慮	Tukey HSD	1	2	5.41000	3.36443	.244	-2.5150	13.3350
			3	1.46000	3.36443	.901	-6.4650	9.3850
		2	1	-5.41000	3.36443	.244	-13.3350	2.5150
			3	-3.95000	3.36443	.470	-11.8750	3.9750
		3	1	-1.46000	3.36443	.901	-9.3850	6.4650
			2	3.95000	3.36443	.470	-3.9750	11.8750
	Scheffe	1	2	5.41000	3.36443	.276	-2.8670	13.6870
			3	1.46000	3.36443	.910	-6.8170	9.7370
		2	1	-5.41000	3.36443	.276	-13.6870	2.8670
			3	-3.95000	3.36443	.503	-12.2270	4.3270
		3	1	-1.46000	3.36443	.910	-9.7370	6.8170
			2	3.95000	3.36443	.503	-4.3270	12.2270

* The mean difference is significant at the .05 level.

　　上表為 SPSS 所輸出之 Tukey HSD 法及 Scheffe 法事後比較結果，事後比較是採兩兩配對之方式，第一縱行為依變項名稱、第二縱行為事後比較的方法及自變項分組的數值編碼值；第三縱行「Mean Difference（I-J）」為配對二組之平均數的差異值，此差異值如果達到.05 的顯著水準，會在差異值的右上方加個星號（*）；第四縱行為標準誤；第五縱行為顯著性；第六縱行為 95% 的信賴區間估計值。就事後比較來看：

1. 註a：代表第 2 組與第 3 組在數學成就有顯著差異，平均差異值為 4.14 為正，表示第一個平均數高於第二個平均數，亦即第 2 組樣本顯著的優於第 3 組樣本。

2. 註b：代表第 3 組與第 2 組在數學成就有顯著差異，平均差異值為-4.14 為負，表示第一個平均數低於第二個平均數，亦即第 3 組數學成就分數顯著的低於第 2 組分數，與前述〔註a〕比較結果相同。

3. 從 95%信賴區間來看，第二組與第三組差異的信賴區間在.65 至 7.63 之間，並未包含 0，因而二者平均差異值之差異顯著。

上述 Tukey HSD 法及 Scheffe 法事後比較結果均相同，而數學焦慮變項，因其整體的 F 考驗（overall F test 或 omnibus F test）未達顯著水準，因而其事後比較也不會出現配對二組有顯著差異的情形，變異數分析中如果整體的F考驗未達顯著，就不必進行事後比較考驗。

Homogeneous Subsets

數學成就

	家庭狀況	N	Subset for alpha = .05	
			1	2
Tukey HSD (a)	3	100	22.98	
	1	100	24.07	24.07
	2	100		27.12
	Sig.		.742	.100
Duncan (a)	3	100	22.98	
	1	100	24.07	
	2	100		27.12
	Sig.		.462	1.000

Means for groups in homogeneous subsets are displayed.
a Uses Harmonic Mean Sample Size = 100.000.

上表為數學成就依變項同質子集的結果，就 Duncan 事後比較方法而言，三組平均數可以分成二個子集，第一群為第一組及第三組、第二群為第二組。

數學焦慮

	家庭狀況	N	Subset for alpha = .05
			1
Tukey HSD (a)	2	100	80.6600
	3	100	84.6100
	1	100	86.0700
	Sig.		.244
Duncan (a)	2	100	80.6600
	3	100	84.6100
	1	100	86.0700
	Sig.		.130
Scheffe (a)	2	100	80.6600
	3	100	84.6100
	1	100	86.0700
	Sig.		.276
Means for groups in homogeneous subsets are displayed.			
a Uses Harmonic Mean Sample Size = 100.000.			

　　上表為數學焦慮事後比較之同質子集，Tukey HSD、Duncan、 Scheffe 三種事後比較方法均顯示三個平均數同為一群，表示三組平均數的差異值甚為接近。

(二) Univariate（單變量變異數分析）

Univariate Analysis of Variance

Between-Subjects Factors

		N
家庭狀況	1	100
	2	100
	3	100

　　上表為組間因子各水準（各組）的有效觀察值人數。

Descriptive Statistics （描述性統計）
Dependent Variable: 數學成就

家庭狀況	Mean（平均數）	Std. Deviation（標準差）	N（人數）
1	24.07	10.35	100
2	27.12	9.86	100
3	22.98	11.16	100
Total	24.72	10.58	300

上表為數學成就的描述統計量，包括平均數、標準差、人數。

Levene's Test of Equality of Error Variances(a)
Dependent Variable: 數學成就

F	df1	df2	Sig.
2.099	2	297	.124
Tests the null hypothesis that the error variance of the dependent variable is equal across groups.			
a Design: Intercept+HOM			

上表為變異數同質性考驗，Levene法考驗之F值等於2.099，p=.124>.05，表示並未違反變異數同質性的假定，這與上述用 ANOVA 分析結果相同。

Tests of Between-Subjects Effects （組間效果考驗－變異數分析摘要表）
Dependent Variable: 數學成就

Source	Type III Sum of Squares	Df	Mean Square	F	Sig.	Eta Squared	Observed Power(a)
Corrected Model	921.007(b)	2	460.503	4.200	.016	.028	.735
Intercept	183372.963	1	183372.963	1672.298	.000	.849	1.000
HOM	921.007	2	460.503	4.200	.016	.028	.735
Error	32567.030	297	109.653				
Total	216861.000	300					
Corrected Total	33488.037	299					
a Computed using alpha = .05							
b R Squared = .028 （Adjusted R Squared = .021）							

上表中與前述 ANOVA 變異數分析表大約相似，其中新增的欄位如：

1. 「Eta Squared」即為 R Squared ＝.028，而關聯強度 ω^2 ＝調整後的 R 平方＝.021，此處的關聯強度係數只有 2.10%，可見由研究之家庭狀況變項所能解釋學生數學成就的解釋量不高，二者屬微弱關係。
2. 「Observed Power(a)」欄為統計考驗力，此處的統計考驗力等於.735，此分析推論犯第二類型錯誤之機率為 26.50%，決策正確率不高。
3. F 值=4.200 與前述 Oneway ANOVA 分析之值相同，顯著水準值=.016。
4. 關聯強度 $\omega^2 = \dfrac{921.007 - (3-1) \times 109.653}{33488.037 + 109.653} = 0.021$

Post Hoc Tests   Multiple Comparisons Dependent Variable: 數學成就

	(I)家庭狀況	(J)家庭狀況	Mean Difference(I-J)	Std. Error	Sig.	95% Confidence Interval	
						Lower Bound	Upper Bound
Tukey HSD	1	2	-3.051	1.481	.100	-6.54	.44
		3	1.091	1.481	.742	-2.40	4.58
	2	1	3.051	1.481	.100	-.44	6.54
		3	4.141(*)	1.481	.015	.65	7.63
	3	1	-1.091	1.481	.742	-4.58	2.40
		2	-4.141(*)	1.481	.015	-7.63	-.65
Scheffe	1	2	-3.05	1.481	.122	-6.69	.59
		3	1.09	1.481	.763	-2.55	4.73
	2	1	3.05	1.481	.122	-.59	6.69
		3	4.141(*)	1.481	.021	.50	7.78
	3	1	-1.09	1.481	.763	-4.73	2.55
		2	-4.141(*)	1.481	.021	-7.78	-.50

Based on observed means.

* The mean difference is significant at the .05 level.

上表為採用 Tukey HSD 及 Scheffe 法之事後比較結果，二種方法呈現的結果一樣，均是第二組顯著的優第三組的學生，即家庭狀況水準 2 在數學成就依變項的平均數顯著的高於家庭狀況水準 3 在數學成就依變項的平均數。

四、結果說明

由以上報表中，可以整理成如下二個變異數分析摘要表及描述統計量。

表 1　不同家庭狀況組在數學成就、數學焦慮之平均數、標準差

變項名稱及組別		N	M（平均數）	SD（標準差）
數	單親家庭組	100	24.07	10.35
學	他人照顧組	100	27.12	9.86
成	雙親家庭組	100	22.98	11.16
就	全體	300	24.72	10.58
數	單親家庭組	100	86.0700	22.3603
學	他人照顧組	100	80.6600	25.8399
焦	雙親家庭組	100	84.6100	23.0265
慮	全體	300	83.7800	23.8206

表 2　不同家庭狀況組在數學成就之變異數分析摘要表

變異來源	SS	Df	MS	F	事後比較	ω^2	統計考驗力
組間	921.007	2	460.503	4.200*	他人照顧＞	.021	.735
組內	32567.030	297	109.653		雙親家庭		
全體	33488.037	299					
*p<.05							

表 3　不同家庭狀況組在數學焦慮之變異數分析摘要表

變異來源	SS	Df	MS	F 值	事後比較
組間	1566.740	2	783.370	1.384 n.s.	
組內	168092.740	297	565.969		
全體	169659.480	299			
n.s. p>.05					

　　由變異數同質性檢定中，可以得知同質性考驗均未達顯著，符合變異數分析時之重要假定－變異數同質。

　　此外，由變異數分析摘要表可以發現，不同家庭狀況的學生其數學成就有顯著差異（F 值=4.20；p=.016<.05），由事後比較得知第二組（M=27.12）高於第三組（M=22.98），亦即「他人照顧」組學生的數學成就顯著的優於「雙親家庭」組的學生。

　　進一步從關聯強度指數來看，ω^2 的值等於 2.10%，可見家庭狀況變項與學生數學成就間乃屬微弱關係。此外，其統計考驗力等於.735，此分析推論犯第二類型錯誤之機率為 26.50%，決策正確率也不高。就本研究而言，家庭狀況變項對學生數學成就的解釋變異量很小。

而不同家庭狀況組的學生在數學焦慮的比較上，沒有顯著的差異存在（F值=1.384，p=.252>.05）。亦即不同家庭狀況的學生，其數學焦慮知覺上並沒有顯著的不同。

　　一般在研究論文中，進行單因子變異數分析時，除呈現變異數分析摘要表外，要先呈現描述性統計量，即各組的個數、平均數、標準差，以便使數據呈現更為完整。此外，最好也能呈現關聯強度，以便探究自變項對依變項的解釋變異量，除了知悉統計顯著性外，也可使他人明瞭研究變項間實用顯著性的程度。

10-3 相依樣本單因子變異數分析

一、【問題研究】

某教師想探究在不同的壓力情境中，學生的數學解題能力是否有所不同？他自其任教的國中二年級學生中隨機抽取十五名學生，分別在四種不同的壓力情境中，回答一份有十題的標準化數學解題能力測驗，下表為在四種不同壓力情境中，學生數學解題能力的成績（答對題數），請問在不同的壓力情境中，學生的數學解題能力（答對題數）是否有所不同？

學生	情境Ⅰ	情境Ⅱ	情境Ⅲ	情境Ⅳ
A	3	3	4	6
B	5	5	6	7
C	2	4	7	7
D	3	5	5	6
E	2	2	5	7
F	2	3	4	8
G	1	4	5	7
H	3	4	5	6
I	1	3	5	6
J	1	5	6	4
K	2	1	3	6
L	1	3	5	7
M	0	4	4	2
N	2	2	5	4
O	1	2	6	5

二、操作程序

Analyze（分析）

　General Linear Model（一般線性模式）

　　Repeated Measures...（重複量數）

　　在「Within-Subject Factor Name:」右邊方盒內界定自變項的名稱 situ

　　在「Number of Levels:」右邊方盒內鍵入自變項的水準數 4

　　按『Add』鈕，中間大方格內出現因子名稱及水準數 situ（4）

　　按『Define』（定義）鈕

　　　選取重複量數的水準變項名稱 situ1、situ2、situ3、situ4 至右邊

　　　「Within-Subjects Variables (situ)」下的方格中

　　　按『Options...』（選項）鈕

　　　　將 situ 選入右邊「Display Means for」（顯示平均數）下的方格中

　　　　點選「Compare main effects」（比較主效應）

　　　　在「Confidence interval adjustment」（信賴區間調整）選取內定 LSD 法

　　　　勾選「Descriptive statistics」（敘述統計）

　　　　按『Continue』鈕

　　按『OK』鈕

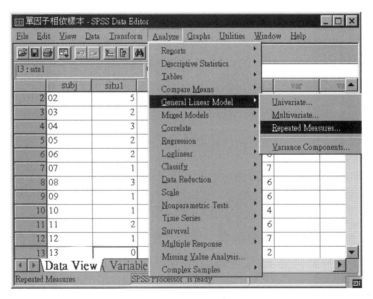

圖 10-12

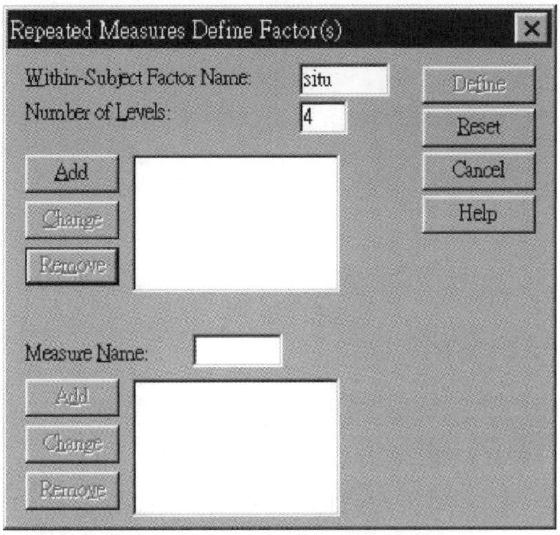

圖 10-13

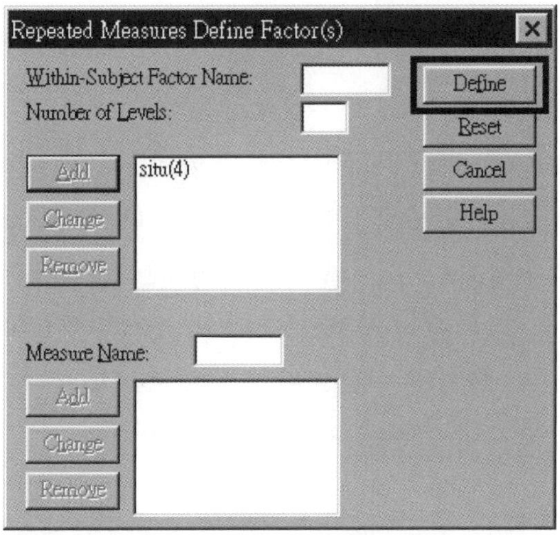

圖 10-14

在「Repeated Measures Define Factor」（重複量數定義因子）對話視窗中，
「受試者內因子的名稱」（Within-Subject Factor Name:）右邊方盒內須界定自
變項的名稱，如 situ；在「水準個數」（Number of Levels:）右邊方盒內鍵入
自變項的水準數，範例中共有四種壓力情境，因而水準數為 4，最後按「新
增」（Add）鈕後，在新增鈕的右上會出現自變項的名稱及其設定的水準數，
如 situ（4），前面 situ 為設定的自變項名稱，括號內 4 表示有四個水準。

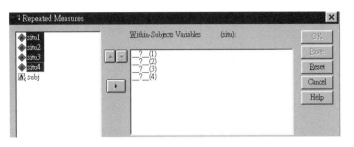

圖 10-15

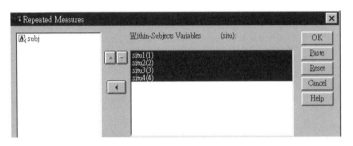

圖 10-16

在「Repeated Measures Define Factor」（重複量數定義因子）對話視窗中，完成自變項及其水準數的設定後，按『定義』（Define）鈕後，會開啟「重複量數」（Repeated Measures）的對話視窗，選取變項清單中水準數的變項situ1、situ2、situ3、situ4，移至右邊目標變項清單中（Within-Subjects Variables），方格中的變項由原先「_?_(1)」、「_?_(2)」、「_?_(3)」、「_?_(4)」，依序變成「situ1(1)」、「situ2(2)」、「situ3(3)」、「situ4(4)」。

圖 10-17

在「重複量數:選項」（Repeated Measures: Options）次對話視窗中，點選「比較主效應」（Compare main effects），選取「LSD 法」，表示界定 F 值達到顯著水準時，以最小差異法進行事後比較，內定顯著水準之α值為.05，在「顯示」（Display）盒選項中包括敘述統計（Descriptive statistics）、效果項大小估計值（Estimates of effect size）、觀察的檢定能力（Observed power）、參數估計值（Parameter estimates）、SSCP 矩陣（SSCP matrices）、殘差 SSCP 矩陣（Residual SSCP matrix）、轉換矩陣（Transformation matrix）、同質性檢定（Homogeneity tests）、離散對水準之圖形（Spread vs. level plots）、殘差圖（Residual plots）、缺適性檢定（Lack of fit test）、一般可估函數（General estimable function）等。

三、結果分析

General Linear Model
Within-Subjects Factors
Measure: MEASURE_1

situ	Dependent Variable
1	situ1
2	situ2
3	situ3
4	situ4

上表為自變項名稱及處理水準數，自變項名稱為situ、四個處理水準名稱分別為situ1、situ2、situ3、situ4；第一欄為自變項名稱及其水準數目；第二欄為處理水準數相對應的變項名稱。

Descriptive Statistics

	Mean	Std. Deviation	N
situ1	1.93	1.223	15
situ2	3.33	1.234	15
situ3	5.00	1.000	15
situ4	5.87	1.552	15

上表為四個處理水準數的描述統計量，包括平均數、標準差及有效觀察值個數，以壓力情境一而言，學生答對題數的平均數為1.93、標準差為1.233；

壓力情境二情況下，學生平均答對題項為 3.33、標準差為 1.234；壓力情境三情況下，學生平均答對題項為 5.00、標準差為 1.000；壓力情境四情況下，學生平均答對題項為 5.87、標準差為 1.552。

Multivariate Tests(b)

Effect		Value	F	Hypothesis df	Error df	Sig.
situ	Pillai's Trace	.905	38.164(a)	3.000	12.000	.000
	Wilks' Lambda	.095	38.164(a)	3.000	12.000	.000
	Hotelling's Trace	9.541	38.164(a)	3.000	12.000	.000
	Roy's Largest Root	9.541	38.164(a)	3.000	12.000	.000
a Exact statistic						
b Design: Intercept Within Subjects Design: situ						

上表為多變量考驗結果，報表中共有四種多變量變異數分析，在單因子相依樣本變異數分析中，此部分的檢定結果沒有實質的意義存在，因而此部分的結果可以省略，有關多變量分析部分請參考多變量變異數分析章節。

Mauchly's Test of Sphericity(b)
Measure: MEASURE_1

Within Subjects Effect	Mauchly's W	Approx. Chi-Square	df	Sig.	Epsilon(a)		
					Greenhouse-Geisser	Huynh-Feldt	Lower-bound
Situ	.613	6.217	5	.287	.752	.904	.333
Tests the null hypothesis that the error covariance matrix of the orthonormalized transformed dependent variables is proportional to an identity matrix.							
a May be used to adjust the degrees of freedom for the averaged tests of significance. Corrected tests are displayed in the Tests of Within-Subjects Effects table.							
b Design: Intercept Within Subjects Design: situ							

上表用於檢驗相依樣本變異數分析是否違反球形假定。在相依樣本變異數分析中，常用以下三種方法來檢定球面性假設：Greenhouse 與 Geisser（*1959*）的ε檢定法、Mauchly 檢定法、Huynh 與 Feldt（*1976*）的ε檢定法（*Kirk, 1992*）。當ε值為 1 時，表示樣本在依變項上得分，兩兩配對相減所得的差，完全符合球面性的假設，ε的最小值等於 1÷（自變項水準數－ 1）。上述檢定數值中，

Mauchly 檢定值接近於卡方值機率分配，當計算所得的卡方值未達顯著水準時，表示資料符合球面性的假定；至於 Greenhouse-Geisser、Huynh-Feldt 二種球面性檢定的方法，並沒有明確的檢定標準或一致的判別準則，但如果其值愈接近ε值下限時，愈有可能違反球面性假設。有學者認為其值如果在.75 以下，最好進行校正工作；如果在.75 以上，則表示未違反球面性假定，但Greenhouse-Geisser 的ε檢定值常會低估實際值；而 Huynh-Feldt 的ε檢定值常會高估實際值（*Girden, 1992*），因而 Stevens（*1992*）建議以ε檢定值作為假設檢定時，可採二者的平均數作為檢定值（王保進，民 91）。

以上述報表而言，Mauchly 檢定值為.613，轉換後的卡方值等於 6.217，df=5，p=.287>.05，未達顯著水準，應接受虛無假設，表示未違反變異數分析之球形假定；而ε的最小值 (Lower-bound) $= 1 \div (4-1) =.333$（4 為自變項的水準數），Greenhouse-Geisser的ε檢定值為.752、Huynh-Feldt 的ε檢定值為.904，二個指標均超過.75 的標準，平均值為.828 也超過.75 的標準，顯示分析的資料未違反球面性的假定。

Tests of Within-Subjects Effects
Measure: MEASURE_1

Source		Type III Sum of Squares	df	Mean Square	F	Sig.
Situ	Sphericity Assumed	137.933	3	45.978	36.050	.000
	Greenhouse-Geisser	137.933	2.257	61.123	36.050	.000
	Huynh-Feldt	137.933	2.712	50.857	36.050	.000
	Lower-bound	137.933	1.000	137.933	36.050	.000
Error(situ)	Sphericity Assumed	53.567	42	1.275		
	Greenhouse-Geisser	53.567	31.593	1.696		
	Huynh-Feldt	53.567	37.970	1.411		
	Lower-bound	53.567	14.000	3.826		

上表為受試內變異數，分成處理效果及誤差項二部分，處理效果為自變項situ的效果。如果相依樣本變異數分析違反球面性假定，分析資料須進行校正，因而須看 Greenhouse-Geisser 、Huynh-Feldt 橫列之資料。由於範例中並本違反球面性假定，直接看「假設為球形」（Sphericity Assumed）橫列之資料，作為估計值進行假設考驗，在處理效果項方面，SS=137.933， df=3，MS=45.978，F=36.050，p=.000<.05，達到.05 顯著水準，表示自變項的處理效果顯著。

Situ	Sphericity Assumed	137.933	3	45.978	36.050	.000

受試者內變異數之誤差項的 SS=53.567，df=42，MS=1.275（下列資料
列）。

Error(situ)	Sphericity Assumed	53.567	42	1.275

Tests of Between-Subjects Effects
Measure: MEASURE_1
Transformed Variable: Average

Source	Type III Sum of Squares	df	Mean Square	F	Sig.
Intercept	976.067	1	976.067	375.067	.000
Error	36.433	14	2.602		

上表為受試者間效應項的檢定值。包括離均差平方和、自由度、均方值。
由表中可知受試者間（SS_b）的離均差平方和等於36.433、自由度等於14、均
方值等於2.602。由於此部分是受試者間個別差異造成的，在單因子相依樣本
中並不是探究的重點所在（余民寧，民86）。重複量數與獨立樣本的差異，就
在於透過實驗處理的控制，將個別差異的變異量自誤差項中獨立出來，這些
由個別差異所造成的變異量是否顯著，在統計檢定上並沒有意義；而表中第
一橫列是常數項的離均差平方和，這在變異數分析中並沒有意義，當把三個
依變項全部化為標準Z分數後，常數項的離均差平方和會變為0（王保進，民
91）。

Estimated Marginal Means
situ Estimates Measure: MEASURE_1

Situ	Mean	Std. Error	95% Confidence Interval	
			Lower Bound	Upper Bound
1	1.933	.316	1.256	2.610
2	3.333	.319	2.650	4.017
3	5.000	.258	4.446	5.554
4	5.867	.401	5.007	6.726

上表為四個處理水準在依變項的估計邊緣平均數，包括處理水準類別、平均數、標準誤、95%信賴區間。

Pairwise Comparisons
Measure: MEASURE_1

(I)situ	(J)situ	Mean Difference(I-J)	Std.Error	Sig.	95% Confidence Interval for Difference	
					Lower Bound	Upper Bound
1	2	-1.400(*)	.388	.003	-2.232	-.568
	3	-3.067(*)	.384	.000	-3.890	-2.243
	4	-3.933(*)	.384	.000	-4.757	-3.110
2	1	1.400(*)	.388	.003	.568	2.232
	3	-1.667(*)	.303	.000	-2.317	-1.016
	4	-2.533(*)	.524	.000	-3.658	-1.409
3	1	3.067(*)	.384	.000	2.243	3.890
	2	1.667(*)	.303	.000	1.016	2.317
	4	-.867	.456	.078	-1.845	.112
4	1	3.933(*)	.384	.000	3.110	4.757
	2	2.533(*)	.524	.000	1.409	3.658
	3	.867	.456	.078	-.112	1.845

Based on estimated marginal means

* The mean difference is significant at the .05 level.

a Adjustment for multiple comparisons: Least Significant Difference（equivalent to no adjustments）．

上表為相依樣本的事後比較，平均數差異值（Mean Difference）如果達到.05 顯著水準，會在差異值的右邊加上星號（*）號，也可以從顯著性（Sig.）及差異的95%信賴區間來判定平均數差異值是否達到.05 的顯著水準。上表中可以發現學生在壓力情境三、壓力情境四的狀況下，學生數學解題能力顯著的高於壓力情境一及壓力情境二的狀況下，而在壓力情境二的狀況下，學生數學解題能力表現顯著的優於在壓力情境一的狀況。

綜合上列報表，將四種不同壓力情境下之數學解題能力之實驗效果的變異數分析摘要表整理如下：

描述統計量

	平均數（M）	標準差（SD）	人數（N）
壓力情境一 A	1.93	1.223	15
壓力情境二 B	3.33	1.234	15
壓力情境三 C	5.00	1.000	15
壓力情境四 D	5.87	1.552	15

變異來源 SV	離均差平方和 SS	自由度 df	均方 MS	F	事後比較
受試者間	36.433	14	2.602		C>A
受試者內	191.500	45			C>B
處理效果	137.933	3	45.978	36.05***	D>A
殘差	53.567	42	1.275		D>B
全體	227.933	59			B>A
*** p<.001					

　　Mauchly 檢定值為.613，轉換後的卡方值等於 6.217（df=5，p=.287>.05），未達顯著水準，表示未違反變異數分析之球形假定，不需進行校正。處理效果的 F 值=36.05，p<.001，達到顯著水準，應拒絕虛無假設→H_0：$\mu_1 = \mu_2 = \mu_3 = \mu_4$，亦即在四種不同壓力情境下，學生數學解題能力表現有顯著的不同；從事後比較可以看出，在壓力情境三、壓力情境四的狀況下，學生數學解題能力表現顯著的優於在壓力情境一及壓力情境二的狀況下；而在壓力情境二的狀況下，學生數學解題能力表現又顯著的優於在壓力情境一的狀況。

10-4 學習經驗問卷層面比較

　　在學生學習經驗問卷中，數學焦慮包括四個層面：壓力懼怕、情緒擔憂、考試焦慮、課堂焦慮，由於各層面包含的題項數不同，因而將研究層面的平均數除以各層面的題項數，以求出層面單題的平均得分（其變項名稱分別為 av_fea、av_wor、av_exa、av_cla）。如此只能得知各層面單題的平均得分情形，此時雖然可以依據各層面單題的平均得分將其排序，但這些分數間的差異是否有統計上的意義無從得知，在之前的分析時，得知四個層面的單題平均得分分別為：2.8511（排序 4）、3.1192（排序 3）、3.1675（排序 2）、3.2760（排序 1），研究者如果下此結論：學生數學焦慮知覺中以「課堂焦慮」為最高（因其單題平均得分最高）、而以「壓力懼怕」為最低（因其單題平

均得分最低），此種描述欠缺完整與適切，因為研究者未進行統計考驗，其四個平均數的高低差異是否達到統計上的顯著水準不得而知，或許其差異值只是機遇所造成的。因而如果要比較樣本在四個層面單題平均得分的高低（知覺在哪個數學焦慮層面的感受最大），應進一步進行四個層面之相依樣本的變異數分析。

一、操作程序

Analyze（分析）→General Linear Model（一般線性模式）→Repeated Measures...（重複量數）→在「受試者內因子的名稱」（Within-Subject Factor Name:）右邊方盒內界定自變項的名稱「anx_av」，在「水準個數」（Number of Levels:）右邊方盒內鍵入自變項的水準數「4」→按『新增』（Add）鈕，中間大方格內出現因子名稱及水準數「anx_av(4)」。

→按『定義』（Define）鈕，出現「重複量數」（Repeated Measures）對話視窗，選取重複量數的水準變項名稱「av_fea」、「av_wor」、「av_exa」、「av_cla」至右邊「受試者內變數」[Within-Subjects Variables（anx_av）]下的方格中→按『選項』（Options...）鈕，將「anx_av」選入右邊「Display Means for」（顯示平均數）下的方格中，點選「☑Compare main effects」（比較主效應），在「Confidence interval adjustment」（信賴區間調整）選取內定LSD法，勾選「Descriptive statistics」（敘述統計）→按『Continue』鈕→按『OK』鈕。

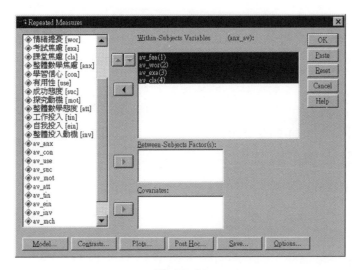

圖 10-18

　　如果要呈現處理水準數在依變項上之平均數，在「重複量數」（Repeated Measures）對話視窗中，按『圖形』（Plots）鈕，會出現「重複量數：剖面圖」（Repeated Measures: Profile Plots）次對話視窗，將因子（Factors）清單中的變項「anx_av」選入右邊「水平軸」（Horizontal Axis）下的方格中，再按『新增』（Add）鈕。

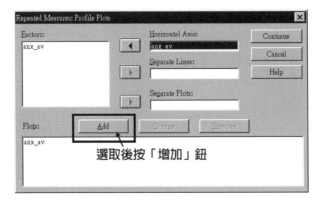

圖 10-19

二、結果分析

　　以下結果只呈現部分重要報表。

Descriptive Statistics

	Mean	Std. Deviation	N
壓力懼怕平均	2.8511	1.08684	300
情緒擔憂平均	3.1192	.91962	300
考試焦慮平均	3.1675	.97565	300
課堂焦慮平均	3.2760	.99407	300

　　上表為四個水準的平均數、標準差與有效樣本數。其中的平均數為層面單題的平均得分（層面的平均得分÷層面的題項數）。四個處理水準分別為「壓力懼怕平均」編碼為 1、「情緒擔憂平均」編碼為 2、「考試焦慮平均」編碼為 3、「課堂焦慮平均」編碼為 4。

單因子變異數分析

Mauchly's Test of Sphericity(b)
Tests of Within-Subjects Effects（受試者內效應項檢定）
Measure: MEASURE_1

Source （來源）		Type III Sum of Squares	df	Mean Square	F	Sig.
anx_av	Sphericity Assumed （假設為球形）	29.339	3	9.780	34.054	.000
	Greenhouse-Geisser	29.339	2.413	12.157	34.054	.000
	Huynh-Feldt	29.339	2.434	12.052	34.054	.000
	Lower-bound	29.339	1.000	29.339	34.054	.000
Error (anx_av)	Sphericity Assumed （假設為球形）	257.605	897	.287		
	Greenhouse-Geisser	257.605	721.581	.357		
	Huynh-Feldt	257.605	727.870	.354		
	Lower-bound	257.605	299.000	.862		

上表為受試者內效應項的檢定，組間效果考驗的 F 值等於 34.054，p=.000< .05，達到顯著水準，表示四個數學焦慮層面單題平均得分間有顯著的差異存在。

受試者間效應項的檢定　測量: MEASURE_1　　轉換的變數：均數

來源	型 III 平方和	自由度	平均平方和	F 檢定	顯著性
Intercept	11557.641	1	11557.641	3721.748	.000
誤差	928.525	299	3.105		

上表為受試者間效應項的檢定（Tests of Between-Subjects Effects）。

成對的比較　　測量：MEASURE_1

(I) ANX_AV	(J) ANX_AV	平均數差異 (I–J)	標準誤	顯著性 (a)	差異的 95%信賴區間(a)	
					下限	上限
1	2（水準 1 和水準 2 的比較顯著）	-.268(*)	.042	.000	-.351	-.185
	3（水準 1 和水準 3 的比較顯著）	-.316(*)	.039	.000	-.394	-.239
	4（水準 1 和水準 4 的比較顯著）	-.425(*)	.047	.000	-.517	-.333
2	1（水準 2 和水準 1 的比較顯著）	.268(*)	.42	.000	.185	.351
	3（水準 2 和水準 3 的比較不顯著）	-4.833E-02	.030	.105	-.107	1.016E-02
	4（水準 2 和水準 4 的比較顯著）	-.157(*)	.049	.002	-.254	-5.988E-02

(I) ANX_AV	(J) ANX_AV	平均數差異 (I-J)	標準誤	顯著性 (a)	差異的95%信賴區間(a)	
					下限	上限
3	1（註a）	.316(*)	.039	.000	.239	.394
	2（註b）	4.833E-02	.030	.105	-1.016E-02	.107
	4（註c）	-.109(*)	.052	.037	-.211	-6.33E-03
4	1	.425(*)	.047	.000	.333	.517
	2	.157(*)	.049	.002	5.988E-02	.254
	3	.109(*)	.052	.037	6.332E-03	.211

以可估計的邊際平均數為基礎

* 在水準 .05 的平均數差異顯著。

a 多重比較調整：最小顯著差異（等於沒有調整）。

上表中為事後多重比較，「平均數差異（I-J）」欄為二個水準平均數的差異值，如：

1. 附註（a）的平均數差異值為水準 3 平均數與水準 1 平均數的差=3.1675－2.8511=.316，此差異值如果達到顯著水準，會直接於平均數的後面加上（*），其呈現的數字為.316（*），表示水準 3 與水準 1 平均數的差異值達到顯著，其 p 值等於.000<.05。

2. 附註（b）的平均數差異值為水準 3 平均數與水準 2 平均數的差=3.1675－3.1192=0.0483，p=.105>.05，未達顯著水準。

3. 附註（c）的平均數差異值為水準 3 平均數與水準 4 平均數的差=3.1675－3.2760=-.109，p=.000<.05，達到顯著水準，呈現的數字為 -.109（*）。

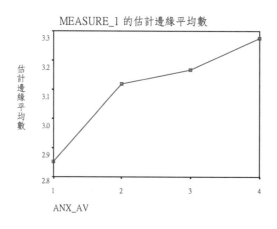

圖 10-20

上圖爲四個水準平均數的剖面圖。

綜合上面的結果可以得知，四個組的平均數差異整體考驗達到顯著水準，組間效果考驗之 F 值等於 34.054，p=.000<.05，達到顯著水準。經事後比較發現：水準 4 ＞水準 1 ＆水準 2 ＆水準 3、水準 3 ＞水準 1、水準 2 ＞水準 1，表示「課堂焦慮」（水準 4）層面的單題平均顯著的高於其餘三個數學焦慮層面的單題平均；而「壓力懼怕」（水準 1）層面的單題平均顯著的低於其餘三個數學焦慮層面的單題平均，因而可以說學生所知覺的數學焦慮層面中，以「課堂焦慮」層面的知覺感受最大；而以「壓力懼怕」焦慮層面的知覺感受最小。

10-5 F 檢定與 T 考驗間之關係

一、【問題研究】

某國中數學教師想探究其任教的班級中，學生性別與其數學成績之關係，學期結束後，此教師從其任教班級中隨機抽取二十名學生，登錄學生的數學期末考試成績與性別編碼，在性別編碼中，此教師將男學生編碼爲 0、女學生編碼爲 1，請問教師可採用哪些方法加以分析此一問題？而其結果又要如何解釋？

學生	1	2	3	4	5	6	7	8	9	10	11	12	13	14	15	16	17	18	19	20
成績	67	73	90	80	75	60	43	92	68	89	69	85	77	91	50	87	90	86	78	65
性別	0	0	1	1	0	1	0	1	0	1	0	1	0	1	0	1	0	1	0	0

二、操作程序

㈠點二列系相關

Analyze（分析）
　Correlate（相關）
　　Bivariate...（雙變數）
　　　將清單變項中的 math、sex 選入右邊的目標變項方格中
　　　勾選「□Pearson 相關係數」選項

勾選「□Flag significant correlations」（相關顯著性訊號）

按『Options...』（選項）鈕

　勾選「□Means and standard deviations」選項

　按『Continue』鈕

按『OK』鈕

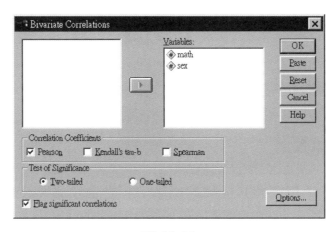

圖 10-21

㈡獨立樣本 T 檢定

Analyze（分析）

　Compare Means（比較平均數法）

　　Independent-Samples T Test...（獨位樣本 T 檢定）

　　將目標變數成績 math 選入右邊「Test Variable(s)」（檢定變數）下的方盒內

　　將自變項性別 sex 選入右邊「Grouping Variable」（分組變數）下方的空格中

　　按『Define Groups』（定義組別）鈕

　　　在「Group 1:」的右邊方格輸入男生數值編碼 0

　　　在「Group 2:」的右邊方格輸入女生數值編碼 1

　　　按『Continue』鈕

　　按『OK』鈕

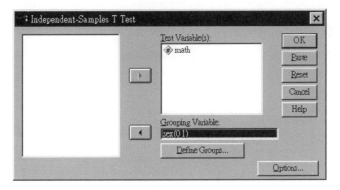

圖 10-22

(二) One-Way ANOVA

Analyze（分析）

  Compare Means（比較平均數法）

    One-Way ANOVA...（單因子變異數分析）

    將依變項 math 選入右邊「Dependent List」下的方格中

    將自變項 sex 選入右邊「Factor」下的方格中

    按『Post Hoc...』鈕

      勾選一個事後比較的方法及顯著水準

      按『Continue』鈕

    按『Options...』鈕（選項鈕）

      勾選「□Descriptive」、「□Homogeneity-of-variance」

      按『Continue』鈕

    按『OK』鈕

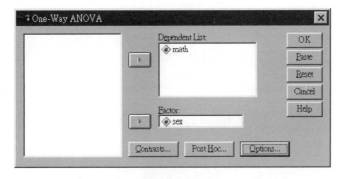

圖 10-23

㈣一般線性模式－單變量

Analyze（分析）

  General Linear Model（一般線性模式）

    Univariate…（單變量）

    將依變項 math 選入右邊「Dependent Variable」下的方格中

    將自變項 sex 選入右邊「Fixed Factor」下的方格中

    按『Options...』鈕

      勾選「□Descriptive statistics」、「□Estimates of effect size」

      、「□Observed power」「□Homogeneity tests」選項

     按『Continue』鈕

    按『OK』鈕

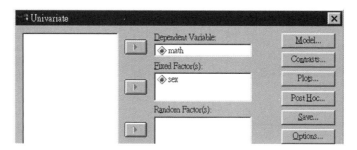

圖 10-24

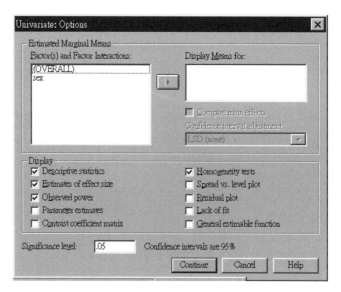

圖 10-25

三、結果分析

(一)點二系列相關

Correlations

Correlations

		Math	sex
Math	Pearson Correlation	1	.679(**)
	Sig. (2-tailed)	.	.001
	Sum of Squares and Cross-products	3709.750	92.500
	Covariance	195.250	4.868
	N	20	20
** Correlation is significant at the 0.01 level (2-tailed)

上述點二系列相關分析中，點二系列相關係數為.679，p=.001<.05，達到顯著水準，表示國中生學生性別與數學成就間有顯著相關存在。在性別編碼中，0為男生、1為女生，表示女生的數學成就顯著的高於男生的數學成就，性別變項可以解釋數學成就總變異量的.4610（此為決定係數=.679×.679=.4610）。

(二)獨立樣本 T 檢定

T-Test

Group Statistics

	sex	N	Mean	Std. Deviation	Std. Error Mean
math	male	10	66.50	11.511	3.640
	female	10	85.00	9.463	2.993

上表為男女生的數學成績的平均數、標準差，男生平均數等於 66.50、女生平均數等於 85.00。上表為男女生的數學成績的平均數、標準差，男生平均數等於 66.50、女生平均數等於 85.00。

Independent Samples Test

		Levene's Test for Equality of Variances		t-test for Equality of Means						
		F	Sig.	t	df	Sig. (2-tailed)	Mean Difference	Std. Error Difference	95% Confidence Interval of the Difference	
									Lower	Upper
math	Equal variances assumed	.501	.488	-3.926	18	.001	-18.500	4.712	-28.400	-8.600
	Equal variances not assumed			-3.926	17.351	.001	-18.500	4.712	-28.427	-8.573

在獨立樣本 T 檢定中，Levene 法的變異數同質性檢定之 F 值等於.501，p=.488，接受虛無假設，看「Equal variances assumed」橫列之 t 值，t 值＝-3.926，p=.001<.05，表示不同性別學生的數學成就有顯著差異，女學生的數學成就顯著的高於男學生的數學成就。t檢定顯著性機率值為.001 與點二系列相關係數值顯著性機率值相同。

(二) ANOVA 結果

Warnings

Post hoc tests are not performed for math because there are fewer than three groups.

因為組別間只有二組（少於三組），所以沒有進行事後比較，故出現提示字語。

Descriptives
math

	N	Mean	Std. Deviation	Std. Error	95% Confidence Interval for Mean		Minimum	Maximum
					Lower Bound	Upper Bound		
male	10	66.50	11.511	3640	58.27	74.73	43	78
female	10	85.00	9.463	2.993	78.23	91.77	60	92
Total	20	75.75	13.973	3.124	69.21	82.29	43	92

　　上述的描述統計量與執行獨立樣本 T 檢定之描述統計量完全一樣，男生的有效觀察值為10位、平均數等於66.50、標準差等於11.511、標準誤為3.640；女生的有效觀察值為 10 位、平均數等於 85.00、標準差等於 9.463、標準誤為2.993。

Test of Homogeneity of Variances

math

Levene Statistic	df1	df2	Sig.
.501	1	18	.488

　　上表為變異數同質性檢定，Levene Statistic 值等於.501，p=.488>.05，接受虛無假設，表示未違反變異數同質性的假設。此處的數值與獨立樣本t檢定中變異數同質性假設的數值完全相同。

ANOVA

	Sum of Squares	df	Mean Square	F	Sig.
Between Groups	1711.250	1	1711.250	15.413	.001
Within Groups	1998.500	18	111.028		
Total	3709.750	19			

　　上表為變異數分析摘要表，F 值等於 15.413，p=.001<.05，其中顯著性機率值等於獨立樣本 t 檢定時之顯著性機率值，因而其結果相同，其中ANOVA考驗之 F 值等於 t 考驗之 t 值的平方：$F=t^2$；15.413= (-3.926) × (-3.926)。t 考驗在於檢定二組平均數差異的顯著性，F 考驗則在於檢定三組以上平均數間的差異顯著性，F 考驗也適用於二組平均數差異的顯著性考驗，可見，t 考驗是 F考驗的一個特例，其中 t 值可能為正數也可能為負數；而 F 值則不可能以負數呈現。

(四) 一般線性模式－單變量

Univariate Analysis of Variance

Between-Subjects Factors

		Value Label	N
sex	0	male	10
	1	female	10

上表為自變項名稱、水準編碼、水準編碼值的標籤及有效觀察值，其中自變項sex二個水準編碼值分別為0、1，水準編碼值的標籤分別代表male（男生）、female（女生）。

Descriptive Statistics
Dependent Variable: math

sex	Mean	Std. Deviation	N
male	66.50	11.511	10
female	85.00	9.463	10
Total	75.75	13.973	20

上表為描述性統計量，與執行獨立樣本 t 檢定、單因子變異數分析之結果完全相同。

Levene's Test of Equality of Error Variances(a)
Dependent Variable: math

F	df1	df2	Sig.
.501	1	18	.488

Tests the null hypothesis that the error variance of the dependent variable is equal across groups.
a Design: Intercept+sex

上表為變異數同質性檢定，採用 Levene 法檢定，以考驗變異數均等性的差異值，其 F 值等於.501，p=.488>.05，接受虛無假設，表示未違反變異數同質性的假設。此處的數值與獨立樣本t檢定中變異數同質性假設的數值完全相同；也與執行獨立樣本單因子變異數分析結果相同。

Tests of Between-Subjects Effects
Dependent Variable: math

Source	Type III Sum of Squares	df	Mean Square	F	Sig.	Partial Eta Squared	Noncent. Parameter	Observed Power(a)
Corrected Model	1711.250(b)	1	1711.250	15.413	.001	.461	15.413	.960
Intercept	114761.250	1	114761.250	1033.626	.000	.983	1033.626	1.000
sex	1711.250	1	1711.250	15.413	.001	.461	15.413	.960
Error	1998.500	18	111.028					
Total	118471.000	20						
Corrected Total	3709.750	19						

a Computed using alpha = .05
b R Squared = .461 (Adjusted R Squared = .431)

上表自變項sex橫列之離均差平方和（SS=1711.250）、自由度（df=1）、平均平方和（MS=1711.250）、F值（F=15.413）、顯著性（p=.001）均與上述執行獨立樣本單因子變異數分析結果相同，其中「淨 Eta 平方」（Partial Eta Squared）值就是效果值的大小，也就是在積差相關中所述的「決定係數」，其值等於點二系列相關係數值的平方，即.461=.679×.679。

在一個自變項爲二分名義變項、依變項爲連續變項的研究問題中，相同的數據資料下，採用點二系列相關、獨立樣本 t 檢定、獨立樣本變異數分析（或一般線性模式-單變量）所獲致的結果應是一樣的，這也就是三角檢驗法，雖是不同的統計方法，但其結果則是相同的。其中自變項如果有二個水準，依變項爲連續變項時，研究者可採用獨立樣本 t 檢定或單因子變異數分析F考驗均可。

10-6 無母數統計法——克－瓦單因子等級變異數分析（H 檢定法）

克－瓦單因子等級變異數分析（又稱H檢定法）（Kruskal-Wallis one-way analysis of variance by ranks）用來考驗 k 個獨立樣本（k independent samples）是否來自不同的母群（*Siegel & Castellan, 1989*），也可以說是用來考驗 k 個獨立樣本是否來自同一母群或平均數相等的 k 個母群（林清山，民 81）。「克－瓦單因子等級變異數分析」之無母數統計法相當於母數統計法中之獨立樣本單因子變異數分析，不同的是「克－瓦單因子等級變異數分析」不需要符合F統計法的基本假定，如k個母群體不具備常態分配時，而它的依變項不像是F統計法中需要的是等距或比率變項，而是次序變項，其考驗的是各組平均等級的差異。

克－瓦單因子等級變異數分析之虛無假設與對立假設如下：

$$H_0 : \theta_1 = \theta_2 = \theta_3 \cdots = \theta_k$$
$$H_1 : \theta_i \neq \theta_j \ 或 \ H_0 \ 至少有一個等式不成立$$

如果對立假設爲眞（拒絕虛無假設、接受對立假設），則表示至少有一對組別的中位數（medians）不相等，至於是哪幾對間有差異則要進行事後比較才能得知。克－瓦單因子等級變異數分析的方式與獨立樣本單因子變異數分析的方式類似，如果整體考驗之卡方值達顯著水準，要進行事後比較，以找出是哪幾對等級平均數間有顯著差異。

一、【問題研究】

某研究者想探究受試者線索提供對資賦生數學解題效果的影響，他採用三種不同的教學方式，第一種提供反向的線索、第二種提供正向的線索、第三種同時提供正反二種線索。經隨機抽取十八名受試者，並隨機分配至三種不同的實驗情境，教學完後記錄學生解題的成績，數據如下表所列，請問在學生解題歷程中教師不同線索的提供，對學生解題效果是否有顯著影響？（數據修改 *Siegel & Castellan, 1989, p.212*）

提供反向的線索	提供正向的線索	同時提供正反二種線索
44	70	80
44	77	76
54	48	34
32	64	80
21	71	73
28	75	80

上表原始資料轉換成等級資料如下：

	提供反向的線索	提供正向的線索	同時提供正反二種線索
	5.5	10	17
	5.5	15	14
	8	7	4
	3	9	17
	1	11	12
	2	13	17
R_j	25	65	81
$\overline{R_j}$	4.17	10.83	13.50

二、操作程序

分析（Analyze）→無母數檢定（Nonparametric Tests）→K 個獨立樣本...（K Independent Samples），出現「多個獨立樣本的檢定」（Tests for Several Independent Samples）對話視窗

→將依變項數字變數「成績[score]」選入「檢定變數清單」（Test Variable List）下的方格中，將分組變數「組別[group]」選入右邊「分組變數」（Grouping Variable）下的方格中

→按『定義範圍』（Define Range）鈕，出現「多個獨立樣本:定義範圍」（Several Independent Samples: Define Range）次對話視窗→在「最小值」（Minimum）的右邊空格輸入「1」、在「最大值」（Maximum）的右邊空格輸入「3」→按『繼續』（Continue）鈕→按『確定』（Ok）鈕。

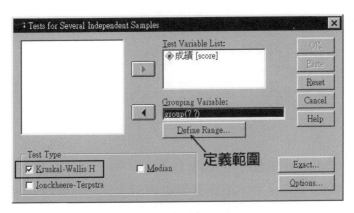

圖 10-26

在上表「多個獨立樣本的檢定」（Tests for Several Independent Samples）對話視窗，「檢定類型」（Test Type）方盒中包括三種檢定方法，來判斷多個獨立樣本是否是取自於相同母群。三種 k 個獨立樣本無母數檢定方法為「Kruskal-Wallis H」檢定（克－瓦二氏單因子等級變異數分析；簡稱H檢法，此為 SPSS 內定的選項）、「中位數檢定」（Median）、「Jonckheere-Terpstra 檢定」。中位數檢定比較一般化，但功能不夠強大，不過還是可以用來偵測、分配在位置和類型上面的差異。在「檢定變數清單中」（Test Variable List）中要選取一個或一個以上的數字變數（依變項）。

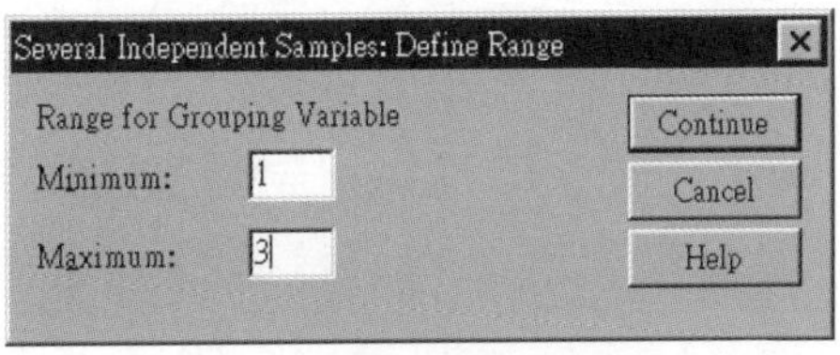

Several Independent Samples: Define Range

Range for Grouping Variable

Minimum: 1

Maximum: 3

Continue
Cancel
Help

圖 10-27

在「多個獨立樣本：定義範圍」（Several Independent Samples: Define Range）次對話視窗中，最小值（Minimum）和最大值（Maximum）要和分組變數最低、最高類別互相對應，如果觀察值落在最小值與最大值的界限之下，分析時會被排除掉。最小值必須小於最大值，且二個空格內的數值均要輸入才可以。

三、結果分析

Kruskal-Wallis Test
Ranks

	組別	N	Mean Rank
成績	提供反向線索	6	4.17
	提供正向線索	6	10.83
	提供正反線索	6	13.50
	Total	18	

上表為三個組別在依變項上之平均等級，第一組「提供反向線索」解題成就的平均等級為 4.17、第二組「提供正向線索」的平均等級為 10.83、第三組「提供正反線索」的平均等級為 13.50。平均等級的算法可參考上述等級資料表表格。

Test Statistics(a, b)

	成績
Chi-Square	9.781
Df	2
Asymp. Sig.	.008
a Kruskal Wallis Test	
b Grouping Variable: 組別	

上表為克－瓦二氏單因子等級變異數分析之檢定統計量，自由度等於 2、卡方值等於 9.781、p=.008<.05，達到顯著水準，表示三組之間有顯著差異，亦即在學生解題歷程中教師不同線索的提供，對學生解題效果否有顯著的影響。

克－瓦二氏單因子等級變異數分析之檢定統計量相當於母數統計法之獨立樣本變異數分析，在獨立樣本變異數分析中如果 F 值達到顯著，則要進行事後比較。H 檢定法亦同，當檢定結果達到顯著水準，應該進行事後比較，

以找出是哪幾對平均數間有顯著差異。

SPSS 視窗版之軟體沒有提供 H 檢法之事後比較,此部分可參考學者 Siegel 與 Castellan（*1989, p.213*）所提之方法。事後比較的公式如下:

$$|\overline{R_i} - \overline{R_k}| \geq Z_{\alpha/k(k-1)} \sqrt{\frac{N(N+1)}{12}(\frac{1}{n_i} + \frac{1}{n_j})}$$

其中 $\overline{R_i}$ 是第 i 組的平均等級、$\overline{R_j}$ 是第 j 組的平均等級,k 是組數（範例等於 3）,N 是樣本總數（範例等於 18）、n_i 是第 i 組的樣本數、n_j 是第 j 組的樣本數,α 是研究者設定的顯著水準（.05 或 .01）、$Z_{\alpha/k(k-1)}$ 是在顯著水準 α 及進行 k(k−1) 次事後比較下的臨界值。假設 α 定為 .05,組別數等於 3(k=3),$Z_{.05/[3(3-1)]} = Z_{.0083} \doteqdot 2.394$,查常態分配表,當機率值等於 .0083 時,相對應的 Z 值約為 2.394。

$$Z_{\alpha/k(k-1)} = \sqrt{\frac{N(N+1)}{12}(\frac{1}{n_i} + \frac{1}{n_j})} = 2.394 \sqrt{\frac{18(18+1)}{12}(\frac{1}{6} + \frac{1}{6})}$$
$$= 2.394 \times \sqrt{9.5} = 7.38 \text{（臨界值）}$$

三組平均等級分別為第一組等於 4.17、第二組等於 10.83、第三組等於 13.50。平均等級差異的絕對值如下:

$$|\overline{R_1} - \overline{R_2}| = |4.17 - 10.83| = 6.66 < 7.38 \text{（第一組與第二組的事後比較不顯著）}$$
$$|\overline{R_1} - \overline{R_3}| = |4.17 - 13.50| = 9.33 > 7.38 \text{（第一組與第三組的事後比較顯著）}$$
$$|\overline{R_2} - \overline{R_3}| = |10.83 - 13.50| = 2.67 < 7.38 \text{（第二組與第三組的事後比較不顯著）}$$

從上面的事後比較可以發現,只有第一組與第三組間的平均等級差異的絕對值（9.33）大於臨界值（7.38）,達到 .05 的顯著水準,表示在學生解題歷程中「只提供反向線索」受試者之解題表現顯著的低於「同時提供正反線索」的受試者。

10-7 無母數統計法——弗里曼二因子等級變異數分析

凡同一群受試者重複接受 k 個實驗條件（重複量數）,或 k 個在某些特質方面相配對的受試者各接受其中一種實驗條件（配對法）,所得的資料化成等級分數後,可以採用「弗里曼二因子等級變異數分析」法（Friedman two-way analysis of variance by ranks）（*林清山,民 81*）,以檢定同一組受試者在某

一個次序變項各處理水準表現的差異性。「弗里曼二因子等級變異數分析」適用於重複樣本的無母數統計法，其依變項屬性至少是次序量尺（ordinal scale）以上，無母數統計法之「弗里曼二因子等級變異數分析」，相當於母數統計法中之「相依樣本單因子變異數分析」，不同的是前者的依變項是次序變項（轉換成等級）、後者的依變項是連續變項；前者比較的是自變項各處理水準在依變項上之平均等級、後者比較的是自變項各處理水準在依變項的平均數。如果有 k 個配對樣本，則考驗的虛無假設是 k 個樣本來自相同的母群。

一、【問題研究】

某心理學家想探究在三種不同學習情境中學生學習喜愛態度的感受，他隨機抽取十八名學生在三種事先設計的學習情境中學習，之後讓學生填寫學習喜愛態度的感受問卷，每位學生分別對三種學習情境寫上 1、2、3 三個等級，數字愈小表示愈喜愛，其調查數據如下，請問受試者在三種不同學習情境中學習，其學習喜愛程度是否有所不同？（題目修改自 *Siegel & Castellan, 1989, p.179*）

受試者	A	B	C	D	E	F	G	H	I	J	K	L	M	N	O	P	Q	R	等級總和
學習情境一	1	2	1	1	3	2	3	1	3	3	2	2	3	2	2.5	3	3	2	39.5
學習情境二	3	3	3	2	1	3	2	3	1	1	3	3	2	3	2.5	2	2	3	42.5
學習情境三	2	1	2	3	2	1	1	2	2	2	1	1	1	1	1.0	1	1	1	26.0

二、操作程序

分析（Analyze）→無母數檢定（Nonparametric Tests）→K 個相關樣本...（K Related Samples），出現「多個相關樣本的檢定」（Tests for Several Related Samples）對話視窗

→將依變項「situ1」、「situ2」、「situ3」選入右邊「檢定變數」（Test Variables）下的方格中，在下方「檢定類型」（Test Type）方盒中，勾選「□Friedman」選項→按『確定』（Ok）鈕。

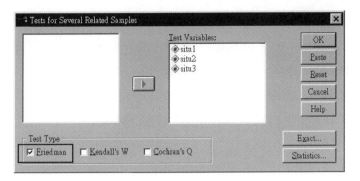

圖 10-28

在上表「多個相關樣本的檢定」（Tests for Several Related Samples）對話視窗，「檢定類型」（Test Type）方盒中包括三種相依樣本的差異性檢定之無母數統計的方法，三種 k 個相關樣本無母數檢定方法分別為「弗里曼二因子等級變異數分析」檢定法（Friedman，此為 SPSS 內定的選項）、「Kendall 和諧係數」檢定法（Kendall's W）、「寇克蘭 Q 檢定法」（Cochran's Q）。

三、結果分析

Friedman Test

Ranks

	Mean Rank
situ1	2.19
situ2	2.36
situ3	1.44

上表為三種不同學習情境下，受試者學習後喜愛的平均等級。在學習情境一中學生喜愛的平均等級為 2.19、在學習情境中學生喜愛的平均等級為 2.36、在學習情境三中學生喜愛的平均等級為 1.44。

Test Statistics(a)

N	18
Chi-Square	8.704
df	2
Asymp. Sig.	.013

a Friedman Test

上表爲弗里曼二因子等級變異數分析之檢定統計量，自由度等於2、卡方值等於 8.704、p=.013<.05，達到顯著水準，表示三組之間有顯著差異，亦即學生對三種不同學習情境的喜愛程度有顯著的不同。

弗里曼二因子等級變異數分析相當於母數統計法之相依樣本單因子變異數分析，在相依樣本變異數分析中如果 F 值達到顯著，則要進行事後比較。弗里曼二因子等級變異數分析結果方法類似，當整體卡方值檢定結果達到顯著水準，應該進行事後比較，以找出是哪幾對平均數間有顯著差異。

SPSS 視窗版之軟體沒有提供弗里曼二因子等級變異數分析法之事後比較，此部分可參考學者 Siegel 與 Castellan（*1989, pp.180-181*）所提之方法。事後比較的公式有二種：

1. 採用等級總和時

$$|R_i - R_j| \geq Z_{\alpha/k(k-1)} \sqrt{\frac{Nk(k+1)}{6}}$$

2. 使用等級平均數時

$$|R_i - R_j| \geq Z_{\alpha/k(k-1)} \sqrt{\frac{k(k+1)}{6N}}$$

其中 R_i 是第 i 組的等級總和（rank sums）、R_j 是第 j 組的等級總和。$\overline{R_i}$ 是第 i 組的平均等級（average ranks）、$\overline{R_j}$ 是第 j 組的平均等級，k 是組數（範例等於 3），N 是樣本總數（範例等於 18），α是研究者設定的顯著水準（.05 或.01）、$Z_{\alpha/k(k-1)}$ 是在顯著水準α及進行 次事後比較下的臨界值。假設α定爲.05，組別數等於3(k=1)，$Z_{0.5/[3(3-1)]} = Z_{.0083} \doteqdot 2.394$，查常態分配表，當機率值等於.00833時，相對應的 Z 值約爲 2.394。

1. 以等級總和計算，其臨界值如下：

$$Z_{\alpha/k(k-1)} \sqrt{\frac{N \times k \times (k+1)}{6}} = 2.394 \times \sqrt{\frac{18 \times 3(3+1)}{6}} = 2.394 \times \sqrt{36} = 14.36$$

2.以平均等級計算，其臨界值如下：

$$Z_{\alpha/k(k-1)}\sqrt{\frac{k \times (k+1)}{6N}} = 2.394 \times \sqrt{\frac{3 \times (3+1)}{6 \times 18}} = 2.394 \times \sqrt{0.1111} = 0.798$$

三組等級總和分別為第一組等於 39.5、第二組等於 42.5、第三組等於 26.0。等級總和差異的絕對值如下：

$|R_1 - R_2| = |39.5 - 42.5| = 3.0 < 14.36$

（第一組與第二組的事後比較不顯著，第一組表受試者對學習情境一的喜愛態度、第二組表受試者對學習情境二的喜愛態度；第三組表受試者對學習情境三的喜愛態度）

$|R_1 - R_3| = |39.5 - 26.0| = 13.5 < 14.36$（第一組與第三組的事後比較不顯著）

$|R_2 - R_3| = |42.5 - 26.0| = 16.5 > 14.36$（第一組與第三組的事後比較顯著）

如以平均等級差異絕對值表示，三組平均等級分別為第一組等於 2.19、第二組等於 2.36、第三組等於 1.44。平均等級差異的絕對值如下：

$|\overline{R_1} - \overline{R_2}| = |2.19 - 2.36| = 0.17 < 0.798$（第一組與第二組的事後比較不顯著）

$|\overline{R_1} - \overline{R_3}| = |2.19 - 1.44| = 0.75 < 0.798$（第一組與第三組的事後比較不顯著）

$|\overline{R_2} - \overline{R_3}| = |2.36 - 1.44| = 0.92 > 0.798$（第二組與第三組的事後比較顯著）

從上面的事後比較可以發現，以等級總和或平均等級方法所進行的組別多重比較結果相同：只有第二組與第三組間的平均等級間有顯著差異。表示在三種不同學習情境中，學生對學習情境二的喜愛程度顯著的高於對學習情境一的喜愛程度；而對學習情境一的喜愛程度與對學習情境二的喜愛程度則沒有顯著的不同。

第十一章

線性迴歸分析

11-1 基本理論

　　變異數分析是探討因子（自變數）對依變數是否有影響的統計方法，不過，變異數分析有一些不足，那就是變異數分析僅能分析自變數與依變數有無關係而不能分析其間的關係程度；另外，在許多情境下自變數經常是連續的隨機變數，因而較難將自變數分成非連續個數來探討自變數對依變數是否有影響。迴歸分析的方法可以探討連續隨機變數對連續變項的影響，此方法會將所要研究的變數區分為依變數（Dependent）與自變數（Independent），並根據相關理論建立依變數為自變數的函數（模型），然後利用獲得的樣本資料去估計模型中參數並做預測的方法，迴歸分析的意義：「迴歸分析是用來分析一個或一個以上自變數與依變數間的數量關係，以了解當自變數為某一水準或數量時，依變數反應的數量或水準」（林惠玲、陳正倉，民 92）。

　　在相關分析中，如果兩個變項有顯著相關，僅表示二個變項間關聯的大小與方向，變項間有顯著相關，不一定表示變項間有因果關係存在，二者可能同時均為因、或均為果，或真有因果關係存在。相關與迴歸（Regression）均是應用線性關係檢定的兩種主要重要的統計方法，相關分析的目的在於描述兩個連續變項的線性關係，而迴歸則基於兩變項之間的線性關係，進一步分析兩變項之間的預測關係。兩個變項間的相關係數顯著時，僅能說明這兩個變項之間具有一定程度的關聯，包括其關聯的大小與方向，而無法確知兩個變項之間的因果與先後關係。如果研究者的目的在於「預測」，亦即以一個獨立變數（預測變項）去預測另一個依變數（效標變項），或是關心實驗的控制（因），是否影響某一被觀察的變數（果），研究者必須採用迴歸分析，透過迴歸方程式的建立與考驗，來考驗變項之間的關係。相關係數同時考慮兩變項的變異情形，屬「對稱設計」；而迴歸分析的目的則在於利用一個自變項去預測效標變項的情形，屬「不對稱設計」（邱皓政，民 89）。

　　在行為科學領域中，迴歸分析的實例很多，如根據學生的智力來預測其在校的學業成就；根據學生的智力、在學學業成就預測其未來聯考的成績；根據組織成員的工作投入、組織承諾感、工作滿足、組織認同感等變因來預測組織效能或組織成效；依據父母管教態度、家庭氣氛、學生同儕關係等來預測學生的人格發展情形等。在上述變項中作為預測的變項，就稱作「預測變項」（Predictor），被預測的變項，稱作「效標變項」（Criterion），以學生的智力、在學學業成就預測其未來聯考的成績為例，預測變項為學生智力、在學學業成就；效標變項為聯考成績，如果二個變項 X 與 Y 是直線關係，而

以單一變項X去預測效標變項Y，則稱為「簡單迴歸分析」（Simple Regression Analysis）；如果自變項不只一個，而有數個預測變項 X_1、X_2、X_3……，迴歸方程式中同時包含數個自變數對依變數的影響，則稱為「多元迴歸分析」（Multiple Regression Analysis）。

從歷史發展來看，預測的問題研究還要早於相關量數的發展。英國學者高爾登（*Francis Galton, 1822-1911*）首先將迴歸應用到生物學和心理學的資料，高爾登在 1855 年發表了〈Regression Towards Mediocrity in Hereditary Stature〉論文，在文章中分析了孩童身高與父母身高之間的關係，他發現：父母的身高與子女的身高有密切關係存在，父母的身高愈矮或愈高時，其子女的身高會較一般孩童為矮或高；但父母的身高有極端傾向時，其子女的身高反而會不如父母親身高的極端化，而朝向平均數移動，亦即，身高高於平均數的父母傾向有身高高於平均數的子女，但子女的身高則不如他們父母的身高；身高低於平均數的父母傾向有身高低於平均數的子女，但子女的身高則通常會高於他們父母的身高，高爾登稱此種現象為「迴歸朝向平凡」（Regression Toward Mediocrity），也就是兩極端的分數會有退回到平均數的現象，或兩極端的分數往平均數迴歸的現象（Regression Toward the Mean），這是統計學上為什麼把某一變項「預測」另一變項的問題，稱為「迴歸」的典故。高爾登亦創造相關係數r且取名為「相關」（林清山，民 81；邱皓政，民 89，吳忠武等譯，民 94）。

迴歸分析的兩個目的：一為了解自變數與依變數的關係及影響方向與程度；二為利用自變數與估計的迴歸方程式對依變數做預測。在進行迴歸分析時，通常先建立自變數與依變數間的函數或模型。模型中何者應設為自變數，何者應設為依變數，主要根據相關的理論或文獻、之前的相關研究或邏輯來決定，其次是依據研究人員想要研究的變數間的關係來決定。如研究者在探討廣告支出與商品銷售額間的關係時，根據經濟理論：廣告通常會刺激消費，即消費者的購買支出或廠商的銷售額會隨著廣告支出的變動而變動，因此，將「廣告支出」設為自變數；而將「銷售額」定為依變數，建立「銷售額」為「廣告支出」的方程式（函數）（林惠玲、陳正倉，民 92）。再以國中學生智商、數學態度與其數學成就關係而言，依據教育心理學理論，學生的數學成就受其智商與數學態度的影響，因而將智商、數學態度兩個變數設為自變數；而將學生數學成就設為依變數，以建立數學成就為學生智商、數學態度變數間的方程式，進一步了解學生智商、數學態度對學生數學成就的預測情形。

迴歸分析依據自變數的數目，分為簡單迴歸分析（Simple Regression Analysis）與多元迴歸分析（Multiple Regression Analysis）（或稱複迴歸分析）。

一、簡單迴歸

當二個變項具有線性關係時，可以將此二變項的直線關係以一個直線型迴歸函數表示，在簡單迴歸分析中，只有一個預測變項 X、其模式如下：

$$Y_i = \alpha + \beta X_i + e_i$$

i ＝ 1、2、3、……、n，表示第 i 個樣本，Y_i 是第 i 個觀察值的效標變數；X_i 是自變項，為第 i 個觀察值的自變數；α 和 β 是參數，其中 α 是常數項，β 是迴歸係數，e_i 是隨機誤差項，平均數 $E(e_i) = 0$、變異數 $\sigma^2(e_i) = \sigma^2$。模式中的參數 β 是迴歸直線的斜率（Slope），它表示每單位 X 的變動所引起 Y 機率分配平均的變動；α 是表示迴歸直線在 Y 軸上的截點與原點之間的距離（吳宗正，民85）。e_i 的來源可以歸納為下列三個原因（林惠玲、陳正倉，民 92）：

1. 人類行為自然現象的隨機性。

2. 測量的誤差。

3. 一些較不重要但會影響 Y_i 的其他因素。

上述 $Y_i = \alpha + \beta X_i + e_i$ 的線性迴歸模型有以下幾個假設或限制（林惠玲、陳正倉，民 92）：

1. $E(e_i) = 0$

是指在 $X = X_i$ 條件下，每一組的誤差項平均數為 0。

或表為 $E(e_i | X_i) = 0$

因此可得

$$E(Y_i) = E(\alpha + \beta X_i + e_i) = \alpha + \beta X_i$$

2. $V(e_i) = \sigma^2$ 變異數齊一性

每一組的誤差項之變異數均相等，稱之為變異數齊一性。而每一組的變異數實際是指 $X = X_i$ 條件下 Y 之變異數，或表為 $V(e_i | X_i) = \sigma^2$。

3. $Cov(e_i, e_j) = 0$，$i \neq j$，i,j=1,2,...,n

任何一組 e_i 與 e_j 的共變數為 0，即 e_i 與 e_j 間無關。

4. Cov（e_i, X）=0 或 E（e_jX）=0，i=1,2,....,n
即 e_i 與 X 無關。

5. X 爲固定變數或事前決定的變數，Y_i 爲隨機變數。

6. e_i 爲常態分配，而 Y_i 也爲常態分配。

　　一般迴歸最常使用的是最小平方法（Method of Least Square），讓所得出來的迴歸線，其誤差（預測值與實際值）的平方和最小的意思（馬信行，民 88）。所謂最小平方法，其目的在找出一條直線，讓這條直線能夠通過這些資料點所構成的重心，並使得每個資料點到這條直線之平行於縱軸（即 Y 軸）且垂直於橫軸（即 X 軸）的距離之平方和變爲最小（余民寧，民 86）。一般而言，求出迴歸線的步驟即在求斜率（Slope）與截距（Intercept）的歷程。

　　如以特定變項 X 去預測一個效標變項的大小，所求的迴歸係數如爲 b、常數項爲 a，則迴歸方程式通常以下列形式表示：Y=α+bX，則最小平方法在使下列之值最小：

$$\Sigma(Y - a - bX)^2 = 最小值$$

　　最小平方法在找出一條最適合的直線，此直線稱爲迴歸線（Regression Line）或最適合線（Best-fit Line）。根據 X 變數預測 Y 變數時：

$$Y = b_{y.x}X + a_{y.x}$$

　　其中 $b_{y.x}$ 爲斜率，亦即根據 X 變數來預測 Y 效標變數時的迴歸係數（Regression Coefficient），它的值正好等於 X 變數和 Y 變數的共變數除以 X 變數的變異數（林清山，民 81）：

$$b_{y.x} = \frac{C_{xy}}{SS_x} = \frac{\Sigma(X_i-\overline{X})(Y_i-\overline{Y})}{\frac{\Sigma(X_i-\overline{X})^2}{N}}$$

　　如以學生畢業數學成績爲自變數（X 變項），而以學生聯考數學成績爲依變項（Y 變項），由學生畢業數學成績預測其聯考數學成績，原始分數的迴歸方程式如下：

聯考數學成績＝b×畢業數學成績+a

由於原始分數與標準分數之間存有某種直線轉換關係，因此，可以將原始分數迴歸方程式轉換成標準分數迴歸方程式，亦即迴歸方程式除了可以使用原始分數表示外，也可以使用標準分數表示（余民寧，民 86），其形式通常以下式表示：$Y_z = \beta X_z$；其中β（Beta）稱為標準化迴歸係數（Standardized Regression Coefficient）。由於原始迴歸係數 b 值的大小會隨著 X 與 Y 兩變項的單位之使用而沒有一定的範圍，如果原始迴歸係數 b 值乘以 X 變項的標準差再除以 Y 變項的標準差：$\beta = b\dfrac{S_x}{S_y}$，即可去除單位的影響，並控制兩個變項的分散情形（邱皓政，民 89），根據標準化迴歸係數β值所畫出的直線，會通過原點，因而沒有截距，使得截距（α）之值等於 0，標準化迴歸係數的絕對值愈大，表示預測力愈佳，其中的正負號只表示預測變項與效標變數的關係方向。

迴歸分析的模式中，如以變異數來看則改為下式表示：

Y 變項的總變異量＝隨機變異量（誤差變異量）＋可解釋的變異量

或 SST ＝ SSE ＋ SSR

或 $1 = \dfrac{SSE}{SST} + \dfrac{SSR}{SST}$，即可解釋的變異量比加上誤差變異量比等於 1（100%）

其中 $\dfrac{SSR}{SST} = 1 - \dfrac{SSE}{SST}$，$\dfrac{SSR}{SST}$＝可解釋的變異量÷總變異量，此值又稱為決定係數或判定係數（Coefficient of Determination）；簡稱為 R^2（R square）。R^2 即是可解釋的變異量占總變異量的比值，它表示以自變數預測效標變數時預測力的大小，即效標變數被自變數所解釋的比率。它反應了自變項與依變項所形成的線性迴歸模式的適配度（Goodness of Fit），同時衡量迴歸方程式的解釋力。如果 SSE 等於 0，$R^2 = 1$，表示自變數與依變數間有完全的線性關係存在，在行為科學領域上，此種情形甚少；而當 SSE ＝ SST 時，$R^2 = 0$，表示自變數與依變數間沒有關係存在，估計的迴歸式不能用來作為預測之用，應予放棄。通常 R^2 值介於 0 至 1 之間，若 R^2 之值愈大，表示迴歸模型解釋能力愈強，模型適配度愈大；反之迴歸模型解釋能力愈弱，模型適配度愈小（林惠玲、陳正倉，民 92）。R^2 開根號後即得多元相關係數 R，在簡單迴歸分析時，多元相關係數即為兩個變數間之積差相關係數，在複迴歸分析中，多元相關係數表示多個自變項與一個效標變數間的多元相關。

二、多元迴歸

簡單迴歸是根據一個自變數去預測一個效標變數，但在實際的研究分析中，研究者擬定的自變數通常不只一個，也就是為了使預測更能正確，常會根據二個以上的自變數來預測另一個效標變數，此時簡單迴歸方程式無法說明變項間的關係，需建立另外較為複雜的迴歸方程式，此迴歸方程式須同時考量多個自變項，以便正確說明對依變數的影響，此種同時由多個自變數來預測一個效標變數的方法稱為「多元迴歸」（Multiple Regression）或稱為複迴歸，進行多元迴歸分析時求得的相關稱為「多元相關」（Multiple Correlation），多元相關係數通常以大寫的 R 表示，又稱為複相關係數。

多元迴歸分析之原始化迴歸方程式為：

$$Y = b_0 + b_1X_1 + b_2X_2 + b_3X_3 + \cdots + b_kX_k$$
其中 b_0 為截距、b_k 為原始迴歸係數。

標準化迴歸方程式為：

$$Z_Y = \beta_1Z_{X1} + \beta_2Z_{X2} + \beta_3Z_{X3} + \cdots + \beta_kZ_{Xk}$$
其中 β_k 為標準化迴歸係數

以三個具有預測變數的迴歸方程式為例，如研究者探究學生的數學成就、數學態度、數學投入動機是影響其數學焦慮的三個變數，則效標變數（Criterion）為數學焦慮（Y 變數），而數學成就（X_1）、數學態度（X_2）、數學投入動機（X_3）就稱為預測變項（Predictors）。此時所建立的迴歸方程式如下：

$$Y = b_0 + b_1X_1 + b_2X_2 + b_3X_3$$

數學焦慮＝b_0＋b_1數學成就＋b_2數學態度＋b_3數學投入動機，上述三個迴歸係數 b_1、b_2、b_3 即代表以這三個變數去預測效標變數時的權數。

多元迴歸分析之「逐步迴歸法」（Stepwise），是運用甚為廣泛的複迴歸分析方法之一，也是多元迴歸分析報告中出現機率最多的一種預測變項的方法。它結合「順向選擇法」（Forward Selection）與「反向剔除法」（Backward Elimination）兩種方式的優點。

㈠順向選擇法（Forward）

　　所謂順向選擇法即是自變項一個一個（或一個步驟一個步驟）進入迴歸模式中，在第一個步驟中，首先進入方程式的自變項是與依變項關係最密切者，亦即與依變項間有最大正相關或最大負相關者；第二個步驟（以後每一個次步驟中）則選取與依變項間的淨相關爲最大之自變項，進入迴歸模式中。在每個步驟中，使用 F 統計（t 統計的平方）檢定進入迴歸模式的自變項，如果其標準化迴歸係數顯著性檢定之 F 值大於或等於內定的標準或 F 值進入的機率值（Probability of F-to -Enter）小於或等於內定的標準（.05），則此變項才可以進入迴歸模式中。

㈡反向剔除法（backwad）

　　所謂反向剔除法是先將所有自變項均納入迴歸模式中，之後再逐一將對模式貢獻最小的預測變項移除，直到所有自變項均達到標準爲止。剔除的標準有二，一爲標準化迴歸係數顯著性檢定的 F 值最小；二爲最大的 F 機率值（Maximum Probability of F）。SPSS 內定剔除標準的最小 F 值爲 2.71、最大的 F 機率值爲 0.10。如果研究者發現預測變項間相關較高，可將剔除 F 值（F-to-Remove）設爲大些，而將 F 機率值設爲較小些。

　　逐步迴歸法包含了以上兩種方法，此方法分析的簡要步驟是：

1. 在模式中原先不包括任何的預測變項，而與效標變項相關最高者，首先進入迴歸方程式。
2. 其次是控制迴歸方程式中變項後，根據每個預測變項與效標變項間之「淨相關」（Partial Correlation）的高低來決定進入方程式的順序，而進入方程式的標準在於預測變項的標準化迴歸係數必須通過 F 值或 F 機率值規定之標準。
3. 已被納入方程式的預測變項必須再經過反向剔除法的檢定，以決定該變項是否被保留，進入迴歸方程式的變項若符合剔除標準，則會被淘汰。

　　此外，在多元迴歸分析中，強迫輸入法（Enter）也是一種常見的方法，強迫輸入法即一般所稱的複迴歸分析法。這是一種強迫介入式的複迴歸分析，強迫所有變項有順序進入迴歸方程式，不考慮預測變數間的關係，同時計算所有變數的迴歸係數。在研究設計中，如果研究者有事先建立假設，決定變項重要性層次，則應該使用強迫輸入法較爲適宜；強迫輸入法又稱「階層式

進入法」（Hierarchical Enter）。如果迴歸分析時，將變項各自歸類並逐次投入迴歸模式中，則稱為「階層分析法」（Hierarchical Multiple Regression），如在成人生活滿意度調查研究中，預測變項共有學歷、婚姻狀態、薪資所得、身體健康、家庭幸福感等變項，第一個階段將學歷、婚姻狀態投入迴歸模式中，以求得二個背景變項對生活滿意度的解釋力；第二階段將薪資所得、身體健康、家庭幸福感三個變項投入迴歸模式中，以求得其迴歸方程式及解釋力；第三階段再將學歷、婚姻狀態、薪資所得、身體健康、家庭幸福感五個變項一起投入迴歸模式中，以求其解釋力，如此，可知悉每個階層變項對依變項的預測情形及解釋量的變化狀態。

多元迴歸分析中選取預測變項進入迴歸方程式方法很多，何種最好，學者間觀點也未盡一致，選取方法應用與研究設計及研究規劃有密切關係。學者 Hower（1987）綜合多人意見，提出以下看法，供研究者參考：

1. 研究者應該優先使用強迫進入法或逐步多元迴歸分析法。
2. 使用強迫進入法時，可根據研究規劃時之相關理論，決定變項投入的順序。

在多元迴歸分析中要留意「共線性」（Collinarity）問題，所謂共線性指的是由於自變項間的相關太高，造成迴歸分析之情境困擾。如果變項間有共線性問題，表示一個預測變項是其他自變項的線性組合，以二個自變項 X_1，X_2 為例，完全共線性代表的是 X_1 是 X_2 的直線函數，$X_1 = \alpha + \beta X_2$，所以點（X_{i1}，X_{i2}）會在同一條線上，因而稱為「共線性」，如果模式中，有嚴重的共線性存在，則模式之參數就不能完全被估計出來。

自變項間是否有共線性問題，可由下面的數據加以判別。

1. 容忍度

容忍度（Tolerance）等於 $1 - R^2$，其中 R^2 是此自變項與其他自變項間的多元相關係數的平方，此時變項之 R^2 值太大，代表模式中其他自變項可以有效解釋這個變項。容忍度的值界於 0 至 1 間，如果一個自變項的容忍度太小，表示此變項與其他自變項間有共線性問題；其值如接近 0，表示此變項幾乎是其他變項的線性組合，這個變項迴歸係數的估計值不夠穩定，而迴歸係數的計算值也會有很大誤差。

2. 變異數膨脹因素

變異數膨脹因素（Variance Inflation Factor；簡稱為 VIF）為容忍度的倒數 $\frac{1}{\text{tolerance}} = \frac{1}{(1-R^2)}$，VIF 的值愈大，表示自變項的容忍度愈小，愈有共線性的問題。

3. 條件指標

條件指標（Condition Index; CI），CI 值愈大，愈有共線性問題。條件指標為最大特徵值（Eigenvalue）除以第 i 個特徵值的數值開平方根 $CI = \sqrt{\frac{\lambda_{\max}}{\lambda_i}}$。

自變項的共線性檢核除可採用上述三種判斷值外，整體迴歸模式的共線性診斷也可以透過特徵值來判別。當自變項間有高度的線性組合問題時，則少數的幾個特徵值會變大，相對地其他特徵值會比較接近 0，CI 值就是計算最大特徵值與第 i 個特徵值相對的比值，CI 值愈大，表示分子愈大，自變項間的線性重合愈嚴重。

在自變項相關矩陣之因素分析中，特徵值可作為變項間有多少個層面的指標，如果有數個特徵值接近 0，表示原始變項間有高度內在相關存在，這組自變項間的相關矩陣就是一個「不佳的條件」（Ill Condition），資料數值如果稍微變動，就可能導致係數估計的大改變。

條件指標為最大特徵值與個別特徵值比例的平方根，學者 Tacq（*1997*）認為條件指標值如果在 15 以上，則表示可能有共線性問題，條件指標值如果在 30 以上，則表示有嚴重的共線性問題，CI 值愈大，愈有共線性問題；而學者 Belsley、Kuh 與 Welsch（*1980*）等人認為 CI 值低於 30，表示共線性問題尚可；CI 值在 30 至 100 間，表示迴歸模式具有中度至高度的共線性問題；而 CI 值在 100 以上則表示有嚴重的共線性問題。

自變項間多元共線性問題，圖示如圖 11-1、圖 11-2（*Tacq, 1997, p.42*）。

在迴歸分析中，最好先呈現預測變項間相關矩陣，以探討變項間的相關情形，如果某些自變項間的相關係數太高，可考量只挑選其中一個較重要的變項投入多元迴歸分析。

多元迴歸分析與變異數分析一樣，有其基本假定存在，如果違反這些假定，則會發生偏誤。線性迴歸的統計分析應用時應符合以下幾個假定（邱皓政，民 *89*；*Pedhazur, 1982*；*Kleinbaum et al., 1988*）：

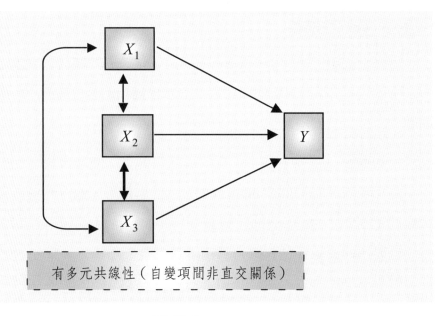

有多元共線性（自變項間非直交關係）

圖 11-1

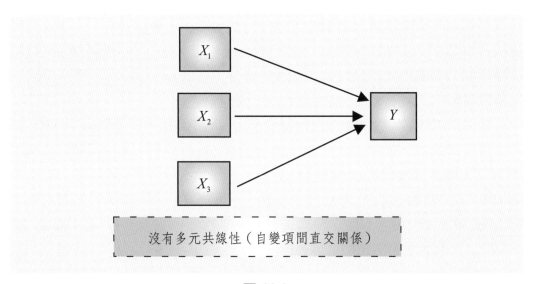

沒有多元共線性（自變項間直交關係）

圖 11-2

1. 存在性（Existence）：就自變項 $X_1, X_2, X_3, \cdots\cdots, X_k$ 的特殊組合而言，Y
變項（單變量）是一個隨機變數，具有某種機率分配，有一定的平均
數及變異量。

2. 獨立性（Independent）：每一個觀察值彼此間是統計獨立的，觀察值間
沒有關聯。

3. 直線性（Linearity）關係：Y 變項（自變項 $X_1, X_2, X_3, \cdots\cdots, X_k$ 的線性組
合）的平均數是 $X_1, X_2, X_3, \cdots\cdots, X_k$ 變項間的一個線性函數，此線性函

數關係即迴歸方程式。迴歸分析中變項之間的關係為線性關係，如非線性的關係，須將數據進行數學轉換；而類別變項的自變項要轉化為虛擬變項。

4. 變異數同質性：就 $X_1, X_2, X_3, \cdots\cdots, X_k$ 任何一個線合組合，依變數 Y 的變異數均相同。

5. 常態性（Normality）：就任何 $X_1, X_2, X_3, \cdots\cdots, X_k$ 的線性組合而言，依變數 Y 的分配是常態的。常態性也就是迴歸分析中所有觀察值 Y 是一個來自常態分配的母群體。

6. 誤差獨立性假設（Independence）：誤差項除了應呈隨機化的常態分配，不同的預測變項所產生的誤差之間應相互獨立，相互獨立表示彼此間沒有相關存在，而誤差項也需要與自變項間相互獨立。

7. 誤差等分散性假設（Homoscedasticity）：特定自變項水準的誤差項，除了要符合隨機化的常態分配外，其變異量應相等，稱為誤差等分散性。

　　線性關性是迴歸分析重要的基本假設，在進行迴歸分析時，自變數必須是連續變項，如果要將一個間斷變項納入預測變數中，要先將此間斷變項轉換為「虛擬變項」（Dummy Variable），以使間斷變項能夠與其他連續變項一同納入自變數中進行預測。

　　在虛擬變項的轉換方面，要以「0」、「1」的方式表示，虛擬變項數等於水準數減一，如果是二分變項，便以一個虛擬變項表示，此虛擬變項的二個水準數值直接以「0」、「1」表示即可，如果此間斷變項有三個水準，則應以二個虛擬變項表示，以家庭狀況而言，二個虛擬變項的數值如下表。其中的參照組（Reference Group）為雙親家庭組，變項homd1 表示「單親家庭組與雙親家庭組的對比」、變項 homd2 表示「他人照顧組與雙親家庭組的對比」。

原變項　　虛擬變項	homd1	homd2	說明：1 表示是，0 表示否
單親家庭組 1	1	0	是單親家庭組，不是他人照顧組
他人照顧組 2	0	1	不是單親家庭組，是他人照顧組
雙親家庭組 3	0	0	不是單親家庭組，也不是他人照顧組即為雙親家庭組

　　如果間斷變數有四個水準，如地理位置變項（loc）中，1 表示北部、2 表示中部、3 表示南部、4 表示東部，則投入迴歸分析時，會有三個虛擬變項，

三個虛擬變項的值如下。下表中參照組（Reference Group）為東部，變項locd1表示「北部與東部的對比」、變項 locd2 表示「中部與東部的對比」、變項 locd3 表示「南部與東部的對比」。

原變項 ＼ 虛擬變項	locd1	locd2	locd3	說明：1表示是，0表示否
北部 1	1	0	0	是北部，而非中部，也非南部
中部 2	0	1	0	是中部，而非北部，也非南部
南部 3	0	0	1	是南部，而非北部，也非中部
東部 4	0	0	0	非北部、非中部，也非南部，因而是東部

num	Sex	hom	loc	sexd1	homd1	homd2	locd1	locd2	locd3
1	1	1	1	0	1	0	1	0	0
2	1	1	1	0	1	0	1	0	0
3	1	1	1	0	1	0	1	0	0
4	1	1	2	0	1	0	1	0	0
5	1	2	2	0	0	1	0	1	0
6	1	2	2	0	0	1	0	1	0
7	2	2	3	1	0	1	0	1	0
8	2	2	3	1	0	1	0	1	0
9	2	3	3	1	0	0	0	0	1
10	2	3	4	1	0	0	0	0	1
11	2	3	4	1	0	0	0	0	1
12	2	3	4	1	0	0	0	0	1

　　以上為一份十二位受試者在性別 [sex]、家庭狀況 [hom]、所在之地理位置 [loc] 資料，這三個變項均屬間斷變項，在迴歸分析中，如要將這三個自變項投入迴歸方程式中，應改以其代表之虛擬變項：sexd1、homd1、homd2、locd1、locd2、locd3，代表原始變項數據，亦即在自變項（預測變項）的選擇上，應選入這些變項，而非是原來 sex、hom、loc 三個變項。

　　類別變項轉換成虛擬變項時，參照組的設定並不一定是類別變項的最後一個水準，作為參照組的水準最好樣本數適中，數值意義應具體明確，對於參照組的選定，學者 Hardy（1993）提出以下幾個原則（王保進，民91）：

1. 參照組的定義應非常明確。如類別變項中的水準內容爲「其他」，就不宜作爲參照組，因爲「其他」內容的定義不明確。

2. 類別變項若具有次序尺度（如社經地位），則有二種選擇參照組的方法：一爲選擇等級最高或最低的類別；二爲選擇等級居中的類別。前者的方法，可以讓研究者有次序地將各類別的迴歸係數與參照組進行比較；後者的方法，可以讓研究者較有效地檢視達到水準的係數。

3. 參照組的樣本人數應該適中，選擇樣本觀察值過少或較多的水準作爲參照組，對於類別中各水準迴歸係數的比較較不適切。

11-2 簡單迴歸分析

一、【問題研究】

某研究者想探究學生數學焦慮與其數學態度之關係，依據其教學經驗法則與心理學理論，認爲學生的數學焦慮會影響其數學態度，因而將數學焦慮變項設爲自變項，而學生的數學態度爲依變項，則學生的數學焦慮對數學態度的預測力如何？

二、操作程序

```
Analyze（分析）
  Regression（迴歸）
    Linear...（線性）
    將依變項「數學態度[att]」選入右邊「Dependent」下的方格中
    將自變項「數學焦慮[anx]」選入右邊「Independent(s)」下的方格中
    在右方分析方法（Method）選項中選取「Enter」法（強迫進入變數法）
    按『Statistics』鈕
        勾選各種統計量
        按『Continue』鈕
    按『Ok』鈕
```

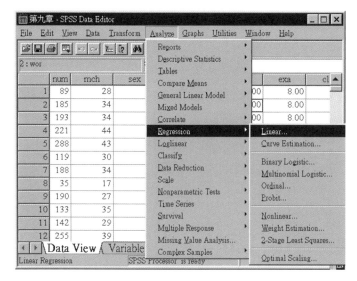

圖 11-3

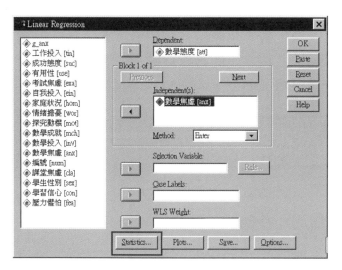

圖 11-4

　　在上述「Linear Regression」（線性迴歸）對話視窗中，左邊的原始變項會列出資料檔中所有的變項名稱，右方「依變數」（Dependent）下的方格中要選取一個效標變項；而「自變數」（Independent）下的方格至少要選取一個以上的預測變項，如果預測變項為一個，則是簡單迴歸分析；如果自變數二個或二個以上，則形成多元迴歸分析。在「Method」（方法）欄中，SPSS 提供五種界定迴歸分析的方法：強迫進入變數法（Enter）、逐步迴歸分析法（Stepwise）、刪除法（Remove）、向後進入法（Backward）、向前進入法（Forward）。其中強迫進變數法可界定所有的變數均同時進入迴歸方程式中，為 SPSS 內定的選項；刪除法可強迫剔除某些變數於迴歸方程式中，逐步迴歸

分析法則結合向後進入法及向前進入法。

「WLS Weight」下的方格，可設定以某個變項的加權值的最小平方和（Weighted Least-Square）來產生迴歸模式。作為加權值的變數不能為自變數或依變項，若作為加權值的變數為遺漏值或其數值為 0 或負數，則此觀察值即排除不納入分析之中。

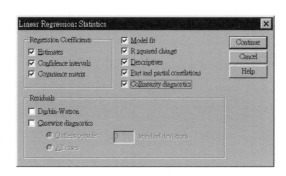

圖 11-5

在「線性迴歸：統計量」（Linear Regression: Statistics）對話視窗中，「迴歸係數」（Regression Coefficients）包括三種迴歸係數的統計量：估計值（Estimates）、信賴區間（Confidence Intervals）、共變異數矩陣（Covariance Matrix）。「估計值」為 SPSS 內定的選項，可印出迴歸係數與相關的量數，包括原始的迴歸係數的估計值及其標準誤、標準化的迴歸係數（Beta）、迴歸係數的 t 檢定值及其雙側考驗之顯著機率值。此外，也會呈現未進入迴歸方程式的統計量，包括變數進入迴歸方程式時之 Beta 值、Beta 值的 t 檢定值、顯著性、排除已進入迴歸方程式之變數的影響後，變數與效標變項的淨相關係數、共線性統計量（最小的容忍度）。「共變異數矩陣」為未標準化迴歸係數的變異數－共變數矩陣。矩陣的對角線是變異數，下三角形部分是共變數，上三角數值是相關係數。

其他統計量包括「模式適合度」（Model Fit）、「R 平方改變量」（R squared Change）、「描述性統計量」（Descriptives）、「部分與偏相關」（Part and Partial Correlatiion）、「共線性診斷」（Collinearity Diagnostics）。「模式適合度」為 SPSS 內定的選項，可呈現多元相關係數（R）、決定係數（R^2）、調整後的 R^2 及估計的標準誤、此外，也會呈現完成後的變異數分析摘要表。「描述性統計量」可印出變數的平均數、標準差、有效觀察值的個數、所有變數間的相關矩陣。「多元共線性診斷」選項會印出共線性診斷的統計量，如變異數膨脹因素、交乘積矩陣的特徵值、條件指標及變異數分解

的比例。

在「殘差」（Residuals）方盒中，包括二個選項：「Durbin-Watson」、全部觀察值診斷（Casewise Diagnostics），包括殘差值與極端值的分析，極端值的判別中SPSS內定為「3」作為決斷標準；「Durbin-Watson」即「Durbin-Watson」檢定量，檢定相鄰的兩誤差項之相關程度的大小，當誤差之間完全沒有線性相關時，此值接近 2；此外，也印出標準化及未標準化殘差和預測值的摘要統計量（張紹勳等人，民 93b）。

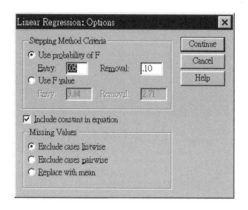

圖 11-6

在「線性迴歸：選項」（Linear Regression: Options）對話視窗中，「Stepping Method Criteria」方盒中包括二個選項：

1. 「Use Probability of F」：Enter 後面的方格內定為.05、Remove 後面的方格內定為.01；前者表示進行逐步迴歸分析時，自變數被選入迴歸方程式的顯著機率值，即 F-to-enter 時，PIN 值等於 0.05；而後者表示迴歸參數之顯著機率值大於.01 時，變數會被剔除於迴歸方程式之外，即 F-to-Remove 時，POUT 值等於 0.01。

2. Use F value：改為 F 值作為選取變數與剔除變數的標準，如果 F 值在內定 3.84（FIN）以上，則自變項會被選入迴歸模式之中；如果 F 值小於內定的 2.71（FOUT），變數會從迴歸模式中被剔除掉。如自訂 Enter 與 Remove 臨界標準之 F 值，有二個條件須滿足：一為二個 F 值的數值大小均須大於 0；二為選取進入迴歸模式變數的 F 值臨界標準值須大於淘汰變數 F 值的臨界標準值。

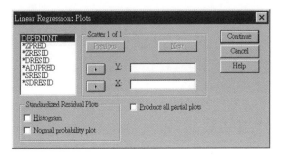

圖 11-7

在「Linear Regression: Plots」（線性迴歸：圖形）對話視窗中，可繪製迴歸方程式中各種殘差值之散佈圖。在左上方的變數清單中會出現依變項（DE-PENDENT）及下列預測變數和殘差變數：標準化預測值（*ZPRED）、標準化殘差值（*ZRESID）、刪除後標準化殘差值（*DRESID）、調整後的預測值（*ADJPRED）、Studentized 殘差值（*SRESID）、Studentized 刪除後的殘差值（*SDRESID）。要繪製殘差值之散佈圖，必須選取一個變數為垂直軸（Y）、一個變數為水平軸（X），若要再繪製其他圖形，則須再按『Next』鈕，重新選取垂直軸（Y）、水平軸（X）中的變數。

在標準化殘差圖（Standardized Residual Plots）中選項中，包括二個選項，此二個選項可同時選取。直方圖（Histogram），可繪出殘差值的直方圖，並畫出常態曲線、常態機率散佈圖（Normal Probability Plot），可畫出標準化殘差的常態機率圖。「Produce All Partial Plots」選項，可印出每個自變數與依變數的殘差散佈圖，此選項可偵測是否出現極端值。

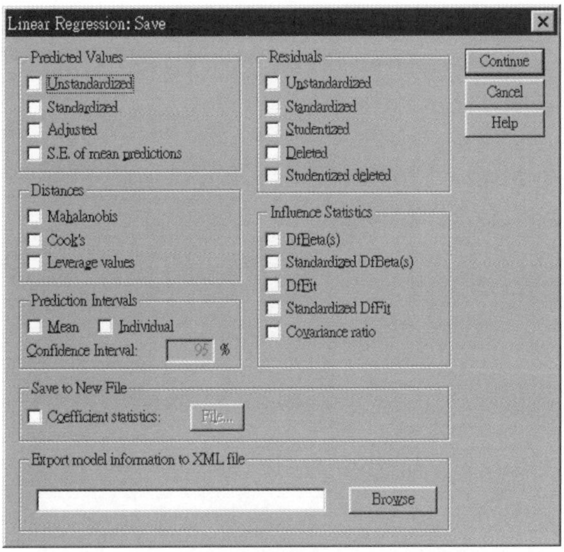

圖 11-8

在「線性迴歸：儲存」（Linear Regression: Save）對話視窗中，可以將預測值、殘差和其他統計量加以儲存以便診斷，每選一次，SPSS 都會在現行的資料檔中，新增一個（或以上）變數。「線性迴歸：儲存」對話視窗中的選項共包含五大項。

1. 預測值（Predicted Values）

- 未標準化（Unstandardized）：儲存未標準化的預測值。
- 標準化（Standardized）：儲存標準化的預測值。
- 調整後（Adjusted）：儲存調整後的預測值。
- 平均數與預測值的標準誤（S.E. of Mean Predictions）：儲存預測值的標準誤。

2. 距離（Distances）

- Mahalanobis：馬氏距離殘差值，即觀察值與自變數平均數的距離之量數，可測得極端值，其數值愈大，表示此觀察值愈有可能是具影響力的觀察值。
- Cook's：Cook's D 距離值。Cook D 距離值是刪除第 i 個觀察值後之迴歸係數改變值，其值大約呈 $F_{(1-\alpha；k+1，N-k-a)}$ 分配，如果其百分比等級大於 10 或 20，則表示可能是具影響力的觀察值（*Neter et al., 1989*）。Cook D 距離可以檢測來自預測變項及效標變項具影響力的觀察值（陳正昌等人，民 92）。
- Leverage Values：槓桿值。槓桿值只能測出在預測變項上的極端值，對於效標變項上的極端值不能檢測出來（陳正昌等人，民 92；*Pedhazur, 1997*）。

3. 預測區間（Prediction Intervals）

- 包含平均數（Mean）、個別值（Individual）、信賴區間（Confidence Interval）。平均值儲存平均數上下限區間範圍、個別值儲存單一觀察值預測區間的上下限、信賴區間可儲存平均數和個別的信賴區間，內定的信賴區間為 95%。

4. 殘差值（Residuals）

- 未標準化（Unstandardized）：未標準化的殘差值。
- 標準化（Standardized）：標準化的殘差值。
- Studentized：t 化殘差值。

線性迴歸分析

- ·已刪除（Deleted）：刪除後標準化的殘差值。
- ·Studentized deleted：刪除後 t 化殘差值。

5.影響統計量（Influence Statistics）

- ·DfBeta：迴歸係數的差異量（即在排除某一特殊的觀察值之後，迴歸係數的改變量）。
- ·Standardized DfBeta：標準化迴歸係數的差異量。
- ·DfFit：預測值的差異量。
- ·Standardized DfFit：標準化預測值的差異量。
- ·共變異數比值（Covariance Ratio）：共變數的比值（排除某特定觀察值的共變數矩陣之行列式與包括所有觀察值在內的共變數矩陣之行列式二者之比值）。

而「儲存至新檔案」（Save to New File）選項，會將迴歸係數存入指定的檔案內。

三、結果分析

Regression
Descriptive Statistics

	Mean	Std. Deviation	N
att	101.8600	17.48560	300
anx	83.7800	23.82064	300

上表為描述性統計量，依變項數學態度（att）的平均數、標準差分別為 101.8600、17.48560；自變項數學焦慮（anx）的平均數、標準差分別為 83.7800、23.82064；二者有效觀察值個數均為 300 位。

Correlations

		att	anx
Pearson Correlation	att	1.000	-.530
	anx	-.530	1.000
Sig. (1-tailed)	att	.	.000
	anx	.000	.
N	att	300	300
	anx	300	300

上表為各變項的相關矩陣，數學焦慮與數學態度變項的 Pearson 積差相關係數為-.530，達顯著水準（p=.000<.05）。

Variables Entered/Removed(b)

Model	Variables Entered	Variables Removed	Method
1	anx(a)	.	Enter
a All requested variables entered.			
b Dependent Variable: att			

上表為自變項進入迴歸方程式的方法，範例中採取強迫進入法（Enter 法）；而依變數為數學態度變項（att）。沒有自變項從迴歸模式中移除。

Model Summary

Model	R	R Square	Adjusted R Square	Std. Error of the Estimate	Change Statistics				
					R Square Change	F Change	df1	df2	Sig. F Change
1	.530(a)	.281	.279	14.84719	.281	116.709	1	298	.000
a Predictors: (Constant), anx									

上表為模式摘要表，依序為多元相關係數、R 平方、調整後的 R 平方、估計的標準誤、R 平方的改變量、淨 F 值、分子自由度、分母自由度、F 值改變的顯著性。其中多元相關係數等於.530、決定係數 R 平方等於.281。在簡單迴歸分析中，多元相關係數值（.530）的絕對值等於變項間積差相關係數（-.530）的絕對值。而積差相關係數就是 Beta 值的大小。決定係數等於.281，表示數學焦慮變數可以有效解釋數學態度變項 28.1%的變異量，亦即數學焦慮變項對數學態度變項有 28.1%的解釋力。

ANOVA(b)

Model		Sum of Squares	df	Mean Square	F	Sig.
1	Regression	25727.299	1	25727.299	116.70	.000(a)
	Residual	65690.821	298	220.439		
	Total	91418.120	299			
a Predictors: (Constant), anx						
b Dependent Variable: att						

上表為迴歸係數的變異數分析摘要表，SSR=25727.299，SSE=65690.821，

SST=91418.120，離均差平方和（SS）欄中，SSR+SSE=SST，F值等於116.709（F=MSR÷MSE=25727.299÷220.439=116.709），p=.000<.05，達顯著水準。第四欄為自由度（degree of freedom, df），Total（總和）的自由度等於 N-1（300-1=299）、Regression（迴歸）的自由度為自變項的個數k、（Residual）殘差的自由度為 N-k-1（300-1-1=298）。SSR÷SST=25727.299÷91418.120=.281=R^2，即為迴歸的決定係數。

Coefficients(a)

Model		Unstandardized Coefficients		Standardized Coefficients	T	Sig.	95% Confidence Interval for B	
		B	Std. Error	Beta			Lower Bound	Upper Bound
1	(Constant)	134.485	3.139		42.840	.000	128.307	140.663
	anx	-.389	.036	-.530	-10.803	.000	-.460	-.318

Coefficients(a)

Model	Correlations			Collinearity Statistics	
	Zero-order	Partial	Part	Tolerance	VIF
1					
	-.530	-.530	-.530	1.000	1.000
a Dependent Variable: att					

上表為迴歸分析的各係數值，常數項等於134.485，未標準化的迴歸係數（Unstandardized Coefficients）數學焦慮的參數等於-.389，標準化的迴歸係數（Standardized Coefficients）Beta值=-.530， t 值=-10.803，p=.000<.05，達到顯著水準，表示學生的數學焦慮愈高，其數學態度愈消極、負向；或學生的數學焦慮愈低，其數學態度愈積極、正向。

> 原始迴歸係數：Y（數學態度）＝ 134.485 −.389×數學焦慮
> 標準化迴歸數係數：Y（數學態度）＝－.530×數學焦慮

Coefficient Correlations(a)

Model			anx
1	Correlations	anx	1.000
	Covariances	anx	1.299E-03
a Dependent Variable: att			

上表爲未標準化迴歸係數的變異數－共變數矩陣，第一欄爲自變項的相關係數、第二欄爲共變數係數。

Model	Dimension	Eigenvalue	Condition Index	Variance Proportions	
				(Constant)	anx
1	1	1.962	1.000	.02	.02
	2	3.800E-02	7.185	.98	.98
a Dependent Variable: att					

上表爲共線性診斷表，因爲是簡單迴歸分析，只有一個自變數，沒有共線性問題。

11-3 多元迴歸分析

一、【問題研究】

【問題研究】：不同學生性別、數學焦慮、數學態度與數學投入動機等
　　　　　　變項對數學成就是否有顯著預測作用？其預測力爲何？
【統計方法】：逐步多元迴歸分析法

上述學生性別爲二分名義變項，爲間斷變項要轉化爲虛擬變項，而數學焦慮包含四個層面：「壓力懼怕[fea]」、「情緒擔憂[wor]」、「考試焦慮[exa]」、「課堂焦慮[cla]」；數學態度變項也包含四個面向：「學習信心[con]」、「有用性[use]」、「成功態度[suc]」、「探究動機[mot]」；數學投入動機包含二個面向：「工作投入[tin]」、「自我投入[ein]」。自變項選取方面，如果是以量表的層面作爲預測變項，就不應再將量表的總分作爲另一自變項，而同時投入多元迴歸分析中，以上述研究問題爲例，各以數學焦慮四個構面、數學態度四個構面、數學投入動機二個構面作爲自變數，就不應同時再將數學焦慮總分、數學態度總分、數學投入動機總分三個變項投入。

二、操作程序

由於學生性別是類別變項，因而要先轉化爲「虛擬變項」（Dummy Variable），原來的1代表男生、2代表女生，要將其轉換爲0、1，亦即0代表男

生、1代表女生，參照組為男生，轉換成的虛擬變項為「女生與男生的對比」。
資料轉換程序：【Transform】（轉換）→【Recode】（重新編碼）→【Into
Same Variables…】（成同一變數...），詳細操作請參閱前面章節。

【操作1】

【Analyze】（分析）→【Regression】（迴歸分析）→【Linear...】（線
性），出現「Linear Regression」（線性迴歸）對話視窗。

【操作2】

將左邊變項清單之「數學成就[mch]」選入右邊「Dependent:」（依變數）
下的方盒中（依變數又稱效標變項）。

將左邊變項清單之「學生性別[sex]」、「壓力懼怕[fea]」、「情緒擔憂
[wor]」、「考試焦慮[exa]」、「課堂焦慮[cla]」、「學習信心[con]」、「有用
性[use]」、「成功態度[suc]」、「探究動機[mot]」、「工作投入[tin]」、「自
我投入[ein]」等十一個變項選入右邊「Independent:」（自變數）（自變數又稱
預測變項）下的空盒內。

在「Method:」右邊下拉式選項中選取「Stepwise」（逐步多元迴歸分析
法）：

「Method: Stepwise 」

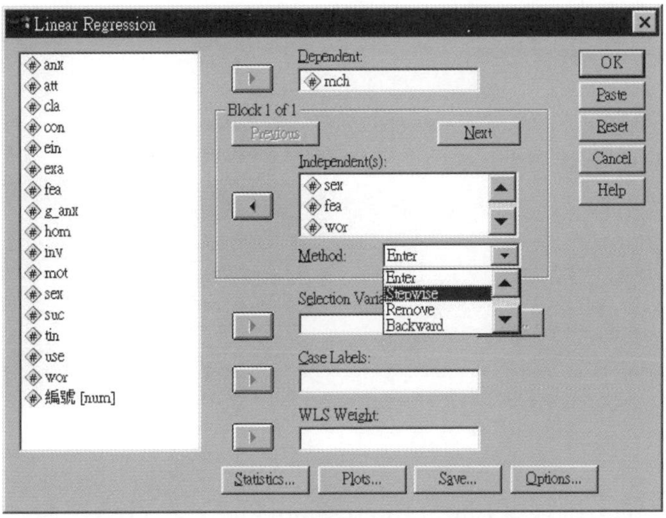

圖 11-9

【操作 3】

按下方『Statistics…』鈕（統計量...），出現「Linear Regression: Statistics」（線性迴歸：統計量）次對話視窗。

在「Regression Coefficients」（迴歸係數）方盒中，勾選「□Estimates」（估計值）選項（迴歸係數的估計值）。此外，也勾選右邊的選項：「□Model fit」（迴歸模式適合度檢定）、「□R squared change」（解釋量的改變量）、「□Collinearity diagnostics」（共線性診斷）、描述性統計量（Descriptives）。在「Residuals」方盒中，勾選「Durbin-Watson」（自我相關 DW 值檢定）及「Casewise diagnostics」（殘差值與極端值分析）二項→按『Continue』鈕，回到「Linear Regression」對話視窗。

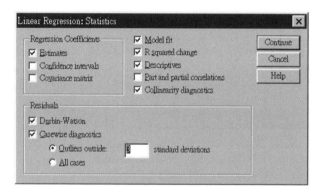

圖 11-10

【操作 4】

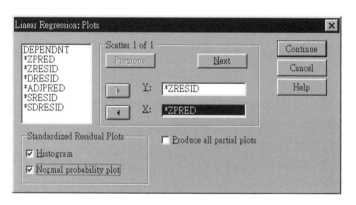

圖 11-11

按『Plot』鈕，出現「Linear Regression: Plot」次對話視窗，將標準化殘差值「*ZRESID」變項選入右邊「Y」數值右邊的空格；將標準化預測值

「*ZPRED」變項右邊「X」數值右邊的空格（此程序可繪製標準化預測值對標準化殘差值之散佈圖）。

在標準化殘差圖（Standardized Residual Plots）方盒中勾選「直方圖」（Histogram）、「常態機率圖」（Normal Probability Plot）→按『Continue』（繼續）鈕，回到「Linear Regression」（線性迴歸）對話視窗→按『OK』（確定）鈕。

三、報表說明

在各變項之描述性統計量中（表格略），四個欄位分別為變數名稱、平均數、標準差、有效觀察值個數。如果變數有加入中文註解，則會出現變項的中文註解名稱，其中依變項為數學成就（mch）、自變項為學生性別（sex）、壓力懼怕（fea）、情緒擔憂（wor）、考試焦慮（exa）、課堂焦慮（cla）、學習信心（con）、有用性（use）、成功態度（suc）、探究動機（mot）、工作投入（tin）、自我投入（ein）。

Correlations

		mch	sex	fea	wor	exa	cla	con	use	suc	mot	tin	ein
Pearson Correlation	mch	1.000	1.44	-.278	-.192	-.210	-.145	.290	.324	.344	.280	.344	-.142
	sex	.144	1.000	.093	.102	.155	.101	-.167	.012	.069	-.030	-.018	-.031
	fea	-.278	.093	1.000	.749	.788	.702	-.634	-.247	-.160	-.525	-.476	.158
	wor	-.192	.102	.749	1.000	.854	.605	-.516	-.084	-.033	-.407	-.377	.106
	exa	-.210	.155	.788	.854	1.000	.583	-.573	-.307	-.123	-.551	-.583	.093
	cla	-.145	.101	.702	.605	.583	1.000	-.690	-.307	-.123	-.551	-.583	.093
	con	.290	-.167	-.634	-.516	-.573	-.690	1.000	.355	.255	.686	.630	-.012
	use	.324	.012	-.247	-.084	-.084	-.307	.355	1.000	.434	.434	.504	-.002
	suc	.344	.069	-.160	-.033	-.056	-.123	.255	.434	1.000	.280	.397	.180
	mot	.280	-.030	-.525	-.407	-.444	-.551	.686	.434	.280	1.000	.574	-.106
	tin	.344	-.018	-.476	-.377	-.383	-.583	.630	.504	.397	.574	1.000	.056
	ein	-.142	-.031	.158	.106	.121	.093	-.012	-.002	.180	-.106	.056	1.000
Sig. (1-tailed)	mch	.	.006	.000	.000	.000	.006	.000	.000	.000	.000	.000	.007

上表為所有變項的積差相關係數矩陣，矩陣包括了相關係數值、相關係數所對應的單側顯著性檢定機率值及有效樣本數，十一個自變數與數學成就 mch 的積差相關均達顯著。由相關矩陣可以看出自變項與依變數之間相關的

強弱及方向，也可以看出自變項之間的相關情形，如果自變項彼此之間有高度相關存在，則可能有共線性重合問題。如數學焦慮四個構面：壓力懼怕（fea）、情緒擔憂（wor）、考試焦慮（exa）、課堂焦慮（cla）間均有顯著的高度相關，其間即有可能有共線性問題。

在數學成就效標變項與十一個預測變項間之相關中，數學成就與十一個自變項間的相關均達顯著。

Variables Entered/Removed(a)

Model	Variables Entered	Variables Removed	Method
1	Tin（工作投入）	.	Stepwise (Criteria: Probability-of-F-to-enter <= .050, Probability-of-F-to-remove >= .100).
2	Suc（成功態度）	.	Stepwise (Criteria: Probability-of-F-to-enter <= .050, Probability-of-F-to-remove >= .100).
3	Ein（自我投入）	.	Stepwise (Criteria: Probability-of-F-to-enter <= .050, Probability-of-F-to-remove >= .100).
4	Sex（學生性別）	.	Stepwise (Criteria: Probability-of-F-to-enter <= .050, Probability-of-F-to-remove >= .100).
5	Fea（壓力懼怕）	.	Stepwise (Criteria: Probability-of-F-to-enter <= .050, Probability-of-F-to-remove >= .100).
6	Cla（課堂焦慮）	.	Stepwise (Criteria: Probability-of-F-to-enter <= .050, Probability-of-F-to-remove >= .100).
7	Con（學習信心）	.	Stepwise (Criteria: Probability-of-F-to-enter <= .050, Probability-of-F-to-remove >= .100).
8	Use（有用性）	.	Stepwise (Criteria: Probability-of-F-to-enter <= .050, Probability-of-F-to-remove >= .100).
a Dependent Variable: mch（數學成就）			

上表為自變項進入迴歸方程式的順序及選取變項順序的訊息，最右邊一欄為進入與移除的標準，其中自變項進入迴歸模式的標準是 F 的機率值要小於或等於.050（FIN=0.0500），而自變項自迴歸模式中移除的標準是 F 的機率值大於或等於.100 者（POUT=.100）。模式分析結果，保留八個自變項：tin（工作投入）、suc（成功態度）、ein（自我投入）、sex（學生性別）、fea（壓力懼怕）、cla（課堂焦慮）、con（學習信心）、use（有用性）。其中tin（工作投入）之所以能最先進入迴歸模式中，是因為與依變項 mch（數學成就）的相關值最高（r=.344）；其次是suc（成功態度）自變項，與依變項mch（數學成就）的相關值達.344，而且與tin（工作投入）的相關值為.397，為中

度相關，無共線性問題，因而在模式二中 tin（工作投入）、suc（成功態度）優先進入迴歸模式中。

Model Summary(i)

Model	R	R Square	Adjusted R Square	Std. Error of the Estimate	Change Statistics					Durbin-Watson
					R Square Change	F Change	df1	df2	Sig. F Change	
1	.344(a)	.119	.116	9.952	.119	40.120	1	298	.000	
2	.412(b)	.170	.164	9.676	.051	18.252	1	297	.000	
3	459(c)	.211	.203	9.448	.041	15.523	1	296	.000	
4	.476(d)	.226	.216	9.372	.015	5.784	1	295	.017	
5	.489(e)	.239	.226	9.312	.012	4.814	1	294	.029	
6	.509(f)	.259	.244	9.204	.020	7.956	1	293	.005	
7	.521(g)	.271	.254	9.142	.012	5.004	1	292	.026	
8	.530(h)	.281	.261	9.095	.010	4.005	1	291	.046	2.049

a Predictors: (Constant), tin,
b Predictors: (Constant), tin, suc,
c Predictors: (Constant), tin, suc, ein,
d Predictors: (Constant), tin, suc, ein, sex,
e Predictors: (Constant), tin, suc, ein, sex, fea,
f Predictors: (Constant), tin, suc, ein, sex, fea, cla,
g Predictors: (Constant), tin, suc, ein, sex, fea, cla, con,
h Predictors: (Constant), tin, suc, ein, sex, fea, cla, con, use
i Dependent Variable: mch

　　上表為逐步多元迴歸八個模式的相關訊息。以模式二而言，自變項 tin（工作投入）、suc（成功態度）與依變項的多元相關係數（R）等於.412、R 平方等於.170、調整後的 R 平方等於.164、估計標準誤為 9.676，R 平方改變量等於.051（.170 −.119=.051）。根據決定係數（R 平方），在模式一中，tin（工作投入）變項可解釋依變項總變異量的 11.9%，而模式二中自變項 tin（工作投入）、suc（成功態度）共可解釋依變項總變異量的 17.0%，表示加入自變項 suc（成功態度）後，可以提高解釋依變項總變異量之 5.1%（17.0%−11.9%=5.1%）。模式三表示進入迴歸模式的變項有 tin（工作投入）、suc（成功態度）、ein（自我投入）三個變項，其與數學成就的多元相關係數為.459，聯合解釋變異量為 21.1%，ein（自我投入）變項單獨的解釋變異量等於 .211 −.170=.041（4.1%）。

在模式八中，八個自變項 tin、suc、ein、sex、fea、cla、con、use 與依變項的多元相關係數為.530、決定係數為.281、調整後的決定係數等於.261，迴歸模式的誤差均方和（MSE）的估計標準誤為 9.095，表示八個自變項共可解釋數學成就依變項總變異量之 28.1%。

在上述報表中相關統計量的意義如下：

1. R 稱為多元相關係數（Multiple Correlation Coefficient）。在簡單迴歸時，多元相關係數等於積差相關係數；在多元迴歸分析中，多元相關係數反應了多個自變項與一個依變項間的多元相關情形。

2. R Square（R^2）又稱為多元決定係數（Multiple Determination Coefficient）。在迴歸分析中，決定係數反應了自變項與依變項間所構成的線性迴歸模式的配適度。

3. 其中「Adjusted R^2」為調整後的決定係數，其求法等於：

$$Adjusted\ R^2 = 1 - (1 - R^2) \times \frac{n-1}{n-p-1}$$

調整後的 R^2 也可以以下式表示：

$$R^2 = R^2 - \frac{p(1-R^2)}{N-p-1}$$

計算式中：n 或 N 為樣本總人數，p 為迴歸方程式中自變項的個數。
R^2 和調整後的 R^2 也可以定義成：

$$R^2 = 1 - \frac{SS_{residual}}{SS_{total}}$$

$$調整後的\ R^2 = 1 - \frac{SS_{residual}/(N-p-1)}{SS_{total}/(N-1)}$$

以模式八為例，R 平方等於.281、調整後的 R 平方等於.261，調整後的 R 平方求法如下：

$$Adjusted\ R^2 = 1 - (1 - .281) \times \frac{300-1}{300-8-1} = 1 - .7387 = .2612$$

在迴歸分析中，如果自變項的個數很多，有時候就要以調整後的決定

係數代替原先的決定係數，因為增加新的自變項後，均會使 R^2 變大，這種 R^2 會有高度人為操控的機制在內（*Tacq, 1997*），此時以調整後的 R^2 表示較佳。此外，以樣本的 R^2 估計母群參數時，常常會有高估傾向，為避免高估之偏誤情形發生，應採用調整後的 R^2 值，因為調整後的 R^2 是迴歸模式中變項數與樣本大小的函數，以調整後的 R^2 來估計母群性質，才不會有錯誤。

以樣本統計量推導出來的 R^2 來評估整體模式的解釋力，並進而推論到母群體時，會有高估的傾向，樣本數愈小，則容易發生高估的現象，使得解釋力膨脹效果愈明顯；而當樣本數愈大時，解釋力膨脹情形會愈輕微。因此，如將樣本大小的影響納入考量，則高估的情形便可改善。將 R^2 公式中離均差的平方和除以自由度，也可算出調整後的 R^2，如此便可減少因為樣本估計帶來 R^2 膨脹效果的現象，當樣本數較小時，最好採用調整後的 R^2（邱皓政，民 89）。

$$R^2 = 1 - \frac{SSE}{SST} = \frac{SSR}{SST} \; ; \; df_t = N-1 \; ; \; df_e = N-p-1 \; ; \; df_r = p \; ; \; 其中 \; N \; 為有效$$
觀察值個數、p 為自變數的個數

調整後的 R^2 也可以以下式表示：

$$\text{Adjusted } R^2 = 1 - \frac{\dfrac{SSE}{df_e}}{\dfrac{SST}{df_t}} = 1 - \frac{\dfrac{SSE}{N-p-1}}{\dfrac{SST}{N-1}} = 1 - \frac{SSE}{SST} \times \frac{N-1}{N-p-1}$$

4. R Square Change 為 R^2 的增加量，R^2 的改變量為排除之前進入迴歸模式的變項後，新投入變項單獨對依變項的解釋變異量，其值等於第 M 個模式的 R Square 值減掉第 M-1 個模式的 R Square 值，如第四個迴歸模式中，R^2 的改變量＝.226 － .211=.015。

ANOVA(i)

Model		Sum of Squares	df	Mean Square	F	Sig.
1	Regression	3973.541	1	3973.541	40.120	.000(a)
	Residual	29514.496	298	99.042		
	Total	33488.037	299			
2	Regression	5682.314	2	2841.157	30.347	.000(b)
	Residual	27805.723	297	93.622		
	Total	33488.037	299			
3	Regression	7067.866	3	2355.955	26.395	.000(c)
	Residual	26420.171	296	89.257		
	Total	33488.037	299			
4	Regression	7575.917	4	1893.979	21.562	.000(d)
	Residual	25912.119	295	87.838		
	Total	33488.037	299			
5	Regression	7993.388	5	1598.678	18.436	.000(e)
	Residual	25494.649	294	86.716		
	Total	33488.037	299			
6	Regression	8667.382	6	144.564	17.053	.000(f)
	Residual	24820.654	293	84.712		
	Total	33488.037	299			
7	Regression	9085.550	7	1297.936	15.531	.000(g)
	Residual	24402.489	292	83.570		
	Total	33488.037	299			
8	Regression	9416.827	8	1177.103	14.230	.000(h)
	Residual	24071.210	291	82.719		
	Total	33488.037	299			

a Predictors: (Constant), tin,

b Predictors: (Constant), tin, suc,

c Predictors: (Constant), tin, suc, ein,

d Predictors: (Constant), tin, suc, ein, sex,

e Predictors: (Constant), tin, suc, ein, sex, fea,

f Predictors: (Constant), tin, suc, ein, sex, fea, cla,

g Predictors: (Constant), tin, suc, ein, sex, fea, cla, con,

h Predictors: (Constant), tin, suc, ein, sex, fea, cla, con, use

i Dependent Variable: mch

　　上表爲八個模式的變異數分析摘要表，即八個模式顯著性整體檢定，用以檢定整體迴歸模式的顯著性，以模式一而言，模式一包括工作投入（tin）變項，整體迴歸模式之F值爲 40.120，p=.000<.05，達.05 的顯著水準，表示自變項工作投入（tin）與依變項數學成就（mch）間有顯著相關。以模式二而言，模式二包括tin（工作投入）、suc（成功態度）變項，整體迴歸模式之F值爲 30.347，p=.000<.05，達.05 的顯著水準，表示新納入的自變項 suc（成功態度）與依變項數學成就（mch）間有顯著相關存在。再就模式八而言，整體迴歸模式之F值爲 14.230，p=.000<.05，達.05 的顯著水準，表示自變項tin（工作投入）、suc（成功態度）、ein（自我投入）、sex（學生性別）、fea（壓力懼怕）、cla（課堂焦慮）、con（學習信心）、use（有用性）與依變項數學成就（mch）間有顯著相關，新加入的變項 use（有用性）與依變項間的相關達到顯著。表示以上述八個自變數的確可以有效預測學生的數學成就。

　　以模式八而言，變異來源分爲迴歸（Regression）、殘差（Residual）及總和（Total）。決定係數等於 $SSR \div SST = \frac{9416.827}{33488.037} = .281$。F 值 $= \frac{MS_{reg}}{MS_{res}} = \frac{1177.103}{82.719} = 14.230$。Total 的自由度（Degree of Freedom）爲 N-1=300-1=299、Regression 的自由度等於 8，表示進入迴歸模式的自變數有八個、Residual 的自由度爲 N-p-1=300-8-1=291。

Coefficients(a)

Model		Unstandardized Coefficients		Standardized Coefficients	t	Sig.	Collinearity Statistics	
		B	Std. Error	Beta			Tolerance	VIF
1	(Constant)	10.623	2.299		4.620	.000		
	Tin	.612	.097	.344	6.334	.000	1.000	1.000
8	(Constant)	-7.602	6.020		-1.263	.208		
	tin	.309	.132	.174	2.348	.020	.449	2.227
	suc	.382	.111	.201	3.425	.001	.714	1.400
	ein	-.401	.120	-.174	-3.348	.001	.912	1.096
	sex	3.080	1.078	.146	2.856	.005	.949	1.054
	fea	-.344	.120	-.212	-2.858	.005	.449	2.225
	cla	.610	.173	.286	3.517	.001	.373	2.684
	con	.222	.103	.171	2.167	.031	.398	2.516
	use	.249	.124	.121	2.001	.046	.672	1.489
a Dependent Variable: mch								

　　上表為八個模式的中每個自變項迴歸係數的估計值與顯著性的檢定結果（模式 2 至模式 7 未呈現）。迴歸係數包括未標準化係數：B 之估計值及估計標準誤、未標準化係數 Beta、迴歸係數 t 檢定值、顯著性、共線性統計量：容忍度（Tolerance）、變異數膨脹係數（VIF）。其中 B 為原始迴歸係數，Beta 為標準化的迴歸係數。以模式八而言：(1)從容忍度值來看，課堂焦慮（cla）與學習信心（con）的容忍度值較低，表示可能有共線問題存在，惟其共線性不高。(2)工作投入（tin）變項的容忍度值為.449，表示模式中其餘七個自變項對工作投入變項的解釋量為 55.1%（1-.449），解釋量愈高，代表容忍度愈小，愈有共線性問題。

　　從模式一來看，模式一中自變項為 tin（工作投入），其未標準化迴歸係數為.612、估計標準誤為.097、Beta 值等於.344，t 檢定值為 6.334，已達.05 的顯著水準，由於進入迴歸模式的自變項只有一個，因而其迴歸模式即等於簡單迴歸模式，此時迴歸係數的 t 檢定值平方，剛好等於上述變異數分析中模式一項整體迴歸模式的 F 值（40.120），即 $6.344^2 = 40.120$；而標準化迴歸係數就是二變項間之積差相關係數 =.344。

Excluded Variables(i)

Model		Beta In	t	Sig.	Partial Correlation	Collinearity Statistics		
						Tolerance	VIF	Minimum Tolerance
1	sex	.151(a)	2.801	.005	.160	1.000	1.000	1.000
	fea	-.148(a)	-2.409	.017	-.138	.773	1.294	.773
	wor	-.072(a)	-1.229	.220	-.071	.858	1.166	.858
	exa	-.092(a)	-1.560	.120	-.090	.853	1.172	.853
	cla	.084(a)	1.258	.209	.073	.660	1.515	.660
	con	.121(a)	1.729	.085	.100	.603	1.659	.603
	use	.201(a)	3.242	.001	.185	.746	1.341	.746
	suc	.246(a)	4.272	.000	.241	.843	1.187	.843
	mot	.123(a)	1.865	.063	.108	.671	1.491	.671
	ein	-.162(a)	-3.009	.002	-.172	.997	1.003	.997
2	sex	.133(b)	2.524	.012	.148	.993	1.007	.837
	fea	-.157(b)	-2.641	.009	-.152	.772	1.295	.668
	wor	-.108(b)	-1.874	.062	-.108	.842	1.188	.710
	exa	-.121(b)	-2.110	.036	-.122	.842	1.188	.710
	cla	.045(b)	.679	.498	.039	.646	1.547	.553
	con	.119(b)	1.750	.081	.101	.603	1.659	.543
	use	.136(b)	2.131	.034	.123	.681	1.468	.681
	mot	.105(b)	1.623	.106	.094	.667	1.498	.818
	ein	-.207(b)	-3.940	.000	-.223	.967	1.034	.818

3	sex	.124(c)	2.405	.017	.139	.991	1.009	.811
	fea	-.114(c)	-1.909	.057	-.110	.739	1.354	.663
	wor	-.083(c)	-1.462	.145	-.085	.830	1.205	.709
	exa	-.092(c)	-1.625	.105	-.094	.826	1.210	.711
	cla	.080(c)	1.235	.218	.072	.635	1.575	.551
	con	.102(c)	1.541	.124	.089	.600	1.665	.543
	use	.114(c)	1.826	.069	.106	.676	1.480	.676
	mot	.061(c)	.945	.345	.055	.645	1.551	.606
8	wor	-.079(h)	-1.009	.314	-.059	.406	2.463	.309
	exa	-.075(h)	-.881	.379	-.052	.343	2.913	.271
	mot	-.029(h)	-.397	.691	-.023	.454	2.203	.334

a Predictors in the Model: (Constant), tin

b Predictors in the Model: (Constant), tin, suc

c Predictors in the Model: (Constant), tin, suc, ein

d Predictors in the Model: (Constant), tin, suc, ein, sex

e Predictors in the Model: (Constant), tin, suc, ein, sex, fea

f Predictors in the Model: (Constant), tin, suc, ein, sex, fea, cla

g Predictors in the Model: (Constant), tin, suc, ein, sex, fea, cla, con

h Predictors in the Model: (Constant), tin, suc, ein, sex, fea, cla, con, use

i Dependent Variable: mch

　　上表為八個迴歸模式中，每個模式未能進入迴歸方程式的自變項之相關統計量（模式4至模式7因篇幅關係並未呈現）。SPSS 會根據這些統計量，決定是否繼續進行下一步的逐步迴歸分析。在變項進入與剔除的標準內定PIN=.05、POUT=.10，如果未納入迴歸模式的自變項中，有一個以上的顯著水準小於.05，則顯著水準機率值最小（即 t 值最大者）會優先被選入下一步的迴歸模式內。在模式一中，進入迴歸模式的自變項為 tin（工作投入）、在其餘未進入迴歸模式的十個自變項中，以 suc（成功態度）變項的 t 值最大，等於4.272（p=.000<.05），達到顯著水準，因而在下次迴歸模式的變項選擇上優先被選入迴歸模式中。在模式二中，進入迴歸模式的自變項為tin（工作投入）、suc（成功態度）二個，在其餘未進入迴歸模式的九個自變項中，以 ein（自我投入）變項的t值最大，等於-3.940（p=.000<.05），達到顯著水準，因而在下次迴歸模式的變項選擇上優先被選入迴歸模式中。在模式三中，進入迴歸模式的自變項為 tin（工作投入）、suc（成功態度）、ein（自我投入）三個，在其餘未進入迴歸模式的八個自變項中，以 sex（學生性別）變項的 t 值最大，等於 2.405，達到顯著水準（p=.017<.05），因而在下次迴歸模式的變項選擇上優先被選入迴歸模式中。

就模式八而言，八個被納入迴歸模式的自變項分別為 tin、 suc、 ein、 sex、 fea、 cla、 con、 use；其餘未被選入的三個自變項為 wor、exa、mot，其 t 值分別為-1.009、-.881、-.397，其顯著水準均高於設定的標準.05，表示這三個自變項都沒有達到被選入迴歸模式的標準，此時SPSS即停止逐步迴歸之執行。

Collinearity Diagnostics(a)

Model	Dimension	Eigenvalue	Condition Index	Variance Proportions								
				(Constant)	tin	suc	ein	sex	fea	cla	con	use
8	1	8.468	1.000	.00	.00	.00	.00	.00	.00	.00	.00	.00
	2	.263	5.678	.00	.02	.00	.00	.00	.08	.03	.02	.00
	3	9.879E-02	9.402	.00	.00	.00	.11	.78	.02	.00	.00	.00
	4	5.926E-02	11.954	.00	.01	.00	.82	.12	.04	.02	.01	.03
	5	3.576E-02	15.389	.00	.03	.31	.00	.02	.44	.15	.09	.02
	6	3.178E-02	16.324	.01	.07	.11	.00	.00	.20	.25	.26	.08
	7	2.124E-02	19.967	.00	.11	.56	.04	.00	.17	.08	.15	.34
	8	1.968E-02	20.745	.00	.75	.00	.01	.01	.02	.10	.06	.46
	9	6.239E-03	36.840	.98	.02	.00	.02	.07	.03	.37	.40	.08
a Dependent Variable: mch												

上表為共線性診斷，表示整體模式的共線性檢核，其中包括模式、維度、特徵值、條件指標、變異數比例。如果特徵值愈小、條件指標愈大，變異數比例值愈高，表示模式較有共線性的問題。在逐步迴歸分析法中，迴歸模式會根據自變項對依變項的影響力而逐一挑選變項，因而對於共線性的問題會加以排除。

Residuals Statistics(a)

	Minimum	Maximum	Mean	Std. Deviation	N
Predicted Value	10.20	44.43	24.72	5.612	300
Residual	-21.212	20.903	.000	8.972	300
Std. Predicted Value	-2.588	3.512	.000	1.000	300
Std. Residual	-2.332	2.298	.000	.987	300
a Dependent Variable: mch					

上表為殘差統計量。殘差為觀察值與預測值的差，殘差愈大表示誤差愈大，標準化的殘差絕對值若大於 1.96 表示為偏離值（邱皓政，民 89）。如呈現直方圖與常態機率圖可檢定是否違反常態性假設。

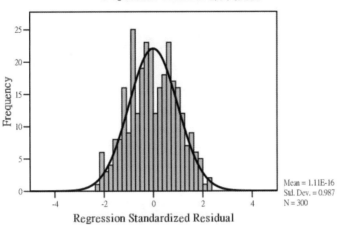

圖 11-12

上圖為迴歸標準化殘差的直方圖，此直方圖可以檢定樣本觀察值是否符合常態性之基本假設。圖中的對稱鐘形曲線為常態分配曲線圖，如果標準化殘差的直方圖曲線愈接近常態分配曲線圖，則樣本觀察值愈接近常態分配。由圖中可知樣本觀察值大致接近常態分配。

Normal P-P Plot of Regression Standardized Residual

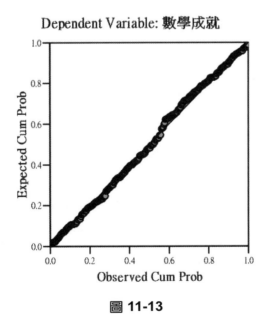

圖 11-13

上圖為標準化殘差之常態機率分布圖，若樣本殘差值的累積機率分布，剛好成一條 45 度角的斜線（從左下到右上的直線），則表示樣本觀察值符合常態性之假設。45 度之直線表示理論的累積機率分布線；小圓形是實際觀察值殘差值累積機率分布圖。由上圖可知樣本觀察值接近常態分配之假定。

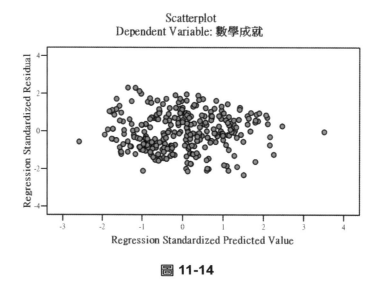

圖 11-14

上圖為 t 標準化殘差與原始預測值交叉之散布圖（scatterplot），用以檢定樣本觀察值之常態性及殘差變異數是否具有齊一性，如果散布圖在 0 上下隨機分布，表示樣本觀察值為常態分布及殘差變異數具有齊一性（陳正昌等，民 92）。上圖中殘差值與預測值的交叉散布圖大致隨機分布在 0 附近，並且呈水平的散布，表示樣本觀察值大致符合等分散性之假設。

四、報表整理

綜合以上相關資料，逐步多元迴歸分析摘要表整理如下：

表A　學生性別、數學焦慮、數學態度、數學投入動機預測學生數學成就之逐步多元迴歸分析摘要表

選出的變項順序	多元相關係數R	決定係數R^2	增加解釋量ΔR	F 值	淨 F 值	原始化迴歸係數	標準化迴歸係數
截距（常數項）						-7.602	
1.工作投入	.344	.119	.119	40.120	40.120	.309	.174
2.成功態度	.412	.170	.051	30.347	18.525	.382	.201

3.自我投入	.459	.211	.041	26.395	15.523	-.401	-.174
4.學生性別	.476	.226	.015	21.562	5.784	3.080	.146
5.壓力懼怕	.489	.239	.012	18.436	4.814	-.344	-.212
6.課堂焦慮	.509	.259	.020	17.053	7.956	.610	.286
7.學習信心	.521	.271	.012	15.531	5.004	.222	.171
8.有用性	.530	.281	.010	14.230	4.005	.249	.121

十一個預測變項預測效標變項（學生數學成就）時，進入迴歸方程式的顯著變項共有八個，分別為：工作投入、成功態度、自我投入、學生性別、壓力懼怕、課堂焦慮、學習信心、有用性等變項，多元相關係數為.530，聯合解釋變異量為.281，亦即表中八個變項能聯合預測數學成就28.1%的變異量。

就個別變項的解釋量來看，以「工作投入」層面的預測力最佳，其解釋量為11.9%，其餘依次為「成功態度」、「自我投入」層面，其解釋量分別為5.1%、4.1%，這三個變項的聯合預測力達21.1%。從標準化迴歸係數來看，工作投入、成功態度、學生性別的β係數為正，表示這三個變項對數學成就的影響為正向，即學生數學工作投入動機較高、成功態度知覺較正向，女學生，有較佳的數學成就。而自我投入、壓力懼怕的β係數為負，表示這二個變數對數學成就的影響為負向，即學生自我投入動機較低、壓力懼怕知覺程度較低，數學成就則較高。

標準化迴歸方程式如下：

數學成就＝.174×工作投入＋.201×成功態度－.174×自我投入＋.146
　　　　　×學生性別－.212×壓力懼怕＋.286×課堂焦慮＋.171×學習信心
　　　　　＋.121×有用性

原始化迴歸方程式如下：

數學成就＝-7.602＋.309×工作投入＋.382×成功態度－.401×自我投入＋3.08
　　　　　×學生性別－.344×壓力懼怕＋.610×課堂焦慮＋.222×學習信心
　　　　　＋.249×有用性

五、採用 Enter 法之報表

Enter 法是強迫所有預測變數要一次全部進入迴歸方程式，而不考慮個別變數的顯著與否。

Regression

Variables Entered/Removed(b)

Model	Variables Entered	Variables Removed	Method
1	ein, use, sex, wor, suc, mot, tin, cla, con, fea, exa(a)		Enter
a All requested variables entered. b Dependent Variable: mch			

上表為 Enter 法的訊息，包括迴歸模式中的依變項 mch、十一個自變項：ein、use、sex、wor、suc、mot、tin、cla、con、fea、exa，自變項呈現的順序並不代表自變項與依變項關係之相對重要性，採用的多元迴歸方法為強迫進入法（Enter）。Enter 法為同時複迴歸分析法（simultaneous multiple regression）的一種，所有的預測變項同時納入迴歸方程式之中，整個迴歸模式只有一個包含全部自變項的迴歸方程式。

Model Summary(b)

Model	R	R Square	Adjusted R Square	Std. Error of the Estimate	R Square Change	F Change	df1	df2	Sig. F Change	Durbin-Watson
1	.533(a)	.284	.257	9.122	.284	10.407	11	282	.000	2.043
a Predictors: (Constant), ein, use, sex, wor, suc, mot, tin, cla, con, fea, exa b Dependent Variable: mch										

上表為模式摘要表，十一個自變項與數學成就 mch 依變項的多元相關係數為.533，R 平方（決定係數值）等於.284、調整後的 R 平方等於.257、迴歸模式的誤差均方和（mean square of error；MSE）之估計標準誤為 9.122、DW 值檢定值為 2.043。可見在迴歸模式中，投入的十一個自變項共可解釋依變項 28.4%的變異量；依變項不能被自變項預測的部分為 1-.284=.716。

ANOVA(b)

Model		Sum of Squares	df	Mean Square	F	Sig.
1	Regression	9524.787	11	865.890	10.407	.000(a)
	Residual	23963.249	288	83.206		
	Total	33488.037	299			
a Predictors: (Constant), ein, use, sex, wor, suc, mot, tin, cla, con, fea, exa b Dependent Variable: mch						

上表為迴歸模式顯著性的整體考驗，迴歸模式之變異數分析摘要表中F值等於 10.407，p=.000<.05，達到顯著水準，顯示上述自變項對依變項 28.4%的解釋變異量具有統計意義；如從個別變項與依變項的相關顯著性來看，表示十一個自變項中至少有一個自變項與依變項的相關達到顯著水準，至於是哪幾個自變項與依變項的相關達到顯著，必須進一步由下表迴歸係數（Coefficients）的 t 值及顯著性考驗結果方能得知。表中 $MS_{res} = 83.206$，其開根號之值等於上述誤差平方和的估計標準誤：$\sqrt{83.206} = 9.122$。

Coefficients(a)

Model		Unstandardized Coefficients		Standardized Coefficients	t	Sig.	Collinearity Statistics	
		B	Std. Error	Beta			Tolerance	VIF
1	(Constant)	-6.196	6.299		-.984	.326		
	sex	3.180	1.092	.150	2.912	.004	.931	1.074
	fea	-.246	.158	-.152	-1.561	.120	.264	3.792
	wor	-8.989E-02	.145	-.058	-.577	.564	.243	4.115
	exa	-4.917E-02	.149	-.036	-.330	.742	.205	4.873
	cla	.626	.177	.294	3.541	.000	.360	2.774
	con	.232	.114	.179	2.046	.042	.326	3.064
	use	.286	.130	.139	2.200	.029	.621	1.610
	suc	.394	.112	.208	3.508	.001	.707	1.414
	mot	-7.608E-02	.175	-.032	-.435	.664	.453	2.208
	tin	.309	.133	.174	2.314	.021	.440	2.272
	ein	-.410	.121	-.178	-3.381	.001	.895	1.118
a Dependent Variable: mch								

上表為迴歸模式中各參數的檢定結果，十一個自變項中對依變項迴歸係數達顯著的變項共有七個，分別為：sex（t值=2.912、p=.004）、cla（t值=3.541、p=.000）、con（t 值=2.046、p=.042）、use（t 值=2.200、p=.029）、suc（t 值=3.508、p=.001）、tin（t 值=2.314、p=.021）、ein（t 值=-3.381、p=.001）。表示上述十一個自變項對依變項總變異量的 28.4%的預測中，主要是上述七個變項形成的。至於這七個有顯著預測力的自變項對依變項的實際解釋變異量可透過逐步多元迴歸分析中得知。

迴歸係數的容忍度與變異數膨脹因素（VIF），可作為檢定自變項間是否有線性重合問題的參考，其中容忍度（Tolerance）的值在 0 與 1 之間，它是變異數膨脹因素值的倒數，變異數膨脹因素值愈大或容忍度值愈小，表示變項間線性重合的問題愈嚴重。

Collinearity Diagnostics(a)

Model	Dimension	Eigenvalue	Condition Index	Variance Proportions											
				(Constant)	sex	fea	wor	exa	cla	con	use	Suc	Mot	tin	ein
1	1	11.287	1.000	.00	.00	.00	.00	.00	.00	.00	.00	.00	.00	.00	.00
	2	.371	5.515	.00	.00	.02	.01	.01	.01	.01	.00	.00	.01	.01	.00
	3	9.680E-02	10.798	.00	.80	.01	.00	.00	.00	.00	.00	.00	.00	.00	.07
	4	6.803E-02	12.881	.00	.07	.00	.02	.01	.01	.00	.00	.01	.00	.00	.71
	5	4.286E-02	16.228	.01	.03	.00	.03	.06	.42	.00	.00	.01	.01	.03	.06
	6	3.650E-02	17.584	.00	.01	.08	.00	.00	.00	.13	.07	.41	.04	.00	.01
	7	2.561E-02	20.991	.00	.00	.46	.14	.03	.00	.04	.00	.00	.02	.35	.04
	8	2.124E-02	23.053	.00	.00	.12	.00	.00	.06	.11	.39	.55	.00	.04	.05
	9	1.912E-02	24.297	.00	.00	.23	.09	.00	.12	.01	.28	.02	.10	.52	.01
	10	1.496E-02	27.465	.00	.02	.01	.00	.01	.00	.44	.19	.00	.75	.03	.02
	11	1.114E-02	31.826	.02	.02	.07	.70	.82	.01	.01	.03	.00	.00	.00	.01
	12	5898E-02	43.747	.97	.05	.00	.01	.05	.37	.23	.03	.00	.05	.02	.03
a Dependent Variable: mch															

　　上表為SPSS輸出自變項線性重合的檢定結果，其中包括模式（Model）、維度（Dimension）、特徵值（Eigenvalue）、條件指標（Condition Index；簡稱CI 值）、變異數比例（Variance Proportion）。範例中有十一個自變項，十二個特徵值（特徵值數目等於自變項個數加一），最大的條件指標值為 43.747大於 30，表示自變項間有線性重合的問題。

　　變異數比例是每一特徵值所對應的特徵向量（eigenvector），由於有十二個特徵值，呈現的特徵向量矩陣為 12×12，每一縱行是常數項與自變項在各特徵值上之變異數比例，其總和為 1，當任二個自變項間在同一個特徵值上之變異數比例值都非常接近 1 時，就表示該二自變項間可能有線性重合之問題（王保進，民 91）。由表中可知，wor變項、exa變項在第十一個特徵值之變異數比例分別為.70、.82，表示 wor 變項與 exa 變項間可能有線性重合之問題，從相關矩陣中可以看出：wor 與 exa 變項間的相關值為.854，二者關係密切，除此二變項外，其餘變項之線性重合性問題不高。

11-4 虛擬變項之迴歸分析

一、【問題研究】

　　某社會學家在成人們生活滿意度的文獻探究中，發現成人們的婚姻狀態（已婚、未婚、離異、喪偶）與成人們的學歷背景（研究所以上、大學專科、

高中職以下）對其生活滿意度的知覺感受有顯著的影響，因而此社會學家乃採分層隨機取樣方式，調查研究四十位受試者，對其實施生活滿意度調查量表，並搜集此四十位受試者的婚姻狀態與學歷背景，測量的數據如下，請問學歷背景與婚姻狀態對成人們的生活滿意度是否具有顯著的預測力。

在資料建檔方面：mar 變項表示婚姻狀態，其中的數值編碼：1 表示已婚、2 表示未婚、3 表示離異、4 表示喪偶；edu 變項表示學歷背景，其中的數值編碼：1 表示研究所以上、2 表示大學專科、3 表示高中職以下。life 變項表示生活滿意度量表的得分。

由於 edu 變項為間斷變項，作為迴歸分析的自變項須轉為虛擬變項，由於學歷背景變項有三個水準，因而必須另外建構二個虛擬變項：edu1（研究所以上與高中職以下的對比）、edu2（大學專科與高中職以下的對比），其中的參照組為「高中職以下」（水準 3）；而婚姻狀態變項 mar 也是間斷變項，作為迴歸分析的自變項亦須轉為虛擬變項，由於其水準數有四，因而須另外建構三個虛擬變項：mar1、mar2、mar3，其中的參照組為水準 4（喪偶），mar1 表示水準 1（已婚）與水準 4（喪偶）的對比、mar2 表示水準 2（未婚）與水準 4（喪偶）的對比、mar3 表示水準 3（離異）與水準 4（喪偶）的對比。

原始變項與轉換為虛擬變項的部分數據如下：

mar	edu	life	mar1	mar2	mar3	edu1	edu2
1	1	9	1	0	0	1	0
2	1	8	0	1	0	1	0
2	2	8	0	1	0	0	1
3	2	7	0	0	1	0	1
3	3	7	0	0	1	0	0
4	3	3	0	0	0	0	0

二、轉換為虛擬變項的操作

㈠從 edu 變項中建構二個虛擬變項

```
Transform
   Compute
      在左邊「Target Variable」下的方格內鍵入 edu1
      在右邊「Numeric Expression」下的方格內鍵入 edu=1
按『OK』鈕
```

Transform

  Compute

    按『Reset』鈕,清除之前的設定

    在左邊「Target Variable」下的方格內鍵入 edu2

    在右邊「Numeric Expression」下的方格內鍵入 edu=2

按『OK』鈕

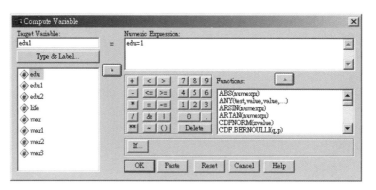

圖 11-16

(二)從 mar 變項中建構三個虛擬變項

Transform

  Compute

    在左邊「Target Variable」下的方格內鍵入 mar1

    在右邊「Numeric Expression」下的方格內鍵入 mar=1

按『OK』鈕

Transform

  Compute

    在左邊「Target Variable」下的方格內鍵入 mar2

    在右邊「Numeric Expression」下的方格內鍵入 mar=2

按『OK』鈕

Transform

  Compute

    在左邊「Target Variable」下的方格內鍵入 mar3

    在右邊「Numeric Expression」下的方格內鍵入 mar=3

按『OK』鈕

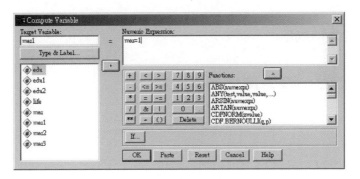

圖 11-17

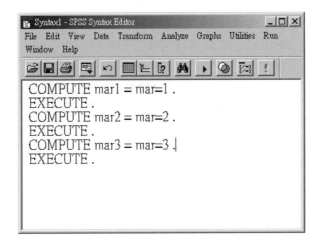

圖 11-18

上表為 mar 變項轉換成虛擬變時，視窗操作界面轉為語法視窗的語法。

三、執行變異數分析 Oneway

Analyze→Compare Means→One-Way ANOVA
→將依變項生活滿意度 life 選入右邊「Dependent List」下的方格中，將自
變項學歷背景變項 edu 選入右邊「Factor」下的的方格中
→按『Options...』鈕，勾選「Descriptive」選項
→按『Continue』鈕→按『OK』鈕

Analyze→Compare Means→One-Way ANOVA
→將依變項生活滿意度 life 選入右邊「Dependent List」下的方格中，將自
變項婚姻狀態變項 mar 選入右邊「Factor」下的的方格中
→按『Options...』鈕，勾選「Descriptive」選項
→按『Continue』鈕"按『OK』鈕

四、執行迴歸分析

(一)學歷背景對生活滿意度之預測分析

Analyze
  Regression
    Linear
    將依變項生活滿意度 life 選入右邊「Dependent」下的方格中
    將自變項虛擬變項 edu1、edu2 選入右邊「Independent(s)」下的方格
    在方法「Method」中點選內定之「Enter」法
    按『OK』鈕

(二)婚姻狀態對生活滿意度之預測分析

Analyze
  Regression
    Linear
    將依變項生活滿意度 life 選入右邊「Dependent」下的方格中
    將自變項虛擬變項 mar1、mar2、mar3 選入右邊
    「Independent(s)」下的方格中
    在方法「Method」中點選內定之「Enter」法
    按『OK』鈕

(三)學歷背景、婚姻狀態對生活滿意度之預測分析

Analyze
  Regression
    Linear
    將依變項生活滿意度 life 選入右邊「Dependent」下的方格中
    將自變項虛擬變項 edu1、edu2、mar1、mar2、mar3 選入右邊
    「Independent(s)」下的方格中
    在方法「Method」中點選內定之「Enter」法
    按『OK』鈕

五、報表解釋

(一)不同學歷背景在生活滿意度之差異

Descriptives

life

	N	Mean	Std. Deviation	Std. Error	95% Confidence Interval for Mean		Minimum	Maximum
					Lower Bound	Upper Bound		
1	13	8.15	.801	.222	7.67	8.64	7	9
2	13	6.92	1.553	.431	5.98	7.86	4	9
3	14	3.79	1.369	.366	3.00	4.58	2	7
Total	40	6.23	2.259	.357	5.50	6.95	2	9

ANOVA

	Sum of Squares	Df	Mean Square	F	Sig.
Between Groups	138.002	2	69.001	41.872	.000
Within Groups	60.973	37	1.648		
Total	198.975	39			

上表為不同學歷背景在生活滿意度之單因子變異數分析的結果,包含描述性統計量及變異數分析摘要表。變異數分析之F值等於41.872,p=.000<.05,表示不同學歷背景的成人在生活滿意度的知覺上有顯著差異。

(二)不同婚姻狀態在生活滿意度之差異

Descriptives

life

	N	Mean	Std. Deviation	Std. Error	95% Confidence Interval for Mean		Minimum	Maximum
					Lower Bound	Upper Bound		
1	10	8.20	.789	.249	7.64	8.76	7	9
2	10	7.80	1.229	.389	6.92	8.68	5	9
3	10	5.80	1.135	.359	4.99	6.61	4	7
4	10	3.10	.738	.233	2.57	3.63	2	4
Total	40	6.23	2.259	.357	5.50	6.95	2	9

ANOVA

	Sum of Squares	Df	Mean Square	F	Sig.
Between Groups	163.275	3	54.425	54.882	.000
Within Groups	35.700	36	.992		
Total	198.975	39			

　　上表為不同婚姻狀態在生活滿意度之單因子變異數分析的結果，包含描述性統計量及變異數分析摘要表。變異數分析之F值等於54.882，p=.000<.05，表示不同婚姻狀態的成人在生活滿意度的知覺上有顯著差異。

(二)學歷背景虛擬變項對生活滿意度之迴歸分析

Variables Entered/Removed(b)

Model	Variables Entered	Variables Removed	Method
1	edu2, edu1(a)		Enter
a All requested variables entered.			
b Dependent Variable: life			

　　上表為以學歷背景虛擬變項為預測變項所呈現的迴歸分析訊息，其中自變項進入迴歸模式之順序為 edu2、edu1，依變項為 life（生活滿意度）。

Model Summary

Model	R	R Square	Adjusted R Square	Std. Error of the Estimate
1	.833(a)	.694	.677	1.284
a Predictors: (Constant), edu2, edu1				

　　上表為迴歸模式的摘要表，二個自變項 edu2、edu1 與依變項 life 的多元相關係數為.833，決定係數（R Square）為.694，調整後的R平方為.677、誤差均方和的估計標準誤為1.284。二個代表組別之虛擬變項可解釋依變項總異量的 69.4%。

ANOVA(b)

Model		Sum of Squares	Df	Mean Square	F	Sig.
1	Regression	138.002	2	69.001	41.872	.000(a)
	Residual	60.973	37	1.648		
	Total	198.975	39			
a Predictors: (Constant), edu2, edu1						
b Dependent Variable: life						

上表為整體迴歸模式解釋力顯著性的檢定，整體迴歸效果檢定的 F 值等於 41.872，p=.000<.05，達顯著水準，表示多元相關係數不等於 0，以二個虛擬變項可以有效預測成人的生活滿意度，亦即，因成人的學歷背景不同，其知覺的生活滿意度有顯著的不同。整體迴歸效果檢定之變異數分析與進行單因子變異數分析所得到的結果完全相同。其中迴歸（SS_{reg}）的均方和等於單因子變異數分析之組間（$SS_{between}$）均方和（=138.002）；而殘差（SS_{res}）的均方和等於單因子變異數分析之組內（SS_{within}）均方和（60.973）。決定係數＝SS_{reg}÷SS_{total} ＝ 138.002÷198.975=.694。

Coefficients(a)

Model		Unstandardized Coefficients		Standardized Coefficients	t	Sig.
		B	Std. Error	Beta		
1	(Constant)	3.786	.343		11.034	.000
	Edu1	4.368	.494	.917	8.835	.000
	Edu2	3.137	.494	.659	6.345	.000
a Dependent Variable: life						

上表為迴歸模式中各參數的檢定結果。其中常數項為 3.786。因為是以學歷背景水準數 3（高中職以下）為參照組，所以常數項就代表這一組的平均數。而 edu1 的迴歸係數為 4.368，表示其與參照組比較結果，平均數高出 4.368，因而 edu1 的平均數等於 3.786+4.368=8.154，此即為水準 1（研究所以上）組在生活滿意度的平均數；相同的，自變項 edu2 的平均數等於 3.786+3.137=6.923，此為水準 2（專科大學）組在生活滿意度的平均數。三組的平均數與單因子變異數分析中之描述統計量之平均數相同（在ANOVA中的描述統計量呈現三組的平均數，分別為 8.15、6.92、3.79）。

迴歸係數中 B 值是參照組與其餘二組在生活滿意度平均數的差值，此差異值是否顯著，等於進行二次獨立樣本t檢定，因而從t值的顯著性中，可以看出參照組（高中職以下）與 edu1 組（研究所以上）、edu2 組（專科大學）在生活滿意度平均數的差異值是否達到顯著。上表中的二個t值分別為 8.835、6.345，均達.05 的顯著水準，Beta值均為正，可見與高中職以下組相較之下，研究所以上組成人的生活滿意度顯著較高（Beta=.917）；與高中職以下組相較之下，專科大學組成人的生活滿意度也顯著較高（Beta=.659）。

㈣婚姻狀態虛擬變項對生活滿意度之迴歸分析

Variables Entered/Removed(b)

Model	Variables Entered	Variables Removed	Method
1	mar3, mar2, mar1(a)	.	Enter
a All requested variables entered.			
b Dependent Variable: life			

上表為以婚姻狀態虛擬變項為預測變項所呈現的迴歸分析訊息，其中自變項進入迴歸模式之順序為mar3、mar2、mar1，依變項為life（生活滿意度）。

Model Summary

Model	R	R Square	Adjusted R Square	Std. Error of the Estimate
1	.906(a)	.821	.806	.996
a Predictors: (Constant), mar3, mar2, mar1				

上表為迴歸模式的摘要表，三個自變項 mar1、mar2、mar3 與依變項 life 的多元相關係數為.906，決定係數（R Square）為.821，調整後的 R 平方為.806、誤差均方和的估計標準誤為 0.996。三個代表組別之虛擬變項可解釋依變項總異量的 82.1%。

ANOVA(b)

Model		Sum of Squares	df	Mean Square	F	Sig.
1	Regression	163.275	3	54.425	54.882	.000(a)
	Residual	35.700	36	.992		
	Total	198.975	39			
a Predictors: (Constant), mar3, mar2, mar1						
b Dependent Variable: life						

上表為整體迴歸模式解釋力顯著性的檢定，整體迴歸效果檢定的 F 值等於 54.882，p=.000<.05，達顯著水準，表示多元相關係數不等於 0，以三個虛擬變項可以有效預測成人的生活滿意度，亦即，因成人的婚姻狀態不同，其知覺的生活滿意度有顯著的不同。整體迴歸效果檢定之變異數分析與進行單因子變異數分析所得到的結果完全相同（F=54.882）。其中迴歸（SS_{reg}）的均方和等於單因子變異數分析之組間（$SS_{between}$）均方和（=163.275）；而殘差（SS_{res}）

的均方和等於單因子變異數分析之組內（SS_{within}）均方和（=35.700）。決定係數＝ $SS_{reg} \div SS_{total}$ ＝ 163.275÷198.975=.821。

Coefficients(a)

Model		Unstandardized Coefficients		Standardized Coefficients	T	Sig.
		B	Std. Error	Beta		
1	(Constant)	3.100	.315		9.844	.000
	mar1	5.100	.445	.990	11.452	.000
	mar2	4.700	.445	.912	10.554	.000
	mar3	2.700	.445	.524	6.063	.000
a Dependent Variable: life						

上表爲迴歸模式中各參數的檢定結果。其中常數項爲 3.100。因爲是以婚姻狀態水準數 4（喪偶組）爲參照組，所以常數項就代表這一組的平均數。而 mar1 的迴歸係數爲 5.100，表示其與參照組比較結果，平均數高出 5.100，因而 mar1 的平均數等於 3.100+5.100=8.200，此即爲水準 1（已婚組）在生活滿意度的平均數；水準 2（未婚組）在生活滿意度的平均數等於 3.100+4.700=7.800；水準 3（離異組）在生活滿意度的平均數等於 3.100+2.700=5.800。四組的平均數與單因子變異數分析中之描述統計量之平均數相同（在 ANOVA 分析中，描述性統計量呈現四組的平均數分別爲 8.20、7.80、5.80、3.10）。

迴歸係數中 B 值是參照組與其餘三組在生活滿意度平均數的差值，此差異值是否顯著，等於進行三次獨立樣本 t 檢定。從迴歸係數中可以發現：已婚組與喪偶組的對比中，在生活滿意度知覺的差異最爲顯著，Beta=.990（t=11.452，p=.000），由於迴歸係數爲正，表示已婚組在生活滿意度的知覺較高（已婚組－喪偶組的 t 檢定值爲正，表示前者的平均數較高；相對的，如果 Beta 值爲負，即 t 檢定值爲負，表示後者的平均數較高）；未婚組與喪偶組的對比中，在生活滿意度知覺的差異達也達到顯著，Beta=.912（t=10.554，p=.000），由於迴歸係數爲正，表示與喪偶組相較之下，未婚組在生活滿意度的知覺較高；而離異組與喪偶組的對比中，在生活滿意度知覺的差異亦達顯著，Beta=.524（t=6.063，p=.000），由於迴歸係數爲正，表示與喪偶組相較之下，離異組的生活滿意度之知覺較高。這三個虛擬變項均可解釋生活滿意度變項。

㈤學歷背景及婚姻狀態虛擬變項對生活滿意度之迴歸分析

Model Summary

Model	R	R Square	Adjusted R Square	Std. Error of the Estimate
1	.908(a)	.824	.799	1.014
a Predictors: (Constant), mar3, mar2, edu1, edu2, mar1				

上表中的迴歸模式如同時考量五個虛擬變項：edu1、edu2、mar1、mar2、mar3，則可以發現 edu1、edu2 二個虛擬變項的影響就不顯著，因為 mar1、mar2、mar3 三個虛擬變項可以解釋成年生活滿意度 82.1%的變異量；而再選入 edu1、edu2 二個虛擬變項，解釋變異量變成 82.4%，只增加 0.3%的解釋變異量。

Coefficients(a)

Model		Unstandardized Coefficients		Standardized Coefficients	t	Sig.
		B	Std. Error	Beta		
1	(Constant)	3.100	.321		9.672	.000
	edu1	.786	.958	.165	.820	.418
	edu2	.500	.654	.105	.764	.450
	mar1	4.314	1.060	.838	4.072	.000
	mar2	4.114	.823	.799	4.998	.000
	mar3	2.400	.600	.466	4.002	.000
a Dependent Variable: life						

上表中的迴歸模式如同時考量五個虛擬變項：edu1、edu2、mar1、mar2、mar3，則可以發現，在 edu1、edu2 二個虛擬變項對生活滿意度具有顯著預測力，但同時納入 mar1、mar2、mar3 三個虛擬變項於迴歸模式中，則 edu1、edu2 二個虛擬變項的預測力降低很多，均未達到顯著水準。在五個虛擬變項中，婚姻狀態中，已婚與喪偶的對比、未婚與喪偶的對比、離異與喪偶的對比，均對生活滿意度有顯著預測力。

11-5 綜合練習——同時投入連續及虛擬變項

一、【問題研究】

某成人教育學者在成人生活滿意度調查研究中，想探究成人的薪資所得（income）、身體健康（health）、社會參與度（social）、家庭幸福感（bless）等四個變項對成人生活滿意度（sati）是否有顯著的預測力，乃隨機抽取 100 位成人樣本，搜集上述五種資料；此外，此學者根據經驗法則及相關成人教育文獻認為成人的學歷背景（edu）（分為三為水準 1 表示高中職以下組、2 表示大學專科組、3 表示研究所以上組）對成人的生活滿意度也有會顯著影響，因而乃將學歷背景類別變項納入迴歸分析之預測變項中，請問此統計分析程序及結果如何解釋？

二、統計分析程序

在學歷類別變項中，研究者想以水準 2（大學專科組為參照組），因而須建立二個虛擬變項 edu1（高中職以下組與大學專科組對比）、edu2（研究所以上組與大學專科組對比。

(一)從 edu 變項中建構二個虛擬變項

Transform（轉換）→Compute（計算）→在左邊「Target Variable」（目標變數）下的方格內鍵入 edu1，在右邊「Numeric Expression」（數值運算式）下的方格內鍵入 edu=1（變數註解為『高中職－大學專科』）→按『OK』鈕。

Transform（轉換）→Compute（計算）→在左邊「Target Variable」（目標變數）下的方格內鍵入 edu2，在右邊「Numeric Expression」（數值運算式）下的方格內鍵入 edu=3（變數註解為『研究所－大學專科』）→按『OK』鈕。

（二）求變項間的積差相關

> 分析（Analyze）→相關（Correlate）→雙變數（Bivariate），求五個變數「薪資所得[income]」、「家庭幸福感[bless]」、「社會參與[social]」、「身體健康[health]」、「生活滿意度[sati]」間之相關。

（三）進行迴歸分析

1. 將所有變項投於迴歸模式中（Enter 法）

> 分析（Analyze）→迴歸（Regression）→線性（Linear），出現「線性迴歸」（Linear Regression）對話視窗
>
> →將依變項「生活滿意度[sati]」選入右邊「依變數」（Dependent）下的方格中；將自變項「薪資所得[income]」、「身體健康[health]」、「社會參與度[social]」、「家庭幸福感[bless]」、虛擬變項「研究所－大學專科[edu2]」、「高中職－大學專科[edu1]」選入右邊「自變數」（Independent(s)）下的方格中
>
> →在中間「方法」（Method）選項右邊的下拉式選單中點選「強迫進入變數法」（Enter）法。
>
> →按『統計圖』（Plots）鈕，出現「線性迴歸:圖形」（Linear Regression: Plots）次對話視窗，在下方「標準化殘差圖」（Standardized Residual Plots）對話盒中勾選「直方圖」（Histogram）、「常態機率圖」（Normal probability plot）→按『Continue』鈕，回到「線性迴歸」（Linear Regression）對話視窗→按『OK』鈕。

2. 採用逐步多元迴歸分析

> 分析（Analyze）→迴歸（Regression）→線性（Linear），出現「線性迴歸」（Linear Regression）對話視窗
>
> →將依變項「生活滿意度[sati]」選入右邊「依變數」（Dependent）下的方格中；將自變項「薪資所得[income]」、「身體健康[health]」、「社會參與度[social]」、「家庭幸福感[bless]」、虛擬變項「研究所－大學專科[edu2]」、「高中職－大學專科[edu1]」選入右邊「自變數」（Independent(s)）下的方格中

→在中間「方法」（Method）選項右邊的下拉式選單中點選「逐步迴歸分析法」（Stepwise）法

→按『統計量』（Statistics）鈕，出現「線性迴歸：統計量」（Linear Regression: Statistics）次對話視窗，勾選「估計值」（Estimates）、「模式適合度」（Model fit）、「R平方改變量」（R squared change）

→按『Continue』鈕，回到「線性迴歸」（Linear Regression）對話視窗→按『OK』鈕

三、報表分析

㈠積差相關

相關

		薪資所得	家庭幸福感	社會參與	身體健康	生活滿意度
薪資所得	Pearson 相關	1.000	.370(**)	.173	.532(**)	.534(**)
	顯著性（雙尾）	.	.000	.086	.000	.000
	個數	100	100	100	100	100
家庭幸福感	Pearson 相關	.370(**)	1.000	.454(**)	.457(**)	.716(**)
	顯著性（雙尾）	.000	.	.000	.000	.000
	個數	100	100	100	100	100
社會參與	Pearson 相關	.173	.454(**)	1.000	.198(*)	.428(*)
	顯著性（雙尾）	.086	.000	.	.048	.000
	個數	100	100	100	100	100
身體健康	Pearson 相關	.532(**)	.457(**)	.198(**)	1.000	.551(**)
	顯著性（雙尾）	.000	.000	.048	.	.000
	個數	100	100	100	100	100
生活滿意度	Pearson 相關	.534(**)	.716(**)	.428(**)	.551(**)	1.000
	顯著性（雙尾）	.000	.000	.000	.000	.
	個數	100	100	100	100	100
** 在顯著水準為 0.01 時（雙尾），相關顯著。						
* 在顯著水準為 0.05 時（雙尾），相關顯著。						

　　上表為薪資所得、家庭幸福感、社會參與、身體健康與生活滿意度變項間之相關矩陣，除薪資所得與社會參與二個變數間的相關未達顯著外（r=.173，p=.086>.05），其餘變數間之相關均達顯著，其中薪資所得、家庭幸福感、社會參與、身體健康四個預測變項間的相關為中低度相關，四個變數與生活滿意度變數間之相關係數在.428～.716間，均為中度相關。

(二) Enter 法之報表

模式摘要（b）

模式	R	R 平方	調過後的 R 平方	估計的標準誤
1	.860(a)	.740	.723	10.1725

a 預測變數：（常數），高中職－大學專科, 薪資所得, 研究所－大學專科, 社會參與, 身體健康, 家庭幸福感

b 依變數\：生活滿意度

　　四個連續變項及二個虛擬變項等六個預測變項與生活滿意度的多元相關係數為.860、R^2 值等於.740，表示薪資所得、社會參與、身體健康、家庭幸福感、研究所－大學專科對比組、高中職－大學專科對比組六個變項可以解釋生活滿意度共 74.0%的變異量，六個預測變項不能解釋的部分為 26.0%。

變異數分析（b）

模式		平方和	自由度	平均平方和	F 檢定	顯著性
1	迴歸	27371.376	6	4561.896	44.085	.000(a)
	殘差	9623.664	93	103.480		
	總和	36995.040	99			

a 預測變數：（常數），高中職－大學專科, 薪資所得, 研究所－大學專科, 社會參與, 身體健康, 家庭幸福感

b 依變數\：生活滿意度

　　變異數分析摘要表中，df（6,93）的分配之F值等於 44.085，p=.000<.05，達到顯著水準，表示多元相關係數顯著，即上述六個預測變項可以聯合解釋生活滿意度效標變項，其聯合解釋變異量達 74.0%。

係數（a）

模式		未標準化係數		標準化係數	T	顯著性
		B 之估計值	標準誤	Beta 分配		
1	（常數）	-16.415	4.840		-3.392	.001
	薪資所得	.405	.095	.284	4.269	.000
	身體健康	.181	.101	.120	1.797	.076
	社會參與	2.261E-02	.102	.014	.221	.826
	家庭幸福感	.934	.153	.419	6.117	.000
	高中職－大學專科	-6.393	2.566	-.159	-2.492	.014
	研究所－大學專科	11.398	3.126	.272	3.646	.000

a 依變數\：生活滿意度

上表為迴歸模式之 B 值及 Beta 值，在迴歸模式 Beta 係數值達顯著的變數有薪資所得、家庭幸福感變項、研究所－大學專科對比組、高中職－大學專科對比組，對生活滿意度 74.0% 的變異量中主要由薪資所得、家庭幸福感、研究所－大學專科對比組、高中職－大學專科對比組等變數所解釋，身體健康與社會參與二個變數所能解釋的變異量不大。

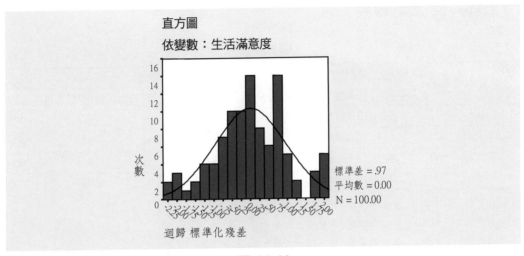

圖 11-19

上圖為標準化殘差值的次數分配之直方圖（histogram），由於有抽樣誤差（sampling error）存在，因而實際觀察次數之直方圖與理論之常態分配曲線有些差距存在，不過從抽取之樣本觀察值仍可看出樣本之標準化殘差圖與常態分配之鐘形曲線差距大不。觀察值是否違反常態性之假設，可再輔以下述殘差值常態機率分布圖來判斷。

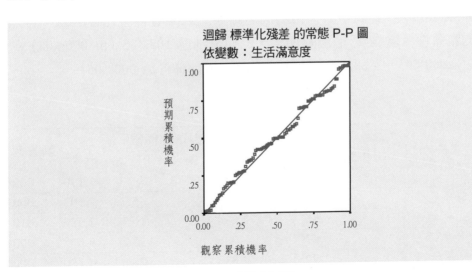

圖 11-20

上圖爲迴歸標準化殘差的常態 P-P 圖（Normal P-P Plot of Regression Standard），即樣本殘差值的常態機率分布圖（normal probability plot），因樣本觀察累積機率圖（observed cum prob）分布大約符合預期累積機率圖（expected cum prob），圖大約呈一條左下至右上的四十五度斜直線，因而樣本觀察值大致符合常態性之假設。

(二) Stepwise 法之報表

模式摘要

模式	R	R平方	調過後的 R平方	估計的 標準誤	變更統計量				
					R平方改變量	F改變	分子自由度	分母自由度	顯著性 F改變
1	.716(a)	.513	.508	13.5537	.513	103.385	1	98	.000
2	.788(b)	.621	.613	12.0223	.108	27.556	1	97	.000
3	.825(c)	.681	.671	11.0828	.060	18.143	1	96	.000
4	.855(d)	.731	.719	10.2391	.050	17.472	1	95	.000

a 預測變數：（常數），家庭幸福感
b 預測變數：（常數），家庭幸福感, 高中職－大學專科
c 預測變數：（常數），家庭幸福感, 高中職－大學專科, 薪資所得
d 預測變數：（常數），家庭幸福感, 高中職－大學專科, 薪資所得, 研究所－大學專科

上表爲逐步多元迴歸分析模式摘要表，六個投入變數中，具有顯著預測力的變項有家庭幸福感、高中職－大學專科對比組、薪資所得、研究所－大學專科對比組，其多元相關係數爲.855、R^2 值等於.731，上述四個進入迴歸方程式的變項共可解釋生活滿意度變數 73.1%的變異量，不能解釋的部分爲 26.9%。

變異數分析中（此表略），爲四個迴歸模式之顯著性整體性考驗，各迴歸模式的整體性考驗之 F 值均達顯著，F 值分別爲 103.385（p=.000<.05）、79.478（p=.000<.05）、68.697（p=.000<.05）、64.468（p=.000<.05）。

係數（a）

模式		未標準化係數		標準化係數	T	顯著性
		B 之估計值	標準誤	Beta 分配		
4	（常數）	-13.980	4.383		-3.190	.002
	家庭幸福感	1.015	.143	.455	7.102	.000
	高中職－大學專科	-6.657	2.534	-.165	-2.627	.010
	薪資所得	.479	.086	.336	5.577	.000
	研究所－大學專科	11.925	2.853	.284	4.180	.000

a 依變數\：生活滿意度

上表爲逐步多元迴歸的模式係數估計，包括未標準化的迴歸係數（B）及標準化的迴歸係數（Beta）。

四、結果說明

將以上迴歸分析結果整理成如下表：

進入的變項順序	多元相關係數 R	R^2 決定係數	△R 增加 R^2	淨 F 值	模式 F 值	B 估計值	Beta
截距						-13.980	
1. 家庭幸福感	.716(a)	.513	.513	103.385	103.385	1.015	.455
2. 高中職－大學專科對比組	.788(b)	.621	.108	27.556	79.478	-6.657	-.165
3. 薪資所得	.825(c)	.681	.060	18.143	68.397	.479	.336
4. 研究所－大學專科對比組	.855(d)	.731	.050	17.472	64.468	11.925	.284
備註：六個預測變數與依變項的多元相關＝.860、R^2＝.740							

從上述迴歸分析的報表中可以得知：

1. 薪資所得、社會參與、身體健康、家庭幸福感、研究所－大學專科對比組、高中職－大學專科對比組六個變項與生活滿意度的多元相關係數爲.860，表示上述六個變項可以解釋生活滿意度共 74.0%的變異量，此解釋變異主要由薪資所得、家庭幸福感、研究所－大學專科對比組、高中職－大學專科對比組四個變項所造成，四個變項與生活滿意度的多元相關係數爲.855、四個變數可以解釋生活滿意度 73.1%的變異量。

2. 進入迴歸模式的四個預測變項中以家庭幸福感變項對生活滿意度的個別解釋變異量最大，達 51.3%，其次依序爲高中職－大學專科對比組、薪資所得、研究所－大學專科對比組，其單獨解釋變異量分別爲 10.8%、6.0%、5.0%。

3. 從標準化迴歸係數來看，家庭幸福感、薪資所得變項對生活滿意度的 Beta 值分別爲.455、.336，均爲正值，表示成人知覺的家庭幸福感愈高、薪資所得愈多者，其生活滿意度愈高；高中職－大學專科對比組對生活滿意度的 Beta 值爲-.165，其值爲負，表示與大學專科學歷背景相較之下，高中職以下的成人其知覺的生活滿意度較低；研究所－大

學專科對比組對生活滿意度的 Beta 值為.284，其值為正，表示與大學專科學歷背景相較之下，研究所以上的成人其知覺的生活滿意度較高。

11-6 徑路分析

「徑路分析」（path analysis）又稱「結構方程式模式」（structure equation models）或「同時方程式考驗模式」（simultaneous equation models），因為它同時讓所有的預測變項進入迴歸模式之中。徑路分析中研究者不僅關注變數間的相關，更關注變數間的因果關係。在徑路分析中，以雙向箭號表示二個變數間的相關，此種相關是沒有因果關係的，以單向箭號表示因果關係，箭號的起始變數為自變數（因）、箭號所指的方向為依變數（果），自變數又稱外衍變項（exogenous variable），依變數又稱為內衍變項（endogenous variable）。

徑路分析中兩個變數間的徑路係數為「標準化迴歸係數」，其間的效果稱為「直接效果」（direct effect），如果自變數經由中介變項（mediated variable）而對依變數產生影響，則稱為「間接效果」（indirect effect），直接效果值加上間接效果值則稱為「總效果值」。在徑路分析中自變項對依變項可以解釋的變異量稱為決定係數（R^2），而依變項變異量中無法被自變項解釋的部分稱為殘差的解釋量（$1 - R^2$），殘差的係數稱為「疏離係數」（coefficient of alienation），其值等於 $\sqrt{1-R^2}$。

一、【問題研究】

> 某成人教育學者根據相關理論文獻與經驗法則，提出影響成人生活滿意度的因果路徑模式，因果路徑模式圖如下所列：請問是否所有直接的因果路徑都顯著？各自變數對依變數的直接效果、間接效果與總效果值各是多少？

圖 11-21 中 a、b、c、d、e 為徑路係數值（為多元迴歸中的 Beta 值）。薪資所得對生活滿意度變數的直接效果為 a、薪資所得變數透過家庭幸福感中介變項對生活滿意度變數影響的間接效果為 b×c，薪資所得變項對生活滿意變數的總效果為 a ＋(b×c)。身體健康變項對生活滿意度變數的直接效果為 e、身體健康變數透過家庭幸福感中變項對生活滿意度變數影響的間接效果為 d×c，身體健康變項對生活滿意變數的總效果為 e ＋(d×c)。家庭幸福感變項對生活滿意度變數影響的直接效果為 c。

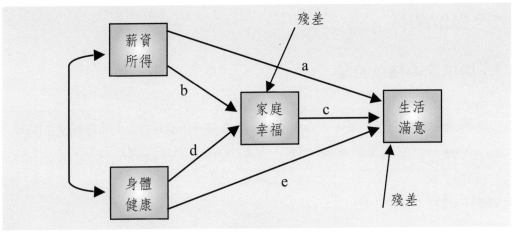

圖 11-21

上述因果模式圖中要進行二個複迴歸分析：

1. 第一個複迴歸分析：自變項（預測變項）為薪資所得、身體健康狀態知覺變項；依變項（效標變項）為家庭幸福感。

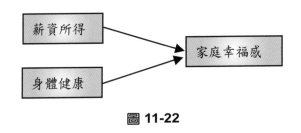

圖 11-22

2. 第二個複迴歸分析：自變項（預測變項）為薪資所得、身體健康狀態知覺、家庭幸福感變項；依變項（效標變項）為生活滿意度變項。

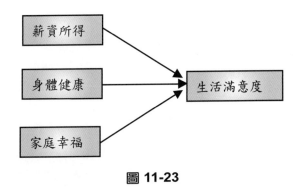

圖 11-23

二、操作程序

㈠求變項間的積差相關

分析→相關→雙變數,求四個變數「薪資所得[income]」、「身體健康[health]」、「家庭幸福感[bless]」、「生活滿意度[sati]」間之相關。

㈡第一個複迴歸分析

Analyze(分析)→Regression(迴歸)→Linear(線性),出現「線性迴歸」對話視窗→將依變項「家庭幸福感[bless]」選入右邊「Dependent」(依變數)下的方格中,將自變項「薪資所得[income]」、「身體健康[health]」選入右邊「Independent(s)」(自變數)下的方格中→在方法「Method」中點選內定之「Enter」(強迫進入變數)法→按『OK』鈕

㈢第二個複迴歸分析

Analyze(分析)→Regression(迴歸)→Linear(線性),出現「線性迴歸」對話視窗→將依變項「生活滿意度[sati]」選入右邊「Dependent」(依變數)下的方格中,將自變項「薪資所得[income]」、「身體健康[health]」、「家庭幸福感[bless]」選入右邊「Independent(s)」(自變數)下的方格中→在方法「Method」中點選內定之「Enter」(強迫進入變數)法→按『OK』鈕

三、報表解析

㈠相關分析

相關

		薪資所得	家庭幸福感	身體健康	生活滿意度
薪資所得	Pearson 相關	1.000	.370(**)	.532(**)	.534(**)
	顯著性(雙尾)	.	.000	.000	.000
	個數	100	100	100	100
** 在顯著水準為 0.01 時(雙尾),相關顯著。					

上表爲二個外衍變數、一個中介變數、一個內衍變數間的積差相關（只呈現外衍變數間相關的數據）。兩個外衍變數（薪資所得與身體健康狀態知覺）間的相關係數爲.532，p=.000<.05，達到顯著水準，決定係數爲.2830，彼此的解釋變異量爲 28.30%，有效觀察值爲 100 位。

（二）第一個複迴歸分析

模式摘要

模式	R	R 平方	調過後的 R 平方	估計的標準誤
1	.481(a)	.231	.216	7.6715
a 預測變數：（常數），身體健康,薪資所得				

上表爲第一個複迴歸的迴歸分析模式摘要表，自變數爲身體健康、薪資所得二個變數；依變數爲家庭幸福感變數。迴歸分析的 R^2 等於.231，表示依變項可以被二個自變數解釋的變異量爲 23.1%，無法解釋的變異量爲 76.9%，「疏離係數」爲 $\sqrt{1-R^2}=\sqrt{1-.231}=\sqrt{.769}=.877$。

係數（a）

模式		未標準化係數		標準化係數	t	顯著性
		B 之估計值	標準誤	Beta 分配		
1	（常數）	9.070	2.940		3.085	.003
	薪資所得	.113	.067	.176	1.679	.096
	身體健康	.246	.071	.364	3.460	.001
a 依變數\：家庭幸福感						

上表爲第一個複迴歸分析中的係數值，其中標準化迴歸係數（Beta 值）爲徑路係數值。薪資所得變項對家庭幸福感變數的影響係數爲.176，p=.096>.05，未達顯著水準；身體健康變項對家庭幸福感變數的影響係數爲.364，p=.001<.05，達到顯著水準。

（三）第二個複迴歸分析

模式摘要

模式	R	R 平方	調過後的 R 平方	估計的標準誤
1	.785(a)	.616	.604	12.1585
a 預測變數：（常數），家庭幸福感,薪資所得,身體健康				

　　上表為第二個複迴歸的迴歸分析模式摘要表，自變數為身體健康、薪資所得、家庭幸福感三個變數；依變數為生活滿意度變數。迴歸分析的 R^2 等於.616，表示依變項可以被三個自變數解釋的變異量為 61.6%，無法解釋的變異量為 38.4%，「疏離係數」為 $\sqrt{1-R^2}=\sqrt{1-.616}=\sqrt{.384}=.620$。

係數（a）

模式	未標準化係數		標準化係數	t	顯著性
	B 之估計值	標準誤	Beta 分配		
（常數）	-21.506	4.883		-4.405	.000
薪資所得	.341	.108	.239	3.152	.002
身體健康	.262	.119	.174	2.194	.031
家庭幸福感	1.225	.161	.549	7.612	.000

a 依變數\：生活滿意度

　　上表為第二個複迴歸分析中的係數值，其中標準化迴歸係數（Beta 值）為徑路係數值。薪資所得、身體健康、家庭幸福感三個變項對生活滿意度變數的影響係數分別為.239（p=.002）、.174（p=.031）、.549（p=.000），均達到顯著水準，其中以家庭幸福感變數對生活滿意度變數的影響最大。

四、結果說明

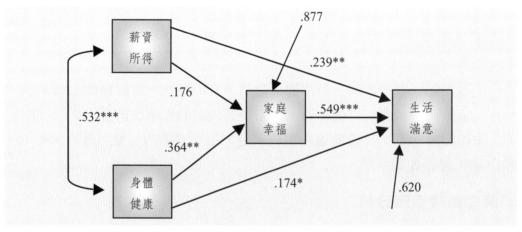

圖 11-24

　　分析後的徑路圖及徑路係數如上圖所列，除了薪資所得變數對家庭幸福感變數的直接影響效果不顯著外（Beta=.176，n.s.），其餘的直接效果均達顯著水準。

1. 薪資所得對於生活滿意度的直接效果顯著，徑路係數為.239（p<.01），但透過家庭幸福感中介變數影響到生活滿意度的間接效果不顯著。

2. 身體健康對於生活滿意度的直接效果顯著，徑路係數為.174（p<.05），透過家庭幸福感中介變數影響到生活滿意度的間接效果也顯著，身體健康變數對家庭幸福感的直接效果為.364（p<.01）、家庭幸福感變數對生活滿意度的直接效果為.549（p<.001），身體健康透過家庭幸福感中介變數影響到生活滿意度的間接效果值等於.364×.549=0.200，因而身體健康變數對生活滿意度變數影響的總效果值等於.174+.200=.374。

3. 薪資所得與身體健康二個外衍變數的積差相關為.532（p=.000<.05），達到顯著水準，表示二者有正向的關係存在。

11-7 學習經驗問卷實例分析

一、【問題研究】

> **研究模式圖是否可以得到支持？**

　　本研究假設數學焦慮變因會影響學生數學投入動機、數學態度與數學成就；而數學投入動機會影響學生數學態度與數學成就，而數學態度變項會直接影響學生數學成就。

　　數學焦慮[anx]為壓力懼怕、情緒擔憂、課堂焦慮與考試焦慮四個層面的總分。

　　數學態度[att]為數學學習信心、有用性、成功態度與探究動機四個層面的總分。

　　數學投入動機[inv]為數學工作投入與數學自我投入二個層面的總和。

　　數學成就[mch]為學生在標準化數學測驗上之得分。研究分析徑路圖如下所示：

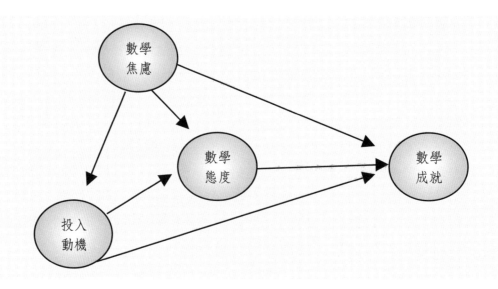

圖 11-25

變項間因果關係影響路徑共有六條：

1. 數學焦慮變項對數學成就的影響路徑有四條：一為數學焦慮直接影響數學成就，此為直接效果；二為以數學態度為中介變項，而影響數學成就，此為間接效果；三為數學焦慮影響數學投入動機，次而影響數學態度，進而再影響學生數學成就，此條路徑為間接效果；四為數學焦慮影響數學投入動機，再影響數學成就，此條路徑為間接效果。
2. 數學投入動機變項對數學成就的影響路徑有二條：一為投入動機直接影響數學成就，此為直接效果；二為以數學態度為中介變項，而影響數學成就，此條路徑為間接效果。
3. 數學態度變項直接影響學生的數學成就，此為直接效果。

此一研究徑路圖，要進行三個複迴歸方析：

1. 第一個複迴歸：效標變項為數學成就，預測變項為數學焦慮、數學態度、數學投入動機。
2. 第二個複迴歸：效標變項為數學態度，預測變項為數學焦慮、數學投入動機。
3. 第三個複迴歸：效標變項為數學投入動機，預測變項為數學焦慮。

二、操作程序

㈠複迴歸分析一

【操作 1】

【Analyze】→【Regression】→【Linear...】

【操作 2】

將左邊變項清單之「數學成就[mch]」選入右邊「Dependent:」（依變項或稱效標變項）下的方盒中。

將左邊變項清單之「數學焦慮[anx]」、「數學態度[att]」、「數學投入動機[inv]」三個預測變項選入右邊「Independent:」（自變數）下的空盒內。

在「Method:」右邊下拉式選項中選取「Enter」（強迫進入變數法）：

「Method:｜Enter｜」→按『OK』（確定）鈕。

㈡複迴歸分析二

【操作 3】

【Analyze】/【Regression】/【Linear...】，出現「Linear Regression」（線性迴歸）對話視窗。

【操作 4】

將迴歸模式一選取的變項還原，按『重設』（Reset）鈕。

將左邊變項清單之「數學態度[att]」選入右邊「Dependent:」（依變數）下的方盒中。

將左邊變項清單之「數學焦慮[anx]」、「數學投入動機[inv]」二個預測變項選入右邊「Independent:」（自變數）下的空盒內。

在「Method:」（方法）右邊下拉式選項中選取「Enter」（強迫輸入法）：

「Method:｜Enter｜」→按『OK』鈕。

(二)複迴歸分析三

【操作5】

【Analyze】/【Regression】/【Linear...】，出現「Linear Regression」對話視窗。

【操作6】

將迴歸模式二選取的變項還原，按『重設』（Reset）鈕。

將左邊變項清單之「數學投入動機[inv]」選入右邊「Dependent:」（依變數）下的方盒中。

將左邊變項清單之「數學焦慮[anx]」預測變項選入右邊「Independent:」（自變數）下的空盒內。

在「Method:」（分法）右邊下拉式選項中選取「Enter」（強迫輸入法）：

「Method: Enter 」→按『OK』鈕。

三、報表說明

(一)複迴歸分析一

Model Summary（模式分析摘要表一）

Model	R	R Square	Adjusted R Square	Std. Error of the Estimate	Change Statistics		
					R Square Change	F Change	Sig. F Change
1	.417(a)	.174	.166	9.67	.174	20.776	.000
A Predictors: (Constant)，數學投入，數學焦慮，數學態度							

【說明】決定係數為.174；殘差係數為 $\sqrt{1-0.174}=.909$。

Coefficients(a)

Model		Unstandardized Coefficients 未標準化的迴歸係數		Standardized Coefficients 標準化迴歸係數	T值	Sig. 顯著性考驗
		B	Std. Error	Beta		
1	（常數）	2.339	5.602		.418	.677
	數學焦慮	-9.958E-03	.028	-.022	-.360	.719
	數學態度	.268	.044	.443	6.147	.000
	數學投入	-.104	.088	-.076	-1.190	.235

a Dependent Variable: 數學成就

【說明】 徑路分析徑路圖之徑路係數爲標準化迴歸係數（Beta 值），以數學成就爲效標變項，數學焦慮、數學態度、數學投入動機爲預測變項，三個預測變項的標準化迴歸係數分別爲-.022、.443、-.076。

(二)複迴歸分析二

Model Summary（模式分析摘要表二）

Model	R	R Square	Adjusted R Square	Std. Error of the Estimate	Change Statistics				
					R Square Change	F Change	df1	df2	Sig. F Change
1	.680(a)	.463	.459	12.8575	.463	127.995	2	297	.000

a Predictors: (Constant)，數學投入，數學焦慮

【說明】 決定係數爲.463；殘差係數爲 $\sqrt{1-0.463}=.733$。

Coefficients(a)

Model		Unstandardized Coefficients		Standardized Coefficients	t	Sig.
		B	Std. Error	Beta		
1	（常數）	86.551	5.503		15.728	.000
	數學焦慮	-.291	.033	-.396	-8.889	.000
	數學投入	1.010	.101	.447	10.018	.000

a Dependent Variable: 數學態度

【說明】 以數學態度爲效標變項，數學焦慮、數學投入動機爲預測變項，二個預測變項的標準化迴歸係數分別爲-.396、.447。

(二)複迴歸分析三

Model Summary（模式分析摘要表三）

Model	R	R Square	Adjusted R Square	Std. Error of the Estimate	Change Statistics		
					R Square Change	F Change	Sig. F Change
1	.300(a)	.090	.087	7.3867	.090	29.560	.000

a Predictors: (Constant)，數學焦慮

【說明】 決定係數爲.09；殘差係數爲 $\sqrt{1-0.90}=.954$。

Coefficients(a)

Model		Unstandardized Coefficients		Standardized Coefficients	t	Sig.
		B	Std. Error	Beta		
1	（常數）	47.452	1.562		30.383	.000
	數學焦慮	-9.750E-02	.018	-.300	-5.437	.000
a Dependent Variable: 數學投入						

【說明】以數學投入動機爲效標變項，數學焦慮爲預測變項，此預測變項的標準化迴歸係數爲-.300。

四、結果說明

由圖 11-26 徑路圖徑路徑係數可以看出：在對學生數學成就影響的路徑中，有四條顯著路徑：一爲數學焦慮→數學態度→數學成就；二爲數學焦慮→數學投入動機→數學態度→數學成就；三爲數學投入動機→數學態度→數學成就；四爲數學態度→數學成就。對學生數學成就的影響中，數學態度變因可能是一個「中介變項」。

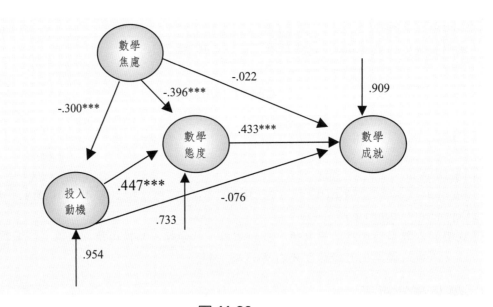

圖 11-26

其中數學投入動機對數學成就的影響，是經由數學態度變項，再間接影響數學成就，因而數學投入動機對數學成就的影響是「間接的」（indirect），其直接效果值並不顯著，間接效果值等於.447×.433=.194；而數學態度變項直接顯著影響到數學成就變項，這條影響路徑是「直接的」（direct），其直接

效果值等於.433。

此外，數學焦慮對數學成就的影響則分別透過數學投入動機、數學態度二個變項而影響到數學成就變項，對數學成就影響的二條路徑均是「間接效果」。數學焦慮對數學成就的直接效果也不顯著，數學焦慮變項透過數學態度變項對數學成就產生影響的間接效果值等於-.396×.433=-.171（負值表示影響為負向的）。

11-8 非線性相關與迴歸分析

如果二個連續變項間非呈直線相關，則不宜採用積差相關與線性迴歸分析。在一份組織員工之工作壓力與績效表現的調查研究中，研究者發現低度工作壓力的員工，其績效表現較差；而高度工作壓力的員工，其績效表現也欠佳，與前二者員工相較之下，中度工作壓力知覺的員工，其績效表現最好。此種關係並非是之前的線性關係，二個變項如呈線性關係，如為負相關，表示工作壓力愈大之員工，其績效表現愈差；工作壓力愈小的員工，其績效表現愈佳，但事實不然，工作壓力愈大或工作壓力愈小的員工，其績效表現均較差，此種非線性關係的變項，如直接採用積差相關與線性迴歸會獲致錯誤結果。

二次曲線模式表示自變項與依變項間的關係，呈現二次方程式的型態，此方程式可以下式表示：

$$Y = a + b_1X_1 + b_2X_2^2 ;$$

如果自變項與依變項的關係為直線關係，則其線性函數關係如下：

$$Y = a + bX$$

一、二個關項的積差相關

「分析」（Analyze）→「相關」（Correlate）→「雙變數」（Bivariate），出現「雙變數相關分析」（Bivariate Correlations）對話視窗，將「工作壓力[x]」、「績效表現[y]」二個變項移至右邊「變數」（Variables）下的方格中，相關係數方盒中勾選內定之「Pearson 相關係數」→按『確定』（OK）鈕。

執行積差相關程序結果如下：

Correlations

		工作壓力	績效表現
工作壓力	Pearson Correlation	1	.041
	Sig. (2-tailed)	.	.688
	N	100	100

　　由上表積差相關係數矩陣可以看出，組織員工工作壓力與其績效表現的相關係數等於.041，p=.688>.05，未達顯著水準，接受虛無假設，表示組織員工工作壓力與其績效表現間沒有顯著的相關存在。由此報表中，研究者可能會作出拒絕對立假設的結果，但由於研究者沒有查看二個變項是否為線性關係，如果工作壓力變項與績效表現間的關係未呈線性關係，則此結論可能有誤。

　　要審視組織員工工作壓力與績效表現間的觀察值的分布情況，可以藉用「散佈圖」的繪製來檢核。

　　「繪圖」（Graphs）→散佈圖（Scatter），出現「Scatterplot」對話視窗，點選「Simple」圖示→按『定義』（Define）鈕，開啟「Simple Scatterplot」次對話視窗，將「工作壓力[x]」變項選入右邊「X Axis」（X軸）下的方格中；將「績效表現[y]」變項選入右邊「Y Axis」（Y軸）下的方格中→按『確定』（OK）鈕。

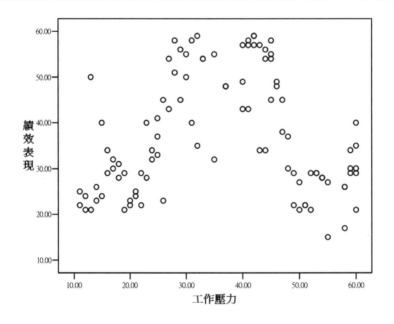

圖 11-27

上圖為以工作壓力為橫軸（X軸），以績效表現為縱軸（Y軸）所繪製的散佈圖，由此圖大致可以看出觀察值的分布情形大致成一個倒 U 型，工作壓力愈低的組織員工其績效表現愈低；工作壓力愈高的組織員工其績效表現也愈低；中間的觀察值表示中度工作壓力的員工，其組織績效表現反而較高。

二、二次曲線模式

由於組織員工的工作壓力與績效表現間非呈線性關係，因而在分析上可採二次曲線模式來分析，其操作程序如下：

> 「分析」（Analyze）→迴歸（Regression）→「曲線估計」（Curve Estimates...），出現「自動曲線估計」（Curve Estimate）對話視窗
> →將「工作壓力[x]」變項選入右邊「自變數」（Independent）下的方格中，將「績效表現[y]」變項選入右邊「依變數」（Dependent）下的方格中
> →在「模式」（Models）方盒中，勾選「線性」（Linear）、「二次曲線模式」（Quadratic）選項，勾選最下方「顯示 ANOVA 摘要表」（Display ANOVA table）→按『確定』鈕。

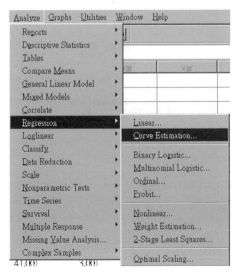

圖 11-28

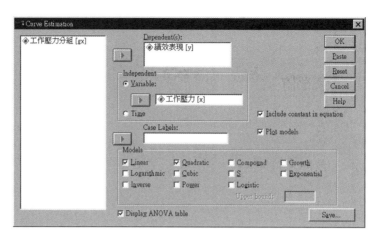

圖 **11-29**

在上述「自動曲線估計」（Curve Estimate）對話視窗，「模式」（Models）方盒中包括以下幾種：線性（Linear）、二次曲線模式（Quadratic）、複合模式（Compound）、成長模式（Growth）、對數模式（Logarithmic）、立體模式（Cubic）、S 方程式（S）、指數模式（Exponential）、倒數模式（Inverse）、冪次（Power）、Logistic 分配（Logistic）。對每一種模式而言，其統計量有：迴歸係數、複相關係數 R、R^2、調整過後的 、估計值的標準誤、變異數分析表、預測值、殘差和預測區等。

下面為執行曲線模式結果：

績效表現

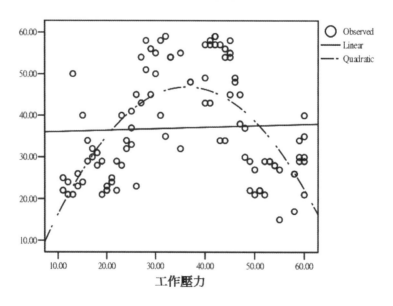

圖 **11-30**

上圖為工作壓力與績效表現之曲線關係圖，由此圖可以看出：樣本觀察值的分布狀況（○符號所示者）比較符合二次曲線模式，並不符合傳統之線性關係，因而不適合採線性迴歸或線性相關的統計分析模式。

```
Curve Fit
Dependent variable.. y                    Method.. LINEAR
Listwise Deletion of Missing Data
Multiple R                 .04069
R Square                   .00166
Adjusted R Square         -.00853
Standard Error          12.98404
            Analysis of Variance:
            DF   Sum of Squares      Mean Square
Regression    1        27.393         27.39327
Residuals    98     16521.357       168.58527
F =        .16249      Signif F = .6878
----------------------- Variables in the Equation -----------------------
Variable           B         SE B       Beta        T      Sig T
x            .035050      .086951    .040685     .403    .6878
(Constant) 35.785048    3.396072              10.537    .0000
```

上表為線性迴歸模式摘要表，工作壓力與組織績效的多元相關係數為.04069、決定係數等於.00166、迴歸模式未達顯著（F=.16249，p=.6878>.05），Beta 值（=.040685_也未達顯著。因而如果採用線性迴歸分析方法，研究者的結論為工作壓力對組織績效表現沒有顯著的預測力。

```
Dependent variable.. y                    Method.. QUADRATI
Listwise Deletion of Missing Data
Multiple R                 .65708
R Square                   .43176
Adjusted R Square          .42004
Standard Error           9.84607
            Analysis of Variance:
            DF   Sum of Squares      Mean Square
```

Regression	2	7145.0674	3572.5337
Residuals	97	9403.6826	96.9452

F = 36.85107 Signif F = .0000

----------------------- Variables in the Equation -----------------------

Variable	B	SE B	Beta	T	Sig T
x	3.190234	.374087	3.703180	8.528	.0000
x**2	-.043890	.005122	-3.720748	-8.569	.0000
(Constant)	-11.132064	6.050914		-1.840	.0689

上表為二次曲線迴歸模式圖，其多元相關係數為.65708、解釋變異量（R平方）為.43176，二次曲線迴歸模式的 F 值等於 36.85107，p=.000<.05，達到顯著水準。一次項的標準化迴歸係數（Beta）等於 3.703，檢定之 t 值=8.528，p=.000<.05，達到顯著水準；二次項的標準化迴歸係數（Beta）等於-3.721，檢定之 t 值=-8.569，p=.000<.05，達到顯著水準。工作壓力去預測績效表現的二次方程式如下：

$$未標準化迴歸方程式：Y（績效表現）= -11.132 + 3.190X_1 - .044X_2^2$$
$$標準化迴歸方程式：Y（績效表現）= 3.703X_1 - 3.721X_2^2$$

三、執行單因子變異數分析

由於工作壓力與績效表現並非是線性關係，進一步的分析可將工作壓力分組，以探討不同程度工作壓力之組織員工績效表現的差異。

(一)將工作壓力分成高、中、低三組

為使三組的人數差距不致太大，以工作壓力總分的前 30%為「高工作壓力組」、得分總分的後 30%為「低工作壓力組」，中間的 40%為「中工作壓力組」，進而變單因子變異數分析探討三組工作壓力組在績效表現的差異。

1. 先按工作壓力依總分排序

「資料」（Data）／「觀察值排序」（Sort Cases），右邊「排列順序」（Sort Order）選取「⊙遞增」（Ascending），將「工作壓力[x]」選入「依...排序」（Sort by:）下的方格中→按『確定』鈕。

因爲觀察值共有 100 位，第 30 位觀察值的得分爲 25 分，第 71 位（100-30+1=71，後面 30% 的觀察值）觀察值的得分爲 46 分。

2.依臨界值得分分組

依臨界值得分將工作壓力得分新增一個工作壓力分組變數（gx），46 分以上數值編碼爲 1、25 分以上數值編碼爲 3、26 分以上 45 分以下數值編碼爲 2。

Transform（轉換）

  Recode（重新編碼）

    Into Different Variables（成不同變數）

      將「工作壓力[x]」變項選入右邊「Numeric Variable->Output Variable」方格中

      在最右邊「Output Variable」方盒「Name」下輸入新分組變項「gx」

      按『Change』（變更）鈕

      按『Old and New Values...』（舊值與新值）鈕

        左邊 Old Value（舊值）方盒中

          選取第三個「Range」選項，方格內輸入 46（ 46 through highest）

        右邊 New Value（新值）方盒中

          選取「⊙Value」選項，右邊的方格輸入 1

        按『Add』（新增）鈕

        左邊 Old Value（舊值）方盒中

          選取第二個「Range」選項，方格內輸入 25（Lowest through 25 ）

        右邊 New Value（新值）方盒中

          選取「⊙Value」選項，右邊的方格輸入 3

        按『Add』（新增）鈕

        左邊 Old Value（舊值）方盒中

          選取第一個「Range」選項，through 前後二個方格分別輸入 26、45

          （ 26 through 45 ）

        右邊 New Value（新值）方盒中

          選取「⊙Value」選項，右邊的方格輸入 2

        按『Add』（新增）鈕

        按『Continue』（繼續）鈕。

按『OK』（確定）鈕。

(二)以工作壓力分組變項（gx）為自變項進行 ANOVA

以工作壓力分組變項（gx）為自變項，員工績效表現為依變項執行獨立樣單因子變異數分析：執行「分析」／「比較平均數法」／「單因子變異數分析」程序。

以下為執行單因子變異數分析結果：

Descriptives

績效表現

	N	Mean	Std. Deviation	Std. Error	95% Confidence Interval for Mean		Minimum	Maximum
					Lower Bound	Upper Bound		
高度工作壓力	31	29.4516	8.26171	1.48385	26.4212	32.4820	15.00	49.00
中度工作壓力	38	49.7895	9.06779	1.47099	46.8090	52.7700	23.00	59.00
低度工作壓力	31	29.0323	7.09217	1.27379	26.4308	31.6337	21.00	50.00
Total	100	37.0500	12.92900	1.29290	34.4846	39.6154	15.00	59.00

從上述描述統計量可以得知，高、中、低程度工作壓組的樣本，其績效表現的平均數分別為 29.4516、49.7895、29.0323，其中以知覺中度工作壓力組的樣本，其績效表現的平均數最高。

ANOVA

績效表現

	Sum of Squares	df	Mean Square	F	Sig.
Between Groups	9949.789	2	4974.895	73.127	.000
Within Groups	6598.961	97	68.031		
Total	16548.750	99			

上表為變異數分析摘要表，變異數分析之 F 值等於 73.127，p=.000<.05，達到顯著水準，表示三個組別在績效表現的平均數間至少有一對平均數差異值有顯著差異。其關聯強度等於.593（關聯強度可執行「分析」／「一般線性模式」／「單變量」程序求出），表示工作壓力分組可以解釋績效表現變異的 59.3%。

Multiple Comparisons

Dependent Variable: 績效表現　Tukey HSD

(I)工作壓力分組	(J)工作壓力分組	Mean Difference(I-J)	Std. Error	Sig.	95% Confidence Interval	
					Lower Bound	Upper Bound
高度工作壓力	中度工作壓力	-20.33789(*)	1.99620	.000	-25.0893	-15.5865
	低度工作壓力	.41935	2.09501	.978	-4.5672	5.4059
中度工作壓力	高度工作壓力	20.33789(*)	1.99620	.000	15.5865	25.0893
	低度工作壓力	20.75722(*)	1.99620	.000	16.0058	25.5086
低度工作壓力	高度工作壓力	-.41935	2.09501	.978	-5.4059	4.5672
	中度工作壓力	-20.75722(*)	1.99620	.000	-25.5086	-16.0058
* The mean difference is significant at the .05 level.						

上表為事後比較結果，從此表可以得知「中度工作壓力組」的員工其績效表現顯著的高於「高度工作壓力」組員工及「低度工作壓力」組員工。

Homogeneous Subsets

Tukey HSD

工作壓力分組	N	Subset for alpha = .05	
		1	2
低度工作壓力	31	29.0323	
高度工作壓力	31	29.4516	
中度工作壓力	38		49.7895
Sig.		.977	1.000

Means for groups in homogeneous subsets are displayed.

a Uses Harmonic Mean Sample Size = 33.028.

b The group sizes are unequal. The harmonic mean of the group sizes is used. Type I error levels are not guaranteed.

由上述同質子集的結果，可以看出三個平均數可以分成二個群體，第一個群體包含組別一、組別三；組別二單獨構成第二個群體。

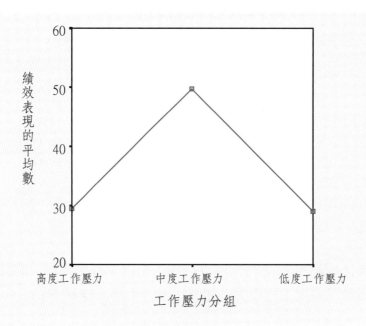

圖 11-31

　　從上述的平均數圖，可以看出中度工作壓力者其績效表現的平均數最高。

高等統計的理論與實務

第十二章

二因子變異數分析

雙因子變異數分析（two-way ANOVA）中，自變項有二個，亦即研究者一次同時操弄二個自變項，以探討其對依變項的影響。採用二因子變異數分析除了可以考驗每一個自變項的「主要效果」（main effect）外，進一步可以檢定自變項與自變項的「交互作用效果」（interaction effect）。主要效果考驗即是對每個自變項進行獨立樣本變異數分析或 t 檢定。

在實驗設計中，二因子變異數分析屬「多因子實驗」（factorial experiment）的一種，採用多因子實驗設計，除了可探討自變項間是否有交互作用存在，此外，還有二個優點：一為較為經濟、二為可以當作控制實驗誤差來源，在實驗設計中研究者可將干擾實驗結果的系統誤差來源當作自變項納入實驗設計之中，然後將其所解釋的變異來源自總變異中予以排除，如此，可以使誤差變異變小，而使實驗效果更明顯（林清山，民 81）。

在二因子實驗設計中，假設二個自變項分別為A、B，隨著研究者對二個自變項操弄方式的不同，大致可分為三種情形：(1)自變項 A 因子與 B 因子都是獨立樣本設計，此種設計又稱二因子受試者間設計，它是屬於完全隨機化因子設計（completely randomized factorial design）；(2)自變項 A 因子與 B 因子皆是相依樣本設計，此種設計又稱二因子受試者內設計，它是屬於隨機化區組因子設計（randomized block factorial design）；(3)為混合設計，二個自變項中一個因子為獨立樣本設計、另一個因子為相依樣本設計，此種又稱分割區設計（split-plot design）。

單因子變異數分析模式常以下式表示：

$$Y_{ij} = \mu + \alpha_i + \varepsilon_{ij}$$

其中μ表示所有處理的總平均數，為一常數

$\alpha_i = \mu_i - \mu$為一參數，表示第 i 個處理的效果

ε_{ij}為獨立的常態 N（0，σ^2）隨機變數，表示隨機誤差項

i = 1, 2, 3, ... , a；j = 1, 2, 3, ...,n_i

二因子變異數分析的模式如下：

$$Y_{ijk} = \mu + \alpha_i + \beta_j + (\alpha\beta)_{ij} + \varepsilon_{ijk}$$

i = 1, 2, 3, ..., p，是 A 因子的第 i 個水準。

j = 1, 2, 3, ..., q，是 B 因子的第 j 個水準。

k = 1, 2, 3, ..., n，是細格中的第 k 個人。

Y_{ijk}表示安排在 A 因子第 i 個水準與 B 因子的第 j 個水準之實驗細格中的第 k 個實驗單位反應值，此反應效果可分解為以下組合：

1. μ：共同效果，是所有處理的總平均數，為一常數。
2. α_i 是 A 因子的第 i 個水準的效果，即 A 因子的主要效果。
3. β_j 是 B 因子的第 j 個水準的效果，即 B 因子的主要效果。
4. $(\alpha\beta)_{ij}$ 是 A 因子的第 i 個水準與 B 因子的第 j 個水準之間的交互作用效果。
5. ε_{ijk} 誤差項（個別效果），ε_{ijk} 是獨立樣本的隨機變數，表示隨機誤差的大小（呂金河，民 86；Kirk, 1995）。誤差項滿足以下二個條件：
   (1)所有ε_{ijk}間相互獨立。
   (2)$\varepsilon_{ijk} \sim N\ (0，\sigma^2)$。

如果二個自變項之間有交互作用存在，而研究者並未採用二因子變異數分析，分別進行二個單因子變異分析（或 t 檢定），則可能會獲致不同的結果。如下表所列，在自變項中 A 因子中有 2 個水準、B 因子也有二個水準，則二者構成一個 2×2 的細格，各細格的平均數與邊緣平均數如下，假設各細格人數各有 30 人（即全部樣本有 120 位）。

		自變項 A		
		a1(A=1)	a2(A=1)	平均數
自變項 B	b1(B=1)	80	30	110
	b2(B=1)	30	80	110
	平均數	110	110	

註：細格中的數值為平均數

上表 2×2 資料中，研究者如果探究自變項 A 在依變項上的差異或分析自變項 B 在依變項上的差異，可以進行二個獨立樣本的 t 檢定或二個獨立單因子變異數分析，因為 A 因子二個水準的邊緣平均數差異值等於 0、B 因子二個水準的邊緣平均數差異值也等於 0，其結果均是接受虛無假設，自變項 A／自變項 B 在依變項的差異均未達顯著；但如果研究者進行二因子變異數分析，則二者交互作用可能達到顯著，自變項 A 不同的處理水準在依變項的差異，會因自變項 B 不同水準時而有所顯著；相同的，自變項 B 不同的處理水準在依變項的差異，會因自變項 A 不同水準時而有所顯著，此即細格間的比較。如在 A=1 時，b1 在依變項的得分顯著的高於 b2；但在 A=2 時，b1 在依變項

的得分顯著的低於 b2。同樣的在 B=1 時，a1 在依變項的得分顯著的高於 a2；但在 B=2 時，a1 在依變項的得分顯著的低於 a2。單因子變異數分析在檢定邊緣平均數間的差異；而二因子變異數分析則進一步可分析細格間的差異是否也有所不同。

　　雙因子設計的檢定有二：一為主要效果（main effect）；另一為交互作用效果（interaction effect）。所謂主要效果是 A、B 二個因子（自變項）對依變項（反應變項）的效果。所謂交互作用效果是 A、B 二個因子組合所產生的效果。因而二因子變異數分析的假設有三個：

1. A 因子的主要效果

$H_0：\alpha_1 = \alpha_2 = \alpha_3 = \cdots = \alpha_p = 0$

$H_1：$A 因子的 p 個水準中至少有一個 $\alpha_i \neq 0$

2. B 因子的主要效果

$H_0：\beta_1 = \beta_2 = \beta_3 = \cdots = \beta_q = 0$

$H_1：$B 因子的 q 個水準中至少有一個 $\beta_j \neq 0$

3. AB 因子交互作用效果

$H_0：$所有 p×q 細格的 $(\alpha\beta)_{ij} = 0$

$H_1：$所有 p×q 細格中至少有一細格的 $(\alpha\beta)_{ij} \neq 0$

雙因子變異數分析流程圖可以簡單圖示如下：

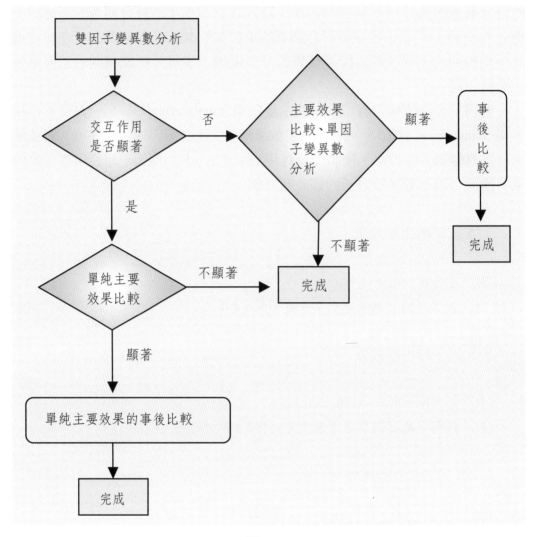

圖 **12-1**

雙因子變異數分析步驟

　　如果交互作用不顯著，則進行主要效果的比較，此時即直接比較邊緣平均數，其結果與個別進行獨立樣本單因子變異數分析一樣。以學生性別（分為男生、女生二個水準）及家庭狀況（分為單親家庭組、他人照顧組、雙親家庭組三個水準）為自變項，探究二者在數學成就上是否有顯著的交互作用來看，如果學生性別與家庭狀況在學生數學成就的交互作用不顯著，不必進行「單純主要效果」（simple main effects）比較，而直接進行主要效果比較，所要驗證的假設成為：

1. 不同性別的學生，其數學成就有顯著差異（A因子邊緣平均數的比較）。

2. 不同家庭狀況的學生，其數學成就有顯著差異（B因子邊緣平均數的比較）。

如果雙因子變異數分析交互作用顯著，則繼續進行「單純主要效果」的比較分析，事後比較的目的在於比較細格平均數間的差異，其詳細的比較，請看下面圖示說明。

在完全隨機化 2×3 因子的設計中，二個因子分別假設為 A、B，A 因子有二個水準（levels），分別為 a1、a2，B 因子有三個水準，分別為 b1、b2、b3，各細格與邊緣平均數的代號如下：

A 因子 　　　　B 因子		B 因子			邊緣平均數
		b1	b2	b3	
A 因子	a1	a1b1	a1b2	a1b3	A1
	a2	a2b1	a2b2	a2b3	A2
邊緣平均數		B1	B2	B3	

如果交互作用不顯著，即比較 A 因子的邊緣平均數，A1 水準組與 A2 水準組那一個組別較佳，此外，B 因子邊緣平均數的比較，在於比較 B1 水準組、B2 水準組、B3 水準組三個組別那一個較優，邊緣平均數的比較，即是單因子變異數分析結果比較（A因子雖只有二個水準，也可以使用變異數分析F值加以考驗）。各因子邊緣平均數的比較，即為主要效果比較，因而進行二因子變異數分析時，如果 A 因子與 B 因子的交互作用不顯著，則個別進行分析二個因子的主要效果，此時也就是進行了二個單因子的變異數分析。

如果交互作用顯著，比較邊緣平均數（個別進行二個單因子變異數分析）即沒有其實質意義，因為有交互作用，A因子水準組效果受到B因子的影響，而B因子水準組效果也會受到A因子的影響。交互作用顯著時，所要比較的是：

1. a1b1、a1b2、a1b3 細格間的平均數是否有顯著的不同？這個比較是 B 因子在 a1 水準方面之效果比較。這個比較在有條件性的單因子變異數分析中變為：

〔在 A=1 的情況下，進行 b1、b2、b3 三組的比較〕。

2. a2b1、a2b2、a2b3 細格間的平均數是否有顯著的不同？這個比較是 B 因子在 a2 水準方面之效果比較。這個比較在有條件性的單因子變異數

分析中變為：

　〔在 A=2 的情況下，進行 b1、b2、b3 三組的比較〕。

3. a1b1、a2b1 細格間的平均數是否有顯著的不同？這個比較是 A 因子在 b1 水準方面之效果比較。這個比較在有條件性的單因子變異數分析（或 t 考驗）中變為：

　〔在 B=1 的情況下，進行 a1、a2 二組的比較〕。

4. a1b2、a2b2 細格間的平均數是否有顯著的不同？這個比較是 A 因子在 b2 水準方面之效果比較。這個比較在有條件性的單因子變異數分析（或 t 考驗）中變為：

　〔在 B=2 的情況下，進行 a1、a2 二組的比較〕。

5. a1b3、a2b3 細格間的平均數是否有顯著的不同？這個比較是 A 因子在 b3 水準方面之效果比較。這個比較在有條件性的單因子變異數分析（或 t 考驗）中變為：

　〔在 B=3 的情況下，進行 a1、a2 二組的比較〕。

　　這些比較就是單純主要效果比較，也就是細格平均數間的比較。

　　單變量單因子變異數分析、單變量多因子變異數分析或單變量共變數分析均可使用SPSS之「分析／一般線性模式／單變量」語法，進行統計分析。獨立樣本二因子變異數分析摘要表如下：

變異來源	離均差平方和（SS）	自由度（df）	均方（MS）	F 值
A 因子	SS_A	a-1	$MS_A = SS_A \div (a-1)$	$MS_A \div MS_E$
B 因子	SS_B	b-1	$MS_B = SS_B \div (b-1)$	$MS_B \div MS_E$
A*B 交互作用	SS_{AB}	$(a-1) \times (b-1)$	$MS_{AB} = SS_{AB} \div [(a-1) \times (b-1)]$	$MS_{AB} \div MS$
細格誤差	SS_E	$a \times b \times (n-1)$	$MS_E = SS_E \div [a \times b \times (n-1)]$	
總和	SS_T	N-1		

　　其中 $SS_T = (SS_A + SS_B + SS_{AB}) + SS_E = SS_{b.cell} + SS_E$

　　自由度：abn-1 ＝(a-1)＋(b-1)＋(a-1)×(b-1)＋a×b×(n-1)

　　總離均差平方和等於組間離均差平方和＋組內離均差平方和，而組間離均差平方和又等於 A 因子組間離均差平方和＋ B 因子組間離均差平方和＋ A 因子與 B 因子交互作用之離均差平方和。

　　離均差平方和的定義公式如下（吳冬冬、楊玉坤，民 92）：

1. SS_T

雙因子設計總離均差平方和（total sum of square of deviation from the mean），簡稱總平方和（total sum of square）表示每一筆資料與全體總平均數之差異平方的總和，常以符號 SS_T 表示，其自由度等於（abn-1）。

2. SS_A

雙因子設計 A 因子平方和（sum of square between levels of factor A）表示每一列的平均數（A 因子每一水準的平均數）與總平均數之差異平方的加權總和，其中權數為各列內的樣本數 bn，常以符號 SS_A 表示，其自由度等於（a-1）。

3. SS_B

雙因子設計 B 因子平方和（sum of square between levels of factor B）表示每一行的平均數（B 因子每一水準的平均數）與總平均數之差異平方的加權總和，其中權數為各行內的樣本數 an，常以符號 SS_B 表示，其自由度等於（b-1）。

4. SS_{AB}

雙因子設計 AB 交互作用平方和（sum of square owing to interactions）表示每一個實驗細格平均數（AB 兩因子組合實驗細格內的平均數）和扣除共同效果及相對應的 A、B 兩因子效果後平方的加權總和，其中權數為該實驗細格中的樣本數 n，常以符號 SS_{AB} 表示，其自由度等於 (a-1) $\times$ (b-1)。

5. SS_E

雙因子設計誤差平方和（error sum of square）表示所有實驗值與它所屬的實驗細格的平均數之差異的平方總和，以符號 SS_E 表示，其自由度等於 a×b×(n-1)。

各離均差平方和除以其相對的自由度等於均方和（MS），包括 A 因子均方和（mean square for factor A；MS_A）、B 因子均方和（mean square for factor B；MS_B）、交互作用均方和（mean square for due to interaction；MS_{AB}）、誤差均方和（error mean square；MS_E）。

$$MS_A = A \text{ 因子均方和} = A \text{ 因子平方和} \div A \text{ 因子自由度} = \frac{SS_A}{a-1}$$

$$MS_B = B \text{ 因子均方和} = B \text{ 因子平方和} \div B \text{ 因子自由度} = \frac{SS_B}{b-1}$$

$$MS_{AB} = A、B 因子交互作用均方和 \div 交互作用平方和自由度 = \frac{SS_{AB}}{(a-1)(b-1)}$$

$$MS_{AB} = 誤差均方和 = 誤差平方和 \div 誤差平方和自由度 = \frac{SS_E}{ab(n-1)}$$

12-1 二因子獨立樣本變異數分析——交互作用不顯著

一、【問題研究】

> **學生性別與其家庭狀況變項是否在數學成就變項上有顯著的交互作用？**
> **【統計方法】：雙因子變異數分析（two-way ANOVA）**

自變項為學生性別（包含男、女二個水準）、家庭狀況（包含單親家庭、他人照顧家庭與完整家庭三個水準），依變項為數學成就，自變項有二個類別變項，有一個依變項，適合採用獨立樣本二因子變異數分析。

二、操作說明

【操作1】

【Analyze】（分析）→【General Linear Model】（一般線性模式）→【Univariate】（單變量）出現「Univariate」（單變量）對話視窗。

【操作2】

將左邊依變項「數學成就[mch]」選入右邊「Dependent Variable:」（依變數）下的空盒中。

將左邊自變項「學生性別[sex]」、「家庭狀況[hom]」選入右邊「Fixed Factor(s):」（固定因子）下的空盒中（固定因子即自變項）。

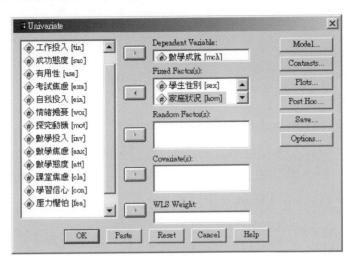

圖 12-2

【操作3】

按『Post Hoc…』（Post Hoc 檢定），出現「Univariate: Post Hoc Multiple Comparisons for Observed Means」（單變量：Post Hoc 觀察平均數的多重比較）次對話視窗。

將左邊「Factor(s):」（因子）方盒中之「sex」、「hom」變項選入右邊「Post Hoc Tests for:」（Post Hoc 檢定）下的空盒中。

如果交互作用不顯著，則直接印出「sex」、「hom」因子的事後比較（結果與獨立樣本 t 考驗或單因子變異數分析相同－邊緣平均數的比較）。

在「Equal Variance Assumed」（假設相同的變異數）方盒內選取一種事後比較的方法，在此選取「□Scheffe」選項。

按『Continue』鈕（繼續鈕），回到「Univariate」（單變量）對話視窗。

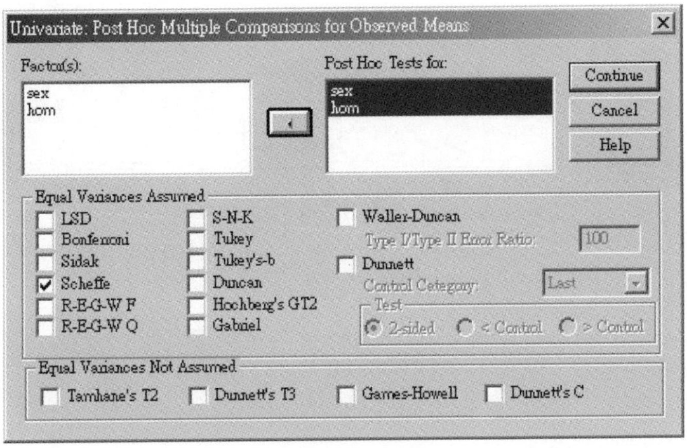

圖 12-3

【操作4】

按『Options…』（選項…）鈕，出現「Univariate: Options」（單變量：選項）次對話視窗。

將左邊「Factor(s) and Factor Interactions:」（因子與因子交互作用）下的「sex」、「hom」、「sex*hom」選入右邊「Display Means for:」（顯示平均數）下的空盒中，以顯示細格及邊緣平均數（此選項目的在於報表中，可以呈現各細格平均數與因子的邊緣平均數）。

在「Display」（顯示）方盒中選取下列幾項：

「☐Descriptive statistics」：描述統計。

「☐Estimate effect size」：效果值的大小。

「☐Observed power」：統計考驗力。

「☐Homogeneity tests」：同質性考驗。

按『Continue』鈕（繼續鈕），回到「Univariate」（單變量）對話視窗。

按『OK』鈕（確定鈕）。

圖 12-4

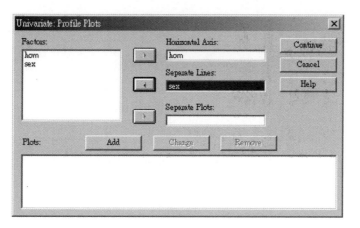

圖 12-5

在「Univariate」對話視窗中按『Plot...』（圖形）鈕，可以開啓「Univar-iate: Porfile Plots」次對話視窗，次對話視窗可以繪製二個自變項在依變項上平均數之趨勢圖。如果獨立樣本二因子變異數分析之交互作用顯著，則繪製出的平均數之趨勢圖即是二個自變項在依變項的交互作用圖。

將左邊「Factors:」中的二個因子 hom、sex 分別選入「Horizontal Axis:」（水平軸）及「Separate Lines:」（個別線）下的空格中。二個自變項任一個被點選至「Horizontal Axis:」及「Separate Lines:」方格中均可，只是二者後面的變項不同，繪製的平均數趨勢圖也會不同。

按下方的『Add』鈕（新增鈕），則在最下方的大空盒中會出現「hom*sex」的符號。

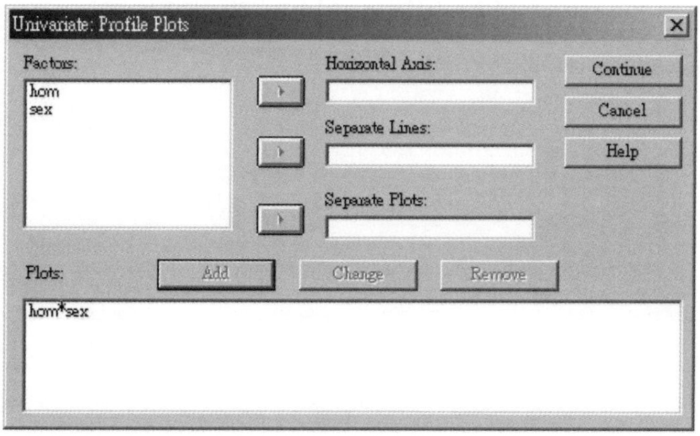

圖 12-6

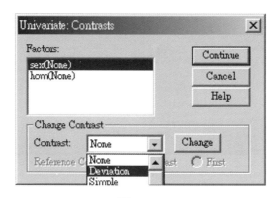

圖 **12-7**

在「Univariate」對話視窗中按『Contrasts...』（對比）鈕，可以開啟「Uni-variate: Contrasts」（單變量：對比）次對話視窗。對比代表參數的線性組合，用以檢定因子水準間之差異。「Change Contrast」的方盒中可以點選對比的方法，包括離差、簡單、Helmert、重複和多項式，對於離差和簡單對比而言，可以選擇是否讓參考類別變成第一個或最後一個類別。若要在各受試者因子之間進行對比，可使用重複量數對比模式。

三、報表說明

㈠執行 Univariate 二因子變異數分析之報表

Between-Subjects Factors

		N
sex	1	146
	2	154
hom	1	100
	2	100
	3	100

上表為受試間因子訊息。在性別變項上，男生有 146 位有效觀察值、女生有 154 位有效觀察值；在家庭狀況變項上，單親家庭組（hom=1）、他人照顧組（hom=2）、雙親家庭組（hom=3）的有效觀察值均為 100。如果各水準有定義數值標籤，則會新增一欄「Value Label」，數值標籤會出現因子水準的註解。

Descriptive Statistics －描述統計（細格平均數）
Dependent Variable: 數學成就

學生性別	家庭狀況	Mean（平均數）	Std. Deviation（標準差）	N（細格人數）
1（男生）	1	23.74	9.92	54
	2	25.21	9.94	42
	3	20.80	11.38	50
	Total	23.16	10.53	146
2（女生）	1	24.46	10.93	46
	2	28.50	9.66	58
	3	25.16	10.60	50
	Total	26.21	10.45	154
Total	1	24.07	10.35	100
	2	27.12	9.86	100
	3	22.98	11.16	100
	Total	24.72	10.58	300

上表爲各細表及邊緣的平均數、標準差及有效觀察值的個數，亦即各自變項水準數在依變項上的統計量，可將上述的表格整理成下面的資料，交互作用即在檢定中間六個細格平均數與有效樣本之總平均數 24.72 間的差異是否達到顯著，其中只要有一個細格的平均數與總平均數間的差異值達到顯著水準，則二因子交互作用的效果就會達到顯著（括號內爲有效觀察值人數）。

學生性別　　　家庭狀況	單親家庭組（100）	他人照顧組（100）	雙親家庭組（100）	邊緣平均數
男生（146）	23.74(54)	25.21(42)	20.80(50)	23.16(146)
女生（154）	24.46(46)	28.50(58)	25.16(50)	26.21(154)
邊緣平均數	24.07(100)	27.12(100)	22.98(100)	24.72(100)

SPSS 輸出的報表中，有一項「估計邊緣平均數」（Estimated Marginal Means），其內容包括三種表格：因子間細格的描述統計量、A因子的描述統計量、B 因子的描述統計量，各包括平均數、標準誤與平均數 95%的信賴區間。此三種表格的內容即上述描述性統計量的個別呈現。

Levene's Test of Equality of Error Variances(a)
Dependent Variable: mch

F	df1	df2	Sig.
.856	5	294	.511

Tests the null hypothesis that the error variance of the dependent variable is equal across groups.
a Design: Intercept+sex+hom+sex * hom

　　上表為變異數同質性考驗結果，使用 Levene 法檢定，變異數同質性考驗結果之 F 值等於.856，p=.511>.05，未達顯著水準，接受虛無假設，表示各組間之變異數具有同質性，並未違反基本假設。

Tests of Between-Subjects Effects　Dependent Variable: 數學成就

Source	Type III Sum of Squares	df	Mean Square	F	Sig.
Corrected Model	1671.962(a)	5	334.392	3.090	.010
Intercept	180251.057	1	180251.057	1665.630	.000
SEX（A 因子）	576.337	1	576.337	5.326	.022
HOM（B因子）	783.621	2	391.811	3.621	.028
SEX * HOM（交互作用）	174.479	2	87.240	.806	.448
Error	31816.075	294	108.218		
Total	216861.000	300			
Corrected Total	33488.037	299			
a R Squared = .050 (Adjusted R Squared = .034)					

　　上表為受試者間效果比較表，即是二因子變異數分析摘要表，由此表可以得知，交互作用未達顯著（F=.806；p=.448），因而再看 A 因子與 B 因子的「主要效果」之F值，其F考驗值分別為 5.326（p=.022）、3.621（p=.028），均達顯著水準。由於 A 因子（學生性別）只有二個水準，可直接比較其邊緣平均數，男、女生數學成就的平均數分別為 23.16、26.21，所以女學生的數學成就顯著的優於男學生（結果值可與下述報表中t考驗結果相互對照）。由於 B 因子有三個水準，組別間的差異情形，要由下面事後多重比較方能得知。

　　表中第二列 Intercept（截距）之 SS 估計及其 F 值考驗結果，在二因子變異數分析中並沒有實質的意義存在。獨立樣本二因子變異數分析中，A、B 二個因子在依變項的總離均差平方和可以分成四個獨立的效果項，分別為 A 因子離均差平方和、B因子離均差平方和、A因子與B因子交互作用的離均差平

方和、誤差項（組內離均差平方和）。上表中總離均差平方和 $SS_T = SS_A + SS_B + SS_{AB} + SS_W = 576.337+783.621+174.479+31816.075 = 33488.037$。

Post Hoc Tests（事後比較考驗）

家庭狀況 Multiple Comparisons　（B 因子主要效果事後比較）

Dependent Variable: 數學成就　Scheffe

(I)家庭狀況	(J)家庭狀況	Mean Difference (I-J)	Std. Error	Sig.	95% Confidence Interval	
					Lower Bound	Upper Bound
1	2	-3.05	1.471	.118	-6.67	.57
	3	1.09	1.471	.760	-2.53	4.71
2	1	3.05	1.471	.118	-.57	6.67
	3	4.14(*)	1.471	.020	.52	7.76
3	1	-1.09	1.471	.760	-4.71	2.53
	2	-4.14(*)	1.471	.020	-7.76	-.52

Based on observed means.

* The mean difference is significant at the .05 level.

　　上表爲變異數分析中 B 因子主要效果的事後比較表。由於 B 因子（家庭狀況）有三個水準，因而要從其事後比較中才能得知那一組較優。上表中可以發現第二組的數學成就顯著的優於第三組。此結果值可與下述獨立樣本變異數分析之報表結果相互對照。

(二)執行 A 因子之獨立樣本 t 考驗的報表

Group Statistics

	Sex	N	Mean	Std. Deviation	Std. Error Mean
Mch	1	146	23.16	10.534	.872
	2	154	26.21	10.448	.842

　　上表爲 A 因子（學生性別）二個水準在數學成就依變項之描述性統計量，也就是二因子變異數分析中的邊緣平均數，男、女學生數學成就的平均數分別爲 23.16、26.21。

Independent Samples Test

| | | Levene's Test for Equality of Variances | | t-test for Equality of Means | | | | | | |
| | | F | Sig. | T | df | Sig. (2-tailed) | Mean Difference | Std. Error Difference | 95% Confidence Interval of the Difference | |
									Lower	Upper
mch	Equal variances assumed	.000	.995	-2.517	298	.012	-3.050	1.212	-5.435	-.666
	Equal variances not assumed			-2.517	296.869	.012	-3.050	1.212	-5.435	-.666

上表爲以學生性別（sex）爲自變項，而以數學成就（mch）爲依變項之獨立樣本 t 檢定結果，由於變異數同質性檢定之 F 值爲.000，p=.995，未達顯著水準，接受虛無假設，看「假設變異數相等」列（Equal variances assumed）之 t 值，其 t 值等於-2.517，p=.012<.05，達到顯著水準，表示男學生的數學成就（M=23.16）顯著的低於女學生的數學成就（M=26.21）。此結果，即上述二因子變異數分析中，A 因子主要效果的分析結果。

(二)執行獨立樣本單因子變異數分析之報表

Descriptives mch

| | N | Mean | Std. Deviation | Std. Error | 95% Confidence Interval for Mean | | Minimum | Maximum |
					Lower Bound	Upper Bound		
1	100	24.07	10.349	1.035	22.02	26.12	5	44
2	100	27.12	9.863	.986	25.16	29.08	6	44
3	100	22.98	11.162	1.116	20.77	25.19	0	44
Total	300	24.72	10.583	.611	23.52	25.93	0	44

上表爲 B 因子（家庭狀況）三個組別的個數、平均數、標準差、標準誤、95%的信賴區間、最小值與最大值。此三個水準的平均數即爲二因子變異數分析中，B 因子的邊緣平均數，三個組別在數學成就的平均數分別爲 24.07、27.12、22.98。

ANOVA

	Sum of Squares	Df	Mean Square	F	Sig.
Between Groups	91.007	2	460.503	4.200	.016
Within Groups	32567.030	297	109.653		
Total	33488.037	299			

上表為 B 因子在依變項之單因子變異數分析摘要表，F 值等於 4.200，p=.016<.05，達到顯著水準。B 因子之單因子變異數分析的 F 值之值不等於二因子變異數分析中的 B 因子之 F 值，因二者總離均差平方和的拆解不同，誤差項之值不同所致。F 值雖然不同，但結果卻是相同。

Post Hoc Tests

(I) hom	(J) hom	Mean Difference(I-J)	Std. Error	Sig.	95% Confidence Interval Lower Bound	95% Confidence Interval Upper Bound
1	2	-3.050	1.481	.122	-6.69	.59
	3	1.090	1.481	.763	-2.53	4.73
2	1	3.050	1.481	.122	-.59	6.69
	3	4.140(*)	1.481	.021	.50	7.78
3	1	-1.090	1.481	.763	-4.73	2.55
	2	-4.140(*)	1.481	.021	-7.78	-.50
* The mean difference is significant at the .05 level.						

上表為 B 因子三個組別在數學成就之事後比較結果摘要表，由此表可以得知第二組的平均數顯著高於第三組的平均數（差異值為 4.140），此為 B 因子在數學成就主要效果之事後比較，即家庭狀況三個組別之事後多重比較。

四、結果說明

綜合以上數據，可整理成如下表格。

表 1　學生性別與家庭狀況在數學成就變項之各細格平均數與邊緣平均數

學生性別＼家庭狀況	單親家庭組（100）	他人照顧組（100）	雙親家庭組（100）	邊緣平均數
男生（146）	23.74(54)	25.21(42)	20.80(50)	23.16
女生（154）	24.46(46)	28.50(58)	25.16(50)	26.21
邊緣平均數	24.07	27.12	22.98	
註：括號內為人數				

表2　學生性別、家庭狀況在學生數學成就之二因子變異數分析摘要表

變異來源	SS	df	MS	F	事後比較
學生性別（sex）	576.337	1	576.337	5.326*	女生>男生
家庭狀況（hom）	783.621	2	391.811	3.621*	他人照顧組> 雙親家庭組
SEX＊HOM（交互作用）	174.479	2	87.240	.806n.s.	
Error（誤差）	31816.075	294	108.218		
全體	33488.037	299			

*p<.05　n.s.　不顯著

　　由二因子變異數分析摘要表中可以得知：學生性別與家庭狀況在數學成就交互作用之F值未達顯著（F=.806，p>.05），但在個別因子之「主要效果」均達顯著，A因子（學生性別）主要效果之F值等於5.326（p<.05）；B因子（家庭狀況）主要效果之F值等於3.621（p<.05）。從邊緣平均數及事後比較發現，在性別變項的差異方面，女學生的數學成就（M=26.21）顯著的優於男學生（M=23.16）；在家庭狀況變項的差異方面，「他人照顧組」學生的數學成就（M=27.12）則顯著的優於「雙親照顧組」學生（M=22.98）的數學成就。

12-2　獨立樣本二因子變異數分析——交互作用顯著

一、【問題研究】

不同性別與年級的學生在數學解題信念是否有顯著的交互作用？
【統計方法】：獨立樣本二因子變異數分析

　　研究中有二個自變項，學生性別（A因子）、學生年級（B因子）。學生性別有二個水準（男生、女生）；學生年級（B因子）有三個水準（小學四年級組、小學六年級組、國中二年級組），此為獨立樣本之二因子變異數分析，二個因子分別為A因子（二個水準）與B因子（三個水準）。

　　依變項為數學解題信念總分，包含四個題項：

I1：做完數學問題，再驗算一下比較好。

I2：做數學問題時，應隨時檢查每一個步驟。

I3：做應用題時，可以用很多方法（如畫圖表）來幫助我們了解問題的意思。

I4：做數學問題時，如果不找出解題方法，我不輕易放棄。

bel：解題信念層面，為I1、I2、I3、I4四題的總分。

如果交互作用顯著，要進行「單純主要效果」的變異數分析及細格平均數的事後比較，SPSS 軟體的統計分析中，除可以採用分割檔案（Split File）的方式外，也可以採用傳統指令「MANOVA」語法執行。

二、操作程序

【操作 1】

開啟資料檔，先進行四個題項的加總，將I1、I2、I3、I4 四個題項的分數相加，給予新的變項名稱「bel」（數學解題信念）。

執行【File】→【New】→【Syntax】程序，出現「Syntax-SPSS Syntax Editor」語法編輯視窗，在編輯區內輸入下列文字：

```
SUBTITLE '獨立樣本二因子變異數分析'.
MANOVA bel BY A(1,2) B(1,3)
   /PRINT=CELLINFO(MEANS)  HOMOGENITY(BARTLETT,COCHRAN)
   /DESIGN.


SUBTITLE 'A 因子單純主要效果考驗'.
MANOVA bel BY A(1,2) B(1,3)
   /CONTRAST(A)=SPECIAL(1 1 1 -1)
   /ERROR=WITHINCELL
   /DESIGN=A WITHIN B(1), A WITHIN B(2), A WITHIN B(3).


SUBTITLE 'B 因子單純主要效果考驗一'.
MANOVA bel BY A(1,2) B(1,3)
   /CONTRAST(B)=SPECIAL(1 1 1 1 -1 0 0 1 -1)
   /ERROR=WITHINCELL
   /DESIGN=B WITHIN A(1) , B WITHIN A(2).


SUBTITLE 'B 因子單純主要效果考驗二'.
MANOVA Y BY A(1,2) B(1,3)
   /CONTRAST(B)=SPECIAL(1 1 1 1 0 -1 0 1 -1)
   /ERROR=WITHINCELL
   /DESIGN=B WITHIN A(1) , B WITHIN A(2).
```

【操作 2】

在語法視窗中，執行【Run】/【All】的程序。

MANOVA 語法檔說明如下：

1. 二因子變異數分析

```
1.SUBTITLE '獨立樣本二因子變異數分析'.
2.MANOVA bel BY A(1,2) B(1,3)
3.    /PRINT=CELLINFO(MEANS) HOMOGENITY(BARTLETT,COCHRAN)
4.    /DESIGN.
```

第一行為統計分析註解，不會被執行。

第二行為「MANOVA」的語法：MANOVA <u>依變項</u> By <u>自變項一</u> <u>自變項二</u>

第三行「PRINT」副指令為界定輸出的項目，包括細格個數、平均數、標準差及變異數的同質性檢定。其中關鍵字「CELLINFO（統計量數）」可呈現細格之基本統計量，在此界定的統計量數為「MEANS」，可產生細格平均數、標準差及個數；關鍵字 HOMOGENITY（統計量數）可產生同質性檢定之量數，在此呈現 Bartlett-Box F 考驗及 Cochran's C 考驗。

第四行「DESIGN」副指令為完全因子模式的輸出，包含主要效果及交互作用效果。

2. A 因子單純主要效果考驗

```
1.SUBTITLE 'A 因子單純主要效果考驗'.
2.MANOVA bel BY A(1,2) B(1,3)
3.    /CONTRAST(A)=SPECIAL(1 1 1 -1)
4.    /ERROR=WITHINCELL
5.    /DESIGN=A WITHIN B(1), A WITHIN B(2), A WITHIN B(3).
```

第二行為雙因子變異數分析之 MANOVA 語法。

第三行「CONTRAST」副指令為變項水準間之參數比較，關鍵字「SPECIAL」為使用者自定之比較參數矩陣（有關比較參數矩陣請看下面說明）。

第四行「ERROR」副指令為細格誤差值。

第五行「DESIGN」副指令爲界定分析的模式，這裡界定爲 A 因子在 B(1)、B(2)、 B(3)的單純主要效果比較。

3. B 因子單純主要效果考驗一

```
1.SUBTITLE 'B 因子單純主要效果考驗一'.
2.MANOVA bel BY A(1,2) B(1,3)
3.   /CONTRAST(B)=SPECIAL(1 1 1 1 -1 0 0 1 -1)
4.   /ERROR=WITHINCELL
5.   /DESIGN=B WITHIN A(1) , B WITHIN A(2).
```

第三行參數比較爲 b1（水準一）與 b2（水準二） 的比較、b2（水準二）與 b3（水準三） 的比較。

第五行「DESIGN」副指令爲界定分析的模式，在此界定爲 B 因子在 A(1)、A(2)的單純主要效果比較。

4. B 因子單純主要效果考驗二

```
1.SUBTITLE 'B 因子單純主要效果考驗二'.
2.MANOVA Y BY A(1,2) B(1,3)
3.   /CONTRAST(B)=SPECIAL(1 1 1 1 0 -1 0 1 -1)
4.   /ERROR=WITHINCELL
5.   /DESIGN=B WITHIN A(1) , B WITHIN A(2).
```

B 因子單純主要效果考驗二與 B 因子單純主要效果考驗一語法大多一樣，二者不同之處在於第三行自訂之比較參數。

第三行參數比較爲 b1（水準一）與 b3（水準三） 的比較、b2（水準二）與 b3（水準三） 的比較。

第五行「DESIGN」副指令爲界定分析的模式，在此界定爲 B 因子在 A(1)、A(2)的單純主要效果比較。

【事後比較參數說明】

A 因子在 B(1)、B(2)的事後比較中，A 因子有二個水準：a1 男生、a2 女生。事後比較矩陣爲 2*2，矩陣參數說明如下：

```
          a1   a2
常數項 [   1    1   ]-->第一列固定為常數項的比較係數
比較一 [   1   -1   ] -->第一個參數 a1 與第二個參數 a2 的事後比較
橫列表示為 contrast(a)=special( 1   1        1   -1 )
                        常數項   因子效果
```

B 因子在 A(1)、A(2)的事後比較中，B 因子有三個水準：b1 小四、b2 小六、b3 國二，事後比較矩陣為 3*3：

```
          b1   b2   b3
常數項 [   1    1    1 ]-->第一列固定為常數項的比較係數
比較一 [   1   -1    0 ] -->第一個參數 b1 與第二個參數 b2 的事後比較
比較二 [   0    1   -1 ] -->第二個參數 b2 與第三個參數 b3 的事後比較
事後比較橫列表示為 contrast(b)=special( 1   1   1   1   -1   0   0   1   -1 )
                            常數項     因子效果    因子效果
```

在上面的細格比較中，只進行b1 與 b2 比較、b2 與 b3 的比較，欠缺b1 與 b3 的比較，因而還要再進行一次 B 因子的單純主要效果比較。

```
          b1   b2   b3
常數項 [   1    1    1 ]-->第一列固定為常數項的比較係數
比較一 [   1    0   -1 ] -->第一個參數 b1 與第二個參數 b2 的事後比較
比較二 [   0    1   -1 ] -->第二個參數 b2 與第三個參數 b3 的事後比較
事後比較橫列表示為 contrast(b)=special( 1   1   1   1   0   -1   0   1   -1 )
                            常數項     因子效果    因子效果
```

上面比較參數中，主要進行的比較是b1 與 b3 的比較，但由於參數比較必須是個 3*3 的矩陣，因而再增列一行 b2 與比較 b3（與上面參數比較重複，結果一樣）。

如果 B 因子有四個水準（b1、b2、b3、b4），則事後比較矩陣為 4*4。

```
            b1   b2   b3   b4
常數項 [    1    1    1    1 ]-->第一列固定為常數項的比較係數
比較一 [    1   -1    0    0 ]-->第一個參數b1與第二個參數b2的事後比較
比較二 [    1    0   -1    0 ]-->第一個參數b1與第三個參數b3的事後比較
比較三 [    1    0    0   -1 ]-->第一個參數b1與第四個參數b4的事後比較
事後比較橫列表示為
contrast(b)=special(1 1 1 1   1 -1 0 0   1 0 -1 0   1 0 0 -1)
                   常數項   因子效果   因子效果   因子效果
```

```
            b1   b2   b3   b4
常數項 [    1    1    1    1 ]-->第一列固定為常數項的比較係數
比較一 [    1    1   -1    0 ]-->第一個參數b1與第二個參數b2的事後比較
比較二 [    1    0    0    0 ]-->第一個參數b1與第三個參數b3的事後比較
比較三 [    1    0    1   -1 ]-->第一個參數b1與第四個參數b4的事後比較
事後比較橫列表示為
contrast(b)=special(1 1 1 1   0 1 -1 0   0 1 0 -1   0 0 1 -1)
                   常數項   因子效果   因子效果   因子效果
```

三、報表說明

(一)執行 Univariate（單變量）程序結果

第一部分為以【Analyze】/【General Linear Model】/【Univariate…】（【分析】/【一般線性模式】/【單變量…】）執行之結果，其操作方式，請參考第一節中之步驟。此時的依變項為數學信念、二個因子（自變項）為學生性別與學生年級。

Tests of Between-Subjects Effects（二因子變異數分析摘要表）
Dependent Variable: 解題信念

Source	Type III Sum of Squares	df	Mean Square	F	Sig.
Corrected Model	700.150(a)	5	140.030	11.284	.000
Intercept	76365.495	1	76365.495	6153.585	.000
A（學生性別）	207.795	1	207.795	16.744	.000
B（學生年級）	207.607	2	103.804	8.365	.000
A*B（交互作用）	259.486	2	129.743	10.455	.000
Error（誤差）	3648.517	294	12.410		
Total（全體）	80510.000	300			
Corrected Total	4348.667	299			
a R Squared = .161 (Adjusted R Squared = .147)					

上表為執行「單變量」結果，性別與年級在解題信念上之交互作用顯著，F 值＝ 10.455（p<.001）。除了 A 因子與 B 因子的交互作用顯著外，A 因子的主要效果與 B 因子的主要效果均達顯著，F 值分別為 16.744（p=.000<.05）、8.365（p=.000<.05），即不同性別的學生在數學解題信念上有顯著的不同；而三個年級組的學生在數學解題信念上也有顯著的不同。由於 A 因子與 B 因子的交互作用顯著，考驗主要效果是否顯著的意義不大，要繼續進行的是「單純主要效果」考驗。

(二) MANOVA 語法執行結果

＊＊＊＊＊＊Analysis of Variance＊＊＊＊＊＊

Cell Means and Standard Deviations（細格平均數與標準差）

FACTOR	CODE	Mean	Std. Dev.	N
A	男生			
B	小四	16.604	3.477	53
B	小六	16.000	3.865	52
B	國二	12.830	4.661	53
A	女生			
B	小四	16.043	3.243	47
B	小六	17.563	1.912	48
B	國二	16.830	3.205	47
For entire sample		15.933	3.814	300

【說明】：上表為各細格的平均數、標準差及有效觀察值人數。最後一列為樣本總數（N=300）在數學成就得分的總平均數 M=15.933。

Univariate Homogeneity of Variance Tests（單變量變異數同質性考驗）
Variable .. BEL 解題信念
　　Cochrans C(49,6) = 　　　　　　　.29672, P = .001 (approx.)
　　Bartlett-Box F(5,110435) = 　　　　7.24726, P = .000

＊＊＊＊＊Analysis of Variance-- design 1＊＊＊＊＊

變異數分析摘要表

Tests of Significance for BEL using UNIQUE sums of squares

Source of Variation	SS	DF	MS	F	Sig of F
WITHIN CELLS	3648.52	294	12.41		.000
A（學生性別）	207.80	1	207.80	16.74	

二因子變異數分析

B（學生年級）	207.61	2	103.80	8.36	.000
A BY B （交互作用）	259.49	2	129.74	10.45	.000
（Model）	700.15	5	140.03	11.28	.000
（Total）	4348.67	299	14.54		

R-Squared = .161
Adjusted R-Squared = .147

- -

【說明】：由 MANOVA 語法執行結果之交互作用考驗的 F 值為 10.45，p<.001，與上述用一般線性模式／單變量所得之結果完全相同。除交互作用顯著外，A 因子與 B 因子的主要效果的差異也均顯著。

1. A 因子單純主要效果考驗

Manova

****** A n a l y s i s   o f   V a r i a n c e -- design 1 ******
Tests of Significance for BEL using UNIQUE sums of squares（A 因子單純主要效果考驗）

Source of Variation	SS	DF	MS	F	Sig.of F
WITHIN CELLS	3648.52	294	12.41		
A WITHIN B(1)	9.07	1	9.07	.73	.393
A WITHIN B(2)	56.09	1	56.09	4.52	.034
A WITHIN B(3)	427.45	1	427.45	34.44	.000

- -

【說明】：在單純主要效果考驗中，A 因子（學生性別）在 b2、b3 水準之 F 值均達顯著者，F 值分別為 4.52（p=.034）、34.44（p<.001）。

Estimates for BEL

--- Individual univariate .9500 confidence intervals（單純主要效果考驗之事後比較）
A WITHIN B(1)（b1 水準中男女生沒有差異）

Parameter	Coeff.	Std. Err.	t-Value	Sig. T	Lower-95%	CL-Upper
2	.602559508	.70498	.85472	.39340	-.78488	1.99000

A WITHIN B(2)（b2 水準中女生優於男生）

Parameter	Coeff.	Std. Err.	t-Value	Sig. T	Lower-95%	CL-Upper
3	-1.4982937	.70474	-2.12602	.03434	-2.88527	-.11131

A WITHIN B(3)（b3 水準中女生優於男生）

Parameter	Coeff.	Std. Err.	t-Value	Sig. T	Lower-95%	CL-Upper
4	-4.1374405	.70498	-5.86889	.00000	-5.52488	-2.78000

- -

2. B 因子單純主要效果考驗一

******Analysis of Variance-- design 1******

Tests of Significance for BEL using UNIQUE sums of squares（B 因子單純主要效果考驗）

Source of Variation	SS	DF	MS	F	Sig.of F
WITHIN CELLS	3648.52	294	12.41		
B WITHIN A(1)	436.15	2	218.07	17.57	.000
B WITHIN A(2)	56.21	2	28.10	2.26	.106

【說明】：B 因子在 a1 水準（男生）之單純主要效果的 F 值考驗達到顯著水準
（F=17.57，p<.001），但在 a2 水準（女生）之單純主要效果的 F 值則未達
顯著。

Estimates for BEL

--- Individual univariate .9500 confidence intervals（單純主要效果考驗之事後比較）

B WITHIN A(1)

Parameter	Coeff.	Std. Err.	t-Value	Sig. T	Lower-95%	CL-Upper
2	.588696769	.68760	.85617	.3260	-.76454	1.94193

（a1 因子中，b1 與 b2 的比較，二者沒有顯著差異）

3	3.18488814	.68760	4.63192	.00001	1.83165	4.53812

（a1 因子中，b2 與 b3 的比較，b2 優於 b3）

【說明】：在 B 因子單純主要效果考驗一中，事後比較參數設計之因子效果界定為
contrast(b)=special（1 1 1 1 -1 0 0 1 -1），第一個因子效果為 b1 與 b2 的
比較；第二個因子效果為 b2 與 b3 的比較。上面參數（parameter）2 為第一
個因子效果（b1 與 b2 的比較）、參數 3 為第二個因子效果（b2 與 b3 的比
較）；下面的參數 4 為第一個因子效果（b1 與 b2 的比較）、參數 5 為第二
個因子效果（b2 與 b3 的比較）。

B WITHIN A(2)

Parameter	Coeff.	Std. Err.	t-Value	Sig. T	Lower-95%	CL-Upper
4	-1.5383651	.72288	-2.12810	.03416	-2.96105	-.11568

（a2 因子中，b1 與 b2 的比較，b2 優於 b1）

5	.751131074	.72288	1.03908	.29962	-.67155	2.17381

（a2 因子中，b2 與 b3 的比較，二者沒有顯著差異）

----

3. B 因子單純主要效果考驗二

```
******Analysis of Variance-- design 1******
```
Tests of Significance for BEL using UNIQUE sums of squares（B 因子單純主要效果考驗二）

Source of Variation	SS	DF	MS	F	Sig.of F
WITHIN CELLS	3648.52	294	12.41		
B WITHIN A(1)	436.15	2	218.07	17.57	.000
B WITHIN A(2)	56.21	2	28.10	2.26	.106

Estimates for BEL

--- Individual univariate .9500 confidence intervals（單純主要效果考驗之事後比較）

B WITHIN A(1)

Parameter	Coeff.	Std. Err.	t-Value	Sig. T	Lower-95%	CL-Upper
2	3.77358491	.68432	5.51433	.00000	2.42679	5.12038

（a1 因子中，b1 與 b3 的比較，b1 優於 b3）

3	3.18488814	.68760	4.63192	.00001	1.83165	4.53812

（a1 因子中，b2 與 b3 的比較，b2 優於 b3）

【說明】：在 B 因子單純主要效果考驗二中，事後比較參數的設計之因子效果界定爲
contrast(b)=special(1 1 1 1 0 -1 0 1 -1)，第一個因子效果爲 b1 與 b3 的比
較；第二個因子效果爲 b2 與 b3 的比較。上面參數（parameter）2 爲第一個
因子效果（b1 與 b3 的比較）、參數 3 爲第二個因子效果（b2 與 b3 的比
較）；下面的參數 4 爲第一個因子效果（b1 與 b3 的比較）、參數 5 爲第二
個因子效果（b2 與 b3 的比較）。

B WITHIN A(2)

Parameter	Coeff.	Std. Err.	t-Value	Sig. T	Lower-95%	CL-Upper
4	-.78723404	.72669	-1.08331	.27956	-2.21741	.64294

（a2 因子中，b1 與 b3 的比較，二者沒有顯著差異）

5	.751131074	.72288	1.03908	.29962	-.67155	2.17381

（a2 因子中，b2 與 b3 的比較，二者沒有顯著差異）

四、結果說明

由以上報表數據，可以整理成如下三個表格：

表3 二因子變異數分析之細格平均數

學生性別 ＼ 學生年級	小學四年級（100）b1	小學六年級（100）b2	國中二年級（100）b3
男生（146）a1	16.604(53)	16.000(52)	12.830(53)
女生（154）a2	16.043(47)	17.563(48)	16.830(47)

註：括號內為人數

表4 學生性別、學生年級在數學解題題信念之二因子變異數分析摘要表

變異來源	SS	df	MS	F
A（學生性別）	207.80	1	207.80	16.74***
B（學生年級）	207.61	2	103.80	8.36***
A*B（交互作用）	259.49	2	129.74	10.45***
Error（誤差）	3648.52	294	12.41	
Total（全體）	4323.42	299		
*** p<.001				

由以上變異數分析摘要表，可以發現，A因子（學生性別）與B因子（學生年級）在數學解題信念的交互作用顯著，其 F 值為 10.45（p<.001），而其二個因子的主要效果亦達顯著，由於交互作用顯著，不必進行主要效果的比較，而繼續作單純主要效果的考驗分析。

表5 學生性別、學生年級在解題題信念之單純主要效果的變異數分析摘要表

變異來源	SS	df	MS	F	事後比較
A 因子（學生性別）					
在 b1（小四）	9.07	1	9.07	.73	
在 b2（小六）	56.09		56.09	4.52*	女生>男生
在 b3（國二）	427.45		427.45	34.44***	女生>男生
B 因子（學生年級）					
在 a1（男生）	436.15	2	218.07	17.57***	小六>國二 小四>國二
在 a2（女生）	56.21	2	28.10	2.26	
w.cell（誤差）	3648.52	294	12.41		
* p<.05；** p<.01；*** p<.001					

　　由以上單純主要效果變異數分析結果來看，A 因子在 b2（小六）及在 b3（國二）二個水準的 F 值均達顯著水準，分別為 4.52（p<.05）、34.44（p<.001），在小學六年級學生群中，女學生的解題信念顯著優於男學生的解題信念；在國中二年級學生群中，女學生的解題信念亦顯著優於男學生的解題信念。

　　此外，B 因子（學生年級），在 a1（男生）水準之 F 值亦達顯著（F=17.57；p<.001），小學六年級男學生的解題信念顯著優於國中二年級的男學生；而小學四年級男學生的解題信念亦顯著的優於國中二年級男學生的解題信念。

五、以條件篩選進行單純主要效果比較

　　上面提到，如果 A 因子與 B 因子的交互作用顯著，則 a1b1、a1b2、a1b3 細格間平均數的比較（B 因子在 a1 水準方面之效果比較），則可以進行「有條件性」的單因子變異數分析，這樣的分析即成為：

> 〔在 A=1 的情況下，進行 b1、b2、b3 三組的比較〕

　　也就是說，我們將條件限定為「A=1」（男生群體中），而進行獨立樣本的單因子變異數分析。

【操作 1】

　　執行【Data】/【Select Cases…】（【資料】/【選擇觀察值…】）程序。

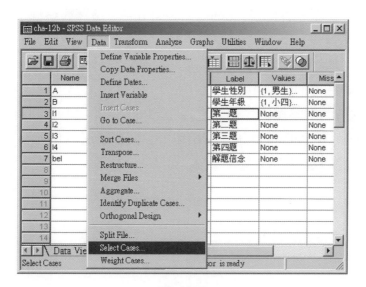

圖 12-8

　　會出現「Select Cases」（選擇觀察值）的對話視窗。在「Select」（選擇）的方盒中，選取「◉If condition is satisfied」（如果滿足設定條件），則會浮現『If…』鈕（若…）。

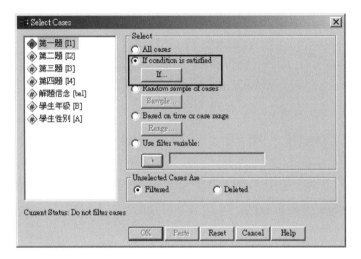

圖 12-9

　　【備註】：在上面「Select Cases」（選擇觀察值）的對話視窗中，如果要取消條件限制，選取「◉All Cases」（全部觀察值）選項。則會再恢復以全部的觀察值為統計分析的資料。如果研究者只要選取部分觀察值加以分析，則在「Select Cases」（選擇觀察值）的對話視窗中，選取「◉Based on time or case range」（以時間或觀察值範圍為準）選項，並輸入觀察值在資料檔中的編碼即可。

　　按下『If…』鈕，會出現「Select Cases: If」（選擇觀察值：If）次對話視窗。

　　將左邊變項學生性別因子「A」選入右邊的空盒中，並在「A」的旁邊輸入「＝1」，在右邊的空格中會變成「A=1」，即選取 A 變項中水準數等於 1 的觀察值。此時的觀察值為條件限定為 A=1 的情形，也就是只選擇男學生群體出來分析→按『Continue』鈕（繼續鈕），回到「Select Cases」（選擇觀察值）的對話視窗→按『OK』鈕。

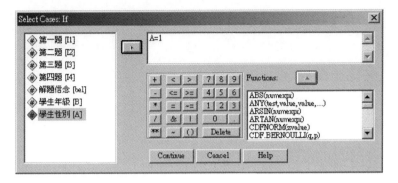

圖 12-10

如果要選取 B=1（小學四年級）學生的群體，在「Select Cases: If」視窗中，右邊的方格設為 B=1。

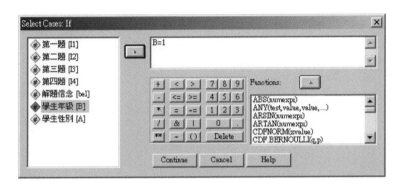

圖 12-11

【操作 2】

獨立樣本的單因子變異數分析，自變項為 B 因子（學生年級），依變項為解題信念（bel），這個分析即是在男生群體中（A=1），不同年級的學生（B因子三個水準），其解題信念的差異情形，也就是不同年級的男學生，其解題信念的差異比較。

【操作 3】

分別重複【操作 1】、【操作 2】的方法，設定條件及進行單因子變異數分析。

以下面 A 因子與 B 因子的以表格為例。

A因子＼B因子		B因子			邊緣平均數
		b1（B=1）	b2（B=1）	b3（B=1）	
A因子	a1（A=1）	a1b1	a1b2	a1b3	A1
	a2（A=2）	a2b1	a2b2	a2b3	A2
邊緣平均數		B1	B2	B3	

五種條件限定整理如下：

1. a1b1、a1b2、a1b3 單純主要效果的比較：

   If條件：A＝1（男生群體）　　Oneway；自變項為B因子（學生年級）

   單純主要效果比較一：不同年級的「男學生」，其數學解題信念的差異情形。

2. a2b1、a2b2、a2b3 單純主要效果的比較：

   If條件：A＝2（女生群體）　　Oneway；自變項為B因子（學生年級）

   單純主要效果比較二：不同年級的「女學生」，其解題信念的差異情形。

3. a1b1、a2b1 單純主要效果的比較：

   If條件：B＝1（小學四年級）　　Oneway；自變項為A因子（學生性別）

   單純主要效果比較三：「小學四年級」之男女學生中，其解題信念的差異情形。

4. a1b2、a2b2 單純主要效果的比較：

   If條件：B＝2（小學六年級）　　Oneway；自變項為A因子（學生性別）

   單純主要效果比較四：「小學六年級」之男女學生中，其解題信念的差異情形。

5. a1b3、a2b3 單純主要效果的比較：

   If條件：B＝3（國中二年級）　　Oneway；自變項為A因子（學生性別）

   單純主要效果比較五：「國中二年級」之男女學生中，其解題信念的差異情形。

上述單純主要效果分析，因為 A 因子有二個水準、B 因子有三個水準，總共要進行五次單因子變異數分析，單純主要效果的水準數在三個以上，如男學生群體中學生年級在數學解題信念上差異，或女學生群體中學生年級在數學解題信念上差異，其單純主要效果考驗的 F 值達到顯著，也要進行事後多重比較，以得知是那二個水準間的差異達到顯著。

12-3 以分割檔案的方式進行單純主要效果檢定

在上述介紹獨立樣本二因子變異數分析的探究分析說明中，提及如果交互作用顯著，研究者所要繼續進行分析的是「單純主要效果」比較，對於主要效果的顯著與否，就不是關注分析的重點。在考驗單純主要效果比較時，其方法有二，一為套用「MANOVA」語法；二為以條件篩選方式進行單純主要效果比較。

以語法檔或條件篩選方式進行單純主要效果考驗，二者統計分析方法，各有其優劣，語法方式撰寫必須對傳統MANOVA語法有基本了解，它最簡便之處就是可以一次包含不同語法內容，同時進行所有單純主要效果比較；而條件篩選方式的優點，就是其與視窗使用界面相同，較易了解與操作，不過，要進行單純主要效果分析則要分為數個獨立步驟，以進行統計考驗，如果是2×2多因子實驗設計（A 因子二個水準、B 因子二個水準），則要分別進行四次的條件篩選與變異數分析；如果是2×3（A 因子二個水準、B 因子三個水準）或3×2（A 因子三個水準、B 因子二個水準）多因子實驗設計，則要分別進行五次的條件篩選與變異數分析；如果是 M×N 多因子實驗設計，則總共要進行（M+N）次的條件篩選與變異數分析。條件篩選後採用之「單因子變異數分析法」亦可以「一般線性模式－單變量」程序加以替代，如果因子水準數在三個以上，採用單因子變異數分析或「一般線性模式－單變量」結果均相同；而當因子水準數只有二個時，則不用選取事後比較方式。

分割檔案的作法就是依據上述條件篩選的理念來進行單純主要效果檢定，以 A 因子（學生性別）為例，如果將此檔案分割，則 SPSS 會根據 A 因子的水準數，將資料檔分開，因 A 因子有二個水準（1、2），執行檔案分割後，會暫時分割成二個檔案，每個分割檔案如再以另一個自變項B（因子）進行單因子變異數分析，則可以求出此二個分割檔案的單純主要效果。檔案分割如以 B 因子為依據，因 B 因子有三個水準（1、2、3），執行檔案分割後，會暫時分割成三個檔案，每個分割檔案再以另一因子 A 為自變項，進行單因子變異數分析，則可以求出這三個分割檔案的單純主要效果。

一、【問題研究】

某心理學家想了解教學模式與學習壓力變項對學生學習成就是否有顯著的交互作用，即不同教學模式的學生在不同的學習壓力知覺程度下，其學習成就是否有顯著的差異，下表是三十位受試者的學習成就的資料。

教學模式 \ 學習壓力	高學習壓力 b1	中學習壓力 b2	低學習壓力 b3
教師中心 a1	5 11 9 11 8	2 4 4 5 4	5 10 7 6 2
學生中心 a2	4 9 6 7 4	9 4 5 3 6	12 10 13 14 11

其中 A 因子（教學模式）有二個水準，分別為「教師中心」、「學生中心」；B因子（學習壓力）有三個水準，分別為「高學習壓力組」、「中學習壓力組」、「低學習壓力組」，依變項為「學習成就」。

資料檔建檔範例與與變項名稱如下：

A（teach）註解：teach	B（press）註解：press	score
1	1	5
1	1	11
2	3	14
2	3	11

上表A因子中水準數值1為教師中心、2為學生中心，B因子中水準數值1為高學習壓力組、2為中學習壓力組、3為低學習壓力組。

二、求獨立樣本二因子變異數分析

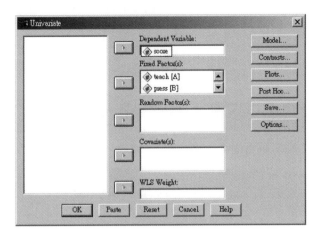

圖 **12-12**

Tests of Between-Subjects Effects
Dependent Variable: score

Source	Type III Sum of Squares	df	Mean Square	F	Sig.
Corrected Model	211.867(a)	5	42.373	9.016	.010
Intercept	1613.333	1	1613.333	343.262	.000
A	6.533	1	6.533	1.390	.250
B	145.867	2	72.933	15.518	.000
A * B	59.467	2	29.733	6.326	.006
Error	112.800	24	4.700		
Total	1938.000	30			
Corrected Total	324.667				
a R Squared = .653 (Adjusted R Squared = .580)					

　　上表為獨立樣本二因子變異數分析摘要，其中「A*B」列（交互作用）的 F 值等於 6.326，顯著性 p 值等於.006，顯著性機率值小於.05，表示教學模式與學習壓力變項在學習成就上之交互作用顯著，因為交互作用顯著，繼續進行《單純主要效果比較》。

　　除教學模式與學習壓力變項在學習成就之交互作用顯著外，B 因子（學習壓力）變項在學習成就之主要效果（B 因子的邊緣平均數）也顯著，F值等於 15.518，p=.000<.05，達顯著水準。由於 A 因子與 B 因子交互作用顯著，因而 B 因子主要效果顯著沒有實質意義，在此可作為統計分析參考指標之用。如果 A*B 的交互作用不顯著，而 B 因子主要效果顯著，就要說明 B 因子主要效

果的差異，如果 B 因子的水準數在三個以上，則要進一步進行事後比較，以得知組別間的差異，組別間的比較即在比較 B 因子主要效果之邊緣平均數間之差異。

由於不同教學模式在不同學習壓力知覺感受中有不同的學習成就，二個自變項在依變項的交互作用顯著，因而繼續進行單純主要效果比較。

三、以檔案分割進行單純主要效果檢定

㈠操作程序

1. 進行檔案分割

> Data（資料）
>   Split file...（分割檔案）

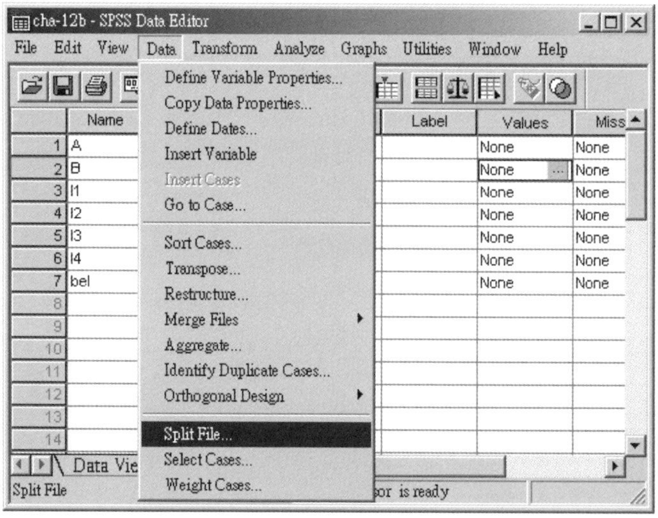

圖 12-13

2. 根據 A 因子進行檔案分割

> 在「Split File」（分割檔案）的對話視窗中→勾選「◉Organize output by groups」（依組別組織輸出）選項→將自變項 A 因子「teach[A]」選入右邊「Groups Based on:」（以組別為準）的方格中→按『OK』鈕
>
> 備註：上述自變項 teach[A]，A 表示自變項的名稱，teach 為變數的註解，在變數清單中會以 teach[A] 符號出現，如果註解改為「教學模式」，則會以「教學模式[A]」符號出現於變數清單中。

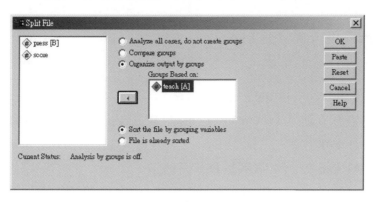

圖 12-14

3. 根據 B 因子執行單因子變異數分析

以另一變項 B 因子（學習壓力）為自變項，而以學習成就（score）為依變項，執行單因子變異數分析，選取事後比較方法及描述性統計量。

Analyze

  Compare Means

    One-Way ANOVA

    將依變項學習成就 score 選入右邊「Dependent List」下的方格中

    將自變項學習壓力 press[B] 選入右邊「Factor」下的的方格中

    按『Options...』鈕

      勾選「Descriptive」

      按『Continue』鈕

    按『Post Hoc...』鈕

      勾選「Tukey」事後比較方法（事後比較方法可自行選擇一種）

      按『Continue』鈕

    按『OK』鈕

圖 12-15

4.根據 B 因子進行檔案分割

Data（資料）→Split file...（分割檔案）→在「Split File」（分割檔案）的
對話視窗中，勾選「◉Organize output by groups」（依組別組織輸出）選
項→將自變項 B 因子「press[B]」選入右邊「Groups Based on:」（以組別
為準）的方格中→按『OK』鈕

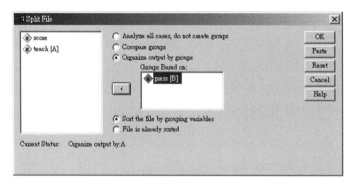

圖 12-16

5.根據 A 因子執行單因子變異數分析

以另一變項 A 因子（學習壓力）為自變項，而以學習成就為依變項，執
行單因子變異數分析，選取描述性統計量選項。

Analyze
  Compare Means
    One-Way ANOVA
    將依變項學習成就 score 選入右邊「Dependent List」下的方格中
    將自變項教學模式 teach[A]選入右邊「Factor」下的的方格中
    按『Options...』鈕
      勾選「Descriptive」
      按『Continue』鈕
    按『OK』鈕

備註：由於 A 因子只有二個水準，所以不用選取事後比較。如果選取事
　　　後比較方法，SPSS 執行時會出現未執行 Post Hoc 檢定，因為組別
　　　少於三組的警告；此警告不影響單因子變異數分析之結果，只是未
　　　呈現多重比較報表表格而已。

圖 12-17

(二)報表解析

1. A=1 條件時之單因子變異數分析

Oneway

teach = 1

Descriptives(a)　score

	N	Mean	Std. Deviation	Std. Error	95% Confidence Interval for Mean		Minimum	Maximum
					Lower Bound	Upper Bound		
1	5	8.80	2.490	1.114	5.71	11.89	5	11
2	5	3.80	1.095	.490	2.44	5.16	2	5
3	5	8.00	2.915	1.304	4.38	11.62	5	12
Total	15	6.87	3.114	.804	5.14	8.59	2	12
a teach = 1								

　　上表為 A 水準等於 1 時（教師中心模式群體），B 因子三個組別在學習成就上之描述性統計量。

ANOVA(a)　score

	Sum of Squares	df	Mean Square	F	Sig.
Between Groups	72.133	2	36.067	6.805	.011
Within Groups	63.600	12	5.300		
Total	135.733	14			
a teach = 1					

　　上表為 A 水準等於 1 時（教師中心模式群體），B 因子三個水準數的單純主要效果比較。在教師中心的教學模式中（A=1 條件下），三個組別的學

565

習成就有顯著差異，F 值為 6.805（p=.011<.05），從事後比較得知（見下面 Post Hoc 檢定：多重比較報表）「高學習壓力組」受試者之學習成就（M=8.80）顯著的優於「中學習壓力組」的受試者（M=3.80）；而「低學習壓力組」受試者之學習成就（M=8.00）顯著的優於「中學習壓力組」之受試者（M=3.80），可見「中學習壓力組」的受試者較不適合教師中心的教學模式；在教師中心的教學模式中，高學習壓力組與低學習壓力組的受試者，其學習成就間沒有顯著差異存在。

Post Hoc Tests

Multiple Comparisons(a) Dependent Variable: score   Tukey HSD

(I)press	(J)press	Mean Difference(I-J)	Std. Error	Sig.	95% Confidence Interval Lower Bound	95% Confidence Interval Upper Bound
1	2	5.000(*)	1.456	.013	1.12	8.88
1	3	.800	1.456	.849	-3.08	4.68
2	1	-5.000(*)	1.456	.013	-8.88	-1.12
2	3	-4.200(*)	1.456	.034	-8.08	-.32
3	1	-.800	1.456	8.49	-4.68	3.08
3	2	4.200(*)	1.456	.034	.32	8.08
* The mean difference is significant at the .05 level.						
a teach = 1						

2. A=2 條件時之單因子變異數分析

Descriptives(a)   score

	N	Mean	Std. Deviation	Std. Error	95% Confidence Interval for Mean Lower Bound	95% Confidence Interval for Mean Upper Bound	Minimum	Maximum
1	5	6.00	2.121	.949	3.37	8.63	4	9
2	5	5.40	2.302	1.030	2.54	8.26	3	9
3	5	12.00	1.581	.707	10.04	13.96	10	14
Total	15	7.80	3.610	.932	5.80	9.80	3	14
a teach = 2								

ANOVA(a)   score

	Sum of Squares	df	Mean Square	F	Sig.
Between Groups	133.200	2	66.600	16.244	.000
Within Groups	49.200	12	4.100		
Total	182.400	14			
a teach = 2					

上表為 A 水準等於 2 時（學生中心教學模式群體），B 因子三個水準數的單純主要效果比較。在學生中心的教學模式中（A=2 條件下），三個組別的學習成就有顯著差異，F 值為 16.244（p=.000<.05），達顯著水準，從事後比較得知（見下面 Post Hoc 檢定：多重比較報表）「低學習壓力組」受試者之學習成就（M=12.00）顯著的優於「中學習壓力組」的受試者（M=5.40）；而「低學習壓力組」受試者之學習成就（M=12.00）也顯著的優於「高學習壓力組」之受試者（M=6.00），可見在學生中心的教學模式下，以低學習壓力組之受試者的學習成就最佳。在學生中心的教學模式中，高學習壓力組與中學習壓力組的受試者其學習成就間沒有顯著差異存在。

Post Hoc Tests
Multiple Comparisons(a)　Dependent Variable: score　　Tukey HSD

(I)press	(J)press	Mean Difference(I-J)	Std. Error	Sig.	95% Confidence Interval Lower Bound	95% Confidence Interval Upper Bound
1	2	.600	1.281	.887	-2.82	4.02
1	3	-6.000(*)	1.281	.001	-9.42	-2.58
2	1	-.600	1.281	.887	-4.02	2.82
2	3	-6.600(*)	1.281	.001	-10.02	-3.18
3	1	6.000(*)	1.281	.001	2.58	9.42
3	2	6.600(*)	1.281	.001	3.18	10.02
* The mean difference is significant at the .05 level.						
a press = 2						

3. B=1 條件時之單因子變異數分析

press = 1
Descriptives(a)　score

	N	Mean	Std. Deviation	Std. Error	95% Confidence Interval for Mean Lower Bound	95% Confidence Interval for Mean Upper Bound	Minimum	Maximum
1	5	8.80	2.490	1.114	5.71	11.89	5	11
2	5	6.00	2.121	.949	3.37	8.63	4	9
Total	10	7.40	2.633	.833	5.52	9.28	4	11
a press = 1								

ANOVA(a) score

	Sum of Squares	df	Mean Square	F	Sig.
Between Groups	19.600	1	19.600	3.664	.092
Within Groups	42.800	8	5.350		
Total	62.400	9			
a teach = 1					

上表為 B 水準等於 1 時（高學習壓力組群體），A 因子二個水準數的單純主要效果比較，變異數分析之 F 值等於 3.664，p=.092>.05，未達到顯著水準，表示在高學習壓力的知覺感受情境下，A 因子二個水準間學習成就的得分沒有顯著差異，即教師中心組（M=8.80）與學生中心組（M=6.00）的受試者在學習成就表現上沒有顯著的不同。

4. B=2 條件時之單因子變異數分析

press = 2

Descriptives(a) score

	N	Mean	Std. Deviation	Std. Error	95% Confidence Interval for Mean		Minimum	Maximum
					Lower Bound	Upper Bound		
1	5	3.80	1.095	.490	2.44	5.16	2	5
2	5	5.40	2.302	1.030	2.54	8.26	3	9
Total	10	4.60	1.897	.600	3.24	5.96	2	9
a press = 2								

ANOVA(a) score

	Sum of Squares	df	Mean Square	F	Sig.
Between Groups	6.400	1	6.400	1.969	.198
Within Groups	26.000	8	3.250		
Total	32.400	9			
a press = 2					

上表為 B 水準等於 2 時（中學習壓力組群體），A 因子二個水準數的單純主要效果比較，變異數分析之F值等於 1.969，p=.198>.05，未達顯著水準，表示在中學習壓力的知覺情境下，A 因子二個水準間學習成就的得分沒有顯著差異，即教師中心組（M=3.80）與學生中心組（M=5.40）的受試者在學習成就表現上沒有顯著的不同。

5. B=3 條件時之單因子變異數分析

press = 3

Descriptives(a)　score

	N	Mean	Std. Deviation	Std. Error	95% Confidence Interval for Mean		Minimum	Maximum
					Lower Bound	Upper Bound		
1	5	8.00	2.915	1.304	4.38	11.62	5	12
2	5	12.00	1.581	.707	10.04	13.96	10	14
Total	10	10.00	3.055	.966	7.81	12.19	5	14
a press = 3								

ANOVA(a)　score

	Sum of Squares	df	Mean Square	F	Sig.
Between Groups	40.000	1	40.000	7.273	.027
Within Groups	44.000	8	5.500		
Total	84.000	9			
a press = 3					

　　上表為 B 水準等於 3 時（低學習壓力組群體），A 因子二個水準數的單純主要效果比較，變異數分析之 F 值等於 7.273，p=.027<.05，達到顯著水準，表示在低學習壓力的知覺情境下，A 因子二個水準間學習成就的得分有顯著差異，經比較二組的平均數得知：即教師中心組之受試者的學習成就（M=8.00）顯著的低於學生中心組之受試者的學習成就表現（M=12.00）。

三、以條件篩選方式進行單純主要效果檢定

　　檔案分割即是以條件篩選的方式，進行單純主要效果檢定，以特定條件篩選觀察值後，再進行單因子變異數分析。

㈠選取 A=1 的觀察值

　　IF 條件 A=1（教師中心群體），B 因子三個組別的差異，以表格的比較是 a1b1、a1b2、a1b3

A因子　　　　B因子		學習壓力			邊緣平均數
		b1（高學習壓力組）B=1 條件	b2（中學習壓力組）B=2 條件	b3（低學習壓力組）B=3 條件	
教學模式	a1（教師中心）A=1 條件	a1b1	a1b2	a1b3	A1
	a2（學生中心）A=2 條件	a2b1	a2b2	a2b3	A2
邊緣平均數		B1	B2	B3	

選擇觀察值步驟如下：

> 【Data】（資料）/【Select Cases…】（選擇觀察值）→出現「Select」（選擇）對話視窗→勾選右邊「◉If condition is satisfied」（如果滿足設定條件）→按『If…』（若）鈕→出現「Select Cases: If」（選擇觀察值:If）次對話視窗→將左邊「teach[A]」選入右邊空格中，在「A」的後面鍵入「=1」，右邊空盒中會出現「A=1」→按 『Continue』鈕，回到「選擇觀察值」對話視窗→按『OK』鈕。

當執行「選擇觀察值」之條件篩選後，在資料檔變項中，會多出現一個「filter_$」變項名稱，「filter_$」值不是 1 就是 0，其值如等於「1」，表示此觀察值是符合條件的觀察值，如等於「0」，表示是爲未符合條件的觀察值。

選擇 A 水準等於 1 的觀察值後，繼續執行單因子變異數分析或「一般線性模式／單變量」程序。因爲 B 因子有 b1、b2、b3 三個組別，因而在「單因子變異數分析」或「一般線性模式／單變量」中要進行事後比較。如果 B 因子只有二個水準則不用進行事後比較。

以下只呈現單因子變異數分析報表，細格之描述性統計量及事後比較結果省略。

ANOVA　score

	Sum of Squares	df	Mean Square	F	Sig.
Between Groups	72.133	2	36.067	6.805	.011
Within Groups	63.600	12	5.300		
Total	135.733	14			

(二)選取 A=2 的觀察值

IF 條件 A=2（學生中心群體），B因子三個組別的差異，細格的比較是 a2b1、a2b2、a2b3。

A因子　　　　　B因子	學習壓力			邊緣平均數
	b1（高學習壓力組）B=1 條件	b2（中學習壓力組）B=2 條件	b3（低學習壓力組）B=3 條件	
教學模式　a1（教師中心）A=1 條件	a1b1	a1b2	a1b3	A1
a2（學生中心）A=2 條件	a2b1	a2b2	a2b3	A2
邊緣平均數	B1	B2	B3	

選擇觀察值步驟如下：

> 【Data】（資料）/【Select Cases…】（選擇觀察值）→出現「Select」（選擇）對話視窗→勾選右邊「⊙If condition is satisfied」（如果滿足設定條件）→按『If…』（若）鈕→出現「Select Cases: If」（選擇觀察值:If）次對話視窗→將左邊「teach[A]」選入右邊空格中，在「A」的後面鍵入「=2」，右邊空盒中會出現「A=2」→按『Continue』鈕，回到「選擇觀察值」對話視窗→按『OK』鈕。

> 備註：在「Select Cases: If」（選擇觀察值: If）次對話視窗中，右邊的方格會保留「A=1」，可直接將數字1變更為數字2；或先選取「A=1」→按下方運算式中『Delete』（刪除）鈕，再重新設定選取觀察值的條件。

ANOVA　score

	Sum of Squares	df	Mean Square	F	Sig.
Between Groups	133.200	2	66.600	16.244	.000
Within Groups	49.200	12	4.100		
Total	182.400	14			

(三)選取 B=1 的觀察值

IF 條件 B=1（高學習壓力組的群體），A 因子二個教學模式的差異，細格的比較是 a1b1、a2b1。

A因子 B因子	學習壓力			邊緣平均數
	b1（高學習壓力組）B=1 條件	b2（中學習壓力組）B=2 條件	b3（低學習壓力組）B=3 條件	
教學模式 a1（教師中心）A=1 條件	a1b1	a1b2	a1b3	A1
a2（學生中心）A=2 條件	a2b1	a2b2	a2b3	A2
邊緣平均數	B1	B2	B3	

選擇觀察值步驟如下：

> 【Data】（資料）/【Select Cases…】（選擇觀察值）→出現「Select」（選擇）對話視窗→勾選右邊「⊙If condition is satisfied」（如果滿足設定條件）→按『If…』（若）鈕→出現「Select Cases: If」（選擇觀察值:If）次對話視窗→刪除之前的設定→將左邊「press[B]」選入右邊空格中，在「B」的後面鍵入「=1」，右邊空盒中會出現「B=1」→按 『Continue』鈕，回到「選擇觀察值」對話視窗→按『OK』鈕。

ANOVA score

	Sum of Squares	df	Mean Square	F	Sig.
Between Groups	19.600	1	19.600	3.664	.092
Within Groups	42.800	8	5.350		
Total	62.400	9			

(四)選取 B=2 的觀察值

IF 條件 B=2（中學習壓力的群體），A 因子二個教學模式的差異，細格的比較是 a1b2、a2b2。

A因子 ＼ B因子		學習壓力			邊緣平均數
		b1（高學習壓力組）B=1 條件	b2（中學習壓力組）B=2 條件	b3（低學習壓力組）B=3 條件	
教學模式	a1（教師中心）A=1 條件	a1b1	a1b2	a1b3	A1
	a2（學生中心）A=2 條件	a2b1	a2b2	a2b3	A2
邊緣平均數		B1	B2	B3	

選擇觀察值步驟如下：

> 【Data】（資料）/【Select Cases…】（選擇觀察值）→出現「Select」（選擇）對話視窗→勾選右邊「⦿If condition is satisfied」（如果滿足設定條件）→按『If…』（若）鈕→出現「Select Cases: If」（選擇觀察值:If）次對話視窗→刪除之前的設定→將左邊「press[B]」選入右邊空格中，在「B」的後面鍵入「=2」，右邊空盒中會出現「B=2」→按 『Continue』鈕，回到「選擇觀察值」對話視窗→按『OK』鈕。

ANOVA score

	Sum of Squares	df	Mean Square	F	Sig.
Between Groups	6.400	1	6.400	1.969	.198
Within Groups	26.000	8	3.250		
Total	32.400	9			

㈤選取 B=3 的觀察值

IF 條件 B=3（低學習壓力群體），A 因子二個教學模式的差異，表格的比較是 a1b3、a2b3。

A因子　　　　B因子	學習壓力			邊緣平均數
	b1（高學習壓力組）B=1 條件	b2（中學習壓力組）B=2 條件	b3（低學習壓力組）B=3 條件	
教學 模式 a1（教師中心）A=1 條件	a1b1	a1b2	a1b3	A1
a2（學生中心）A=2 條件	a2b1	a2b2	a2b3	A2
邊緣平均數	B1	B2	B3	

選擇觀察值步驟如下：

【Data】（資料）/【Select Cases…】（選擇觀察值）→出現「Select」（選擇）對話視窗→勾選右邊「⊙If condition is satisfied」（如果滿足設定條件）→按『If…』（若）鈕→出現「Select Cases: If」（選擇觀察值:If）次對話視窗→刪除之前的設定→將左邊「press[B]」選入右邊空格中，在「B」的後面鍵入「=3」，右邊空盒中會出現「B=3」→按『Continue』鈕，回到「選擇觀察值」對話視窗→按『OK』鈕。

ANOVA score

	Sum of Squares	df	Mean Square	F	Sig.
Between Groups	40.000	1	40.000	7.273	.027
Within Groups	44.000	8	5.500		
Total	84.000	9			

在單純主要效果考驗方面，以條件篩選後再進行變異數分析之結果與檔案分割再執行變異數分析之結果完全相同，此二種方法均可用於獨立樣本共變數分析及多變量分析之單純主要效果考驗。

三、結果說明

如將以上各條件篩選出之數據報表加以整理，則可以將之統整成以下三個表格：雙因子變異數分析摘要表（表 A）、各細格平均數摘要一覽表（表 B）及單純主要效果與單純主要效果事後比較摘要表（表 C）。

表 A　不同教學模式、學習壓力在學習成就之雙因子變異數分析摘要表

變異來源	SS	自由度	MS	F 檢定	顯著性
A	6.533	1	6.533	1.390n.s.	.250
B	145.867	2	72.933	15.518***	.000
A * B	59.467	2	29.733	6.326**	.006
誤差	112.800	24	4.700		
全體	324.667	29			

* p<.05　***p<.001　n.s. p>.05

表 B　不同教學模式、學習壓力在學習成就之各細格平均數

A因子　　　　　　B因子	高學習壓力（b1）	中學習壓力（b2）	低學習壓力（b3）	全體
教師中心（a1）	8.80(5)	3.80(5)	8.00(5)	6.87(15)
學生中心（a2）	6.00(5)	5.40(5)	12.00(5)	7.80(15)
全體	7.40(10)	4.60(10)	10.00(10)	

* p<.05　***p<.001

表C　不同教學模式、學習壓力組在學習成就之單純主要效果的變異數分析摘要表

變異來源	SS	Df	MS	F	事後比較
A 因子（教學模式）					
在 b1（高學習壓力組）	19.600	1	19.600	3.664n.s.	
在 b2（中學習壓力組）	6.400	1	6.400	1.969n.s.	
在 b3（低學習壓力組）	40.000	1	40.000	7.273*	學生中心>教師中心
B 因子（學習壓力）					
在 a1（教師中心）	72.133	2	36.067	6.805*	低學習壓力組＞中學習壓力組
					高學習壓力組＞中學習壓力組
在 a2（學生中心）	133.200	2	66.600	16.244***	低學習壓力組＞高學習壓力組
					低學習壓力組＞中學習壓力組
w.cell（誤差）	112.80	24	4.70		

* p<.05　***p<.001　n.s.未達.05 顯著水準

表 A 與表 C 中，離均差平方和（SS）的數據有以下關係存在：

$SS_A = 6.533$、$SS_B = 145.867$、$SS_{AB} = 59.467$

SS_A 在 b1=19.600、SS_A 在 b2=6.400、SS_A 在 b3=40.400

SS_B 在 a1=72.133、SS_B 在 a2=133.200

其中離均差的拆解如下：

1. $SS_A + SS_{AB} = SS_A$ 在 b1 $+ SS_A$ 在 b2 $+ SS_A$ 在 b3

    6.533+59.467=66.000=19.600+6.400+40.000

2. $SS_B + SS_{AB} = SS_B$ 在 a1 $+ SS_B$ 在 a2

    145.867+59.467=205.334=72.133+133.200

而總誤差項 = 112.800=63.600+49.200=42.800+26.000+44.000

    使用分割檔案或選擇觀察值的方式來進行各自變項的單純主要效果考驗時，均使用分割後的誤差項，而非使用原先二因子變異數分析中總誤差項值 $SS_{w.cell}$（112.800）。根據 Keppel（*1982*）的觀點：當未違反變異數同質性的假設時，檢定各單純主要效果的顯著性所用之誤差項，只要選用分割後的誤差項即可，只是此種方法對顯著性的檢定會較爲保守，亦即較不容易達到顯著，且當各組的變異數同質時，這些分割的誤差項可以合併還原爲原來的誤差項（王保進，民 *91*）。

    在上述中使用條件篩選後，再進行單純主要效果檢定與分割檔案後，再進行單純主要效果檢定，二者的操作雖稍有不同，但結果卻完全一樣，只是以檔案分割的方式較爲簡易。

12-4 二因子混合設計變異數分析

    所謂二因子混合設計變異數分析，是指二個自變項 A 因子與 B 因子中有一個因子是獨立樣本（受試者間設計）；另外一個因子是相依樣本（受試者內設計或重複量數）。獨立樣本中每個處理水準是來自同一母群體的不同樣本；而相依樣本是自變項的的每個處理水準皆來自同一母群體的同一樣本。當一個設計同時採用受試者間設計（A因子）和受試者內設計（B因子）的方法，稱爲二因子混合設計。

    以實例解析來看：一位教師以行動研究的模式，想得知在不同壓力情境狀態下的學習，學生的學習成就是否有所差異，他設計了四種不同的壓力情境（簡稱爲壓力情境一、壓力情境二、壓力情境三、壓力情境四）讓學生於其中學習，每次學習完後實施標準化的測驗，以作爲其學習成就的表現，這位教師總共挑選八名男學生、八名女學生。此教師進一步想要知悉不同的學生性別在不同的壓力情境狀態中學習，其學習成就是否有所不同？

    上述問題中依變項爲學習成就，自變項有二個，一爲學生性別，內有二個水準，屬獨立樣本；另一爲壓力情境，內有四個水準，全部受試者均要接受四個水準的處理，屬相依樣本。其模式表如下：

自變項一 \ 自變項二		B 因子（壓力情境）			
		情境一	情境二	情境三	情境四
A 因子 學生性別	男生 a1 （A=1）	S_1......S_8	S_1......S_8	S_1......S_8	S_1......S_8
	女生 a2 （A=2）	S_9......S_{16}	S_9......S_{16}	S_9......S_{16}	S_9......S_{16}

　　研究數據如下：請問學生性別與壓力情境變項在學業成就表現上是否有顯著的交互作用存在。

Sub	Sex	Situ1	Situ2	Situ3	Situ4
S1	男生	3	3	3	6
S2		5	5	3	7
S3		2	4	4	7
S4		3	5	3	6
S5		2	2	4	7
S6		2	3	2	8
S7		2	4	2	7
S8		3	6	3	6
S9	女生	8	7	6	6
S10		9	8	6	4
S11		8	5	3	6
S12		7	6	5	7
S13		7	7	8	2
S14		8	4	9	4
S15		9	5	6	5
S16		8	6	6	7

一、二因子變異數分析操作程序

分析（Analyze）
　　一般線性模式（General Linear Model）
　　重複量數（Repeated Measures）
　　　　在「受試者內因子的名稱」後的方格輸入 B 因子自變項名稱「situ」
　　　　在「水準個數」（Number of Levels）後之方格輸入 B 因子的水準數「4」
　　　　按『新增』（Add）鈕
　　　　按『定義』（Define）鈕

分別選取 situ1、situ2、situ3、situ4 變項移至右邊「受試者內變數」方格中

點選 A 因子學生性別「sex」至中間「受試者間的因子」方格中

按『選項』（Options...）鈕

　　點選目標清單「situ」至「顯示平均數」下的方盒中、勾選「比較主效應」

　　在顯示方盒中勾選「敘述統計」及「同質性檢定」

　　按『繼續』鈕

按『圖形』（Plots...）鈕

　　將 A 因子學生性別「sex」選入右邊「水平軸」（Horizontal Axis）下的方格

　　將 B 因子壓力情境「situ」選入右邊「個別線」（Separate Lines）下的方格

　　按『新增』鈕

　　將 B 因子壓力情境「situ」選入右邊「水平軸」下的方格

　　將 A 因子學生性別「sex」選入右邊「個別線」下的方格

　　按『新增』鈕

　　按『繼續』鈕

按『確定』鈕

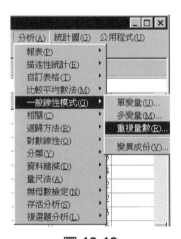

圖 **12-18**

圖 **12-19**

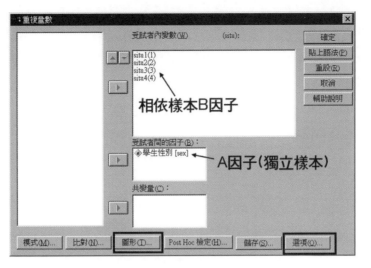

圖 12-20

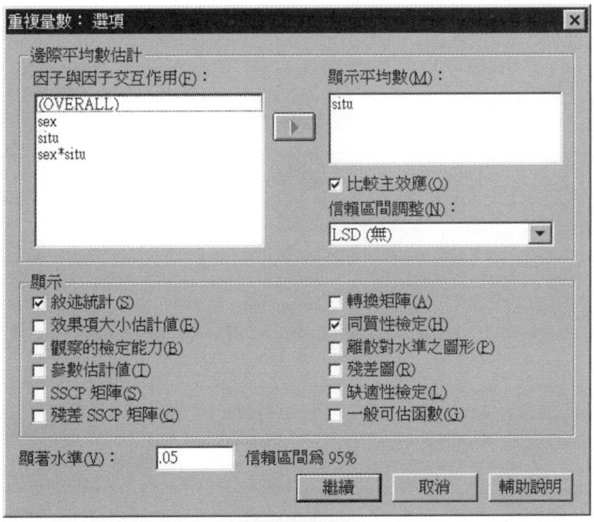

圖 12-21

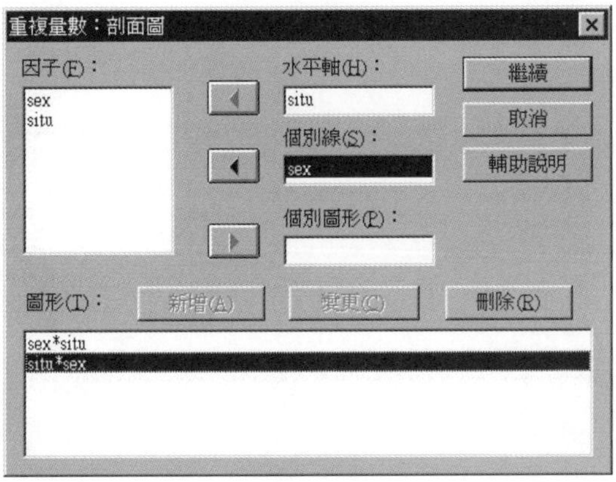

圖 12-22

二、二因子混合設計變異數分析報表解析

一般線性模式

受試者內因子　測量: MEASURE_1

situ	依變數
1	situ1
2	situ2
3	situ3
4	situ4

上表爲 B 因子的名稱及水準數,壓力情境 situ 變項爲相依樣本,有四個水準,分別爲 situ1、situ2、situ3、situ4,是受試者內因子（Within-Subjects Factors）設計。

受試者間因子

		數值註解	個數
學生性別	1	男生	8
	2	女生	8

上表爲 A 因子學生性別的變項名稱、數值註解及有效觀察值個數,A 因子有二個水準,是獨立樣本設計,亦稱爲受試者間因子（Between-Subjects Factors）設計。

敘述統計

	學生性別	平均數	標準差	個數
情境一	男生	2.75	1.04	8
	女生	8.00	.76	8
	總和	5.38	2.85	16
情境二	男生	3.75	1.04	8
	女生	6.00	1.31	8
	總和	4.88	1.63	16
情境三	男生	3.00	.76	8
	女生	6.13	1.81	8
	總和	4.56	2.10	16
情境四	男生	6.75	.71	8
	女生	5.13	1.73	8
	總和	5.94	1.53	16

上表為細格及邊緣的平均數、標準差與受試者個數。男學生（N=8）在四種壓力情境下的學習成就平均數分別為 2.75、3.75、3.00、6.75；標準差分別為 1.04、1.04、0.76、0.71；女學生（N=8）在四種壓力情境下的學習成就平均數分別為 8.00、6.00、6.13、5.13；標準差分別為 0.76、1.31、1.81、1.73；全體受試者（N=16）在四種壓力情境下的平均數分別為 5.38、4.88、4.56、5.94。

共變量矩陣等式的 Box 檢定(a)

Box's M	11.444
F 檢定	.781
分子自由度	10
分母自由度	937.052
顯著性	.648
檢定依變數的觀察共變量矩陣 之虛無假設，等於交叉組別。 a 設計：Intercept+SEX　受試者內設計：SITU	

上表為不同性別之受試者在四個依變項測量之同質性多變量檢定結果。採用的方法是 Box 法之 M 值檢定，M 值=11.444，轉換為 F 值考驗結果，F=.781，p=648>.05，未達顯著水準，接受虛無假設，不同性別的受試者在四個重複量數之變異數具同質性，未違反基本假設。

Mauchly 球形檢定(b)　測量：MEASURE_1

受試者內效應項	Mauchly's W	近似卡方分配	自由度	顯著性	Epsilon(a)		
					Greenhouse-Geisser	Huynh-Feldt 值	下限
SITU	.598	6.533	5	.259	.771	.999	.333
檢定正交化變數轉換之依變數的誤差共變量矩陣的虛無假設，是識別矩陣的一部分。 a 可用來調整顯著性平均檢定的自由度。改過的檢定會顯示在 "Within-Subjects Effects" 表檢定中。 b 設計：Intercept+SEX 受試者內設計：SITU							

上表為受試者在依變項得分之球面性假設的檢定，Greenhouse-Geisser 值等於.771、Huynh-Feldt 值等於.999 均大於.75、 Mauchly's W 值等於.598，轉換後的近似卡方分配值等於 6.533，p=.259>.05，未達顯著水準，應接受虛無假設，表示資料並未違反球面性的假設。

受試者內效應項的檢定　測量: MEASURE_1

來　源		型 III 平方和	自由度	平均平方和	F 檢定	顯著性
SITU	假設為球形	17.375	3	5.792	3.402	.026
	Greenhouse-Geisser	17.375	2.314	7.510	3.402	.039
	Huynh-Feldt 值	17.375	2.996	5.799	3.402	.026
	下限	17.375	1.000	17.375	3.402	.086
SITU*SEX	假設為球形	99.125	3	33.042	19.409	.000
	Greenhouse-Geisser	99.125	2.314	42.845	19.409	.000
	Huynh-Feldt 值	99.125	2.996	33.082	19.409	.000
	下限	99.125	1.000	99.125	19.409	.001
誤差 （SITU）	假設為球形	71.500	42	1.702		
	Greenhouse-Geisser	71.500	32.390	2.207		
	Huynh-Feldt 值	71.500	41.949	1.704		
	下限	71.500	14.000	5.107		

　　上表第一項為自變項 B 因子（situ）在依變項的顯著性檢定；第二項為二個自變項交互作用（situ*sex）的顯著性檢定結果；第三項為組內效果的變異（誤差項）。因為資料符合球面性的假設，因而以「假設為球形」（Sphericity Assumed）列的資料為檢定結果的依據，如果資料違反球面性的假設，需使用矯正方法 Greenhouse-Geisser、Huynh-Feldt 列的數據為準。由上表中可知交互作用項之 F 值=19.409，p=.000<.05，達到顯著水準，表示學生性別（A 因子）與壓力情境（B 因子）在依變項的分數間有顯著的交互作用。除交互作用顯著外，B 因子的主要效果項亦達顯著，F 值=3.402，p=.026<.05，由於交互作用顯著，因而雖然 B 因子的主要效果顯著，在結果解釋上並不具有實質意義存在。如果二個自變項的交互作用不顯著，B 因子主要效果的顯著，在結果解釋上就有其實質意義，由於其有四個水準，須進一步進行事後比較，以得知水準間差異。

　　B 因子主要效果的檢定，在考驗全體受試者在四個壓力情境下學習成就的差異，即進行全體受試者在 B 因子四個水準之相依樣本單因子變異數分析。

自變項一　　　　　　自變項二		B 因子（壓力情境）			
		情境一	情境二	情境三	情境四
A 因子 學生性別	男生 a1（A=1）	S_1……S_8	S_1……S_8	S_1……S_8	S_1……S_8
	女生 a2（A=2）	S_9……S_{16}	S_9……S_{16}	S_9……S_{16}	S_9……S_{16}
	邊緣平均數	S_1……S_8 S_9……S_{16} M=5.375	S_1……S_8 S_9……S_{16} M=4.875	S_1……S_8 S_9……S_{16} M=4.560	S_1……S_8 S_9……S_{16} M=5.938

受試者間效應項的檢定

測量: MEASURE_1　　　　轉換的變數: 均數

來源	型 III 平方和	自由度	平均平方和	F 檢定	顯著性
Intercept	1722.250	1	1722.250	2242.930	.000
SEX	81.000	1	81.000	105.488	.000
誤差	10.750	14	.768		

　　上表為受試者間效應項的檢定（Tests of Between-Subjects Effects），即以學生性別為自變項，而以受試者在四個壓力情境下的得分總和為依變項，進行單因子獨立樣本的變異數分析，此為 A 因子主要效果的考驗，考驗為邊緣平均數中「Σ S_1......S_8」與「Σ S_9......S_{16}」的差異，性別變項在依變項（學習成就）上差異的變異數分析之 F 值等於 105.488，p=.000<.05，經比較平均數得知，女學生的學習成就（M=8.00+6.00+6.13+5.13=25.26）顯著的高於男學生（M=2.75+3.75+3.00+6.75=16.25）。由於 A 因子與 B 因子的交互作用顯著，因而 A 因子主要效果顯著在結果解釋上就不具實質意義。

自變項一 ＼ 自變項二		B 因子（壓力情境）				
		情境一	情境二	情境三	情境四	邊緣平均數
A 因子 學生性別	男生 a1 （A=1）	S_1......S_8	S_1......S_8	S_1......S_8	S_1......S_8	Σ S_1......S_8 16.25
	女生 a2 （A=2）	S_9......S_{16}	S_9......S_{16}	S_9......S_{16}	S_9......S_{16}	Σ S_9......S_{16} 25.26

估計的邊際平均數　SITU
估計值　測量: MEASURE_1

SITU	平均數	標準誤	95%信賴區間	
			下限	上限
1	5.375	.227	4.889	5.861
2	4.875	.295	4.242	5.508
3	4.563	.346	3.820	5.305
4	5.938	.330	5.230	6.645

成對的比較　測量: MEASURE_1

(I) situ	(J) situ	平均數差異 (I-J)	標準誤	顯著性 (a)	差異的 95% 信賴區間 (a) 下限	上限
1	2	.500	.313	.133	-.172	1.172
	3	.813	.425	.076	-9.808E-02	1.723
	4	-.563	.417	.198	-1.456	.331
2	1	-.500	.313	.133	-1.172	.172
	3	.313	.474	.521	-.705	1.330
	4	-1.063(*)	.486	.046	-2.105	-2.046E-02
3	1	-.813	.425	.076	-1.723	9.808E-02
	2	-.313	.474	.521	-1.330	.705
	4	-1.375(*)	.603	.039	-2.669	-8.128E-02
4	1	.563	.417	.198	-.331	1.456
	2	1.063(*)	.486	.046	2.046E-02	2.105
	3	1.375(*)	.603	.039	8.128E-02	2.669

以可估計的邊際平均數為基礎
* 在水準 .05 的平均數差異顯著。
a 多重比較調整：最小顯著差異（等於沒有調整）。

　　上表爲 B 因子主要效果檢定中成對組的比較，即上述四個邊緣平均數間差異值的顯著性檢定，由事後比較得知，就全體受試者而言，於壓力情境四的學習環境中，其學習成就顯著的高於在壓力情境二及壓力情境三的學習環境。

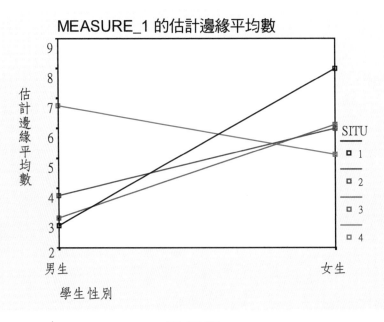

圖 12-23

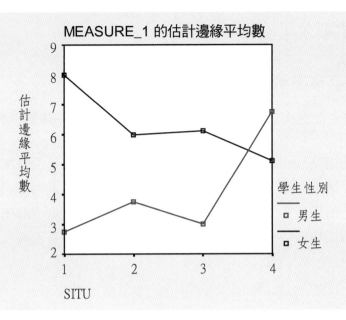

圖 12-24

上表為二種剖面圖，即二個自變項各處理水準在學習成就得分之平均數的交互作用圖，從二個交互作用剖面圖中可以發現，學生性別與壓力情境的交互作用顯著，以第二個圖示而言，在 situ=1、situ=2、situ=3 水準下，女學生學習成就的平均數均高於男學生；但在 situ=4 水準下，女學生的學習成就反而低於於男學生。

綜合以上二因子混合設計變異數分析報表，可將其摘要表整理如下：

變異來源	SS	df	MS	F	p
性別 SS_A	81.000	1	81.000	105.488***	.000
壓力情境 SS_B	17.375	3	5.792	3.402*	.026
交互作用項 SS_{AB}	99.125	3	33.042	19.409***	.000
組內（誤差）					
受試者間 SS_S	10.750	14	.768		
殘差 SS_R	71.500	42	1.702		
全體 Total		63			
* p<.05　*** p<.001					

由於學生性別與壓力情境二個自變項的交互作用顯著（F=19.409***），因而進一步進行單純主要效果檢定。

三、單純主要效果檢定

(一) A 因子獨立樣本單純主要效果檢定

A 因子學生性別獨立樣本單純主要效果檢定，主要在檢定下列四個項目：

1. 在壓力情境一中，不同性別的受試者其學習成就是否有所不同？
2. 在壓力情境二中，不同性別的受試者其學習成就是否有所不同？
3. 在壓力情境三中，不同性別的受試者其學習成就是否有所不同？
4. 在壓力情境四中，不同性別的受試者其學習成就是否有所不同？

其圖示如下：

自變項一 ＼ 自變項二		B 因子（壓力情境）			
		情境一	情境二	情境三	情境四
A 因子 學生性別	男生 a1（A=1）	$S_1 \ldots S_8$	$S_1 \ldots S_8$	$S_1 \ldots S_8$	$S_1 \ldots S_8$
	女生 a2（A=2）	$S_9 \ldots S_{16}$	$S_9 \ldots S_{16}$	$S_9 \ldots S_{16}$	$S_9 \ldots S_{16}$

自變項一 ＼ 自變項二		B 因子（壓力情境）			
		情境一	情境二	情境三	情境四
A 因子 學生性別	男生 a1（A=1）	$S_1 \ldots S_8$	$S_1 \ldots S_8$	$S_1 \ldots S_8$	$S_1 \ldots S_8$
	女生 a2（A=2）	$S_9 \ldots S_{16}$	$S_9 \ldots S_{16}$	$S_9 \ldots S_{16}$	$S_9 \ldots S_{16}$

自變項一 ＼ 自變項二		B 因子（壓力情境）			
		情境一	情境二	情境三	情境四
A 因子 學生性別	男生 a1（A=1）	$S_1 \ldots S_8$	$S_1 \ldots S_8$	$S_1 \ldots S_8$	$S_1 \ldots S_8$
	女生 a2（A=2）	$S_9 \ldots S_{16}$	$S_9 \ldots S_{16}$	$S_9 \ldots S_{16}$	$S_9 \ldots S_{16}$

自變項一 ＼ 自變項二		B 因子（壓力情境）			
		情境一	情境二	情境三	情境四
A 因子 學生性別	男生 a1（A=1）	$S_1 \ldots S_8$	$S_1 \ldots S_8$	$S_1 \ldots S_8$	$S_1 \ldots S_8$
	女生 a2（A=2）	$S_9 \ldots S_{16}$	$S_9 \ldots S_{16}$	$S_9 \ldots S_{16}$	$S_9 \ldots S_{16}$

對 A 因子學生性別而言，是根據受試者在四個壓力情境下求出其學習成就的差異，探究問題即是不同壓力情境下，不同性別的受試者其學習成就是否有所不同，其中自變項為學生性別、依變項為四個壓力情境下的學習成就。

單純主要效果的操作程序如下：

分析（Analyze）

　比較平均數法（Compare Means）

　　單因子變異數分析（One-Way ANOVA）

　　將 B 因子四個變項 situ1、situ2、situ3、situ4 選入右邊

　　「依變數清單」（Dependent List Variable）下的方格中

　　將 A 因子學生性別「sex」選入中間「因子」（Factor）下的方格中

　　按『選項』（Option）鈕

　　勾選「描述性統計量」

　　按『繼續』鈕

　按『確定』鈕

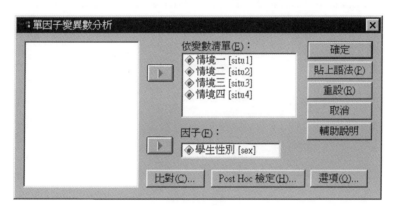

圖 **12-25**

(二) B 因子相依樣本單純主要效果檢定

自變項一 ＼ 自變項二		B 因子（壓力情境）			
		情境一	情境二	情境三	情境四
A 因子 學生性別	男生 a1（A=1）	S_1......S_8	S_1......S_8	S_1......S_8	S_1......S_8
	女生 a2（A=2）	S_9......S_{16}	S_9......S_{16}	S_9......S_{16}	S_9......S_{16}

自變項一 ＼ 自變項二		B 因子（壓力情境）			
		情境一	情境二	情境三	情境四
A 因子 學生性別	男生 a1（A=1）	S_1......S_8	S_1......S_8	S_1......S_8	S_1......S_8
	女生 a2（A=2）	S_9......S_{16}	S_9......S_{16}	S_9......S_{16}	S_9......S_{16}

 B 因子相依樣本單純主要效果檢定的圖示如上。由上圖中可以發現，其檢定程序主要在考驗於男生群體中，不同壓力情境下的學習其學習成就是否有所不同；在女生群體中，不同壓力情境下的學習其學習成就是否有所不同？即將學生性別的二個水準分開來，分別進行相依樣本的變異數分析。其操作程序如下。

1. 依學生性別變項將檔案分割

資料（Data）→分割檔案（Split File）→出現「分割檔案」對話視窗，勾選「◉依組別組織輸出」（Organize output by groups），將目標清單中的「學生性別[sex]變項」選入右邊「以組別爲準」（Groups Based on）下的方格中，按『確定』（OK）鈕

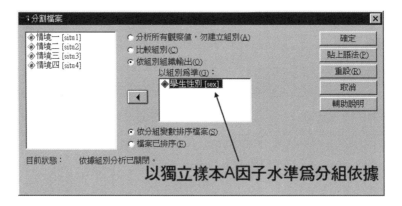

圖 12-26

2. 執行 B 因子相依樣本變異數分析

分析（Analyze）→一般線性模式（General Linear Model）→重複量數（Repeated Measures）→出現「重複量數定義因子」（Repeated Measures Define Factors）對話視窗，在「受試者內因子的名稱」（Within-Subject Factor Name）後的方格輸入 B 因子自變項名稱「situ」，在「水準個數」（Number of Levels）後之方格輸入 B 因子的水準數「4」→按『新增』（Add）鈕→按『定義』（Define）鈕，出現「重複量數」（Repeated Measure）對話視窗，分別選取左邊清單變項中的 situ1、situ2、situ3、situ4 變項移至右邊「受試者內變數」（Within-Subjects Variables）方格中→按『選項』（Options...）鈕，出現「重複量數:選項」次對話視窗，點選目標清單自變項「situ」至「顯示平均數」（Display Means for）下的方盒中，勾選「比較主效應」（Compare main effects），信賴區間調整下的選單，選取內定的「最小平方差異」（LSD 法），以進行事後比較，在「顯示」方盒中勾選「敘述統計」→按『繼續』（Continue）鈕，回到「重複量數」對話視窗→按『確定』（OK）鈕。

㈢單純主要效果檢定之報表解析

1. A 因子性別單純主要效果檢定

單因子
描述性統計量

		個數	平均數	標準差	標準誤	平均數的 95% 信賴區間		最小值	最大值
						下界	上界		
情境一	男生	8	2.75	1.04	.37	1.88	3.62	2	5
	女生	8	8.00	.76	.27	7.37	8.63	7	9
	總和	16	5.38	2.85	.71	3.86	6.89	2	9
情境二	男生	8	3.75	1.04	.37	2.88	4.62	2	5
	女生	8	6.00	1.31	.46	4.91	7.07	4	8
	總和	16	4.88	1.63	.41	4.01	5.74	2	8
情境三	男生	8	3.00	.76	.27	2.37	3.63	2	4
	女生	8	6.13	1.81	.64	4.61	7.64	3	9
	總和	16	4.56	2.10	.52	3.45	5.68	2	9
情境四	男生	8	6.75	.71	.25	6.16	7.34	6	8
	女生	8	5.13	1.73	.61	3.68	6.57	2	7
	總和	16	5.94	1.53	.38	5.12	6.75	2	8

上表為不同性別受試者在四種壓力情境中之描述性統計量，包括個數（N）、平均數（Mean）、標準差（Std. Deviation）、標準誤（Std. Error）、平均數的 95%信賴區間（95% Confidence Interval for Mean）、最小值（Minimum）、最大值（Maximum）。

變異數分析

情境一	組間	110.250	1	110.250	134.217	.000
	組內	11.500	14	.821		
	總和	121.750	15			
情境二	組間	20.250	1	20.250	14.538	.002
	組內	19.500	14	1.393		
	總和	39.750	15			
情境三	組間	39.063	1	39.063	20.349	.000
	組內	26.875	14	1.920		
	總和	65.938	15			
情境四	組間	10.563	1	10.563	6.067	.027
	組內	24.375	14	1.741		
	總和	34.938	15			

上表爲不同性別受試者在四個依變項上之單純主要效果的顯著性檢定結果，由此表中得知：

(1)不同性別的受試者在壓力情境一的狀態中其學習成就有顯著差異，F值等於 134.217，p=.000<.05，經比較平均數得知：在壓力情境一的學習狀態下，女學生（M=8.00）的學習成就顯著的優於男學生（M=2.75）。

(2)不同性別的受試者在壓力情境二的狀態中其學習成就有顯著差異，F值等於 14.538，p=.002<.05，經比較平均數得知：在壓力情境二的學習狀態下，女學生（M=6.00）的學習成就顯著的優於男學生（M=3.75）。

(3)不同性別的受試者在壓力情境三的狀態中其學習成就有顯著差異，F值等於 20.349，p=.000<.05，經比較平均數得知：在壓力情境三的學習狀態下，女學生（M=6.13）的學習成就顯著的優於男學生（M=3.00）。

(4)不同性別的受試者在壓力情境四的狀態中其學習成就有顯著差異，F值等於 6.067，p=.027<.05，經比較平均數得知：在壓力情境四的學習狀態下，男學生（M=6.75）的學習成就反而顯著的優於女學生（M=5.13）。

以上結果分析與之前執行交互作用剖面圖的結果一樣。

2. B因子壓力情境單純主要效果檢定

(1)學生性別＝男生

敘述統計（a）

	平均數	標準差	個數
情境一	2.75	1.04	8
情境二	3.75	1.04	8
情境三	3.00	.76	8
情境四	6.75	.71	8
A 學生性別＝男生			

上表爲男生群體在壓力情境四個水準之學習成就平均數（Mean）、標準差（Std. Deviation）、個數（N）。單因子相依樣本變異數分析即在檢定這四個平均數間之差異是否達到顯著，其分析的受試者爲男生群體而非全部的受試者。

受試者內效應項的檢定（a）　　測量：MEASURE_1

來　源		型 III 平方和	自由度	平均平方和	F 檢定	顯著性
SITU	假設為球形	81.375	3	27.125	33.263	.000
	Greenhouse-Geisser	81.375	2.428	33.510	33.263	.000
	Huynh-Feldt 值	81.375	3.000	27.125	33.263	.000
	下限	81.375	1.000	81.375	33.263	.001
誤差	假設為球形	17.125	21	.815		
	Greenhouse-Geisser	17.125	16.999	1.007		
	Huynh-Feldt 值	17.125	21.000	.815		
	下限	17.125	7.000	2.446		
A 學生性別＝男生						

上表為受試者內效應項的檢定（Tests of Within-Subjects Effects）。即男生群體中相依樣本的單因子變異數分析結果。由此表可知，未違反球面性假設下，SS=81.375、df=3、MS=27.125、F=33.263、p=.000 <.05，達到顯著水準。表示八位男生的受試者在不同壓力情境中學習，其學習成就有顯著差異，因為 B 因子（壓力情境）有四個水準，所以應進一步進行事後比較，以得知成對水準間的差異。

成對的比較（b）　　測量：MEASURE_1

(I)SITU	(J)SITU	平均數差異 (I−J)	標準誤	顯著性 (a)	差異的 95% 信賴區間(a)	
					下限	上限
1	2	-1.000(*)	.327	.018	-1.774	-.226
	3	-.250	.453	.598	-1.322	.822
	4	-4.000(*)	.500	.000	-5.180	-2.818
2	1	1.000(*)	.327	.018	.226	1.774
	3	.750	.491	.170	-.411	-1.818
	4	-3.000(*)	.500	.001	-4.182	1.322
3	1	.250	.453	.598	-.822	1.322
	2	-.750	.491	.170	-1.911	.411
	4	-3.750(*)	.412	.000	-4.724	-2.776
4	1	4.000(*)	.500	.000	2.818	5.182
	2	3.000(*)	.500	.001	1.818	4.182
	3	3.750(*)	.412	.000	2.776	4.724
以可估計的邊際平均數為基礎						
* 在水準 .05 的平均數差異顯著。						
A 多重比較調整：最小顯著差異 （等於沒有調整）。						
B 學生性別＝男生						

上表爲採用最小平方差異法（LSD 法）之事後比較結果，就男性受試者而言，在壓力情境二狀態的學習其學習成就（M=3.75）顯著的優於於壓力情境一的狀態（M=2.75）；而在壓力情境四狀態下的學習其學習成就（M=6.75）皆顯著的優於在壓力情境一（M=2.75）、壓力情境二（M=3.75）、壓力情境三（M=3.00）學習的學習成就。可見就男生受試者來看，在壓力情境四狀態下的學習其學習成就最高，而於壓力情境一狀態下的學習其學習成就最低。

⑵**學生性別＝女生**

敘述統計（a）

	平均數	標準差	個數
情境一	8.00	.76	8
情境二	6.00	1.31	8
情境三	6.13	1.81	8
情境四	5.13	1.73	8
A 學生性別＝女生			

上表爲女生群體在壓力情境四個水準之學習成就平均數（Mean）、標準差（Std. Deviation）、個數（N）。單因子相依樣本變異數分析即在檢定這四個平均數間之差異是否達到顯著，其分析的受試者爲女生群體而非全部的受試者。就女生群體而言，在四種不同壓力情境學習，其學習成就的平均數分別爲 8.00、6.00、6.13、5.13。

Mauchly 球形檢定（b,c）　　測量: MEASURE_1

受試者內效應項	Mauchly's W	近似卡方分配	自由度	顯著性	Epsilon(a)		
					Greenhouse-Geisser	Huynh-Feldt 值	下限
SITU	.406	5.164	5	.402	.656	.910	.333

檢定正交化變數轉換之依變數的誤差共變量矩陣的虛無假設，是識別矩陣的一部分。
a 可用來調整顯著性平均檢定的自由度。改過的檢定會顯示在 "Within-Subjects Effects" 表檢定中。
b 設計: Intercept+SEX 受試者內設計: SITU
c 學生性別＝女生

上表爲 Mauchly 球形檢定，卡方值等於 5.164，p=.402>.05，應接受虛無假設，表示未違返球面性的假設。

受試者內效應項的檢定（a）　　測量: MEASURE_1

來　　源		型 III 平方和	自由度	平均平方和	F 檢定	顯著性
SITU	假設為球形	35.125	3	11.708	4.522	.013
	Greenhouse-Geisser	35.125	1.968	17.851	4.522	.031
	Huynh-Feldt 值	35.125	2.731	12.864	4.522	.017
	下限	35.125	1.000	35.125	4.522	.071
誤差	假設為球形	54.375	21	2.589		
	Greenhouse-Geisser	54.375	13.773	3.948		
	Huynh-Feldt 值	54.375	19.114	2.845		
	下限	54.375	7.000	7.768		

A 學生性別＝女生

　　上表為受試者內效應項的檢定（Tests of Within-Subjects Effects）。即女生群體中相依樣本的單因子變異數分析結果。由此表可知，未違反球面性假設下，SS=35.123、df=3、MS=11.708、F=4.522、p=.013 <.05，達到顯著水準。表示八位女生的受試者在不同壓力情境中學習，其學習成就有顯著差異，因為 B 因子（壓力情境）有四個水準，所以應進一步進行事後比較，以得知成對水準間的差異。

成對的比較（b）　　測量: MEASURE_1

(I)SITU	(J)SITU	平均數差異 (I-J)	標準誤	顯著性 (a)	差異的 95% 信賴區間(a) 下限	上限
1	2	2.000(*)	.535	.007	.736	3.264
	3	1.875(*)	.718	.035	.177	3.573
	4	2.875(*)	.666	.004	1.299	4.451
2	1	-2.000(*)	.535	.007	-3.264	-.736
	3	-.125	.811	.882	-2.044	1.794
	4	.875	.833	.329	-1.095	2.845
3	1	-1.875(*)	.718	.035	-3.573	-1.77
	2	.125	.811	.882	-1.794	2.044
	4	1.000	1.134	.407	-1.681	3.681
4	1	-2.875(*)	.666	.004	-4.451	-1.299
	2	-.875	.833	.329	-2.845	1.095
	3	-1.000	1.134	.407	-3.681	1.681

以可估計的邊際平均數為基礎
* 在水準 .05 的平均數差異顯著。
a 多重比較調整：最小顯著差異（等於沒有調整）。
b 學生性別＝女生

上表為採用最小平方差異法（LSD 法）之事後比較結果，就女性受試者而言，在壓力情境一狀態下的學習其學習成就（M=8.00）皆顯著的優於在壓力情境二（M=6.00）、壓力情境三（M=6.13）、壓力情境四（M=5.13）學習的學習成就。可見就女生受試者來看，在壓力情境一狀態下的學習其學習成就最高。

㈣單純主要效果檢定的報表整理

綜合上述單純主要效果顯著性檢定報表，可將其結果整理成如下：

1. 描述統計量

自變項一 ＼ 自變項二		B 因子（壓力情境）				
		情境一	情境二	情境三	情境四	邊緣平均數
A 因子 學生性別	男生 a1 (N=8)	2.75 (1.04)	3.75 (1.04)	3.00 (0.76)	6.75 (0.71)	16.25 (1.75)
	女生 a2 (N=8)	8.00 (0.76)	6.00 (1.31)	6.13 (1.81)	5.13 (1.73)	25.26 (1.75)
邊緣平均數 (N=16)		5.38 (2.85)	4.88 (1.63)	4.56 (2.10)	5.94 (1.53)	20.75 (4.94)

註：細格內的數字第平均數，括號內的數字為其標準差

2. 單純主要效果檢定之變異數分析摘要表

變異來源	SS	Df	MS	F 值	事後比較
性別（A 因子）					
在壓力情境一 b1	110.250	1	110.250	134.217***	女＞男
在壓力情境二 b2	20.250	1	20.250	14.538**	女＞男
在壓力情境三 b3	39.063	1	39.063	20.349***	女＞男
在壓力情境四 b4	10.563	1	10.563	6.067*	男＞女
壓力情境（B 因子）					
在男生（a1）	81.375	3	27.125	33.263***	d＞a；d＞b；d＞c；b＞a
在女生（a2）	35.125	3	11.708	4.522*	a＞b；a＞c；a＞d

註：* p<.05　**p<.01　*** p<.001
註：事後比較欄中 a 表壓力情境一；b 表壓力情境二；c 表壓力情境三；d 表壓力情境四

由上述單純主要效果顯著性的檢定結果可以得知：

(1)就壓力情境而言，在壓力情境一、壓力情境二、壓力情境三的學習狀態下，女學生的學習成就均顯著的優於男學生；但就壓力情境四的學習狀態而言，男學生的學習成就（M=6.75）反而優於女學生（M=5.13），可見壓力情境四的學習狀態較適合男學生的學習。

(2)就性別變項而言，在男學生的群體中，在壓力情境四的學習狀態下，其學習成就（M=6.75）均顯著的優於在壓力情境一（M=2.75）、壓力情境二（M=3.75）、壓力情境三（M=3.00）狀態下的學習；而在壓力情境二的學習狀態中，其學習成就（M=3.75）也顯著的優於在壓力情境一（M=2.75）的學習。

(3)在女學生的群體中，在壓力情境一的學習狀態下，其學習成就（M=8.00）均顯著的優於在壓力情境二（M=6.00）、壓力情境三（M=6.13）、壓力情境四（M=5.13）狀態下的學習。

在二因子相依樣本變異數分析摘要表及單純主要效果檢定變異數摘要表，可以發現離均差平方和（SS）有以下關係存在：

$SS_A = 81.000$、$SS_B = 17.375$、$SS_{AB} = 99.125$
SS_A 在 b1=110.250、SS_A 在 b2=20.250、SS_A 在 b3=39.063、SS_A 在 b4=10.563
SS_B 在 a1=81.375、SS_B 在 a2=35.125

其中離均差的拆解如下：

(1) $SS_A + SS_{AB} = SS_A$ 在 b1 $+ SS_A$ 在 b2 $+ SS_A$ 在 b3 $+ SS_A$ 在 b4
81.000+99.125=180.0125=110.250+20.250+39.063+10.563

(2) $SS_B + SS_{AB} = SS_B$ 在 a1 $+ SS_B$ 在 a2
17.375+99.125=116.500=81.375+35.125

誤差項變異數如下：

$SS_S = 10.750$、$SS_R = 71.500$
SS_W 在 b1=11.500、SS_W 在 b2=19.500、SS_W 在 b3=26.875、SS_W 在 b4=24.375
SS_W 在 a1=17.125、SS_W 在 a2=54.375

總誤差項＝ $SS_s + SS_R = 10.750 + 71.500 = 82.25$

$= SS_w$ 在 b1+SS_w 在 b2+SS_w 在 b3+SS_w 在 b4=24.375

$= 11.500+19.500+26.875+24.375$

殘差值（residual）$SS_R = 71.500 = SS_w$ 在 a1 + SS_w 在 A2

$= 17.125 + 54.375$

第十三章

區別分析與Logistic迴歸分析

區別分析（Discriminant Analysis）與 Logistic 迴歸分析常用來進行對觀察體的預測與分類。其自變項為連續變項，依變項為間斷變項，如果依變項是二分名義變項則可採用區別分析或 Logistic 迴歸分析。

13-1 區別分析

一、【問題研究】

> 學校組織氣氛、校長領導角色、學校組織文化，對不同學校組織效能組是否有顯著的區別作用？
> 【統計方法】：區別分析

二、理論基礎

區別分析的主要目的在於計算一組「預測變項」（自變項）的線性組合，對依變項（間斷變項）加以分類，並檢查其再分組的正確率，自變項間的線性組合，即為區別函數。

在迴歸分析中，預測變項（Predictor Variable）與效標變項（Criterion Variable）通常是連續變項，自變項（預測變項）如果是間斷變項，要投入迴歸模式須轉化為虛擬變項。如果依變項是間斷變項且為二分名義變項，則可使用「邏輯迴歸」（Logistic Regression）分析法，Logistic 迴歸分析法，自變項仍是等距或比率變項，而依變項則是二分之類別變項。如果依變項為間斷變項且為三分以上名義變項，則可使用區別分析法（Discriminant Analysis 或譯為判別分析）。區別分析之自變項（預測變項）為連續變項（等距或比率變項）；而依變項（一般稱為分組變項）則是間斷變項（名義變項或次序變項）。

在行為科學領域中，區別分析應用的實例很多，如某教育學者根據高中畢業生的在學成績、社經地位、投入動機、家長支持度等變項作為自變項，以探究學生是否考上大學的預測變項，此時的依變項分為「考取國立大學」、「考取私立大學」、「未錄取」等三類，此三類為三分類別變項；如果依變項只分為二個水準：「錄取」與「未錄取」，則除了採用區別分析方法外，也可用 Logistic 迴歸分析法；此外，再如以員工的工作承諾、工作滿意、組織氣氛等變項來預測組織的績效表現，此時的依變項為組織的績效表現，分為「高績效」、「中績效」、「低績效」等三類。依變項如果是間斷變項，研究者若再以迴歸分析進行預測，以探究自變項對依變項的解釋變異量，則會出

現嚴重的錯誤。

區別分析與多變項變異數分析及多元迴歸分析有密切關係，開始之初依研究者根據的分類標準，將觀察體或受試者劃分成二個以上的群組，接著使用區別分析程序，來辨認計量性預測變項的一個線性組合，以能最適切展現群體間差異的特徵。預測變項的線性組合類似多元迴歸方程式右邊乘積和，區別分析中它是變項與區別函數係數的乘積總和（加權總和）。區別分析與MANOVA的基本原理相近，二者的計算過程也相當類似，都是在使組間的變異量與組內變異量的比值最大化，但MANOVA目的在了解各組樣本究竟在哪幾個依變項之平均數差異值達到顯著水準；而區別分析則是透過得到觀察值在自變項（此自變項在MANOVA中為依變項）之線性組合方程函數，以能了解觀察值在依變項上分類之正確性，進而知悉究竟是哪幾個預測變項可以有效區分（Differentiation）觀察值在依變項上之分類（王保進，民93）。

在統計研究中，使用區別分析的原因，在於區別分析程序的使用，不僅可以建立函數將新個體予以分類、考驗群體間多變量的差異，而且可以探究或描述下列情形（SPSS Inc., 1998）：

1. 在許多不同的變項中看何種變項最能有效的區別不同群體。
2. 如果一組變項要與其他一組變項有同樣的功能表現。
3. 那些群體最為相似。
4. 群體中那些個體不同質。

在大學教育應用上，如某一大學將申請就讀該大學的學生分為二大類，一為順利完成大學學業者；二為第一年中途輟學的學生，學校根據學生入學時之數學、語文標準化入學測驗成績、高中畢業平均成績、推薦信等級歸類成績、高中階段課外活動成績（音樂、美勞、運動等）等變項，藉由區別分析方法，將新進學生加以預測分類，四年後根據學生在校表現，驗證區別分析分類的正確性如何。如果區別分析的正確率很高，表示學校可由以上所列幾個變項，將入學的新生加以分類；藉由區別分析應用，可以大大提高學校對新入學學生分類的正確率。

就預測的效用而言，區別分析有二種取向：一是預測取向的區別分析（Predictive Discriminant Analysis; PDA）；一是描述區向的區別分析（Descriptive Discriminant Analysis; DDA）（Huberty, 1994）。預測取向的區別分析其功用與迴歸分析類似，主要在於解釋與預測。其概念基礎與迴歸分析有許多相同的地方，它的主要目的在計算一組預測變項（或稱區別變項）的線性組合，以

對另一個分組變項重新加以分類，並檢查其分組的正確性。預測取向的區別分析與迴歸分析概念相似之處在於：兩者都是在求得一組自變項（預測變項）的線性組合，其加權值在迴歸分析中稱為迴歸係數，在區別分析中則稱為「區別函數係數」，兩者都有原始的係數（未標準化的係數）與標準化的係數。不過，區別分析通常會計算單一預測變項與線性組合分數（實際上就是效標變數的預測值）的相關係數。不過，許多學者建議在進行迴歸分析時，仍應留意結構係數（傅粹馨，民85）。描述取向的區別分析主要使用分組變項，或稱為解釋變項（Explanatory Variable）以了解它與預測變項，或稱為反應變項（Response Variable）的關係，此種描述取向的區別分析與多變量變異數分析（Multivariate Analysis of Variance）的關係較為密切（陳正昌等，民92）。

　　區別分析的基本原理與單因子多變量變異數分析十分類似，二者計算的過程也相似，都是在使組間的變異量與組內變異量的比值極大化，因而在單因子多變量變異數分析的檢定顯著後，進一步可以採用區別分析法（林清山，民77）。但二者間也有差異存在，MANOVA檢定的目的在了解各組樣本究竟在哪幾個依變項上之平均數差異達到顯著水準；而區別分析則是在透過得到觀察值在自變項（這些自變項在MANOVA檢定中為依變項－計量資料）之線性組合函數，以了解觀察值在依變項（MANOVA檢定中為自變項－分組變項）上分類之正確性，進而了解究竟是哪幾個自變項可以有效區分觀察值在依變項之分類（王保進，民93）。

　　進行區別分析時有以下的假定（吳明隆，民91；陳正昌等，民92；SPSS 2000）：

1. 有k個分組群體、p個變項、相等的共變數矩陣，而樣本來自一個多變量常態分配的母群。亦即每一組內共變異數矩陣應大致相等，否則區別函數就不能使各組的差異達到最大，如果樣本數不多，而各組內共變異數矩陣差異性也不大，使用區別分析亦是適切的。此外，樣本的每一組是從多變量常態分配的母群中抽選出來的，不過，隨著樣本數增加，此基本假設通常無法符合，如果資料嚴重違反多變量常態分配的假設，可以改用Logistic迴歸分析法。

2. 預測變項是計量性變項（連續變項），所屬母群是一個常態分配母群，如果預測變項是間斷變項，與進行迴歸分析一樣，應先轉化為虛擬變項。分組變項有二個或二個以上的水準；每個組至少要有二個觀察值。

3. 預測變項數目應少於總觀察值數減2，許多研究者建議：全部的觀察值最好是預測變項數的10～20倍，為了更精確分類，最小組的觀察值最

好是預測變項的 5 倍。

4. 任何預測變項都不是其他預測變項的線性組合（亦即是線性重合）。

在區別分析中，以變異數分析進行組別平均數顯著的差異考驗，此外，也呈現了 Wilks' lambda 值。Wilks' lambda 是組內離均差平方和與總離均差平方和的比，Λ值大小介於 0 至 1 之間，如果Λ值愈小，表示組內離均差平方和愈小，相對的組間離均差平方和愈大，表示各組平均數間的差異也就愈大；如果Λ值愈大，表示各組平均數間愈沒有差異。

區別分析在各分析階段時，應把握以下原則（*Tacq, 1997*）：

1. 事前組別分類標準要儘可能有可靠性。

2. 自變項是重要屬性，初始分析之數目不能太少，亦即研究者要從許多不同的特性中搜集統計資料，統計分析的平均數與加權總和會決定它們的區別能力。加權總和即是預測變項間的線性組合，此線性組合就是所謂的「區別函數」（Discriminant Function），區別函數的普通表示法為：

$$t = k_1x_1 + k_2x_2 + k_3x_3 + \cdots\cdots + k_px_p$$

3. 如果個別變項與加權總和有顯著的區別能力，則可以有效的將觀察值歸類為組別中的一組，此歸類的正確率愈高愈好。

4. 挑選具重要特性而又有區別能力的變項，達到以最少變數而有高區別力的目標。

區別分析配合 SPSS 報表，在分析時有以下幾個步驟（*Meyer, 1993*）：

1. 根據依變項組別，自變項間有顯著的不同？

   如果要以一組分數來預測組別，則每一個組別間的分數應有顯著的不同，自變項間整體分析結果可參考 Wilks' Λ 值，而每個自變項考驗結果可參考 F 值。

   這個考驗，即是將原先劃分之組別變項當作自變數，而將數個預測變項當作依變項，進行多變量與單變量變異數分析，在 SPSS 報表中，可參考 Wilks' Λ 值及單變量 F 值：

> WILKS' LAMBDA（U-STATISTIC） AND UNIVARIATE F-RATIO

2.根據自變項獲取線性方程式，並從中發掘自變項對組別預測的重要程度。

(1)線性方程式即是區別函數

區別函數的數目是組別數（k）減一或預測變項數（p）減一（以k、p之中較小者爲準，如果組別數爲三組，而預測變項數有四個，則區別函數就有二個；如果組別數爲五組，而預測變項數有四個，則區別函數就有三個）。

在SPSS報表中，可參考「未標準化的典型區別函數係數」及「標準化的典型區別函數係數」：

> UNSTANDARDIZED CANONICAL
> DISCRIMINANT FUNCTION COEFFICIENTS

所選擇的區別函數係數要能使函數組間變異數有最大值。

此外，在 SPSS 報表中，亦可參考：

> STANDARDIZED CANONICAL
> DISCRIMINANT FUNCTION COEFFICIENTS

(2)估計每個區別函數的重要性與顯著性

區別函數的顯著性考驗有卡方值（Chi-square）、估計變異數百分比與特徵值等統計量數。

在 SPSS 報表中，可參考「典型區別函數」：

> CANONICAL DISCRIMINANT FUNCTIONS

(3)決定每個自變項或預測變項的重要性

此方面的數據，可參考下列二個指標：「標準化的典型區別函數係數」與「結構矩陣」：

> STANDARDIZED CANONICAL
> DISCRIMINANT FUNCTION COEFFICIENTS

STRUCTURE MATRIX

所謂結構矩陣是區別變項與典型區別函數間之組內聯合相關矩陣，相關係數的絕對值愈大，表示區別變項對區別函數的影響力愈大。

(4)決定每個區別函數對分類組別成員的重要性

此判別可以檢驗每個函數中每個組別之形心大小，如果有差異，表示區別函數可以區別不同組別。

在 SPSS 報表中，可參考「在組別形心的典型區別函數」：

CANONICAL DISCRIMINANT FUNCTIONS EVALUATED
AT GROUP MEANS (GROUP CENTROIDS)

---

3. 根據自變項所建立的方程式來預測組別成員，並估算預測正確率多少觀察值的分類結果，在SPSS報表中，可參考「分類函數係數」（Fisher 線性區別函數）：

CLASSIFICATION FUNCTION COEFFICIENTS
(FISHER'S LINEAR DISCRIMINANT FUNCTIONS)

分類結果的正確率可參考「分類結果」：

CLASSIFICATION RESULTS

區別分析的自變項（預測變項）必須是連續變項（等距/比率變項），而依變項則屬間斷變項，如果預測變項為非連續變項，也應轉化為虛擬變項。部分學者主張為探討集群分析（Cluster）後之群組劃分的正確性，認為研究者在使用集群分析法後，可進一步以區別分析法加以考驗。由於區別分析與多變量變異數分析中的變項屬性剛好相反，多變量變異數分析中，自變項是名義或次序變項，而依變項則為連續變項，因而也有學者提出：在多變量變異數分析中，如果整體考驗顯著，也可以以區別分析作為其追蹤考驗，以找出最能區辦依變項的自變項。

區別分析資料分析的步驟，可以簡要分成以下幾個步驟（王保進，民 93、陳正昌等，民 92）：

㈠區別分析之基本假設

進行區別分析時必須符合二個最基本的假設：一是觀察值在自變項的測量值必須呈現多變量常態分配；二是依變項各組樣本在自變項上之變異數與共變數必須具有同質性（Homogeneity）。如果是違反多變量常態性分配的假定，統計分析時最好改用 Logistic 迴歸分析。

㈡建立區別函數並進行顯著性檢定

在區別函數的數目中，如果有 p 個自變項，依變項有 g 個分組變項，共可得到 min（p,g-1）條線性區別方程。標準化區別方程的線性模式如下：

$$D_1 = d_{j1}Z_1 + d_{j2}Z_2 + d_{j3}Z_3 + \cdots\cdots + d_{jp}Z_p$$

其中 Z_p 為標準化的自變項、D_j 為標準化區別函數（Standardized Discriminant Function），d_{jp} 為標準化區別函數係數。

㈢解釋自變項在各區別函數之意義

標準化區別函數中各自變項之標準化區別係數，代表各自變項於計算觀察值在該區別函數上區別分數之相對重要性，係數愈大，表示該自變項之重要性愈高。在區別分析中標準化區別函數係數與結構係數的意義不盡相同，結構係數是預測變項與區別函數的簡單相關，是聯合組內相關矩陣右乘標準化區別函數係數矩陣而得。標準化區別函數係數考慮到預測變項對區別函數的整體貢獻，某個預測變項的標準化係數，是排除其他自變項後，與區別函數的部分相關（Part Correlation）。當所有預測變項之間的相關為 0 或很低時，標準化區別函數係數與結構係數值會一樣或很接近。如果標準化區別函數係數與結構係數值差異過大，或是方向有所不同時，可能就有多元共線性問題（*Klecka, 1980*）。部分學者認為在解釋區別函數時，應以結構係數為主，因為結構係數比較穩定，不過，也有其他學者提出不同看法，如 Johnson（*1998*）、Stevens（*1996*）認為：當樣本與變數太少時（少於 20），標準化區別函數係數與結構係數值都不是很穩定。因而對於進行區別分析時，許多研究均建議（*Hari et al., 1995；Stevens, 1996*），每個預測變項應有 20 個觀察值，如此分析結果才較穩定（陳正昌等，民 92）。

㈣分類與預測

　　區別分析的目的在於能夠區分觀察值在依變項上之差異（分類），進而對新觀察值進行預測工作，因此，分類與預測正確性的高低，是決定區別分析之效度最重要的關鍵因素。區別分析常用的方法有以下四種（*Johnson, 1998; SPSS 2000*）：截斷值法（Cutoff-Value）、線性分類函數（Linear Classification）、距離函數（Distance Function）、最大可能法（Maximum Likelihood）。線性分類函數法是將觀察值依線性組合的函數分類，將其分類到分數最高的一組，這種方法最先由 Fisher 建議使用，因而又稱 Fisher 分類函數（Fisher Classification Function）。一般而言，當樣本的測量值符合多變量常態分配及共變數同質的假設時，上述四種分類方法應會相同。

　　研究問題中的預測變項有三個：學校組織氣氛、學校組織文化、校長領導角色，皆屬連續變項，而依變項為學校組織效能，為符合研究問題，將組織效能依受試者實際填答情形，劃分為高組織效能組、中組織效能組、低組織效能組的學校，在分組的依據上，組織效能分量表共有 20 個題項，採五點量表作答法，學校總得分平均在 40 分以下（含 40 分）者（選填 1、2 者），為低組織效能學校組；而總得分平均在 80 分以上者（含 80 分）為高組織效能學校組（選填 4、5 者），總得分平均在 40 分以上且在 80 分以下者為中組織效能學校組。如此，學校效能變項便由連續變項轉化為間斷變項（類別或次序變項）。

　　三個分組變項之區別分析圖如下：

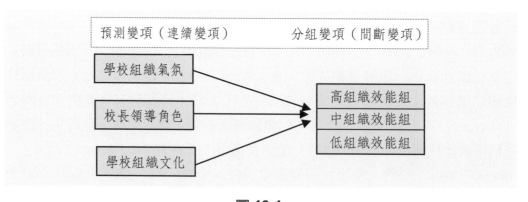

圖 13-1

本範例之數據資料檔如下：

sch	cu1	cli	ro1	effg
1	22.00	78.00	60.00	1.00
2	31.00	75.00	90.00	1.00
3	11.00	90.00	81.00	1.00
4	20.00	62.00	92.00	1.00
5	21.00	71.00	78.00	2.00
6	45.00	50.00	31.00	2.00
7	22.00	45.00	41.00	2.00
8	32.00	37.00	51.00	2.00
9	25.00	47.00	19.00	2.00
10	28.00	41.00	20.00	2.00
11	90.00	25.00	71.00	3.00
12	61.00	30.00	82.00	3.00
13	82.00	27.00	91.00	3.00
14	82.00	20.00	77.00	3.00
15	79.00	21.00	80.00	3.00

變項代號：「sch」為學校編號、「cul」為學校組織文化、「cli」為學校組織氣氛、「rol」為校長領導角色、effg為學校整體校能的分組。如果直接根據學校組織效能量表得分情形，十五所學校中，歸類於高組織效能組者有四所、屬於中組織效能組者有六所、屬於低組織效能組者有五所。學校組織效能組的區別中，如果以學校組織文化、學校組織氣氛、校長領導角色三個變項，是否可以有效加以區別呢？其區別正確率如何？這就是區別分析的應用。

三、操作程序

【操作1】

【Analyze】/【Classify】/【Discriminant…】（【分析】/【分類】/【判別…】）

【備註】：在 SPSS 中文版視窗，將區別分析【Discriminant…】一詞譯成「判別分析」，國內有些多變量統計書籍也將其譯為判別分析（沈明來，87），但多數多變量相關的書籍則多譯為區別分析。

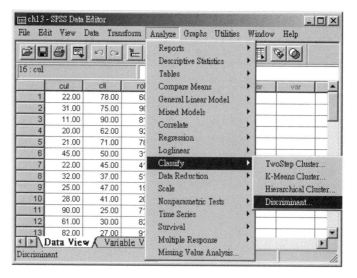

圖 13-2

【操作 2】

　　將左邊變項盒中之「效能分組（effg）」變項選入右邊「Grouping Variable:」（分組變數）下的空格中。

　　選取「effg(? ?)」，按其下之〔Define Range...〕（定義範圍…）鈕（定義範圍在於分組之組別的界定），出現「Discriminant Analysis: Define Range」（判別分析：定義範圍）次對話視窗，在「Minimum:」（最小值）的後面輸入「1」；在「Maximum:」（最大值）的後面輸入「3」，如：

```
「Minimum: 1 」
「Maximum: 3 」
```

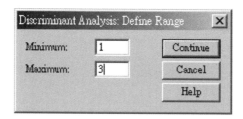

圖 13-3

　　按『Continue』鈕（繼續鈕）回到「Discriminant Analysis」（判別分析）的對話視窗。

　　將左邊變項盒中之預測變項「組織氣氛（cli）」、「領導角色（lea）」、

「組織文化（cul）」選入右邊「Independents:」（自變數）下的空盒中（自變數或稱預測變數）。

選取「⊙ Enter independents together」（使用所有變數）選項。

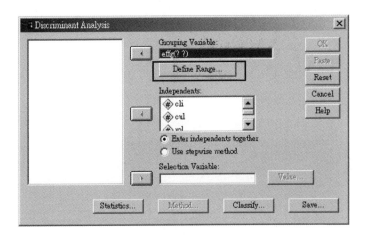

圖 13-4

【操作 3】

按『Statistics...』（統計量…）鈕，出現「Discriminant Analysis: Statistics」（判別分析：統計量）次對話視窗。

1. 在「Descriptives」（描述性統計量）方盒中選取

   (1)「□Means」（平均數）：印出自變項的總平均數、組平均數與標準差。

   (2)「□Univariate ANOVAs」（單變量 ANOVA）：自變項平均數差異的單因子變異數分析。

   (3)「□Box's M」（Box's M 共變異數相等性檢定）：組共變數是否相等之 Box's M 檢定。

2. 在「Function Coefficients」（判別函數係數）方盒中選取

   (1)「□Fisher's」（Fisher's 線性判別函數係數）：Fisher 分類係數（線性區別函數），又稱分類係數，可直接用來進行分類。

   (2)「□Unstandardized」「未標準化係數」：未準化區別函數係數，即以變數原來的單位計算出的區別函數係數。

3. 在「Matrices」（矩陣）方盒中勾選以下幾個選項：

   (1)「□Within-groups correlation」（組內相關矩陣）：為結構矩陣，即合併的組內相關矩陣。

(2)「□Within-groups covariance」（組內共變異數矩陣）：合併的組內
共變異數矩陣。

(3)「□Separate-groups covariance」（各組共變異數矩陣）：每一組個別
的共變異數矩陣。

未勾項的「Total covariance」（全體觀察值的共變異數），為所有觀
察值的共變異數矩陣。

按『Continue』鈕（繼續鈕），回到「Discriminant Analysis」（判別
分析）對話視窗。

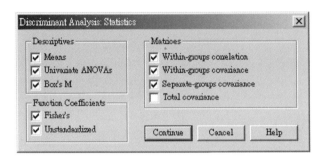

圖 13-5

【操作 4 】

按『Classify...』（分類…）鈕。出現「Discriminant Analysis: Classification」
（判別分析：分類結果摘要）次對話視窗。

1. 在「□Prior Probabilities」（事前機率）方盒中選取

「⊙All groups equal」（所有組別大小均等）：將所有組別的事前機率
值均假定相等（此為內定法）。

2. 在「Display」（顯示）方盒中選取

(1)「□Casewise results」（逐個觀察值的結果）：每一個觀察值分類結果。

(2)「□Summary table」（摘要表）：呈現實際分組與預測的分組結果摘
要表。

3. 在「Use Covariance Matrix」（使用共變異數矩陣）方盒中

選取內定之「⊙Within-groups」（組內變數）選項，表示選擇使用組內
共變異數矩陣來將觀察值分類。

按『Continue』鈕（繼續鈕），回到「Discriminant Analysis」（判別視
窗）對話視窗。

按『OK』鈕（確定鈕）。

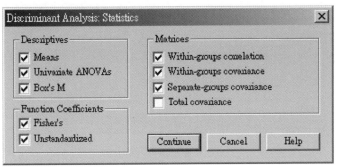

圖 13-5

在上述「Discriminant Analysis: Classification」（判別分析：分類結果摘要）對話視窗中，相關選項的關鍵字與簡要功能說明如下：

Prior Probabilities 方盒	計算事前分類的機率方式
1.All groups equal	假定所有組別事前的機率均相同
2.Compute from sample sizes	以各組樣本占總樣本人數比率為依據
Display 方盒	分類結果表格形式
1.Casewise results	以個別觀察值作為分類結果表
2.Summary table	將實際分組與預測分組結果做成分類摘要表
3.Leave-one-out classification	每次剔除一個觀察值之分類摘要表
Use covariance matrix 方盒	使用共變異數矩陣─分類之變異數共變數矩陣形式
1.Within-group	組內變數─組內變異數共變數矩陣
2.Separate-group	組間變數─組間變異數共變數矩陣
Plots 方盒	顯示分類結果圖形方式
1.Combined-groups	合併組散佈圖─整體樣本的分類圖
2.Separate-groups	各組散佈圖─各組樣本的分類圖
3.Territorial map	地域圖─根據組的分類，畫出各組的中心點和範圍
Replace missing with mean	以平均數代替缺失值

研究者如果要將區別分析結果數據，轉成新的變數加入於資料檔中，可於「Discriminant Analysis」（判別分析）對話視窗，按『Save…』鈕（儲存鈕），然後選擇相關的選項即可。不過於資料編輯視窗中還是要做一次檔案存檔的動作，否則退出系統後，分析所得的各項數據就會消失不見。

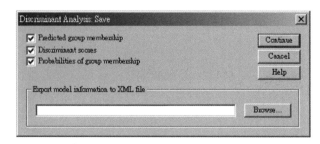

圖 13-7

四、結果解析

Discriminant

Analysis Case Processing Summary

Unweighted Cases		N	Percent
Valid		15	100.0
Excluded	Missing or out-of-range group codes	0	.0
	At least one missing discriminating variable	0	.0

　　上表為樣本的相關訊息－觀察值處理摘要表，包括有效樣本數、依變項的遺漏值或超出範圍的的組別碼、至少一個遺漏值區別變數（自變項）等。若樣本於自變項上的遺漏值太多，則於「Discriminant Analysis: Classification」（判別分析：分類結果摘要）次對話視窗，提供一個以平均數置換遺漏值的選項（Replace missing value with mean），作為替代之用。

Group Statistics（組別統計量）

effg		Mean	Std. Deviation	Valid N (listwise)	
				Unweighted	Weighted
high	cli	76.2500	11.50000	4	4.000
	cul	21.0000	8.20569	4	4.000
	rol	80.7500	14.63728	4	4.000
middle	cli	48.5000	11.92896	6	6.000
	cul	28.8333	8.88632	6	6.000
	rol	40.0000	22.30695	6	6.000
low	cli	24.6000	4.15933	5	5.000
	cul	78.8000	10.75639	5	5.000
	rol	80.2000	7.32803	5	5.000
Total	cli	47.9333	22.53400	15	15.000
	cul	43.4000	27.52350	15	15.000
	rol	64.2667	25.68342	15	15.000

上表為各變項的描述性統計量。高（high）、中（middle）、低（low）組織效能學校組在學校組織文化、學校組織氣氛、校長領導角色等三個變項的平均數、標準差及其原先實際被劃分的組別數，其中高組織效能組有四所、中組織效能組有六所、低組織效能組有五所。

Tests of Equality of Group Means

	Wilks' Lambda	F	df1	df2	Sig.
cli	.166	30.225	2	12	.000
cul	.100	54.052	2	12	.000
rol	.362	10.562	2	12	.002

上表為各組平均數的相等性檢定，即三組各預測變項的平均數差異考驗。以高、中、低組織效能三組為自變項，而以組織氣氛（cli）、組織文化（cul）、領導角色（rol）為依變項所執行單變量變異數分析，F值愈大（Wilks' Λ值愈小），平均數的差異值就愈大。由上表可知，不同學校效能組在組織氣氛（cli）、組織文化（cul）、領導角色（rol）的F值均達顯著差異，其F值分別為30.225（p=.000<.05）、54.052（p=.000<.05）、10.652（p=.002<.05）。

Pooled Within-Groups Matrices(a)

		cli	Cul	rol
Covariance	cli	98.121	-32.158	61.304
	cul	-32.158	88.303	-30.900
	rol	61.304	-30.900	278.796
Correlation	cli	1.000	-.345	.371
	cul	-.345	1.000	-.197
	rol	.371	-.197	1.000
a The covariance matrix has 12 degrees of freedom.				

上表為合併組內矩陣，共變數矩陣有12個自由度。上半部的聯合組內共變數是由3組的組內共變異數矩陣相加而成。而下半部的聯合組內相關矩陣，是由聯合組內共變數轉換而得。如組織氣氛與組織文化的相關＝－.345 ＝ $\frac{-32.158}{\sqrt{98.121}\sqrt{88.303}}$，此計算式和積差相關（全體相關矩陣）不同，積差相關的求法雖然也與上述類似，不同的是積差相關是由全體共變數矩陣求得。

Covariance Matrices

effg		Cli	cul	Rol
high	cli	132.250	-44.667	-68.250
	cul	-44.667	67.333	19.333
	rol	-68.250	19.333	214.250
middle	cli	142.300	-30.500	178.600
	cul	-30.500	78.967	-63.600
	rol	178.600	-63.600	497.600
low	cli	17.300	-24.850	11.850
	cul	-24.850	115.700	-27.700
	rol	11.850	-27.700	53.700

　　上表為各組內及全體的共變數矩陣。如果將全體的共變異數矩陣乘於其自由度，即是全體的 SSCP 矩陣。要出現全體的共數數矩陣及其自由度，於「判別分析：統計量」對話視窗勾選「全體觀察值的共變異數」（☑Total co-variance）選項即可。

Analysis 1
Box's Test of Equality of Covariance Matrices
Log Determinants

Effg	Rank	Log Determinant
High	3	14.027
Middle	3	14.819
Low	3	11.021
Pooled within-groups	3	14.416
The ranks and natural logarithms of determinants printed are those of the group covariance matrices.		

　　上表為 Box 共變數矩陣相等性檢定，對數行列式結果呈現的是依變項各組組內變異數共變數矩陣與組內變異數與共變數矩陣之行列式值（determinant）與階數（rank）。由於區別分析析是根據組內與組間變異數共變數矩陣而演算出區別方程式，若變項間有高度多元共線性問題，將會使行列式值接近 0，且階數不等於自變項個數之現象（王保進，民 93）。

Test Results

Box's M		12.739
F	Approx.	.633
	df1	12
	df2	492.007
	Sig.	.814
Tests null hypothesis of equal population covariance matrices.		

　　上表為各組內共變異數矩陣相等性的假設考驗，Box's M值=12.739，轉換成 F 值為.663，p=.814>.06，未達顯著水準，接受虛無假設，表示各組的組內共變異數矩陣相等，符合區別分析的假定，可以使用聯合組內共變異矩陣為分析的基礎。

　　上述考驗中，如果機率值小於.05，則應拒絕虛無假設，接受對立假設，表示各組的組內共變異數矩陣不相等，此時應使用個別組內共變異矩陣進行分析，此稱為二次區別分析。幸好區別分析是個富有相當「強韌性」（robust）的統計方法，因此違反同質性假定仍可進行統計分析，不過在解釋時要謹慎些（*Sharma, 1996*；陳正昌等人，民 *92*）。而 SPSS 手冊中也建議：如果N/p的比率很大，很容易就違反同質性的假定，此時較佳處理方法，即是將第一類型的錯誤值α設小一點，如由.05 改為.01（*SPSS, 2000*）。

Summary of Canonical Discriminant Functions（典型區別函數摘要表）
Eigenvalues

Function	Eigenvalue	% of Variance	Cumulative %	Canonical Correlation
1	12.835(a)	86.8	86.8	.963
2	1.951(a)	13.2	100.0	.813
a First 2 canonical discriminant functions were used in the analysis.				

　　上表為典型區別函數摘要表，第一欄為區別方程（Function）的編號、第二欄為特徵值（Eigenvalue）、第三欄為解釋變異量（% of Variance）、第四欄為累積解釋變異量（Cumulative）、第五欄為典型相關係數值（Canonical Correlation），此值是把分類變項化為一組虛擬變項，而把預測變項當成另一組變項而求得的線性組合。區別函數數目 q=min (p, g-1)，本例中有三個自變項（p）、三個組別（g），因此q=min（3,2），可以得到二個區別函數，其中第一個區別函數的特徵值=12.835、可解釋依變項86.80%的變異量；第二個區別

函數的特徵值=1.951、可解釋依變項 13.2%的變異量。第三直欄的解釋變異量為每個區別函數的特徵值與總特徵值的比值,如:

$$0.868=12.835\div（12.835+1.951）=12.835\div14.786=86.80\%$$
$$0.132=1.951\div（12.835+1.951）=1.951\div14.786=13.20\%$$

每個區別函數的特徵值乃由其典型相關求得:$\lambda=\dfrac{\rho^2}{1-\rho^2}$

此摘要表中有二個典型區別函數,特徵值愈大,表示此函數愈有區別力。典型相關係數表示區別分數與組別間關聯的程度,相當於變異數分析中的 eta 值(效果值)(以組別為自變數,以區別分數為依變數)。

Wilks' Lambda

Test of Function(s)	Wilks' Lambda	Chi-square	df	Sig.
1 through 2	.024	40.804	6	.000
2	.339	11.905	2	.003

上表為向度縮減分析,亦即在考驗區別函數的顯著性。區別分析對區別函數顯著性的檢定是採用逐一剔除法。首先,先考驗所有的區別函數,如表中 Wilks' Lambda 值=.024、卡方值=40.804,p=.000<.05,已經達到顯著水準,表示二個區別函數中,第一個區別函數對依變項有顯著的預測力,第一區別函數顯著;其次,剔除第一區別函數的影響後,第二區別函數的 Wilks' Lambda 值=.339、卡方值=11.905,p=.003<.05,達到顯著水準,表示第二個區別函數對依變項的解釋力也達顯著。

二個典型區別函數值的顯著性考驗中,二個典型區別函數均達顯著。第一欄中「1 through 2」表示二個區別函數(函數 1、函數 2)的平均數(形心)在三個組別的差異情形,卡方值為 Wilks' Λ 值的轉換,藉以考驗其差異是否達到顯著,這裡χ^2 值為 40.804,p=.000<.001,達到顯著水準。「2」表示在排除第一個函數(典型變項)後,函數 2 在三個組別間形心之差異考驗,由於 p= .003<.01,因而函數 2 也達到顯著。二個典型區別函數的檢定結果均達顯著,表示二條區別方程皆能有效解釋樣本在依變項上之變異量。

第一個典型區別函數的 Wilks' Λ 值=[1/(1+λ_1)]×[1/(1+λ_2)]=[1/(1+12.835)]×[1/(1+1.951)]=.024

第二個典型區別函數 Wilks' Λ 值=1/(1+λ_2)= 1/(1+1.951)=.339

第一個典型區別函數的自由度=p (g-1)=自變項×(組別數－1)=3×2=6

第二個典型區別函數的自由度=(p-1)(g-2)=(自變項－1)×(組別數－2)=2×1=2

Standardized Canonical Discriminant Function Coefficients

	Function	
	1	2
cli	-.470	.627
cul	.775	.270
rol	.509	.648

此為二個典型區別函數的標準化係數（稱為標準化典型區別函數係數－Standardized Canonical Discriminant Function Coefficients），標準化區別係數代表各自變項在各區別函數上之相對重要性，係數值愈大，代表該自變項在區別函數的重要性愈大。從標準化典型區別函數（Standardized Canonical Discriminant Function）值中，可以看出預測變項在組別區別函數時之相對的貢獻度。二個標準化典型區別函數分別為：

第一個典型區別函數D_1=.775×組織文化－.470×組織氣氛＋.509×領導角色
第二個典型區別函數D_2=.270×組織文化＋.627×組織氣氛＋.648×領導角色

從標準化典型區別函數值大小可以看出，組織文化變項與第一個典型區別函數關係較密切；學校組織氣氛與校長領導角色變項與第二個典型區別函數關係較密切。標準化典型區別函數係數計算是由未標準化區別函數係數乘於聯合組內共變異矩陣主對角線的平方根而得，如第一區別函數上學校組織文化的原始加權係數為.082（看 Canonical Discriminant Function Coefficients 報表），而聯合組內共變異矩陣對角線組織文化係數值為 88.303（看 Pooled Within-Groups Matrices 表），其標準化典型區別函數係數＝$.082 \times \sqrt{88.303}$＝.775，標準化典型區別函數係數的絕對值有可能大於 1。

Structure Matrix

	Function	
	1	2
Cul	.837(*)	-.074
Rol	.182	.827(*)
Cli	-.549	.773(*)
Pooled within-groups correlations between discriminating variables and standardized canonical discriminant functions		
Variables ordered by absolute size of correlation within function.		
* Largest absolute correlation between each variable and any discriminant function		

　　上表為結構矩陣（Structure Matrix）。結構矩陣係數為預測變項與典型區別函數的聯合組內相關係數，此係數為聯合組內相關係數矩陣乘上標準化區別函數係數矩陣而得。「*」號表示區別變項與標準化典型區別函數的相關值（含正/負相關）較大者。相關係數的絕對值愈大者，表示此變數與區別函數的相關愈高，對區別函數的影響力愈大。從上述結構矩陣中可以看出，學校組織文化（cul）變項對第一個區別函數的影響力較大；而校長領導角色（rol）、學校組織氣氛（cli）變項對第二個區別函數的影響較大。其結果與上述用標準化典型區別函數呈現的結果相同，根據結構係數負荷量的值，進一步可為每個區別函數命名。運用結構係數的優點有二：一為可以避免共線性問題，二是在小樣本的分析時會比較穩定（*SPSS, 2000*）。以第一區別函數三個結構係數而言，其求法分別如下：

學校組織文化→.837= (−.345) × (−.470) + (.775) × (1.000) +(.509) × (−.197)

校長領導角色→.182= (.371) × (−.470) + (−.197) × (.775) + (1.000) × (.509)

學校組織氣氛→−.549= (1.000) × (−.470) + (−.345) × (.775) + (.371) × (.509)

第二個區別函數學校組織文化的結構係數等於：

(−.345) × (.627) + (1.000) × (.270) + (−.197) × (.648) =−.074

Canonical Discriminant Function Coefficients

	Function	
	1	2
cli	−.047	.063
cul	.082	.029
rol	.030	.039
(Constant)	-3.265	-6.771
Unstandardized coefficients		

　　上表為未標準化的區別函數係數。SPSS內定選項中不列出未標準化的區別函數係數，因為在實際報表分析時，這個係數的實用性不大，尤其是區別函數不只一組時（SPSS, 2000）。

Functions at Group Centroids

effg	Function	
	1	2
high	-2.689	1.787
middle	-1.969	-1.324
low	4.513	.159
Unstandardized canonical discriminant functions evaluated at group means		

　　上表為分類變項（依變項）各組樣本在區別函數之形心（centroid）。形心係數值由未標準化區別函數係數乘上各組平均數而得。形心的意函與平均數相同，它是計算得出每一觀察值在區別函數之區別分數後，依變項各組樣本在區別分數之平均數。當二組樣本之形心差異值愈大，表示二組間在該區別函數上的差異愈大（王保進，民93）。由上表可知，三組的第一區別函數平均明顯不同（-2.689、-1.969、4.513），因此第一區別函數可以明顯區分三組；而第二區別函數平均亦有差異（-1.324、.159、1.787），因此第二區別函數也可以明顯區分三組。

Classification Statistics（分類統計量）

Classification Processing Summary（分類程序摘要表）		
Processed		15
Excluded	Missing or out-of-range group codes	0
	At least one missing discriminating variable	0
Used in Output		15

　　上表為分類統計摘要表，有效分類的樣本數為15、遺漏值為0。

Prior Probabilities for Groups

effg	Prior	Cases Used in Analysis	
		Unweighted	Weighted
high	.333	4	4.000
middle	.333	6	6.000
low	.333	5	5.000
Total	1.000	15	15.000

上表為區別分析之組別的事前機率值，如果沒有理論基礎為根據，通常會假設分發到各組的機率均相等。事前機率的界定方式會影響常數項及事後機率的計算，也會影響分類結果的正確性，但對於其他係數則無顯著影響。

Classification Function Coefficients

	effg		
	high	middle	low
cli	.875	.644	.430
cul	.614	.584	1.162
rol	.165	6.659E-02	.322
(Constant)	-47.590	-26.479	-65.069
Fisher's linear discriminant functions			

分類函數係數可將觀察值分類，分類時採用 Fisher 方法，特稱為 Fisher's 線性區別函數，每一群組均有一組係數，如：

1. 第一群組分類函數

$F_1 = .614 \times$ 組織文化 $+ .875 \times$ 組織氣氛 $+ .165 \times$ 領導角色 $- 47.590$

2. 第二群組分類函數

$F_2 = .584 \times$ 組織文化 $+ .644 \times$ 組織氣氛 $+ .067 \times$ 領導角色 $- 26.479$

3. 第三群組分類函數

$F_3 = 1.162 \times$ 組織文化 $+ .430 \times$ 組織氣氛 $+ .322 \times$ 領導角色 $- 65.059$

觀察值分類時，將每一個觀察值代入三個群組的分類函數，以其分類函數值大小來比較，函數值最大者，代表是觀察值所屬的群組。上述分類函數係數中 6.659E-02 數值等於.0659，E-02 等於.01。

Casewise Statistics

	Case Number	Actual Group	Highest Group					Second Highest Group			Discriminant Scores	
			Predicted Group	P(D>d|G=g)		P(G=g |D=d)	Squared Mahalanobis Distance to Centroid	Group	P(G=g |D=d)	Squared Mahalanobis Distance to Centroid	Function 1	Function 2
				p	df							
Original	1	1	1	.656	2	.970	.844	2	.030	7.813	-3.322	1.122
	2	1	1	.431	2	.998	1.682	2	.002	13.726	-1.523	2.354
	3	1	1	.285	2	1.000	2.511	2	.000	18.510	-4.159	2.379
	4	1	1	.571	2	.947	1.121	2	.053	6.896	-1.752	1.293
	5	2	1(**)	.896	2	.974	.220	2	.026	7.448	-2.524	1.348
	6	2	2	.600	2	.994	1.020	1	.006	11.332	-.981	-1.114
	7	2	2	.870	2	.998	.278	1	.002	12.303	-2.336	-1.703
	8	2	2	.509	2	.999	1.349	1	.001	14.497	-.826	-1.534
	9	2	2	.402	2	1.000	1.823	1	.000	17.088	-2.854	-2.343
	10	2	2	.422	2	1.000	1.728	1	.000	19.386	-2.291	-2.598
	11	3	3	.823	2	1.000	.390	2	.000	52.669	5.138	.149
	12	3	3	.247	2	1.000	2.798	2	.000	25.070	2.844	.059
	13	3	3	.716	2	1.000	.669	2	.000	53.063	4.993	.822
	14	3	3	.881	2	1.000	.252	2	.000	48.495	4.898	-.164
	15	3	3	.958	2	1.000	.086	2	.000	45.968	4.695	-.071

** Misclassified case

　　上表為每一觀察值的實際分組摘要表（Casewise Statistics），包括觀察值編號（Case Number）、實際組別（Actual Group）、預測組別（Predicted Group）、條件機率。實際組別為研究者依學校校能得分高低標準實際劃分的學校群組，而預測組別為根據學校組織文化、學校組織氣氛與校長領導角色三個變項，所區分的學校組別，「**」符號表示實際劃分組別與預測最可能的組別不符合。根據此表，研究者可以發現，編號為 5 的學校，依區別分析結果，最有可能分類為第一組（高效能學校組），但在實際劃分上，卻分類為第二組（中效能學校組），因而在其列上，預測組別 1 的旁邊出現二個「**」號。

Classification Results(a)

		effg	Predicted Group Membership			Total
			high	middle	low	
Original	Count	high	4	0	0	4
		middle	1	5	0	6
		low	0	0	5	5
	%	high	100.0	.0	.0	100.0
		middle	16.7	83.3	.0	100.0
		low	.0	.0	100.0	100.0

a 93.3% of original grouped cases correctly classified.

上表為分類結果摘要表，分類結果摘要表之對角線為正確分類的個數，其餘為錯誤分類的個數。左邊的項目為原始的分類結果，高學校校能組有四所、中學校效能組有六所、低學校校能組有五所。直行為重新分類之組別及百分比。以中效能學校組而言，五個觀察值正確，一個錯誤，此錯誤觀察值分類最大可能應屬高效能學校組，而非中效能學校組。全部正確分類的百分比為93.3%。整體分類正確性的求法如下：

$$(4+5+5) \div 15=.933=93.3\%$$

五、結果說明

由以上報表解析，可以將區別分析結果整理成以下二個表格。

表1　學校組織文化、組織氣氛與校長領導角色在不同學校效能組之區別分析摘要表

	標準化典型區別係數		結構係數		未標準化區別函數	
	第一函數	第二函數	第一函數	第二函數	第一函數	第二函數
組織文化	.775	.270	.837	-.074	-.047	.063
組織氣氛	-.470	.627	.182	.827	.082	.029
領導角色	.509	.648	-.549	.773	.030	.039
截距					-3.265	-6.771

第一個區別函數：λ=12.835　Wilks' Λ=.024　卡方值=40.804***

第二個區別函數：λ= 1.951　Wilks' Λ=.339　卡方值=11.905**

** p<.01　*** p<.001

表2　分類正確率交叉表

效能組別	實際分類樣本	預測結果分類		
		高效能	中效能	低效能
高效能組	4	4(100%)	0(0.0%)	0(0.0%)
中效能組	6	1(16.7%)	5(83.3%)	0(100%)
低效能組	5	0(0.0%)	0(0.0%)	5(100%)
總預測正確率=93.30%				

　　由表 1 可以得知：學校組織文化、學校組織氣氛與校長領導角色三個變項可以有效區別學校效能高、中、低三個組別，有二個區別函數達到顯著，第一個區別函數的 Wilks' Λ為.024（p<.001）、第二個區別函數的 Wilks' Λ為.339（p<.01）。從標準化典型區別係數與結構係數來看，與第一區別函數相關較密切者為學校組織文化變項；與第二個區別函數相關較密切者為學校組織氣氛與校長領導角色。因而第一區別函數主要藉由組織文化而有效區別不同組織效能組的學校；以第二區別函數來看，對不同組織效能組的學校區別分析中，則以學校組織氣氛及校長領導角色二個變項的區別力較高。

　　此外，從表 2 分類正確率交叉表來看，在四所高組織效能學校組中，四所全部被正確預測屬於這一組，正確預測率為100%；在六所中組織效能學校組中，有五所被正確預測屬於這一組，正確預測率為83.3%；在五所低組織效能學校組中，五所全部被正確預測屬於這一組，正確預測率為100%；就全體總預測率而言，高達93.3%，其區別力甚佳。

　　因而如果從學校組織文化狀況、學校組織氣氛情形、校長領導角色類型三個變項，便可有效區別學校為何種組織效能類型，其區別命中力頗高。

13-2　Logistic 迴歸分析

　　在第一節區別分析的介紹中，自變項為連續變項，依變項為二分名義變項，除可採用區別分析法，也可以進行 Logistic 迴歸分析。Logistic 迴歸分析與多元迴歸分析的最大差異在於依變項性質的不同，由於依變項的性質不同，使得二者在參數估計與假設上也有所差異。進行複迴歸分析時，迴歸模式通常必須符合常態性的假定；但Logistic迴歸分析的假定：是觀察值樣本在依變項上的機率分配呈S型分布，此分布情形又稱Logistic分配（*Hosmer & Lemeshow, 2000*）。此外，在參數估計方面，複迴歸通常透過古典最小平方法（ordinary least square），讓殘差值極小化，以得到自變項參數之最佳估計值；而Logistic

迴歸分析則是透過最大概率估計（Maximum Likelihood Estimation; MLE），使依變項觀察次數之機率極大化，進而得到自變項參數之最佳估計值（王保進，民 93）。與最小平方法相比，最大概似估計法可以用於線性模型，也可以用於更複雜的非線性估計，由於 Logistic 迴歸是非線性模型，因此最大概似估計法是最常用於 Logistic 迴歸模型估計的方法（王濟川、郭志剛，民 93）。

Logistic 迴歸模式的顯著性檢定包括整體模式檢定及個別參數檢定二個部分。整體模式適配度（Goodness of Fit）的檢定在比較每一個觀察值之預測機率與實際機率間之差異。整體模式適配度檢定的方法有下列四個指標：Pearson χ^2 值、離差值（Deviance；D 統計量）、Hosmer-Lemeshow 檢定法、訊息測量指標（Information Measure）（王濟川、郭志剛，民 93）。在 SPSS 統計軟體中，會提供 Pearson χ^2 值、Hosmer-Lemeshow 檢定法數據，當 χ^2 值達到顯著，表示所投入的自變項中，至少有一個自變項能有效預測樣本在依變項之機率值；Hosmer-Lemeshow 檢定法剛好相反，當其檢定值未達顯著水準時，表示整體模式的適配度佳。由於 χ^2 檢定值易受到樣本數的影響，因而學者 Hair 等人（1998）建議：對 Logistic 迴歸模式之整體適配度考驗，最好同時使用上述二種方法，以做綜合判斷。至於在個別參數之顯著性檢定的主要指標有以下二種：Wald 檢定值、Score 檢定值。當 Wald 檢定值達到顯著水準，表示該自變項與依變項間有顯著關聯，可以有效預測觀察值在依變項之機率值。根據常態分布理論，Wald 統計量的計算不難，但其值會受到迴歸係數的影響，即當迴歸係數的絕對值很大時，Wald 檢定值的估計標準差就會膨脹，於是導致 Wald 統計量變得很小，以致犯第二類型的錯誤率會增加，本應拒絕虛無假設卻未能拒絕，反而接受虛無假設，因而導致錯誤之結論（*Jennings, 1986*；*Menard, 1995*），在個別參數顯著性的檢定中，如發現迴歸係數的絕對值很大，最好再參考 Score 檢定值是否達到顯著水準，以作為個別參數顯著性的檢定指標或使用概似比檢驗法（likelihood ratio）（王保進，民 93；王濟川、郭志剛，民 93）。

一、【研究問題】

某位研究成人教育之學者，想探究成人的薪資所得、家庭幸福感、社會參與度、身體健康狀態是否可以有效預測及解釋成人生活滿意度。經隨機取樣方法，抽取 100 名受試者填寫上述五種量表，根據其生活滿意度量表得分的高低，將 100 名受試者分成「高滿意度組」（45 人）、「低滿意度組」（55 人）。如只根據薪資所得、家庭幸福感、社會參與度、身體健康狀態四個自變項是否能解釋及預測成人的生活滿意度。

上述問題中自變項均為計量變項，包括薪資所得（income）、家庭幸福感（bless）、社會參與度（social）、身體健康狀態（health）四個變項，而依變項為「滿意度組別」（gsati），是二分名義變項，二個水準分別為「高滿意度組」（45 人）、「低滿意度組」（55 人），因而可採用 Logistic 迴歸分析，以探究四個自變項對成人生活滿意度預測及分類的正確性。

二、操作程序

Analyze（分析）→Regression（迴歸分析）→Binary Logistic..（二元 Logistic...），出現「Logistic Regression」對話視窗。

→將依變項「滿意度組別[gsati]」選入右邊「Dependent」（依變數）下之方格中，將四個自變項 income、bless、social、health 選入右邊「Covariates」（共變量）下的方格中，在「Method」右邊下拉式選單選取 Enter。

→按『Save』（儲存）鈕，出現「Logistic Regression: Save New Variables」次對話視窗，勾選「☑Probabilities」、「☑Group membership」二項→按『Continue』鈕，回到「Logistic Regression」對話視窗。

→按『Options』（選項）鈕，出現「Logistic Regression: Options」次對話視窗，勾選「☑Classification plots」、「☑Hosmer-Lemeshow goodness-of-fit」、「☑Correlations of estimates」、「☑Iteration history」四項→按『Continue』鈕，回到「Logistic Regression」對話視窗→按『OK』鈕。

備註：在「Logistic Regression: Options」次對話視窗中，「☑Classification plots」選項為「分類圖」、「☑Hosmer-Lemeshow goodness-of-fit」為 Hosmer-Lemeshow 適配度檢定值、「☑Correlations of estimates」為參數估計之相關矩陣、「☑Iteration history」為疊代過程。

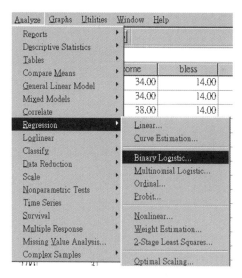

圖 13-8

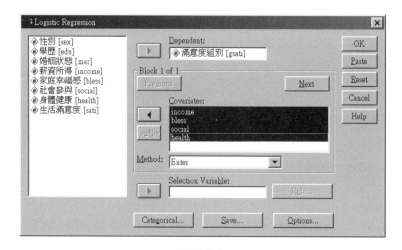

圖 13-9

在「Logistic 迴歸」（Logistic Regression）對話視窗中，「Method」（方法）右邊的下拉式選單中，包括七種 Logistic 迴歸分析逐步法：

1. 「輸入法」（Enter 法），全部自變項均納入迴歸模式中。
2. 「向前：條件法」（Forward: conditional），此法乃根據Score檢定與條件參數估計，逐步選擇模式中顯著的自變項。
3. 「向前：LR 法」（Forward: LR），此法乃根據 Score 檢定與概似比參數估計逐步選擇模式中顯著的自變項。
4. 向前：Wlad 法 （Forward: Wlad），此法乃根據 Score 檢定與 Wald 檢定逐步選擇顯著的自變項。

5. 向後；條件法（Backward: conditional），此法乃根據條件參數估計逐一剔除在模式中不顯著的自變項。

6. 向後：LR 法（Backward: LR），此法乃根據概似比逐一剔除在模式中不顯著的自變項。

7. 向後：Wald 法（Backward: Wald），此法乃根據 Wald 檢定估計值剔除在迴歸模式中不顯著的自變項。

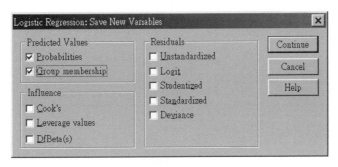

圖 13-10

在「Logistic 迴歸：儲存新變數」（Logistic Regression: Save New Variables）的次對話視窗中，包括三個方盒選項：

1. 「預測值」（Predicted Values）方盒：內有「機率」（Probabilities）及「組別成員」（Group membership）二個選項。

2. 「影響」（Influence）方盒：內有「Cook's」距離值、「槓桿值」（Leverage values）、「迴歸係數差異量值」（DfBeta）三個選項。

3. 「殘差」（Residual）方盒中包括五種殘差值：未標準化殘差值（Unstandardized）、Logit 分析殘差值、 t 化殘差值（Studentized）、標準化殘差值（Standardized）、離差值（Deviance）。

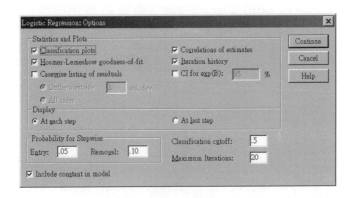

圖 13-11

二、報表解釋

Logistic Regression
Case Processing Summary（觀察值處理摘要）

Unweighted Cases(a)（未加權的觀察值）		N	Percent
Selected Cases	Included in Analysis	100	100.0
	Missing Cases	0	.0
	Total	100	100.0
Unselected Cases（未選的觀察值）		0	.0
Total		100	100.0
a If weight is in effect, see classification table for the total number of cases.			

上表為樣本基本資料訊息，包括有效觀察值（100位）、遺漏值（0位），未被選取的個數（0位）及總樣本數（100）。

Dependent Variable Encoding（依變數編碼）

Original Value（原始值）	Internal Value（內部值）
高滿意度	0
低滿意度	1

上表為依變項的水準編碼值及其數值標籤，依變項的二個水準編碼值分別為 0、1（系統執行時的內部編碼），0 表示高滿意度組、1 表示低滿意度組。在資料建檔時生活滿意組知覺的實際編碼為 1、2，1 表示高生活滿意度組、2 表示低生活滿意度組，執行 Logistic 迴歸分析，會將原始依變項編碼水準暫時改成 0、1。

Block 0: Beginning Block（區塊 0: 開始區塊）
Iteration History（a,b,c）（疊代過程）

Iteration（疊代）		-2 Log likelihood（-2對數概似）	Coefficients（係數）
			Constant（常數）
Step	1	137.628	.200
	2	137.628	.201
a Constant is included in the model.（模式中包含常數）			
b Initial -2 Log Likelihood: 137.628（起始的-2 對數概似:137.628）			
c Estimation terminated at iteration number 2 because parameter estimates changed by less than .001.（因為參數估計值變化小於.001，所以估計工作在疊代數 2 時終止）。			

　　上表為疊代過程，包括疊代步驟、概似比之對數值及常數項之估計值。疊代過程在運算時，如果常數項係數估計值之差異小於.001 時，則停止疊代運算過程（註 c 說明）。上表中常數項在第二次疊代之估計值等於.201 與第一次疊代之估計值（等於.200）差異小於.001，表示達到聚斂標準，因此不用下一階段的疊代過程。上表中第二欄為概似比之對數值、第三欄為其常數項（Constant）之估計值。

Classification Table(a,b)（分類表）

Observed（觀察）			Predicted（預測）		
			滿意度組別		Percentage Correct
			高滿意度	低滿意度	
Step 0	滿意度組別	高滿意度	0	45	.0
		低滿意度	0	55	100.0
	Overall Percentage				55.0
a Constant is included in the model.（模式中包含常數）					
b The cut value is .500（分割值為.500）					

　　上表為邏輯迴歸初步分類結果，在包含常數項的模式中，45 個高滿意度知覺的樣本重新分類結果全部變成低滿意度組，而原來被歸類為低滿意度組的 55 位觀察值，重新分類結果還是歸屬於低滿意度組，因而整體分類正確的百分比（Overall Percentage）=55÷100=55%。此表並不是迴歸模型對依變項正確的預測分類情形，因而其實質意義不大。

Variables in the Equation（變數在方程式中）

	B	S.E.	Wald	df	Sig.	Exp（B）
Step 0　Constant	.201	.201	.997	1	.318	1.222

　　上表為只包括常數項之邏輯迴歸模式，常數項之估計值為.201、估計標準誤為.201，Wald 檢定值等於.997，勝算比值為 1.222。

Variables not in the Equation（變數不在方程式中）

			Score	df	Sig.
Step 0	Variables（變數）	income	35.055	1	.000
		bless	43.194	1	.000
		social	16.428	1	.000
		health	39.338	1	.000
	Overall Statistics（概要統計量）		63.861	4	.000

　　上表為僅包括常數項模式之初步邏輯迴歸模式，未納入模式中自變項之 Score 檢定值結果。進行邏輯迴歸分析時，一開始所有自變項都不會納入迴歸模式中，此時若以 Score 檢定對每一自變項參數估計值進行顯著性檢定，若所有自變項之係數值都未達顯著水準，就表示全部自變項對依變項都不具有解釋與預測的效果，如此則停止邏輯迴歸分析工作，當至少有一個自變項之係數值達到顯著水準，就進一步將該自變項選入迴歸模式中，並進行邏輯迴歸之參數估計（王保進，民 93）。並進一步根據研究者界定的方法，逐一挑選或剔除自變項，直到進入迴歸模式之自變項的估計值均是顯著為主。由於本範例採用強迫進入法（Enter 法），因而不管 Score 檢定值是否達到顯著，自變項均會納入迴歸模式中，由表中知悉，四個自變項之 Score 檢定值分別為 35.055、43.194、16.428、39.338，均達到顯著水準。

Block 1: Method = Enter（區塊 1: 方法=輸入）

Iteration History（a,b,c,d）（疊代過程）

Iteration（疊代）	-2 Log likelihood	Coefficients（係數）				
		Constant	income	bless	social	health
Step 1　1	64.999	6.603	-.042	-.083	-.022	-.044
2	51.416	10.975	-.075	-.110	-.044	-.083
3	47.585	14.686	-.111	-.131	-.061	-.108
4	46.958	16.825	-.140	-.146	-.069	-.114
5	46.922	17.419	-.151	-.151	-.071	-.112
6	46.922	17.465	-.152	-.152	-.071	-.112
7	46.922	17.466	-.152	-.152	-.071	-.112

a Method: Enter（方法: 輸入）

b Constant is included in the model.（模式中包含常數）

c Initial -2 Log Likelihood: 137.628（起始的-2 對數概似:137.628）

d Estimation terminated at iteration number 7 because parameter estimates changed by less than .001.（因為參數估計改變量小於.001，所以估計工作在疊代數 7 終止）

上表為自變項投入迴歸模式之疊代過程，由於採用 Enter 法進行參數估計，因而四個自變項皆投入疊代過程。其中步驟七常數項與四個自變項的係數估計值就是最後所建立之 Logistic 迴歸模式的係數值。

Omnibus Tests of Model Coefficients（模式係數的 Omnibus 檢定）

		Chi-square	df	Sig.
Step 1	Step（步驟）	90.706	4	.000
	Block（區塊）	90.706	4	.000
	Model（模式）	90.706	4	.000

　　上表為整體模式係數顯著性之檢定結果。四個自變項所建立的迴歸模式之整體模式適配度檢定的卡方值等於 90.706，p=.000<.05，達到顯著水準，表示在投入的薪資所得、家庭幸福感、社會參與度、身體健康四個自變項中，至少有一個自變項可以有效地解釋與預測樣本在生活滿意度之結果。至於是那幾個自變項，則需要進行個別參數係數顯著性之估計結果方能得知。

Model Summary

Step	-2 Log likelihood	Cox & Snell R Square	Nagelkerke R Square
1	46.922(a)	.596	.798
a Estimation terminated at iteration number 7 because parameter estimates changed by less than .001.			

　　上表模式摘要表為自變項與依變項間之關聯強度檢定結果，關聯強度的性質與多元迴歸分析中的 R^2 值（決定係數）類似，但 Logistic 迴歸分析中的關聯強度旨在說明迴歸模式中的自變項與依變項關係之強度，無法說明依變項的變異量可以被自變項解釋百分比（因 Logistic 迴歸分析中的依變項不是連續變項，不能以解釋變異量來解釋）。Cox － Snell R^2 與 Nagelkerke R^2 值分別為.596、.798，表示所投入的四個自變項與生活滿意度間有中強度的關聯。

Hosmer and Lemeshow Test

Step	Chi-square	df	Sig.
1	14.897	8	.061

上表為迴歸模式之整體適配度檢定結果，採用 Hosmer — Lemeshow 檢定法，如果 Hosmer — Lemeshow 檢定值未達顯著水準，表示模式適配度佳（此解釋與上述採用卡方檢定正好相反）。表中 Hosmer — Lemeshow 檢定值等於 14.897、p=.061>.05，未達顯著水準，整體迴歸模式的適配度良好，表示自變項可以有效預測依變項。

Classification Table(a)（分類表）

Observed（觀察）			Predicted（預測）		
			滿意度組別		Percentage Correct
			高滿意度	低滿意度	
Step 1	滿意度組別	高滿意度	41	4	91.1
		低滿意度	5	50	90.9
Overall Percentage					91.0
a The cut value is .500（分割值為.500）					

上表為邏輯迴歸模式的分類預測結果，此表與區別分析中的分類結果表（classification results）類似。原先 45 位生活滿意度知覺之高滿意度的觀察值，根據邏輯迴歸模式進行分類預測，有 41 位被歸類於高滿意度組（分類正確）、4 位被歸類於低滿意度組（分類錯誤）；原先 55 位生活滿意度知覺之低滿意度的觀察值，根據邏輯迴歸模式進行分類預測，有 5 位被歸類於高滿意度組（分類錯誤）、50 位被歸類於低滿意度組（分類正確）。整體分類正確的百分比為（41+50）÷100=91.0%。分類的正確性愈高，表示所建立的邏輯迴歸模式的整體適配性愈佳，自變項對依變項的影響愈大。

Variables in the Equation

		B	S.E.	Wald	df	Sig.	Exp(B)	95.0% C.I. for EXP(B)	
								Lower	Upper
Stop 1(a)	Income	-.152	.073	4.349	1	.037	.859	.744	.991
	Bless	-.152	.052	8.592	1	.003	.859	.777	.951
	Social	-.071	.037	3.775	1	.052	.931	.866	1.001
	Health	-.112	.053	4.498	1	.034	.894	.806	.992
	Constant	17.466	3.810	21.017	1	.000	38475259.668		
a Variable (s) entered on step 1: income, bless, social, health.									

區別分析與 logistic 迴歸分析

上表為迴歸模式中個別自變項顯著性的參數估計。第一直行為投入變項名稱共有四個自變項、第二直行為自變項係數估計值、第三直行為係數估計標準誤、第四直行為個別參數檢定之 Wald 值、第五直行為自由度、第六直行為顯著性機率值、第七直行為勝算比（odd ratio）、第八直行為勝算比之 95% 的信賴區間。由表中可知，在投入的四個自變項中，除社會參與（social）變項之 Wald 檢定值未達顯著外，其餘三個自變項：薪資所得（income）、家庭幸福感（bless）、身體健康（health）的 Wald 檢定值均達顯著，因而薪資所得（income）、家庭幸福感（bless）、身體健康（health）三個變項可以有效預測與解釋成人生活滿意度。

所謂勝算比（Odd Ratio; OR），乃在說明自變項與依變項間之關聯，若有一個虛擬自變項 X 之勝算比為 3，表示在該自變項上測量值為 1 的觀察值，它在依變項 Y 上為 1 的機率是在 X 之測量值為 0 的觀察值的 3 倍，勝算比值愈高，表示自變項與依變項之關聯程度愈強。

Correlation Matrix

		Constant	income	bless	social	health
Step 1	Constant	1.000	-.701	-.458	-.488	-.179
	income	-.701	1.000	.300	.220	-.498
	bless	-.458	.300	1.000	-.250	-.032
	social	-.488	.220	-.250	1.000	.066
	health	-.179	-.498	-.032	.066	1.000

上表為變項參數估計值的相關矩陣，此相關矩陣並不是變項間的積差相關係數矩陣。

三、結果分析

上述 Logistic 迴歸分析的報表可整理如下二個表格：

表 1　整體模式之適配度檢定及個別參數顯著性之檢定摘要表

投入變項名稱	B	S.E.	Wald 值	Df	關聯強度
薪資所得	-.152	.073	4.349*	1	Cox — Snell R^2=.596
家庭幸福感	-.152	.052	8.592**	1	Nagelkerke R^2 =.798
社會參與度	-.071	.037	3.775n.s.	1	
身體健康	-.112	.053	4.498*	1	
常數項	17.466	3.810	21.017	1	
整體模式適配度檢定	χ^2=90.706***				
	Hosmer-Lemeshow 檢定值=14.897 n.s.				

* $p<.05$　**$p<.001$　*** $p<.001$　n.s. $p>.05$

從表 1 可以發現：薪資所得、家庭幸福感、社會參與度、身體健康四個自變項對高、低生滿意度組別預測之迴歸模型中，其整體模式顯著性考驗的χ^2=90.706（p=.000<.05），達到顯著；而 Hosmer-Lemeshow 檢定值為 14.897（p>.05）未達顯著，表示薪資所得、家庭幸福感、社會參與度、身體健康四個自變項所建立的迴歸模式適配度（Goodness of Fit）非常理想。從關聯強度係數而言：Cox — Snell 關聯強度值為.596、Nagelkerke 關聯強度指標值為.798，顯示自變項與依變項間有中強度的關係存在。

再從個別參數之顯著性指標來看，薪資所得、家庭幸福感、身體健康三個自變項的 Wald 指標值分別為 4.349、8.592、4.498，均達.05 顯著水準，表示薪資所得、家庭幸福感、身體健康三個自變項與高、低生活滿意度組別間有顯著關聯，這三個變項可以有效預測成人在生活滿意度的知覺。

表 2 預測分類正確率交叉表

實際組別	預測組別		
	高滿意度組	低滿意度組	正確百分比
高滿意度組	41	4	91.1
低滿意度組	5	50	90.9
總預測正確率			91.0

從表 2 預測分類正確率交叉表來看，原先 45 位高生活滿意度組的成人，經由迴歸模式的預測分類，有 41 位觀察值也被歸類於高生活滿意度組（分類正確）、而有 4 位觀察值被歸類於低生活滿意度組（分類錯誤）；原先 55 位低生活滿意度組的成人，經由迴歸模式的預測分類，有 50 位觀察值被歸類於低生活滿意度組（分類正確）、而有 5 位觀察值被歸類於高生活滿意度組（分類錯誤）。整體預測分類的百分比為 91.0%。經由薪資所得、家庭幸福感、身體健康三個自變項所建立的迴歸模型，對於成人生活滿意度組變項預測分類正確率頗高。

第十四章

多變量變異數分析

　　要比較各組平均數的差異是否顯著時，若依變項只有一個的情況，則採用的是單因子變異數分析；如果同時考驗二個以上的依變項，則可採用多變量變異數分析（Multivariate Analysis of Variance；MANOVA）。如果自變項有一個，則分析的方法稱爲單因子多變量變異數分析（one-way Multivariate Analysis of Variance）；如果自變項有二個以上，則稱爲多因子多變量變異數分析。

　　多變量變異數分析在概念上是單變量變異數分析（Univariate Analysis of Variance; UNIANOVA）的擴展，在單變量變異數分析中是考驗不同處理水準在單一依變項得分平均數的差異；多變量變異數分析則同時在考驗不同處理水準在二個以上依變項的形心（centroid）是否有顯著的不同。多變量變異數分析之重要性有三：一爲可控制實驗的第一類型錯誤率；二爲研究結果之類推更爲可靠；三爲可深入了解依變項間之關係（*Thompson, 1994*）。Thompson（*1984*）指出：社會科學研究者之興趣在於探究問題的多種原因（multiple causes）和多種結果（multiple outcomes），而非單一之因果關係的探討，若採單變量之分析方法，有時會扭曲問題的眞實性；而有研究者在研究計劃中提出了多變量的研究問題，卻只採用單變量的分析方法考驗假設問題，同樣地也會扭曲事實的原委。社會科學情境中，採用多變量變異數分析的方法較能反應社會的眞實面（*Fish, 1988*）。此外，多變量變異數分析可同時考量數個依變項的關係，此爲多個單變量分析所無法達到的，因單變量分析的假設是依變項間的相關爲零；再者，單變量分析是將各依變項作逐一的分析，這與多變量以所有依變項之最大線性組合（Optimal Linear Combination）來進行統計考驗，意義上是不同的（*傅粹馨，民 86*）。

　　使用多變量變異數分析時，資料也須符合以下基本條件：⑴觀察值必須獨立，也就是觀察值無自我相關，爲達此目的，取樣必須隨機化，獨立性也就是指母群體中各樣本在依變項上之測量值應該要彼此獨立，沒有相關存在；⑵各組母群體變異數要均勻，也就是各組要有共同的共變異數矩陣；⑶各母群體要成多變量常態分配，一般樣本愈大時，愈能滿足此項要求。基於中央極限定理（Central Limited Theorem），如果 $X_1, X_2, \cdots\cdots X_n$ 是從一個母群體來的觀察值，而此母群體之平均值爲 M，其有限共變異數矩陣爲 Σ，則在大樣本時 $\sqrt{n}(\overline{X}-\mu)$ 會接近常態分配：$N_P(0, \Sigma)$。其中 P 爲變項數、N 爲樣本數，N-P 要夠大。MANOVA 的常態性假設，即是指樣本所來自的母群體在多個依變項上的機率分配呈多變量常態分配（Multivariate Normal Distribution）。原則上，多變量變異數分析是單變量變異數分析的延伸，它會算出所有依變項都一起考慮時，實驗處理有無顯著差異，然後分析對個別依變項有無顯著影響（*馬信行，民 88*）。

在變異數分析中，如果研究者要同時考驗數個依變項，或依變項間如果有顯著的相關存在，則使用多變量變異數分析法（Multivariate Analysis of Variance; MANOVA）會比單變量變異數分析法更為適宜。多變量變異數分析可以同時考驗 k 組自變項在二個以上依變項上的「形心」（centroid）是否有所差異。在概念上，多變量變異數分析是單變量變異數分析的擴展，如果依變項有二個以上，採用多變量變異數分析的優點（*Bryman & Cramer, 1997*）：

1. 減少犯第一類型的錯誤：比較群體間在一個依變項的差異時，顯著水準α值通常定為.05，如果有二個依變項，分開進行群體間的差異比較時，則顯著水準α值會增加到.10（.05 的 2 倍）。如果比較間不獨立，依變項間有相關，採用單變量變異數分析，第一類型（type I）的錯誤率會提高，如果使用多變量變異數分析則可以控制整體的顯著水準α值，減少第一類型的錯誤率。

2. 同時考驗數個依變項對自變項的效果，會有較多敏感性測量，採用MANOVA，就可以同時了解群組間平均數在所有依變項的差異結果。考驗數個依變項時，如果分開採用ANOVA，沒有辦法解釋或提供任何依變項間相關的資訊。

多變項同質性檢定考驗，在於考驗依變項間母群變異量是否相似，常用者為 Box's M 考驗。如果群體人數在 20 人以上，群體分組數在 6 組以下且依變項數目也在 6 個以內，則應該再參考卡方檢定值（*Stevens, 1992*）。另一方面，如果群體人數在 20 人以下，則應該再參考 F 考驗結果。

MANOVA中的「M」表示的是「多個」（multiple）依變項，而這些多個依變項均是等距/比率變項。在單變量變異數分析中，F 統計考驗的是數個組別間得分平均數（mean）的差異情形，在多變量變異數分析，所要考驗的是組別間「形心」的差異情形，所謂「形心」是多個依變項平均數的向量組合。此外，單變量 ANOVA 的 F 考驗，在 MANOVA 中則以「Wilks' Lambda」考驗代替，「Wilks' Lambda」可考驗不同群體間「形心」（依變項平均數的向量和）是否有顯著差異存在，「Wilks' Lambda」的求法中，要算出三個統計量數：

⑴ W 矩陣：組內變異數與共變量矩陣。
⑵ B 矩陣：組間變異數與共變量矩陣。
⑶ T 矩陣：全體變異數與共變量矩陣。

變異數與共變量矩陣也稱「SS平方和與交乘積矩陣」（Sum of Square and Cross Products matrices），簡稱「SSCP 矩陣」，Wilks' Λ 值 $= \dfrac{|W|}{|T|} = \dfrac{|W|}{|W+B|}$。Wilks' Λ 值是以組內 SSCP 矩陣為分子，而非以組間 SSCP 矩陣為分子。在單變量變異數分析（ANOVA）中，主要效果或交互作用之顯著性考驗，所使用的公式為 $F_A = \dfrac{MS_A}{MS_W}$ 或 $F_{AB} = \dfrac{MS_{AB}}{MS_W}$，F 值愈大，則檢定愈容易達到統計上的顯著水準；但在多變量變異數分析，如果整體考驗要達到統計水準，則 Wilks' Λ 值要愈接近 0。

多變量分析中，常用的整體考驗（overall test）法有：Hotelling Trace、Wilks' Lambda、Pillai's Trace、Roy's 最大根準則等四種。四種整體效果之統計量各有其不同特性。在多數多變量分析研究中，出現最多者為 Wilks' Lambda 值，Wilks' Λ 較有強韌性，其使用歷史也較久（*Olson, 1976*）。如果樣本數較少，組別間人數不相等與含有程序性假定問題存在，則使用 Pillai's Trace 整體考驗法，反而有較高的強韌性。

一、Wilks Λ 統計量

Λ 值在 0 到 1 之間，此值愈趨近 0，表示誤差變異項的變異量愈小，自變項的效果愈會達到顯著；相反的 Λ 值愈接近 1，表示誤差變異項的變異量愈大，自變項的效果愈不會達到顯著。此值與 F 檢定結果相反，在 ANOVA 分析中，F 值愈大，表示組內誤差變異項愈小，組間的差異愈會達到顯著。

二、Pillai V 統計量

V 值之計算係根據誤差項與自變項變異來源之 SSCP 矩陣相除後所得到矩陣之特徵值（eigenvalue），V 值愈大表示自變項之效果愈容易達到顯著。V 值之計算公式如下：

$$V = \sum \frac{\Lambda_i}{1 + \Lambda_i}$$

三、Hotelling Trace（T 值）

T 值的求法如下 $= \sum_{i=1}^{s} \Lambda_i$，T 值愈大，表示自變項效果所造成之變異量愈大，愈容易達到顯著水準。

四、Roy 最大根統計量（GCR）（θ值）

　　GCR 為 $|Q_h - \Lambda Q_e| = 0$ 之最大特徵值，最大特徵值愈大表示自變項效果所造成的變異量愈大，愈容易達到顯著（王保進，民 93）。

　　就 Λ、T、V、θ 四種多變量分析之整體考驗的統計量數而言，何者是最佳的判斷值或最佳的選擇，是一個複雜的問題，沒有任何一種方法是普遍地優於或劣於其他方法，但可就統計考驗力（power）及強韌性（robust）加以區別（傅粹馨，民 86）。

㈠統計考驗力

　　Λ、T、V、θ 四種方法之相對的考驗力，須視特徵值之結構而定。當只有唯一的特徵值（eigenvalue 或 characteristic root）或多個特徵值，而第一個特徵值占絕大的比重，學者 Olson（1976）稱此種情形為「集中結構」（Concentrated Noncentrality Structure），此情況下考驗力依 θ、T、Λ、V 之次序，依次遞減，換言之，以 Roy 最大根統計量 θ 最具考驗力；相反的，若在「分散結構」（Diffuse Noncentrality Structure）下，各個特徵值之大小差不多，則以 V 統計量最具考驗力，Λ、T、θ 次之，後三者之考驗力差異不大。

㈡強韌性

　　F 檢定時需符合以下之假設：一為樣本須源自欲研究之母群；二為資料呈多變量常態分配（Multivariate Normal Distribution）；三為依變項之組內變異數同質與各組之依變項間相關係數相等。統計檢定具強韌性是指在違反上述假設的情境下，其犯第一類型錯誤率仍與原訂之 α 十分接近，亦即不因違反基本假定，而影響檢定分析之正確結果。學者 Olson（1976）與 Stevens（1979）指出：於違反假設時，Pillai V 統計量是較佳的選擇，而不應選擇 Roy θ 統計量，因在此情境下，其犯第一類型錯誤率會增加。如果就統計考驗力與強韌性二者同時考量的話，多數研究者喜愛採用 Wilks Λ 作為多變量分析整體考驗的統計量。

　　在單因子變異數分析中（one-way ANOVA），F 值是組間均方與組內均方的比率，如果 F 值愈大，表示組間差別愈明顯；在獨立樣本的 t 檢定中，t 值是二組平均數的差值與平均數差異值標準誤的比例，如果 t 值愈大，表示二組愈有差異。然而，在多變量變異數分析中，Wilks' Λ 值是組內的 SSCP 矩陣與全體 SSCP 矩陣（組間 SSCP 矩陣＋組內的 SSCP 矩陣）的比，如果 Wilks' Λ 值

多變量變異數分析

愈小，表示組內的 SSCP 矩陣愈小，而組間的 SSCP 矩陣愈大，亦即組間變異數愈大，這表示組間之形心的差異值愈明顯。Wilks' Λ 大小介於 0 至 1 間，愈接近 1，整體效果考驗愈不顯著，因而 Wilks' Λ 值不像 t 值或 F 值一樣，如要拒絕虛無假設，t 值或 F 值應該要愈大愈好，表示組間差異愈顯著，Wilks' Λ 判斷像是 F 值的倒數一樣。**在多變量統計分析中，想要拒絕虛無假設，Wilks' Λ 值應該愈小愈好。**

以下為單變量與多變量變異數考驗之分類圖：

組別＼變項		變項數	
		一個	多個
組別數	二個	Student's t	Hotelling's T^2
	多個	Fisher's F	Wilks's lambda

其中組別為二個，而變項數為一個時，亦可使用 F 考驗，其 F 值等於原 t 值的平方；當組別數為二，變項數為多個（二個以上）時，所採用的方法即是「雙組別區別分析法」（two-group Discriminant Analysis），顯著性以（T^2）（或 D^2）值加以考驗；當組別數為多個，變項數為一個時，採用的方法為變異數分析，顯著性以 F 值加以考驗；如果組別數為多個，而變項數也為多個時，顯著性就要採用 Λ 值加以考驗，其中 t、T^2、F 等考驗法，其實皆是 Λ 值在特殊情境中所使用的方法而已（*Tacq, 1997*）。

MANOVA 分析的步驟分為二個階段，第一個階段進行「整體效果考驗」（overall test 或 omnibus test），以考驗 k 組平均數向量沒有差異的虛無假設。若整體效果考驗達到顯著水準，則拒絕虛無假設，表示各組樣本至少在一個依變項上之平均數差異達到顯著水準，至於樣本是在哪幾個依變項的平均數差異達到顯著水準，則進一步接著進行「追蹤考驗」（follow-up），以解釋組間的差異情形（*Bray & Maxwell, 1985*；*Hair et al., 1998*）。

MANOVA 追蹤考驗的程序常用的方法有二種（*Bray & Maxwell, 1985*；陳正昌等，民 92）：

(一)單變量 F 考驗

單變量 F 考驗即以 ANOVA 分析的方法分別對 p 個依變項進行顯著性檢定。採用此種方法時，部分學者（如 *Bird, 1975; Harris, 1975*）建議應採 Bonferroni 程序將顯著水準 α 加以分割，即單變量 F 考驗的顯著水準是 α÷p（p 是依變項的數目）。在 SPSS 視窗版的「分析→一般線性模式→多變量」的程序中，可

以在多變量MANOVA整體效果檢定達到顯著之後，接著進行單變量F考驗。有部分學者不同意在MANOVA整體效果達顯著之後，接著進行單變量ANOVA方析，其理由如下：(1)採用單變量 ANOVA 分析法所用的誤差項並非用 MANOVA 分析時所導出的誤差項；(2)採用單變量ANOVA分析法，與原先決定使用 MANOVA 分析的理由相衝突；(3)採用單變量 ANOVA 分析法會忽略 p 個依變項之間的關係，可能失去許多有用的訊息。不過，學者 Bray 與 Maxwell（1985）認為，如果研究者的目的是要控制 p 個單變量 ANOVA 第一類型錯誤概率，此方法仍然是適當的。

(二)區別分析

區別分析的原理與MANOVA基本原理相似，區別分析的目的在找出依變項的線性組合，使得組間變異量與組內變異量的比值最大化。MANOVA 分析時，自變項是間斷變項（名義變項或次序變項），依變項是連續變項（等距變項或比率變項）；區別分析時剛好相反，區別分析之自變項為連續變項（等距變項或比率變項），依變項是間斷變項（名義變項或次序變項），因而在 MANOVA 分析整體效果達顯著後，繼續進行區別分析，以找出最能區辦的自變項，檢定樣本究竟是在哪幾個依變項上之平均數有顯著差異（*Borgen & Seling, 1978*；*Hair et al., 1998; Pedhazur, 1997*）。

獨立樣本單因子多變量變異數分析的統計分析的流程，可以圖示如下：

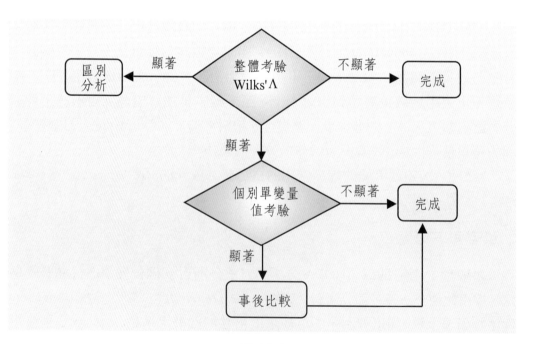

圖 14-1

獨立樣本單因子 MANOVA 整體考驗摘要表可以簡化整理如下，其中 Q_h 為組間的 SSCP 矩陣、Q_e 為組內的 SSCP 矩陣（誤差項的 SSCP 矩陣），k 為自變項的水準數，N 為有效樣本總數。

變異來源	df（自由度）	SSCP 矩陣	Λ
組間	k-1	Q_h	$\dfrac{\|Q_e\|}{\|Q_h + Q_e\|}$
組內	N-k	Q_e	
總和	N-1	$Q_t = Q_h + Q_e$	

　　上表中 Wilks Λ值為組內 SSCP 矩陣÷整體的 SSCP 矩陣，如果Λ值愈小表示組內誤差項值愈小，自變項效果值愈大（組間的差異愈大）。

　　二因子MANOVA變異數分析，與二因子單變量變異數分析一樣，研究者同時操弄二個自變項（A 因子與 B 因子）。二因子 MANOVA 變異數分析除了可以檢定每個自變項（A 因子或 B 因子）的「主要效果」（main effect）外，也可以同時考驗兩個因子間的「交互作用效果」（interaction effect），以確定二個自變項間是否彼此獨立。如果 A 因子與 B 因子二個自變項間的交互作用達到顯著水準，則必須進一步考驗其「多變項單純主要效果」（multivariate test of simple main effect）。二因子 MANOVA 分析的步驟如下：

1. 當二因子MANOVA交互作用項達到顯著水準時，進一步進行多變項單純主要效果考驗。假定 A 因子有二個水準、B 因子有三個水準，單純主要效果考驗則是在檢定下列幾項：A 在 b1、A 在 b2、A 在 b3、B 在 a1、B 在 a2 之 MANOVA 分析。如果單純主要效果考驗達到顯著，則進一步進行單因子 ANOVA 分析及事後比較。
2. 如果二因子MANOVA交互作用項未達到顯著水準，則進一步考驗二個自變項的主要效果，此時即分別進行以下的二個分析：(1)A 因子的MANOVA 分析；(2) B 因子的 MANOVA 分析。

　　獨立樣本二因子 MANOVA 分析摘要表可整理如下，其中 a 是 A 因子水準數、b 是 B 因子的水準數，n 為細格人數。

變異來源	df（自由度）	SSCP 矩陣	Λ
A	a-1	Q_A	$\dfrac{\mid Q_E \mid}{\mid Q_A + Q_E \mid}$
B	b-1	Q_B	
A × B	(a-1) × (b-1)	Q_{AB}	$\dfrac{\mid Q_E \mid}{\mid Q_B + Q_E \mid}$
誤差	ab(n-1)	Q_E	$\dfrac{\mid Q_E \mid}{\mid Q_{AB} + Q_E \mid}$
全體	N-1	$Q_T = Q_A + Q_B + Q_{AB} + Q_E$	

14-1 獨立樣本單因子多變量變異數分析

一、【問題研究】

> 不同數學工作投入動機組的學生在數學態度四個層面是否有顯著差異？
> 【統計方法】：獨立樣本單因子多變量變異分析

此假設考驗中，自變項為不同數學工作投入組的學生（例題中依數學工作投入動機層面的總分排列，前、後面 27%的學生各為高分組、低分組，中間 46%的學生為中分組）。

在組別的劃分中，亦可採用平均數加減 0.5 個標準差為分組界限，此方式，三組人數不致相差太大，如採用平均數加減 1 個標準差，則三組人數差距會較大，在研究分析時，如果要將觀察值分成三組，則採用 25%至 33%間為臨界點的劃分方式，較為適宜，將強勢變項劃分成弱勢變項的方式，並沒有一定標準，組別數不同，劃分的標準也會不一樣。**如果是要進行組間的差異比較，則各組觀察值人數最好不要相差太大。**

二、操作說明

㈠將連續變項轉換為間斷變項

由於數學工作投入變項為計量資料（連續變項），要作為多變量變異數分析的自變項，要轉化為間斷變項，本範例依其樣本在工作投入動機（tin）層面變項的得分高低，分為「高分組」、「中分組」、「低分組」三個名義變項。

【操作 1】

依「工作投入[tin]」層面排序。

【Data】（資料）→【Sort Cases…】（觀察值排序…），出現「Sort Cases」（觀察值排序）對話視窗。

【操作 2】

在「Sort Cases」（觀察值排序）對話視窗中，將左邊選項中之「工作投入[tin]」變項選入右邊「Sort by:」（依……排序）下面的空盒中，在「Sort Order」（排序順序）下的次選項方盒中選取排序的方式，在此選取「⊙Descending」（遞減——由大至小排序），按『OK』（確定）鈕。資料視窗檔會依「tin」變項的分數，由高往低排列。

查閱總人數之前 27% 處觀察值的臨界分數，例題中共有 300 位，高分組的臨界點在第 81 位（300×27%）受試者處，其 tin 變項的得分為 27 分；後 27% 觀察值臨界值在 300 − 81 ＋ 1=220 位處（公式＝ N −前 27% 樣本臨界點 ＋ 1），其 tin 變項的得分為 19 分。

【備註】：快速移至 220 位觀察值的儲存格

　　　　　【Data】（資料）→【Go to Case…】（直接跳到某觀察值…）

　　　　　出現「Go to Case」（直接跳到某觀察值）對話視窗，在「Case Number:」（觀察值號碼）右邊的空格內輸入「220」，如：

「Case Number: 220 」，按『OK』（確定）鈕。

【操作 3】

新增一個工作投入動機變項的分組變項－ting，ting 變項有三個水準，水準 1 表示高分組，觀察值在 tin 變項得分在 27 分以上者（包含 27 分）；水準 3 表示低分組，觀察值在在 tin 變項得分在 19 分以下者（包含 19 分）；水準 2 表示中分組，觀察值在 tin 變項得分界於 19 至 27 分者。

(1)步驟 1：

　　【Transform】（轉換）→【Recode】（編碼）→【Into Different Variables …】（成不同變數…）

(2)步驟 2：

　　在「Recode into Different Variables」（重新編碼成不同變數）的對話視

窗中，將左邊清單中 tin 變項選入右邊「Numeric Variables-->Output」（數值變數-->輸出變數）的空盒中，在最右邊「Output Variable」（輸出之新變數）的對話盒內，「Name:」（名稱）下面的空盒中輸入分組新變項名稱，例題為「ting」。

按『Change』（變更）鈕，則原來「Numeric Variables-->Output」（數值變數-->輸出變數）大空盒中的變數名稱會由「tin-->?」轉變為「tin-->ting」。

(3)步驟 3：

按『Old and New Values…』（舊值與新值…）鈕。出現「Recode into Different Variables: Old and New Values」（重新編碼成不同變數：舊值與新值）的次對話視窗。

在左邊「Old Value」（舊值）方盒中，共有三個「○Range」（範圍）選項，在此先選取第三個「◉Range」，在「through highest」（到最高值）前空格內輸入高分組界限「27」（大於或等於27分者）：

「 27 through highest   」

在右邊「New Value」（新值）方盒中，選取「◉Value」（數值），在後面的空格內輸入「1」，表示觀察值在 tin 層面的得分在27分以上者歸類為第一組。

「◉Value: 1   」→按『Add』（新增）鈕。

(4)步驟 4：

在左邊「Old Value」（舊值）方盒中，選取第二個「◉Range」（範圍）選項，在「Lowest through 」（從最低值到）後的空格內輸入低分組界限「19」（表示得分從最低分到19分）：

「Lowest through 19   」

在右邊「New Value」（新值）方盒中，選取「◉Value」（數值）選項，在後面的空格內輸入「3」（小於或等於19分以下者為第三組），表示觀察值在 tin 層面得分在19分以下者歸類為第三組。

「◉Value: 3   」→按『Add』（新增）鈕。

(5)步驟 5：

在左邊「Old Value」（舊值）方盒中，選取第一個「◉Range」（範圍）選項，在「 through 」（到）前後面的空格內分別輸入「20」、「26」：

「 20 through 26   」

在右邊「New Value」（新值）方盒中，選取「◉Value」（數值）選項，在後面的空格內輸入「2」，表示觀察值在 tin 層面得分中，在20分以

多變量變異數分析

上且在 26 分以下者（觀察值分數>=20 且 <=26），歸類為第二組。
「⊙Value: 2 」→按『Add』（新增）鈕。
在右邊「Old-->New:」（舊值-->新值）的方盒中會出現如下畫面：

---

27 thru Highest-->1（表示 27 分以上到最高分新變項編碼為 1）

Lowest thru 19-->3（表示最低分到 19 分新變項編碼為 3）

20 thru 26　　-->2（表示 20 分至 26 分新變項編碼為 2）

按『Continue』（繼續）鈕，回到「Recode into Different Variables」（重新編碼成不同變數）的對話視窗→按『Ok』（確定）鈕。資料檔案的視窗中新增一個「ting」的變項，變項的數值內容為 1（高分組）、2（中分組）、3（低分組）。

【備註】：在上述【操作 3】重新編碼的程序中，研究者也可採用分組的語法，首先開啟新的語法視窗：【File】→【New】→【Syntax】。

在「Syntax1-SPSS Syntax Editor」語法對話視窗之編輯區內，輸入下列文字：

IF (tin >= 27) ting = 1 .
IF (tin >19 & tin <27) ting = 2 .
IF (tin <= 19) ting = 3 .
EXECUTE .

其中第一行表示如果「tin」（數學工作投入動機）大於或等於 27 分則「ting」新變項的值為 1（第一組─高分組）。

第二行表示如果「tin」大於 19 分且小於 27 分（也就是 20 分至 26 分之觀察值），則「ting」變項的數值為 2（第二組─中分組）。第二行的語法也可以改成：

IF (tin >=20 & tin =<26) ting = 2 .

第三行表示如果「tin」小於或等於 19 分，則「ting」的值為 3（第三組─低分組）。

按滑鼠選取以上四行語法程式，或按【Edit】/【Select All】

【Run】/【All】或【Run】/【Selection】執行語法程式之後，在「SPSS data Editor」資料檔中，會多出一個依數學工作投入動機變項分數高低而分組的新變項「ting」。

㈡執行單因子多變量分析

1. 操作 1

【Analyze】（分析）→【General Linear Model】（一般線性模式）→【Multivariate…】（多變量……）。出現「Multivariate」（多變量）對話視窗。

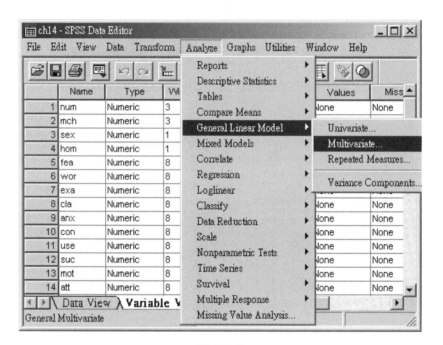

圖 14-2

將左邊方盒中四個數學態度層面：「學習信心[con]」、「有用性[use]」、「成功態度[suc]」、「探究動機[mot]」選入右邊「Dependent Variables:」（依變數）下的空盒內。

將左邊自變項「工作投入組別[ting]」選入右邊「Fixed Factor(s):」（固定因子）下的空盒內（固定因子即為自變項）。

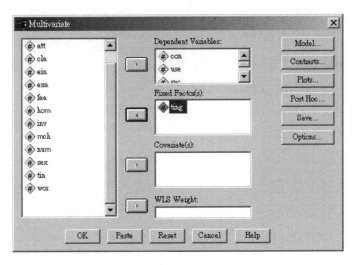

圖 14-3

　在「Multivariate」（多變量）對話視窗中，「依變數」（Dependent Variables）下的方格中至少要選取二個以上的依變數，依變項要為計量資料，包括等距變項或比率變項；而「固定因子」（Fixed Factor）下的方格為點選自變項後存放的位置，此時的自變項必須為非計量資料，包括名義或次序變項。如果自變項只有一個則為單因子多變量變異數分析，如果自變項有二個以上，則進行多因子多變項變異數分析。如果要進行的多變量共變數變異數分析，則可以點選共變項並移至「共變量」（Covariate）下的方格中。

<u>2.操作 2</u>

　按〔Post Hoc…〕（Post Hoc檢定…）鈕，出現「Multivariate: Post Hoc Multiple Comparisons for Observed Means」（多變量：觀察平均數的 Post Hoc 多重比較）對話視窗。

　將左邊「Factor(s):」（因子）方盒中之「ting」變項選入右邊「Post Hoc Tests for:」（Post Hoc 檢定）下的空盒中。

　在「Equal Variances Assumed」（假設相同的變異數）方盒內選取一種事後比較的方法，在此選取「□Scheffe」選項。

　按『Continue』鈕（繼續鈕），回到「Multivariate」（多變量）對話視窗。

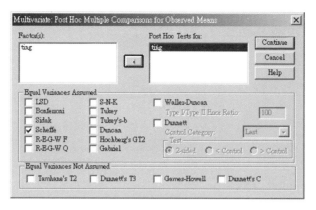

圖 14-4

3.操作 3

　　按『Options…』鈕（選項鈕），出現「Multivariate: Options」（多變量：選項）對話視窗。

　　在「Display」（顯示）方盒中選取下列幾項：

　　「□Descriptive statistics」：敘述統計。

　　「□Estimate effect size」：效果項（值）大小估計值。

　　「□SSCP matrices」：SSCP 矩陣。

　　「□Residual SSCP matrix」：殘差 SSCP 矩陣。

　　「□Homogeneity tests」：同質性檢定。

　　按『Continue』鈕（繼續鈕），回到「Multivariate」（多變量）對話視窗。

　　按『OK』鈕（確定鈕）。

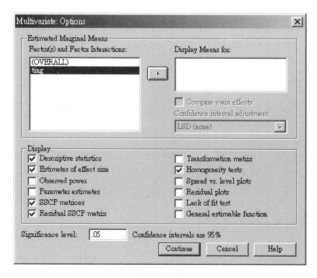

圖 14-5

在「Multivariate: Options」（多變量：選項）之對話視窗內，在「Display」（顯示）方盒中，「敘述統計」選項，會產生細格的平均數、標準差及個數；「效果項大小估計值」會提供所有效果項和所有參數估計之淨相關的 Eta 平方值（關聯強度係數）；「參數估計」（Parameter estimates）選項，可以產生參數估計、標準誤、 t 檢定、信賴區間等。

三、報表解析

General Linear Model

Between-Subjects Factors

		Value Label	N
Ting	1.00	high	82
	2.00	middle	135
	3.00	low	83

上表為三組的變數數值代碼、註解及有效觀察值人數，工作投入變項數值 1 代表「高分組」（high）、數值編碼 2 代表「中分組」（middle）、數值編碼 3 代表「低分組」（low）。

Descriptive Statistics

	ting	Mean	Std. Deviation	N
con	high	35.8293	7.75680	82
	middle	28.8074	6.38620	135
	low	23.5422	6.17687	83
	Total	29.2700	8.12674	300
use	high	29.7195	4.26086	82
	middle	25.6741	4.54304	135
	low	22.9639	4.68377	83
	Total	26.0300	5.15600	300
suc	high	28.9024	4.92063	82
	middle	25.7037	4.87313	135
	low	23.7831	6.13079	83
	Total	26.0467	5.58766	300
mot	high	24.1951	3.93603	82
	middle	19.7481	3.87437	135
	low	18.1205	3.60351	83
	Total	20.5133	4.47847	300

上表爲不同數學工作投入組（高分組、中分組、低分組）在四個數學態度之描述性統計量，包括各組的平均數、標準差及有效樣本數。

Box's Test of Equality of Covariance Matrices(a)

Box's M	38.128
F	1.867
df1	20
df2	226683.133
Sig.	.011

Tests the null hypothesis that the observed covariance matrices of the dependent variables are equal across groups.

a Design: Intercept+ting

上表爲 Box 多變項變異數同質性檢定，由此表得知，Box's M 值等於 38.128，p=.011<.05，達到顯著水準，表示三組自變項在四個依變項之變異數違反同質性的假定。當 Box 多變項異數同質性檢定結果，違反變異數同質性假定，且各組樣本人數又差距很大，則資料分析時最好進行校正工作（*Stevens, 1992*）。

Bartlett's Test of Sphericity(a)

Likelihood Ratio	.000
Approx. Chi-Square	268.495
df	9
Sig.	.000

Tests the null hypothesis that the residual covariance matrix is proportional to an identity matrix.

a Design: Intercept+ting

Multivariate Tests(c)

Effect		Value	F	Hypothesis df	Error df	Sig.	Partial Eta Squared
Intercept（截距）	Pillai's Trace	.984	4427.167(a)	4.000	294.000	.000	.984
	Wilks' Lambda	.016	4427.167(a)	4.000	294.000	.000	.984
	Hotelling's Trace	60.234	4427.167(a)	4.000	294.000	.000	.984
	Roy's Largest Root	60.234	4427.167(a)	4.000	294.000	.000	.984
Ting（組間）	Pillai's Trace	.454	21.682	8.000	590.000	.000	.227
	Wilks' Lambda	.555	25.162(a)	8.000	588.000	.000	.255
	Hotelling's Trace	.785	28.751	8.000	586.000	.000	.282
	Roy's Largest Root	.763	56.264(b)	4.000	295.000	.000	.433

a Exact statistic

b The statistic is an upper bound on F that yields a lower bound on the significance level.

c Design: Intercept+ting

上表為單因子多變量顯著性考驗，表的上半部為截距（Intercept）資料，此部分可以省略不看。四種多變量統計量 Pillai V 值等於.454、Wilks Λ 值等於.555、Hotelling Trace 值等於.785、Roy 最大根統計量等於.763，其 p 值均小於.05，達到顯著水準。因而至少有一個依變項的平均數有顯著差異，至於是哪一個依變項造成的，進一步可進行單因子單變量變異數分析或區別分別，以找出三組樣本在依變項上平均數的差異情形。如果要進行單因子單變量變異數分析，因為有四個依變項，總共要進行四次的 ANOVA，在每個依變項進行 ANOVA 分析時，如果變異數分析的 F 值達到顯著水準，則進一步要進行事後多重比較。MANOVA 多變量變異數分析也提供 ANOVA 及其事後比較結果。

在上述 SPSS 所輸出的多變量考驗報表中，除呈現Λ、T、V、θ四種多變量整體考驗的數值及顯著性檢定結果，也呈現四種統計量數透過轉換而成近似 F 分配（approximately an F distribution）之 F 值。

當自變項組數 k=2，有 p 個依變數時（N 為觀察值人數）：

$$F(\Lambda)(df=p, n-p-1) = \frac{(N-p-1)}{p} \times \frac{(1-\Lambda)}{\Lambda} \; ; \; F(\theta) = \frac{(N-p-1)}{p} \times \frac{\theta}{(1-\theta)}$$
$$F(T) = \frac{(N-p-1)}{p} \times \Lambda$$

當自變項組數 k=3，有 p 個依變數時：

$$F(\Lambda)(df=2p, n-p-2) = \frac{(N-p-2)}{p} \times \frac{(1-\sqrt{\Lambda})}{\sqrt{\Lambda}}$$

當自變項組數為 k，依變項數 p=2 時：

$$F(\Lambda)(df=[2(k-1), 2(N-k-1)]) = \frac{(N-k-1)}{k-1} \times \frac{(1-\sqrt{\Lambda})}{\sqrt{\Lambda}}$$

範例中自變項有三組（三個水準），有四個依變項，Λ值轉換成近似 F 值公式如下，其中 N=300、p=4、Λ=.555。

$$F(\Lambda) = \frac{(N-p-2)}{p} \times \frac{(1-\sqrt{\Lambda})}{\sqrt{\Lambda}} = \frac{(300-4-2)}{4} \times \frac{(1-\sqrt{.555})}{\sqrt{.555}} = 25.162$$

Levene's Test of Equality of Error Variances(a)

	F	df1	df2	Sig.
con	2.775	2	297	.064
use	.073	2	297	.929
suc	3.904	2	297	.021
mot	.662	2	297	.517

Tests the null hypothesis that the error variance of the dependent variable is equal across groups.

a Design: Intercept+ting

　　上表為 Levene 單變項的變異數同質性檢定，從此處可知，除了 suc 變項外，餘三個依變項變異數同質性檢定均未達顯著水準。

Tests of Between-Subjects Effects

Source	Dependent Variable	Type III Sum of Squares	df	Mean Square	F	Sig.
Corrected Mode	Con	6279.925(a)	2	3139.963	69.247	.000
	Use	1913.630(b)	2	956.815	47.087	.000
	Suc	1109.883(c)	2	554.941	20.037	.000
	Mot	1665.836(d)	2	832.918	57.116	.000
Intercept	Con	245666.072	1	245666.072	5417.815	.000
	Use	193988.897	1	193988.897	9546.603	.000
	Suc	194146.549	1	194146.549	7010.124	.000
	Mot	121700.519	1	121700.519	8345.448	.000
ting	Con	6279.925	2	3139.963	69.247	.000
	Use	1913.630	2	956.815	47.087	.000
	Suc	1109.883	2	554.941	20.037	.000
	Mot	1665.836	2	832.918	57.116	.000
Error	Con	13467.205	297	45.344		
	Use	6035.100	297	20.320		
	Suc	8225.464	297	27.695		
	Mot	4331.110	297	14.583		
Total	Con	276767.000	300			
	Use	211217.000	300			
	Suc	212864.000	300			
	Mot	132236.000	300			
Corrected Total	Con	19747.130	299			
	Use	7948.730	299			
	Suc	9335.347	299			
	Mot	5996.947	299			

a R Squared = .318 (Adjusted R Squared = .313)

b R Squared = .241 (Adjusted R Squared = .236)

c R Squared = .119 (Adjusted R Squared = .113)

d R Squared = .278 (Adjusted R Squared = .273)

上表為自變項三個組別在四個依變項上的單變量 one-way ANOVA 考驗，四個依變項的 F 值分別為 69.247、47.087、20.037、57.166，其 p 值均小於.001，不同組別的樣本在四個依變項上的單變量變異數分析均達顯著，其關聯強度指數分別為.313、.236、.113、.273。由於單變量變異數分析均達顯著，因而進一步進行事後比較。

Between-Subjects SSCP Matrix（受試者間 SSCP 矩陣）

			con	use	suc	mot
Hypothesis	Intercept	con	245666.072	218303.665	218392.354	172909.481
		use	218303.665	193988.897	194067.707	153650.739
		suc	218392.354	194067.707	194146.549	153713.161
		mot	172909.481	153650.739	153713.161	121700.519
	ting （組間 SSCP 矩陣）	con	6279.925	3464.344	2633.531	3165.658
		use	3464.344	1913.630	1456.512	1759.612
		suc	2633.531	1456.512	1109.883	1347.158
		mot	3165.658	1759.612	1347.158	1665.836
Error （組內 SSCP 矩陣）		con	13467.205	989.226	825.689	4294.762
		use	989.226	6035.100	2278.068	1233.768
		suc	825.689	2278.068	8225.464	746.656
		mot	4294.762	1233.768	746.656	4331.110
Based on Type III Sum of Squares						

上表第一大項為截距之 SSCP 矩陣，第二大項為組間的 SSCP 矩陣（Q_h 矩陣），及組內的 SSCP（Error）矩陣（Q_e 矩陣）。根據 Q_h 矩陣與 Q_e 矩陣可以求出整體考驗之 Λ 值。$\Lambda = \dfrac{|Q_e|}{|Q_h + Q_e|}$，分子為 Q_e 矩陣而非 Q_h 矩陣。

Residual SSCP Matrix

		con	use	suc	mot
Sum-of-Squares and Cross-Products （組內 SSCP 矩陣）	con	13467.205	989.226	825.689	4294.762
	use	989.226	6035.100	2278.068	1233.768
	suc	825.689	2278.068	8225.464	746.656
	mot	4294.762	1233.768	746.656	4331.110
Based on Type III Sum of Squares					

　　上表為 SSCP 矩陣誤差值，此值在上述受試者 SSCP 矩陣內也出現過，第三大項 SSCP 矩陣誤差值即是組內的 SSCP（Error）矩陣（Q_e 矩陣）。

Post Hoc Tests（事後比較）ting Multiple Comparisons（多重比較）Scheffe

Dependent Variable	(I)ting	(J)ting	Mean Difference (I-J)	Std. Error	Sig	95% Confidence Interval	
						Lower Bound	Upper Bound
con	high	Middle	7.0219(*)	.94279	.000	4.7025	9.3413
		Low	12.2871(*)	1.04847	.000	9.7077	14.8665
	middle	High	-7.0219(*)	.94279	.000	-9.3413	-4.7025
		Low	5.2652(*)	.93925	.000	2.9545	7.5759
	low	High	-12.2871(*)	1.04847	.000	-14.8665	-9.7077
		Middle	-5.2652(*)	.93925	.000	-7.5759	-2.9545
use	high	Middle	4.0454(*)	.63113	.000	2.4928	5.5981
		Low	6.7557(*)	.70188	.000	5.0289	8.4824
	middle	High	-4.0454(*)	.63113	.000	-5.5981	-2.4928
		Low	2.7102(*)	.62876	.000	1.1634	4.2571
	low	High	-6.7557(*)	.70188	.000	-8.4824	-5.0289
		Middle	-2.7102(*)	.62876	.000	-4.2571	-1.1634
suc	high	Middle	3.1987(*)	.73681	.000	1.3861	5.0114
		Low	5.1193(*)	.81940	.000	3.1035	7.1352
	middle	High	-3.1987(*)	.73681	.000	-5.0114	-1.3861
		Low	1.9206(*)	.73405	.034	.1147	3.7264
	low	High	-5.1193(*)	.81940	.000	-7.1352	-3.1035
		Middle	-1.9206(*)	.73405	.034	-3.7264	-.1147
mot	high	Middle	4.4470(*)	.53466	.000	3.1316	5.7623
		Low	6.0746(*)	.59459	.000	4.6119	7.5374
	middle	High	-4.4470(*)	.53466	.000	-5.7623	-3.1316
		Low	1.6277(*)	.53265	.010	.3173	2.9381
	low	High	-6.0746(*)	.59459	.000	-7.5374	-4.6119
		Middle	-1.6277(*)	.53265	.010	-2.9381	-.3173

Based on observed means.

* The mean difference is significant at the .05 level.

　　上表為不同組別在四個依變項上的事後比較，採用的方法為 Scheffe 法。報表中的第一直行是自變項各組的數值註解、第二直行為二組的平均數差異值（Mean Difference）、第三直行「Std. Error」為標準誤、第四直行為顯著水準、第五直行「95% Confidence Interval」為 95%的信賴區間。顯著水準如果小於.05 或 95%的信賴區間未包含 0 這個點，則表示二組平均數的差異值達到顯

著，以 con 變項而言，工作投入高分組（high）與中分組（middle）的樣本，在學習信心（con）變項平均數的差異值為 7.0219，達到顯著（平均數的差異顯著時，會在平均數的後面加一個星號『*』號識別）。從事後比較中得知：工作投入高分組、中分組、低分組在學習信心、有用性、成功態度、探究動機等四個數學態度層面分析均顯示出：高分組的平均數顯著的高於中分組及低分組的學生；而中分組又顯著的高於低分組者。

四、結果說明

以上單因子多變量變異分析之報表數據，可將其整理成如下表格：

表 1　不同工作投入組在數學態度之多變項變異數分析摘要表

變異來源	df	SSCP				多變量 Wilk's Λ	單變量 學習信心	有用性	成功態度	態度探究
組間	2	6279.925 3464.344 2633.531 3165.658	3464.344 1913.630 1456.512 1759.612	2633.531 1456.512 1109.883 1347.158	3165.658 1759.612 1347.158 1665.836	.555***	*** 69.247	*** 47.087	*** 20.037	*** 57.116
組內	297	13467.20 989.226 825.689 4294.762	989.226 6035.100 2278.068 1233.768	825.689 2278.068 8225.464 746.656	4294.762 1233.768 746.656 4331.110					
全體	299	19747.1300 4453.5700 3459.2200 7460.4200	4453.5700 7948.7300 11683.3100 2993.3800	3459.2200 3734.5800 3387.9510 2093.8140	7460.4200 2993.3800 2093.8140 5996.9460					

*** p<.001

表 2　不同工作投入組在數學態度之單變項變異數分析及事後比較摘要表

變異來源	層面名稱	SS	Df	MS	F	事後比較
TING	學習信心	6279.925	2	3139.963	69.247***	1>2；1>3；2>3
（組間）	有用性	1913.630	2	956.815	47.087***	1>2；1>3；2>3
	成功態度	1109.883	2	554.941	20.037***	1>2；1>3；2>3
	探究動機	1665.836	2	832.918	57.116***	1>2；1>3；2>3
Error	學習信心	13467.205	297	45.344		
（誤差）	有用性	6035.100	297	20.320		
	成功態度	8225.464	297	27.695		
	探究動機	4331.110	297	14.583		

備註：事後比較欄中 1：高分組；2：中分組；3：低分組；*** p<.001

由多變項變異數分析摘要表中，可以得知不同工作投入動機組在數學態度四個層面方面有顯著差異（Wilks' Λ=.555***），此種差異係由學習信心、有用性、成功態度與探究動機四個依變數所造成。再從單變量變異數考驗結果來看，四個層面的事後比較均顯示：「高分組」學生的數學態度均顯著的優於「中分組」、「低分組」的學生；而「中分組」學生的數學態度又顯著優於「低分組」學生。可見數學工作投入動機愈積極的學生，其數學態度愈正向。

14-2 獨立樣本二因子多變量變異數分析

一、【問題研究】

> 學生性別、家庭狀況在數學成就、數學焦慮、數學態度上是否有顯著的交互作用。
> 【統計方法】：獨立樣本二因子多變量變異數分析。

此問題中自變項有二個：學生性別、家庭狀況，學生性別為二分變項（男生、女生），家庭狀況為三分變項（單親家庭組、他人照顧組、雙親家庭組）；而依變項有三個，分別是數學成就、整體數學焦慮、整體數學態度，均屬連續變項，由於自變項有二個，而依變項在二個以上，因而以採用獨立樣本二因子多變量變異數分析較為適宜。

二、操作說明

【操作1】

【Analyze】（分析）→【General Linear Model】（一般線性模式）→【Multivariate…】（多變量…）。

出現「Multivariate」（多變量）對話視窗。

將左邊方盒中三個依變項：「數學成就[mch]」、「數學焦慮[anx]」、「數學態度[att]」選入右邊「Dependent Variables:」（依變數）下的空盒內。

將左邊自變項「性別[sex]」、「家庭狀況[hom]」選入右邊「Fixed Factor(s):」（固定因子）下的空盒內。

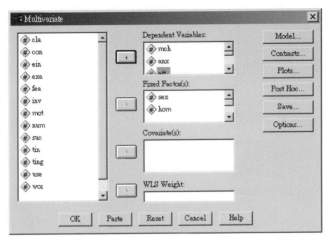

圖 14-6

【操作2】

　　按『Post Hoc…』（Post Hoc檢定…）鈕，出現「Multivariate: Post Hoc Multiple Comparisons for Observed Means」（多變量：觀察平均數的 Post Hoc 多重比較）次對話視窗中。

　　將左邊「Factor(s):」（因子）方盒中之「sex」、「hom」變項選入右邊「Post Hoc Tests for:」（Post Hoc檢定）下的空盒中。

　　在「Equal Variance Assumed」（假設相同的變異數）方盒內選取一種事後比較的方法，在此選取「□Scheffe」選項。

　　按『Continue』鈕（繼續鈕），回到「Multivariate」（多變量）對話視窗。

　　※此步驟主要目的，在於進行A因子（sex）、B因子（hom）主要效果比較。

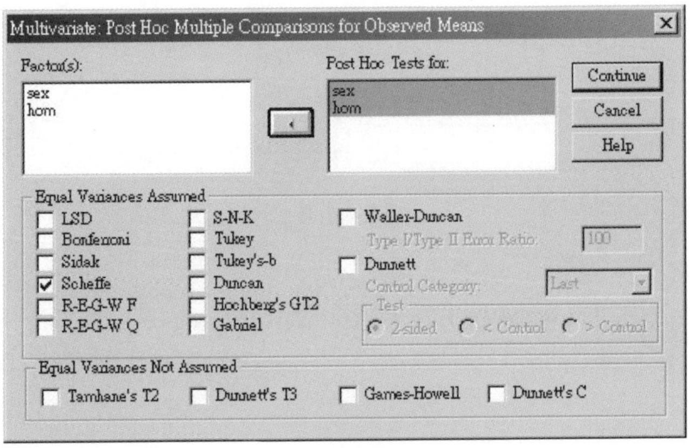

圖 14-7

【操作 3】

按『Options…』（選項）鈕，出現「GLM-Multivariate: Options」（多變量：選項）次對話視窗。

將左邊「Factor(s) and Factor Interactions:」（因子與因子交互作用）下的「sex」、「hom」、「sex*hom」選入右邊「Display Means for:」（顯示平均數）下的空盒中，以顯示細格平均數與邊緣平均數。

※勾選「□Descriptive statistics」（敘述統計）一項也會出現因子細格平均數與邊緣平均數。

在「Display」（顯示）方盒中選取下列幾項

「□Descriptive statistics」：敘述統計。

「□Estimate effect size」：效果項（值）大小估計值。

「□SSCP matrics」：SSCP 矩陣。

「□Homogeneity tests」同質性檢定。

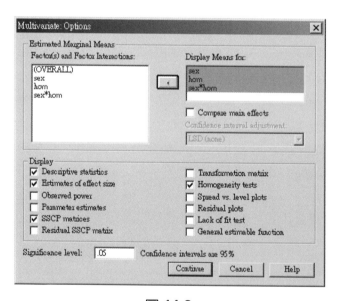

圖 14-8

按『Continue』鈕（繼續鈕），回到「Multivariate」（多變量）對話視窗。

按『OK』鈕（確定鈕）。

三、報表解析

General Linear Model（一般線性模式）

Between-Subjects Factors

		N
sex	1	146
	2	154
hom	1	100
	2	100
	3	100

上表為自變項的水準編碼，及每個水準數的有效樣本，學生性別變項中男生有 146 位、女生有 154 位；家庭狀況變項中，水準 1 為單親家庭組、水準 2 為他人照顧組、水準 3 為雙親照顧組，三組的有效觀察值均為 100。

Box's Test of Equality of Covariance Matrices(a)

Box's M	30.588
F	.993
df1	30
df2	180776.979
Sig.	.477

Tests the null hypothesis that the observed covariance matrices of the dependent variables are equal across groups.

a Design: Intercept+sex+hom+sex * hom

上表為多變項的變異數同質性檢定，Box's M 值等於 30.588，p=.477>.05，未達顯著水準，表示未違反多變項變異數同性的假定。

Multivariate Tests(c)

Effect		Value	F	Hypothesis df	Error df	Sig.	Partial Eta Squared
Intercept	Pillai's Trace	.990	9488.723(a)	3.000	292.000	.000	.990
	Wilks' Lambda	.010	9488.723(a)	3.000	292.000	.000	.990
	Hotelling's Trace	97.487	9488.723(a)	3.000	292.000	.000	.990
	Roy's Largest Root	97.487	9488.723(a)	3.000	292.000	.000	.990
sex	Pillai's Trace	.050	5.159(a)	3.000	292.000	.002	.050
	Wilks' Lambda	.950	5.159(a)	3.000	292.000	.002	.050
	Hotelling's Trace	.053	5.159(a)	3.000	292.000	.002	.050
	Roy's Largest Root	.053	5.159(a)	3.000	292.000	.002	.050

hom	Pillai's Trace	.053	2.638	6.000	586.000	.016	.026
	Wilks' Lambda	.948	2.652(a)	6.000	584.000	.015	.027
	Hotelling's Trace	.055	2.666	6.000	582.000	.015	.027
	Roy's Largest Root	.050	4.847(b)	3.000	293.000	.003	.047
sex* hom	Pillai's Trace	.025	1.218	6.000	586.000	.295	.012
	Wilks' Lambda	.975	1.217(a)	6.000	584.000	.296	.012
	Hotelling's Trace	.025	1.216	6.000	582.000	.296	.012
	Roy's Largest Root	.020	1.977(b)	3.000	293.000	.118	.020

a Exact statistic

b The statistic is an upper bound on F that yields a lower bound on the significance level.

c Design: Intercept+sex+hom+sex * hom

上表為多變量的顯著性考驗，從此表中可以發現：

1. SEX*HOM 交互作用之多變量顯著性考驗的 Wilks' Λ值=.975（p=.296>.05），未達顯著水準，其他三種 MANOVA 統計檢定量也未達顯著，表示A因子與B因子二個自變項在三項依變項上沒有顯著的交互作用。由於交互作用不顯著，須進一步檢定二個自變項的主要效果。

2. A 因子（SEX）主要效果之多變量顯著性考驗的 Wilks' Λ值=.950（p=.002<.05），達顯著水準，表示不同性別的學生在數學成就、數學焦慮、數學態度三個依變項上，至少在一個依變項的平均分數上有所差異。

3. B 因子（HOM）主要效果之多變量顯著性考驗的 Wilks' Λ值=.948（p=.015<.05），也達顯著水準。表示不同家庭狀況的學生在數學成就、數學焦慮、數學態度三個依變項上，至少在一個依變項的平均分數上有所差異。

Levene's Test of Equality of Error Variances(a)

	F	df1	df2	Sig.
mch	.856	5	294	.511
anx	1.374	5	294	.234
att	1.469	5	294	.200

Tests the null hypothesis that the error variance of the dependent variable is equal across groups.

a Design: Intercept+sex+hom+sex * hom

上表為單變項的變異數同質性檢定，從報表中得知，Levene 檢定之 F 值分別為.856、1.374、1.469，其 p 值分別為.511、.234、.200，三個依變項的變異數同質性檢定均未達顯著水準，均要接受虛無假設，表示全部符合單變項的變異數同質性假定。

Tests of Between-Subjects Effects

Source	Dependent Variable	Type III Sum of Squares	df	Mean Square	F	Sig.	Partial Eta Squared
Corrected Model	Mch	1671.962(a)	5	334.392	3.090	.010	.050
	Anx	6330.216(b)	5	1266.043	2.279	.047	.037
	Att	923.276(c)	5	184.655	.600	.700	.010
Intercept	Mch	180251.057	1	180251.057	1665.630	.000	.850
	Anx	2089712.679	1	2089712.679	3761.577	.000	.928
	Att	3083350.627	1	3083350.627	10017.201	.000	.971
sex	Mch	576.337	1	576.337	5.326	.022	.018
	Anx	3246.361	1	3246.361	5.844	.016	.019
	Att	334.035	1	334.035	1.085	.298	.004
hom	Mch	783.621	2	391.811	3.621	.028	.024
	Anx	1779.236	2	889.618	1.601	.203	.011
	Att	397.924	2	198.962	.646	.525	.004
sex * hom	Mch	174.479	2	87.240	.806	.448	.005
	Anx	1474.582	2	737.291	1.327	.267	.009
	Att	198.048	2	99.024	.322	.725	.002
Error	Mch	31816.075	294	108.218			
	Anx	163329.264	294	555.542			
	Att	90494.844	294	307.806			
Total	Mch	216861.000	300				
	Anx	2275386.000	300				
	Att	3204056.000	300				
Corrected Total	Mch	33488.037	299				
	Anx	169659.480	299				
	Att	91418.120	299				

a R Squared = .050 (Adjusted R Squared = .034)
b R Squared = .037 (Adjusted R Squared = .021)
c R Squared = .010 (Adjusted R Squared = -.007)

　　上表為受試者間效果檢定（單變量的顯著性考驗），組間效果的考驗即是二個自變項 A 因子、B 因子分別在三個依變項之單變量顯著性的 F 檢定。由此表得知：

1. A 因子（SEX）單變量顯著性考驗結果，不同學生性別在數學成就、數學焦慮、數學態度三個變項的 F 值分別為 5.326（p=.022<.05）、5.844

（p=.016<.05）、1.085（p=.298>.05），其中學生性別在數學成就、數學焦慮上均有顯著差異存在。學生性別（A 因子）在三個依變項的整體考驗之Λ值顯著，主要是由數學成就、數學焦慮二個依變項所造成的。

2. B 因子（HOM）單變量顯著性考驗結果，不同家庭狀況在數學成就、數學焦慮、數學態度三個變項的 F 值分別為 3.621（p=.028<.05）、1.601（p=.203>.05）、.646（p=525>.05），其中家庭狀況在數學成就方面有顯著差異存在。家庭狀況（B因子）在三個依變項的整體考驗之Λ值顯著，主要是由數學成就依變項所造成的。

Between-Subjects SSCP Matrix

			mch	anx	Att
hypothesis	Intercept	mch	180251.057	613736.849	745504.668
		anx	613736.849	2089712.679	2538368.944
		att	745504.668	2538368.944	3083350.627
	Sex（Q_A 矩陣）	mch	576.337	1367.844	-438.767
		anx	1367.844	3246.361	-1041.344
		att	-438.767	-1041.344	334.035
	hom（Q_B 矩陣）	mch	783.621	-967.408	-228.212
		anx	-967.408	1779.236	-158.587
		att	-228.212	-158.587	397.924
	sex * hom（Q_{AB} 矩陣）	mch	174.479	-245.414	82.646
		anx	-245.414	1474.582	307.384
		att	82.646	307.384	198.048
Error（Q_E 矩陣）		mch	31816.075	-17770.718	23453.747
		anx	-17770.718	163329.264	-65352.608
		att	23453.747	-65352.608	90494.844

Based on Type III Sum of Squares

　　上表為三類型之 SSCP 組間矩陣，包括，包括A因子矩陣 Q_A、B因子矩陣 Q_B、A×B交互作用矩陣 Q_{AB} 及 Q_E 矩陣。

　　二因子 MANOVA 中 $Q_T = Q_A + Q_B + Q_{AB} + Q_E$，是以矩陣表示，而非如同單因子變異數分析中以離均差平方和表示。

Estimated Marginal Means

1. sex

Dependent Variable	Sex	Mean	Std. Error	95% Confidence Interval	
				Lower Bound	Upper Bound
mch	1	23.252	.866	21.548	24.955
	2	26.039	.842	24.381	27.696
anx	1	80.607	1.961	76.747	84.467
	2	87.222	1.908	83.467	90.977
att	1	102.992	1.460	100.118	105.865
	2	100.870	1.420	98.075	103.665

　　上表為 A 因子在三個依變項上之邊緣平均數，A 因子主要效果的差異比較，即在比較各依變項之邊緣平均數。由於 A 因子只有二個水準，因而其單因子單變量考驗之 F 值如果達到顯著，直接比較其邊緣平均數，即知道組別間的差異。

2. hom

Dependent Variable	Sex	Mean	Std. Error	95% Confidence Interval	
				Lower Bound	Upper Bound
Mch	1	24.099	1.044	22.045	26.153
	2	26.857	1.054	24.783	28.931
	3	22.980	1.040	20.933	25.027
Anx	1	86.516	2.365	81.862	91.169
	2	80.618	2.388	75.919	85.317
	3	84.610	2.357	79.971	89.249
Att	1	100.640	1.760	97.176	104.104
	2	101.713	1.777	98.215	105.211
	3	103.440	1.754	99.987	106.893

　　上表為 B 因子在三個依變項上之邊緣平均數，B 因子主要效果的差異比較，即在比較各依變項之邊緣平均數。由於 B 因子有三個水準，因而其單因子單變量考驗之 F 值如果達到顯著，須進一步進行事後比較。

3. sex * hom

Dependent Variable	Sex	hom	Mean	Std. Error	95% Confidence Interval	
					Lower Bound	Upper Bound
Mch	1	1	23.741	1.416	20.955	26.527
		2	25.214	1.605	22.055	28.373
		3	20.800	1.471	17.905	23.695
	2	1	24.457	1.534	21.438	27.475
		2	28.500	1.366	25.812	31.188
		3	25.160	1.471	22.265	28.055
Anx	1	1	80.944	3.207	74.632	87.257
		2	80.357	3.637	73.199	87.515
		3	80.520	3.333	73.960	87.080
	2	1	92.087	3.475	85.248	98.926
		2	80.879	3.095	74.788	86.970
		3	88.700	3.333	82.140	95.260
att	1	1	101.889	2.387	97.190	106.588
		2	103.667	2.707	98.339	108.995
		3	103.420	2.481	98.537	108.303
	2	1	99.391	2.587	94.300	104.482
		2	99.759	2.304	95.225	104.292
		3	103.460	2.481	98.577	108.343

　　上表為細格平均數，如果 A 因子與 B 因子的交互作用顯著，即在比較各依變項上細格平均數間的差異。在上述二因多變量顯著性考驗中，其交互作用整體顯著性考驗Λ值等於.975，p>.05，未達顯著水準，因而 A 因子與 B 因子在三個依變項上交互作用均未達顯著差異，此處的細格平均數則不必呈現。

Post Hoc Tests
Multiple Comparisons
Scheffe

Dependent Variable	(I) hom	(J) hom	Mean Difference (I-J)	Std. Error	Sig.	95% Confidence Interval	
						Lower Bound	Upper Bound
mch	1	2	-3.05	1.471	.118	-6.67	.57
		3	1.09	1.471	.760	-2.53	4.71
	2	1	3.05	1.471	.118	-.57	6.67
		3	4.14(*)	1.471	.020	.52	7.76
	3	1	-1.09	1.471	.760	-4.71	2.53
		2	-4.14(*)	1.471	.020	-7.76	-.52
anx	1	2	5.4100	3.33329	.269	-2.7908	13.6108
		3	1.4600	3.33329	.909	-6.7408	9.6608
	2	1	-5.4100	3.33329	.269	-13.6108	2.7908
		3	-3.9500	3.33329	.496	-12.1508	4.2508
	3	1	-1.4600	3.33329	.909	-9.6608	6.7408
		2	3.9500	3.33329	.496	-4.2508	12.1508
att	1	2	-.6600	2.48115	.965	-6.7643	5.4443
		3	-2.7000	2.48115	.554	-8.8043	3.4043
	2	1	.6600	2.48115	.965	-5.4443	6.7643
		3	-2.0400	2.48115	.713	-8.1443	4.0643
	3	1	2.7000	2.48115	.554	-3.4043	8.8043
		2	2.0400	2.48115	.713	-4.0643	8.1443

Based on observed means.

* The mean difference is significant at the .05 level.

　　上表為 B 因子單變量之事後比較，由於 A 因子（性別）只有二個水準，因而可直接從組別平均數高低判別何者較優，不用進行事後比較。此表為 B 因子（家庭狀況）在各依變項之事後比較結果（因為 B 因子有三個水準）。多變量變異數分析中，B 因子主要效果顯著，此顯著差異主要由數學成就依變項所造成，經事後比較得知：在數學成就變項方面，第二組（他人照顧組）顯著優於第三組（雙親家庭組）。由於 B 因子在數學焦慮、數學態度之單變量考驗的 F 值均未達顯著，所以其事後比較情形可以不用管它。

四、結果說明

　　茲將以上二因子多變量變異數分析結果，相關數據整理成如下幾個表格：

表 3　性別、家庭狀況在數學成就細格平均數摘要表

性別 ＼ 家庭狀況	單親家庭（b1）	他人照顧（b2）	雙親照顧（b3）	邊緣平均數
男 （a1）	23.74	25.21	20.80	23.25
女 （a2）	24.46	28.50	25.16	26.04
邊緣平均數	24.10	26.86	22.98	

表 4　性別、家庭狀況在數學焦慮細格平均數摘要表

性別 ＼ 家庭狀況	單親家庭（b1）	他人照顧（b2）	雙親照顧（b3）	邊緣平均數
男 （a1）	80.94	80.36	80.52	80.61
女 （a2）	92.09	80.88	88.70	87.22
邊緣平均數	86.52	80.62	84.61	

表 5　性別、家庭狀況在數學態度細格平均數摘要表

性別 ＼ 家庭狀況	單親家庭（b1）	他人照顧（b2）	雙親照顧（b3）	邊緣平均數
男 （a1）	101.89	103.67	103.42	102.99
女 （a2）	99.39	99.76	103.46	100.87
邊緣平均數	100.64	101.71	103.44	

表 6　性別、家庭狀況在三個依變項上之二因子多變量變異數分析摘要表

變異來源	數學成就	數學焦慮	數學態度	df	Λ	數學成就	數學焦慮	數學態度
				多變量考驗		單變量 F 值		
性別 (A)	576.337	1367.844	-438.767	1	.950**	5.33*	5.84*	1.09
	1367.844	3246.361	-1041.344					
	-438.767	-1041.344	334.035					
家庭狀況 (B)	783.621	-967.408	-228.212	2	.948*	3.62*	1.61	.65
	-967.408	1779.236	-158.587					
	-228.212	-158.587	397.924					
交互作用 (A*B)	174.479	-245.414	82.646	2	.975	.81	1.33	.32
	-245.414	1474.582	307.384					
	82.646	307.384	198.048					
誤差 (E)	31816.075	-17770.718	23453.747					
	-17770.718	163329.264	-65352.608					
	23453.747	-65352.608	90494.844					

*p<.05　**p<.01

表7　家庭狀況在數學成就變項之事後比較

	單親照顧組 M=24.10	他人照顧組 M=26.86	雙親照顧組 M=22.98
單親照顧組	——		
他人照顧組		——	*
雙親照顧組		*	——

*p<.05

由以上幾個表格中得知：

性別與家庭狀況交互作用之多變量變異數的 Wilks'Λ值＝.975（p>.05），未達顯著，而性別變項、家庭狀況變項主要效果之單因子多變量變異數分析結果均達顯著，其 Wilks'Λ值分別為.950（p<.05）、.948（p<.05）。

1. 性別變項之單因子單變量變異數分析方面，在數學成就、數學焦慮變項上均達顯著，其 F 值分別為 5.33（p<.05）、5.84（p<.05）。從平均數高低得知，女學生的數學成就（M=26.04）顯著的優於男學生（M=23.25）；但女學生的數學焦慮（M=87.22）也顯著的高於男學生（M=80.61）。

2. 家庭狀況變項之單因子單變量變異數分析方面，在數學成就變項有顯著差異，其 F 值等於 3.62（p<.05），他人照顧組學生的數學成就（M=26.86）顯著優於雙親照顧組學生（M=22.98）。

【說明】

　　如果二因子多變量變異數分析交互作用顯著，則其單純主要效果的考驗，可藉由條件篩選方式進行單純主要效果考驗，以本節範例2×3因子為例，說明如下：

1. B 因子在 a1（男生）單純主要效果考驗
   條件 A=1（男生群體） 的觀察值，自變項為B因子（家庭狀況），統計方法為單因子多變量變異數分析（依變數為三個依變項）。

2. B 因子在 a2（女生）單純主要效果考驗
   條件 A=2（女生群體） 的觀察值，自變項為B因子（家庭狀況），統計方法為單因子多變量變異數分析。

上述二個條件篩選可合併使用「檔案分割」（Split File）的方式，先依學生性別sex變項，將資料檔分割成二個暫時檔案（因爲sex變項有二個水準），然後執行「多變量」（MANOVA）檢定，其中的自變項爲B因子hom變項，依變項爲數學成就、數學焦慮、數學態度三個。如果單純主要效果MANOVA考驗達到顯著水準，可進一步進行單因子ANOVA考驗及事後比較。

3. A因子在b1（單親家庭群體）單純主要效果考驗

　　條件B=1（單親家庭群體）的觀察值，自變項爲A因子（性別），統計方法爲單因子多變量變異數分析。

4. A因子在b2（他人照顧群體）單純主要效果考驗

　　條件B=2（他人照顧群體）的觀察值，自變項爲A因子（性別），統計方法爲單因子多變量變異數分析。

5. A因子在b3（雙親家庭群體）單純主要效果考驗

　　條件B=3（雙親家庭群體）的觀察值，自變項爲A因子（性別），統計方法爲單因子多變量變異數分析。

上述三個條件篩選可合併使用「檔案分割」（Split File）的方式，先依家庭狀況hom變項，將檔案分割成三個暫時檔案（因hom變項有三個水準），然後執行「單因子多變量」（MANOVA）檢定，其中的自變項爲A因子sex變項，依變項爲數學成就、數學焦慮、數學態度三個。如果單純主要效果MANOVA考驗達到顯著水準，可進一步進行單因子ANOVA考驗。

14-3 二因子多變量變異數分析——交互作用顯著

一、【問題研究】

某數學教育學者想探究不同年級的國中學生其數學態度、數學焦慮是否有所差異，採分層隨機方式，從國一、國二、國三年級的學生中各抽取十名同學（包括男學生五名、女學生五名），總樣本數爲30名，經施以數學態度量表及數學焦慮量表，請問學生性別與學生年級在數學態度與數學焦慮知覺上是否有交互作用關係存在？

二、二因子多變量變異數分析操作

分析（Analyze）→一般線性模式（General Linear Model）→多變量（Multivariate）→將二個依變項數學態度、數學焦慮選入右邊「依變數」（Dependent Variables）下的方格→將二個自變項 sex、year 選入右邊「固定因子」（Fixed Factor）下的方格中→按『選項』（Option）鈕，將 A 因子、B 因子、AB 交互作用項選入右邊「顯示平均數」（Display Means for）下的方格，勾選「同質性檢定」（Homogeneity tests）、「SSCP 矩陣」（SSCP matrics）選項→按『繼續』鈕→按『確定』鈕

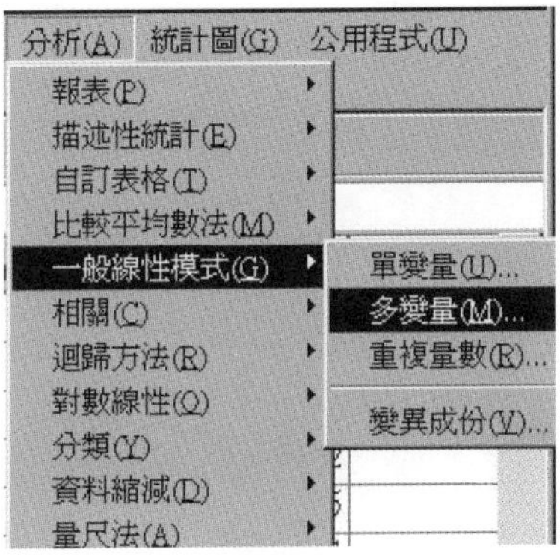

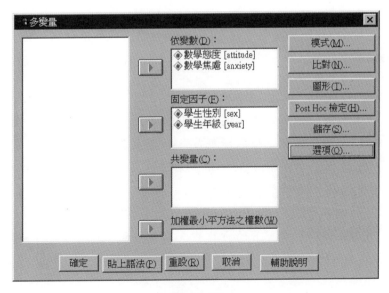

圖 14-9

圖 14-10

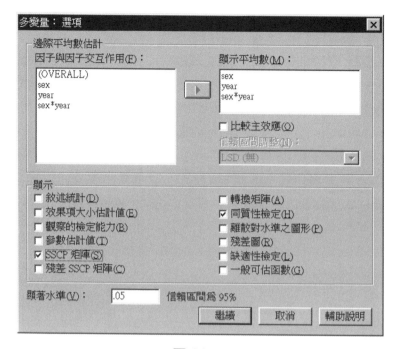

圖 14-11

三、單純主要效果檢定操作

㈠學生年級（B因子）單純主要效果的檢定

資料（Data）→分割檔案（Split File）→勾選「以組別組織輸出」（Organize output by groups），將A因子學生性別[sex]選入「以組別為準」（Groups Based on）下的方格中→按「確定」鈕。

分析（Analyze）→一般線性模式（General Linear Model）→多變量（Multivariate）→將二個依變項數學態度、數學焦慮選入右邊「依變數」下的方格，將 B 因子學生年級[year]選入右邊「固定因子」（Fixed Factor）下的方格中→按『選項』（Option）鈕，勾選「同質性檢定」、「SSCP 矩陣」選項→按『繼續』鈕→按『Post Hoc 檢定』鈕，將變項「year」選入右邊「Post Hoc 檢定」下的方格中，勾選「Scheffe」事後比較方法→按『繼續』鈕→按『確定』鈕

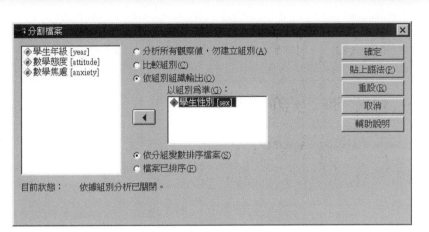

圖 14-12

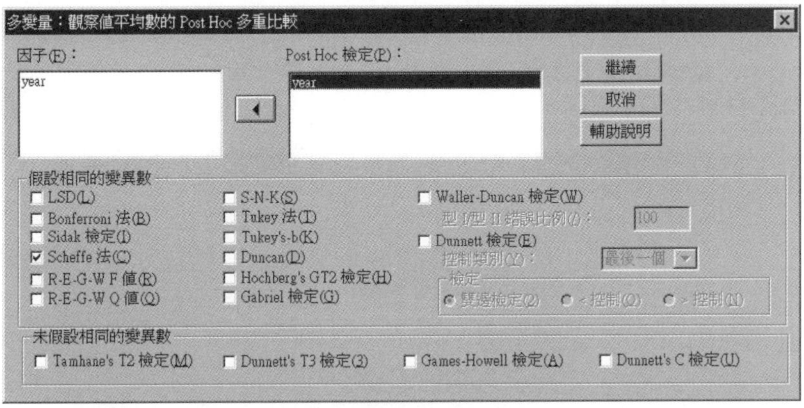

圖 14-13

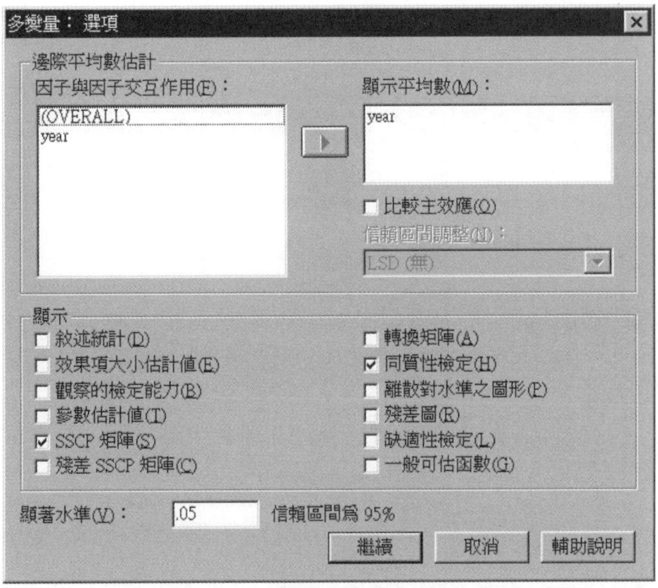

圖 14-14

(二)學生年級（B因子）單純主要效果的檢定

資料（Data）→分割檔案（Split File）→勾選「以組別組織輸出」（Organize output by groups），將B因子「學生年級[year]」選入「以組別為準」（Groups Based on）下的方格中→按「確定」鈕。

分析（Analyze）→一般線性模式（General Linear Model）→多變量（Multivariate）→將二個依變項數學態度、數學焦慮選入右邊「依變數」下的方格，將A因子學生性別[sex]選入右邊「固定因子」（Fixed Factor）下的方格中→按『選項』（Option）鈕，勾選「同質性檢定」、「SSCP矩陣」選項→按『繼續』鈕→按『確定』鈕

備註：因學生性別只有二個水準，因而不用選取事後比較方法

圖 14-15

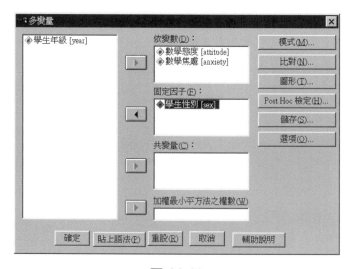

圖 14-16

四、結果解析

㈠二因子多變量變異數分析

共變量矩陣等式的 Box 檢定(a)

Box's M	14.396
F 檢定	.753
分子自由度	15
分母自由度	3150.554
顯著性	.731

檢定依變數的觀察共變量矩陣之虛無假設，等於交叉組別。

a 設計：Intercept+SEX+YEAR+SEX * YEAR

上表為 Box's M 多變項的變異數同質性檢定結果，Box's M 值＝ 14.397，轉換成 F 值=.753，p=.731>.05，接受虛無假設，表示未違反多變項變異數同質性的假定。

多變量檢定(c)

	效應項	數值	F 檢定	假設自由度	誤差自由度	顯著性
Intercept	Pillai's Trace	.994	1815.258(a)	2.000	23.000	.000
	Wilks' Lambda 變數選擇法	.006	1815.258(a)	2.000	23.000	.000
	多變量顯著性檢定	157.849	1815.258(a)	2.000	23.000	.000
	Roy 的最大平方根	157.849	1815.258(a)	2.000	23.000	.000
SEX	Pillai's Trace	.845	62.483(a)	2.000	23.000	.000
	Wilks' Lambda 變數選擇法	.155	62.483(a)	2.000	23.000	.000
	多變量顯著性檢定	5.433	62.483(a)	2.000	23.000	.000
	Roy 的最大平方根	5.433	62.483(a)	2.000	23.000	.000
YEAR	Pillai's Trace	.991	11.790	4.000	48.000	.000
	Wilks' Lambda 變數選擇法	.150	18.185(a)	4.000	46.000	.000
	多變量顯著性檢定	4.722	25.971	4.000	44.000	.000
	Roy 的最大平方根	4.513	54.161(b)	2.000	24.000	.000
SEX * YEAR	Pillai's Trace	1.434	30.397	4.000	48.000	.000
	Wilks' Lambda 變數選擇法	.078	29.638(a)	4.000	46.000	.000
	多變量顯著性檢定	5.244	28.840	4.000	44.000	.000
	Roy 的最大平方根	3.189	38.265(b)	2.000	24.000	.000

a 精確的統計量

b 統計量為在顯著水準上產生下限之 F 的上限。

c 設計：Intercept+SEX+YEAR+SEX * YEAR

SPSS

上表為多變量檢定（Multivariate Tests）報表，從報表中得知 A 因子（學生性別）主要效果顯著（Wilks Λ=.155，p=.000<.05）；B因子（學生年級）主要效果也達到顯著水準（Wilks Λ=.150，p=.000<.05）；學生性別（sex）與學生年級（year）在二個依變項的交互作用達顯著水準（Wilks Λ=.078，p=.000<.05），表示二個自變項彼此間並非互相獨立。由於 AB 二因子的交互作用項的 MANOVA 效果顯著，所以須進一步進行「單純主要效果」的 MANOVA 顯著性檢定。

誤差變異量的 Levene 檢定等式(a)

	F 檢定	分子自由度	分母自由度	顯著性
數學態度	.134	5	24	.983
數學焦慮	1.462	5	24	.239

檢定各組別中依變數誤差變異量的虛無假設是相等的。
a 設計：Intercept+SEX+YEAR+SEX * YEAR

上表為單變項的變異數同質性檢定結果，二個依變項的F值分別為.134、1.462，p 值分別為.983、.239，均未達顯著水準，表示未違反單變項變異數同質性的假定。

受試者間效應項的檢定

來　源	依變數	型 III 平方和	自由度	平均平方和	F 檢定	顯著性
校正後的模式	數學態度	173.500(a)	5	34.700	54.789	.000
	數學焦慮	149.067(b)	5	29.813	25.925	.000
Intercept	數學態度	1116.300	1	1116.300	1762.579	.000
	數學焦慮	1203.333	1	1203.333	1046.377	.000
SEX	數學態度	73.633	1	73.633	116.263	.000
	數學焦慮	48.133	1	48.133	41.855	.000
YEAR	數學態度	68.600	2	34.300	54.158	.000
	數學焦慮	14.167	2	7.233	6.290	.006
SEX * YEAR	數學態度	31.269	2	15.633	24.684	.000
	數學焦慮	86.467	2	43.233	37.594	.000
誤差	數學態度	15.200	24	.633		
	數學焦慮	27.600	24	1.150		
總和	數學態度	1305.000	30			
	數學焦慮	1380.000	30			

校正後的總數	數學態度	188.700	29		
	數學焦慮	176.667	29		
a R 平方 = .919（調過後的 R 平方 = .903）					
b R 平方 = .844（調過後的 R 平方 = .811）					

上表為「受試者間效應項的檢定」（Tests of Between-Subjects Effects），即單變量的顯著性考驗，經單變量考驗結果，A因子（sex）與B因子（year）在數學態度的交互作用達到顯著（F=24.684，p=.000<.05），A因子（sex）與B因子（year）在數學焦慮的交互作用也達到顯著（F=37.594，p=.000<.05）。

受試者間 SSCP 矩陣

			數學態度	數學焦慮
假設	Intercept	數學態度	1116.300	1159.000
		數學焦慮	1159.000	1203.333
	SEX	數學態度	73.633	-59.533
		數學焦慮	-59.533	48.133
	YEAR	數學態度	68.600	-25.000
		數學焦慮	-25.000	14.467
	SEX * YEAR	數學態度	31.267	-12.067
		數學焦慮	-12.067	86.467
誤差		數學態度	15.200	-5.400
		數學焦慮	-5.400	27.600
以型 III 的平方和為基礎				

上表為「受試者間 SSCP 矩陣」（Between-Subjects SSCP Matrix），最上面 Intercept 為截矩部分，依序為 Q_A 矩陣、Q_B 矩陣、Q_{AB} 矩陣、Q_E 矩陣。

3. 學生性別 * 學生年級

依變數	學生性別	學生年級	平均數	標準誤	95% 信賴區間	
					下界	上界
數學態度	男生	國一	9.200	.356	8.465	9.935
		國二	8.600	.356	7.865	9.335
		國三	5.200	.356	4.465	5.935
	女生	國一	3.200	.356	2.465	3.935
		國二	7.200	.356	6.465	7.935
		國三	3.200	.356	2.465	3.935
數學焦慮	男生	國一	3.600	.480	2.610	4.590
		國二	3.200	.480	2.210	4.190
		國三	8.400	.480	7.410	9.390
	女生	國一	7.800	.480	6.810	8.790
		國二	8.800	.480	7.810	9.790
		國三	6.200	.480	5.210	7.190

上表為細格平均數，即 A 因子與 B 因子交互作用顯著時，所要比較的平均數。在二因子多變量變異數分析中，交互作用顯著主要由數學態度與數學焦慮二個依變項所造成，因而二個自變項在二個依變項的細格平均數成為單純主要效果所要探討的平均數。A 因子與 B 因子在二個依變項的邊緣平均數均可省略不看。

綜合以上二因子多變量變異數分析報表，可將二因子多變量變異數分析摘要表整理如下：

學生性別、學生年級在二個依變項之二因子多變量變異數分析摘要表

變異來源	df	SSCP		Λ（多變量考驗）	單變量 F 值	
					數學成就	數學態度
SEX（A 因子）	1	73.633	-59.533	.155***		
		-59.533	48.133			
YEAR（B 因子）	2	68.600	-25.000	.150***		
		-25.000	14.467			
SEX * YEAR 交互作用項	2	31.267	-12.067	.078***	24.684***	37.594***
		-12.067	86.467			
誤差	24	15.200	-5.400			
		-5.400	27.600			

*** p<.001

從上表二因子多變量變異數分析摘要表，其交互作用項的Λ值等於.078（p<.001），達到顯著水準，此交互作用項主要由數學態度及數學焦慮二個變項引起，其單變量的二因子變異數分析之 F 值分別為 24.684、37.594，均達顯著水準。因而進一步須進行獨立樣本二因子 MANOVA 單純主要效果考驗。

獨立樣本二因子 MANOVA 單純主要效果考驗摘要表如下：

變異來源	df	SSCP	Λ
A at			
b1	a-1	$Q_{a-at-b1}$	$\dfrac{|Q_e|}{|Q_{a-at-b1}+Q_e|}$
b2	a-1	$Q_{a-at-b2}$	$\dfrac{|Q_e|}{|Q_{a-at-b2}+Q_e|}$
b3	a-1	$Q_{a-at-b3}$	$\dfrac{|Q_e|}{|Q_{a-at-b3}+Q_e|}$
B at			
a1	b-1	$Q_{b-at-a1}$	$\dfrac{|Q_e|}{|Q_{b-at-a1}+Q_e|}$
a2	b-1	$Q_{b-at-a2}$	$\dfrac{|Q_e|}{|Q_{b-at-a2}+Q_e|}$
誤差	ab(n-1)	Q_e	

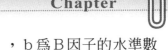
n為細格人數，a為A因子的水準數（範例為2），b為B因子的水準數（範例為3）。

㈡單純主要效果報表

1. B在 a1 的單純主要效果

學生性別＝男生

多變量檢定(c, d)

	效應項	數值	F 檢定	假設自由度	誤差自由度	顯著性
Intercept	Pillai's Trace	.995	1016.805(a)	2.000	11.000	.000
	Wilks' Lambda 變數選擇法	.005	1016.805(a)	2.000	11.000	.000
	多變量顯著性檢定	184.874	1016.805(a)	2.000	11.000	.000
	Roy 的最大平方根	184.874	1016.805(a)	2.000	11.000	.000
YEAR	Pillai's Trace	1.064	6.826	4.000	24.000	.001
	Wilks' Lambda 變數選擇法	.070	15.263(a)	4.000	22.000	.000
	多變量顯著性檢定	11.333	28.332	4.000	20.000	.000
	Roy 的最大平方根	11.161	66.965(b)	2.000	12.000	.000

a 精確的統計量

b 統計量為在顯著水準上產生下限之 F 的上限。

c 設計：Intercept+YEAR

d 學生性別＝男生

在男生群體中，學生年級在二個依變項之多變量變異數分析達到顯著，其整體考驗之Λ值等於.070，p=.000<.05，達到顯著水準。

受試者間效應項的檢定(c)

來　源	依變數	型 III 平方和	自由度	平均平方和	F 檢定	顯著性
校正後的模式	數學態度	46.533(a)	2	23.267	41.059	.000
	數學焦慮	83.733(b)	2	41.867	38.061	.000
Intercept	數學態度	881.667	1	881.667	1555.882	.000
	數學焦慮	385.067	1	385.067	350.061	.000
YEAR	數學態度	46.533	2	23.267	41.059	.000
	數學焦慮	83.733	2	41.867	38.061	.000
誤差	數學態度	6.800	12	.567		
	數學焦慮	13.200	12	1.100		
總和	數學態度	935.000	15			
	數學焦慮	482.000	15			

| | | 數學態度 | 53.333 | 14 | | |
| 校正後的總數 | | 數學焦慮 | 96.933 | 14 | | |

a R 平方＝.872 (調過後的 R 平方 = .851)

b R 平方＝.864 (調過後的 R 平方 = .841)

c 學生性別＝男生

在男生群體中，學生年級在二個依變項之多變量變異數分析達到顯著，其顯著主要由數學態度、數學焦慮二個變項所造成的。換言之，在男生群體中，學生年級在數學態度的知覺上有顯著差異，F 值等於 46.533（p=.000＜.05）；學生年級在數學焦慮的知覺上也有顯著差異，F 值等於 41.867（p=.000＜.05）。

受試者間 SSCP 矩陣(a)

			數學態度	數學焦慮
假設	Intercept	數學態度	881.667	582.667
		數學焦慮	582.667	385.067
	YEAR	數學態度	46.533	-61.067
		數學焦慮	-61.067	83.733
誤差		數學態度	6.800	-1.600
		數學焦慮	-1.600	13.200

以型 III 的平方和為基礎

a 學生性別＝男生

上表為 $Q_{b-at-a1}$ 之 SSCP 矩陣。

Post Hoc 檢定　學生年級
多重比較(a)　Scheffe 法

依變數	(I)學生性別	(J)學生年級	平均數差異 (I-J)	標準誤	顯著性	95% 信賴區間 下界	95% 信賴區間 上界
數學態度	國一	國二	.60	.48	.474	-.73	1.93
		國三	4.00(*)	.48	.000	2.67	5.33
	國二	國一	-.60	.48	.474	-1.93	.73
		國三	3.40(*)	.48	.000	2.07	4.73
	國三	國一	-4.00(*)	.48	.000	-5.33	-2.67
		國二	-3.40(*)	.48	.000	-4.73	-2.07
數學焦慮	國一	國二	.40	.66	.836	-1.45	2.25
		國三	-4.80(*)	.66	.000	-6.65	-2.95
	國二	國一	-.40	.66	.836	-2.25	1.45
		國三	-5.20(*)	.66	.000	-7.05	-3.35
	國三	國一	4.80(*)	.66	.000	2.95	6.65
		國二	5.20(*)	.66	.000	3.35	7.05

以觀察的平均數為基礎。

* 在水準 .05 上的平均數差異顯著。

a 學生性別＝男生

多
變
量
變
異
數
分
析

上述為男生群體中單純主要效果之事後比較，就數學態度變項而言，國一及國二男學生的數學態度顯著的較國三的男學生正向；就數學焦慮變項而言，國三男學生的數學焦慮顯著的高於國一男學生及國二男學生。

2. B 在 a2 的單純主要效果（A=2 女生群體）

以下報表只呈現重要部分，完整報表請參考上述結果。

多變量檢定(c, d)

	效應項	數值	F 檢定	假設自由度	誤差自由度	顯著性
YEAR	Pillai's Trace	1.152	8.154	4.000	24.000	.000
	Wilks' Lambda 變數選擇法	.069	15.431(a)	4.000	22.000	.000
	多變量顯著性檢定	10.279	25.697	4.000	20.000	.000
	Roy 的最大平方根	9.957	59.741(b)	2.000	12.000	.000

在女生群體中，學生年級在二個依變項之多變量變異數分析達到顯著，其整體考驗之Λ值等於.069，p=.000<.05，達到顯著水準。

受試者間效應項的檢定(c)

來　源	依變數	型 III 平方和	自由度	平均平方和	F 檢定	顯著性
YEAR	數學態度	53.333	2	26.667	38.095	.000
	數學焦慮	17.200	2	8.600	7.167	.009

在女生群體中，學生年級在二個依變項之多變量變異數分析達到顯著，其顯著主要由數學態度、數學焦慮二個依變項所造成的。換言之，在女生群體中，學生年級在數學態度的知覺上有顯著差異，F 值等於 38.095（p=.000<.05）；學生年級在數學焦慮的知覺上也有顯著差異，F值等於 7.167（p=.009<.05）。

受試者間 SSCP 矩陣(a)

			數學態度	數學焦慮
假設	Intercept	數學態度	308.267	516.800
		數學焦慮	516.800	866.400
	YEAR	數學態度	53.333	24.000
		數學焦慮	24.000	17.200
誤差		數學態度	8.400	-3.800
		數學焦慮	-3.800	14.400
以型 III 的平方和為基礎				
a 學生性別＝女生				

上表為 $Q_{b-at-a2}$ 之 SSCP 矩陣。

Post Hoc 檢定　學生年級
多重比較(a)　Scheffe 法

依變數	(I)學生性別	(J)學生年級	平均數差異 (I-J)	標準誤	顯著性	95% 信賴區間 下界	95% 信賴區間 上界
數學態度	國一	國二	-4.00(*)	.53	.000	-5.48	-2.52
		國三	.00	.53	1.000	-1.48	1.48
	國二	國一	4.00(*)	.53	.000	2.52	5.48
		國三	4.00(*)	.53	.000	2.52	5.48
	國三	國一	.00	.53	1.000	-1.48	1.48
		國二	-4.00(*)	.53	.000	-5.48	-2.52
數學焦慮	國一	國二	-1.00	.69	.383	-2.93	.93
		國三	1.60	.69	.110	-.33	3.53
	國二	國一	1.00	.69	.383	-.93	2.93
		國三	2.60(*)	.69	.009	.67	4.53
	國三	國一	-1.60	.69	.110	-3.53	.33
		國二	-2.60(*)	.69	.009	-4.53	-.67

　　上表為女生群體在數學態度、數學焦慮之單純主要效果的事後比較。就數學態度變項而言，國二女學生的數學態度較國一女學生、國三女學生的得分還高；而就數學焦慮變項而言，國二女學生的數學焦慮也顯著的高於國三女學生的數學焦慮。

3. A 在 b1 的單純主要效果考驗（B=1 國一群體）

多變量檢定(b, c)

	效應項	數值	F 檢定	假設自由度	誤差自由度	顯著性
SEX	Pillai's Trace	.942	56.445(a)	2.000	7.000	.000
	Wilks' Lambda 變數選擇法	.058	56.445(a)	2.000	7.000	.000
	多變量顯著性檢定	16.127	56.445(a)	2.000	7.000	.000
	Roy 的最大平方根	16.127	56.445(a)	2.000	7.000	.000

　　上表為國一學生群體中，學生性別（A 因子）在數學焦慮、數學態度之多變量變異數分析顯著性考驗，整體考驗之Λ值等於.058，p=.000<.05，達到顯著水準。

受試者間效應項的檢定(a)

來　源	依變數	型 III 平方和	自由度	平均平方和	F 檢定	顯著性
SEX	數學態度	90.000	1	90.000	128.571	.000
	數學焦慮	44.100	1	44.100	22.050	.002

　　在國一學生群體中，學生性別（A 因子）在二個依變項上之多變量變異
數分析考驗顯著，主要是由數學焦慮、數學態度二個依變項所造成。在國一
學生群體中，學生性別在數學態度之單變量考驗 F 值=128.571，p=.000<.05；
在數學焦慮之單變量考驗 F 值=22.050，p=.0020<.05，均達到顯著水準。

受試者間 SSCP 矩陣(a)

			數學態度	數學焦慮
假設	Intercept	數學態度	384.400	353.400
		數學焦慮	353.400	324.900
	SEX	數學態度	90.000	-63.000
		數學焦慮	-63.000	44.100
誤差		數學態度	5.600	-3.400
		數學焦慮	-3.400	16.000
以型 III 的平方和為基礎 A 學生年級＝國一				

　　上表為 $Q_{a-at-b1}$ 之 SSCP 矩陣。

4. A 在 b2 的單純主要效果考驗（B=2 國二群體）

多變量檢定(b, c)

效應項		數值	F 檢定	假設自由度	誤差自由度	顯著性
SEX	Pillai's Trace	.917	38.792(a)	2.000	7.000	.000
	Wilks' Lambda 變數選擇法	.083	38.792(a)	2.000	7.000	.000
	多變量顯著性檢定	11.083	38.792(a)	2.000	7.000	.000
	Roy 的最大平方根	11.083	38.792(a)	2.000	7.000	.000

　　上表為國二學生群體中，學生性別（A 因子）在數學焦慮、數學態度之
多變量變異數分析顯著性考驗，整體考驗之Λ值等於.083，p=.000<.05，達到
顯著水準。

受試者間效應項的檢定(c)

來　源	依變數	型 III 平方和	自由度	平均平方和	F 檢定	顯著性
SEX	數學態度	4.900	1	4.900	9.800	.014
	數學焦慮	78.400	1	78.400	82.526	.000

在國二學生群體中，學生性別（A 因子）在二個依變項上之多變量變異數分析考驗顯著，主要是由數學焦慮、數學態度二個依變項所造成。在國二學生群體中，學生性別在數學態度之單變量考驗 F 值=9.800，p<.05；在數學焦慮之單變量考驗 F 值=82.526，p<.05，均達到顯著水準。

受試者間 SSCP 矩陣(a)

			數學態度	數學焦慮
假設	Intercept	數學態度	624.100	474.000
		數學焦慮	474.000	360.000
	SEX	數學態度	4.900	-19.600
		數學焦慮	-19.600	78.400
誤差		數學態度	4.000	-.400
		數學焦慮	-.400	7.600
以型 III 的平方和為基礎 A 學生年級＝國二				

上表為 $Q_{a-at-b2}$ 之 SSCP 矩陣。

5. A 在 b3 的單純主要效果考驗（B=3 國二群體）

多變量檢定(b, c)

	效應項	數值	F 檢定	假設自由度	誤差自由度	顯著性
SEX	Pillai's Trace	.878	25.220(a)	2.000	7.000	.001
	Wilks' Lambda 變數選擇法	.122	25.220(a)	2.000	7.000	.001
	多變量顯著性檢定	7.206	25.220(a)	2.000	7.000	.001
	Roy 的最大平方根	7.206	25.220(a)	2.000	7.000	.001

上表為國三學生群體中，學生性別（A 因子）在數學焦慮、數學態度之多變量變異數分析顯著性考驗，整體考驗之Λ值等於.122，p=.001<.05，達到顯著水準。

受試者間效應項的檢定(c)

來　　源	依變數	型 III 平方和	自由度	平均平方和	F 檢定	顯著性
SEX	數學態度	10.000	1	10.000	14.286	.005
	數學焦慮	12.100	1	12.100	24.200	.001

　　在國三學生群體中，學生性別（A 因子）在二個依變項上之多變量變異數分析考驗顯著，主要是由數學焦慮、數學態度二個依變項所造成。在國三學生群體中，學生性別在數學態度之單變量考驗 F 值=14.286，p<.05；在數學焦慮之單變量考驗 F 值=24.200，p<.05，均達到顯著水準。

受試者間 SSCP 矩陣(a)

			數學態度	數學焦慮
假設	Intercept	數學態度	176.400	306.600
		數學焦慮	306.600	532.900
	SEX	數學態度	10.000	11.000
		數學焦慮	11.000	12.100
誤差		數學態度	5.600	-1.600
		數學焦慮	-1.600	4.000
以型 III 的平方和為基礎				
A 學生年級＝國三				

　　上表為 $Q_{a-at-b3}$ 之 SSCP 矩陣。

　　將上述多變量單純主要效果考驗的結果整理如下：

學生性別、學生年級在數學態度、數學焦慮多變量變異數分析單純主要效果摘要表

變異來源	df	SSCP	Λ	F 值（單變量） 數學態度	F 值（單變量） 數學焦慮
性別（A 因子）					
在 b1（國一）	1	$\begin{bmatrix} 90.000 & -63.000 \\ -63.000 & 44.100 \end{bmatrix}$	.058****	128.571***	22.050**
在 b2（國二）	1	$\begin{bmatrix} 4.900 & -19.600 \\ -19.600 & 78.400 \end{bmatrix}$	.083***	9.800*	82.526***
在 b3（國三）	1	$\begin{bmatrix} 10.000 & 11.000 \\ 11.000 & 12.100 \end{bmatrix}$	.122**	14.286**	24.200**
年級（B 因子）					
在 a1（男生）	2	$\begin{bmatrix} 46.533 & -61.067 \\ -61.067 & 83.733 \end{bmatrix}$	.070***	41.059***	38.061***
在 a2（女生）	2	$\begin{bmatrix} 53.333 & 24.000 \\ 24.000 & 17.200 \end{bmatrix}$	.069***	38.095***	7.167**
誤差	24	$\begin{bmatrix} 15.200 & -5.400 \\ -5.400 & 27.600 \end{bmatrix}$			
* p<.05　　** p<.01　　*** p<.001					

學生性別、學生年級在數學態度、數學焦慮之細格平均數與人數

依變項	A因子	B因子	學生年級（B因子）			
			國一 b1	國二 b2	國三 b3	邊緣平均數
數學態度	學生性別（A因子）	男生 a1	9.200 (5)	8.600 (5)	5.200 (5)	7.667
		女生 a2	3.200 (5)	7.200 (5)	3.200 (5)	4.533
數學焦慮	學生性別（A因子）	男生 a1	3.600 (5)	3.200 (5)	8.400 (5)	5.067
		女生 a2	7.800 (5)	8.800 (5)	6.200 (5)	7.600

括號內數字為有效觀察值人數。

從上述多變量單純主要效果的報表中得知：

B在 a1 水準、B在 a2 水準、A在 b1 水準、A在 b2、A在 b3 水準的多變量單純主要效果考驗的Λ值分別.070、.069、.058、.083、.122均達.05的顯著水準，進一步考驗每個單純主要效果的單變量 F 值均亦達顯著，經事後比較及平均數考驗發現：

(1) B在 a1 水準之單純主要效果考驗

以男生群體比較來看，就數學態度變項而言，國一男學生（M=9.200）及國二男學生（M=8.600）的數學態度顯著的較國三的男學生（M=5.200）正向；就數學焦慮變項而言，國三男學生的數學焦慮（M=8.400）顯著的高於國一男學生（M=3.600）、及國二男學生（M=3.200）。

(2) B在 a2 水準之單純主要效果考驗

以女生群體的比較來看，就數學態度變項而言，國二女學生（M=7.200）的數學態度較國一女學生（M=3.200）、國三女學生（M=3.200）的得分還高；而就數學焦慮變項而言，國二女學生的數學焦慮（M=8.800）也顯著的高於國三女學生（M=6.200）的數學焦慮。

(3) A在 b1 水準之單純主要效果考驗

以國一群體的比較來看，就數學態度變項而言，國一男學生的數學態度（M=9.200）顯著的較國一女學生（3.200）正向；就數學焦慮而言，國一女學生的數學焦慮（M=7.800）顯著的高於國一男學生的數學焦慮（M=3.600）

(4) A 在 b2 水準之單純主要效果考驗

以國二群體的比較來看，就數學態度變項而言，國二男學生的數學態度（M=8.600）顯著的較國二女學生（7.200）正向；就數學焦慮而言，國二女學生的數學焦慮（M=8.800）顯著的高於國二男學生的數學焦慮（M=3.200）。

(5) A 在 b3 水準之單純主要效果考驗

以國三群體的比較來看，就數學態度變項而言，國三男學生的數學態度（M=5.200）顯著的較國三女學生（3.200）正向；就數學焦慮而言，國三男學生的數學焦慮（M=8.400）反而顯著的高於國三女學生的數學焦慮（M=6.200）。

第十五章

典型相關分析

【問題研究】：數學投入動機層面與數學態度層面間是否有顯著的典型相關？

【統計方法】：典型相關（canonical correlation）

控制變項（X 變項）為數學工作投入與數學自我投入二個層面，效標變項（或稱依變項）為數學學習信心、有用性、成功態度與數學探究動機四個層面。

15-1 理論基礎

在行為科學研究中，研究者如要探討二個變項間的關係，可根據變項之測量尺度，選擇合適的相關方向，以求得相關係數來代表相關的大小與方向。當研究的變項只有X、Y二個連續的變項時，這二個變項的線性相關即為簡單相關；當研究變項有 p 個 X 變項，只有一個 Y 變項，這 p 個 X 變項與一個 Y 變項間的相關稱為多元相關（multiple correlation），資料分析方法可採用迴歸分析法。Y 變項如果是間斷變項，可採用區別分析或 Logistic 迴歸分析法等。

如果研究的問題同時探討多個自變項與多個依變項間之關係，即研究變項有 p 個 X 變項，q 個 Y 變項（X 變項與 Y 變項均為計量變項），這 p 個 X 變項與 q 個 Y 變項之間的相關是為典型相關（canonical correlation；或譯為規則相關或正準相關）。事實上，簡單相關與多元相關都只是典型相關的一個特例而已，也由於它是最「典型」的相關分析，故稱之為「典型相關」。在典型相關之中，分析的目的在找出 p 個 X 變項的加權值（類似迴歸分析中的加權值）與 q 個 Y 變項的加權值，使 p 個 X 變項的線性組合分數與 q 個 Y 變項的線性組合分數的簡單相關（此即為典型相關ρ_{xn}）達到最大。線性組合分數又稱典型因素（canonical factor）、典型分數（canonical score）或典型變量（canonical variate）（林清山，民 77）。

典型相關即在求出一組X變項（自變項或稱控制變項）與一組Y變項（依變項）間是否有顯著的關係。為了要找出二組變項間關係，要求出 X 變項間的線性組合與 Y 變項間的線性組合，並使這二組的線性組合有最大的相關；X 變項與 Y 變項的線性組合是潛在的，無法直接觀察，也是未知變項，把它們稱為「典型變項」（canonical variable），二個典型變項間的相關稱為典型相關，典型相關係數以「ρ」符號表示。

學者Campo（1990）指出典型相關分析在教學上的重要性有三項理由：一

爲典型相關分析包含了其他母數統計方法，亦即，其他母數統計法均爲典型相關分析的特例，故典型相關可達成其他母數統計法所欲達成的目的；但其他母數統計法卻不一定可進行典型相關分析。此種關係好像變異數分析可達成 t 檢定的目標，但 t 檢定卻無法達成變異數分析的目的。二爲將典型相關分析當成一種具啓發式的架構，有助於學生了解所有母數統計法均運用加權（weight）方式來建構組合分數，而此組合分數爲分析的焦點所在。三爲透過典型相關分析可知，所有母數統計法均屬於相關性的（correlational）統計法，產生的效果值大小（effect size）就是 r^2（傅粹馨，民 87b）。

在多元迴歸分析中，也有一組 X 變項（自變項），但只有一個依變項，多元迴歸分析即在找出 X 變項的線性組合（$B_0 + B_1X_1 + B_2X_2 + B_3X_3 + \cdots\cdots + B_kX_k$），使 X 變項的線性組合與 Y 變項間有最大的相關。如果依變項數目在二個以上，求二組變項線性組合的相關，即爲典型相關。

典型相關分析之基本假定如下：每一個變項具有單變量常態性，變項間之相關應該爲「線性相關」（linear relationship），所建立的典型方程也是線性相關，其二者之線性組合的相關必須最大。p 個 X 變項與 q 個 Y 變項中：p 與 q 的數目均須大於 1（控制變項或效標變項最少要在二個以上）；X 變項與 Y 變項均爲連續變項（等距或比率變項）；典型因素之數目等於 p 與 q 中較小者，即 f=min（p，q），f 爲典型因素數目，以包括四個 X 變項與五個 Y 變項的典型相關分析，共可得到四組典型方程；非對映的典型因素間必須獨立，即其間的相關係數等於 0，如 $\rho_{\chi 1\eta 2}$、$\rho_{\chi 2\eta 1}$、$\rho_{\chi 1\chi 2}$、$\rho_{\eta 1\eta 2}$ 間的相關均爲 0。典型相關實際上就是 χ 與 η 的簡單相關，在線性簡單相關中，X 變項與 Y 變項的相互解釋量就是決定係數（r^2），在典型相關中，χ 與 η 的相互解釋量就是 $\rho^2_{\chi \eta}$（陳正昌等，民 92）。

學者 Thompson（1984）認爲進行典型相關分析時，不論從描述（descriptive）或推論（inferential）觀點，須注意下列三項的基本假設；如果進一步進行推論統計分析時，更需要符合第四項的假定：

1. 樣本之同質性高，各變項之變異數變小，易影響到相關係數之值。
2. 將各變項之測量誤差減至最小，因信度低會導致相關係數變小。
3. 變項是成對的數值，變項的次數分配情形也會影響相關係數矩陣。
4. 符合多變項常態性之假設。當各變項均符合常態分配之情況下，較易達成多變項常態性之假設。

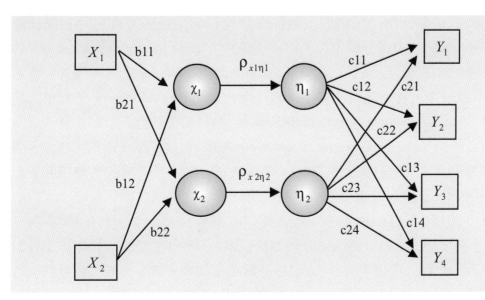

圖 15-1

典型相關分析的徑路圖如上所述，其中χ_1、χ_2 是二個 X 變項的線性組合；η_1、η_2 是四個 Y 變項的線性組合，$\rho_{\chi 1\eta 1}$、$\rho_{\chi 2\eta 2}$ 就是典型相關係數。左邊的數字代表 X 變項對χ_1、χ_2的加權係數；χ_1、χ_2、η_1、η_2 四個即爲典型因素。典型相關分析目的即在找出適當的加權係數值（b 值與 c 值），使χ、η的簡單相關係數$\rho_{\chi\eta}$達到最大，$\rho_{\chi\eta}$即爲典型相關係數，χ（讀作 chi）、η（讀作 eta）稱爲典型因素（或稱典型變量或典型變項），二邊的係數稱爲典型加權係數（canonical weight coefficient）。

一個包括 p 個 X 變項與 q 個 Y 變項之典型相關的線性組合數學模式如下：

$$\chi_1 = b_{11}X_1 + b_{12}X_2 + \cdots\cdots + b_{1p}X_p$$
$$\eta_1 = c_{11}Y_1 + c_{12}Y_2 + \cdots\cdots + c_{1q}Y_q$$

χ_1 是 p 個 X 變項的第一條線性組合函數、η_1 是 q 個 Y 變項的第一條線性組合函數，$\rho_{\chi 1\eta 1}$是二條線性組合的相關，典型相關分析的目的在找出適當的係數值：b_{11}, b_{12},……, b_{1p}、c_{11}, c_{12},……, c_{1q}，使得$\rho_{\chi 1\eta 1}$的相關達到最大。

在找出第一組典型相關後，研究者可重複上述步驟，找出第二組典型相關$\rho_{\chi 2\eta 2}$，其線性組合數學模式如下：

$$\chi_2 = b_{21}X_1 + b_{22}X_2 + \cdots\cdots + b_{2p}X_p$$
$$\eta_2 = c_{21}Y_1 + c_{22}Y_2 + \cdots\cdots + c_{2q}Y_q$$

在典型相關分析中，典型加權係數之性質如同迴歸分析中之迴歸係數（Beta weight）、因素分析中之因素組型係數（factor pattern coefficient）、各區別分析中之區別函數係數（discriminant function coefficient），典型加權係數的 SPSS 報表中，會呈現原始典型係數（raw canonical coefficient）和標準化典型係數（standardized canonical coefficient）。典型加權係數表示每個變項對所屬之典型變項（canonical variate；canonical variable）之貢獻，絕對值愈大，表示其影響力愈大。但作如此解釋時，仍需注意一點：當一組內各變項間具有高度相關時，易因某一變項之故，而使另一變項之典型加權係數變小，造成解釋上的困難或錯誤的結論（*Afifi & Clark,1990*；*Thompson, 1988a*；*Thompson, 988b*）。各變項之原始分數透過原始加權係數，形成組合分數，可以求出各對組合分數的相關；各變項之 Z 分數透過標準化加權係數，形成組合分數，也可以求出各對組合分數的相關。透過原始分數所得之χ_1、χ_2 與η_1、η_2，其平均數均不為 0，其標準差均為 1；而透過 Z 分數所得之χ_1、χ_2 與η_1、η_2，其平均數均為 0，其標準差均為 1（傅粹馨，民 87b）。

典型結構係數（canonical structure coefficient）或稱典型結構負荷量（canonical structure loading）於典型相關分析之重要性不亞於典性加權係數，典型結構係數表示典型變項χ與 X 組各變項的相關，或典型變項η與 Y 組各變項的相關。學者 Thompson（*1996*）認為，解釋典型相關分析結果時，只採典型加權係數，有時會導致嚴重的錯誤。相關的研究指出，某變項可能在第一個典型變量上之加權係數很小，而該變項在同一個典型變量上之結構係數則很高，二個數值之差異頗大。或許有人會認為同一研究中，採用加權係數與結構係數之解釋通常會得到相同的結論，但事實上不然，當各組內之各變項間毫無相關（如主成份分數），則結構係數與加權係數之數值會完全相同；但如果二組內各變項間的相關不為 0 時，則結構係數與加權係數之數值是不相同的（傅粹馨，民 87b）。Thompson（*1984*）明確指出：當各組內之變項間的相關愈高時，則結構係數與加權係數之差異愈大。由於典型因素通常不只一組，因而若以矩陣表示，則典型結構係數如下：

1. X 變項之典型結構係數矩陣為 $S_X = R_{XX}C$，S_X 為 X 變項的典型因素矩陣、R_{XX} 為 X 組各變項之相關係數矩陣、C 為 X 組變項之標準化典型加權係數矩陣。

2. Y 變項之典型結構係數矩陣為 $S_Y = R_{YY}D$，S_Y 為 Y 變項的典型因素矩陣、R_{YY} 為 Y 組各變項之相關係數矩陣、D 為 Y 組變項之標準化典型加權係數矩陣。

上述之典型結構係數是 X 變項與組合分數χ典型變量之間的相關；或 Y 變項與組合分數η典型變量之間的相關，如果是交叉性的關係，如 X 變項與組合分數η典型變量之間的相關或 Y 變項與組合分數χ典型變量之間的相關，此相關係數在典型相關分析中，稱為「交叉結構係數」（cross-structure coefficient）或稱「交叉負荷量」（cross loading）；簡稱為「Index 係數」。以圖 15-1 為例：如果要求 X_1 與 η_1 的相關係數，因為中間受到 χ_1 與 η_1 的相關係數的影響，因而要採用相乘的方式：即 $r_{X1\eta1} = r_{X1\chi1} \times \rho_{\chi1\eta1}$；而 Y_1 與 χ_1 的相關係數，中間也受到 χ_1 與 η_1 的相關係數的影響，因而 $r_{Y1\chi1} = r_{Y1\eta1} \times \rho_{\chi1\eta1}$。至於平均解釋量（Adequacy 係數）為各變項中某一個典型變量與各變項之結構係數的平方和，再除以變項個數（*Thompson, 1984*）。在範例圖示中，Adequacy 係數表示 χ_1 自 X_1、X_2 二個變項中所抽出的變異數占二個變項總異量多少的百分比例；也可以表示是 η_1 自 Y_1、Y_2、Y_3、Y_4 四個變項中所抽出的變異數占四個變項總變異的百分比。

重疊係數（redundancy coefficient）或稱重疊量數（redundancy measure）或稱重疊指數（redundancy index）是將二組之各典型變量之平均解釋量（adequacy 係數）乘上相對映之典型相關係數平方而得。典型相關分析中，某一個典型相關係數 $\rho_{\chi\eta}$ 是典型因素 χ 與 η 之間的相關，而典型相關係數的平方 $\rho^2_{\chi\eta}$ 代表這二個典型因素的重疊程度，亦即典型變項 χ 與 η 所共有的變異數，但此一重疊程度卻無法反應出 X 變項與 Y 變項間的重疊程度。所謂重疊量數 $Rd_{\chi j \cdot \eta j}$ 是指 q 個 Y 變項透過第 j 組典型因素，所能解釋 p 個 X 變項之變異量的百分比；重疊量數 $Rd_{\eta j \cdot \chi j}$ 是指 p 個 X 變項透過第 j 組典型因素，所能解釋 q 個 Y 變項之變異量的百分比（陳正昌等，民 92）。就每個典型因素而言，χ_1 自 X 組變項中所抽取的變異量不一定等於 η_1 自 Y 變項中所抽取的變異量；相同的，χ_2 自 X 組變項中所抽取的變異量不一定等於 η_2 自 Y 變項中所抽取的變異量。由於 X 變項與 Y 變項兩邊的平均解釋量不同（adequacy 係數）不同，所以 X 變項透過 j 組典型因素對 Y 變項的解釋量，與 Y 變項透過 j 組典型因素對 X 變項的解釋量並不會相同。

典型相關分析在探討二組變項間的關係，而這二組變項各有二個以上的變數，計算典型相關係數之前，須先將二組各變項之分數（原始分數或標準分數）轉換為數個組合典型分數（synthetic canonical score／synthetic function score）或典型變量（canonical variate）或典型因素（canonical factor），以 χ_1、χ_2 ……；η_1、η_2……表示，再求此數對組合分數間之簡單相關，即 χ_1 與 η_1 間之相關；χ_2 與 η_2 間之相關，從簡單相關的觀點出發，對典型相關分析之原理較易理解，因而可以說簡單相關與複相關是典型相關的一個特例（傅粹馨，民 87b）。

在求得 min（p,q）個典型相關係數後，須進行典型因素之顯著性考驗。典型相關係數顯著性的考驗方法有二：一為 Bartlett 的 χ^2 近似值；二為 Rao 的 F 近似值，SPSS 中採用 F 近似值的方法。

典型相關即在求出二個以上 X 變項與二個以上 Y 變項間的線性組合，使其簡單相關達到最大，方程式表示如下：

$$A_1Y_1 + A_2Y_2 + A_3Y_3 + \cdots + A_kY_k$$
$$= B_0 + B_1X_1 + B_2X_2 + B_3X_3 + \cdots + B_kX_k$$

此方程式於資料統計分析時，所涵括的解釋如下（*Meyer, 1993*）：

1. 可能會出現多少個方程式，亦即哪些 X 變項的組合與 X 變項的組合有關？這就是層面縮減度（dimensional reduction）的問題，可能是 X_1、X_3 與 Y_3、Y_5 有關；可能是 X_2、X_4 與 Y_1、Y_2 有關。

   可能出現方程式之最大數目等於 X 組與 Y 組變項中，變項數最小者。如 X 組有三個變項：X_1、X_2、X_3，而 Y 變項有五個變項：Y_1、Y_2、Y_3、Y_4、Y_5，則最多有三個方程式，亦即最多只會出現三個典型相關係數，而三個典型相關係數是否顯著，還要進一步考驗。

2. 在這些方程式中有任何顯著的關係嗎？那一個方程式有顯著性，每一個方程式關係強度如何？

   典型相關分析中，整體效果分析考驗要查 Wilks Lambda 值，每個方程式的個別考驗要看 F 值考驗結果。此部分在 SPSS 報表中，會出現如下字眼：

   EFFECT..... WITHIN CELLS Regression

   相關的強弱程度，可從典型相關係數加以判別，典型相關係數是一個方程式中 X 組變項的線性組合與 Y 組變項的線性組合之皮爾遜相關係數，每一個方程式有它自己的典型相關係數，在典型相關中，此係數以「ρ」表示。典型相關係數的平方 ρ^2 是一組變項的變異量可以被另一組變項變異量解釋的百分比。

   在 SPSS 報表中，可從下列結果處獲得此部分資訊。

   Eigenvalues and Canonical Correlations

3.每個變項對方程式的貢獻有多大？

　　這個分析與多元迴歸分析類似，在多元迴歸分析中，可從標準化迴歸係數β的大小，來判斷那個自變項對依變項有最大影響力。在典型相關中，可從二個方面加以判別：

(1)組型解釋（pattern interpretation）

　　從方程式中每個變項的標準化係數，可以得知變項與方程式之關係程度。此方面的資訊可從下述報表中得知。

Standardized canonical coefficients for DEPENDENT variables
Standardized canonical coefficients for COVARIATES

　　其中共變項（COVARIATES）即典型相關的第一組變項（X變項）；而依變項（DEPENDENT）為典型相關的第二組變項（Y變項）。

(2)結構矩陣

　　結構矩陣（structure matrix）代表原始變項與典型變項之間關係的程度。有關結構矩陣的相關資訊可從下列報表中得知：

Correlations between DEPENDENT and Canonical variables
Correlations between COVARIATES and Canonical variables

　　在解釋典型因素的性質或對典型因素命名時，必須了解各 X 變項與其典型因素χ之間的相關，及各 Y 變項與其典型因素η間的相關。這些相關係數稱為「典型因素結構係數」（canonical factor structure coefficient）。典型因素結構係數在性質上與因素分析中的因素結構係數（因素負荷量）相近，它代表 X 變項與典型因素χ之間的簡單相關，及 Y 變項與典型因素η間的簡單相關。

　　在典型相關分析中利用「重疊量數」（redundancy measure）又稱「重疊指數」（redundancy index）來解釋 p 個 X 變項與 q 個 Y 變項間的相關。「重疊量數」所代表的意義是一組變項透過第 j 條典型方程，能夠被另一組變項解釋的變異量，重疊量數愈高，代表二組變項間之相關程度愈高；亦即重疊指標愈大，表示 X 變項與 Y 變項這二組變項之間互相重疊的情形愈明顯（王保進，民 93、林清山，民 77）。

　　事實上，典型相關的重疊量數與多元迴歸的多元相關平方（R^2）有密切的關係。p 個 X 變項透過 t 組典型因素，所能解釋 q 個 Y 變項之變異量的累積百分比，會等於 p 個 X 變項分別對每一個 Y 變項所做多元迴歸所得到的 q 個 R^2

的平均數。同樣地，q 個 Y 變項透過 t 組典型因素，所能解釋 p 個 X 變項之變異量的累積百分比，也會等於 q 個 Y 變項分別對每一個 X 變項所做多元迴歸所得到的 p 個 R^2 的平均數（傅粹馨，民 87）。

15-2 執行程序——MANOVA 語法

【操作 1】

開啟資料檔

【File】/【Open…】，在「Open File」視窗中，下面的「檔案類型（T）:」後面選項選「SPSS（.sav）」，在檔案視窗選取「第十五章／典型相關.sav」，再按「開啟舊檔（O）」。

開啟語法編輯視窗

【File】/【New】/【Syntax】

出現「Syntax-SPSS Syntax Editor」編輯視窗，在編輯區內輸入下列文字：

```
MANOVA
    con use suc mot WITH tin ein
    /DISCRIM RAW STAN ESTIM CORR ROTATE(VARIMAX) ALPHA(0.05)
    /PRINT SIGNIF(EIGN DIMENR HYPOTH )
    /NOPRINT SIGNIF(MULT UNIV ) PARAM(ESTIM)
    /ERROR WITHIN+RESIDUAL
    /DESIGN.
```

【操作 2】

按滑鼠選取以上語法程式，或按【Edit】/【Select All】

【Run】/【All】或【Run】/【Selection】執行語法程式。

【語法說明】

> MANOVA
>   con use suc mot WITH tin ein

在 MANOVA 語法後面「WITH」命令的前面界定「效標變項」（依變項－數學態度四個層面）；在其後面界定「控制變項」（數學投入動機二個層面）。MANOVA 語法界定典型相關時，「WITH」命令的前面是第二組變項 Y 變項（SPSS 報表中稱爲依變項－ DEPENDENT）；而在其後面的是第一組變項 X 變項（SPSS 報表中稱爲共變量－ COVARIATE）。

「MANOVA　依變項組　with 自變項組」
「MANOVA　　第二組 Y 變項　　with　　第一組 X 變項」

> /DISCRIM RAW STAN ESTIM CORR ROTATE(VARIMAX) ALPHA(0.05)

/DISCRIM 進行典型區別分析、典型相關分析，求出依變數（效標變項）與自變項（控制變項）的典型相關分析：

1. 「RAW」：印出原始分數的區別函數係數。
2. 「STAN」：印出標準化區別函數係數。
3. 「ESTIM」：印出估計值及其標準差，t 考驗與其信賴區間。
4. 「CORR」：印出效標變數與典型變數之間的相關。
5. 「ROTATE(VARIMAX)」：效標變數與典型變數之相關矩陣的轉軸法。
6. 「ALPHA(0.05)」：界定典型變量分析的顯著水準，SPSS 內定值爲.05。

> /PRINT SIGNIF(EIGN DIMENR HYPOTH)

/PRINT 印出相關統計量。

1. EIGN：印出 SSCP 矩陣的特徵值。
2. DIMENR：印出層面縮減度分析結果，向度縮減度分析可以獲得典型相關係數的顯著性考驗結果。
3. HYPOTH：每一考驗假設的 SSCP 矩陣。

> /NOPRINT SIGNIF(MULT UNIV) PARAM(ESTIM)

/NOPRINT 不要呈現相關的統計量（此語法可以省略）。

不要印出的統計量：組間差異的多變量考驗、單變量 F 考驗、單變量與多變量之多重比較的參數估計。

> /ERROR WITHIN+RESIDUAL

/ERROR 界定考驗效果之誤差項。

誤差項為細格內誤差加殘差。

> /DESIGN.

界定分析的模式。

如要簡化語化，而以內定的方式印出典型相關的報表，則在「Syntax-SPSS Syntax Editor」編輯視窗中，編輯區內輸入下列語法即可：

> MANOVA
>   con use suc mot WITH tin ein
>   /DISCRIM
>   /PRINT SIGNIF(EIGN)
>   /DESIGN.

上述最後一列/DESIGN 指令後面的「.」不能刪掉。

15-3 報表解析

> Manova
> ******Analysis of Variance******
>   300 cases accepted.
>   0 cases rejected because of out-of-range factor values.
>   0 cases rejected because of missing data.
>   1 non-empty cell.
>   1 design will be processed.

【說明】

1. 進行分析之觀察體有 300 個。

2. 沒有因超出因子數值或因缺失值而被排除於分析之外的觀察體。

3. 只有一個非 0 的細格、只有一個設計模型。

```
＊＊＊＊＊＊Analysis of Variance -- design 1＊＊＊＊＊＊
EFFECT .. WITHIN+RESIDUAL Regression
Adjusted Hypothesis Sum-of-Squares and Cross-Products
```

	CON	USE	SUC	MOT
CON	7886.474			
USE	3997.501	2026.819		
SUC	3291.680	1682.112	1703.146	
MOT	4007.707	2025.912	1539.395	2090.626

Eigenvalues and Canonical Correlations（特徵值與典型相關）

Root No.	Eigenvalue	Pct.	Cum. Pct.	Canon Cor.	Sq. Cor
	特徵值	百分比	累積百分比	典型相關係數	典型相關係數平方
1	1.083	94.020	94.020	.721	.520
2	.069	5.980	100.000	.254	.064

【說明】

由於控制變項有二個、效標變項有四個，因而特徵值或典型相關係數最多只有二個。

特徵值 $= \rho^2 \div (1-\rho^2)$

第一個特徵值 $=.520 \div (1-.520) = 1.083$。

第二個特徵值 $=.064 \div (1-.064) = .069$。

特徵值所能解釋的變異百分比＝各特徵值÷總特徵值，如

第一個特徵值所能解釋的變異量百分比 $= 1.083 \div (1.083+.069) = .9401$

第二個特徵值所能解釋的變異量百分比 $= .069 \div (1.083+.069) = .0599$

第一對典型因素（χ_1 與 η_1）之間的相關為.721、相互的解釋變異量為52.0%；

第二對典型因素（χ_2 與 η_2）之間的相關為.254、相互的解釋變異量為6.4%。

第一對典型因素的解釋百分比為 94.02%。

Dimension Reduction Analysis（層面縮減度分析－典型相關顯著性考驗）

Roots	Wilks L.	F Hypoth.	DF	Error DF	Sig. of F
1 TO 2	.44912	36.17431	8.00	588.00	.000
2 TO 2	.93555	6.77413	3.00	295.00	.000

【說明】

上表數據為層面縮減度分析，也就是典型相關的顯著性考驗。

1. 「1 TO 2」達顯著時（F=36.17431，p=000<.05），表示二個典型相關係數中至少有一個達到顯者，因為第一個典型相關係數最大，所以可視為是第一個典型相關係數的顯著性考驗。第二欄 Wilks L. 即典型相關係數考驗的 Λ 值，等於 $(1 - \rho_1^2) \times (1 - \rho_2^2) = (1 - .520) \times (1 - .064) = .449$。Rao F 近似值=36.17431，p=.000<.05，達到顯著水準，表示第一組典型相關係數達到顯著。

2. 「2 TO 2」第二個典型相關係數的顯著性考驗，F=6.77413，p=000<.05，達到顯著水準。典型相關係數考驗的 Λ 值，等於 $(1 - \rho_2^2) = (1 - .064) = .936$。Rao F 近似值=6.77413，p=.000<.05，達到顯著水準，表示第二組典型相關係數也達到顯著。

Raw canonical coefficients for DEPENDENT variables
（效標變項/依變項原始分數的典型係數）－依變項原始的典型加權係數。

	Function No.	
Variable	1	2
CON	.068	-.043
USE	.062	.033
SUC	.035	-.166
MOT	.052	.191

【說明】

上述數據為第二組 Y 變項（效標變項/依變項）的原始分數的典型係數，亦即為依變項原始的典型加權係數。原始加權係數適合於利用原始變項計算典型因素；不過，由於變項的單位常會不一致，所以一般較少用原始的典型因素來解釋分析資料。

Standardized canonical coefficients for DEPENDENT variables
（效標變項或依變項之標準化典型加權係數）

Variable	Function No. 1	2
CON	.554	-.351
USE	.318	.170
SUC	.194	-.927
MOT	.233	.854

【說明】

上述數據為四個數學態度變項分別對其二個典型因素的標準化典型加權係數，標準化的線性組合函數如下：

$\eta_1 = .554 \times Zcon + .318 \times Zuse + .194 \times Zsuc + .233 \times Zmot$

$\eta_2 = -.351 \times Zcon + .170 \times Zuse + -.927 \times Zsuc + .854 \times Zmot$

以第一個典型因素η_1而言，con 變項對第一個典型因素η的貢獻最大。

Analysis of Variance -- design 1

Correlations between DEPENDENT and canonical variables
（效標變項與典型變項間的相關）

Variable	Function No. 1 (η_1)	2 (η_2)
CON	.876	.059
USE	.700	.014
SUC	.538	-.704
MOT	.805	.428

【說明】

上面數據為第二組變項（Y 變項）數學態度四個變項 con、use、suc、mot 與二個典型變項η_1、η_2之間的相關，此相關即為「典型因素結構係數」，四個數學態度變項與第一個典型因素η_1的相關係數均在.500 以上，其中以 con、mot、use 三個變項與第一個典型因素η_1的相關較為密切，其相關係數在.700 以上。

Variance in dependent variables explained by canonical variables
（效標變項被典型變項解釋的變異量百分比）
CAN. VAR. Pct Var DE Cum Pct DE Pct Var CO Cum Pct CO

	抽出變異數百分比		重疊量	累積重疊量
1	54.884	54.884	28.536	28.536
2	17.055	71.938	1.099	29.635

【說明】

上述為第二組 Y 變項被自己典型因素（η）解釋的百分比（或稱平均解釋量），及透過典型因素（χ、η）被第一組 X 變項所能解釋的變異量（即為重疊量數）。依變項（四個數學態度）被自己典型因素（η）解釋的百分比分別為 54.884%、17.055%。平均解釋量（adequacy 指數）其值等於上述因素結構係數的平均平方和：

$.5488 = \dfrac{(.876)^2 + (.700)^2 + (.538)^2 + (.805)^2}{4}$；表示第一個典型因素 η_1 對四個數學態度的平均解釋變異有 54.88%。

$.1706 = \dfrac{(.059)^2 + (.014)^2 + (-.704)^2 + (.428)^2}{4}$；表示第二個典型因素 η_2 對四個數學態度的平均解釋變異有 17.06%。以上二個典型因素 η 共自四個數學態度（Y 組變項）中抽出 71.938% 的變異量。

其中重疊量＝解釋的變異百分比×典型相關係數的平方（ρ^2），如：

重疊量 1＝54.884×.520 ＝ 28.536，二個 X 變項與四個 Y 變項的重疊量為 28.536，表示二個數學投入動機變項（X 變項）透過第一組典型因素（χ_1 與 η_1）可以解釋四個數學態度（Y 變項）的變異量為 28.536%。

重疊量 2 ＝17.055×.064 ＝ 1.099。表示二個數學投入動機變項（X 變項）透過第二組典型因素（χ_2 與 η_2）可以解釋四個數學態度（Y 變項）的變異量為 1.099%。

累積重疊量為 29.635%，表示二個 X 變項（數學投入動機變項）透過二對典型相關可以解釋四個 Y 變項（數學態度）共 29.635%（28.538%＋1.099%）的變異量。

Raw canonical coefficients for COVARIATES（控制變項原始典型係數）

COVARIATE	Function No. 1	2
TIN	.168	.001
EIN	-.011	-.217

上述數據為二個 X 變項（數學投入動機變項）分別對其二個典型因素的原始典型加權係數。

Standardized canonical coefficients for COVARIATES

（控制變項標準化典型係數－加權係數）

COVARIATE	CAN. VAR. 1	2
TIN	1.002	.004
EIN	-.053	-1.000

上述數據為二個 X 變項（數學投入動機變項）分別對其二個典型因素的標準化典型加權係數。標準化的$\chi_1 = 1.002 \times Z_{tin} - .053 \times Z_{ein}$，以 tin 變項對第一個典型因素$\chi$的貢獻最大。

Correlations between COVARIATES and canonical variables

（控制變項與典型變項之間的相關）

Covariate	CAN. VAR. 1 (χ_1)	2 (χ_2)
TIN	.999	-.053
EIN	.004	-1.000

上述數據為二個 X 變項與其二個典型變項（χ）之相關係數，此相關係數為 X 變項與典型因素χ間的「典型因素結構係數」，在第一個典型因素中，以 tin 變項與第一個χ_1典型因素關係較為密切。

```
**Analysis of Variance -- design 1**
Variance in covariates explained by canonical variables
（控制變項被典型變項解釋的變異量）
CAN. VAR.  Pct Var DE Cum Pct DE Pct Var CO Cum Pct CO
          重疊量    累積重疊量  抽出變異    累積解
                            數百分比    釋變異量
     1    25.925    25.925    49.862    49.862
     2     3.231    29.157    50.138   100.000
```

上述數據為二個 X 變項 tin、ein 被典型變項（χ）解釋的變異量。「Variance in covariates explained by canonical variables」表示 X 變項（共變項）被自己典型因素（χ）解釋的變異百分比；及透過典型因素（η、χ）被 Y 變項解釋的變異量（重疊量）。二個典型因素 $χ_1$、$χ_2$ 共自 X 組二個變項抽出 100%（49.862%＋50.138%）的變異量（二個 χ 典型因素解釋二個 X 變項，其解釋變異量為 100%）。

其中 $49.862\% = .49862 = \dfrac{(.999)^2 + (.004)^2}{2}$

$50.138\% = .50138 = \dfrac{(-.053)^2 + (-1.000)^2}{2}$

重疊量一：.25925＝第一個典型相關係數的平方×.49862＝.520×.49862

重疊量二：.03231＝第二個典型相關係數的平方×.50138＝.064×.50138

合併的重疊係數值（pooled redundancy coefficient）等於 25.925%＋3.231%＝29.157%，表示四個數學態度變項透過二對典型因素對二個數學投入動機變項的解釋變異為 29.157%。

```
VARIMAX rotated correlations between canonical variables and COVARIATES
          Can. Var.
DEP. VAR.      1        2
CON           .028    1.000
USE          1.000     .029
SUC           .165     .039
MOT          -.192     .047
- - - - - - - - - - - - - - - - - - - - - - - - - - - - -
```

Transformation Matrix

	1	2
1	-.025	1.000
2	-1.000	-.025

- -

Regression analysis for WITHIN+RESIDUAL error term

--- Individual Univariate .9500 confidence intervals

Dependent variable .. CON　　學習信心

COVARIATE	B	Beta	Std. Err.	t-Value	Sig. of t
TIN	.86290	.63284	.061	14.050	.000
EIN	-.08512	-.04818	.080	-1.070	.286

COVARIATE	Lower -95%	CL- Upper
TIN	.742	.984
EIN	-.242	.071

【說明】

以 TIN、EIN 為預測變項，而以 CON 為效標變項，進行多元迴歸分析之迴歸模式及其顯著性檢定。

Dependent variable .. USE　　有用性

COVARIATE	B	Beta	Std. Err.	t-Value	Sig. of t
TIN	.43753	.50576	.043	10.082	.000
EIN	-.03372	-.03008	.056	-.600	.549

* * * * * * A n a l y s i s　o f　V a r i a n c e -- design　1 * * * * * *

Regression analysis for WITHIN+RESIDUAL error term　(Cont.)

Dependent variable .. USE　　有用性　　　　　　　　　　（Cont.）

COVARIATE	Lower -95%	CL- Upper
TIN	.352	.523
EIN	-.144	.077

【說明】

以 TIN、EIN 為預測變項，而以 USE 為效標變項，進行多元迴歸分析之迴歸模式及其顯著性檢定。

Dependent variable .. SUC		成功態度			
COVARIATE	B	Beta	Std. Err.	t-Value	Sig. of t
TIN	.36365	.38788	.049	7.381	.000
EIN	.19229	.15831	.064	3.012	.003
COVARIATE	Lower -95%	CL- Upper			
TIN	.267	.461			
EIN	.067	.318			

【說明】

以 TIN、EIN 為預測變項,而以 SUC 為效標變項,進行多元迴歸分析之迴歸模式及其顯著性檢定。

Dependent variable .. MOT		探究動機			
COVARIATE	B	Beta	Std. Err.	t-Value	Sig. of t
TIN	.43709	.58170	.035	12.401	.000
EIN	-.13553	-.13921	.046	-2.968	.003
COVARIATE	Lower -95%	CL- Upper			
TIN	.368	.506			
EIN	-.225	-.046			

【說明】

以 TIN、EIN 為預測變項,而以 MOT 為效標變項,進行多元迴歸分析之迴歸模式及其顯著性檢定。

上述合併的重疊係數(pooled redundancy coefficient):29.635%(從 Variance in dependent variables explained by canonical variables 表而得),表示二個數學投入動機變項(X 變項)透過二對典型因素可以解釋四個數學態度(Y 變項)29.635%的變異量;29.157%(Variance in covariates variables explained by canonical variables 表而得)從表示四個數學態度變項(Y 變項)透過二對典型因素可以解釋二個數學投入動機變項(X 變項)29.157%的變異量。合併的重疊係數亦可透過多元迴歸分析方式得之(*Benton, 1991*)。以上述研究問題為例,進行多元迴歸分析之決定係數整理如下表:以con、use、suc、mot四個數

學態度為預測變項，而分別以以 tin、ein 二個數學投入動機為效標變項，求得二個複相關係數平方值，分別為.519、.064，二者的平均數等於.2915，此係數即為 X 組變數合併的重疊係數；同理以數學態度四個態度 con、use、suc、mot 為效標變項，而以數學投入動機二個變項 tin、ein 為預測變項，求得四個複相關係數的平方值分別為：.399、.255、.182、.349，四個數值的平均值等於.2963，此即為 Y 組變數合併的重疊係數。由以上特性可知：重疊係數是單變量之統計數的平均（averaged univariate statistics），而非真正的多變量統計（*Thompson, 1988a*）。對於重疊係數的解釋，學者 Thompson（*1991*）提出不同的觀點：他認為重疊係數並未同時考量所有效標變項間的相互關係，於傳統的典型相關分析中，單一解釋重疊係數並無多大意義，因研究者使用了加權係數而使兩組變項之組合分數（典型因素）之相關變為最大，而後卻用此重疊係數作了部分的解釋，這是一個無法自圓其說之處，當運用在求測驗之同時效度（concurrent validity），各測驗具有相同之分測驗時，才較具實質意義（*傅粹馨，民 87b*）。

效標變項	預測變項	R^2	R^2 之平均數（合併的重疊係數）
tin	con、use、suc、mot	.519	.2915
ein	con、use、suc、mot	.064	
con	tin、ein	.399	.2963
use	tin、ein	.255	
suc	tin、ein	.182	
mot	tin、ein	.349	

Model Summary

Model	R	R Square	Adjusted R Square	Std. Error of the Estimate
1	.720(a)	.519	.512	4.16288
a Predictors: (Constant)，探究動機，成功態度，有用性，學習信心				

Model Summary

Model	R	R Square	Adjusted R Square	Std. Error of the Estimate
1	.254(a)	.064	.052	4.47945
a Predictors: (Constant)，探究動機，成功態度，有用性，學習信心				

Model Summary

Model	R	R Square	Adjusted R Square	Std. Error of the Estimate
1	.632(a)	.399	.395	6.31940
a Predictors: (Constant)，自我投入，工作投入				

Model Summary

Model	R	R Square	Adjusted R Square	Std. Error of the Estimate
1	.505(a)	.255	.250	4.46532
a Predictors: (Constant)，自我投入，工作投入				

Model Summary

Model	R	R Square	Adjusted R Square	Std. Error of the Estimate
1	.427(a)	.182	.177	5.06928
a Predictors: (Constant)，自我投入，工作投入				

Model Summary

Model	R	R Square	Adjusted R Square	Std. Error of the Estimate
1	.590(a)	.349	.344	3.62665
a Predictors: (Constant)，自我投入，工作投入				

15-4 結果說明

　　從以上的報表中，可以將典型相關分析整理爲下列資訊：

表 1　數學投入動機層面與數學態度層面的典型相關分析摘要表

控制變項 （X 變項）	典　型	因　素	效標變項 （Y 變項）	典　型	因　素
	χ_1	χ_2		η_1	η_2
工作投入	.999	-.053	學習信心	.876	.059
			有用性	.700	.014
自我投入	.004	-1.000	成功態度	.538	-.704
			探究動機	.805	.428
抽出變異數 百分比	.49862	.50138	抽出變異數 百分比	.54884	.17055
重疊	.25925	.03231	重疊	.28536	.01099
			ρ^2	.520	.064
			ρ	.721***	.254***

*** p<.001

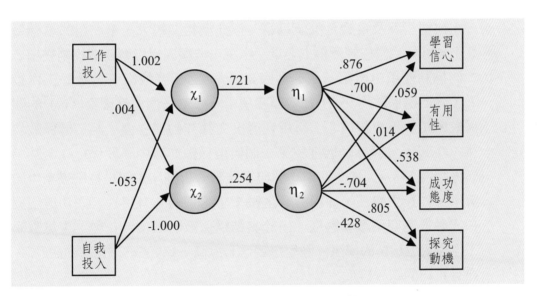

圖 15-2　典型相關分析徑路圖

　　從以上典型相關分析摘要表，可以發現：

1. 二個典型相關係數均達.05 以上的顯著水準，第一個典型相關係數
ρ_1=.721（p=.000<.001）；第二個典型相關係數ρ_2=.254（p=.000<.001），
二個控制變項，主要透過二個典型因素影響到效標變項（依變項）。

2. 控制變項的第一個典型因素（χ_1），可以說明效標變項的第一個典型因
素（η_1）總變異量的 52.0%（ρ_1^2=.520），而效標變項的第一個典型因素
（η_1），又可解釋效標變項變異量的 54.884%，控制變項與效標變項重

疊部分為 28.536%，因而，控制變項透過第一典型因素（χ_1 與 η_1），可以解釋效標變項總變異量的 28.536%。

3. 控制變項的第二個典型因素（χ_2），可以說明效標變項的第二個典型因素（η_2）總變異量的 6.4%（$\rho_2^2 = .064$），而效標變項的第二個典型因素（η_2），又可解釋效標變項變異量的 17.055%，控制變項與效標變項重疊部分為 1.099%，因而，控制變項透過第二典型因素（χ_2 與 η_2），可以解釋效標變項總變異量的 1.099%。

4. 控制變項和效標變項在第一個至第二個典型因素的重疊部分，共計 29.635%。換言之，數學工作投入、數學自我投入二個控制變項經由第一、第二典型因素共可說明國小學生數學學習信心、數學有用性態度、數學成功態度、數學探究動機等四個數學態度總變異量 29.635 %；而此二個典型因素可以直接解釋國小學生數學態度總變異量的 58.40%，數學態度四個變項無法由二個典型變項 χ_2 與 η_2 解釋的部分有 42.60%。

5. 二組典型相關及重疊量數值以第一個典型相關較大，第二組的重疊量甚小，可見二個控制變項主要是藉由第一典型因素影響四個控制變項。二個控制變項中與第一個典型因素（χ_1）之相關較高者為數學工作投入，其結構係數為.999；在效標變項中，與第一個典型因素（η_1）的關係較密切者為學習信心、有用性態度與探究動機態度，其結構係數均在.700 以上，而成功態度與第一個典型係數亦有中等關係存在，其結構係數為.538。因而，在第一個典型因素分析裡，主要是控制變項中的數學工作投入變項，而影響學生數學學習信心、有用性、成功態度與探究動機等四個數學態度。由於其結構係數的值均為正數，可見數學工作投入愈積極的學生，數學學習信心愈高、探究數學的動機愈強烈、愈有正向的數學態度。

6. 如果以數學態度為控制變項，而數學投入動機為效標變項，則控制變項和效標變項在第一個至第二個典型因素的重疊部分，共計 29.156%。換言之，四個數學態度控制變項經由第一、第二典型因素共可說明國小學生數學工作投入、數學自我投入二個數學投入動機總變異量 29.156 %。

　　以上為典型相關分析結果。如果以積差相關統計分法，分別探究數學工作投入、數學自我投入與四個數學態度關係，其解釋結果與上述以典型相關進行分析是否相同？在同一組變項中，研究者使用積差相關與典型相關分析，結果是否一致？這個問題在量化的統計分析中，是許多研究者所感興趣的。

如果研究者引用的數據正確，其實二者之結果解釋應該大同小異，這點可以由下列積差相關報表與說明得知。

積差相關的操作方法：

【Analyze】（分析）/【Correlate】（相關）/【Bivariate…】（雙變數）

下面為積差相關執行之結果報表。

Correlations（工作投入與四個數學態度層面間之相關）

		工作投入	學習信心	有用性	成功態度	探究動機
工作投入	Pearson Correlation	1.000	.630(**)	.504(**)	.397(**)	.574(**)
	Sig. (2-tailed)	.	.000	.000	.000	.000
	N	300	300	300	300	300
** Correlation is significant at the 0.01 level (2-tailed).						

Correlations（自我投入與四個數學態度層面間之相關）

		自我投入	學習信心	有用性	成功態度	探究動機
自我投入	Pearson Correlation	1.000	-.012	-.002	.180(**)	-.106
	Sig. (2-tailed)	.	.829	.979	.002	.066
	N	300	300	300	300	300
** Correlation is significant at the 0.01 level (2-tailed).						

【說明】

在上述典型相關分析中，從報表結果裡可以得知，在第一個典型因素中，主要是工作投入變項影響到四個數學態度層面，工作投入與典型變項間相關之結構係數為.999，典型變項與四個依變項間相關之結構係數分別為：學習信心變項.876、探究動機變項.805、有用性變項.700、成功態度變項為.538。從重疊量來看，控制變項透過第一典型因素，可以有效解釋效標變項總變異量的 28.536%，可見，在第一個典型因素中，控制變項工作投入變項與四個效標變項間有密切關係存在。

從數學工作投入變項與數學態度四個層面之積差相關結果來看，四個相關係數均達顯著。如按相關係數高低排序，工作投入與四個層面關係密切程度的排列順序（解釋量由高至低）分別是：學習信心（r=.630；r^2=.3969）、探究動機（r=.574；r^2=.3295）、有用性（r=.504；r^2=.2540）、成

功態度（r=.397；r²=.1576）。可見積差相關分析之結果與典型相關分析之結果是一致的。

此外，在典型相關分析中，第二個典型因素，主要是自我投入變項影響到成功態度層面。自我投入與典型變項間相關之結構係數為-1.000，典型變項與四個依變項間相關之結構係數分別為：成功態度變項-.704、探究動機變項.428、學習信心變項.059、有用性變項為.014。因而在第二個典型因素裡，主要是控制變項中的數學自我投入變項，而影響學生數學成功態度，二者結構係數均為負號，可見自我投入動機愈低者，數學成功態度愈低。

再從個別積差相關結果來看，自我投入變項與成功態度、探究動機、學習信心、有用性四個層面的相關分別為.180（p<.01）、-.106、-.012、-.002，其中自我投入變項除與成功態度層面的相關達顯著外，與其餘三個數學態度層面的相關均未達顯著。由於第二組典型因素之重疊量很小，只有 1.099%，因而控制變項中自我投入變項與四個效標變項間的密切程度，不若工作投入變項與四個效標變項間之關係，這與積差相關之結果相互輝映。

15-5 以 CANCORR 指令執行典型相關

一、語法分析

視窗版的SPSS增加了分析典型相關的巨集檔，呼叫巨集檔的語法如下：

```
include file='c:\program files\spss\canonical correlation.sps'
```

上述的視窗版 SPSS 軟體假定安裝在「c:\program files\spss」資料夾下，cancorr 指令在界定進行二組變項的典型相關，其語法如下：

```
cancorr set1= p 個 X 變項名稱/
        set2= q 個 Y 變項名稱/.
```

以上述二個數學投入動機變項及四個數學態度變項的典型相關分析語法如下，要在語法視窗中編輯（SPSS Syntax Editor）：

> include file='c:\program files\spss\canonical correlation.sps'.
> cancorr set1=tin ein/
>   set2=con use suc mot/.

> cancrorr set1= p 個 X 變項名稱/-------界定第一組變項，最後加上斜線／
>   set2= q 個 Y 變項名稱/.----界定第二組變項，最後加上斜線／.
> 執行功能列「Run」/「All」指令

　　進行典型相關分析時，將資料檔讀進SPSS資料編輯視窗後，如果語法檔視窗已經存在：執行「File」→「Open」」→「Syntax」程序，直接開啓語法檔。如果要重新撰寫典型相關分析程式，可執行「File」→「New」→「Syntax」程序，開啓空白的語法編輯視窗。

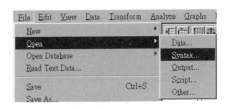

圖 **15-3**

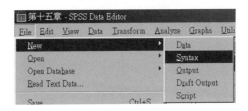

圖 **15-4**

　　在「SPSS Syntax Editor」編輯視窗中，鍵入如下典型相關分析程式，執行「Run」→「All」指令，SPSS 會完成典型相關分析之統計分析。

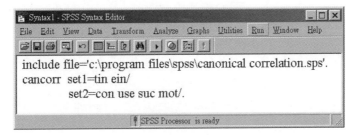

圖 **15-5**

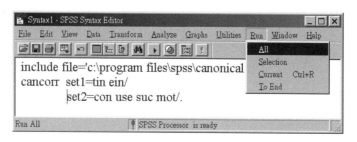

圖 **15-6**

二、結果解析

下述的報表數據可與上列 MANOVA 語法報表與結果說明相呼應。

Run MATRIX procedure:

Correlations for Set-1		
	tin	ein
	工作投入	自我投入
tin	1.0000	.0564
ein	.0564	1.0000

上表為控制變項（第一組變項、X 變項）間之相關矩陣，工作投入變項（tin）與自我投入變項（ein）間的相關係數為 0.0564，二者間相關甚低，這個矩陣是典型相關分析中 X 變項的相關係數矩陣：R_{xx} 矩陣。

Correlations for Set-2				
	con	use	suc	mot
	學習信心	有用性	成功態度	探究動機
con	1.0000	.3555	.2548	.6856
use	.3555	1.0000	.4335	.4336
suc	.2548	.4335	1.0000	.2798
mot	.6856	.4336	.2798	1.0000

上表為四個依變項（Y 變項）間的相關矩陣，變項間的相關係數約在中度相關左右。變項間的相關係數界於.2548～.6856 之間，均呈正相關。這個矩陣是典型相關分析中 Y 變項的相關係數矩陣：R_{YY} 矩陣。

Correlations Between Set-1 and Set-2				
	con	use	suc	mot
tin	.6301	.5041	.3968	.5738
ein	-.0125	-.0016	.1802	-.1064

上表爲 X 變項與 Y 變項間之相關矩陣，其中數學工作投入動機（tin）變項與四個數學態度變項間均呈正相關，相關係數分別爲.6301、.5041、.3968、.5738。至於數學自我投入動機與四個數學態度變項，除與數學成功態度爲正相關（r=.1802）外，與餘三個變項的相關不高，且呈負相關。這個矩陣是典型相關分析中 X 與 Y 變項的相關係數矩陣：R_{xy} 矩陣。

Canonical Correlations	
1	.721
2	.254

上表爲典型相關之典型相關係數。由於 X 變項有二個變項、Y 變項有四個變項，因而典型相關係數最多至有二個。樣本在第一組典型函數χ_1與η_1間的典型相關等於.721（ρ_1）；在第二組典型函數χ_2與η_2 間的典型相關等於.254（ρ_2）。

Test that remaining correlations are zero:				
	Wilk's	Chi-SQ	DF	Sig.
1	.449	236.536	8.000	.000
2	.936	19.686	3.000	.000

上表爲典型函數的顯著性檢定結果，二個典型相關係數顯著性考驗 Wilk's λ值分別爲.449、.936；Bartlett的卡方近似值分別爲 236.536、19.686，p值均小於.05，表示二個典型相關係數均達顯著。（在MANOVA語法中也呈現 Wilk's λ，但是是以 Rao 的 F 近似值進行典型相關係數的顯著性考驗）。

Standardized Canonical Coefficients for Set-1		
	1	2
tin	-1.002	-.004
ein	.053	1.000

上表爲 X 變項之標準化典型係數。標準化典型係數由於受到變項間相關的影響，並不能作爲解釋各變項在典型函數上相對重要性之依據，最好再參考典型結構係數（canonical structure coefficient）或典型結構負荷量（canonical structure loadingt）。此處標準化典型係數值的正負號與採用 MANOVA 語法正好相反。

Raw Canonical Coefficients for Set-1		
	1	2
tin	-.168	-.001
ein	.011	.217

上表爲 X 變項在二個典型函數之未標準化典型係數。此處未標準化典型係數值的正負號與採用 MANOVA 語法正好相反。

Standardized Canonical Coefficients for Set-2		
	1	2
con	-.554	.351
use	-.318	-.170
suc	-.194	.927
mot	-.233	-.854

上表爲 Y 變項在二條典型函數之標準化係數。此處標準化典型係數值的正負號與採用 MANOVA 語法正好相反。

Raw Canonical Coefficients for Set-2		
	1	2
con	-.068	.043
use	-.062	-.033
suc	-.035	.166
mot	-.052	-.191

上表爲 Y 變項在二個典型函數之未標準化典型係數。此處未標準化典型係數值的正負號與採用 MANOVA 語法正好相反。

典
型
相
關
分
析

Canonical Loadings for Set-1		
	1	2
tin	-.999	.053
ein	-.004	1.000

　　表為 X 變項在二條 χ_i 典型函數之典型結構係數（典型結構負荷量），它表示控制變項（X 變項）與典型變項（χ）之間的相關，係數值愈大，表示該變項在解釋典型函數之重要性愈高。X 變項在二條 χ 典型 1 函數之典型負荷量矩陣為 X 變項的相關矩陣乘於 X 變項之標準化典型係數。如：

$$\begin{bmatrix} 1 & .0564 \\ .0564 & 1 \end{bmatrix} \times \begin{bmatrix} -1.002 & -.004 \\ .053 & 1 \end{bmatrix} = \begin{bmatrix} -.999 & .053 \\ -.004 & 1 \end{bmatrix}$$

Cross Loadings for Set-1		
	1	2
tin	-.720	.013
ein	-.003	.254

　　上表為 X 變項在二條 η_i 典型函數之跨典型負荷量（cross loadings），也就是 Index 係數（又稱交叉結構係數）。跨典型負荷量矩陣等於典型負荷量矩陣乘於典型相關矩陣。跨典型負荷量代表 X 變項與二條 η_i 典型函數之相關，此負荷量值取平方，就是 X 變項的變異量可以被二條 η_i 典型函數解釋的百分比（王保進，民 93）。以第一組典型函數而言，二個變項的負荷量依序為-.720、-.003，其平方值分別等於.5184、.000，表示第一條典型函數 η_1 可以解釋 X 變項二個變項 51.84%、0.00%的變異量。

Canonical Loadings for Set-2		
	1	2
con	-.876	-.059
use	-.700	-.014
suc	-.538	.704
mot	-.805	-.428

　　上表為 Y 變項在二條 η 典型函數之典型結構係數，又稱典型結構負荷量（Y變項與典型變項 η 間的相關），它表示效標變項與典型變項 η 之間的相關，

係數值愈大，表示該變項在解釋典型函數之重要性愈高。Y 變項在二條典型函數η之典型負荷量矩陣為 Y 變項的相關係數矩陣乘於 Y 變項之標準化典型係數。此處典型結構係數數值的正負號與執行 MANOVA 語法相反。

Cross Loadings for Set-2		
	1	2
con	-.632	-.015
use	-.505	-.003
suc	-.388	.179
mot	-.580	-.109

上表為 Y 變項在二條χ典型函數之跨典型負荷量（cross loadings）－ Index 係數（交叉結構係數）。

Redundancy Analysis:	
Proportion of Variance of Set-1 Explained by Its Own Can. Var.	
	Prop Var
CV1-1	.499
CV1-2	.501

上表為 X 變項被二條χ典型函數解釋變異量的百分比。第一個典型函數χ$_1$可以解釋 X 變項 49.9%的變異量；第二個典型函數χ$_2$可以解釋 X 變項 50.1%的變異量，因為有二個 X 變項、二個典型變量，因而二個典型變量χ$_1$、χ$_2$可以解釋二個 X 變項 100%（49.9%+50.1%=100%）的變異量。

Proportion of Variance of Set-1 Explained by Opposite Can.Var.	
	Prop Var
CV2-1	.259
CV2-2	.032

上表為 X 變項與二條η典型函數之重疊係數。

Proportion of Variance of Set-2 Explained by Its Own Can. Var.	
	Prop Var
CV2-1	.549
CV2-2	.171

　　上表為 Y 變項被二條η典型函數解釋變異量的百分比。第一個典型變量（η₁）可以解釋 Y 變項 54.9%的變異量；第二個典型變量（η₂）可以解釋 Y 變項 17.1%的變異量。因為有四個效標變項，只有二個典型變量（η₁與η₂），二個典型變量解釋四個效標變項的變異量未達 100%，只有 72.0%。

Proportion of Variance of Set-2 Explained by Opposite Can. Var.	
	Prop Var
CV1-1	.285
CV1-2	.011

　　上表為 Y 變項與二條χ典型函數之重疊係數。

　　上表呈現的結果與執行MANOVA語法結果一樣，研究者可將結果相互對照一下，其中唯一的差別是典型加權係數與典型結構係數數值的正負號相反，但整體的解釋結果卻是一樣。CANCORR分析之典型相關分析結果整理如下：

表 2　數學投入動機層面與數學態度層面的典型相關分析摘要表

控制變項 （X 變項）	典型因素 χ_1	χ_2	效標變項 （Y 變項）	典型因素 η_1	η_2
工作投入	-.999	.053	學習信心	-.876	-.059
			有用性	-.700	-.014
自我投入	-.004	1.000	成功態度	-.538	.704
			探究動機	-.805	-.428
抽出變異數百分比	.499	.501	抽出變異數百分比	.549	.171
重疊	.259	.032	重疊	.28536	.01099
			ρ^2	.520	.064
			ρ	.721	.254
			χ^2	236.536***	19.686***

*** p<.001

第十六章

共變數分析

共變數分析旨在以統計控制方法，以獲得較正確的實驗結果。

16-1　獨立樣本單因子共變數分析

一、【問題研究】

> 實驗處理之後，三組學生學習結果是否有顯著差異？
> 【統計方法】：此問題的自變項為三個組別，分別為教學法一、教學法二、教學法三，依變項（Y）為後測成績，因三組學生起始點不同，因而以三組前測成績（X）為共變量，三組學生獨立，因而採用獨立樣本單因子單變量共變數分析。

　　在實驗設計中，考量實際的實驗情境，無法一一排除某些會影響實驗結果的無關變項（或稱干擾變項），為了排除這些不在實驗處理中所操弄的變項，而其結果又會影響依變項，可以藉由「統計控制」（statistical control）方法，以彌補「實驗控制」（experimental control）的不足。上述無關變項或干擾變項並不是研究者所要探討的變項，但這些變項會影響實驗結果，此變項稱為「共變項」（covariate）或同時變數（concomitant variable）；而實驗處理後所要探究的研究變項稱為依變項或效標變項；研究者實驗操弄的變項為自變項或固定因子（fixed factor）。

　　在上面情境中，所用的統計控制方法便稱為「共變數分析」（analysis of covariance；ANCOVA），共變數分析中會影響實驗結果，但非研究者操控的自變項，稱為「共變量」（covariate）。在共變數分析中，自變項屬間斷變項，而依變項（實驗結果）、共變項均屬連續變項。變異數分析與共變數分析之間有許多異同點：在變異數分析中，依變項為連續變項、自變項為名類別或次序變項；在共變數分析中，依變項仍然是連續變項，自變項是類別或次序變項，至於共變數必須是連續變項；變異數分析是借實驗控制方式降低實驗誤差，以達研究目的；而共變數分析是借「統計」控制方式排除共變項的干擾效果，以降低實驗誤差，增進實驗研究的成效（余民寧，民 86）。

　　共變數分析的基本假定與變異數分析基本假定相同：常態性、獨立性、變異數同質性，此外，還有三個重要假定：

1. 依變項與共變數之間是直線相關，以符合線性迴歸的假設。

2. 所測量的共變項不應有誤差，如果選用的是多題項之量表，應有高的內部一致性信度或再測信度。有可靠性量表的信度，其α係數最好在.80以上。此假定在非真正實驗設計（true experimental design）中特別重要，違反此一假定，較易導致第一類型錯誤；在真正實驗設計中，違反此假定，會降低統計考驗力。

3. 「組內迴歸係數同質性」（homogeneity of with-in regression coefficient），各實驗處理組中依據共變項（X）預測依變項（Y）所得的各條迴歸之迴歸係數（斜率）要相等，亦即各條迴歸線要互相平行。如果「組內迴歸係數同質性」考驗結果，各組斜率不相等（迴歸線有交叉），不宜直接進行共變數分析。組內迴歸線的斜率就組內迴歸係數。

「組內迴歸係數同質性」考驗的虛無假設：

$$H_0 : \beta_1 = \beta_2 = \beta_3 = \cdots\cdots = \beta_k = \beta_w$$

共變數分析的優點：一為減少實驗誤差變異來源，增加統計考驗力；二為降低非研究操弄之實驗處理差異的偏差。共變數分析結合了迴歸分析與變異數分析方法，實驗處理除包括依變項的測量外，也包括一個以上共變項的測量。共變數分析的主要步驟有三：

1. **組內迴歸係數同質性考驗**：若迴歸係數不相同，表示至少有二條或二條以上的組內迴歸線並不是平行的，如果不平行的情況不太嚴重的話，仍然可以使用共變數分析，若情況嚴重時，研究者直接使用共變數分析，將會導致錯誤的結論（余民寧，民 86），此時可用「詹森－內曼法」（Johnson-Neyman）來分析，如果資料經調整後仍不符合假定，則不宜進行共變數分析，或實驗組分開個別討論。

2. **共變數分析**：如果 K 條迴歸線平行，可以將這些迴歸線合併找出一條具代表性的迴歸線，此條代表性迴歸線即為「組內迴歸線」，如果每個群體、每個細格迴歸線斜率相同，表示自變項與共變數間沒有交互作用，平均組內（細格）迴歸線就可以調整依變數的原始分數。共變數分析，即在看排除共變項（X）的解釋量後，各組平均數間是否仍有顯著差異。此共變項可能為一個或一個以上。

3. **進行事後比較**：共變數分析之 F 值如達顯著，則進行事後比較分析，

事後比較以「調整後的平均數」（adjusted means）爲比較標準，找出哪一對調整後平均數間有顯著差異。共變數分析中如有共變項，則事後比較之平均數的差異值考驗，非比較原始測量所得的平均數，而是排除共變項的影響後所得「調整平均數」。

此外，研究者在選擇共變數時，應考量三個因素：

1. 僅與依變項有關，而非實驗處理的變項。
2. 如果二個共變項之間的相關在.80 以上，則只需要挑選其中一個作爲共變項即可。
3. 受試者較少時，應使用較多個共變項。共變項個數較多時，較易控制干擾變項，實驗處理統計考驗較爲正確（*Bryman & Cramer, 1997*）。

常用的共變數分析方法有獨立樣本單因子單共變量共變數分析、單因子雙共變量共變數分析、雙因子單共變量共變數分析、雙因子雙共變量共變數分析，其迴歸係數同質性考驗分析模式與共變數分析之分析模式如下：

變項　　類別	數目	統計方法	迴歸係數同質性考驗分析模式	共變數分析之分析模式
自變項（A）	一個	獨立樣本單因子單共變量共變數分析	Y=X，A，X*A	Y=X，A
依變項（Y）	一個			
共變項（X）	一個			
自變項（A）	一個	獨立樣本單因子雙共變量共變數分析	$Y=X_1$，X_2，A，$(X_1*A + X_2*A)$	Y=X，A
依變項（Y）	一個			
共變項（X_1）	二個			
共變項（X_2）				
自變項（A）	二個	獨立樣本雙因子單共變量共變數分析	Y=X，A，B，A*B、(X*A+X*B+X*A*B)	Y=X，A，B，A*B
自變項（B）				
依變項（Y）	一個			
共變項（X）	一個			

本章第一部分先介紹獨立樣本單因子單共變量共變數分析，第二部分介紹獨立樣本雙因子單共變量共變數分析。第一節分析之研究實驗數據如下，

其中NUM為受試者編號，A為組別，X為共變數（前測成績）、Y為依變項（後測成績）。

實驗處理前後三種不同組別之受試者前後測的成績

組別	前測成績（X）					後測成績（Y）				
教學法一	11	12	19	13	17	21	23	25	23	23
	15	17	14	13	16	24	24	20	22	24
教學法二	11	14	10	9	12	21	24	21	20	23
	13	10	8	14	11	24	23	21	25	24
教學法三	7	18	16	11	9	21	26	25	21	22
	10	13	14	12	12	23	25	24	24	23

SPSS 資料編碼及資料檔案範例如下：

NUM	A	X	Y
1	1.00	11.00	21.00
2	1.00	12.00	23.00
.	.	.	.
30	3.00	12.00	23.00

二、操作程序

㈠迴歸斜率同質性檢定

【操作1】

【Analyze】（分析）→【General Linear Model】（一般線性模式）→【Univariate…】（單變量），出現「Univariate」（單變量）對話視窗。

【操作2】

將左邊依變項「後測成績[y]」選入右邊「Dependent Variable:」（依變數）下的空盒中。

將左邊自變項「組別[a]」選入右邊「Fixed Factor(s):」（固定因子）下的空盒中。

將左邊控制變項「前測成績[x]」選入右邊「Covariate(s):」（共變量）下的空盒中。

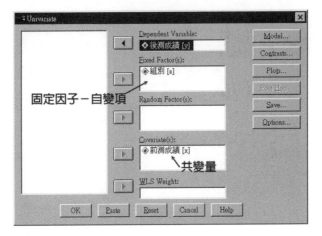

固定因子－自變項

共變量

圖 16-1

【操作 3】

按『Model…』（模式…）鈕，出現「Univariate: Model」（單變量：模式）次對話視窗。

在「Specify Model」（指定模式）方盒中，選取右邊「◉Custom」（自訂），在「Model:」（模式）下的空盒中選入「x、a、x*a」，其操作程序如下：在「Factors & Covariates:」（因子與共變量）中的清單變數中先選取「a (F)」變數，點選「Build Term」（建立效果項）之三角形按鈕▶，將其移至右邊「Model」（模式）方格中；次選取左邊清單變數中「x(C)」變數，將其移至右邊「Model」（模式）方格中；最後同時選取「a(F)、x(C)」二個變數，再點選「Build Term」（建立效果項）之三角形按鈕▶，將其移至右邊「Model」（模式）方格中。

「Sum of squares:」（平方和）的下拉式選項中，選取內定之「Type III」（型 III）的計算方法。

按『Continue』鈕（繼續鈕），回到「Univariate」（單變量）對話視窗→按『OK』鈕（確定）。

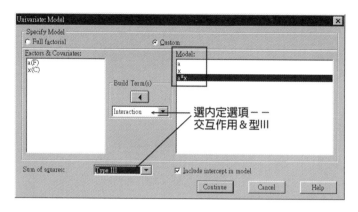

圖 16-2

　　在上述「Univariate: Model」（單變量：模式）次對話視窗，「Factors & Covariates:」（因子與共變量）的清單變數中，SPSS在列出因子和共變量時，會用（F）代表固定因子，用（C）代表共變量，如a(F)變數，表示變項a為固定因子（Fixed Factor）變項，也就是自變項；而x(C)變數，表示變項x為共變量（Covariate），如果變數後括號內為 R，如 fat(R)表示變項 fat 為亂數因子（Random Factor）。

　　「Build Term」（建立效果項）的選單中包括交互作用、主要效果項、完全二因子、完全三因子、完全四因子、完全五因子。交互作用（Interaction）項為預設值，會建立所有選取變數的最高階交互作用項。

　　平方和（Sum of squares）的模式中，包括以下幾種類型（Type）：類型 I、類型 II、類型 III、類型 IV。其中類型 III 為預設值，此方法可用來計算某個效應的平方和，此效應的平方和為其他效應（不包含前述該效應本身）和與任何包含它的效應正交調整後的平方和。

㈡共變數分析

【操作 1】

　　【Analyze】（分析）→【General Linear Model】（一般線性模式）→【Univariate…】（單變量），出現「Univariate」（單變量）對話視窗，先按『Reset』（重設）鈕，將之前在迴歸係數同質性檢定操作程序全部清除。

【操作 2】

　　將左邊依變項「後測成績 [y]」選入右邊「Dependent Variable:」（依變數）下的空盒中。

將左邊自變項「組別 [a]」選入右邊「Fixed Factor(s):」（固定因子）下的空盒中。

將左邊控制變項「前測成績 [x]」選入右邊「Covariate(s):」（共變量）下的空盒中。

【操作 3】

按『Model…』（模式…）鈕，出現「Univariate: Model」（單變量：模式）次對話視窗。在「Specify Model」（指定模式）方盒中，選取左邊「◉ Full factorial」（完全因子模式）。

「Sum of squares:」（平方和）的下拉式選項中，一樣選取內定之「Type III」（型 III）的計算方法。

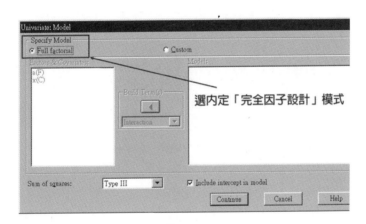

圖 16-3

按『Continue』鈕（繼續鈕），回到出現「Univariate」（單變量）對話視窗。

【操作 4】

按『Options…』（選項…）鈕，出現「Univariate: Options」（單變量：選項）對話視窗。

將左邊「Factor(s) and Factor Interactions:」（因子與因子交互作用）方盒下之因子「a」選入右邊「Display Means for:」下的空盒中。

勾選「□Compare main effects」（比較主效應）選項（比較 a 因子間組別調整後平均數的差異，亦即主要效果的比較）。

在「Display」（顯示）方盒中選取以下幾項：

「□Descriptive statistics」（敘述統計）：描述統計。

「□Homogeneity tests」（同質性檢定）：同質性考驗。

「□Parameter estimates」（參數估計值）。

按『Continue』鈕（繼續鈕），回到「Univariate」（單變量）對話視窗→按『OK』鈕（確定）。

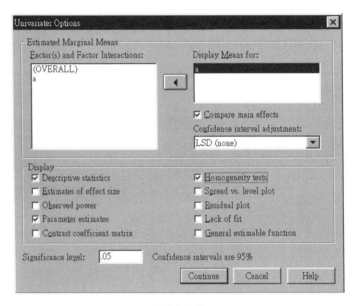

圖 16-4

在顯示（Display）方盒中共有十個選項可以勾選：敘述統計（Descriptive statistics）、效果項大小估計值（Estimates of effect size）－此項會提供所有效果項和所有參數估計值的淨相關 Eta 平方值、觀察的檢定能力（Observed power）－呈現統計考驗力、參數估計值（Parameter estimates）、對比係數矩陣（Contrast coefficient matrix）－可取得 L 矩陣、同質性檢定（Homogeneity tests）、離散對水準之圖形（Spread vs. level plot）、殘差圖（Residual plot）－可產生各依變數的觀察值對預測值的標準化殘差圖形、適缺性（Lack of fit）－可以檢查模式是否已經適當地說明出依變數與自變數之間的關係、一般可估函數（General estimable function）－建立自訂的假設檢定。

在「單變量」（Univariate）對話視窗中，如果按『Contrast』（對比）鈕，則會出現「Univariate: Contrast」（單變量: 對比）次對話視窗。

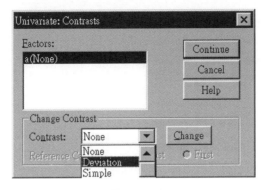

圖 16-5

在下方「Change Contrast」（變更對比）方盒中，「Contrast」（對比）右邊的下拉式選單內可指定比較方式，來檢定不同因子水準之間的差異，比較即代表參數的線性組合（在 SPSS 使用者指南中，將「Contrast」一詞譯成「對比」）。對比是用以檢定因子水準間的差異，研究者可以在模式中指定各因子的對比（若要在各組受試者因子之間進行對比，要選定重複量數模式）。每組對比的輸出中都包含一個 F 統計量，同時顯示對比的差異，還有根據 Student's t 分配的 Bonferroni 類型同時信賴區間。使用者可選擇的多重比較方式有以下幾種。

1.「Deviation」（離差）對比

除參考水準外，每個水準的平均數均與所有水準的平均數（總平均數－整體效果）作一比較。在「離差」比較模式中，研究者可自定參考組（水準）為第一組（第一個水準）或最後一組（最後一個水準），SPSS 內定以最後一組「⦿ Last」為參考組，使用者如要更改以第一組為參考組，則在「Preference Category」（參考類別）選項中要勾選「⦿ First」（第一個）選項。

如某一因子有三個水準，則離差對比之比較係數矩陣如下（參考組為最後一組）：

$$\begin{bmatrix} \dfrac{1}{3} & \dfrac{1}{3} & \dfrac{1}{3} \\[2mm] \dfrac{2}{3} & -\dfrac{1}{3} & -\dfrac{1}{3} \\[2mm] -\dfrac{1}{3} & \dfrac{2}{3} & -\dfrac{1}{3} \end{bmatrix}$$

如某一因子有四個水準，則離差對比之比較係數矩陣如下（參考組為最後一組）：

$$\begin{cases} \frac{1}{4} & \frac{1}{4} & \frac{1}{4} & \frac{1}{4} \\ \frac{3}{4} & -\frac{1}{4} & -\frac{1}{4} & -\frac{1}{4} \\ -\frac{1}{4} & \frac{3}{4} & -\frac{1}{4} & -\frac{1}{4} \\ -\frac{1}{4} & -\frac{1}{4} & \frac{3}{4} & -\frac{1}{4} \end{cases}$$

2.「Simple」（簡單）對比

每個水準的平均數會與最後一個水準平均數（最後一個水準爲參考組）作一比較。

在「簡單」比較模式中，研究者亦可自訂參考組爲第一組或最後一組，SPSS內定爲最後一組爲參考組：

如某一因子有四個水準，則簡單對比之比較係數矩陣如下（參考組爲最後一組）：

$$\begin{cases} \frac{1}{4} & \frac{1}{4} & \frac{1}{4} & \frac{1}{4} \\ 1 & 0 & 0 & -1 \\ 0 & 1 & 0 & -1 \\ 0 & 0 & 1 & -1 \end{cases}$$

如果使用者要自定參考組，要利用CONTRAST的副指令語法，在SIMPLE關鍵字之後的括弧內指定參考組組別，如使用者要指定第二組爲參考組，則相關的語法命令與對比矩陣分別爲：

/CONTRAST（FACTOR）=SIMPLE(2)

$$\begin{cases} \frac{1}{4} & \frac{1}{4} & \frac{1}{4} & \frac{1}{4} \\ 1 & -1 & 0 & 0 \\ 0 & -1 & 1 & 0 \\ 0 & -1 & 0 & 1 \end{cases}$$

3. Helmert 對比

因子每個水準的平均數與之後所有水準的平均數作一比較。

如某一因子有四個水準，則 Helmert 對比之比較係數矩陣如下：

$$
\begin{bmatrix}
\dfrac{1}{4} & \dfrac{1}{4} & \dfrac{1}{4} & \dfrac{1}{4} \\[2mm]
1 & -\dfrac{1}{3} & -\dfrac{1}{3} & -\dfrac{1}{3} \\[2mm]
0 & 1 & -\dfrac{1}{2} & -\dfrac{1}{2} \\[2mm]
0 & 0 & 1 & -1
\end{bmatrix}
$$

4.「Difference」（差異對比或稱反 Helmert 對比）

因子每個水準的平均數與先前所有水準的平均數作一比較，其比較方式與 Helmert 比較方式正好相反。

如某一因子有四個水準，則差異對比之比較係數矩陣如下：

$$
\begin{bmatrix}
\dfrac{1}{4} & \dfrac{1}{4} & \dfrac{1}{4} & \dfrac{1}{4} \\[2mm]
-1 & 1 & 0 & 0 \\[2mm]
-\dfrac{1}{2} & -\dfrac{1}{2} & 1 & 0 \\[2mm]
-\dfrac{1}{3} & -\dfrac{1}{3} & -\dfrac{1}{3} & 1
\end{bmatrix}
$$

5.「Repeated」（重複）對比

每個水準的平均數（最後一個除外）與之後相鄰的平均數作一比較。

如某一因子有四個水準，則重複對比之比較係數矩陣如下：

$$
\begin{bmatrix}
\dfrac{1}{4} & \dfrac{1}{4} & \dfrac{1}{4} & \dfrac{1}{4} \\[2mm]
1 & -1 & 0 & 0 \\[2mm]
0 & 1 & -1 & 0 \\[2mm]
0 & 0 & 1 & -1
\end{bmatrix}
$$

6.「Polynomial」（多項式）對比

根據因子變數的水準數，進行直線、二次趨向、三次趨向……的比較。

在共變數分析中，若共變數分析之 F 值達到顯著，仍須進行事後比較，事後比較的方法也可由因子對比中找出。設定對比的程序操作以設定「Repeated」（重複）比對為例：於「Univariate: Contrasts」（單變量：對比）次對話視窗中，在「Change Contrast」（變更比對）方盒的下拉式選單中選取「Repeated」→按『Change』（變更）鈕，按下變更鈕後，左上方「Factors」（因子）中的內容由「a（None）」變成「a（Repeated）」。

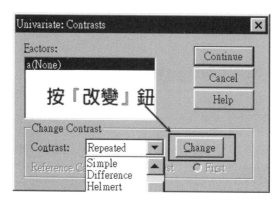

圖 16-6

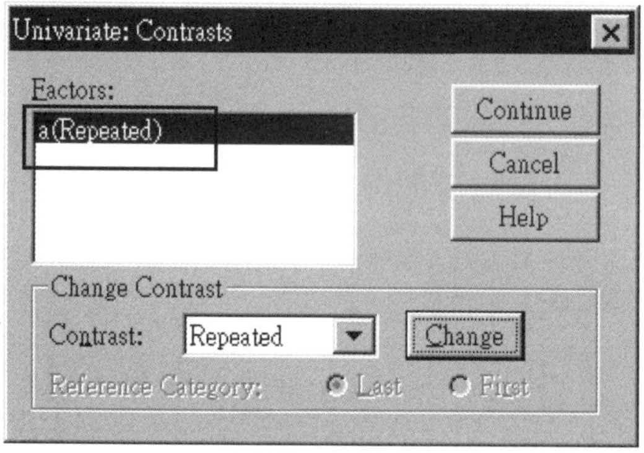

圖 16-17

在上述「Change Contrast」（變更比對）方盒中的最下面的一列，可以設定參考類別（Reference Category）為最後一個（⊙Last）或第一個（⊙First），參考類別的設定也就是因子比較時，以最後一個或第一個為比較之參照組。

三、報表說明

(一)組內迴歸係數同質性檢定

Univariate Analysis of Variance（單變量變異數分析）

Between-Subjects Factors

		Value Label	N
組別	1.00	教學法一	10
	2.00	教學法二	10
	3.00	教學法三	10

上表為自變項名稱、水準編碼及水準註解、各水準有效受試者的個數。在組別變項中，三個處理水準的編碼為 1、2、3，其代表的意義分別為教學法一、教學法二、教學法三，三個處理水準各有 10 位受試者。

Tests of Between-Subjects Effects

Dependent Variable: 後測成績

Source	Type III Sum of Squares	df	Mean Square	F	Sig.
Corrected Model	51.073(a)	5	10.215	9.468	.000
Intercept	275.794	1	275.794	255.625	.000
A	1.590	2	.795	.737	.489
X	44.639	1	44.639	41.375	.000
a * x	1.912	2	.956	.886	.425
Error	25.894	24	1.079		
Total	15901.000	30			
Corrected Total	76.967	29			

a R Squared = .664 (Adjusted R Squared = .593)

上表為組內迴歸係數同質性的檢定。組內迴歸係數同質性考驗結果（a*x 列之資料），F值＝.956；p=.886>.05，未達顯著水準，接受虛無假設，表示三組迴歸線的斜率相同（以共變項對依變項進行迴歸分析時之斜率並無顯著差異），亦即表示共變項（前測分數）與依變項（後測分數）間的關係不會因自變項各處理水準的不同而有所不同，符合共變數組內迴歸係數同質性假定，可繼續進行共變數分析。

(二)共變數分析

Descriptive Statistics

Dependent Variable: 後測成績

組別	Mean	Std. Deviation	N
教學法一	22.9000	1.52388	10
教學法二	22.6000	1.71270	10
教學法三	23.4000	1.71270	10
Total	22.9667	1.62912	30

上表為自變項三個處理水準（三種教學方法）的受試者樣本在後測成績的原始平均數、標準差及個數，此處的平均數（Mean）為原始後測成績的平均數，未排除共變數（前測成績）的影響，並非是調整後的平均數。

Levene's Test of Equality of Error Variances(a)

Dependent Variable: 後測成績

F	df1	df2	Sig.
.330	2	27	.722

Tests the null hypothesis that the error variance of the dependent variable is equal across groups.

a Design: Intercept+x+a

上表為誤差變異量的 Levene 檢定等式，即變異數同質性考驗，F 值等於 .330，p=.722>.05，接受虛無假設，表示各組在依變項之誤差變異數相同，具有同質性。

Tests of Between-Subjects Effects

Dependent Variable: 後測成績

Source	Type III Sum of Squares	df	Mean Square	F	Sig.
Corrected Model	49.162(a)	3	16.387	15.323	.000
Intercept	319.961	1	319.961	299.189	.000
x（共變項）	45.895	1	45.895	42.915	.000
a（實驗處理）	13.428	2	6.714	6.278	.006
Error（誤差項）	27.805	26	1.069		
Total	15901.000	30			
Corrected Total	76.967	29			

a R Squared = .639 (Adjusted R Squared = .597)

上表爲共變數分析檢定摘要表，排除前測成績（共變項）對後測成績（依變項）的影響後，自變項對依變項的影響效果檢定之 F 值=6.278，p=.006<.05，達到顯著水準，實驗處理效果顯著，表示受試者的後測成績會因教學法方式的不同而有所差異。在共變數整體考驗之 F 值達到顯著後，自變項的處理水準有三個以上（三個組別以上），要與單因子變異數分析一樣，進行事後比較，以確定哪幾對組別在依變項的平均數差異值達到顯著水準。

Parameter Estimates

Dependent Variable: 後測成績

Parameter	B	Std. Error	T	Sig.	95%Confidence Interval	
					Lower Bound	Upper Bound
Intercept	17.424	.969	17.981	.000	15.433	19.416
X	.490	.075	6.551	.000	.336	.643
[a=1.00]	-1.725	.499	-3.457	.002	-2.750	-.699
[a=2.00]	-.310	.468	-.662	.514	-1.273	.653
[a=3.00]	0(a)	.	.	.	.	.
a This parameter is set to zero because it is redundant.						

上表爲共變數之參數估計值。GLM 分析模式中，依據此參數估計值來換算調整後的平均數。GLM 以「EMMEANS」副指令來估計邊緣平均數，而 MANOVA 語法中則是以「PMEANS」來估計邊緣平均數（調整後的平均數）。共變數分析程序中，如果符合組內迴歸係數同質性的假定，在排除共變數對依變項的影響下，各組實際後測成績會根據前測成績的高低進行調整（adjusted），此調整後的平均數（adjusted mean）才是共變數分析時所要進行差異性比較的數值，如果共變數考驗達到顯著，所進行的事後比較，即在考驗各處理水準調整後的平均數間的差異值是否達到顯著，而非考驗原始的後測成績之平均數。

調整後的平均數可由此參數估計值之表中算出。上述第二欄中[A=1.00]列之 B 數值-1.725 爲水準一與水準三調整後平均數的差值（21.920 — 23.645=-1.725），[A=2.00]列之 B 數值-.310 爲水準二與水準三調整後平均數的差值（23.335 — 23.645=-.310）。第四欄之 T 值等於第二直欄之 B 值÷第三欄之標準誤，如[A=1.00]之 T 值=-1.725÷.499=-3.457（p=.002<.05），此列也就是水準 1 與水準 3 的比較，其調整後平均數的差異比較顯著。

Estimated Marginal Means
組別　Estimates
Dependent Variable: 後測成績

組別	Mean	Std. Error	95% Confidence Interval	
			Lower Bound	Upper Bound
教學法一	21.920(a)	.360	21.181	22.660
教學法二	23.335(a)	.346	22.624	24.045
教學法三	23.645(a)	.329	22.968	24.321

a Covariates appearing in the model are evaluated at the following values: 前測成績 = 12.7000.

上表為自變項三個處理水準之調整後的平均數。此處的估計邊緣平均數 (Estimated Marginal Means)即為調整後的平均數，乃由上面的參數估計值中換算而來：

估計組別 1 的邊緣平均數 = 17.424 +(-1.725)+ 12.7000×.490 = 21.923
估計組別 2 的邊緣平均數 = 17.424 +(-.310) + 12.7000×.490 = 23.338
估計組別 3 的邊緣平均數 = 17.424 + 0　　　+ 12.7000×.490 = 23.648

其中 12.7000 為共變數（x）的總平均數，亦即為前測成績之總平均數。

Pairwise Comparisons（成對比較）
Dependent Variable: 後測成績

(I)組別	(J)組別	Mean Difference(I-J)	Std. Error	Sig. (a)	95% Confidence Interval for Difference(a)	
					Lower Bound	Upper Bound
教學法一	教學法二	-1.414(*)	.531	.013	-2.507	-.322
	教學法三	-1.725(*)	.499	.002	-2.750	-.699
教學法二	教學法一	1.414(*)	.531	.013	.322	2.507
	教學法三	-.310	.468	.514	-1.273	.653
教學法三	教學法一	1.725(*)	.499	.002	.699	2.750
	教學法二	.310	.468	.514	-.653	1.273

Based on estimated marginal means

* The mean difference is significant at the .05 level.

a Adjustment for multiple comparisons: Least Significant Difference (equivalent to no adjustments).

上表為事後比較結果，其報表呈現與單因子變異數分析相同。共變數的多重比較是以調整後平均數為組間差異值的比較，由多重事後比較表可以發現：第二組（教學法二）、第三組（教學法三）的成績均顯著的優於第一組（教學法一）。

Univariate Tests
Dependent Variable: 後測成績

	Sum of Squares	df	Mean Square	F	Sig.
Contrast	13.428	2	6.714	6.278	.006
Error	27.805	26	1.069		

The F tests the effect of 組別. This test is based on the linearly independent pairwise comparisons among the estimated marginal means.

此表為共變數分析摘要表的一部分，也是主要結果所要呈現的部分。

如果有設定因子比較方法，則報表會多呈現以下結果，第一個對比類型為「Repeated」（重複）；第二個對比類型為「簡單」。由於有自變項有三個水準，因而重複對比會比較水準 1 與水準 2（Level 1 vs. Level 2）、水準 2 與水準 3（Level 2 vs. Level 3），重複對比會比較相鄰水準平均數間之差異值是否顯著。

Custom Hypothesis Tests
Contrast Results (K Matrix)

組別 Repeated Contrast			Dependent Variable
			後測成績
Level 1 vs. Level 2	Contrast Estimate		-1.414
	Hypothesized Value		0
	Difference (Estimate - Hypothesized)		-1.414
	Std. Error		.531
	Sig.		.013
	95% Confidence Interval for Difference	Lower Bound	-2.507
		Upper Bound	-.322

Level 2 vs. Level 3	Contrast Estimate		-.310
	Hypothesized Value		0
	Difference (Estimate - Hypothesized)		-.310
	Std. Error		.468
	Sig.		.514
	95% Confidence Interval for Difference	Lower Bound	-1.273
		Upper Bound	.653

　　上述採水準對比的事後比較方法與之前呈現的「Pairwise Comparisons」（成對比較）之事後比較方法的數據相同，水準1與水準2達到顯著水準、水準2與水準3未達顯著水準。由於自變項因子有三個處理水準，進行事後比較時，要分析三對組別的差異：水準1&水準2、水準1&水準3、水準2&水準3，上述只進行水準1&水準2、水準2&水準3的比較，至於水準1&水準3間的比較可將對比類型改為「Simple」（簡單），再執行一次單變量分析即可。

　　在簡單對比中，會比較每個水準的平均數與指定水準平均數間的差異是否達到顯著。由於參照組水準設為內定之最後一個（水準3），因而會進行水準1與水準3（Level 1 vs. Level 3）、水準2與水準3（Level 2 vs. Level 3）的平均數差異的比較。

Custom Hypothesis Tests
Contrast Results (K Matrix)

組別 Simple Contrast(a)			Dependent Variable
			後測成績
Level 1 vs. Level 3	Contrast Estimate		-1.725
	Hypothesized Value		0
	Difference (Estimate - Hypothesized)		-1.725
	Std. Error		.499
	Sig.		.002
	95% Confidence Interval for Difference	Lower Bound	-2.750
		Upper Bound	-.699

Level 2 vs. Level 3	Contrast Estimate		-.310
	Hypothesized Value		0
	Difference (Estimate - Hypothesized)		-.310
	Std. Error		.468
	Sig.		.514
	95% Confidence Interval for Difference	Lower Bound	-1.273
		Upper Bound	.653
a Reference category = 3			

　　上述簡單對比的比較中，水準 1&水準 3 間的平均數差異值達到顯著，而水準 2&水準 3 的差異不顯著。對比結果與事後比較分析結果完全相同。

四、結果說明

　　由以上報表結果，可以整理成以下三個表格及解釋：

表 1　迴歸係數同質性考驗摘要表

變異來源	SS	df	MS	F	Sig.
迴歸係數同質性（A*X）	1.912	2	.956	.886n.s.	.425
Error（誤差項）	25.894	24	1.079		
n.s. p>.05					

表 2　共變數分析摘要表

變異來源	SS	df	MS	F	事後比較
共變項（前測成績）	45.895	1	45.895	42.915	
組間（教學方法）	13.428	2	6.714	6.278**	教學法二>教學法一
Error（誤差）	27.805	26	1.069		教學法三>教學法一
** p<.01					

表 3　各組調整後平均數及事後比較摘要表

組別 ＼ 調整後平均數	教學法一（M=21.920）	教學法二（M=23.335）	教學法三（M=23.645）
教學法一	-------	**	**
教學法二	**	------	------
教學法三	**		
**p<.01			

由迴歸係數同質性考驗結果，其 F 值未達顯著（F=.886，p=.425>.05），符合迴歸係數同質性之假定，因而可直接進行共變數分析。由共變數分析摘要表得知：在排除前測成績的影響效果後，三種不同的教學法對受試者的學習成就的確有顯著的影響（F=6.278，p=.006<.05），由事後比較得知，教學法二（M=23.335）優於教學法一（M=21.920），而教學法三（M=23.645）也優於教學法一（M=21.920），至於教學二、教學法三組別間則沒有顯著差異存在。

此外，由共變數分析摘要表也可發現三組受試者在實驗處理之前的學習成就也有顯著差異（F=42.915，p=.000<.05）。

五、統計控制法實例探究

第一部分內容，曾就共變數的理論與統計應用分析加以說明，在「準實驗研究」的設計中，共變數統計分析，是應用最為普遍的一種方法。在實際研究環境中，由於受到實驗設計方法、受試樣本本身特性、實際研究情境等的限制，即使使用實驗控制法，也無法完全排除某些可能影響實驗結果的干擾變項，這些干擾變項對實驗結果皆有不同程度的影響，為了減少這些無關變項的影響，減少實驗的誤差，藉由統計控制法，採用共變數分析是最常為學者或實驗者採用的方法。

以下的研究問題中，研究者應採用的正確方法是共變數統計分析法，如果研究者未排除前測成績影響，也未採取其他實驗控制方法，直接採用獨立樣本t檢定法考驗實驗組與控制組二組後測英文學習成就的差異，將會獲致不同的研究結果，在準實驗研究中，通常是錯誤的統計考驗。

(一)問題研究

某研究者想了解不同教學方式對學生英文學習的影響，從其任教的二個班級中各抽取十名自願學生，第一個班級十名學生為控制組，採用傳統的教學法；第二個班級十名學生為實驗組，採用電腦多媒體輔助教學法，實驗期間為一學期，研究者分別對二組學生實施英文學習成就測驗，其前後測成績如下表所列：

【問題一】：排除前測成績的影響外，二組受試者的學習成就是否有顯著差異？

【問題二】：不排除前測成績的影響，二組受試者的學習成就是否有顯著差異？

控制組與實驗組前後測英文學習成就測驗成績

控制組			實驗組		
A（組別）	X（前測）	Y（後測）	A（組別）	X（前測）	Y（後測）
1	11.00	21.00	2	11.00	21.00
1	12.00	23.00	2	14.00	24.00
1	19.00	25.00	2	10.00	21.00
1	13.00	23.00	2	9.00	20.00
1	17.00	23.00	2	12.00	23.00
1	15.00	24.00	2	13.00	24.00
1	17.00	24.00	2	10.00	23.00
1	14.00	20.00	2	8.00	21.00
1	13.00	22.00	2	14.00	25.00
1	16.00	24.00	2	11.00	24.00

㈡共變數分析

在實驗設計中，如果「實驗控制」無法排除干擾變項的影響，應該採用「統計控制法」來處理，如果「實驗控制」無法達成，研究者又捨棄「統計控制法」來處理實驗數據，往往會導致錯誤或不正確的結果。

在「統計控制法」中，研究者所應採用的正確而適宜的方法是「共變數分析」（analysis of covariance），共變數只有前測成績一個，自變項為組別一個因子，又稱獨立樣本單因子單共變量變異數分析。在研究範例中，以前測成績作為共變量（covariate），其操作方式與正確統計結果如下：

1. 迴歸斜率同質性檢定

操作程序：

【分析】（Analyze）→【一般線性模式】（General Linear Model）→【單變量…】（Univariate…），出現「單變量」（Univariate）對話視窗
→將左邊清單變數中依變項「後測成績[y]」選入右邊「依變數」（Dependent Variable）下的空格內
→將左邊清單變數中自變項「組別[a]」選入右邊「固定因子」（Fixed Factor）下的空格內
→將左邊清單變數中共變項「前測成績[x]」選入右邊「共變量」（Covariate）下的空格內
→按『模式』鈕，出現「單變量：模式」（Univariate: Model）對話視窗，選取右邊「◉自訂」（Custom），在「模式」（Model）的空格中選取「a、x、a*x」→按『繼續』（Continue）鈕，回到「單變量」對話視窗→按『確定』（OK）鈕。

迴歸斜率同質性檢定報表如下：

		數值註解	個數
組別	1	控制組	10
	2	實驗組	10

受試者間效應項的檢定：依變數／後測成績

來源	型 III 平方和	自由度	平均平方和	F 檢定	顯著性
校正後的模式	27.821(a)	3	9.274	7.445	.002
截距	139.539	1	139.539	112.028	.000
A	.545	1	.545	.438	.518
X	27.325	1	27.325	21.937	.000
A * X	1.767	1	1.767	1.419	.251
誤差	19.929	16	1.246		
總和	10399.000	20			
校正後的總數	47.750	19			
a R 平方 = .583（調過後的 R 平方 = .504）					

上表為受試者效應項的檢定，即組內迴歸係數同質性考驗摘要表。組內迴歸係數同質性考驗結果（A*X列之資料），F值等於1.419；p=.251>.05，未達顯著水準，統計考驗應接受虛無假設，拒絕對立假設，表示三組迴歸線的斜率相同，三條迴歸線互相平行，符合共變數分析的前提假設－組內迴歸係數同質性，因而可繼續進行共變數分析。

2.共變數分析

操作程序

> 【分析】→【一般線性模式】→【單變量…】，出現「單變量」對話視窗，按『重設』鈕，清除之前的所有設定。
> →將左邊依變項「後測成績[y]」選入右邊「依變數」下的空格內
> →將左邊自變項「組別[a]」選入右邊「固定因子」下的空格內
> →將左邊共變項「前測成績[x]」選入右邊「共變量」下的空格內
> →按『模式』鈕，出現「單變量：模式」對話視窗，選取內定「⊙完全因子設計(A)」
> →按『繼續』鈕，回到「單變量」對話視窗

→按右下角『選項』（Options）鈕，出現「單變量：選項」（Univariate: Options）次對話視窗，在「邊際平均數估計」（Estimated Marginal Means）對話盒中，將左邊自變項組別「a」選入右邊「顯示平均數」（Display Means for）下的空盒中

→在下方「顯示」的對話盒中，勾選「□敘述統計」（Descriptive statistics）、「□效果項大小估計值」（Estimates of effect size）、「□參數估計值」（Parameter estimate）→按『繼續』鈕，回到「單變量」對話視窗→按『確定』鈕。

共變數分析結果報表如下：

敘述統計：依變數／後測成績

組別	平均數	標準差	個數
控制組	22.9000	1.5239	10
實驗組	22.6000	1.7127	10
總和	22.7500	1.5853	20

受試者間效應項的檢定：依變數／後測成績

來源	型 III 平方和	自由度	平均平方和	F 檢定	顯著性	Eta 平方
校正後的模式	26.053(b)	2	13.027	10.207	.001	.546
截距	142.954	1	142.954	112.010	.000	.868
X	25.603	1	25.603	20.061	.000	.541
A	6.955	1	6.955	5.449	.032	.243
誤差	21.697	17	1.276			
總和	10399.000	20				
校正後的總數	47.750	19				
a 使用 alpha = .05 計算						
b R 平方 = .546（調過後的 R 平方 = .492）						

上表為受試者間效應項的檢定（Tests of Between-Subjects Effects），即共變數分析摘要表。共變數分析考驗結果，F 值等於 5.449；p=.032<.05，可見排除前測成績的影響後，實驗處理效果顯著，經實驗處理後，實驗組的學習成就（調整後的平均數等於 23.505）顯著優於控制組（調整後平均數等於 21.995）。共變數分析時，所要比較組別的平均數並非是實驗組與控制組的後測成績，而是排除前測成績的影響後，二組之「調整後平均數」（adjusted means）。

參數估計值：依變數／後測成績

| 參數 | 迴歸係數 B | 標準誤 | t | 顯著性 | 95%信賴區間 | | Eta 平方 | 觀察的檢定能力(a) |
					下限	上限		
截距	16.807	1.342	12.525	.000	13.976	19.638	.902	1.000
X	.517	.115	4.479	.000	.274	.761	.541	.988
[A = 1]	-1.510	.647	-2.334	.032	-2.875	-.145	.243	.595
[A = 2]	0(b)	.	.	.	.	.	.	.
a 使用 alpha = .05 計算								
b 此參數因重疊而設定為零。								

上表為參數估計值（Parameter Estimates）。在「單變量：選項」次對話視窗，勾選「□參數估計值」可以換算各實驗處理水準在依變項之調整後的平均數：

控制組調整後平均數：16.807+（-1.510）+12.95×.517=21.995

實驗組調整後平均數：16.807+（0）+12.95×.517=23.502

12.9500 為共變項（前測成績）的總平均數。

估計的邊際平均數
組別 ：依變數／後測成績

| 組別 | 平均數 | 標準誤 | 95%信賴區間 | |
			下限	上限
控制組	21.995(a)	.410	21.129	22.861
實驗組	23.505(a)	.410	22.639	24.371
a 在模式中所顯示的共變量評估: 前測成績 = 12.9500。				

上表中估計的邊際平均數（Estimated Marginal Means）為各處理水準在依變項上的調整後平均數。其值即由上述參數估計值的表中數值換算而來。

3.以 t 檢定考驗前後測成績差異

如果研究者未以統計控制方法，採用共變數分析探究二組間差異，而直接改以t檢定考驗前後測成績，則可能獲致不一樣的推論結果。

t檢定的操作程序如下：

【分析】（Analyze）→【比較平均數法】（Compare Means）→【獨立樣本Ｔ檢定…】（Independent-Sample T Test），出現「獨立樣本Ｔ檢定」對話視窗→將左邊變數清單中的依變項「前測成績[x]」、「後測成績[y]」二個變項選入右邊「檢定變數」（Test Variable）下面的空盒中→再將左邊變數清單中的自變項「組別[a]」選入右邊「分組變數」（Grouping Variable）下空格中→按『定義組別』（Define Groups…）鈕，出現「定義組別」對話視窗，在「組別1」（Group 1）、「組別2」（Group 2）的後面分別輸入自變項分組編碼數值「1」、「2」→按『繼續』鈕，回到「獨立樣本Ｔ檢定」對話視窗→按『確定』鈕。

下面為執行獨立樣本 t 檢定之報表結果：

組別統計量

變項	組別	個數	平均數	標準差	平均數的標準誤
前測成績	控制組	10	14.7000	2.5408	.8035
	實驗組	10	11.2000	2.0440	.6464
後測成績	控制組	10	22.9000	1.5239	.4819
	實驗組	10	22.6000	1.7127	.5416

獨立樣本檢定

		變異數相等的 Levene 檢定		平均數相等的 t 檢定						
		F檢定	顯著性	t	自由度	顯著性（雙尾）	平均差異	標準誤差異	差異的95%信賴區間 下界	上界
前測成績	假設變異數相等	.771	.392	3.394	18	.003	3.5000	1.0312	1.3336	5.6664
	不假設變異數相等			3.394	17.210	.003	3.5000	1.0312	1.3264	5.6736
後測成績	假設變異數相等	.839	.372	.414	18	.684	.3000	.7250	-1.2231	1.8231
	不假設變異數相等			.414	17.760	.684	.3000	.7250	-1.2245	1.8245

【說明】

如果直接以 t 檢定法考驗控制組與實驗組二組的學習成就差異情形，可以發現控制組的後測成績平均為 22.9000；實驗組的後測成績平均為 22.6000，實驗組成績雖稍低於控制組受試者，但經 t 檢定考驗結果，t 值等於 .414；p=.684>.05，未達顯著水準，接受虛無假設，表示控制組與實驗組的後測成績沒有顯著差異。

此外，控制組與實驗組之前測成績 t 檢定考驗之 t 值等於 3.394；p=.003<.05，達顯著水準，控制組的前測成績（M=14.7000）顯著的優於實驗組的前測成績（11.2000）。

㈣綜合說明

在社會科學研究的實際的情境中，常用實驗研究模式有以下幾種：

1. 真正實驗設計形式（隨機控制組前後測實驗設計）

> 實驗組（R）：T1　　X　　T2
> 控制組（R）：T1　　　　　T2
> 〔X 表實驗處理、R 表隨機取樣與隨機分組、T1 表前測、T2 表後測〕

2. 真正實驗設計形式（隨機控制組後測實驗設計）

> 實驗組（R）：　　　X　　T2
> 控制組（R）：　　　　　　T2
> 〔X 實驗處理、T1 前測、T2 後測〕

3. 準實驗設計（非隨機控制組前後測實驗設計）

> 實驗組：T1　　X　　T2
> 控制組：T1　　　　　T2
> 〔T1 前測通常作為共變數〕

　　在社會科學領域實驗設計中，以上面三種實驗設計法最爲常用，而在實際情境中，研究者常因某些因素無法隨機分派受試者，因而須藉用統計控制之共變數分析法來排除受試者組別間前測的差異，如果研究者不以共變數分析法，而直接以變異數分析法或 t 檢定法來考驗實驗處理之組別間的差異，往往會得到「錯誤」或不正確的推論結果。此種實例如教師選擇其任教的二個班級進行英文實驗教學，第一個班級採用分組合作學習法，第二個班級採用傳統講述法，雖然任教之教學者爲同一人、二班使用之教材相同，假設教師對二班的期望水準與任教態度也一樣，在爲期二個月的實驗教學之後，同時對二班實施英文學業成就測驗與英文學習態度量表，如果研究者直接以t檢定考驗二班的學業成就或學習態度，並以統計分析結果作爲實驗處理的效果是否顯著的依據，如此的統計分析與推論程序可能發生錯誤結果，因爲在實驗處理後的差異是實驗處理造成的，或是二班在實驗處理之前的組別間差異所造成的（二班受試者學生的英文學業成就或學習態度或許就有顯著的差異存在），研究者無從得知。

　　以本研究範例而言，研究者如未考慮二組實驗處理前的差異情形，省略「排除前測影響」步驟，而直接比較二組之後測成績，則控制組與實驗組學習成就的平均數差異的考驗結果如下所列：

控制組與實驗組在後測成績比較之 t 檢定結果

變項	組別	個數	平均數	標準差	t 值	顯著性 p 值
後測成績	控制組	10	22.9000	1.5239	.414	.684
	實驗組	10	22.6000	1.7127		

　　由上表可以發現，二組的平均數差異爲 0.3000，t 檢定值爲.414，顯著性 p值大於.05，未達顯著水準，接受虛無假設（二者學習成就沒有顯著差異），經實驗處理之後控制組與實驗組的學習成就沒有顯著差異，進而研究者下此結論：「實驗處理無效，傳統式教學法與電腦多媒體輔助教學法，二種不同的教學方法對學生英文學習沒有顯著差異效果存在」。

　　當研究者忽略實驗處理前二組間的差異情形時，實驗設計又無法隨機分派受試者、無法完全控制實驗誤差，往往以「準實驗設計」模式來處理，在準實驗設計型式時，研究者在運用統計方法與下結論時要格外小心，否則易導致錯誤的結論，以範例的研究問題而言，如未排除前測成績的影響，則控制組與實驗組二組間的後測成績並沒有顯著差異存在；這與前述共變數分析結果剛好相反。

如果研究者把前測成績也加以考量，則以獨立樣本 t 檢定方式考驗結果，可以發現，二組的前測成績分別爲 14.7000、11.2000，二者相差 3.5000 分， t 值爲 3.394；顯著性 p 值=.003，拒絕虛無假設，表示二組前測成績間有顯著差異存在。因而在實驗處理之前，二組受試間已有顯著的組間差異存在，研究者如果忽略此一變項（或此一干擾變因），直接以二組後測成績作爲比較依變數，將無法獲致正確的統計推論結論。

控制組與實驗組在前測成績比較之 t 檢定結果

變項	組別	個數	平均數	標準差	t 值	顯著性 p 值
前測成績	控制組	10	14.7000	2.5408	3.394	.003
	實驗組	10	11.2000	2.0440		

由於控制組與實驗組在實驗處理之前，英文學習成就間已有顯著差異存在，爲實際探究實驗處理效果的影響，應該將此差異排除掉，共變數分析的目的即在排除前測成績的影響，以探究二種不同教學方法的優劣，所要比較的學習成就稱爲「調整後的平均數」（adjusted means），調整後的平均數並非原始後測成績，在 SPSS 統計應用軟體中，勾選「□參數估計值」也可換算出調整後的平均數，控制組與實驗組的調整後平均數分別爲 21.995、23.505，在前測成績中，二組的平均數分別爲 14.70、11.20；後測成績中二組的平均數分別爲 22.90、22.60，排除前測成績的影響外，實驗組的學習成就（M=23.505）顯著優於控制組的學習成就（M=21.995），共變數分析的 F 值等於 5.449，顯著性 p 值小於.05。

另一方面，雖然二者的後測成績大約相等，但從學習者「學習進步」觀點來看，經實驗處理之後，控制組受試者平均進步 8.20 分；而實驗組受試者平均進步 11.40 分，因而雖然實驗組的後測成績稍低於控制組的後測成績，但實際上，電腦多媒體輔助教學法的方式與傳統教學法相較之下，前述學習者學者進步的幅度較大。

研究範例中，可以得知，實驗組與控制組在實驗處理之前，二組受試者的英文學業成就已有顯著差異存在，表示二組受試者實驗前的起點行爲已經有顯著不同，採用共變數分析的目的，即在排除二組受試者起點行爲的差異，以探究之後學習成就的差異是否眞正由實驗處理所造成的。

在實驗設計中，由於無法隨機分派受試者，或即使研究者使用實驗控制方法也無法排除某些可能影響實驗結果的變因，爲了避免這些干擾變項的影響，研究者最好採用「共變數分析法」（ANCOVA），而不要採用 t 檢定或變異數分析法（ANOVA），否則可能會導致分析結果的錯誤。

16-2 獨立樣本雙因子共變數分析

一、【問題研究】

排除前測成績之後，性別與不同組別在後測成績上是否有顯著的交互作用？

【研究方法】：獨立樣本雙因子共變數分析

此一研究問題中，包含二個自變項（教學法、性別），一個依變項（後測成績），一個共變數（前測成績）。其中變項代號 A 為性別（1 為男生、2 為女生）、B 為組別（1 為教學法一之組別、2 為教學法二之組別、3 為教學法三之組別）、X 為前測成績、Y 為後測成績。研究原始數據如下：

實驗處理時受試者之前後測成績

B因子 A因子	教學法一（b1）		教學法二（b2）		教學法三（b3）	
	前測	後測	前測	後測	前測	後測
男生（a1）	25	20	21	9	34	23
	26	23	23	10	32	20
	33	29	25	15	40	33
	34	30	24	9	34	23
女生（a2）	29	25	20	9	31	15
	31	24	22	14	33	20
	29	23	26	17	34	18
	35	29	27	18	37	14

SPSS 資料編碼檔案範例如下：

A	B	X	Y
1.00	1.00	25.00	20.00
2.00	1.00	29.00	25.00

二、操作程序

獨立樣本二因子共變數分析中，要進行組內迴歸係數同質性檢定可採用「MANOVA」命令的語法格式。

(一)迴歸斜率同質性考驗

> *1.* MANOVA y BY A(1,2) b(1,3) with x
> *2.* /ANALYSIS=Y
> *3.* /DESIGN=X,A,B,A BY B,X BY A+X BY B+X BY A BY B.

上面第一行為共變數分析的 MANOVA 語法：

「MANOVA 依變項 BY 自變項一 自變項二 with 共變數」。

第二行界定暫時分析的依變項。

第三行為迴歸係數同質性考驗之分析模式，「A BY B」即是「A*B」。

獨立樣本二因子單共變量共變數分析之迴歸係數同質性考驗的分析模式為「Y=X，A，B，A*B，（X*A+X*B+X*A*B）」。將「*」符號改為「BY」關鍵字，分析模式變成「Y=X，A，B，A BY B，X BY A+X BY B+X BY A BY B」。

在語法視窗中鍵入上面的語法，執行功能列「Run」／「All」程序，或直接選取上面的語法列，執行功能列「Run」／「Selection」程序。

下面為組內迴歸同質性考驗報表。

* * * * * *Analysis of Variance -- design 1 * * * * * *

Tests of Significance for Y using UNIQUE sums of squares

Source of Variation	SS	DF	MS	F	Sig of F
WITHIN+RESIDUAL	42.72	12	3.56		
X	107.26	1	107.26	30.13	.000
A	21.85	1	21.85	6.14	.029
B	6.29	2	3.15	.88	.439
A BY B	24.99	2	12.49	3.51	.063
X BY A + X BY B + X BY A BY B	50.78	5	10.16	2.85	.064
（Model）	1063.11	11	96.65	27.15	.000
（Total）	1105.83	23	48.08		

R-Squared = .961

Adjusted R-Squared = .926

【說明】

組內迴歸同質性考驗結果，F 值=2.85，p=.064>.05，接受虛無假設，組內迴歸的斜率相同，符合共變數分析的假定。

㈡二因子共變數分析

二因子共變數分析操作程序與第一節進行單因子共變數分析程序相同，只是「固定因子」方格中由一個自變項變成二個自變項。操作程序如下：

【分析】→【一般線性模式】→【單變量…】，出現「單變量」對話視窗，按『重設』鈕，清除之前的所有設定。

→將左邊依變項「後測成績[y]」選入右邊「依變數」下的空格內

→將左邊自變項「性別[a]」、「教學法[b]」選入右邊「固定因子」下的空格內

→將左邊共變項「前測成績[x]」選入右邊「共變量」下的空格內

→按『模式』鈕，出現「單變量：模式」對話視窗，選取內定「◉完全因子設計」

→按『繼續』鈕，回到「單變量」對話視窗

→按右下角『選項』（Options）鈕，出現「單變量：選項」（Univariate: Options）次對話視窗，在「邊際平均數估計」（Estimated Marginal Means）對話盒中，將左邊清單變項「a」、「b」、「a*b」選入右邊「顯示平均數」（Display Means for）下的空盒中，以呈現細格及邊緣平均數。

→在下方「顯示」的對話盒中，勾選「□敘述統計」（Descriptive statistics）、「□參數估計值」（Parameter estimate）→按『繼續』鈕，回到「單變量」對話視窗→按『確定』鈕。

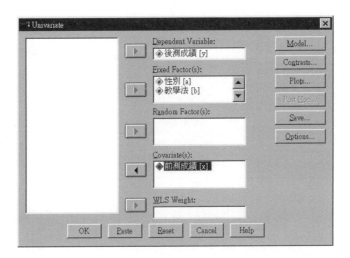

圖 16-8

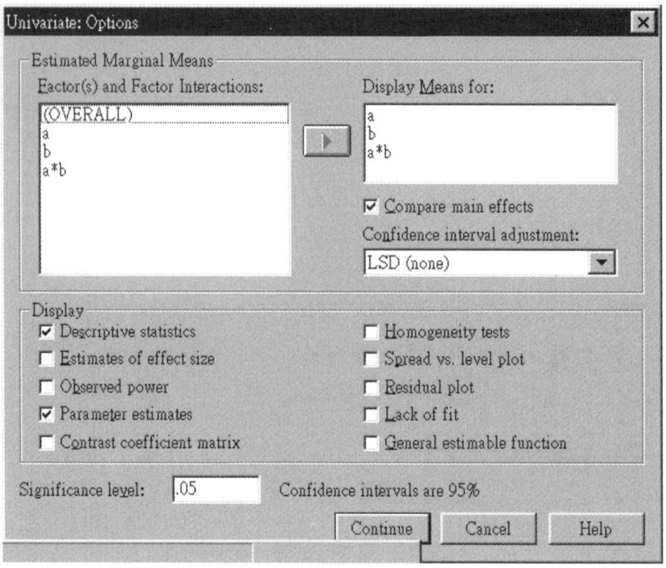

Univariate: Options 對話框

圖 16-9

三、共變數分析報表

Univariate Analysis of Variance
Descriptive Statistics
Dependent Variable: 後測成績

性別	教學法	Mean	Std. Deviation	N
男生	教學法一	25.5000	4.79583	4
	教學法二	10.7500	2.87228	4
	教學法三	24.7500	5.67891	4
	Total	20.3333	8.21676	12
女生	教學法一	25.2500	2.62996	4
	教學法二	14.5000	4.04145	4
	教學法三	16.7500	2.75379	4
	Total	18.8333	5.63807	12
Total	教學法一	25.3750	3.58319	8
	教學法二	12.6250	3.81491	8
	教學法三	20.7500	5.94619	8
	Total	19.5833	6.93395	24

上表為各細格及邊緣之描述性統計量，包括各細格原始後測成績的平均
數、標準差及受試者人數。

Tests of Between-Subjects Effects
Dependent Variable: 後測成績

Source	Type III Sum of Squares	df	Mean Square	F	Sig.
Corrected Model	1012.334(a)	6	168.722	30.677	.000
Intercept	20.636	1	20.636	3.752	.070
X	189.500	1	189.500	34.455	.000
A	16.648	1	16.648	3.027	.100
B	322.439	2	161.220	29.313	.000
a * b	98.473	2	49.237	8.952	.002
Error（誤差項）	93.500	17	5.500		
Total	10310.000	24			
Corrected Total	1105.833	23			
a R Squared = .915 (Adjusted R Squared = .886)					

　　上表為受試者效應項的檢定，即二因子共變數分析摘要表。從此表得知：交互作用顯著性之統計考驗的 F 值（a*b 列）為 8.952；p=.002<.05，達到顯著水準，性別與教學法在排除前測成績的影響後，在後測成績方面有顯著的交互作用。此外 B 因子（教學法）主要效果顯著性考驗的 F 值為 29.313；p=000<.05，亦達顯著水準，表示不同教學法之實驗處果間有顯著的差異，由於交互作用顯著，因而 B 因子（教學法）主要效果的顯著與否便沒有實質的意義存在。

Estimated Marginal Means
1. 性別
Dependent Variable: 後測成績

性別	Mean	Std. Error	95% Confidence Interval	
			Lower Bound	Upper Bound
男生	20.417(a)	.677	18.988	21.845
女生	18.750(a)	.677	17.321	20.179
a Covariates appearing in the model are evaluated at the following values: 前測成績 = 29.3333.				

　　上表為 A 因子（學生性別）各水準調整後的邊緣平均數。

Pairwise Comparisons
Dependent Variable: 後測成績

(I)性別	(J)性別	Mean Difference(I-J)	Std. Error	Sig.	95% Confidence Interval for Difference(a)	
					Lower Bound	Upper Bound
男生	女生	1.666	.958	.100	-.354	3.687
女生	男生	-1.666	.958	.100	-3.687	.354

Based on estimated marginal means

a Adjustment for multiple comparisons: Least Significant Difference (equivalent to no adjustments).

　　上表為 A 因子二個水準調整後邊緣平均數之事後比較。如果交互作用不顯著，而 A 因子主要效果考驗的 F 值顯著，則要進行 A 因子主要效果的事後比較，如果交互作用顯著，則此 A 因子主要效果事後比較表就不用解釋。由於在前述 A 因子主要效果的 F 值考驗並未達顯著，因而事後比較中，男女生調整後的邊緣平均數差異考驗也未顯著。

Dependent Variable: 後測成績

	Sum of Squares	df	Mean Square	F	Sig.
Contrast	16.648	1	16.648	3.027	.100
Error	93.500	17	5.500		

The F tests the effect of 性別. This test is based on the linearly independent pairwise comparisons among the estimated marginal means.

　　上表為 A 因子（學生性別）之共變數分析摘要表，此表資料可從上述二因子共變數分析摘要表中得知。A因子主要效果考驗之F值等於 3.027；p=.100 >.05，未達顯著水準。

2.教學法
Estimates
Dependent Variable: 後測成績

教學法	Mean	Std. Error	95% Confidence Interval	
			Lower Bound	Upper Bound
教學法一	24.584(a)	.840	22.812	26.357
教學法二	18.451(a)	1.293	15.722	21.179
教學法三	15.715(a)	1.193	13.198	18.232

a Covariates appearing in the model are evaluated at the following values: 前測成績 = 29.3333.

上表為 B 因子（教學法）各水準調整後的邊緣平均數，此外，其描述統計量也包括標準誤、平均數 95%的信賴區間。

Pairwise Comparisons
Dependent Variable: 後測成績

(I)教學法	(J)教學法	Mean Difference (I-J)	Std. Error	Sig. (a)	95% Confidence Interval for Difference(a)	
					Lower Bound	Upper Bound
教學法一	教學法二	6.134(*)	1.627	.002	2.702	9.565
	教學法三	8.869(*)	1.378	.000	5.963	11.776
教學法二	教學法一	-6.134(*)	1.627	.002	-9.565	-2.702
	教學法三	2.736	2.191	.229	-1.886	7.357
教學法三	教學法一	-8.869(*)	1.378	.000	-11.776	-5.963
	教學法二	-2.736	2.191	.229	-7.357	1.886

Based on estimated marginal means

* The mean difference is significant at the .05 level.

a Adjustment for multiple comparisons: Least Significant Difference (equivalent to no adjustments).

上表為 B 因子三個水準調整後邊緣平均數之事後比較。如果交互作用不顯著，而 B 因子主要效果考驗的 F 值顯著，則要進行 B 因子主要效果的事後比較，如果交互作用顯著，則此 B 因子主要效果之事後比較表就不用解釋。由於性別與教學法在排除前測成績的影響後，對後測成績有顯著的交互作用，所以性別與教學法因子之主要效果顯著性考驗就不必加以分析說明。假設上述之交互作用不顯著，則應考驗 B 因子主要效果及其事後比較結果。

Dependent Variable: 後測成績

	Sum of Squares	df	Mean Square	F	Sig.
Contrast	322.439	2	161.220	29.313	.000
Error	93.500	17	5.500		

The F tests the effect of 教學法. This test is based on the linearly independent pairwise comparisons among the estimated marginal means.

上表為 B 因子（教學法）之共變數分析摘要表，此表資料可從上述二因子共變數分析摘要表中得知。B 因子主要效果考驗之 F 值等於 29.313；p=.000<.05，達到顯著水準。表示排除前測成績的影響後，不同教學法在後測成績上有顯著的差異，其中採用教學法一之受試者（M=24.584），其學業表現顯著

的優於採用教學法二（M=18.451）及教學法三（M=15.715）之受試者。

在雙因子單共變量分析中，如果交互作用顯著，則比較調整後的細格平均數之差異；如果交互作用不顯著，則直接比較調整後邊緣平均數的差異情形。由雙因子共變數分析摘要表可以得知，排除前測成績後，性別與教學法組別在後測成績上有顯著的交互作用（F值等於 8.952；p=.002<.05）。因而要繼續進行共變數單純主要效果考驗。

四、單純主要效果考驗

獨立樣本二因子共變數分析之單純主要效果考驗與獨立樣本二因子變異數分析操作程序相同。如 A 因子有 p 個處理水準、B 因子有 q 個處理水準，則對因子 A 而言需進行 q 次單純主要效果檢定；對 B 因子而言需進行 p 次單純主要效果檢定，總共必須進行 p+q 次單純主要效果檢定。

㈠ B 因子（教學法）單純主要效果考驗

1. 依 A 因子（學生性別）水準數將檔案分割（分割成二個檔案）

> Data（資料）→Split file…（分割檔案）→在「Split File」（分割檔案）的對話視窗中，勾選「Organize output by groups」（依組別組織輸出）選項，將自變項「性別[a]」因子選入右邊「Groups Based on:」（以組別為準）的方格中→選取內定「⊙Sort the file by grouping variables」（依分數變數排序檔案）選項→按『OK』（確定）鈕

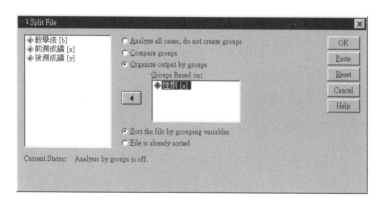

圖 16-10

2.以B因子（教學法）為自變項進行共變數分析

【分析】（Analyze）→【一般線性模式】（General Linear Model）→【單變量…】（Univariate…），出現「單變量」對話視窗，按『重設』（Reset）鈕，清除之前的所有設定。

→將左邊依變項「後測成績[y]」選入右邊「依變數」（Dependent Variable）

→將左邊自變項B因子「教學法[b]」選入右邊「固定因子」（Fixed Factor）下的空格內

→將左邊共變項「前測成績[x]」選入右邊「共變量」（Covariate）下的空格內

→按『模式』（Model）鈕，出現「單變量：模式」（Univariate: Model）對話視窗，選取內定「⊙完全因子設計」（⊙Full factorial）選項

→按『繼續』鈕，回到「單變量」對話視窗

→按右下角『選項』（Options）鈕，出現「單變量：選項」（Univariate: Options）次對話視窗，在「邊際平均數估計」（Estimated Marginal Means）對話盒中，將左邊自變項教學法因子「b」選入右邊「顯示平均數」（Display Means for）下的空盒中

→在下方「顯示」的對話盒中，勾選「□敘述統計」（Descriptive statistics）→按『繼續』（Continue）鈕，回到「單變量」對話視窗→按『確定』（OK）鈕。

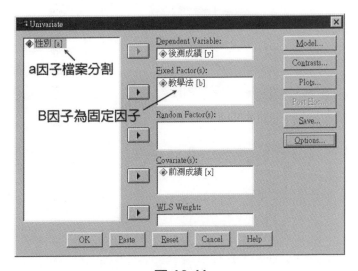

圖 16-11

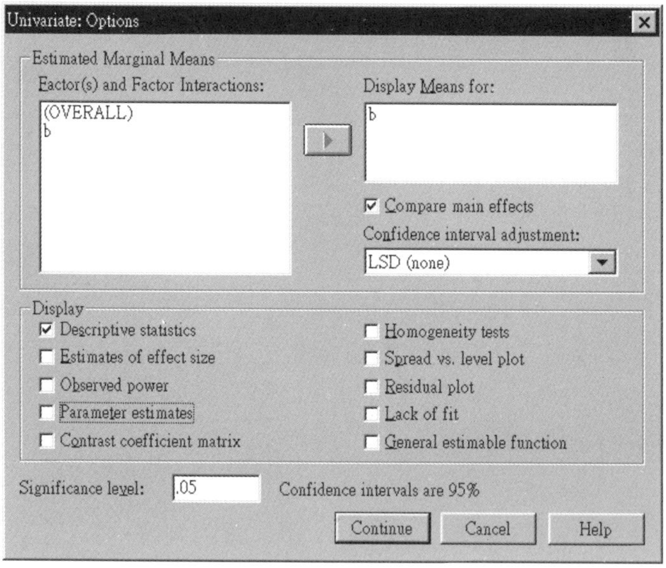

圖 **16-12**

（一）A 因子（學生性別）單純主要效果考驗

1. 依 B 因子（教學法）水準數將檔案分割（分割成三個檔案）

> Data（資料）→Split file…（分割檔案）→在「Split File」（分割檔案）的
> 對話視窗中→按『Reset』（重設）鈕→勾選「⊙Organize output by groups」
> （依組別組織輸出）選項，將自變項 B 因子「教學法[b]」因子選入右邊
> 「Groups Based on:」（以組別為準）的方格中，選取內定「⊙Sort the file
> by grouping variables」（依分數變數排序檔案）選項→按『OK』（確定）鈕

2. 以 A 因子（學生性別）為自變項進行共變數分析

> 【分析】→【一般線性模式】→【單變量…】，出現「單變量」對話視
> 窗，按『重設』鈕，清除之前的所有設定。
> →將左邊依變項「後測成績[y]」選入右邊「依變數」下的空格內
> →將左邊自變項 A 因子「性別[a]」選入右邊「固定因子」下的空格內
> →將左邊共變項「前測成績[x]」選入右邊「共變量」下的空格內→按『模
> 式』鈕，出現「單變量：模式」對話視窗，選取內定「⊙完全因子設計」
> 選項（⊙Full factorial）

→按『繼續』鈕，回到「單變量」對話視窗→按右下角『選項』（Options）鈕，出現「單變量：選項」（Univariate: Options）次對話視窗，在「邊際平均數估計」（Estimated Marginal Means）對話盒中，將左邊自變項學生性別因子「a」選入右邊「顯示平均數」（Display Means for）下的空盒中→在下方「顯示」的對話盒中，勾選「□敘述統計」（Descriptive statistics）→按『繼續』鈕，回到「單變量」對話視窗→按『確定』鈕。

五、單純主要效果考驗報表

㈠就男生群體而言，分析三種教學法的實驗處理效果

以下只提供相關重要報表。

性別＝男生

Tests of Between-Subjects Effects(b)

Dependent Variable: 後測成績

Source	Type III Sum of Squares	df	Mean Square	F	Sig.
Corrected Model	718.841(a)	3	239.614	80.457	.000
Intercept	31.336	1	31.336	10.522	.012
X	166.675	1	166.675	55.966	.000
b	142.054	2	71.027	23.849	.000
Error	23.825	8	2.978		
Total	5704.000	12			
Corrected Total	742.667	11			

a R Squared = .968 （Adjusted R Squared = .956）

b 性別＝男生

上表為共變數分析摘要表。就男生群體受試者而言，在排除前測成績的影響後，教學法實驗處理效果顯著，F 值＝ 23.849；p=.000<.05，達到顯著水準。

Estimated Marginal Means　教學法　Estimates(b)
Dependent Variable: 後測成績

教學法	Mean	Std. Error	95% Confidence Interval	
			Lower Bound	Upper Bound
教學法一	25.192(a)	.864	23.200	27.184
教學法二	18.144(a)	1.312	15.119	21.170
教學法三	17.664	1.281	14.709	20.619

a Covariates appearing in the model are evaluated at the following values: 前測成績 = 29.2500.
b 性別 = 男生

上表為男生群體中，教學法三個水準細格中調整後的細格平均數。

Pairwise Comparisons(b)
Dependent Variable: 後測成績

(I)教學法	(J)教學法	Mean Difference (I-J)	Std. Error	Sig. (a)	95% Confidence Interval for Difference(a)	
					Lower Bound	Upper Bound
教學法一	教學法二	7.048(*)	1.597	.002	3.366	10.730
	教學法三	7.528(*)	1.520	.001	4.023	11.033
教學法二	教學法一	-7.048(*)	1.597	.002	-10.730	-3.366
	教學法三	.480	2.288	.839	-4.796	5.756
教學法三	教學法一	-7.528(*)	1.520	.001	-11.033	-4.023
	教學法二	-.480	2.288	.839	-5.756	4.796

Based on estimated marginal means
* The mean difference is significant at the .05 level.
a Adjustment for multiple comparisons: Least Significant Difference (equivalent to no adjustments).
b 性別 = 男生

　　上表為男生群體中，教學法三個水準調整後平均數差異之事後比較。採用教學法一（M=25.192）的受試者之學業表現顯著的優於採用教學二（M=18.144）及教學法三（M=17.644）者之受試樣本。

㈡就女生群體而言，分析三種教學法的實驗處理效果

此報表的解釋可參閱上述的說明。

性別 = 女生

Tests of Between-Subjects Effects(b)

Dependent Variable: 後測成績

Source	Type III Sum of Squares	Df	Mean Square	F	Sig.
Corrected Model	294.179(a)	3	98.060	14.138	.001
Intercept	.121	1	.121	.017	.898
x	37.012	1	37.012	5.336	.050
b	215.976	2	107.988	15.569	.002
Error	55.488	8	6.936		
Total	4606.000	12			
Corrected Total	349.667	11			

a R Squared = .841 (Adjusted R Squared = .782)
b 性別 = 女生

　　上表為共變數分析摘要表。就女生群體受試者而言，在排除前測成績的影響後，教學法實驗處理效果顯著，F 值＝ 15.569；p=.002<.05，達到顯著水準。

Estimated Marginal Means 教學法　Estimates(b)

Dependent Variable: 後測成績

教學法	Mean	Std. Error	95% Confidence Interval	
			Lower Bound	Upper Bound
教學法一	24.344(a)	1.374	21.176	27.513
教學法二	18.348(a)	2.124	13.452	23.245
教學法三	13.807(a)	1.832	9.582	18.032

a Covariates appearing in the model are evaluated at the following values: 前測成績 = 29.4167.
b 性別 = 女生

　　上表為女生群體中，教學法三個水準細格中調整後的平均數。

Pairwise Comparisons(b)
Dependent Variable: 後測成績

(I) 教學法	(J) 教學法	Mean Difference (I-J)	Std. Error	Sig. (a)	95% Confidence Interval for Difference(a)	
					Lower Bound	Upper Bound
教學法一	教學法二	5.996	2.775	.063	-.404	12.396
	教學法三	10.537(*)	2.061	.001	5.786	15.289
教學法二	教學法一	-5.996	2.775	.063	-12.396	.404
	教學法三	4.541	3.480	.228	-3.484	12.566
教學法三	教學法一	-10.537(*)	2.061	.001	-15.289	-5.786
	教學法二	-4.541	3.480	.228	-12.566	3.484

Based on estimated marginal means

* The mean difference is significant at the .05 level.

a Adjustment for multiple comparisons: Least Significant Difference (equivalent to no adjustments).

b 性別 ＝ 女生

上表為女生群體中，教學法三個水準調整後平均數差異之事後比較。採用教學法一（M=24.344）的受試者之學業表現顯著的優於採用教學法三（M=13.807）者之受試者。

㈢B因子水準=1 情境中學生性別（男女生）實驗處理效果的差異比較

教學法＝教學法一

Tests of Between-Subjects Effects(b)
Dependent Variable: 後測成績

Source	Type III Sum of Squares	Df	Mean Square	F	Sig.
Corrected Model	83.198(a)	2	41.599	31.149	.002
Intercept	.907	1	.907	.679	.447
x	83.073	1	83.079	62.205	.001
a	3.939	1	3.939	2.950	.147
Error	6.677	5	1.335		
Total	5241.000	8			
Corrected Total	89.875	7			

a R Squared = .926 （Adjusted R Squared = .896）

b 教學法 ＝ 教學法一

上表爲共變數分析摘要表，共變數分析主要在考驗於教學法一的情境中，男女生的實驗處理效果是否顯著，在排除前測成績的影響後，男女生的後測成績沒有顯著差異，共變數考驗之 F 值等於 2.950；p=.147>.05，未達顯著水準。

Estimated Marginal Means 性別 Estimates(b)
Dependent Variable: 後測成績

性別	Mean	Std. Error	95% Confidence Interval	
			Lower Bound	Upper Bound
男生	26.088(a)	.583	24.591	27.586
女生	24.662(a)	.583	23.164	26.159

a Covariates appearing in the model are evaluated at the following values: 前測成績 = 30.1250.
b 教學法 = 教學法一

上表爲在教學法一的情境下，男、女生後測成績調整後的細格平均數。

Pairwise Comparisons(b)
Dependent Variable: 後測成績

(I)性別	(J)性別	Mean Difference(I-J)	Std. Error	Sig. (a)	95% Confidence Interval for Difference(a)	
					Lower Bound	Upper Bound
男生	女生	1.427	.831	.147	-.709	3.562
女生	男生	-1.427	.831	.147	-3.562	.709

Based on estimated marginal means
a Adjustment for multiple comparisons: Least Significant Difference (equivalent to no adjustments).
b 教學法 = 教學法一

上表爲事後比較摘要表，由於之前共變數分析摘要中，共變數檢定之 F 值未達顯著，因而事後比較也未顯著。

㈣B因子水準=2情境中學生性別（男女生）實驗處理效果的差異比較

Tests of Between-Subjects Effects(b)

Dependent Variable: 後測成績

Source	Type III Sum of Squares	Df	Mean Square	F	Sig.
Corrected Model	85.392(a)	2	42.696	12.951	.011
Intercept	16.707	1	16.707	5.068	.074
X	57.267	1	57.267	17.371	.009
A	19.767	1	19.767	5.996	.058
Error	16.483	5	3.297		
Total	1377.000	8			
Corrected Total	101.875	7			

a R Squared = .838（Adjusted R Squared = .773）
b 教學法＝教學法二

　　上表為共變數分析摘要表，共變數分析主要在考驗於教學法二的情境中，男女生的實驗處理效果是否顯著，在排除前測成績的影響後，男女生的後測成績沒有顯著差異，共變數考驗之F值等於5.996；p=.058>.05，未達顯著水準。

Estimates(b)

Dependent Variable: 後測成績

性別	Mean	Std. Error	95% Confidence Interval	
			Lower Bound	Upper Bound
男生	11.044(a)	.911	8.703	13.384
女生	14.206(a)	.911	11.866	16.547

a Covariates appearing in the model are evaluated at the following values: 前測成績 = 23.5000.
b 教學法＝教學法二

　　上表為在教學法二的情境中，男女生受試群體後測成績調整後的平均數，男生學業表現調整後的平均數等於11.044、女生學業表現調整後的平均數等於14.206，男生的平均數雖低於女生，但二者的差異值未達顯著水準。

㈤B因子水準＝3情境中學生性別（男女生）實驗處理效果的差異比較

Tests of Between-Subjects Effects(b)
Dependent Variable: 後測成績

Source	Type III Sum of Squares	Df	Mean Square	F	Sig.
Corrected Model	178.823(a)	2	89.412	6.510	.041
Intercept	7.048	1	7.048	.513	.506
x	50.823	1	50.823	3.700	.112
a	87.375	1	87.375	6.361	.053
Error	68.677	5	13.735		
Total	3692.000	8			
Corrected Total	247.500	7			
a R Squared = .723 (Adjusted R Squared = .612)					
b 教學法＝教學法三					

上表為共變數分析摘要表，共變數分析主要在考驗於教學法三的情境中，男女生的實驗處理效果是否顯著，在排除前測成績的影響後，男女的後測成績沒有顯著差異，共變數考驗之F值等於6.361；p=.053>.05，未達顯著水準。

Estimated Marginal Means　性別　Estimates(b)
Dependent Variable: 後測成績

性別	Mean	Std. Error	95% Confidence Interval	
			Lower Bound	Upper Bound
男生	24.148(a)	1.879	19.317	28.979
女生	17.352(a)	1.879	12.521	22.183
a Covariates appearing in the model are evaluated at the following values: 前測成績 = 34.3750.				
b 教學法＝教學法三				

上表為在教學法三的情境中，男女生受試群體後測成績調整後的平均數，男生學業表現調整後的平均數等於24.148、女生學業表現調整後的平均數等於17.352，男生的平均數雖高於女生，但二者的差異值未達顯著水準。

五、綜合說明

以上二因子共變數分析之相關數據可整理成如下表格：

表1　迴歸係數同質性考驗摘要表

變異來源	SS	df	MS	F	Sig.
迴歸係數同質性	50.78	5	10.16	2.85	0.64
Error（誤差項）	1105.83	23	48.08		

表2　性別與教學法在後測成績之共變數分析摘要表

Source	SS	Df	MS	F
共變量	189.500	1	189.500	34.455
性別（A）	16.648	1	16.648	3.027
教學法（B）	322.439	2	161.220	29.313***
交互作用（A×B）	98.473	2	49.237	8.952**
誤差	93.500	17	5.500	

**p<.01　***p<.001

表3　性別與教學法在後測成績之單純主要效果分析摘要表

變異來源	SS	DF	MS	F	事後比較
A 因子（性別）					
在 b1（教學法一）	3.939	1	3.939	2.950n.s.	
在 b2（教學法二）	19.767	1	19.767	5.996n.s.	
在 b3（教學法三）	87.375	1	87.375	6.361n.s.	
B 因子（教學法）					
在 a1（男生）	142.054	2	71.027	23.849***	教學法一＞教學法二 教學法一＞教學法三
在 a2（女生）	215.976	2	107.988	15.569**	教學法一＞教學法三
誤差	93.50	17	5.50		

**p<.01　***p<.001　n.s. p>.05

　　組內迴歸係數同質性考驗摘要表中之 F 值等於 2.85，p=.064>.05，接受虛無假設，資料符合組內迴歸係數同質性的假定，可直接進行共變數分析。

　　從雙因子共變數分析摘要表，可以發現：排除前測成績的影響後，性別與教學法在後測成績的學習效果上有顯著的交互作用（F=8.952、p=<.01），因而需進一步進行單純主要效果考驗。

　　在單純主要效果考驗分析摘要表上，可以得知：

1. 在教學法一、二、三的方式中，男女生實驗處理效果均沒有顯著差異。

2. 就男生群體而言，不同教學方法，其學習結果有顯著不同（F=23.849、p<.001），採用教學法一（M=25.192）的男生群體，其學習結果分別顯著的優於教學法二（M=18.144）、教學法三（M=17.644）的男生群體。

3. 就女生群體而言，不同教學方法，其學習結果也有顯著不同（F=15.569、p<.01），採用教學法一（M=24.344）的女生受試者其學習結果顯著的優於教學法三（M=13.807）的女生群體。

Part 5
SPSS 與統計應用分析

信效度分析的理論與實務

第十七章

項目分析與試題分析

項目分析與試題分析

本章主要介紹量表或測驗題項（試題）內涵的分析程序，作為題項（試題）篩選的依據，進而建構有效的問卷或品質良好的試題。

17-1 項目分析

項目分析（item analysis）主要就量表題項或測驗試題中的每一個題目為對象，逐題分析其可用程度。信度（reliability）與效度（validity）是測驗的二項重要特徵，這二項特徵須視試題品質優劣而定，而試題品質可透過項目分析而提高（郭生玉，民76）。在成就測驗中的試題分析判斷準測常以試題的難度、鑑別度來表示，並判別試題的誘答力及試題分配比例是否符合雙向細目表等。至於問卷調查中的 Likert 量表則不宜採用難度指數（item difficulty index）與鑑別度指數來作為題項品質判斷的標準。

在態度、心理、人格、興趣等量表調查中，如果採用的是李克特（Likert）量表之多重選擇的方法，如「非常同意」、「同意」、「不同意」、「非常不同意」或「非常符合」、「符合」、「不確定」、「不符合」、「非常不符合」等，由當事者根據題項內容的知覺感受勾選一個最適合的選項，此種態度量表式之填答結果，沒有對或錯的劃分，因而不能計算其題項答對或答錯的百分比，此種李克特（Likert）量表題項品質（item qualitative）的分析可採用以下幾種方法：

(一)描述性統計量檢驗法

在常態分配的母群體中，如果樣本數夠大且有代表性，則一個品質良好的題項應能反應當事者的不同態度知覺感受，此時可從題項的標準差來判斷，如果題項的標準差太小，表示題項的鑑別力太低，受試者填答的情形趨於一致；而一個品質不錯的題項，其平均數會趨於量表填答的中間值，以反應題項的集中趨勢，如四點量法題項的平均數應趨於 2.5，而五點量法題項的平均數應趨於 3。描述性統計量檢驗法主要透過標準差、平均數統計量作為初步判別題項品質的準則。

(二)同質性檢核法

一份有效度的量表其題項所測量的態度特質應該十分類似，否則無法反應其所要測量的心理或態度特質。如果題項本身品質不良，則量表的同質性會偏低，題項與量表總分的關係也不會很高。同質性檢核也稱為內部一致性考驗，其考驗方法有二：一為求出量表各題項與量表總分之積差相關係數，

如果積差相關係數愈高，表示該量表題項在測量某一態度或行為特質上，與量表其他題項所要測量的態度或行為特質上愈趨一致，在積差相關係數的要求上，通常要達到統計顯著水準且相關係數最好在.30以上，如果可以達到中度或高度相關更佳；二為判別量表的內部一致性α係數，從題項刪除後量表α係數的改變情形，來判斷量表題項的品質，如一份有十個題項的態度量表，十題的內部一致性α係數為.8890，刪除第一題後，剩餘九題的內部一致性α係數降為.8120，則表示此題項與其他題項的同質性高，與分量表所要測量的態度或行為特質內涵十分類同。

(三)極端組檢核法－臨界比（critical ration）

極端組比較可作為Likert量表鑑別力的指標。此法的觀念源自成就測驗之鑑別度判別的理念。在一份有代表性的樣本中，量表總分高分組與低分組在題項平均數的差異應達到統計顯著水準，高、低分組在題項平均數的差異考驗主要藉由獨立樣本t檢定的程序加以考驗，此t值即稱為臨界比或決斷值，如果t值愈大且達到統計顯著水準表示量表題項的鑑別度愈好。高、低分組在題項的差異比較也適用於成就測驗之試題分析，唯試題分析鑑別力是採用高分組在題項答對百分比與低分組在題項答對百分比的差值，而非求其平均數的差異值。在高低分組的判別上，不論是量表或成就測驗常以得分的前、後27%作為分組的依據。學者 Kelly（1939）提出：當測驗分數是常態分配時，以 27%分組可以獲得試題鑑別力的最大可靠性。百分比低於 27%時，結果的可靠性較低，而百分比太大時，會影響題目的鑑別作用。**對於教師或研究者而言，合理的分組百分比為 25%至 33%之間**（郭生玉，民 76）。

項目分析主要目的在對預試問卷個別題項適切性的檢核，項目分析中最常使用的是極端組檢驗法，極端組檢驗法在求出題目的決斷值（CR值）：將決斷值未達顯著水準的題項刪除。以決斷值檢核法來判別量表題項品質的優劣，是多數行為科學研究學者最常使用的方法，此方法操作的步驟較多，但其原理及操作程序與之前介紹的獨立樣本 t 檢定法一樣，自變項為二分名義變項，依變項為量表的題項，二分名義自變項為高分組與低分組二個組別。其主要操作步驟為如下：

1. 量表題項的反向計分（量表中如無反向題，此步驟可以省略）。

2. 求出量表的總分。

3. 以量表總分高低排列觀察值。

4. 找出高低分組上下 27%處的分數，從最高分處向下取總人數的 27%為

高分組（higher group），從最低分處向上取27%爲低分組（lower group）。

5.依臨界分數將觀察值在量表之得分分成高低二組。

6.以獨立樣本 t-test 考驗二組在每個題項的差異。

7.將 t 考驗結果未達顯著性的題項刪除或刪除 t 值較低的數題。

一、反項題重新計分

問卷中，常有反向計分的題項，以李克特五點量表而言，正向題的題項通常給予 5、4、3、2、1 分，而反向題的題項計分時，便要給予 1、2、3、4、5 分；以四點量表而言，正向題通常給予 4、3、2、1 分，而反向題計分時則分別要給予 1、2、3、4 分。項目分析的第一個步驟就是要將題項計分的方式化爲一致。在範例中，是一個四點量表，反向題計分的轉換情形爲：

```
1-->4
2-->3
3-->2
4-->1
```

【備註】：如果量表中沒有編製反向題，則操作 1 的步驟可以省略，所謂反向題是其計分應該反向合計，否則與正相題的分數會相抵銷。在工作倦怠感量表中，分數愈高表示當事者工作倦怠感的知覺感受愈大，其中第九題至第十六題均爲反向題，此八題中如果當事者勾選「從未如此」（計分編碼數值爲 1），則其工作倦怠感知覺愈高（分數得分愈低），這與其餘十四題的計分相反，其餘十四題中當事者勾選「經常如此」（計分編碼數值爲 4），則其工作倦怠感知覺愈高（分數得分愈高），二者對於高工作倦怠感的計分剛好相反。以 a9 爲例「只要努力就能得到好的結果」，如果受試者勾選 1，相當於在其餘十四題正向題勾選 4，均表示工作倦怠感知覺愈高；而如果受試者勾選 4，相當於在其餘十四題正向題勾選 1，均表示工作倦怠感知覺愈低。

【操作1】

將問卷中反向計分的題項重新編碼（recode）

（工作倦怠感量表請參閱第一章，此量表中第九題至第十六題，題項代號爲 a9 至 a16 爲反向題）。

【Transform】/【Recode】/【Into Same Variables…】

（【轉換】/【重新編碼】/【成相同變數…】）

【操作 2】

在「Recode into Same Variables」（重新編碼成同一變數）對話視窗中，將左邊清單中 a9 至 a16 選入右邊「Numeric Variables:」（數值變數）的盒中，按『Old and New Values…』鈕（舊值與新值）。

出現「Recode into Same Variables: Old and New Values」（重新編碼成同一變數: 舊值與新值）的次對話視窗。

【操作 3】

在左邊「Old Value」（舊值）方盒中，選取「⊙ Value」（數值），在後面的空格內輸入 1：

「⊙ Value: 1 」

在右邊「New Value」（新值）方盒中，選取「⊙ Value」（數值），在後面的空格內輸入 4：

「⊙ Value: 4 」

然後按『Add』（新增）鈕。之後在右下方「Old-->New:」（舊值-->新值）下的空盒中，會出現數字的轉換情形，此時為「1-->4」。

重複此動作，分別將 2 分轉為 3 分、3 分轉為 2 分、4 分轉為 1 分。

按『Continue』（繼續）鈕，回到「Recode into Same Variables」（重新編碼成同一變數）對話視窗→再按『OK』鈕。

【操作 4】

資料檔案的視窗為已經反向計分的新資料，將新資料重新存在另一個檔案中（為便於日後探究，新資料最好不要與原始資料同檔名）。

【File】（檔案）/【Save as…】（另存新檔），在「儲存於（I）:」後面選取存放的磁碟及資料夾；在「檔案名稱（N）:」後面的空格內輸入檔案的名稱，再按【存檔（S）】鈕。原始資料的檔名與重新編碼過後的資料最好分開儲存，否則如果不小心操作錯誤又加上沒有備份原始資料檔，會影響之後統計分析的正確性。

二、求出量表總分

【操作 1】

【Transform】（轉換）→【Computer…】（計算…）
出現「Computer Variable」（計算變數）的對話視窗。

【操作 2】

在左邊「Target Variable:」（目標變數）下面的空盒中輸入新變項名稱，例題為「tota」

在右邊「Numeric Expression:」（數值運算式）下面的空盒中輸入要加總函數及變項名稱，例題為計算總分，選取「sum」函數按▲上移鈕。「sum」函數的表示法為「sum(numexpr,numexpr,…)，因而在右邊「Numeric Expression:」（數值算算式）下面的空盒中輸入 22 個題項總和函數表示法（變項之間要以半形逗號「,」隔開）：

> sum(a1,a2,a3,a4,a5,a6,a7,a8,a9,a10,a11,a12,a13,a14,a15,a16,a17,a18,a19,a20, a21,a22)

以上的總和表示法可以以下列數值式表示：

> sum (a1 to a22)

如果不要以總和函數表示，也可用傳統的數學表示法，將 22 個題題的總和直接加起來，在右邊「Numeric Expression:」（數值運算式）下面的空盒中，輸入下列數學運算式（數學運算式中的數值或四則運算均要使用半形字才可以）。

> a1+a2+a3+a4+a5+a6+a7+a8+a9+a10+a11+a12+a13+a14+a15+a16+a17+a18+ a19+a20+a21+a22

之後按『OK』（確定）鈕，資料視窗中會多出一個「tota」變項。

三、按照總分高低排序

按照總分的高低排列，就是要找出高低分組總人數之 27%處的分數。

【操作 1】

【Data】/【Sort Caeses…】（【資料】/【觀察值排序…】），出現「Sort Cases」（觀察值排序）對話視窗。

【操作 2】

在「Sort Cases」（觀察值排序）對話視窗中，將左邊選項中之「tota」變項選入右邊「Sort by:」（依……排序）下面的空盒中，在「Sort Order」（排序順序）下的次選項方盒中選取排序的方式，在此先選取「◉ Descending」（遞減——由大至小排序）→按『OK』鈕。

出現資料視窗會依 tota 變項的分數，由高往低排列。

將總人數之 27%處的分數記下（例題中共有 100 位，高分組第 27 位受試者的分數為 56 分）。

【操作 3】

第二次再將 tota 變項由低往高排列。

在「Sort Cases」（觀察值排序）對話視窗中，先按『Reset』（重設）鈕，將原先設定還原。

將左邊選項中之「tota」變項選入右邊「Sort by:」（依……排序）下面的空盒中，在「Sort Order」（排序順序）下的次選項方盒中選取排序的方式，在此選取「◉ Ascending」（遞增－由小至大排序）→按『OK』鈕。

將總人數之 27%處的分數記下（例題中共有 100 位，低分組第 27 位受試者的分數為 43 分）。

【說明】

在『操作 2』中，如果研究者也把後 27%所在之分數找出，『操作 3』的步驟可以省略。後 27%者的觀察值臨界值＝N－前 27%人數＋1。如果得分觀察值人數的前 27%，不是整數，則可以採取四捨五入法取到整數位，如有效觀察值共 423 位，量表總分依序排序的前 27%之觀察值為 114.21≒114；而後 27%的觀察值得分臨界點在 423－114＋1＝310 位觀

察值處，因而如量表依總分遞減排列（由大至小排序），則得分前 27% 的臨界點在 114 位觀察值，假設其得分為 78，則觀察值在此量表得分在 78 分以上者為高分組；得分後 27% 的臨界點在 310 位觀察值，假設其得分為 54，則觀察值在此量表得分在 54 分以下者為低分組。

四、高低分組

選出高低分組 27% 的分數，作為高低分組的界限，高分組為第一組（數值編碼 1），低分組為第二組（數值編碼 2）。如果組別的設定顛倒，如將低分組設為第 1 組（數值編碼 1）、高分組設為第 2 組（數值編碼 2），則進行獨立樣本 t 檢定時其 t 值通常為負值。

【操作 1】

【Transform】（轉換）→【Recode】（編碼）→【Into Different Variables…】（成不同變數），出現「Recode into Different Variables」（重新編碼成不同變數）的對話視窗。

【操作 2】

在「Recode into Different Variables」（重新編碼成不同變數）的對話視窗中，將左邊清單中 tota 變項選入右邊「Numeric Variables-->Output」（數值變數-->輸出變數）的空盒中，在最右邊「Output Variable」（輸出之新變數）的對話盒內，「Name:」（名稱）下面的空盒中輸入分組新變項名稱，例題為「gro」。

按『Change』（變更）鈕，則原來「Numeric Variables-->Output」（數值變數-->輸出變數）大空盒中的變數名稱會由「tota-->?」轉變為「tota-->gro」。

【操作 3】

按 『Old and New Values…』（舊值與新值…）鈕。

出現「Recode into Different Variables: Old and New Values」（重新編碼成不同變數: 舊值與新值）的次對話視窗。

在左邊「Old Value」（舊值）方盒中，共有三個「◯Range」（範圍）選項，在此選取第三個「◉Range」，在「□□□ through highest」（到最高值）前之空格內輸入高分組界限「56」（表 56 分以上至最高分，包含 56 分）：

「　56　　through highest　　」

在右邊「New Value」（新值）方盒中，選取「⦿ Value」（數值），在後面的空格內輸入「1」（高分組設為第一組），表示量表總分在 56 分以上者為第一組：

「⦿ Value:　1　」

然後按『Add』（新增）鈕。

【操作 4】

繼續在左邊「Old Value」（舊值）方盒中，選取第二個「⦿ Range」（範圍）選項，在「Lowest through____」（從最低值到）後的空格內輸入低分組界限「43」（表示得分從最低分到 43 分，包含 43 分）：

「Lowest through　43　」

在右邊「New Value」（新值）方盒中，選取「⦿ Value」（數值）選項，在後面的空格內輸入「2」（低分組設為第二組），表示量表總分在 43 分以下者為第二組：

「⦿ Value:　2　」

之後按『Add』（新增）鈕。

按『Continue』（繼續）鈕，回到「Recode into Different Variables」（重新編碼成不同變數）的對話視窗→再按『Ok』（確定）鈕。

資料檔案的視窗中新增一個「gro」的變項，變項的數值內容為 1（高分組）或 2（低分組）。

在高低分組操作上面，如能運用語法檔命令，會更為簡易，在語法檔視窗內輸入下面語法並執行，結果與前述相同。

```
If (tota>=56) gro=1.
If (tota<=43) gro=2.
EXECUTE.
```

上述 If 語法也可以以下述表示：

```
If (tota>55) gro=1.
If (tota<44) gro=2.
EXECUTE.
```

【操作 1】

開啓新的語法視窗【File】／【New】／【Syntax】（語法）

【操作 2】

出現「Syntax-SPSS Syntax Editor」（語法－SPSS 語法編輯程式）語法視窗，在編輯區輸入上列語法文字。

【操作 3】

【Run】（執行）／【All】（執行全部語法命令）

或

【Run】（執行）／【Selection】（只執行選取之語法命令）

高低分組之比較差異圖示如下（極端組 T 檢定法）：

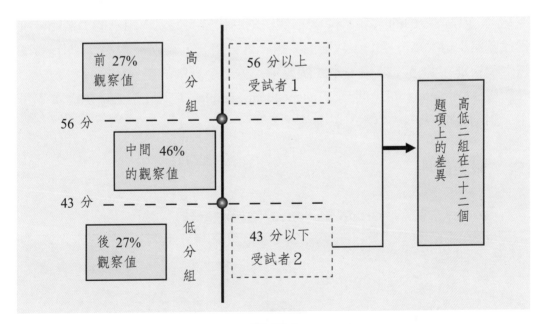

圖 17-1

五、以 t-test 考驗高低二組在題項上的差異

【操作 1】

【Analysis】/【Compare Means】/【Independent-Samples T Test…】
（【分析】/【比較平均數法】/【獨立樣本 T 檢定…】）

【操作 2】

出現「Independent-Samples T Test」（獨立樣本 T 檢定）的對話視窗。

將左邊變項視窗中 a1 至 a22 題項選入右邊「Test Variable(s):」（檢定變數）下面的空盒內（表示要考驗的變項包括 a1 至 a22）。

【操作 3】

將左邊變清單項視窗中「gro」選入右邊「Grouping Variable:」（分組變項）下面的空盒內（Grouping Variable 為進行獨立樣本 t 檢定時之自變項，為二分變項）

按『Define Groups…』（定義組別）鈕（定義自變項的劃分組別）。

進入「Define Groups」（定義組別）次對話視窗，在「Group 1:」（組別1）後面的空格內輸入「1」；在「Group 2:」（組別2）後面的空格內輸入「2」（空格內後面的數字1、2表群體組別的代號）。定義組別的二個組分別為代號第1組（高分組）、代號第2組（低分組），獨立樣本 t-test 即在考驗這二個組別在 a1 至 a22 第二十二個題項得分之平均數的差異情形。

按『Continue』鈕，回到「Independent-Samples T Test」（獨立樣本 T 檢定）對話視窗→再按『OK』（確定）鈕。

六、報表說明

Group Statistics（組別統計量）

題項	GRO 組別	N 人數	Mean 平均數	Std. Deviation 標準差	Std. Error Mean 平均數標準誤
A1	1.00	30	3.37	.56	.10
	2.00	27	2.07	.78	.15
A2	1.00	30	3.23	.63	.11
	2.00	27	2.00	.62	.12

A3	1.00	30	3.40	.56	.10
	2.00	27	2.07	.78	.15
A4	1.00	30	3.23	.57	.10
	2.00	27	2.33	.83	.16
A5	1.00	30	3.00	.79	.14
	2.00	27	2.00	.73	.14
A6	1.00	30	3.23	.68	.12
	2.00	27	1.63	.69	.13
A7	1.00	30	2.83	.65	.12
	2.00	27	1.85	.53	.10
A8	1.00	30	3.40	.56	.10
	2.00	27	1.74	.76	.15
A9	1.00	30	2.77	.73	.13
	2.00	27	1.70	.87	.17
A10	1.00	30	2.53	.63	.11
	2.00	27	1.19	.40	7.62E-02
A11	1.00	30	2.53	.86	.16
	2.00	27	1.11	.32	6.16E-02
A12	1.00	30	2.83	.79	.14
	2.00	27	1.19	.40	7.62E-02
A13	1.00	30	2.40	.89	.16
	2.00	27	1.30	.47	8.96E-02
A14	1.00	30	2.17	.79	.14
	2.00	27	1.22	.42	8.15E-02
A15	1.00	30	1.67	.66	.12
	2.00	27	1.07	.27	5.14E-02
A16	1.00	30	1.87	.63	.11
	2.00	27	1.33	.48	9.25E-02
A17	1.00	30	2.63	.85	.16
	2.00	27	1.52	.64	.12
A18	1.00	30	2.50	.57	.10
	2.00	27	1.89	.64	.12
A19	1.00	30	2.37	.61	.11
	2.00	27	1.52	.51	9.80E-02
A20	1.00	30	2.80	.76	.14
	2.00	27	1.33	.48	9.25E-02

A21	1.00	30	2.57	.82	.15
	2.00	27	1.56	.64	.12
A22	1.00	30	3.33	.66	.12
	2.00	27	2.22	.80	.15

上表爲高分組、低分組觀察値在二十二個題的人數、平均數、標準差、平均數標準誤，高分組與低分組的觀察値人數分別爲 30、27，高分組人數稍多，表示在臨界點處有同分的觀察値。平均數的標準誤$=\dfrac{SD}{\sqrt{N}}$，如題項 1（a1）高分組的平均得分爲 3.37、標準差爲.56、平均數的標準誤（Std. Error Mean）$=\dfrac{.56}{\sqrt{30}}=.10$；低分組的平均得分爲 2.07、標準差爲.78、平均數的標準誤（Std. Error Mean）$=\dfrac{.78}{\sqrt{27}}=.15$。

Independent Sample Test（獨立樣本考驗）

		Levene's Test for Equality of Variances		t-test for Equality of Means						
		F 值	Sig.顯著性	t 值	df 自由度	Sig.(2-tailed) t值顯著性	Mean Difference 平均數的差異	Std. Error Difference 差異值標準誤	95%Confidence Interval of the Difference Lower	95%Confidence Interval of the Difference Upper
A1	Equal variances assumed	.200	.657	7.254	55	.000	1.29	.18	.94	1.65
	Equal variances not assumed			7.128	46.471	.000	1.29	.18	.93	1.66
A2	Equal variances assumed	1.576	.215	7.459	55	.000	1.23	.17	.90	1.56
	Equal variances not assumed			7.463	54.478	.000	1.23	.17	.90	1.56
A3	Equal variances assumed	.106	.746	7.406	55	.000	1.33	.18	.97	1.68
	Equal variances not assumed			7.282	46.843	.000	1.33	.18	.96	1.69
A4	Equal variances assumed	5.156	.027	4.810	55	.000	.90	.19	.52	1.28
	Equal variances not assumed			4.717	45.263	.000	.90	.19	.52	1.28
A5	Equal variances assumed	.011	.918	4.942	55	.000	1.00	.20	.59	1.41
	Equal variances not Assumed			4.961	54.928	.000	1.00	.20	.60	1.40

A6	Equal variances assumed	.243	.624	8.850	55	.000	1.60	.18	1.24	1.97
	Equal variances not assumed			8.844	54.217	.000	1.60	.18	1.24	1.97
A7	Equal variances assumed	.488	.488	6.202	55	.000	.98	.16	.66	1.30
	Equal variances not assumed			6.266	54.601	.000	.98	.16	.67	1.30
A8	Equal variances assumed	3.279	.076	9.394	55	.000	1.66	.18	1.31	2.01
	Equal variances not assumed			9.246	47.465	.000	1.66	.18	1.30	2.02
A9	Equal variances assumed	1.703	.197	5.023	55	.000	1.06	.21	.64	1.49
	Equal variances not assumed			4.976	50.983	.000	1.06	.21	.63	1.49
A10	Equal variances assumed	15.302	.000	9.561	55	.000	1.35	.14	1.07	1.63
	Equal variances not assumed			9.785	49.464	.000	1.35	.14	1.07	1.62
A11	Equal variances assumed	30.900	.000	8.094	55	.000	1.42	.18	1.07	1.77
	Equal variances not assumed			8.429	37.622	.000	1.42	.17	1.08	1.76
A12	Equal variances assumed	9.827	.003	9.770	55	.000	1.65	.17	1.31	1.99
	Equal variances not assumed			10.089	43.603	.000	1.65	.16	1.32	1.98
A13	Equal variances assumed	13.509	.001	5.747	55	.000	1.10	.19	.72	1.49
	Equal variances not assumed			5.926	44.569	.000	1.10	.19	.73	1.48
A14	Equal variances assumed	12.836	.001	5.526	55	.000	.94	.17	.60	1.29
	Equal variances not assumed			5.692	45.285	.000	.94	.17	.61	1.28
A15	Equal variances assumed	37.974	.000	4.348	55	.000	.59	.14	.32	.87
	Equal variances not assumed			4.519	39.032	.000	.59	.13	.33	.86
A16	Equal variances assumed	.043	.836	3.568	55	.000	.53	.15	.23	.83
	Equal variances not assumed			3.618	53.645	.000	.53	.15	.24	.83

A17 Equal variances assumed	1.715	.196	5.535	55	.000	1.11	.20	.71	1.52
Equal variances not assumed			5.616	53.472	.000	1.11	.20	.72	1.51
A18 Equal variances assumed	.695	.408	3.804	55	.000	.61	.16	.29	.93
Equal variances not assumed			3.782	52.492	.000	.61	.16	.29	.94
A19 Equal variances assumed	.991	.324	5.635	55	.000	.85	.15	.55	1.15
Equal variances not assumed			5.691	54.643	.000	.85	.15	.55	1.15
A20 Equal variances assumed	2.837	.098	8.587	55	.000	1.47	.17	1.12	1.81
Equal variances not assumed			8.787	49.530	.000	1.47	.17	1.13	1.80
A21 Equal variances assumed	1.533	.221	5.158	55	.000	1.01	.20	.62	1.40
Equal variances not assumed			5.224	54.026	.000	1.01	.19	.62	1.40
A22 Equal variances assumed	.519	.474	5.735	55	.000	1.11	.19	.72	1.50
Equal variances not assumed			5.677	50.604	.000	1.11	.20	.72	1.50

　　在結果中先看每個題項組別群體變異數相等性的「F值」考驗，如果顯著（Sig.欄的值小於.05），就應拒絕虛無假設，接受對立假設，表示二個組別群體變異數不相等，此時看「Equal variances not assumed」（假定變異數不相等）列之t值，如果t值顯著（Sig.欄的p值小於.05），則此題項具有鑑別度；如果t值不顯著（Sig.欄的p值大於.05），則此題項未有鑑別度。

　　判別二組平均數差異檢定之t是否顯著，除參考機率值p外，亦可由差異值之95%的信賴區間（95% confidence interval of the Difference）來判別，如果95%的信賴區間未包含0在內，表示二者的差異顯著。

七、項目分析的結果說明

　　例題中，a1至a22的t值均達顯著，表示預試問卷二十二個題項均具有鑑別度，所有題項均能鑑別出不同受試者的反應程度。

　　如果題項較多且均達顯著，而研究者因實際研究考量時，要刪除部分題

項，可挑選鑑別度較高的題項，以減少量表題數。

　　將挑選出來的題項或具鑑別力的題項，進一步進行因素分析，以考驗量表的建構效度，建構效度考驗完後，確定因素層面的題項，可繼續進行信度考驗。

　　預試問卷在進行項目分析之前，也可以就各題描述統計量的情形，作爲診斷題項適切性的指標之一，如題目的標準差太小，表示預試樣本塡答的情形趨於一致，題目的鑑別度太低；如果題項的平均數過於極端，則無法反應受試樣本在題項的集中趨勢狀況。工作倦怠感量表採四點量表法，其中間值爲 2.50、標準差爲 1；如果是五點量表則中間值爲 3.0。

Descriptive Statistics

	N	Minimum	Maximum	Mean	Std. Deviation
a1	100	1	4	2.82	.783
a2	100	1	4	2.66	.781
a3	100	1	4	2.75	.809
a4	100	1	4	2.81	.800
a5	100	1	4	2.61	.777
a6	100	1	4	2.52	.915
a7	100	1	4	2.42	.727
a8	100	1	4	2.64	.959
a9	100	1	4	2.19	.825
a10	100	1	4	1.81	.787
a11	100	1	4	1.77	.851
a12	100	1	4	2.01	.870
a13	100	1	4	1.78	.811
a14	100	1	3	1.71	.715
a15	100	1	3	1.35	.557
a16	100	1	3	1.72	.587
a17	100	1	4	2.10	.798
a18	100	1	3	2.15	.626
a19	100	1	4	2.00	.696
a20	100	1	4	2.18	.857
a21	100	1	4	2.19	.800
a22	100	1	4	2.94	.851
Valid N (listwise)	100				

　　從上述描述統計量中，可以看出 a15、a16 二題的標準差較小，分別爲 .557、.587。第十五題的平均數爲 1.35，較偏離中間值 2.5，此種以描述性統計

量數值來判斷題項的適切性，最好只作爲初步篩選的參考，不要作爲主要的判斷指標。

八、同質性考驗法

　　同質性考驗法表示一種態度量表的題項所測量的心理特質屬性應該非常接近，題項之間應該有較高的相關才對，每個題項與量表的總分應該也有高度的相關（此相關爲積差相關係數）。題目與總量表相關最好在.30以上，且要達到統計的顯著水準。

　　求每個題項與量表總分的相關程序如下：

> 執行「Analysis」（分析）→「Correlate」（相關）→「Bivariate」（雙變數）程序，出現「Bivariate Correlations」對話視窗，將變項 a1、a2……a21、a22、tota 選入右邊「Variables」下的方格中→按『OK』鈕。

Correlations（題項與總分的積差相關矩陣，對稱資料省略）

		總分 tota			總分 tota
a1	Pearson Correlation	.713(**)	a12	Pearson Correlation	.731(**)
	Sig. (2-tailed)	.000		Sig. (2-tailed)	.000
a2	Pearson Correlation	.668(**)	a13	Pearson Correlation	.539(**)
	Sig. (2-tailed)	.000		Sig. (2-tailed)	.000
a3	Pearson Correlation	.718(**)	a14	Pearson Correlation	.551(**)
	Sig. (2-tailed)	.000		Sig. (2-tailed)	.000
a4	Pearson Correlation	.500(**)	a15	Pearson Correlation	.458(**)
	Sig. (2-tailed)	.000		Sig. (2-tailed)	.000
a5	Pearson Correlation	.624(**)	a16	Pearson Correlation	.379(**)
	Sig. (2-tailed)	.000		Sig. (2-tailed)	.000
a6	Pearson Correlation	.784(**)	a17	Pearson Correlation	.578(**)
	Sig. (2-tailed)	.000		Sig. (2-tailed)	.000
a7	Pearson Correlation	.589(**)	a18	Pearson Correlation	.392(**)
	Sig. (2-tailed)	.000		Sig. (2-tailed)	.000
a8	Pearson Correlation	.723(**)	a19	Pearson Correlation	.531(**)
	Sig. (2-tailed)	.000		Sig. (2-tailed)	.000
a9	Pearson Correlation	.557(**)	a20	Pearson Correlation	.662(**)
	Sig. (2-tailed)	.000		Sig. (2-tailed)	.000
a10	Pearson Correlation	.723(**)	a21	Pearson Correlation	.528(**)
	Sig. (2-tailed)	.000		Sig. (2-tailed)	.000
a11	Pearson Correlation	.638(**)	a22	Pearson Correlation	.573(**)
	Sig. (2-tailed)	.000		Sig. (2-tailed)	.000

** Correlation is significant at the 0.01 level (2-tailed).

* Correlation is significant at the 0.05 level (2-tailed).

上表為題項與總分的相關情形，二十二個工作倦怠感量表題項與量表總分的相關均為正相關，且均達顯著水準，其中以第十六題、第十八題之題項與總分的相關較低，積差相關係數分別為r=.379（p=.000<.001）、r=.392（p=.000<.001）。整體而言各題項與總分的相關達到中、高度的相關，題項間所要測量的態度行為特質一致性頗高。

此外，也可採用一致性考驗方法，求出校正項目總分的相關係數（corrected item-total correlation），校正項目總分的相關係數，表示一個題項與其他題項總分的相關係數，可以得知此題項與其他題項的一致性如何。

求校正總分相關係數的程序如下（求量表信度的方法）：

【操作1】：

【Analysis】（分析）→【Scale】（量尺法）→【Reliability Analysis…】（信度分析）出現「Reliability Analysis」（信度分析）的對話視窗。

【操作2】：

將工作倦怠感量表二十二個題項a1、a2、……、a21、a22選入右邊「Items:」（項目）方盒內，在「Mode:」（模式）右邊的下拉式選單中選取內定「Alpha」（內部一致性α係數考驗）

【操作3】：

按『Statistics…』（統計量…）鈕，出現「Reliability Analysis: Statistics」（信度分析：統計量）次對話視窗。

在「Descriptives for」（描述統計量對象）方盒中選取「☑Scale if item deleted」（刪除項目後之量尺摘要）→按『Continue』（繼續）鈕，回到「Reliability Analysis」（信度分析）對話視窗→按『OK』（確定）。

Reliability Statistics

Cronbach's Alpha	N of Items
.917	22

上表為22題總量表的 Cronbach α值，α值等於.917。

Item-Total Statistics

	Scale Mean if Item Deleted	Scale Variance if Item Deleted	Corrected Item-Total Correlation	Cronbach's Alpha if Item Deleted
A1	46.31	98.297	.673	.911
A2	46.47	99.060	.623	.912
A3	46.38	97.874	.677	.911
A4	46.32	101.634	.440	.916
A5	46.52	99.828	.575	.913
A6	46.61	95.190	.747	.909
A7	46.71	100.935	.541	.914
A8	46.49	95.788	.674	.911
A9	46.94	100.441	.499	.915
A10	47.32	98.078	.684	.911
A11	47.36	98.738	.586	.913
A12	47.12	96.814	.689	.910
A13	47.35	100.876	.481	.915
A14	47.42	101.640	.501	.914
A15	47.78	104.335	.415	.916
A16	47.41	105.052	.330	.917
A17	47.03	100.353	.524	.914
A18	46.98	104.626	.340	.917
A19	47.13	102.114	.481	.915
A20	46.95	98.230	.612	.912
A21	46.94	101.168	.470	.915
A22	46.19	99.893	.515	.914

　　上表爲題項與總量表的統計量，第一欄爲題項的變數名稱、第二欄「Scale Mean if Item Deleted」表示刪除該題項後（剩餘二十一題）量表的平均數；第三欄「Scale Variance if Item Deleted」表示刪除該題項後（剩餘二十一題）量表的變異數；第四欄「Corrected Item-Total Correlation」爲校正題項與總分的相關，即該題與其餘二十一題題項總分的相關；第五欄「Cronbach's Alpha if Item Deleted」表示該題刪除後，Cronbach α係數改變情形。如果總量表的α係數爲.830，而「Cronbach's Alpha if Item Deleted」的係數值爲.920，表示此題刪除後，α係數會從原先的.830 增加到.920，如果有此情形，表示此題與總量表的內部一致性不高，題項可考慮刪除。上表中可以發現，如果刪除某一題後，Cronbach α係數值的改變大都變小，但第 16 題與第 18 題的題項刪除後，α係數並沒有改變，這二個題項是否刪除，應根據研究對象及問卷題項總數而定。

九、工作倦怠感量表項目分析結果

茲將以上工作倦怠感量表項目分析結果整理如下：

題項	極端組比較	同質性檢驗			備註
	決斷值 （CR值）	題目與 總分相關	校正題目與 總分相關	題項刪除後 的α係數	
A1	7.254***	.713***	.673	.911	保留
A2	7.495***	.668***	.623	.912	保留
A3	7.406***	.718***	.677	.911	保留
A4	4.717***	.500***	.440	.916	保留
A5	4.942***	.624***	.575	.913	保留
A6	8.850***	.784***	.747	.909	保留
A7	6.202***	.589***	.541	.914	保留
A8	9.394***	.723***	.674	911	保留
A9	5.023***	.557***	.499	.915	保留
A10	9.785***	.723***	.684	.911	保留
A11	8.429***	.638***	.586	.913	保留
A12	10.089***	.731***	.689	.910	保留
A13	5.926***	.539***	.481	.915	保留
A14	5.692***	.551***	.501	.914	保留
A15	4.519***	.458***	.415	.916	保留
A16	3.568***	.379***	.330	.917	保留或刪除
A17	5.535***	.578***	.524	.914	保留
A18	3.804***	.392***	.340	.917	保留或刪除
A19	5.635***	.531***	.481	.915	保留
A20	8.587***	.662***	.612	.912	保留
A21	5.158***	.528***	.470	.915	保留
A22	5.735***	.573***	.515	.914	保留

*** p<.001 總量表的α係數=.917

上述工作倦怠感量表的項目分析結果如上表所列，極端組比較結果，22題的 CR 值在 3.568 至 10.089 間，22 個題項均達統計上的顯著水準（p=.000<.001）；同質性檢驗中，二十二個題項與總量表的相關在.379 至.731 間，呈現中、高度相關（p=.000<.001），二十二個題項刪除後的量表α係數與總量表的α係數相差不大，沒有突增的題項，因而二十二個題項均可保留採用。

如果在實務研究中，研究者認為量表題項數太多，恐影響樣本填答的意

願，定要刪除部分題項，可考慮刪除 16 題與 18 題，因這二題的決斷值最低，同質性檢驗的三種數值也最低。

17-2 試題分析

學業成就測驗試題分析的步驟與心理態度量表中決斷值的求法甚為類同，二者主要差異在於心理態度量表在求極端組樣本（高分組與低分組）在每個題項平均數得分的差異，而學業成就測驗的試題分析在於求出極端組樣本（高分組與低分組）在每個題項答對的百分比人數。極端組的選取可以取上下三分之一（約 33%）至四分之一（約 25%）的人數均可，其中以取上下 27% 的人數最為多數學者採用。成就測驗試題分析的簡要步驟如下：

1. 每個題項鍵檔時，答對者鍵入 1、答錯者鍵入 0，此種建檔方法適合各種題型的成就測驗。

   以選擇題而言，某題正確答案如為「2」，則勾選「1、3、4」者均為錯誤答案，題項填選「2」者鍵入 1，題項填選「1、3、4」者均鍵入 0；如果是應用題，除了全錯、全對外，可能還有扣分情形，如某個配分 6 分，全對者得 6 分、全錯者得 0 分，此二種情形，資料建檔時分別鍵入「1」、「0」，如果有扣分情形，此時受試者得分可能出現 5 分、4 分、3 分、2 分、1 分情形，此種情形既非全錯或全對二極化情形。碰到此種情形，研究者可自定一個標準，如得分 4 分以上就表示答對，只是不完整而已，因而得分在 4 分以上的受試者，資料建檔時就鍵入「1」（視為答對者）、得分在 3 分以下者，資料建檔時就鍵入「0」（視為答錯者）。至於扣多少分以內也算答對者，研究者要根據測驗的目的、實施對象及題項內涵等因素加以綜合判斷。

2. 將學生成就測驗的得分依序排序，分別求出前 27%、後 27% 觀察值的分數。

3. 依臨界分數將學生成就測驗得分分成高低二組。

4. 選取高分組、低分組的受試者，並將其資料檔案暫時分割。

5. 算出高、低二組樣本在每個題項答對的比率。

6. 列表整理，求出每個題項的難度與鑑別度。

$$難度\ P = \frac{P_H + P_L}{2}$$

$$鑑別度指數\ D = P_H - P_L$$

上述中 P_H 表示高分組在每個題項答對的百分比；P_L 表示低分組在每個題項答對的百分比（答對率）。試題的難度指標表示高分組、低分組在題項答對率的平均數值；鑑別度指數表示高分組、低分組在題項答對率的差值。

試題難度指標值（item difficulty index）的數值介於 0 至 1 中間，難度數值愈小，表示試題愈困難（答對者愈少）；難度數值愈大者，表示試題愈簡單（答對者愈多），當難度數值（P 值）接近 0.5 時，表示答對和答錯的學生各占一半，因而試題是難易適中，難度的數值如果小於 0.25，題目被認為相當困難；當難度的數值大於 0.75，題目會被認為過於簡單，在一份良好的試題中，題目難度值最好介於 0.20 至 0.80 之間，並有一個平均 P 值約為 0.50。當所有其他的因素是均等的，所有的 P 值大約在 0.50 時，測驗的區別力會最大（*Kubiszyn & Borich, 1996*；陳李綢，民 *89*）。

難度指數的選擇標準最好根據其用目的與用途而定，要找到所有試題難度的P值都接近.50，有其實際上的困難，學者間的看法未盡相同，如 Ahmanan 與 Clock（*1981*）主張試題難度指數值以.40 到.70 範圍為選擇標準；而學者 Chase（*1978*）主張：如果是選擇題的形式，試題難度指數值以.40 到.80範圍為選擇標準，是非題的形式，試題難度指數值以.55 到.85 範圍為選擇標準。

另一種難度指標值為美國「教育測驗服務社」（Educational Testing Service；簡稱為 ETS）所使用的轉換公式，以避免難度指標值出現負值。ETS 建議以線性轉換過的分數來表示試題難度指標值，其轉換公式如下：

$$\Delta = 13+4Z$$

其中Δ（delta）表示試題難度指標，Z表示標準化常態分配上之標準分數、13 為轉換公式的平均數、4 為轉換公式的標準差。Δ值的值域介於 1 到 25 之間，平均難度值為 13，Δ的值愈小，表示試題愈容易；Δ的值愈大，表示試題愈困難。難度指標值轉換成Δ值的計算較為繁瑣，為便於研究者使用，學者 Fan（*1952*）將P值轉換成Δ值的過程，編製成「范氏試題分析表」（Fan's item analyze table），使用者可以根據高分組答對百分比與低分組答對百分比數據，直接從該表上查到相對映的Δ值。「范氏試題分析表」在心理與教育測驗相關書籍的後面可查閱到，如郭生玉（民 *76*）、陳英豪、吳裕益（民 *80*）編著的書籍附錄。

　　「試題鑑別度指標值」（item discrimination index）的值域介於-1 至+1 之間。當試題太簡單時，全部學生皆答對，高低分組學生在題項答對率的差值接近 0；反此，如果試題太困難，全部學生皆答錯，高低分組學生在題項答對率的差值也接近 0，因而題目太簡單或過於艱難，都不具有良好的鑑別度指標。鑑別指標數如果為負，稱為「負向鑑別指數」，表示高分組在某個試題答對的百分比反而比低分組答對的百分比還比，此種題項為不良試題，可能語意不清或表達不完整等，負向鑑別指數的題項應該刪除。一個良好的試題，鑑別度指標值應為正，且愈大愈好，如此區別高低分組學生答對試題的功能愈佳，其指標值最好在 0.30 以上。

　　試題鑑別指標的分析方法，大約可以分成二種：一為為試題「內部一致性分析法」（internal consistency）、二為為「外在效度」（external validity）分析法，前者是以探討個別試題得分和整個測驗總分之間的一致性為主，後者是以分析受試者在試題上的反應與在效標上的表現之間的關係為主；前者的目的在於使測驗的一致性變得最大，而後者的目的則是在求試題反應與測驗外在效度變得最大。內部一致性分析法與外在效度法之分析過程大致相同，唯一差異之處，為外在效度分析係依據外在效標的分數分為高、低二組，如教師在編製數學成就測驗時，可以使用校內的數學科學期成績作為外在效標，而將其分成高、低兩組，並分別計算每個試題與效標關之關係。分析鑑別指標的方法，除上述所介紹的方法外，也可採用點二系列相關（point-biserial correlation）來分析，這種分析方法是依據學生在某個試題作答結果的對或錯，與其測驗總分間求相關係數而得，並以此相關係數來表示該試題的鑑別度指標，這種指標和上述的分析結果間具有高度的相關（余民寧，民 91；郭生玉，民 76）。點二系列相關旨在求一個二分變項（dichotomous variable）（試題分析時分為答對或答錯）與一個「連續變項」（如成績總分）間的相關，此種分析方法乃根據受試者個人在某試題反應的對與錯與其測驗總分間的關係程度，作為鑑別度的指標，相關係數值愈大表示試題的鑑別度愈大。

　　評鑑試題品質的優劣，並沒有一致確切的標準，常因編製測驗的目的和性質而異。常用的評鑑原則是先選出鑑別力較高的試題，再從中選出難度指數較為適中的題目（郭生玉，民 76）。學者 Noll 等人（1979）認為試題的鑑別力愈高愈好，但一般可接受的最低標準為其值在.25 以上，鑑別力指標值低於.25，就被視為鑑別力不佳的試題，此試題應該刪除。根據學者 Ebel 與 Frisbie（1991）及 Ebel（1979）的觀點，試題鑑別力的評鑑標準如下表，此表數值可作為研究者篩選試題品質的參考。

鑑別度指數	試題判斷標準
.40 以上	試題非常優良
.30 以上，未達.40	試題優良可用，可能需要細部修改
.20 以上，未達.30	試題尚可，可能要大幅修改
.20 以下	試題不佳，須淘汰或重新修改

一、操作步驟

㈠依觀察值之數學成就測驗總分排序

資料檔中共有 25 個題項，1-15 題爲選擇題，變數編號爲 a1、a2⋯⋯、a15、16-25 題爲填充題，變數編號爲 a16 至 a25，題項總數 25 題，每題 4 分，總分 100 分，數學成就測驗總分的變數名稱以「math_t」表示。依總分排序程序如下：

> 【Data】（資料）→【Sort Caeses⋯】（觀察值排序⋯），出現「Sort Cases」（觀察值排序）對話視窗→在「Sort Cases」（觀察值排序）對話視窗中，將左邊變數清單中之「math_t」變項選入右邊「Sort by:」（依⋯排序）下面的空盒中，在「Sort Order」（排序順序）下的次選項方盒中選取排序的方式，在此選取「◉Descending」（遞減──由大至小排序）→按『OK』鈕。

因爲共有 100 位受試者，前 27% 的臨界觀察值位於第 100×27%=27 位處；後 27% 的臨界觀察值位於 100-27+1=74 處，二個臨界觀察值的分數分別爲 84、68。

㈡高低分組

找出前 27% 臨界分數 84 分、後 27 者臨界分數 68 分，接下來以重新編碼的方法，將數學成就測驗總分 84 分以上者設爲第 1 組（高分組）、68 分以下者設爲第 2 組（低分組），新增一個組別變數 gro，數值編碼 1 者爲高分組、數值編碼 2 者爲低分組。重新編碼過程如下：

> 【Transform】（轉換）→【Recode】（編碼）→【Into Different Variables⋯】（成不同變數），出現「Recode into Different Variables」（重新編碼成不同變數）的對話視窗。

【操作1】

在「Recode into Different Variables」（重新編碼成不同變數）的對話視窗中，將左邊清單中 math_t 變項選入右邊「Numeric Variables-->Output」（數值變數-->輸出變數）的空盒中，在最右邊「Output Variable」（輸出之新變數）的對話盒內，「Name:」（名稱）下面的空盒中輸入分組新變項名稱，例題為「gro」。

按『Change』（變更）鈕，則原來「Numeric Variables-->Output」（數值變數-->輸出變數）大空盒中的變數名稱會由「math_t-->?」轉變為「math_t-->gro」。

【操作2】

按 『Old and New Values…』（舊值與新值…）鈕。

出現「Recode into Different Variables: Old and New Values」（重新編碼成不同變數：舊值與新值）的次對話視窗。

在左邊「Old Value」（舊值）方盒中選取第三個「⦿Range」，在「□□□ through highest」（到最高值）前空格內輸入高分組界限「84」（表 84 分以上至最高分）：

> 「 84 through highest 」

在右邊「New Value」（新值）方盒中，選取「⦿Value」（數值），在後面的空格內輸入「1」（高分組設為第一組），表示量表總分在 84 分以上者為第一組：

> 「⦿ Value: 1 」

然後按『Add』（新增）鈕。

【操作3】

繼續在左邊「Old Value」（舊值）方盒中，選取第二個「⦿Range」（範圍）選項，在「Lowest through □□□」（從最低值到）後的空格內輸入低分組界限「68」（表示得分從最低分到 68 分）：

```
「Lowest through  68  」
```

在右邊「New Value」（新值）方盒中，選取「⊙ Value」（數值）選項，在後面的空格內輸入「2」（低分組設為第二組），表示量表總分在 68 分以下者為第二組：

```
「⊙ Value:  2  」
```

之後按『Add』（新增）鈕。

按『Continue』（繼續）鈕，回到「Recode into Different Variables」（重新編碼成不同變數）的對話視窗，再按『Ok』（確定）鈕。

資料檔案的視窗中新增一個「gro」的變項，變項的數值內容為 1（高分組）或 2（低分組）。

(二)選擇觀察值

此部分操作目的只要在選擇組別變項 gro 中數值為 1、及數值為 2 的觀察值，即挑選高分組與低分組的觀察值，中間分數 46% 的觀察值暫時不進行處理。操作程序如下：

「Data」（資料）→「Select Cases」（選擇觀察值）→出現「Select Cases」（選擇觀察值）對話視窗，在「Select」的方盒中選取「⊙ If condition is satisfied」（如果滿足設定條件）選項，再按『If』（若）鈕→出現「Select Cases: If」（選擇觀察值:If）次對話視窗，將組別變項選入右邊的方格中，界定 gro 等於 1 或 gro 等於 2，方格中的表示為「gro=1 | gro=2」→按「Continue」鈕→按「OK」鈕。

圖 17-2

㈣分割檔案

分割檔案的目的，將高低分組的觀察值分開，以便分別求出其在每個題項答對的百分比。

分割檔案操作程序：

> Data（資料）→Split file…（分割檔案）→在「Split File」（分割檔案）的對話視窗中，勾選「◉Organize output by groups」（依組別組織輸出）選項→將變數清單中組別變項「gro」選入右邊「Groups Based on:」（以組別為準）的方格中→按『OK』鈕

㈤執行次數分配，以求出組別在每題的答對率情形

操作程序如下：

> Analyze→Descriptive Statistics→Frequencies，出現「Frequencies」對話視窗，將左邊變數清單中的a1、a2、……a24、a25等二十五個變項點選至右邊的空格中→按『OK』鈕

㈥進行點二系列相關分析

1. 取消檔案分割的設定

> Data（資料）→Split file…（分割檔案）→在「Split File」（分割檔案）的對話視窗中，勾選「◉Analyze all cases, do not create group」（分析所有觀察值，勿建立組別）選項→按『OK』鈕

2. 求點二系列相關

> 執行「Analysis」（分析）→「Correlate」（相關）→「Bivariate」（雙變數）程序，出現「Bivariate Correlations」對話視窗，將變項 a1、a2……a21、a25、math_t 選入右邊「Variables」下的方格中→按『OK』鈕。

二、執行結果

以下只呈現第一題至第八題結果（其餘省略）。

組別 ＝ 高分組

Frequency Table

第 1 題（a）

		Frequency	Percent	Valid Percent	Cumulative Percent
Valid	答錯	3	9.4	9.4	9.4
	答對	29	90.6	90.6	100.0
	Total	32	100.0	100.0	

a 組別 ＝ 高分組

第 2 題（a）

		Frequency	Percent	Valid Percent	Cumulative Percent
Valid	答錯	7	21.9	21.9	21.9
	答對	25	78.1	78.1	100.0
	Total	32	100.0	100.0	

a 組別 ＝ 高分組

第 3 題（a）

		Frequency	Percent	Valid Percent	Cumulative Percent
Valid	答錯	5	15.6	15.6	15.6
	答對	27	84.4	84.4	100.0
	Total	32	100.0	100.0	

a 組別 ＝ 高分組

第 4 題（a）

		Frequency	Percent	Valid Percent	Cumulative Percent
Valid	答錯	3	9.4	9.4	9.4
	答對	29	90.6	90.6	100.0
	Total	32	100.0	100.0	

a 組別 ＝ 高分組

第 5 題（a）

		Frequency	Percent	Valid Percent	Cumulative Percent
Valid	答錯	2	6.3	6.3	6.3
	答對	30	93.8	93.8	100.0
	Total	32	100.0	100.0	

a 組別 ＝ 高分組

第 6 題（a）

		Frequency	Percent	Valid Percent	Cumulative Percent
Valid	答錯	6	18.8	18.8	18.8
	答對	26	81.3	81.3	100.0
	Total	32	100.0	100.0	

a 組別 ＝ 高分組

第 7 題（a）

		Frequency	Percent	Valid Percent	Cumulative Percent
Valid	答錯	5	15.6	15.6	15.6
	答對	27	84.4	84.4	100.0
	Total	32	100.0	100.0	

a 組別 ＝ 高分組

第 8 題（a）

		Frequency	Percent	Valid Percent	Cumulative Percent
Valid	答錯	4	12.5	12.5	12.5
	答對	28	87.5	87.5	100.0
	Total	32	100.0	100.0	

a 組別 ＝ 高分組

組別 ＝ 低分組

第 1 題（a）

		Frequency	Percent	Valid Percent	Cumulative Percent
Valid	答錯	14	40.0	40.0	40.0
	答對	21	60.0	60.0	100.0
	Total	35	100.0	100.0	

a 組別 ＝ 低分組

第 2 題（a）

		Frequency	Percent	Valid Percent	Cumulative Percent
Valid	答錯	14	40.0	40.0	40.0
	答對	21	60.0	60.0	100.0
	Total	35	100.0	100.0	

a 組別 = 低分組

第 3 題（a）

		Frequency	Percent	Valid Percent	Cumulative Percent
Valid	答錯	12	34.3	34.3	34.3
	答對	23	65.7	65.7	100.0
	Total	35	100.0	100.0	

a 組別 = 低分組

第 4 題（a）

		Frequency	Percent	Valid Percent	Cumulative Percent
Valid	答錯	16	45.7	45.7	45.7
	答對	19	54.3	54.3	100.0
	Total	35	100.0	100.0	

a 組別 = 低分組

第 5 題（a）

		Frequency	Percent	Valid Percent	Cumulative Percent
Valid	答錯	16	45.7	45.7	45.7
	答對	19	54.3	54.3	100.0
	Total	35	100.0	100.0	

a 組別 = 低分組

第 6 題（a）

		Frequency	Percent	Valid Percent	Cumulative Percent
Valid	答錯	14	40.0	40.0	40.0
	答對	21	60.0	60.0	100.0
	Total	35	100.0	100.0	

a 組別 = 低分組

第 7 題（a）

		Frequency	Percent	Valid Percent	Cumulative Percent
Valid	答錯	17	48.6	48.6	48.6
	答對	18	51.4	51.4	100.0
	Total	35	100.0	100.0	

a 組別＝低分組

第 8 題（a）

		Frequency	Percent	Valid Percent	Cumulative Percent
Valid	答錯	12	34.3	34.3	34.3
	答對	23	65.7	65.7	100.0
	Total	35	100.0	100.0	

a 組別＝低分組

Correlations（點二系列相關）

		總分			總分
第 1 題	Pearson Correlation	.377(**)	第 8 題	Pearson Correlation	.235
	Sig. (2-tailed)	.002		Sig. (2-tailed)	.056
	N	67		N	67
第 2 題	Pearson Correlation	.247(**)	第 9 題	Pearson Correlation	.409(**)
	Sig. (2-tailed)	.044		Sig. (2-tailed)	.001
	N	67		N	67
第 3 題	Pearson Correlation	.302(**)	第 10 題	Pearson Correlation	.492(**)
	Sig. (2-tailed)	.013		Sig. (2-tailed)	.000
	N	67		N	67
第 4 題	Pearson Correlation	.464(**)	第 11 題	Pearson Correlation	.581(**)
	Sig. (2-tailed)	.000		Sig. (2-tailed)	.000
	N	67		N	67
第 5 題	Pearson Correlation	.514(**)	第 12 題	Pearson Correlation	.445(**)
	Sig. (2-tailed)	.000		Sig. (2-tailed)	.000
	N	67		N	67
第 6 題	Pearson Correlation	.291(**)	第 13 題	Pearson Correlation	.465(**)
	Sig. (2-tailed)	017		Sig. (2-tailed)	.000
	N	67		N	67
第 7 題	Pearson Correlation	.433(**)	第 14 題	Pearson Correlation	.420(**)
	Sig. (2-tailed)	.000		Sig. (2-tailed)	.000
	N	67		N	67

第 19 題	Pearson Correlation	.548(**)	第 25 題	Pearson Correlation	.219
	Sig. (2-tailed)	.000		Sig. (2-tailed)	.074
	N	67		N	67
** Correlation is significant at the 0.01 level (2-tailed).					
* Correlation is significant at the 0.05 level (2-tailed).					

　　以上點二系列相關的分析，乃依據受試者在某個試題作答的對或錯，與其測驗總得分間相關，相關係數愈高，表示試題的鑑別力愈好。在上述報表中，第 8 題與及第 25 題試題的鑑別力係數均未達顯著。

三、結果分析

題號	高分組答對率	低分組答對率	難度（P）	鑑別度（D）	點二系列相關
第 1 題	0.906	0.600	0.753	0.306	.337
第 2 題	0.781	0.600	0.691	0.181	.247
第 3 題	0.844	0.657	0.751	0.187	.302
第 4 題	0.906	0.543	0.725	0.363	.464
第 5 題	0.938	0.543	0.741	0.395	.514
第 6 題	0.813	0.600	0.707	0.213	.291
第 7 題	0.844	0.514	0.679	0.330	.433
第 8 題	0.875	0.657	0.766	0.218	.235

　　從上面的分析中，可以發現第 1 題至第 8 題的難度指數均在.650 以上，表示題目偏易，觀察值得分分配的型態為右偏（測驗分數集中在高分一端）；其中第 2 題、第 3 題、第 6 題、第 8 題的鑑別度數值偏低，表示這四題的鑑別度不高。而鑑別度係數高的試題，其點二系列相關係數值也相對較高。

第十八章

因素分析與信度考驗

本章主要在介紹量表的效度與信度的統計分析歷程。

18-1 因素分析

量表進行項目分析完後，接著所要進行的是量表的因素分析，因素分析的目的在於求得量表的「建構效度」（Construct Validity）（或稱構念效度），採用因素分析可以抽取變項間的共同因素（Common Factor），以較少的構念代表原來較複雜的資料結構。所謂效度（Validity）是指測驗分數的正確性，易言之是指一個測驗能夠測量到它所想要測量的心理特質的程度，美國心理學會將效度分爲內容效度、效標關聯效度與構念效度。內容效度（Content Validity）是指測驗內容的代表性或取樣的適切性；效標關聯效度（Criterion-Related Validity）是以經驗性的方法，研究測驗分數與外在效標間的關係，故又稱爲經驗效度（Empirical Validity）或統計效度（Statistical Validity）；構念效度是指測驗或量表能測量到理論上的構念或特質的程度（*Anastiasi, 1988*）。學者Judd 等人（*1991*）指出：妥切賦予變項操作型定義的程度就是建構效度。可見，建構效度就是測驗分數能夠依據某種心理學的理論構念加以解釋的程度，凡是根據心理學的構念（Construct），對測驗分數的意義所做的分析和解釋，即爲建構效度。「構念」是心理學上的一種理論構想或特質，它是觀察不到的，但心理學假設它是存在的，以便能解釋一些個人的行爲。行爲及社會科學研究領域中，在建構效度的考驗上，最常爲研究者及學者使用的方法爲「因素分析」（Factor Analysis），因爲因素分析主要的目的是用以認定心理學上的特質，藉著共同因素的發現而確定觀念的結構成份，根據量表或測驗所抽取的共同因素，可以知悉測驗或量表有效測量的特質或態度爲何（郭生玉，民77）。

在多變項關係中，變項間線性組合對表現或解釋每個層面變異數非常有用。主成份分析主要目的即在此，變項的第一個線性組合可以解釋最大的變異量，排除前述層面外，第二個線性組合可以解釋次大的變異量，最後一個成份所能解釋總變異量的部分會較小。

主成份資料分析中，以較少成份解釋原始變項變異量較大部分。成份變異量通常以「特徵值」（Eigenvalues）表示，有時也稱「特性本質」（Characteristic Roots）或「潛在本質」（Latent Roots），因素分析之共用因素的抽取時，最常用的方法即爲主成份分析法。成份分析模式（Component Analysis Model）包含了常用的主成份分析（Principal Component Analysis; PCA）和映象成份分析（Image Component Analysis）二種，因而有主成份分數和映象成份分數。主成份分析是由 Pearson 所創用，而由 Hotelling 再加以發展的一種統計方

法（林清山，民 92）。於主成份分析中，可將 p 個變項加以轉換，使所得線性組合而得 q 個（q<p）成份的變異數為最大，且成份間的關係很低或彼此無關（傅粹馨，民 91a）。主成份分析是假設所分析之變項不含誤差，樣本之相關係數矩陣即代表母群之相關係數矩陣，p 個變項經主成份分析會產生 p 個成份，一般而言，研究者會從 p 個成份中選取前面數個變異量較大之重要成份，而忽略變異量小而不重要之成份（Gorsuch, 1988）。學者 Gorsuch（1988）指出：主成份分析模式是屬於「數學派典」（Mathematical Paradigm），假定總變異量是完全由各成份所造成，不含誤差（誤差項等於 0）；而共同因素分析模式則屬於「科學或統計派典」（Scientific or Statistical Paradigm），主對角線的數值小於 1，總變異數中含有誤差。主成份分析模式是共同因素分析模式的一個特例，主成份分析將唯一性（uniqueness）設定為零（Widaman, 1990）。

　　因素分析也是多變項方法的應用之一，在社會科學領域中，應用最廣的是把數個很難解釋，而彼此有關的變項，轉化成少數有概念化意義，而彼此獨立性大的因素（factor）。因素分析時，如以主成份分析法抽取因素，則又稱之為「主成份因素分析」（Principal Factor Analysis; PFA），事實上，主成份因素分析也是因素分析中最常使用的方法。共同因素分析是 Spearman 所創用，Thurstone 等加以發揚的一種多變項統計方法（林清山，民 92）。在抽取因素時，共同因素分析之過程與主成份分析是相同的，不同之處在於相關係數矩陣對角線上的數值，於主成份分析時，對角線之數值為 1；而共同因素分析時，對角線上為小於 1 之數值（即共同性之估計值），此矩陣稱為「縮減成相關係數矩陣」（Reduced Correlation Matrix）（林清山，民 92）或「調整的相關係數矩陣」（Adjusted Correlation Matrix），採此法之目的在於探討觀察變項是否能以數個潛在變項（Latent Variable）來代表觀察變項之間的關係（傅粹馨，民 91a）。

　　另外，對於主成份分析與共同因素分析的相異之處，某些行為統計學家視因素分析為「相關（或共同變數）取向」（Correlation or Covariance Oriented），視主成份分析為「變異數取向」（Variance Oriented）。因素分析之目的在於再製變項的相關係數矩陣，而主成份分析之目的在再製變項的總變異量。換言之，主成份分析的重點在解釋資料的變異量；而因素分析之重點在解釋變項間的相關。於主成份分析中，全部的成份都要用到，才能再製原來的相關矩陣，成份是觀察變項的線性組合（Linear Combination）；在因素分析時，只要少數幾個因素即可再製原來的相關矩陣，觀察變項為各因素之線性組合加上「誤差」（傅粹馨，民 91a）。

　　因素分析是一種潛在結構分析法，其模式理論中，假定每個指標（外在

變項或稱題項、觀察值、問卷問題）均由二個部分所構成，一爲「共同因素」
（Common Factor）、一爲「唯一因素」（Unique Factor）。共同因素的數目會
比指標數（原始變項數）還少，而每個指標或原始變項皆有一個唯一因素，
亦即一份量表共有 n 個題項數，則也會有 n 個唯一因素。唯一因素性質有二
個假定（*Kleinbaum et al., 1988*）：

1. 所有的唯一因素間彼此沒有相關。
2. 所有的唯一因素與所有的共同因素間也沒有相關。

至於所有共同因素間彼此的關係，可能有相關或可能皆沒有相關。在直
交轉軸狀態下，所有的共同因素間彼此沒有相關；在斜交轉軸情況下，所有
的共同因素間彼此就有相關。因素分析最常用的理論模式如下：

$$Z_j = a_{j1}F_1 + a_{j2}F_2 + a_{j3}F_3 + \cdots\cdots + a_{jm}F_m + U_j$$

其中的符號意義分別表示如下：

1. Z_j 爲第 j 個變項的標準化分數。
2. F_i 爲共同因素。
3. m 爲所有變項共同因素的數目。
4. U_j 爲變項 Z_j 的唯一因素。
5. a_{ji} 爲因素負荷量或組型負荷量（Pattern Loading），表示第 i 個共同因
　素對 j 個變項變異量之貢獻。

因素分析的理想情況，在於個別因素負荷量 a_{ji} 不是很大就是很小，這樣
每個變項才能與較少的共同因素產生密切關聯，如果想要以最少的共同因素
數來解釋變項間的關係程度，則 U_j 彼此間或與共同因素間就不能有關聯存在。
所謂的因素負荷量爲因素結構中原始變項與因素分析時抽取出共同因素
的相關；而因素與變項之間的相關係數，也稱爲「結構負荷量」（Structure
Loading），當各因素之間的相關爲 0 時，變項與共同因素之間的相關等於該
變項在因素上的組型負荷量，組型負荷量與結構負荷量都稱爲「因素負荷量」
（*Harman, 1976*），若因素間相關爲 0 時，組型負荷量與結構負荷量相同，但
如果因素間相關不爲 0 時，組型負荷量與結構負荷量則不相同。在因素分析
中，有二個重要指標一爲「共同性」（communality）、二爲「特徵值」

（eigenvalue）。為便於說明，以三個變項抽取二個共同因素為例，三個變項的線性組合分別為：

$$Z_1 = a_{11}F_1 + a_{12}F_2 + U_1$$
$$Z_2 = a_{21}F_1 + a_{22}F_2 + U_2$$
$$Z_3 = a_{31}F_1 + a_{32}F_2 + U_3$$

轉換成因素矩陣如下：

變項	F_1（共同因素一）	F_2（共同因素二）	共同性 h^2	唯一因素 d^2
X_1	a_{11}	a_{12}	$a_{11}^2 + a_{12}^2$	$1 - h_1^2$
X_2	a_{21}	a_{22}	$a_{21}^2 + a_{22}^2$	$1 - h_2^2$
X_3	a_{31}	a_{32}	$a_{31}^2 + a_{32}^2$	$1 - h_3^2$
特徵值	$a_{11}^2 + a_{21}^2 + a_{31}^2$	$a_{12}^2 + a_{22}^2 + a_{32}^2$		
解釋量	$(a_{11}^2 + a_{21}^2 + a_{31}^2) \div 3$	$(a_{12}^2 + a_{22}^2 + a_{32}^2) \div 3$		
	解釋量為特徵值除以題項總數			

　　所謂的共同性，就是每個變項在每個共同因素之負荷量的平方總和（一橫列中所有因素負荷量的平方和），也就是個別變項可以被共同因素解釋的變異量百分比，這個值是個別變項與共同因素間多元相關的平方，共同性 h^2 所代表的是所有共同因素對 j 個變項變異量所能解釋的部分，假定各因素之間沒有相關時，共同性即為各「組型負荷量」（因素負荷量）的平方和。從共同性的大小可以判斷這個原始變項與共同因素間之關係程度。而各變項的唯一因素大小就是 1 減掉該變項共同性的值，在主成份分析中，有多少個原始變項便有多少個「成份」（component），所以共同性會等於 1，沒有唯一因素。

　　至於特徵值是每個變項在某一共同因素之因素負荷量的平方總和（一直行所有因素負荷量的平方和）。在因素分析之共同因素抽取中，特徵值最大的共同因素會最先被抽取，其次是次大者，最後抽取的共同因素之特徵值最小，通常會接近 0（在主成份分析中，有幾個題項，便有幾個成份，因而特徵值的總和剛好等於變項的總數）。將每個共同因素的特徵值除以總題數，為此共同因素可以解釋的變異量，因素分析的目的，即在因素結構的簡單化，希望以最少的共同因素，能對總變異量作最大的解釋，因而抽取的因素愈少愈好，但抽取因素之累積解釋的變異量則愈大愈好。

社會科學中，因素分析通常應用在三個層面：

1. 顯示變項間因素分析的組型（pattern）。
2. 偵測變項間之群組（clusters），每個群組所包括的變項彼此間相關很高，同質性較大，亦即將關係密切的個別變項合併為一個子群。
3. 減少大量變項數目，使之成為一組涵括變項較少的統計自變項（稱為因素），每個因素與原始變項間有某種線性關係存在，而以較少數個因素層面來代表多數、個別、獨立的變項。

因素分析具有簡化資料變項的功能，以較少的層面來表示原來的資料結構，它根據變項間彼此的相關，找出變項間潛在的關係結構，變項間簡單的結構關係稱為「成份」（components）或「因素」（factors）。

因素分析的主要方式，可簡述成以下幾個步驟：

1. **計算變項間相關矩陣或共變數矩陣**
   如果一個變項與其他變項間相關很低，在次一個分析步驟中可考慮剔除此一變項，但實際排除與否，還要考量到變項的「共同性」（communality）與「因素負荷量」（factor loadings）。如以原始資料作為因素分析之數據時，電腦通常會自動先轉化為相關矩陣的方式，進行因素分析。

2. **估計因素負荷量**
   決定因素抽取的方法，有「主成份分析法」（Principal Components Analysis）、主軸法、一般化最小平方法、未加權最小平方方法、最大概似法、Alpha因素抽取法與映象因素抽取法等。使用者最常使用者為主成份分析法與主軸法，其中，又以主成份分析法的使用最為普遍，在SPSS使用手冊中，也建議研究者多採用主成份分析法來估計因素負荷量（*SPSS Inc, 1998*）。

3. **決定轉軸方法（Rotation）**
   轉軸法使得因素負荷量易於解釋。轉軸以後，使得變項在每個因素的負荷量不是變大就是變得更小，而非如轉軸前在每個因素的負荷量大小均差不多。
   在因素抽取上，通常最初因素抽取後無法對因素作有效的解釋，轉軸目的在於改變題項在各因素之負荷量的大小，轉軸時根據題項與因素結構關係的密切程度，調整各因素負荷量的大小，轉軸後，大部分的

題項在每個共同因素中有一個差異較大的的因素負荷量。轉軸後，每個共同因素的特徵值會改變，與轉軸前不一樣，但每個變項的共同性不會改變。

常用的轉軸方法，有最大變異法（Varimax）、四次方最大值法（Quartimax）、相等最大值法（Equamax）、直接斜交轉軸法（Direct Oblimin）、Promax轉軸法，其中前三者屬「直交轉軸」法（Orthogonal Rotations），在直交轉軸法中，因素（成份）與因素（成份）間沒有相關，亦即其相關為 0，因素軸間的夾角等於 90 度；而後二者（直接斜交轉軸、Promax轉軸法）屬「斜交轉軸」（oblique rotations），採用斜交轉軸法，表示因素與因素間彼此有某種程度的相關，亦即因素軸間的夾角不是 90 度。

直交轉軸的優點是因素間提供的資訊不會重疊，觀察體在某一個因素的分數與在其他因素的分數，彼此獨立不相關；而其缺點是研究者迫使因素間不相關，但在實際生活情境中，它們彼此有相關的可能性很高。因而直交轉軸方法偏向較多人為操控方式，不需要正確回應現實世界中自然發生的事件（*Bryman & Cramer, 1997*）。

因素分析的步驟大致分為主成份分析→選取特徵值大於 1 的因素→轉軸。轉軸之主要目的為協助因素更具心理意義的解釋，亦即達成「簡單結構」（simple structure）的原則，最常使用的方法為「正交轉軸」（orthogonal rotation）（或譯為直交轉軸），部分原因為它是多數統計軟體中的內設選項；部分原因為正交轉軸之結果簡單，易於解釋，認為因素間是沒有相關的，「斜交轉軸」（oblique rotation）之結果會產生三種矩陣：因素結構矩陣（factor structure matrix）、因素組型矩陣（factor pattern matrix）和因素相關矩陣（factor correlation matrix），在結果解釋上不若正交轉軸之簡易（*傅粹馨，民 91a*）。

然而有些研究者主張因素分析轉軸法的選取時應多使用斜交轉軸法。學者 Reise、Waller 和 Comrey（*2000*）等人就列舉五項考慮使用斜交轉軸之原因：(1)若執行斜交轉軸，則可再進行較高階（higher-order）之分析；(2)斜交轉軸之結果較正交轉軸更能符合簡單結果的準則；(3)某些研究指出斜交轉軸產生之因素，其複製性較優，亦即以另一個類似之樣本作分析，易於得到相同之因素結構；(4)斜交轉軸法的原理乃認為因素層面的夾角不是九十度，因素層面間應有某種程度的相關。研究者認定任何心理變項間沒有相關是不合理的，因而斜交轉軸似乎較能反應真實的心理現象；(5)斜交轉軸下，因素間的相關可以估計而不若

正交轉軸之相關設定爲零，因素間的相關可以提供有價值的訊息（傅粹馨，民 91a）。

4. 決定因素與命名

轉軸後，要決定因素數目，選取較少因素層面，獲得較大的解釋量。在因素命名與結果解釋上，必要時可將因素計算後之分數儲存，作爲其他程序分析之輸入變項。

此外，在因素分析中，研究者尚應考量到以下幾個方面（*Bryman & Cramer, 1997*）：

1. 可從相關矩陣中篩選題項

題項間如果沒有顯著的相關，或相關太小，則題項間抽取的因素與研究者初始建構的層面可能差距很大。相對的題項間如果有極顯著的正／負相關，則因素分析較易建構成有意義的內容。因素分析前，研究者可從題項間相關矩陣分布情形，簡扼看出那些題項間較有密切關係。

2. 樣本大小

因素分析的可靠性除與預試樣本的抽樣有關外，與樣本數的多少更有密切關係。進行因素分析時，預試樣本應該多少才能使結果最爲可靠，學者間沒有一致的結論，然而多數學者均贊同「因素分析要有可靠的結果，受試樣本數要比量表題項數還多」，如果一個分量表有 40 個預試題項，則因素分析時，樣本數不得少於 40 人。

此外，在進行因素分析時，學者 Gorsuch（*1983*）的觀點可作爲參考：

⑴題項與受試者的比例最好爲 1：5。

⑵受試樣本總數不得少於 100 人。如果研究主要目的在找出變項群中涵括何種因素，樣本數要儘量大，才能確保因素分析結果的可靠性。

3. 因素數目的挑選

進行因素分析，因素數目考量與挑選標準，常用的準則有二種：一是學者 Kaiser 所提的準則標準：選取特徵值大於一的因素，Kaiser 準則判斷應用時，因素分析的題項數最好不要超過 30 題，題項平均共同性最好在.70 以上，如果受試樣本數大於 250 位，則平均共同性應在.60 以上（*Stevens, 1992*），如果題項數在 50 題以上，有可能抽取過多的共同因素（此時研究者可限定因素抽取的數目）；二爲 Cattell（*1966*）所倡導的特徵值圖形的陡坡考驗（scree test），此圖根據最初抽取因素所能解釋的變異量高低繪製而成。

「陡坡石」（scree）原是地質學上的名詞，代表在岩層斜坡底層發現的小碎石，這些碎石的價值性不高。應用於統計學之因素分析中，表示陡坡圖底端的因素不具重要性，可以捨棄不用。因而從陡坡圖的情形，也可作爲挑選因素分析數目的標準。

在多數的因素分析中，根據 Kaiser 選取的標準，通常會抽取過多的共同因素，因而陡坡圖是一個重要的選取準則。在因素數目準則挑選上，除參考以上二大主要判斷標準外，還要考量到受試者多少、題項數、變項共同性的大小等因素；除外也應參考直交及斜交轉軸的數據作爲篩選的參考。因素分析時會使用淨相關矩陣來判斷變項間的相關的程度，當許多個變項彼此之間普遍具有相關時，其淨相關係數會變小，在因素分析計算過程中，可以獲到一個反映像矩陣，此矩陣會呈現淨相關的大小，該矩陣中若有多數係數偏高，則變項不適宜進行因素分析（邱皓政，民 89）。究竟變項間的相關是否適合進行主成份分析，學者 Bartlett（1951）提出了一個針對變項間相關矩陣的球面性檢定法（sphericity test），此一檢定法約略呈χ^2分配，若變項間之相關係數愈高，則所得到的χ^2值愈大，表示愈適合進行因素分析，但由於卡方分配對樣本大小相當敏感（sensitive），因而在實際分析上，很少呈現球面性檢定接受虛無假設情形，亦即以球面性檢定法之方式，呈現資料不適宜進行因素分析結果的機率很低（王保進，民 93）。對於判別量表變項是否進行因素分析，一個常爲研究者採用的判斷指標爲 Kaiser（1970; 1974）所提出的「取樣適切性量數」（Kaiser-Meyer-Olkin measure of sampling adequacy；簡稱KMO或MSA），KMO 值界於 0 至 1 間，其值愈接近 1 時，表示變項的相關愈高，愈適合進行因素分析；其值愈接近 0 時，表示變項的相關愈低，愈不適合進行主成份分析。KMO 值判斷的準則如下：在因素分析時，量表的 KMO 值最好在.80 以上，KMO 值如在.70 以上勉強可以接受，如果量表的 KMO 值在.60 以下，則量表不宜進行因素分析。

KMO 統計量數之判斷準則

KMO 值	因素分析的適切性
.90 以上	極佳的（Perfect）
.80～.90	良好的（Meritorious）
.70～.80	適中的（Middling）
.60～.70	普通的（Mediocre）
.50～.60	欠佳的（Miserable）
.50 以下	無法接受的（Unacceptable）

一、操作程序

【操作1】

【Analyze】（分析）→【Data Reduction】（資料縮減）→【Factor…】
（因子）

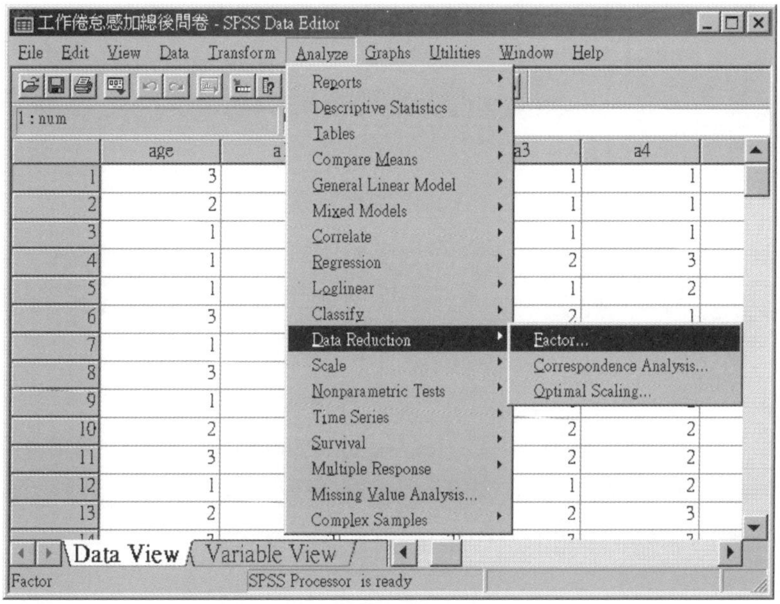

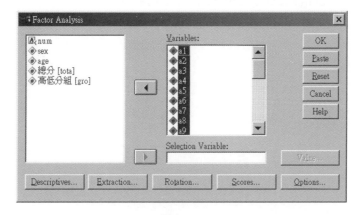

圖 18-1

出現「Factor Analysis」（因子分析）對話視窗，將左邊盒中鑑別度達顯
著性題項 a1 至 a22 選入右邊「Variables:」（變數）下的空盒中。

圖 18-2

其中五個按鈕內的圖示意義如下：

1. 『Descriptives……』（描述性統計量）按鈕，會出現「Factor Analysis: Descriptives」（因子分析：描述性統計量）次對話視窗，此對話視窗可界定因素分析時要輸出的各種統計量。

 (1)「Statistics」（統計量）選項方盒

 ①「□Univariate descriptives」（單變量描述性統計量）：印出每一題項的平均數、標準差。

 ②「□Initial solution」（未轉軸之統計量）：印出因素分析未轉軸前之共同性（communality）、特徵值（eigenvalues）、變異數百分比及累積百分比。

 (2)「Correlation Matrix」（相關矩陣）選項方盒

 ①「□Coefficients」（係數）：印出題項的相關矩陣。

 ②「□Significance levels」（顯著水準）：求出前述相關矩陣的顯著水準。

 ③「□Determinant」（行列式）：求出前述相關矩陣的行列式值。

 ④「□KMO and Bartlett's test of sphericity」（KMO 與 Bartlett 的球形檢定）：印出 KMO 抽樣適當性參數與 Bartlett's 的球形檢定，此選項可考驗變項間是否有共同因素存在。

 ⑤「□Inverse」（倒數模式）：求出相關矩陣的反矩陣。

 ⑥「□Reproduced」（重製的）：印出再製相關矩陣，上三角形矩陣代表殘差值；而主對角線及下三角形代表相關係數。

 ⑦「□Anti-image」（反映像）：求出反映像的共變數及相關矩陣。

> 在「Factor Analysis: Descriptives」對話視窗中，選取「☑Initial solution」、「☑KMO and Bartlett's test of sphericity」二項。

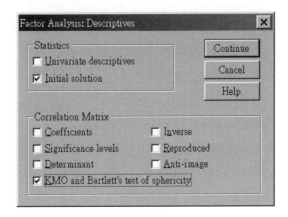

圖 18-3

2. 『Extraction…』（萃取…）按鈕，會出現「Factor Analysis: Extraction」
（因子分析：萃取）次對話視窗。此對話視窗之功能在設定因素抽取
的方法、依據及標準。

(1)「Method」（方法）：選項方盒：下拉式選項內有七種抽取因素的
方法。

① 「Principal components」法：以主成份分析法抽取因素，此為SPSS
內定方法。（例題中選取此項）。

② 「Unweighted least squares」法：未加權最小平方法。

③ 「Generalized least square」法：一般化最小平方法。

④ 「Maximum likelihood」法：最大概似法。

⑤ 「Principal-axis factoring」法：主軸法。

⑥ 「Alpha factoring」法：α因素抽取法。

⑦ 「Image factoring」法：映象因素抽取法。

(2)「Analyze」（分析）選項方盒：

① 「⊙Correlation matrix」（相關矩陣）：以相關矩陣來抽取因素。

② 「○Covariance matrix」（共變異數矩陣）：以共變數矩陣來抽取
因素。

(3)「Display」（顯示）選項方盒：

① 「□Unrotated factor solution」（未旋轉因子解）：印出未轉軸時因
素負荷量、特徵值及共同性。

② 「□Screet plot」（陡坡圖）；印出陡坡圖。（例題中選取此項）

(4)「Extract」（萃取）選項方盒：

① 「⊙Eigenvalues over:」（特徵值）：後面的空格內定為 1，表示因
素抽取時，只抽取特徵值大於 1 者，使用者可隨意輸入 0 至變項總

數之間的值。此選項乃根據 Kaiser（1960）的觀點，在決定共同因素時只保留特徵值大於 1 的因素。

② 「Number of factors:」（因子個數）；選取此項時，後面的空格內輸入限定之因素個數。

研究者如果要限定因素抽取的數目，應選取「⊙ Number of factors:」選項，後面再輸入因素的個數，如研究者原先在編製工作壓力量表時，參考相關文獻及經驗法則，編成四個層面，在因素分析時也只想抽取四個因素，可利用此項功能。

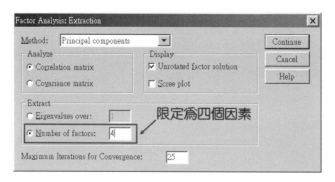

圖 18-4

(5) 「Maximum Iterations for Convergence」（收斂最大疊代）：界定因素抽取時疊代的次數，內設值為 25 次。

在「Factor Analysis: Extraction」對話視窗中，抽取因素方法選「Principal components」，選取「⊙ Correlation matrix」、並勾選「☑ Unrotated factor solution」、「☑ Scree plot」等項，在抽取因素時限定在特徵值大於 1 者，在「⊙ Eigenvalues over:」後面的空格內輸入 □ 1 □（1 為內定值，可以不用更改它）。

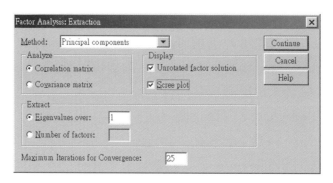

圖 18-5

3. 『Rotation…』（轉軸）按鈕，會出現「Factor Analysis: Rotation」（因子分析：轉軸法）次對話視窗。次對話視窗在界定轉軸的方法及轉軸後之輸出結果。

在因素抽取上，通常最初因素抽取後，對因素無法作有效的解釋，轉軸目的在於改變題項在各因素之負荷量的大小，轉軸時根據題項與因素結構關係的密切程度，調整各因素負荷量的大小，轉軸後，大部分的題項在每個共同因素中有一個差異較大的的因素負荷量。轉軸後，每個共同因素的特徵值會改變，與轉軸前不一樣，但每個變項的共同性不會改變。常用的轉軸方法，有最大變異法（Varimax）、四次方最大值法（Quartimax）、相等最大值法（Equamax）、直接斜交轉軸法（Direct Oblimin）、Promax 轉軸法，其中前三者屬「直交轉軸」法（orthogonal rotations），在直交轉軸法中，因素（成份）與因素（成份）間沒有相關，亦即其相關為 0，因素軸間的夾角等於 90 度；而後二者（直接斜交轉軸、Promax 轉軸法）屬「斜交轉軸」（oblique rotations），採用斜交轉軸法，表示因素與因素間彼此有某種程度的相關，亦即因素軸間的夾角不是 90 度。

(1)「Method」（方法）選項方盒內六種因素轉軸方法：

　①「None」：不須要轉軸（此為內定值）。

　②「⊙Varimax」：最大變異法，屬直交轉軸法（或稱正交轉軸法）之一。

　③「Quartimax」：四次方最大值法，屬直交轉軸法之一。

　④「Equamax」：相等最大值法，屬直交轉軸法之一。

　⑤「Direct Oblimin」：直接斜交轉軸法，屬斜交轉軸法之一。

　⑥「Promax」：Promax 轉軸法，屬斜交轉軸法之一。

(2)「Display」（顯示）選項方盒：

　①「□Rotated solution」（轉軸後的解）：印出轉軸後的相關資訊，正交轉軸印出因素組型（pattern）矩陣及因素轉換矩陣；斜交轉軸則印出因素組型、因素結構矩陣與因素相關矩陣。

　②「□Loading plots」（因子負荷量）：繪出因素交叉的散佈圖。

(3)「Maximum Iterations for Convergence:」：轉軸時執行的疊代（iterations）最多次數，後面內定的數字 25（演算法執行轉軸時，執行步驟的次數上限）。因素分析在進行轉軸運算時，如果研究者發現疊代次數設定 25 次時，無法呈現轉軸結果時，可將「Maximum Iterations for Convergence:」（收斂最大疊代）後面的數字改成比內定值 25 更大的數字，如將其設定為 50。

Maximum Iterations for Convergence: 50

在「Factor Analysis: Rotation」對話視窗中,選取「⊙ Varimax」、「☑ Rotated solution」等項。研究者要勾選「☑ Rotated solution」選項,才能印出轉軸後的相關資訊。

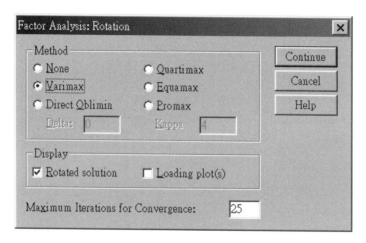

圖 18-6

4. 『Score…』(分數)按鈕,會出現「Factor Analysis: Factor Scores」(因子分析:產生因素分數)次對話視窗。次對話視窗在界定計算與儲存因素分數的方法,以作為後續分析之用。

(1)「☐ Save as variable」(因素儲存成變數)方盒:
   勾選時可將新建立的因素分數儲存至資料檔中,並產生新的變數名稱(內定為 fact_1、fact_2、fact_3、fact_4 等)。在「Method」方盒中表示計算因素分數的方法有三種:
   ① 「⊙ Regression」:使用迴歸法(此為內定的方法)。
   ② 「Bartlett」:使用 Bartlett 法。
   ③ 「Anderson-Robin」:使用 Anderson-Robin 法。

(2)「☐ Display factor score coefficient matrix」(顯示因素分數係數矩陣)選項:勾選時可印出因素分數係數矩陣。

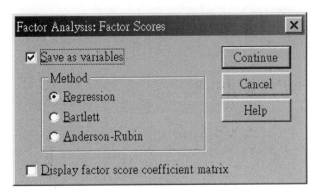

圖 18-7

5. 『Options…』（選項）按鈕，會出現「Factor Analysis: Options」（因子分析：選項）次對話視窗。此對話視窗在界定遺漏值的處理方式與因素負荷量的輸出方式。

(1)「Missing Values」（遺漏值）方盒選項：遺漏值的處理方式。

　　① 「⦿ Exclude cases listwise」（完全排除遺漏值）：觀察值在所有變數中沒有遺漏值者才加以分析，此為內定選項。

　　② 「Exclude cases pairwise」（成對方式排除）：在成對相關分析中出現遺漏值的觀察值捨棄。

　　③ 「Replace with mean」（用平均數置換）：以變數平均值取代遺漏值。

(2)「Coefficient Display Format」（係數顯示格式）方盒選項：因素負荷量出現的格式。

　　① 「☐Sorted by size」（依據因素負荷量排序）：根據每一因素層面之因素負荷量的大小排序（例題中選取此項）。進行因素分析時，最好將此項勾選，如果沒有勾選此項，則轉軸後的因素矩陣會依據變項的順序排列，研究者在找尋因素所屬的題項時比較困難，未來的報表也比較難整理。

　　② 「☐Suppress absolute values less than」（絕對值捨棄之下限）：因素負荷量小於後面數字者不被印出，內定的值為 0.10。

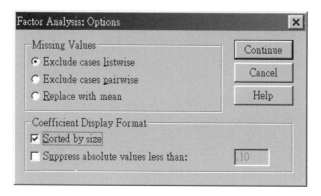

圖 18-8

> 在「Factor Analysis: Options」對話視窗中，勾選「◉ Exclude cases list-wise」、「☑Sorted by size」等項。

二、報表說明

㈠第一次因素分析報表（工作倦怠感 22 個題項）－直交轉軸

以下報表之因素分析轉軸方法乃採用直交轉軸之最大變異法（Varimax）。

Factor Analysis

KMO and Bartlett's Test

Kaiser-Meyer-Olkin Measure of Sampling Adequacy.		.857
Bartlett's Test of Sphericity	Approx. Chi-Square	1187.740
	Df	231
	Sig.	.000

上表為 KMO 取樣適當性檢定及 Bartlett 球面性檢定結果。

KMO 是 Kaiser-Meyer-Olkin 的取樣適當性量數（其值介於 0 至 1 之間），當 KMO 值愈大時（愈接近 1 時），表示變項間的共同因素愈多，愈適合進行因素分析，根據學者 Kaiser（*1974*）觀點，如果 KMO 的值小於 0.5 時，較不宜進行因素分析，進行因素分析之普通的（mediocre）準則至少在 .60 以上，此處的 KMO 值為 .857，表示變項間有共同因素存在，變項適合進行因素分析。

此外，從 Bartlett's 球形考驗的 χ^2 值為 1187.740（自由度為 231）達顯著，可拒絕虛無假設，即拒絕變項間的淨相關矩陣不是單元矩陣的假設，代表母群體的相關矩陣間有共同因素存在，適合進行因素分析。

Communalities（共同性）

	Initial（初始）	Extraction（萃取）
a1	1.000	.719
a2	1.000	.656
a3	1.000	.734
a4	1.000	.675
a5	1.000	.612
a6	1.000	.755
a7	1.000	.631
a8	1.000	.572
a9	1.000	.706
a10	1.000	.784
a11	1.000	.756
a12	1.000	.774
a13	1.000	.564
a14	1.000	.706
a15	1.000	.662
a16	1.000	.500
a17	1.000	.748
a18	1.000	.554
a19	1.000	.502
a20	1.000	.767
a21	1.000	.654
a22	1.000	.471
Extraction Method: Principal Component Analysis.（萃取法：主成份分析）		

　　上表為每個變項的初始（initial）共同性以及以主成份分析法（principal component analysis）抽取主成份後的共同性（最後的共同性）。共同性愈低，表示該變項不適合投入主成份分析之中，共同性愈高，表示該變項與其他變項可測量的共同特質愈多，亦即該變項愈有影響力。採用主成份分析法抽取共同因素時，初步的共同性估計值均為1。

　　根據最後的共同性估計值的大小，研究者可了解某一變項與其他變項可測量的共同特質高低，此一共同性估計值，可作為研究者在進行項目分析時，檢定測驗項目效度係數的指標，也可作為決定某一題目是否保留或修改的標準之一（王保進，民93）。

Total Variance Explained（解釋總變異量）

Component	Initial Eigenvalues			Extraction Sums of Squared Loadings			Rotation Sums of Squared Loadings		
	Total 特徵值	% of Variance	Cumulative %	Total 特徵值	% of Variance	Cumulative %	Total 特徵值	% of Variance	Cumulative %
1	8.145	37.024	37.024	8.145	37.024	37.024	5.113	23.243	23.243
2	2.728	12.400	49.424	2.728	12.400	49.424	3.917	17.806	41.049
3	1.300	5.908	55.332	1.300	5.908	55.332	2.035	9.249	50.298
4	1.262	5.736	61.068	1.262	5.736	61.068	1.728	7.856	58.154
5	1.066	4.845	65.913	1.066	4.845	65.913	1.707	7.759	65.913
6	.922	4.193	70.106						
7	.869	3.951	74.057						
8	.740	3.365	77.422						
9	.681	3.096	80.518						
10	.620	2.818	83.336						
11	.526	2.391	85.727						
12	.492	2.235	87.962						
13	.422	1.919	89.882						
14	.410	1.864	91.746						
15	.343	1.560	93.306						
16	.298	1.354	94.661						
17	.258	1.172	95.833						
18	.249	1.134	96.966						
19	.211	.957	97.923						
20	.176	.798	98.721						
21	.146	.664	99.385						
22	.135	.615	100.000						

Extraction Method: Principal Component Analysis.（萃取法：主成份分析）

　　上表為採主成份分析法抽取主成份的結果。「total」直行的數字為每一主成份的特徵值，特徵值愈大表示該主成份在解釋 22 個變項的變異量時愈重要；第二直行（％ of Variance）為每一個抽取因素可解釋變項的變異量；第三直行（Cumulative ％）為解釋變項的變異量的累積百分比。在上述整體解釋變異量的報表中共分三大部分：初始特徵值（Initial Eigenvalues）（初步抽取共同因素的結果）、平方和負荷量萃取（Extraction Sums of Squared Loadings）（轉軸前的特徵值、解釋變異量及累積解釋變異量，此部分只保留特徵值大於 1 的因素）、轉軸平方和負苛量（Rotation Sums of Squared Loadings）（轉軸後的特徵值、解釋變異量及累積解釋變異量）。「初始特徵值」項中左邊二十二個成份因素的特徵值（Total縱行）總和等於 22（22 即為題項數）。解釋變異量為特徵值除以題項數，如第一個特徵值的解釋變異量為 8.145÷22 ＝

37.024%；第二個特徵值的解釋變異量為 2.728÷22=12.400%。

　　把左邊二十二個成份之特徵值大於一者列於中間，即是平方和負荷量萃取（Extraction Sums of Squared Loadings）項的資料。因 SPSS 內設值是以特徵值大於一以上的主成份，作為主成份保留的標準，上表中特徵值大於一者共有五個，這也是因素分析時所抽出之共同因素個數。由於特徵值是由大至小排列，所以第一個共同因素的解釋變異量通常是最大者，其次是第二個，再來是第三個⋯⋯五個共同因素共可解釋 65.913%的變異量。

　　最後一大項「轉軸平方和負荷量」（Rotation Sums of Squared Loadings）為採用最大變異法之直交轉軸後的數據。轉軸後各共同因素之特徵值會改變，與轉軸前不同，轉軸前五個共同因素的特徵值分別為 8.145、2.728、1.300、1.262、1.066，特徵值總和為 14.501；轉軸後五個共同因素的特徵值分別為 5.113、3.917、2.035、1.728、1.707，特徵值總和為 14.500，因而轉軸後個別共同因素的特徵值會改變，但所有共同因素的總特徵值不變；此外，每個題項之共同性也不會改變，但每個題項在每個共同因素之因素負荷量會改變。轉軸後，被所有共同因素解釋的總變異量不變（特徵值總和不變），範例中，轉軸前五個共同因素可以解釋的總變異量為 65.913%，轉軸後五個共同因素可以解釋的總變異量亦為 65.913%。

　　SPSS 內設保留特徵值大於 1 以上的因素作為最後的共同因素，因此工作倦怠感量表中保留五個因素。

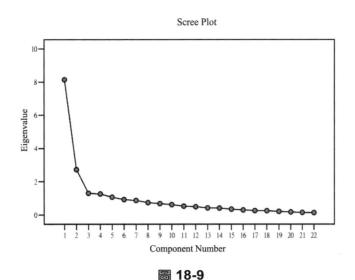

圖 18-9

　　上圖為陡坡圖考驗的結果，陡坡圖係將每一主成份的特徵值由高至低依序排序所繪製而成的一條坡線，圖中的橫座標是因素數目、縱座圖是特徵值。

從圖中可以看出從第四個因素以後，坡度線甚為平坦，表示無特殊因素值得抽取，因而以保留三至四個因素較為適宜。陡坡圖考驗可以幫助研究者決定因素的數目。

Component Matrix(a)（未轉軸的因素矩陣）

	Component				
	1	2	3	4	5
a6	.796	-.273	.065	-.194	.071
a12	.734	.354	-.253	-.178	-.119
a3	.731	-.419	-.030	-.150	.019
a1	.730	-.391	-.104	-.137	.061
a8	.727	-.108	-.137	-.040	.106
a10	.726	.355	.145	-.332	-.014
a2	.682	-.397	-.139	-.118	-.011
a20	.653	-.042	.095	.544	-.184
a11	.637	.505	-.216	-.158	-.156
a5	.635	-.413	-.171	-.005	.094
a7	.598	-.270	-.295	.236	.242
a22	.567	-.115	-.223	.164	-.243
a17	.567	.181	.426	.247	-.390
a9	.547	.094	.378	-.193	-.467
a19	.527	-.053	.397	.146	.206
a13	.527	.509	-.066	-.052	.142
a14	.545	.607	.030	-.164	.113
a15	.455	.561	-.332	.142	.093
a4	.501	-.556	.255	-.224	-.003
a18	.375	.130	.469	.083	.413
a21	.516	-.031	-.116	.599	-.123
a16	.366	.278	.209	.196	.455

Extraction Method: Principal Component Analysis.

a 5 components extracted.

上表為 22 變項在五個因素上之未轉軸的因素矩陣（即因素負荷量矩陣），由此矩陣，可以計算每一變項的共同性，每個因素（主成份）的特徵值及再製相關矩陣。

共同性為每個變項在各主成份上的負荷量的平方加總，如第 6 題（a6）的共同性等於：

$$=.796^2+(-.273)^2+.065^2+(-.194)^2+.071^2=.755$$

特徵值是將所有變項在某一因素上的負荷量的平方相加而得，如：

$$轉軸前因素一的特徵值＝5.113=.796^2+.734^2+.731^2+\cdots\cdots+.516^2+.366^2$$

Rotated Component Matrix(a)（轉軸後的因素矩陣）

	Component				
	1	2	3	4	5
a3	.819	.109	.122	.096	.164
a1	.815	.152	.135	.084	.086
a2	.778	.129	.160	.004	.096
a6	.772	.231	.072	.221	.227
a5	.742	.079	.222	.063	-.031
a4	.718	-.192	-.061	.162	.305
a8	.616	.352	.207	.157	.036
a7	.598	.156	.403	.149	-.256
a11	.176	.814	.142	-.028	.204
a12	.356	.769	.157	-.027	.174
a14	.039	.767	-.008	.299	.165
a15	-.018	.737	.300	.091	-.140
a13	.078	.691	.096	.262	.050
a10	.336	.669	-.077	.260	.387
a21	.216	.137	.758	.110	.040
a20	.289	.139	.737	.226	.265
a22	.428	.238	.441	-.133	.137
a18	.120	.120	.011	.715	.121
a16	.038	.289	.138	.623	-.089
a19	.313	.066	.188	.557	.233
a9	.250	.259	.070	.046	.755
a17	.088	.215	.437	.242	.667

Extraction Method: Principal Component Analysis. Rotation Method: Varimax with Kaiser Normalization.

a Rotation converged in 7 iterations.

　　上表為轉軸後的因素矩陣，採用最大變異法（Varimax）進行直交轉軸，轉軸時採用內定之 Kaiser 常態化方式處理，轉軸時共需要進行七次疊代（iterations）換算。題項在其所屬之因素層面順序，乃按照因素負荷量的高低

排列，轉軸主要目的，在於重新安排題項在每個共同因素的因素負荷量，轉軸後，使原先轉軸前較大因素負荷量變得更大，而使轉軸前較小的因素負荷量變得更小；轉軸後題項在每個共同因素之因素負荷量的平方總和不變（題項的共同性在轉軸前後均一樣）。由於是直交轉軸，故表中係數可視為變項與因素之相關係數矩陣，即因素結構矩陣。轉軸後的因素矩陣是由未轉軸的因素矩陣乘以因素轉換矩陣而來。

Component Transformation Matrix（因數轉換矩陣）

Component	1	2	3	4	5
1	.687	.515	.338	.271	.273
2	-.640	.749	-.020	.151	.072
3	-.170	-.341	-.169	.634	.651
4	-.274	-.237	.888	.219	-.179
5	.116	.022	-.262	.673	-.681

Extraction Method: Principal Component Analysis.　Rotation Method: Varimax with Kaiser Normalization.

上表為因素轉換矩陣，利用轉軸前的因素矩陣×此處的因素轉換矩陣可得轉軸後的因素矩陣。

例題中第一次因素分析時，特徵值大於一的因素共有五個，第五個因素只包含二個題項 a9 與 a17，層面所涵蓋的題項內容太少，將之刪除似乎較為適宜。因為這是一個探索性的因素分析，題項刪除後的因素結構也會改變，因而須再進行一次因素分析，以考驗量表的建構效度，第二次因素分析時，所包括的題項為篩選後的二十個題項（不包括第九題與第十七題）。第二次因素分析操作方式與前述操作步驟相同，只是選取的變項只有二十題（a9 與 a17 兩題未被選取）。

(二)第一次因素分析報表（工作倦怠感 22 個題項）－斜交轉軸

以下報表之因素分析轉軸方法乃採用直接斜交轉軸法（Direct Obimin）。斜交轉軸法與直交轉軸法的基本假定不同，斜交轉軸假定因素之間有相關，其夾角不等於直角。斜交轉軸的報表與直交轉軸的報表中，除轉軸後的矩陣與直交轉軸不同外，其餘量數大都一樣，主要的差別在於斜交轉軸時會產生組型矩陣（pattern matrix）與結構矩陣（structure matrix）。斜交轉軸法轉軸後的特徵值與直交轉軸法的個別特徵值也不相同。

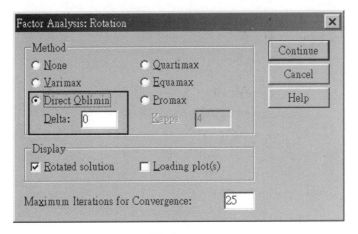
圖 18-10

Factor Analysis
Total Variance Explained

Component	Initial Eigenvalues			Extraction Sums of Squared Loadings			Rotation Sums of Squared Loadings (a)
	Total	% of Variance	Cumulative %	Total	% of Variance	Cumulative %	Total
1	8.145	37.024	37.024	8.145	37.024	37.024	6.345
2	2.728	12.400	49.424	2.728	12.400	49.424	5.058
3	1.300	5.908	55.332	1.300	5.908	55.332	2.611
4	1.262	5.736	61.068	1.262	5.736	61.068	3.801
5	1.066	4.845	65.913	1.066	4.845	65.913	2.101

Extraction Method: Principal Component Analysis.（萃取法：主成份分析）

a When components are correlated, sums of squared loadings cannot be added to obtain a total variance.（當成份產生相關時，無法加入平方和負荷量，以取得總變異數）

　　上表為解釋的變異量，特徵值大於 1 的因素共有五個。

Pattern Matrix(a)（組型矩陣）

	Component				
	1	2	3	4	5
a1	.826	.064	.006	.013	.013
a3	.826	.014	.019	.014	-.068
a2	.787	.049	-.075	.052	-.006
a6	.758	.135	.142	-.045	-.124
a4	.754	-.289	.126	-.116	-.246
a5	.753	-.014	-.003	.116	.127
a8	.580	.275	.076	.089	.067
a7	.577	.051	.090	.296	.366
a11	.068	.830	-.133	.049	-.141
a14	-.062	.769	.233	-.101	-.101
a12	.267	.768	-.140	.040	-.095
a15	-.130	.738	.020	.216	.210
a13	-.016	.679	.199	.004	.020
a10	.255	.647	.174	-.181	-.313
a18	.054	.011	.723	-.023	-.049
a16	-.041	.202	.620	.083	.169
a19	.225	-.071	.533	.166	-.149
a21	.048	-.003	.040	.784	.047
a20	.092	-.030	.147	.774	-.170
a22	.341	.167	-.223	.408	-.068
a9	.125	.205	-.037	.098	-.729
a17	-.126	.091	.167	.516	-.616

Extraction Method: Principal Component Analysis.　Rotation Method: Oblimin with Kaiser Normalization.

a　Rotation converged in 12 iterations.

　　上表為組型矩陣，組型矩陣可反應變項在成份間相對的重要性，如變項 a1、a3 在成分一比 a2 等變項有較重要的影響力。

Structure Matrix（結構矩陣）

	Component				
	1	2	3	4	5
A3	.853	.238	.204	.338	-.258
A1	.845	.274	.192	.348	-.181
A6	.831	.363	.344	.318	-.332
A2	.805	.243	.108	.354	-.178
A5	.764	.194	.147	.390	-.045
A4	.719	-.073	.223	.111	-.391
A8	.683	.459	.272	.408	-.115
A7	.638	.266	.215	.528	.202
A11	.297	.846	.132	.328	-.246
A12	.466	.823	.140	.370	-.234
A14	.161	.796	.423	.172	-.220
A15	.093	.754	.193	.400	.127
A10	.453	.739	.416	.172	-.474
A13	.190	.727	.373	.252	-.098
A18	.207	.215	.741	.131	-.178
A16	.130	.361	.653	.234	.047
A19	.412	.199	.613	.330	-.284
A20	.446	.305	.322	.834	-.249
A21	.342	.268	.180	.806	-.010
A22	.506	.334	-.026	.555	-.150
A9	.368	.354	.179	.243	-.782
A17	.263	.352	.356	.558	-.653

Extraction Method: Principal Component Analysis. Rotation Method: Oblimin with Kaiser Normalization.

　　上表為結構矩陣，此矩陣的意義與直交轉軸法中轉軸後的成份矩陣（Rotated Component Matrix）相似。其中的因素負荷量可反應變項與成份間之關係，由於在「Factor Analysis: Options」（因素分析：選項）對話視窗中，「係數顯示格式」（Coefficient Display Format）方盒勾選「依據因素負荷排序」（Sorted by size），因而每個成份所包含的題項會依據因素負荷量排序。上述所抽取的因素與其所包含的題項與直交轉軸法一樣，但層面中題項的排列順序不同，因素五只包含二個題項：a9、a17。

(三)第二次因素分析結果

KMO and Bartlett's Test

Kaiser-Meyer-Olkin Measure of Sampling Adequacy.		.863
Bartlett's Test of Sphericity	Approx. Chi-Square	1069.369
	Df	190
	Sig.	.000

抽樣適當性之 KMO 值為.863，題項間有共同因素存在，適合進行因素分析。

以下相關數據報表說明，請參考第一次因素分析報表解釋。

Communalities（共同性）

	Initial（初始）	Extraction（萃取）
a1	1.000	.715
a2	1.000	.661
a3	1.000	.737
a4	1.000	.664
a5	1.000	.590
a6	1.000	.751
a7	1.000	.524
a8	1.000	.572
a10	1.000	.772
a11	1.000	.756
a12	1.000	.775
a13	1.000	.548
a14	1.000	.698
a15	1.000	.635
a16	1.000	.388
a18	1.000	.627
a19	1.000	.503
a20	1.000	.651
a21	1.000	.696
a22	1.000	.450
Extraction Method: Principal Component Analysis.		

上表為各題項的共同性，即各題項的變異量被共同因素解釋的比例。題項的共同性值愈大，表示該題項與其他變項可測量的共同特質愈多。

Total Variance Explained

Component	Initial Eigenvalues			Extraction Sums of Squared Loadings			Rotation Sums of Squared Loadings		
	Total 特徵值	% of Variance	Cumulative %	Total 特徵值	% of Variance	Cumulative %	Total 特徵值	% of Variance	Cumulative %
1	7.601	38.006	38.006	7.601	38.006	38.006	4.970	24.850	24.850
2	2.698	13.492	51.498	2.698	13.492	51.498	3.917	19.584	44.434
3	1.224	6.121	57.619	1.224	6.121	57.619	2.078	10.388	54.821
4	1.189	5.945	63.564	1.189	5.945	63.564	1.748	8.742	63.564
5	.946	4.729	68.292						
6	.864	4.320	72.612						
7	.704	3.522	76.135						
8	.696	3.479	79.614						
9	.623	3.113	82.727						
10	.525	2.624	85.351						
11	.470	2.352	87.703						
12	.423	2.116	89.819						
13	.413	2.063	91.883						
14	.346	1.728	93.611						
15	.292	1.461	95.071						
16	.269	1.343	96.415						
17	.228	1.141	97.556						
18	.186	.928	98.484						
19	.166	.831	99.315						
20	.137	.685	100.000						

Extraction Method: Principal Component Analysis.

上表中「Initial Eigenvalues」（初始特徵值）為未轉轉前的特徵值（Total欄）、解釋變異量（%Variance欄）；中間項「Extraction Sums of Squared Loadings」（平方和負荷量萃取）為特徵值大於 1 的因素，在萃取二十個特徵值中，其值大於 1 的共同因素有四個，其特徵值分別為 7.601、2.698、1.224、1.189；個別的解釋變異量分別為 38.006%、13.492%、6.121%、5.945%，四個共同因素累積解釋變異量為 63.564%；右邊項「Rotation Sums of Squared Loadings」（轉軸平方和負荷量）為直交轉軸後的特徵值，四個特徵值分別為4.970、3.917、2.078、1.748，四個共同因素累積解釋變異量為 63.564%。

Rotated Component Matrix(a)（轉軸後的成份矩陣）

	Component			
	1	2	3	4
a3	.829	.133	.155	.096
a1	.806	.164	.186	.057
a6	.785	.258	.107	.240
a2	.776	.144	.195	.003
a4	.766	-.149	-.062	.228
a5	.685	.056	.337	.060
a8	.600	.364	.230	.163
a7	.516	.120	.493	.030
a11	.193	.838	.125	-.003
a12	.359	.786	.167	-.001
a14	.028	.772	.028	.317
a10	.383	.716	-.089	.324
a15	-.086	.704	.361	.038
a13	.060	.693	.117	.223
a21	.162	.119	.792	.170
a20	.311	.176	.667	.281
a22	.408	.238	.473	-.054
a18	.114	.130	.018	.773
a19	.329	.095	.180	.595
a16	-.005	.280	.180	.527

Extraction Method: Principal Component Analysis.　Rotation Method: Varimax with Kaiser Normalization.（萃取方法：主成份分析。旋轉方法：含 Kaiser 常態化的 Varimax 法）

a　Rotation converged in 6 iterations.（轉軸收斂於 6 個疊代）

　　上表為轉軸後的成份矩陣，矩陣中的數值為直交轉軸後的因素負荷量，題項在四個因素中均有一個因素負荷量，其中因素負荷量最大者，則題項歸屬於那個因素。如題項 a3 在四個共同因素之因素負荷量分別為.829、.133、.155、.096，題項a3 與共同因素一的關係最為密切，因而歸類於共同因素一。

三、結果說明

　　在不限定因素層面下，第二次因素分析與第一次因素分析結果甚為接近。以主成份分析法並配合最大變異法（Varimax）行正交轉軸（orthogonal rotation），特徵值大於一的因素共有四個。四個因素的特徵值分別為 4.970、3.917、2.078、1.748 ，其解釋變異量分別 24.850%、19.583%、10.388%、8.742%，累積的解釋變異量為 63.564%。

工作倦怠感量表因素分析摘要表

題　項	解釋變異量	累積解釋變異量	Component（抽取的因素）				
			因素1	因素2	因素3	因素4	共同性
A3 我的工作讓我情緒疲憊。			.829	.133	.155	.010	.737
A1 對工作感覺到有挫折感。			.806	.164	.186	.057	.715
A6 工作時感到心灰意冷。			.785	.258	.107	.240	.751
A2 覺得自己不被了解。			.776	.144	.195	.003	.661
A4 我覺得我過度努力工作。	24.850%	24.850%	.766	-.149	-.062	.228	.664
A5 面對工作時，有力不從心的感覺。			.685	.056	.337	.060	.590
A8 想暫時休息一陣子或另調其他職務。			.600	.364	.230	.163	.572
A7 覺得自己推行工作的方式不適當。			.516	.120	.493	.030	.524
A11 認為這是一份相當有意義的工作。			.193	.838	.125	-.003	.756
A12 我可以由工作中獲得心理上的滿足。			.359	.786	.167	-.001	.775
A14 我在工作時精力充沛。	19.583%	44.434%	.028	.772	.028	.317	.698
A10 我能肯定這份工作的價值。			.383	.716	-.089	.324	.772
A15 我樂於學習工作上的新知。			-.086	.704	.361	.038	.635
A13 我有自己的工作目標和理想。			.060	.693	.117	.223	.548
A21 面對民眾時，會帶給我很大的壓力。			.161	.119	.792	.170	.696
A20 我擔心這份工作會使我逐漸失去耐性。	10.388%	54.821%	.311	.176	.667	.281	.651
A22 常盼望有假期，可以不用上班。			.408	.238	.473	-.054	.450
A18 對某些同事所發生的事我並不關心。			.114	.130	.018	.773	.627
A19 同事將他們遭遇到的問題歸咎於我。	8.742%	63.564%	.329	.095	.180	.595	.503
A16 我能夠冷靜的處理情緒上的問題。			-.005	.280	.180	.527	.388
特徵值			4.970	3.917	2.078	1.748	

最後根據因素所涵括的題項內容，將因素加以命名。

【備註】：

　　最右邊的共同性是題項在第一個因素負荷量的平方＋在第二個因素負荷量的平方＋在第三個因素負荷量的平方＋在第四個因素負荷量的平方。

　　特徵值一是所有題項在因素一中因素負荷量的平方總和。

　　特徵值二是所有題項在因素二中因素負荷量的平方總和。

　　特徵值三是所有題項在因素三中因素負荷量的平方總和。

　　特徵值四是所有題項在因素四中因素負荷量的平方總和。

　　解釋的變異量是特徵值除以題項總數（20）

　　如第一個因素解釋的變異量為 24.850%＝4.970÷20

第二個因素解釋的變異量為 19.583%＝3.917÷20

因素轉軸後的共同性與轉軸前的共同性一樣，題項的共同性不因轉軸而改變；但個別因素層面的特徵值轉軸前後不一樣，轉軸後因素層面間之特徵值差異較小，以此例題而言，轉軸前的特徵值分別為 7.601、2.698、1.224、1.189，而轉軸後的特徵值分別為 4.970、3.917、2.078、1.748。

18-2 信度分析

在因素分析完後，為進一步了解問卷的可靠性與有效性，要進行信度考驗。較高的信度（reliability）與效度值是一份適切的量表或優良的測驗所要具備的二大特徵。信度的最基本的測量模式如下：1＝（信度）＋（誤差）。因而信度的涵義是經由多次複本測驗測量所得結果的一致性（consistency）或穩定性（stability）（Anastasi, 1988），或估計測量誤差有多少，以反應出真實量數（true measure）程度的一種指標（Gulliksen, 1987）。當測驗分數中測量誤差所占的比率降低時，真實特質所占的比率就相對提高，如此，信度值就提高。在一般施測情境下，常見的信度係數值多半介於 0 到 1 之間（余民寧，民 91）。當信度係數值愈接 1，表示量表或測驗的信度愈高；當信度係數值愈接 0，表示信度愈低。

在李克特態度量表法中常用的信度考驗方法為「Cronbach α」係數及「折半信度」（Split-half reliability）。如果一個量表的信度愈高，代表量表愈穩定（stability）。以「再測信度」（test-retest reliability）而言，其代表的是受試者在不同時間得分的一致性（consistence），因而又稱「穩定係數」（coefficient of stability）。所謂內部一致性信度（internal-consistency reliability），係單獨根據一次施測結果即逐行估計量表或測驗的信度係數，此係數稱作「內部一致性信度係數」（internal-consistency reliability coefficient），或簡稱為「內部一致性信度」，屬於內部一致性信度係數的信度估計如：折半信度、K-R 信度（庫李信度）、Cronbach α係數等。因素分析完後每個構念層面的內在信度α係數通常會較總量表之信度值低，內在信度最常使用的方法是Cronbach's alpha係數。

庫李信度特別適用於二元化計分（dichotomously scoring）方法的試題分析，二元化計分方法即是對錯的測驗上，答對得 1 分，答錯得 0 分，在教育測驗與評量上即所謂的是非題。估計庫李信度的公式有二個：庫李 20 號公式（Kuder-Richardson formula 20；簡稱KR_{20}）、庫李 21 號公式（Kuder-Richardson formula 21；簡稱 KR_{21}），當測驗中所有的試題難度指標都一樣，或平均難度接近.50 時，根據 KR_{20} 公式或 KR_{21} 公式所估計出來的信度係數值都會相等，但是，當測驗中所有試題難度指標值極不相同時，根據 KR_{20} 公式或 KR_{21} 公式所估計出來的信度係數值會差距很大；通常 KR_{21} 公式所推估出的信度係數值會比 KR_{20} 公式所推估出來的信度係數值為低（*Cronbach, 1990*）。庫李信度只適用於對錯計分的測驗，對於調查研究中普遍採用的李克特題型（Likert-type format）以測量當事者的態度、人格、心理或興趣等特質，則不宜使用庫李信度以推估量表的信度，因李克特量表多數採用四點至六點量表作答，此時估計量表信度係數最適宜的方法為克朗巴赫（*Cronbach, 1951*）所提出的α係數。目前在 SPSS 統計軟體中，將量表的α係數作為信度估計模式的內定選項，因而在行為科學研究中，α係數的使用率甚為普遍。

信度有「外在信度」（external reliability）與「內在信度」（internal reliability）二大類。外在信度通常指不同時間測量時，量表一致性的程度，再測信度即是外在信度最常使用的考驗法。在「多選項量表」（multipleitem scales）中，內在信度特別重要，所謂內在信度指的是每一個量表是否測量單一概念（idea），同時，組成量表題項的內在一致性程度如何。如果內在信度α係數在.80 以上（*Bryman & Cramer, 1997*），表示量表有高的信度；而學者 Carmines 與 Zeller（*1979*）也認為：一份優良的教育測驗，其信度係數值至少在.80 以上，才比較具有實用的價值性。

根據學者 Gay（*1992*）觀點，任何測驗或量表的信度係數如果在.90 以上，表示測驗或量表的信度甚佳。在社會科學領域中，可接受的最小信度係數值為何，是多數研究者最為關注的，不過，此一方面學者間看法也未盡一致，有些學者則定在.80 以上，如學者 Gay（*1992*）等人即是，而有些學者則認為在.70 以上是可接受的最小信度值，如學者 DeVellis（*1991*）、Nunnally（*1978*）等人。如果研究者編製之研究工具的信度過低如在.60 以下，應以重新修訂研究工具或重新編製較為適宜。

此外，在研究者呈現的統計資料中，不應只是呈現信度係數值的大小，還應該說明此測驗或量表適用的群體，以提供有價值而可比對的資訊，供未來測驗發展者或其他研究者繼續研究發展的參考。如果一個測驗或量表，包含了數個小測驗或構念層面，則每個小量表或或構念層面的信度也要考驗，不能只呈現總量表的信度係數。因為信度是測驗題項數的函數，子測驗或構念層面所涵括的題項數較少，因而多數子測驗或構念層面的信度係數值，通常會低於總測驗或總量表的信度係數值；但如果子測驗或構念層面間的差異性太大，亦即總量表的同質性不高，則構念層面的信度係數反而高於總量表

的信度，但此種情形較少發生，在研究報告中出現的機率也較小。

在信度係數的接受度上面，因素層面的 Cronbach α係數最好在.70 以上，如果是在.60 以上勉強也可以接受。而總量表的α係數最好在.80 以上，如果在.90 以上則信度更佳。在信度係數解釋時，要注意以下幾個原則：一為團體變異影響信度係數的大小，異質團體比同質團體產生較高的係數；二為計分的信度限制測驗的信度，如果測驗的計分不可信，會造成誤差進而限制測驗的信度，測驗的信度不可能比計分的信度高，此點在說明量化資料計分可信度的重要；三為在其他因素相等下，測驗題目愈多，測驗的信度愈高，因為試題數會增加分數的潛在變異，即團體變異將會增加；此外，如果測驗增加試題，將更能包含所測屬性的樣本；四為如果測驗太簡單或太難，信度傾向降低（*Kubiszyn & Borich, 1996*；陳李綢校訂，民 *89*）。

在第一節工作倦怠感量表的因素分析中，共抽取四個共同因素，四個因素層面所包括的題項分別為：

1. 因素層面一：a1、a2、a3、a4、a5、a6、a7、a8 共八題。
2. 因素層面二：a10、a11、a12、a13、a14、a15 共六題。
3. 因素層面三：a20、a21、a22 共三題。
4. 因素層面四：a16、a18、a19 共三題。

進一步的信度考驗，要求出四個因素層面的內部一致性α係數及整體工作倦怠感的信度係數。

一、操作程序

求出各因素層面及總量表的內部一致性係數。

【操作 1】

【Analyze】（分析）→【Scale】（量尺法）→【Reliability Analysis...】（信度分析）

出現「Reliability Analysis」（信度分析）的對話視窗。

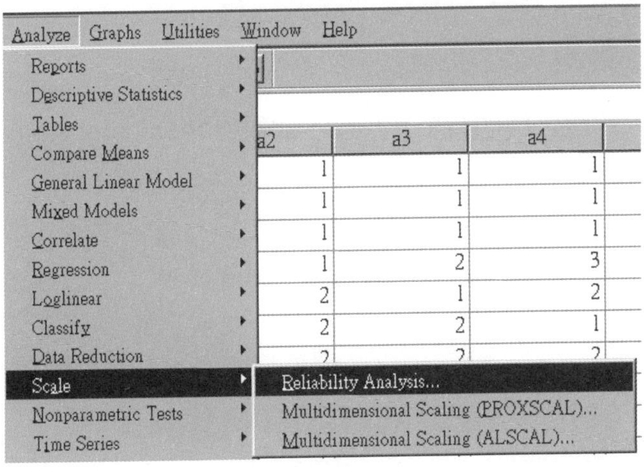

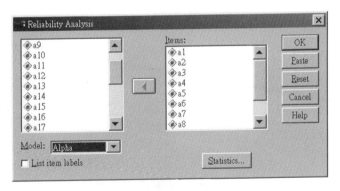

圖 18-11

【操作 2】

　　將第一個層面的題項選入右邊「Items:」（項目）方盒內，例題中第一個層面的題項為 a1、a2、a3、a4、a5、a6、a7、a8。

　　在「Mode:」（模式）方盒選項中選取「Alpha」（內部一致性α係數考驗）（如要求出其折半效度係數則選取「Split-half」）。

圖 8-12

　　在「Reliability Analysis」（信度分析）的對話視窗中，左下方「Model」（模式）右側的下拉式選單共有五種信度考驗的方法：Alpha（Cronbach α係數，如果是二分資料，此係數相當於 KR_{20} 係數）、Split-half（折半信度）、Guttman（Guttman 最低下限真實信度法，信度係數從 lambda1 到 lambda6）、Parallel（平行模式信度）、Strict parallel（嚴密平行信度，表示各題目平均數與變異數均同質時的最大概率信度）。

【操作 3】

按『Statistics…』（統計量…）鈕，出現「Reliability Analysis: Statistics」（信度分析：統計量）次對話視窗。

在「Descriptives for」（描述統計量對象）方盒中選取「☑Scale if item deleted」（刪除項目後之量尺摘要），按『Continue』（繼續）鈕，回到「Reliability Analysis」（信度分析）對話視窗→按『OK』鈕（確定）。

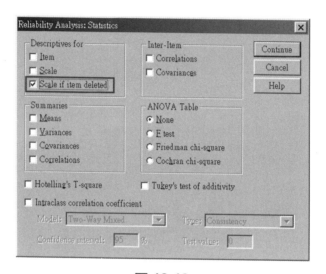

圖 18-13

在「Reliability Analysis: Statistics」（信度分析：統計量）次對話視窗中，有關的主要統計量數分別為：

1. 「Descriptives for」（描述統計量對象）方盒：
  (1)「□Item」（項目）：呈現各題項的描述統計量。
  (2)「□Scale」：量尺之數值，呈現量表之描述統計量。
  (3)「□Scale if item deleted」：刪除項目後之量尺摘要。
2. 「Inter-Item」（各分量表內項目之間）方盒：
  (1)「□Correlations」：相關矩陣，呈現各題項間的相關係數矩陣。
  (2)「□Covariances」：共變數矩陣，呈現各題項間的變異數－共變數矩陣。
3. 「□Hotelling's T-square」：Hotelling T[2] 考驗。
4. 「□Tukey's test of additivity」：Tukey 的可加性考驗。
5. 「□Intraclass correlation coefficient」：量表內各題項平均相關係數。

【操作4】

回到資料檔視窗，重複前述步驟，出現「Reliability Analysis」（信度分析）對話視窗時。此時右邊「Items:」（項目）方盒內出現剛才選入的變項a1至 a8，將層面一的八個題項還原至左邊的空盒中，選取右邊「Items」內的變項，點選◀還原符號（如要清除所有設定，按最右邊之『Reset』－重設鈕，可將所有設定還原），再將第二個層面的題項a10、a11、a12、a13、a14、a15等六個變項，選入右邊「Items:」（項目）方盒內，選取完後，按『OK』（確定）鈕，在結果視窗中會出現第二個因素層面的信度考驗結果。

上述在「Reliability Analysis」（信度分析）對話視窗時如按了『Reset』鈕後，剛才的，「Mode:」（模式）方盒及『Statistics…』（統計量…）按鈕內的選項均要重新選擇。

繼續進行因素層面三（包含 a20、a21、a22 三題）、因素層面四（包含a16、a18、a19 三題）、及總量表（包含四個層面的所有題項）的信度考驗。

二、報表說明

㈠因素層面一的信度係數

Reliability Statistics

Cronbach's Alpha	N of Items
.904	8

上表為信度統計量，因素層面一八個題項的 Cronbach α信度係數值等於.904。第二欄「N of Items」為因素層面所包含的題項數，共有八題。

Item-Total Statistics

	Scale Mean if Item Deleted	Scale Variance if Item Deleted	Corrected Item-Total Correlation	Cronbach's Alpha if Item Deleted
A1	18.41	19.759	.790	.884
A2	18.57	20.227	.717	.890
A3	18.48	19.484	.804	.882
A4	18.42	20.852	.600	.900
A5	18.62	20.541	.672	.894
A6	18.71	18.814	.784	.883
A7	18.81	21.347	.595	.900
A8	18.59	19.638	.626	.900

上表為題項與因素層面間統計量的變化關係。

第一欄為因素層面的題項變數名稱。

第二直欄「Scale Mean if Item Deleted」為刪除該題項後分量表的平均數，以第一題（a1）為例，刪除此題題項後，樣本在剩下七個題項的平均數為18.41。

第三直欄「Scale Variance if Item Deleted」為刪除該題項後分量表的變異數，以第一題（a1）為例，刪除此題題項後，樣本在剩下七個題項得分的變異數為 19.759。

第四直行「Corrected Item-Total Correlation」為校正後該題項與分量表總分的相關，如果相關係數太低，可考慮刪除。

第五直欄「Cronbach's Alpha if Item Deleted」為刪除該題項後分量表的 Alpha 係數，此值如果突然變得較大，表示將此題刪除後，可提高量表的 Alpha 係數。以題項 1 而言，如果將a1 變項刪除後，其餘七題的Alpha係數為.884，如果保留a1 變項，分量表的α係數提高至.904。表中八個題項刪除後的α係數，均較未刪除前的分量表α係數（.904）為低，表示八個題項與層面總分間的內部一致性均佳。

第五直行的數據也可以作為項目分析時決定題項要保留或刪除的參考指標之一，假設原先有七個題項，七個題項的α係數等於.781，如果刪除第一題後，α係數變成.921，表示刪除此題項後，有助於信度係數的提高，而且係數的增加量十分顯著，則此題項可考慮將之刪除。

如果要求折半信度係數（split-half reliability coefficient），於「Reliability Analysis」（信度分析）對話視窗中，「模式」（Model）右的下拉式選單選「Split-half」選項即可。

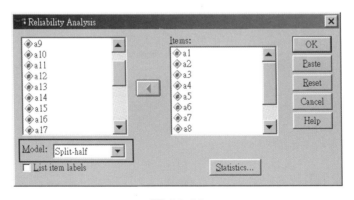

圖 18-14

因素層面一的折半信度係數如下：

Reliability Statistics

Cronbach's Alpha	Part 1	Value	.858
		N of Items	4(a)
	Part 2	Value	.801
		N of Items	4(b)
	Total N of Items		8
Correlation Between Forms			.808
Spearman-Brown Coefficient	Equal Length（兩半題項數相等）		.894
	Unequal Length（兩半題項數不相等）		.894
Guttman Split-Half Coefficient			.894

a The items are: a1, a2, a3, a4.
b The items are: a5, a6, a7, a8.

　　折半信度即單獨利用一次測驗結果，以隨機方式將分量表或測驗分成二半，求出這二半測驗結果的相關係數，此係數即稱為「折半相關」（split-half correlation）。折半相關又為「折半信度係數」或簡稱「折半信度」，折半信度愈高，表示兩半測驗或量表的內容一致性愈高，由於折半信度只是半份測驗的信度而已，它會低估原來試題長度的測驗信度，因而在求折半信度時必須使用斯布校正公式（Spearman-Brown formula），將折半信度加以還原估計。上表中八個題項以順序分成二部分，第一部分包含 a1、a2、a3、a4 四題；第第二部分包含 a5、a6、a7、a8 四題，兩半的題項數相等，第一部分四題中其 Cronbach α值為.858；第二部分四題中其 Cronbach α值為.801。兩個量表之間的相關為.808、折半信度等長度（兩半題項數相等）之斯布校正信度值等於.894、折半信度不等長度（兩半題項數不相等）之斯布校正信度值等於.894，由於本因素層面中題數為偶數題，因而等長度（Equal Length）與不等長度（Unequal Length）之折半信度係數值會相等。因素層面一的折半信度值為.894（看 Equal Length 列之數據）。

㈡因素層面二的信度係數

Reliability Statistics

Cronbach's Alpha	N of Items
.882	6

Item-Total Statistics

	Scale Mean if Item Deleted	Scale Variance if Item Deleted	Corrected Item-Total Correlation	Cronbach's Alpha if Item Deleted
A10	8.62	9.430	.713	.857
A11	8.66	8.833	.779	.846
A12	8.42	8.771	.770	.848
A13	8.65	9.765	.607	.876
A14	8.72	9.820	.707	.859
a15	9.08	10.963	.603	.877

　　上述因素層面二：a10、a11、a12、a13、a14、a15 六題的內部一致性α係數為.882。從題項與層面總分的統計量中可以發現，六個題項刪除後其內部一致性α係數均降低，表示六個題項與總分之內部一致性不低，皆是具有不錯信度的題目。

㈢因素層面三的信度係數

Reliability Statistics

Cronbach's Alpha	N of Items
.712	3

Item-Total Statistics

	Scale Mean if Item Deleted	Scale Variance if Item Deleted	Corrected Item-Total Correlation	Cronbach's Alpha if Item Deleted
a20	5.13	1.852	.603	.527
a21	5.12	2.107	.537	.615
a22	4.37	2.134	.457	.711

　　上述因素層面三：a20、a21、a22 三題的內部一致性α係數為.712。從題項與層面總分的統計量中可以發現，三個題項刪除後其內部一致性α係數均降低（小於.712），因而三個題項均可保留。

㈣因素層面四的信度係數

Reliability Statistics

Cronbach's Alpha	N of Items
.500	3

Item-Total Statistics

	Scale Mean if Item Deleted	Scale Variance if Item Deleted	Corrected Item-Total Correlation	Cronbach's Alpha if Item Deleted
a16	4.15	1.159	.259	.488
a18	3.72	1.012	.340	.359
a19	3.87	.882	.355	.330

上表中因素層面四的內部一致性α係數只有.500，此層面的信度偏低，題項刪除後信度係數也降低。在信度係數值的指標方面，層面因素的α係數最好在.60 以上，如果低於.60，則最好修改題項詞句內容或增加題項數。

㈤整體工作倦怠感量表的信度係數

Reliability Statistics

Cronbach's Alpha	N of Items
.912	20

Item-Total Statistics

	Scale Mean if Item Deleted	Scale Variance if Item Deleted	Corrected Item-Total Correlation	Cronbach's Alpha if Item Deleted
a1	42.02	81.858	.680	.905
a2	42.18	82.493	.635	.906
a3	42.09	81.497	.682	.905
a4	42.03	85.060	.435	.911
a5	42.23	83.128	.592	.907
a6	42.32	79.129	.746	.903
a7	42.42	84.145	.558	.908
a8	42.20	79.273	.698	.904
a10	43.03	81.989	.667	.905
a11	43.07	82.490	.576	.907
a12	42.83	80.607	.688	.904
a13	43.06	84.441	.471	.910
a14	43.13	85.185	.486	.909
a15	43.49	87.444	.418	.911
a16	43.12	88.187	.325	.912
a18	42.69	87.731	.341	.912
a19	42.84	85.611	.467	.910
a20	42.66	82.166	.593	.907
a21	42.65	84.593	.468	.910
a22	41.90	83.364	.517	.909

三、結果說明

由以上信度考驗報表，可以發現四個分量表的 Alpha 係數分別為.904、.882、.712、.500，而總量表的α係數為.912。以四個分量表來看，除分量表四的信度稍低外，餘三個分量表的α係數在.70 以上，此外，總量表的α係數為.912，代表此量表的信度頗佳。

以此例題而言，如要提高分量表四的信度，除對題項內容詞句修飾外，如時間許可可增刪題項，再挑選新的受試者預試一次。如果時間不允許，在研究論文限制中，應加以說明，以作為未來進一步研究的參考。

Part **6**

動差結構分析

第十九章

Amos與結構方程模式

結構方程模式（structural equation modeling；SEM）通常包括「測量模式」（measurement）與「結構模式」（structural model），測量模式是觀察變數（量表或問卷等測量工具所得的數據）與潛在變數（latent variable）（觀察變數間所形成的特質或抽象概念）之間的相互關係；而結構模式則是潛在變數與潛在變數間所形成的關係。一般結構方程模式中的測量模式與結構模式的圖示如下：中間的圓形圖表示潛在變數（無法具體觀察到的變數），長方形圖示爲觀察變數，觀察變數旁的小圓形爲測量誤差（誤差變數）。

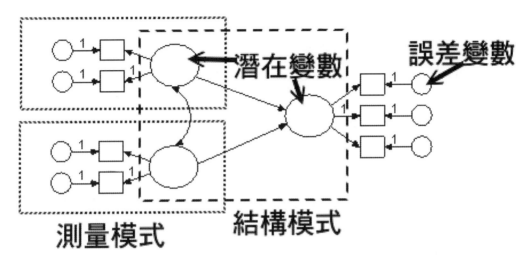

圖 19-1

結構方程模式可以進行共變異數間的估計，用來檢定變數間因果關係模式的適切性，可進行徑路分析（path analysis）、迴歸分析、驗證性因素分析、理論因果關係模式圖的考驗等。目前用來分析結構方程模式的應用軟體中，使用最多且最廣者爲LISREL、AMOS。LISREL的輸出報表雖提供非常豐富的指標參數，但由於要撰寫語法命令及熟悉矩陣參數，一般使用者較難學習。反觀 AMOS 完全是圖形式界面，只要熟知理論因果模式圖的繪製及基本參數值的設定，即可直接繪出徑路圖及呈現各統計參數，因而在結構方程模式中愈來愈多人以 AMOS 統計軟體作爲分析研究工具。

19-1 Amos Graphics 視窗的介紹

Amos是「動差結構分析」（Analysis of Moment Structure）的簡稱，Amos的資料分析主要用於處理如結構方程式模式（structural equation modeling；

SEM）、共變異數結構分析（analysis of covariance structures）、或因果模式分析（causal modeling）等。Amos可說是容易使用的語法界面或視窗化的SEM，使用者只要熟悉工具列圖像功能即可快速而有效的繪製模式圖，進而將模式圖結果統計量求出。

一、開啓「Amos Graphic」應用軟體

起動「Amos Graphics」 應用軟體視窗的方法，最常使用者有以下三種：

1. 直接在 Windows 視窗桌面上按「Amos Graphics」的圖示二下。
2. 執行【開始】→【程式集】→【Amos5】→【Amos Graphics】的程序。
3. 如果安裝 SPSS 軟體，可以開啓 SPSS 統計軟體，執行【分析】／【統計】（Statistics）→【Amos】程序。

開啓「Amos Graphics」應用軟體後，其主用界面包含以下三大視窗：

㈠模式顯示視窗

包含徑路圖的模式切換、組別（Groups）、模式（Models）、參數格式（Parameter Formats）、計算摘要（Computation Summary）、目前目錄中的檔案（Files in current directory）。參數格式又包含「未標準化的估計值」（Unstandardized estimates）與「標準化的估計值」（Standardized estimates），徑路圖的模式顯示切換有二種，一爲「顯示輸入之徑路圖」（View the input path diagram-Model specification），「顯示輸入之徑路圖」即爲開始描繪之徑路圖、二爲「顯示輸出結果之徑路圖」（View the output path diagram），「顯示輸出結果之徑路圖」會包含估計之統計量的估計值。

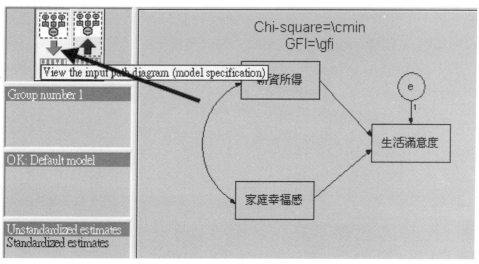

圖 19-2

圖 19-2 為顯示輸入之原始徑路圖性質的模式圖，沒有統計量數或參數。

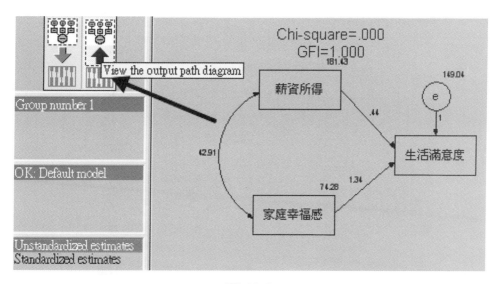

圖 19-3

圖 19-3 為顯示徑路圖之結果模式圖，按下「計算估計值」（Calculate estimates） 的工具圖示後，如果模式設定沒有錯誤，則「顯示輸出結果之徑路圖」（View the output path diagram）的圖示會由呈現，按一下此圖示，會出現模式的各項參數或統計量的估計值。「Models」（模式）方盒的提示語由「Default model」（預設模式）轉變為「OK: Default model」（OK: 預設模式）；「Computation summary」（計算摘要）方盒會出現卡方值、自由度及完

成提示語：「Writing output」、「Chi-square=472.5, df=59」（此數據視模式圖不同而不同）、「Finished」。如果模式中有變數未加以設定，則按下「計算估計值」（Calculate estimates）工具圖像鈕後，會出現警告提示訊息視窗，如「1 variable is unnamed」（一個變數沒有名稱），表示模式中有一個變數沒有命名，操作者須將此變數名稱鍵入或由資料檔中將觀察變數拉曳至模式，當變數有名稱後，模式才能執行【計算估計值】的程序。

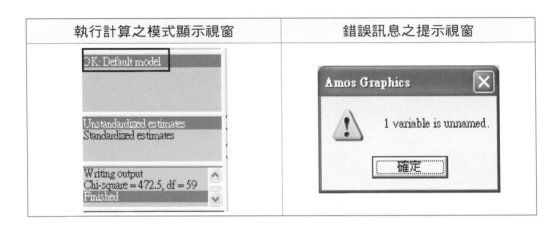

執行計算之模式顯示視窗	錯誤訊息之提示視窗

模式訊息顯示視窗	工具圖像視窗

(二)工具列圖示

　　工具列視窗為「Amos Graphics」應用軟體的核心，如果能熟知各種工具圖示的功能與操作，則能快速完成各式模式圖的繪製與統計量的估計。執行「Amos Graphics」軟體上面【功能列】選單內的程序，多數功能均與點選工具列圖像後執行的程序相同，如「檢視／設定」功能列包括「界面性質」（Interface Properties）、「分析性質」（Analysis Properties）、「物件性質」（Object Properties）、「模式中的變數」（Variables in Model）、「資料檔中的變數」（Variables in Dataset）、「參數」（Parameters）、「文字輸出」（Text Output）、「全螢幕」（Full Screen）等，大部分執行程序在工具列圖像中均有。

　　以「圖示」（Diagram）功能列內容而言，主要功能在模式圖的繪製，包含的選項如「描繪觀察變數」（Draw Observed）、「描繪潛在變數」（Draw Unobserved）、「描繪單向徑路圖」（Draw Path）、「描繪雙向共變異數圖」（Draw Covariance）、「圖示標題」（Figure Caption）、「描繪指標變數」（Draw Indicator Variable）、「描繪誤差變數」（Draw Unique Variable）、放大圖示、縮示圖示、「捲軸移動」（Scroll）、「放大鏡檢視」（Loupe）、「重新繪製圖形」（Redraw diagram）等，這些功能在工具列圖像中均有相對應的按鈕圖像。

「檢視／設定」功能列	「圖示」功能列
File Edit View/Set Diagram Model-Fit Tools He... 功能列 Interface Properties... Ctrl+I Analysis Properties... Ctrl+A Object Properties... Ctrl+O Variables in Model... Ctrl+Shift+M Variables in Dataset... Ctrl+Shift+D Parameters... Ctrl+Shift+P Matrix Representation... Ctrl+Shift+R Text Output F10 Full Screen F11	Diagram Model-Fit Tools Help Draw Observed F3 Draw Unobserved F4 Draw Path F5 Draw Covariance F6 Figure Caption Draw Indicator Variable Draw Unique Variable Zoom Zoom In F7 Zoom Out F8 Zoom Page F9 Scroll Loupe F12 Redraw diagram

　　以「編輯」（Edit）功能列的內容而言，其功能在於物件的處理，包括「還原」（Undo）、「重做」（Redo）、「拷貝到剪貼簿」（Copy to clipboard）、「選擇單一物件」（Select）、「選取全部物件」（Select All）、「解除選取全部物件」（Deselect all）、「移動物件」（Move）、「複製物件」（Duplicate）、「刪除物件」（Erase）、「移動參數位置」（Move Parameter）、「鏡射指標變數」（Reflect）、「旋轉指標變數」（Rotate）、「改變物件形狀」（Shape of Object）、「調整選取物件的水平距離」（Space Horizontally）、「調整選取物件的垂直距離」（Space Vertically）、「拉曳物件性質」（Drag Properties）、「適合頁面」（Fit to Page）、「模式圖最適接觸」（Touch Up）等。模式適配度（Model-Fit）功能列功能，主要在估計的計算與模式相關資料的管理，如「計算估計值」（Calculate Estimates）、「中斷計算估計值」程序（Stop Calculate Estimates）、「管理群組」（Manage Groups）、「管理模式」（Manage Models）、「改變觀察變數/潛在變數」（Toggle Observed/Unobserved）、「自由度的資訊」（Degree of Freedom）、「模式細項的搜尋」（Specification Search）、「多群組分析」（Multiple-Group Analysis）等。

編輯（Edit）功能列	模式適配度（Model-Fit）功能列
Edit View/Set Diagram Model- ↶ Undo　　　　Ctrl+Z ↷ Redo　　　　Ctrl+Y ▣ Copy (to clipboard)　Ctrl+C ✋ Select　　　　F2 ✋ Select All ✋ Deselect All ▤ Link ⟷ Move　　　　Ctrl+M ⟲ Duplicate ✗ Erase　　　　Delete ⟲ Move Parameter ❋ Reflect ↻ Rotate ✦ Shape of Object ⊩⊩ Space Horizontally ⊻ Space Vertically ⊪ Drag Properties...　Ctrl+G ⊡ Fit to Page　　Ctrl+F ✎ Touch Up　　Ctrl+H	Model-Fit Tools Help ▦▦ Calculate Estimates　　Ctrl+F9 ⊗ Stop Calculating Estimates ▬ Manage Groups... ⊞⊞ Manage Models... ⊙ Modeling Lab... ✗ Toggle Observed/Unobserved ᴅꜰ Degrees of freedom... 🅰 Specification Search... ⊞⊞ Multiple-Group Analysis...

㈡模式圖的繪製區域

模式圖的繪製區域為一長方形，內定為「肖像照片格式」（Portrait）（縱向式的長方形－高比寬的長度還長），模式圖超出編輯區域部分，統計量也會被計算，但無法列印。如果要改變模式圖的繪製區域為「風景照格式」（Landscape）（橫向式長方形－寬比高的長度還長），可以執行以下程序：執行功能列【View/Set】（檢視/設定）→【Interface Properties】（界面性質），出現「Interface Properties」（界面性質）的對話視窗，切換到『Page Layout』（頁面配置）標籤頁，在「Orientation」（方向）方盒中勾選『⊙Landscape』（風景照）選項（內定值為『⊙Portrait』－肖像照選項）→按『Apply』（應用）鈕。

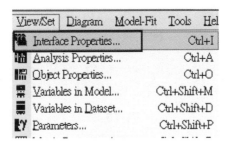

圖 19-4

圖 19-5

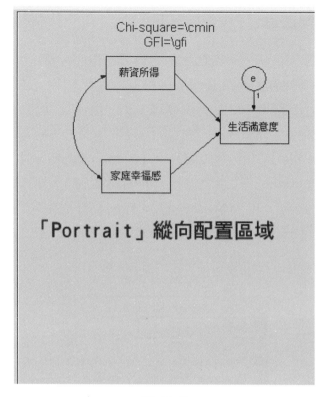

圖 19-6

縱向配置的區域，寬比較短而高比較長。

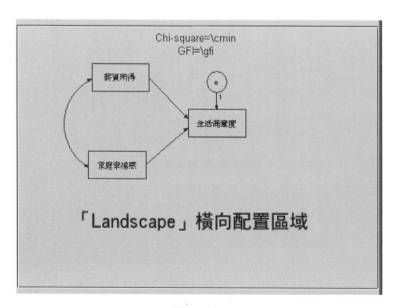

圖 19-7

橫向配置區域的寬比高還長。至於研究者要選用那種面版（配置區域），視模式的結構與排列而定。只要在編輯區域內位置的模式圖均可將模式圖複製到剪貼簿中，而超過編輯區域位置的模式也可計算其估計值，但無法列印及複製到剪貼簿上。

二、工具列視窗的圖像操作介紹

「工具列視窗」是「Amos Graphics」編輯視窗的主要操作核心，多數「Amos Graphics」功能列的操作程序，均在工具列視窗中。工具列視窗操作時，只要點選工具圖像，即可執行它的功能。被點選的工具圖像，會呈反白而圖像周圍會出現一個「方框」，當圖像反白並出現方框時再點選一次，則圖像即恢復成原來的狀態，此時即解除其操作狀態，當滑鼠移往工具圖像上，會出現工具圖像功能的簡要說明及其快速鍵的操作，如「Draw observed variables（F3）」。以下就工具列視窗中的圖像操作說明作一簡要介紹。

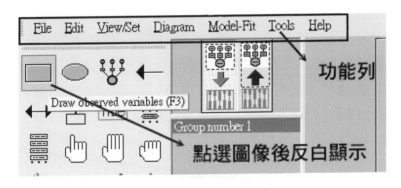

圖 19-8

(一) ▭ **「描繪被觀察的變數」**（Draw observed variables）

在 SPSS 資料檔或試算表中的量表變數均為觀察變數，觀察變數即以量表、問卷、測驗等工具獲得的數據。

點選此圖像後，可在模式編輯視窗中繪製長方形的觀察變數，操作時在模式編輯區域中按住滑鼠左鍵不放及拉曳即可描畫出一個長方形。拉曳時往右下、右上、左下、左上方向移動均可。

每個工具列圖像均有一個快速鍵，將滑鼠移往工具列圖像上方時，會出現工具列圖像的操作說明介紹及其快速鍵，如「描繪被觀察的變數」工具列圖像的快速鍵為功能鍵【F3】，當按下功能鍵【F3】時，即可在直接在模式

編輯視窗中繪製長方形的觀察變數，其功能即是點選「描繪被觀察的變數」的工具圖像。

(二) ⬭ 「描繪未被觀測的變數」（潛在變數）（Draw unobserved variables）

　　未被觀察的變數又稱「潛在變數」（latent variables），以線性結構模式而言，潛在變項有二種：被假定為因者稱為「潛在自變數」（latent independent）或稱「外因變數」（exogenous variables）；被假定為果者稱為「潛在依變數」（latent dependent variables）或稱「內因變數」（endogenous variables）。潛在變數無法直接被觀察測量，因而以外在可觀察的態度、行為、知覺、感受等來間接推論，這些可觀察的變項即為「觀察變數」，外在可測量的行為即為潛在變數的指標變數。

　　以企業「組織文化」而言，組織文化是個無法被觀察測量的變數，亦即組織文化是個抽象的概念（構念），無法直接測量，但研究者可以以企業員工在組織文化量表上的知覺感受作為其組織文化的指標變數，組織文化量表假設有四個面向（構念）：信任和諧、開放創新、穩定運作、目標成就，則四個層面所測得的數據資料即可作為組織文化潛在變數的指標變數。

　　點選此圖像後，可在模式編輯視窗中繪製橢圓形的潛在變數，操作時在模式編輯區域中按住滑鼠左鍵不放及拉曳即可描畫出一個橢圓形。拉曳時往右下、右上、左下、左上方向移動均可，其快速鍵為功能鍵【F4】。

(三) ⚇ 「描繪潛在變數或增畫潛在變數的指標變數」（Draw a latent variable or add an indicator to a latent variable）

　　點選此圖像也可描繪潛在變數，其操作與上述「描繪未被觀測的變數」工具列圖像相同；此外，其圖像也可以在潛在變數上增列指標變數（觀察變項）及誤差變項，操作時將此圖像指標移往潛在變數上，按一下滑鼠左鍵即增列一組指標變數及誤差變項，再按一下可再增列一組。指標變數（觀察變數及誤差變數）的形狀大小會隨潛在變數大小而自行調整。

　　在潛在變數上所繪製的指標變數位置均位於潛在變數的上方，如要調整指標變數的位置，要點選【旋轉潛在變數之指標變數】（Rotate the indicators of a latent variable）工具圖像，點選此工具圖像後，在潛在變數上按一下，指標變數會依順時針方向旋轉，每次旋轉的角度為 90 度。

可直接描繪潛在變數	在潛在變數上按一下會增列一組指標變數	在潛在變數上按二下會增列二組指標變數
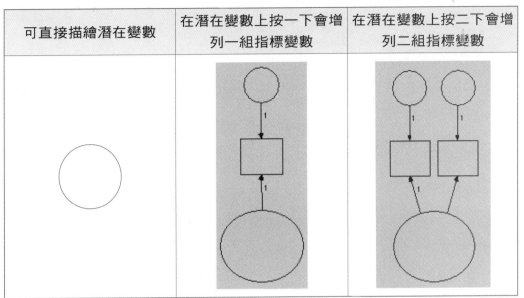		

在 Amos 結構方程模式中，所有測量誤差變項數值的起始值均設為 1，而潛在變數的指標變項中須有一個觀察變數之指標變數的參數值也設為 1。上圖中下方的圓形圖為潛在變數，長方形的圖示為潛在變數的指標變數（觀察變數），最上面的小圓形為誤差變數。潛在變數的每個指標變數均有測量誤差，此測量誤差即為誤差變數，其參數設定起始值為 1。

㈣ ← 「描繪單向箭頭的路徑」（Draw paths-single headed arrows）

點選此圖像可描繪具因果關係變項的單箭號，從變項性質為「因」的變數（自變數）圖示開始拉曳至「果的」變數（依變數）。單箭號的起始點為自變項（外因變項）（exogenous）、方向所指向的變數為依變項（內因變項）（endogenous），在模式表示時，外因變數（自變項）通常以英文字母「X」表示，內因變數（依變項）則以英文字母「Y」稱之。

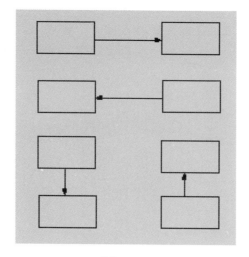

圖 19-9

（五）↔「描繪共變異數（雙向箭頭）的路徑」（Draw covariances
-double headed arrows）

　　點選此圖像後，從第一個變數拉曳至第二個變數；或從第二個變數拉曳
至第一個變數，完成後可在二個變數間描繪具雙向曲線箭號。從第一個變數
拉曳至第二個變數所描繪的雙箭號曲線位置與從第二個變數拉曳至第一個變
數之圖形的位置形成水平或垂直鏡射關係（上←→下、左←→右）。二個變
數以雙箭號連結，表示二個變數有共變異數（Covariance）的關係，在標準化
的模式中呈現的數據即為二個變數的相關係數，表示二個變數間沒有因果關係。

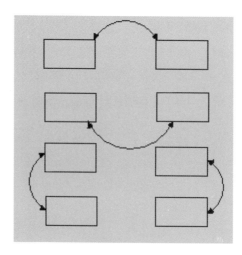

圖 19-10

Amos模式輸出結果，箭號圖示與變項屬性所呈現的估計值性質有以下關係存在：

圖示／變數	未標準化估計值 （Unstandardized estimates）	標準化估計值 （Standardized estimates）
單箭號	迴歸加權值 （Regression weights）	標準化的迴歸加權值 （Beta 值）
雙箭號	共變異數（Covariances）	相關（Correlations）
內因變數 （endogenous variables）	截矩（Intercepts）	複相關的平方 （Squared multiple correlations）
外因變數 （exogenous variables）	平均數與變異數	_____

(六) 「增列誤差變數到已有的變數中」（Add a unique variable to an existing variable）

此工具圖像可在觀察變數或潛在變數上增列誤差變項。操作時，在作為內因變數（依變項）之觀察變數或潛在變數上按一下滑鼠左鍵，可在觀察變數或潛在變數的上方增列一個誤差變項，如重複按滑鼠左鍵，則誤差變項會依「順時針」的方向旋轉，旋轉的角度為 45 度。在 Amos 結構方程模式中，作為內因變數的變項（依變項）均要設定誤差變數，測量誤差變項數值的起始值設為 1，在模式計算估計時，如果有內因變數沒有增列誤差變數，則會出現警告提示視窗，告知操作者那些內因變數沒有設定誤差變數。

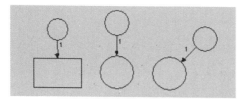
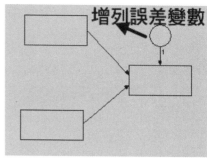

圖 19-11

㈦ Title：「設定徑路圖標題內容」（Figure captions）

此圖像可讓模式名稱或適合度指標呈現於徑路圖中。點選此標題工具圖像後，在模式編輯視窗中按一下會出現「Figure Captions」（圖形標題）的對話視窗，於『Caption』（標題）下的空格中輸入徑路圖標題或相關適合度統計量。如要呈現卡方值（CMIN）與 p 值，須於空格內輸入：

Chi_square=\cmin
p_value=\p

「\cmin」為呈現 χ^2 值、「=」前面為要呈現的文字，「=」後面為要呈現的統計量數，其語法為「\統計量關鍵詞」，如要呈現 GFI 與 AGFI 值，則鍵入如下語法：

GFI=\gfi
AGFI=\agfi

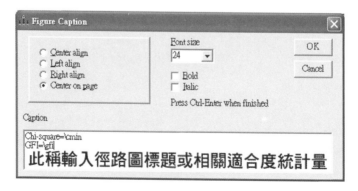

圖 19-12

(八) 「列出模式內的變數」（List variables in model）

點選此工具圖像後，會出現「Variables in Model」（模式中的變數）的對話視窗，可查看模式圖使用到的所有變數名稱，包含資料檔內的觀察變數、模式中的誤差變數及潛在變數。

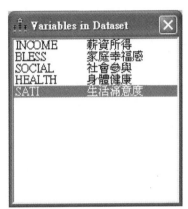

圖 19-13

(九) 「列出資料組內的變數名稱」（List variables in data set）

點選此工具圖像後，會出現「Variables in Dataset」（資料組中的變數）的對話視窗，可查看資料檔中的所有變數名稱。資料檔中所呈現的所有變數，這些觀察變數不一定於模式圖中均會使用到，資料檔中的變數全部為「觀察變數」，而「模式中的變數」（Variables in Model），除包括資料檔中的觀察變數外，也可能為增列誤差變數及潛在變數。操作時，於開啟「Variables in Dataset」（資料組中的變數）的對話視窗狀態下，按住資料檔的觀察變數直接拖曳至模式中的觀察變數長方形的區域內即可。

(十) 「選擇所有物件」（Select all objects）

點選此工具圖像，模式編輯區域中所有的物件均會變成藍色，表示所有的變數與路徑均被選取，選取物件後可進行物件的移動與複製。

（土） 🖐 「一次只選擇一個物件」（Select one object at a time）

　　被選取的變數或路徑（箭頭）顏色會改變，內定值（default）為藍色，如果物件的顏色改變表示已被選取，選取後再按一下所選擇的變數或路徑，顏色會還原成原內定之黑色，表示解除物件選取的狀態。

（吉） 🖐 「刪除所有選取的物件」（Delete all objects）

　　點選此圖像後，所有被選取的變數或路徑均會還原，所有圖示會變成內定的黑色。

（圭） 🖼 「複製物件」（Duplicate objects）

　　點選此圖像，將滑鼠移向物件上，按住滑鼠左鍵不放，拉曳至新位置的地方再放開滑鼠，即可於新位置上複製一個與原先相同的物件。

（圭） 🚚 「移動物件」（Move objects）

　　點選此圖像，將滑鼠移至物件上，按住滑鼠左鍵不放，拉曳至新位置的地方再放開滑鼠，即可將物件拖移至別的位置。

（圭） ✕ 「移除物件」（Erase objects）

　　點選此圖像，將滑鼠移至物件上按一下左鍵，即可將變數或路徑物件移除。「移除物件」工具圖像即是一般繪圖軟體中的橡皮擦或【刪除】（Delete）鍵。

（圭） 🔀 「變更物件的形狀大小」（Change the shape of objects）

　　點選此圖像，將滑鼠移至變數物件上按住左鍵不放，即可重新調整觀察變數（長方形）、潛在變數（橢圓形）或誤差變數（圓形）物件的形狀大小，如果同時選取全部物件，則相同幾何圖形的物件：方形物件（觀察變數）／圓形物件（潛在變數及誤差變數）會一起改變大小，因而操作者如要改變誤差變數的大小，可按【一次只選擇一個物件】（Select one object at a time）工具圖像，分開選取要改變形狀的誤差變數物件；如要同時改變潛在變數形狀

大小，則只要分開選取潛在變數物件即可，選取時分開選取物件，可同時一起更改其形狀大小。

(七) ⟳「旋轉潛在變數之指標變數」（Rotate the indicators of a latent variable）

點選此圖像，將滑鼠移至潛在變數上，按一下滑鼠左鍵，潛在變數之指標變數（觀察變數及誤差變數）會按順時針方向每次旋轉90度（潛在變數之指標變數開始位置均位於潛在變數的上方）。

開始設定潛在變數的指標變數，指標變數的位置在潛在變數的上方	選取旋轉指標變數工具列 ⟳ 在潛在變數上按一次左鍵，指標變數會依順時針方向旋轉，每次旋轉90度。

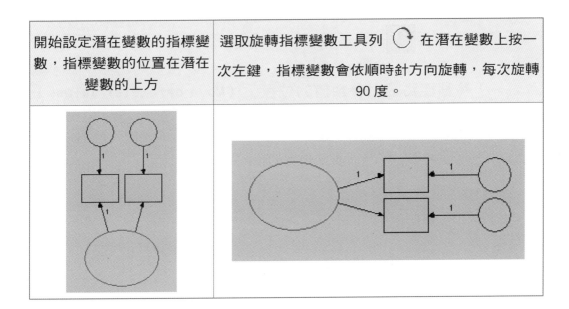

(八) ⠿「映射潛在變數之指標變數」（Reflect the indicators of a latent variable）

此圖像可設定潛在變數之指標變數的位置及潛在變數之指標參數1的設定。

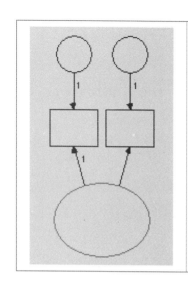

「映射潛在變數之指標變數」工具圖像，指標變項參數設定為 1 之觀察變項，左右對調，進行水平映射。右邊的模式圖再按一次滑鼠左鍵，指標變數的位置會移向潛在變數的下方，進行垂直映射。

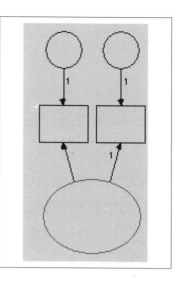

（九）　「移動徑路圖之參數值的位置」（Move parameter values）

點選此工具圖像可移動徑路圖或模式圖中估計參數的位置，點選路徑或變數時，移動正方形□形狀（表示參數的符號）的位置即可。

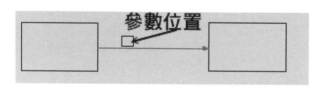

圖 19-14

（十）　「在螢幕上移動徑路圖的位置」（Reposition the path diagram on the screen）

點選此圖像後，滑鼠會出現「scroll」（捲軸）的提示字，在徑路圖的視窗內按一下左鍵直接拖曳即可。

（十一）　「變數路徑最適接觸」（touch up a variable）

當繪製之徑路圖接觸位置不對稱時，可利用最適接觸工具圖像讓電腦自行調整。操作時先點選此工具圖像，在徑路圖交會的變數上按一下即可。

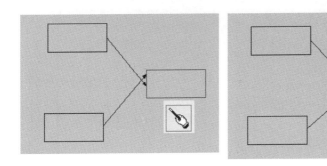

圖 19-15

(三) 「選擇資料檔」（Select data files）

資料檔的內容包括試算表檔案「Excel（*.xls）」、資料庫檔案「MS Access（*.mds）」、社會科學統計套裝軟體檔案「SPSS（*.sav）」、文書檔「Text（*.txt）」等。

點選此工具圖像，會出現「Data Files」（資料檔案）對話視窗，按『File Name』（檔案名稱）鈕，出現「開啟」對話視窗，選取資料檔→按『開啟』鈕，選取的資料檔名稱會出現「Data Files」（資料檔案）對話視窗中間的方盒中。按『View Data』（查看資料檔）可啟動資料檔的應用軟體並開啟資料檔。資料檔開啟後按『OK』（確定）鈕。

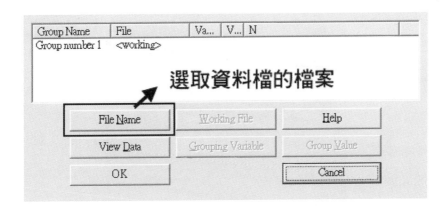

圖 19-16

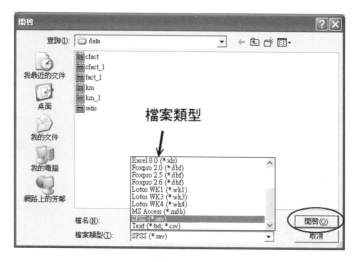

圖 19-17

(三) 「分析的性質」（Analysis properties）

　　按此工具圖示會出現「Analysis Properties」的對話視窗，可以勾選要呈現的統計量或計算的參數。在「輸出」（Output）標籤頁中，可以勾選報表文字要呈現的統計量，常見者如「標準化估計值」（Standardized estimates）、「多元相關平方」（Squared multiple correlations）、「間接效果、直接效果與總效果」（Indirect, direct & Total effects）、「殘差動差」（Residual moments）、「修正指標」（Modification indices）等。

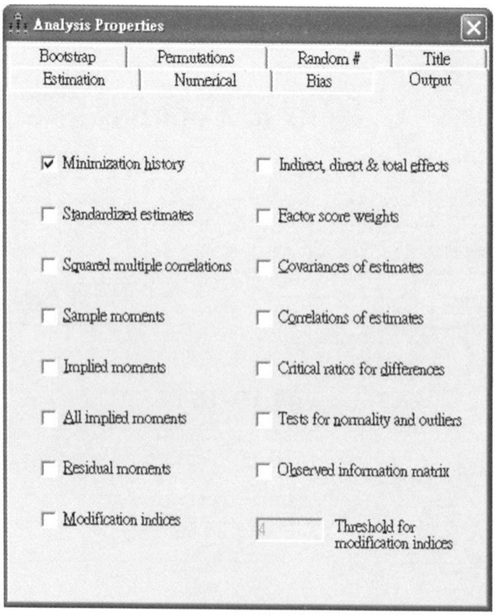

圖 19-18

如要估計變數的「平均數與截矩」（means and intercepts），於「Analysis Properties」（分析性質）的對話視窗按「估計」（Estimation）標籤頁，勾選「☑Estimate means and intercepts」（估計平均數與截矩）選項即可。

㈤ 🏭「計算估計值」（Calculate estimates）

點選此圖像可執行模式路徑圖統計量的計算。如果模式變數及參數設定沒有問題，則模式視窗中的模式方格之提示字會由「Default model」變成「OK: Default model」。「計算估計值」工具圖像的功能列操作程序：【Model-Fit】（模式適合度）→【Calculate Estimates】（計算估計值）。

㈥ 📋「複製徑路圖到剪貼簿中」（Copy the path diagram to the clipboard）

如果想將徑路圖複製到其他應用軟體時，如MS Word中，要先按此圖示，將徑路圖先複製到剪貼簿中，再至應用軟體中按「貼上」鈕。

㈦ 📋「瀏覽文字」（View Text）

按此圖示可開啟路徑圖中各項參數的統計量與線性結構模式中各項評鑑指標值。點選此圖像後，會出現「Amos Output」對話視窗，其上面的工具列說明如下：

圖 19-19

1. 🔍 預覽列印文件（Print Preview）。

2. 🖨 印出文件資料（Print）。

3. 📖 設定列印格式（Page Setpage）。

4. 📂 開啟Amos的輸出結果檔，其文件副檔名為「Amos Output（*.AmosOutput）」。

5. 📋 將文件複製到剪貼簿（Copy to Clipboard），再開啟相關應用軟體

如 Word 文書處理軟體，按「貼上」鈕，可將 Amos Output 之輸出文字統計量結果轉貼到 Word 軟體中。

6. ☑ 檢視呈現結果的選項（Options），點選此工具列，會出現「選項」（Options）對話視窗，按『檢視』（View）標籤頁，可勾選「檢視全部輸出結果」（View entire output file）或「只呈現被選取的部分結果」（View selected output only），選取前者選項，右邊輸出結果畫面會呈現所有估計的統計量數；如勾選後者只呈現選取的部分結果。

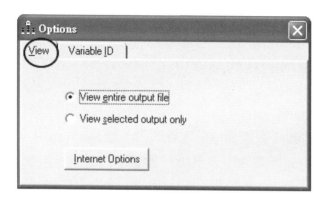

圖 19-20

7. 2 ▾ 第一個下拉式選單數字代表「小數點的位數」（Decimails），「2」表示輸出的文件以小數二位呈現。

8. 10 ▾ 第二個下拉式選單數字表示表格「欄的寬度」（Column spacing），數字愈大表示欄的寬度愈大。

9. 9 ▾ 第三個下拉式選單數字表示「表格欄位的最大值」（Maximum number of table columns），範例中的 9 表示表格最多可呈現到九個欄位。

10. ✚ 表格範例（Table Rules），點選此工具列圖像可於表格標題與內容中增列一組直線與橫線。

11. ▣ 表格邊框線（Table Border），點選此工具列圖像可呈現表格的邊框線，如出現表格邊框線，再按一次此工具列圖像，則表格邊框線消失。

12. ■ 表格顏色（Table Color），點選此工具列圖像後會出現「色彩」對話視窗，可選擇表格要呈現的顏色。

13. ▨ 表格標題顏色（Table Heading Color），點選此工具列圖像後會出現「色彩」對話視窗，可選擇表格標題要呈現的顏色。

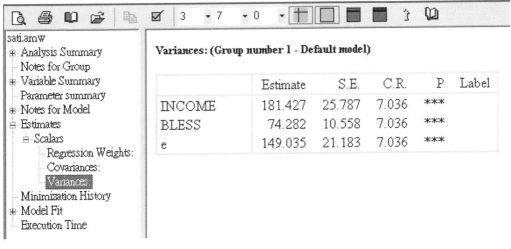

表 19-21

在「Amos Output」對話視窗的左邊目錄包括：「資料檔的名稱」、「分析摘要表」（Analysis Summary）、「組別註解」（Notes for Group）、「變數摘要表」（Variable Summary）、「參數摘要」（Parameter Summary）、「模式註解」（Notes for Model）、「估計值」（Estimates）、『最小化記錄』（Minimization History）、「模式適合度」（Model Fit）等。

㈤ 🖫 「儲存目前的徑路圖」（Save the current path diagram）

按此圖示與執行功能列【File】（檔案）→【Save】（儲存）的程序相同，存檔類型為「Input file（*.amw）」，副檔名為「*.amw」。模式圖在計算估計值之前，要先將模式圖存檔，如果模式圖沒有存檔，點選【計算估計值】後，會出現「另存新檔」對話視窗，要操作者先將模式圖完成「儲存檔案」的步驟。

㈥ ▦ 「物件的性質」（Objects properties）

點選此圖示會出現「Objects Properties」的對話視窗（要在觀察變數、潛在變數或誤差變數物件上連按二下），可設定物件、參數及變數的顏色、變數文字的大小與變數名稱、物件邊框的粗細、參數值的內容與格式設定等，其對話盒包括五個標籤頁：「Color」（顏色）、「Text」（文字）、「Parameters」（參數）、「Format」（格式）、「Visibility」（可見性－是否顯示設定）。在『文字』（Text）標籤頁，包括字型大小（Font size）、字型樣式（Font style）、變數名稱（Variable name）、變數註解（Variable label）

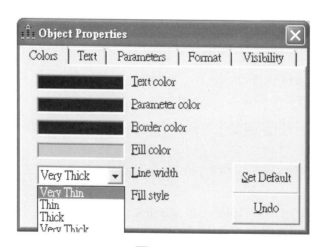

圖 19-22

在『顏色』（Color）標籤頁，包括文字顏色（Text color）、估計之參數的顏色（Parameter color）、變數形狀邊框的顏色（Border color）、形狀背景的顏色（Fill color）、邊框線條的厚度（Line width），此下拉式選單內有四種選項：非常細（Very Thin）、細（Thin）、厚（Thick）、非常厚（Very Thick）等四種、背景顏色填充樣式（Fill style），填充樣式包括完全填滿（Solid）、顏色透明（Transparent）二種。

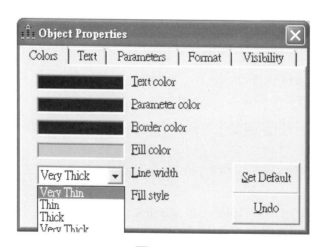

圖 19-23

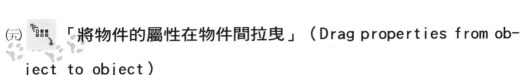

㊅ 「將物件的屬性在物件間拉曳」（Drag properties from object to object）

　　點選此圖示會出現「Drag properties」（拉曳性質）的對話視窗，可以勾選變數或路徑上所設定的字型、顏色；變數的高度、寬度；參數的位置與參數的字型等格式屬性，勾選的屬性可以複製到新的變數上。操作時在出現「Drag properties」的對話視窗時，勾選要複製的格式屬性類別，在路徑圖示視窗上，直接拉曳至要複製的變數形狀上。**複製格式屬性時，「Drag Properties」（拖曳性質）的對話視窗「不能關閉」，要在「開啟狀態」，否則即使拉曳滑鼠也無法進行屬性的複製。**

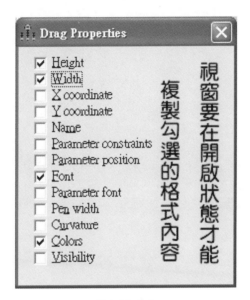

圖 **19-24**

㊆ 「保留對稱性」（Preserve symmetries）

　　點選此圖像，可以將潛在變數及其指標變數（包含觀察變數與誤差變數）結合成一群組一起移動（Move）或複製（Copy）。如果沒有點選「保留對稱性」工具圖像，進行移動或複製程序時，潛在變數與指標變數是分開的物件（觀察變數與誤差變數也是獨立分離的物件），選取「保留對稱性」工具圖像，則潛在變數與指標變數在進行移動或複製程序時，變成一個合併的物件。

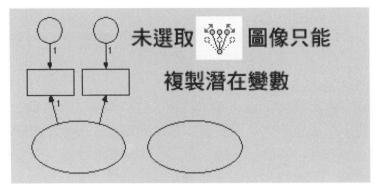

圖 19-25

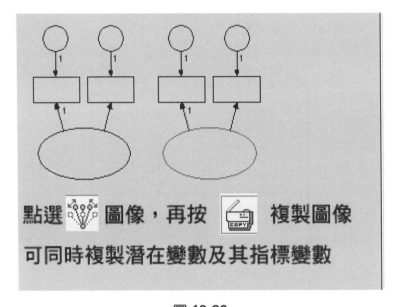

圖 19-26

（三）「擴大選取的區域」（Zoom in on an area that you select）

　　點選此圖像，按左鍵及拉曳可選取一個區域，並放大選取區域範圍。如果想將徑路圖上某個區域放大來觀看可以利用此一工具圖像。

（三）「將徑路圖的區域放大」（View a smaller area of the path diagram）

　　點選此工具圖像，徑路圖會以倍率放大。

（三）🔍「將徑路圖的區域縮小」（View a larger area of the path diagram）

點選此工具圖像，徑路圖會以倍率縮小。

放大或縮小模式圖只是一種檢視瀏覽狀態，實際的徑路模式圖大小並未改變。

（四）🔍「將徑路圖整頁顯示在螢幕上」（Show the entire page on the screen）

點選此工具圖像，徑路圖會以整頁方式呈現於圖形編輯視窗中。

（五）✥「重新調整徑路圖的大小以符合編輯畫面」（徑路圖呈現於編輯視窗頁面內）（Resize the path diagram to fit on a page）

點選此工具圖像，徑路圖會自動調整並重新排列於圖形編輯視窗中。

（六）🔍「以放大鏡檢核徑路圖」（Examine the path diagram with the loupe）

點選此工具圖像，可以使用放大鏡（loupe）的功能，放大觀看徑路圖某個區域內容。

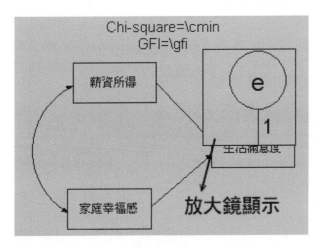

圖 19-27

(毛) DF 「顯示自由度參數」（Display degree of freedom）

按此工具圖像會出現「Degree of freedom」（自由度）對話視窗，顯示徑路圖上的自由度、參數個數、自由參數（free parameters）的個數等數據。

(美) 「多群體的分析」（Multiple-Group Analysis）

點像此工具圖像，可進行多群體的分析。

(元) 「列印所選擇的徑路圖」（Print the selected path diagrams）

按此圖示後會出現【列印】（Print）的對話視窗，可設定列印的屬性及選取要列印的統計量。

(四) 「還原先前的改變」（Undo the previous change）

此工具圖像即「還原」鈕。

(四) 「重做先前的程序」（Undo the previous undo）

此工具圖像即「重做」鈕。

(四) 「模式細項的搜尋」（Specification Search）

點選此工具圖像，會出現「Specification Search」（細項搜尋）的視窗工具列，選取每個工具列可進行相關搜尋的程序。

圖 19-28

在模式圖繪製區域中，滑鼠移到變數或路徑上面按右鍵，會出現快速選單，快速選單包括「刪除物件」（Erase）、「移動物件」（Move）、「複製物件」（Duplicate）、「移動參數位置」（Move Parameter）、「改變變數物

件形狀大小」（Shape of Object）、「路徑圖最適接觸」（Touch Up）、「改變觀察變數與潛在變數」（Toggle Observed/Unobserved）、「物件性質」（Object Properties）等。

其中「Toggle Observed/Unobserved」的功能，在於「改變觀察變數與潛在變數」，如果原先是一個長方形的觀察變數，選取此快顯功能鍵在長方形觀察變數上按一下，方形形狀之變數會變成橢圓形的潛在變數；如果是一個橢圓形的潛在變數，選取此快顯功能鍵在橢圓形的潛在變數上按一下，變數會變成長方形的觀察變數形狀。

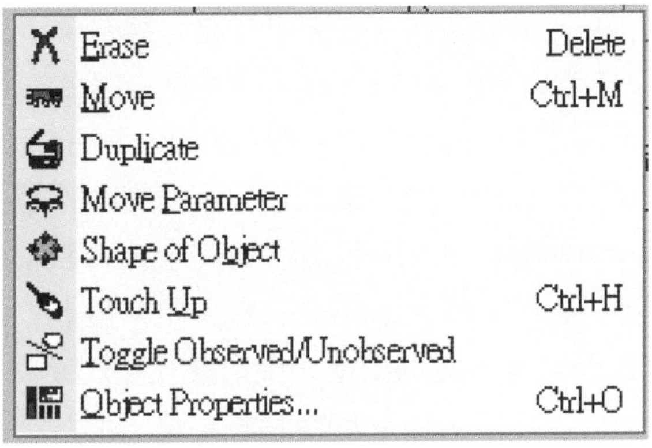

✗	Erase	Delete
⬛	Move	Ctrl+M
🖐	Duplicate	
⬚	Move Parameter	
✿	Shape of Object	
✎	Touch Up	Ctrl+H
🔲	Toggle Observed/Unobserved	
▥	Object Properties...	Ctrl+O

圖 19-29

三、模式適配度統計量的介紹

適配度指標是評鑑假設的徑路分析模式圖與搜集的資料是否相互適配，而不是在說明徑路分析模式圖的好壞，一個適配度完全符合評鑑標準的模式圖不一定保證是個有用的模式，只能說研究者假設的模式圖比較符合實際資料的現況。

對於模式估計（model estimation）之程序，AMOS 提供五種不同的選項，其中以「最大概似法」（maximum likelihood）及「一般化最小平方法」（generalized least square）二種最常為研究者使用，AMOS 預設之方法為「最大概似法」，如果要更改模式估計之方法可按「分析性質」（Analysis Properties）工具圖像，開啟其對話視窗，切換到「Estimation」標籤頁中更改。

一般而言，整體模式適配度指標是否達到適配標準可從以下幾個指標來檢視，而在考驗整體模式適配度指標時，學者 Hair 等人（1998）建議，應先檢核模式參數是否有違規估計現象，此方面可從下列三方面著手：

1. 有無負的誤差變異數存在。

2. 標準化參數係數是否≥1。

3. 是否有太大的標準誤存在。

如果模式檢核結果沒有違規估計現象，則可以進行整體模式適配度的檢定。

㈠絕對適配統計量

1. 卡方值

卡方值（χ^2）愈小表示整體模式之因果徑路圖與實際資料愈適配，一個不顯著（p>.05）的卡方值表示模式之因果徑路圖模式與實際資料相適配，二者不一致（discrepancy）的情形愈小，當χ^2值為 0 時，表示假設模式與觀察數據十分適配；而一個顯著的χ^2值，表示理論估計矩陣與觀察矩陣間是不適配的，「飽和模式」（Saturated model）是假定模式完全適合數據的模式，因而其χ^2值為 0。但卡方值對受試樣本的大小非常敏感，如果樣本數愈大，則卡方值愈容易達到顯著，導致理論模式遭到拒絕的機率愈大，χ^2值檢定最適用的樣本數為受試者在 100 至 200 位之間，如果是問卷調查法，通常樣本數均在 200 位以上，因而整體模式是否適配須再參考其他的適配度指標。

2. RMR & RMSEA

RMR 為「殘差均方和平方根」（root mean square residual），其值等於適配殘差變異數除以共變異的平均值之平方根。RMR 值愈小，表示模式的適配度愈佳，其值在.05 以下是可接受的適配模式。

RMSEA 為「漸進殘差均方和平方根」（root mean square error of approximation），RMSEA 為一種不需要基準線模式的絕對性指標，其值愈小，表示模式的適配度愈佳，一般而言，當 RMSEA 的數值高於.10 以上時，則模式的適配度欠佳，其數值在.08 至.10 之間則是模式尚可、在.05 至.08 之間表示模式良好，而如果其數值小於 0.05 表示模式適配度非常優良。

3. GFI & AGFI

GFI 為「適配度指數」（goodness-of-fit index），GFI 類似於迴歸分析中的 R 平方。GFI 數值介於 0～1 間，其數值愈接近 1，表示模式的適配度愈佳，一般的判別標準為 GFI 值如大於 0.9，表示模式徑路圖與實際資料有良好的適配度。

AGFI 為「調整後適配度指數」（adjusted goodness-of-fit index）。當 GFI

值愈大時，則 AGFI 值也會愈大，AGFI 數值介於 0～1 間，數值愈接近 1，表示模式的適配度愈佳，一般的判別標準為 AGFI 值如大於 0.9，表示模式徑路圖與實際資料有良好的適配度。在模式估計中，AGFI 估計值通常會小於 GFI 估計值。

4. ECVI

ECVI 為「期望跨效度指數」（expected cross-validation index）。ECVI 值愈小，表示不同組樣本間之一致性愈高，由於ECVI值無法檢定其顯著性，因而常使用於不同模式間適配度之比較。ECVI 通常用於不同模式的選替，一般而言其值愈小愈好，但如果ECVI值不是用在選替模式之中，一般以下列方法來判斷接受或拒絕模式，即理論模式的 ECVI 值小於飽和模式的 ECVI 值，且理論模式的 ECVI 值也小於獨立模式的 ECVI 值時，就可接受理論模式，否則就應拒絕理論模式（黃芳銘，民 93）。

(二)增值適配度統計量

5.基準線比較（baseline comparisons）指標參數

NFI 為「規準適配指數」（normal fit index），又稱「Delta1」指標。
RFI 為「相對適配指數」（relative fit index），又稱「rho1」指標。
IFI 為「增值適配指數」（incremental fit index），又稱「Delta2」指標。
TLI 為「非規準適配指數」Tacker-Lewis index=non-normal fir index；簡稱NNFI），又稱「rho2」指標。
CFI 為「比較適配指數」（comparative fit index）。

其中 NFI 值、RFI 值、IFI 值、CFI 值、TLI 值大多介於 0 與 1 之間，愈接近 1 表示模式適配度愈佳，其中 TLI 值（NNFI 值）、CFI 值可能大於 1。一般判別模式徑路圖與實際資料是否適配的判別標準為 0.90 以上。學者 Hu 與 Bentler（1999）指出，如果RFI值大於或等於 0.95，則模式的適配度相當完美。

(三)簡約適配統計量

6. AIC

AIC 為「Akaike 訊息效標」（Akaike information criteria），其值愈小表示模式的適配度愈佳，主要用於數個模式的比較。與 AIC 指標相同性質的評鑑指標，還包括BCC、BIC、CAIC指標，此四種指標Amos輸出報表均有提供。

7. PNFI

PNFI為「簡約調整後之規準適配指數」（parsimony-adjusted NFI）。PNFI 主要使用在不同自由度的模式之比較，其值愈高愈好，在模式判別時，一般以 PNFI 值>0.50 作為模式適配度通過與否的標準。

8. CN 值

CN 為「臨界樣本數」（Critical N）。此一判別指標值由學者 Hoelter（1983）提出，其作用在估計需要多少樣本數才足夠用來估計模式的參數與模式的適配度。一般用來的判別標準是 CN 值≥200。

9. PGFI

PGFI為「簡約適配度指數」（parsimony goodness-of-fit index），PGFI 的值介於 0 與 1 之間，其值愈大，表示模式的適配度愈佳。判別模式適配的標準，一般皆採 PGFI 值大於 0.50 為模式可接受的範圍。

綜合上面所述，茲將整體模式適配度的評鑑指標及其評鑑標準整理如下表：

統計檢定量	適配的標準或臨界值
絕對適配度指數	
χ^2 值	p>.05（未達顯著水準）
GFI 值	>.90 以上
RMR 值	<0.05
RMSEA 值	<0.08
增值適配度指數	
AGFI 值	>.90 以上
NFI 值	>.90 以上
RFI 值	>.90 以上
IFI 值	>.90 以上
TLI 值（NNFI 值）	>.90 以上
CFI 值	>.90 以上
簡約適配度指數	
PGFI 值	>.50 以上
PNFI 值	>.50 以上
PCFI 值	>.50 以上
CN 值	>200

在基本適配度方面，估計之因素負荷量最好介於.50 至.90 之間，誤差變異不能為負數，且所有的誤差變異均要達到顯著；在模式內在品質評鑑方面，包括所估計的參數是否都達到顯著水準、標準化的殘差的絕對值是否小於1.96、修正指標值小於3.84、個別項目的信度>.50（標準化係數在.71以上）等。

19-2 估計變數間的相關

一、【研究問題】

某成人教育學者想探薪資所得（income）、家庭幸福感（bless）、社會參與（social）、身體健康（health）、生活滿意度（sati）五個變項間的關係，採用積差相關方法求五個變數間的關係，以 Amos 統計軟體如何操作？

二、下述為以 SPSS 統計分析結果

Descriptive Statistics（描述性統計量）

	N	Mean	Std. Deviation	Variance
薪資所得	100	45.8500	13.53736	183.260
家庭幸福感	100	23.7600	8.66214	75.033
社會參與	100	35.5500	12.37330	153.098
身體健康	100	38.6600	12.79695	163.762
生活滿意度	100	33.3600	19.33099	373.687
Valid N (listwise)	100			

Correlations（積差相關矩陣）

		薪資所得	家庭幸福感	社會參與	身體健康	生活滿意度
薪資所得	Pearson Correlation	1	.370(**)	.173	.532(**)	.534(**)
	Sig. (2-tailed)	.	.000	.086	.000	.000
	N	100	100	100	100	100

家庭幸福感	Pearson Correlation	.370(**)	1	.454(**)	.457(**)	.716(**)
	Sig. (2-tailed)	.000	.	.000	.000	.000
	N	100	100	100	100	100
社會參與	Pearson Correlation	.173	.454(**)	1	.198(*)	.428(**)
	Sig. (2-tailed)	.086	000	.	.048	.000
	N	100	100	100	100	100
身體健康	Pearson Correlation	.532(**)	.457(**)	.198(*)	1	.551(**)
	Sig. (2-tailed)	.000	.000	.048	.	.000
	N	100	100	100	100	100
生活滿意度	Pearson Correlation	.534(**)	.716(**)	.428(**)	.551(**)	1
	Sig. (2-tailed)	.000	.000	.000	.000	.
	N	100	100	100	100	100

** Correlation is significant at the 0.01 level (2-tailed).

* Correlation is significant at the 0.05 level (2-tailed).

三、Amos 估計變數相關的操作程序

㈠點選 ☐ 「描繪被觀察的變數」工具圖像繪製五個長方形（觀察變數）

（可以描繪一個，再用複製工具圖像複製其餘四個）→ ↔ 點選「描繪共

變異數路徑」工具圖像繪製成下列模式圖→點選 ✎ 「變數路徑最適接

觸」工具圖像在每個觀察變數之長方形形狀上按一下，讓路徑圖調整成最

適接觸。

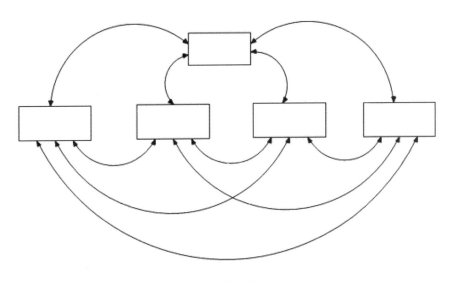

圖 19-30

㈡點選 ▦ 「選擇資料檔」工具圖像，按『File Name』（檔案名稱）鈕選取
資料檔「sati.sav」→按『OK』（確定）鈕。

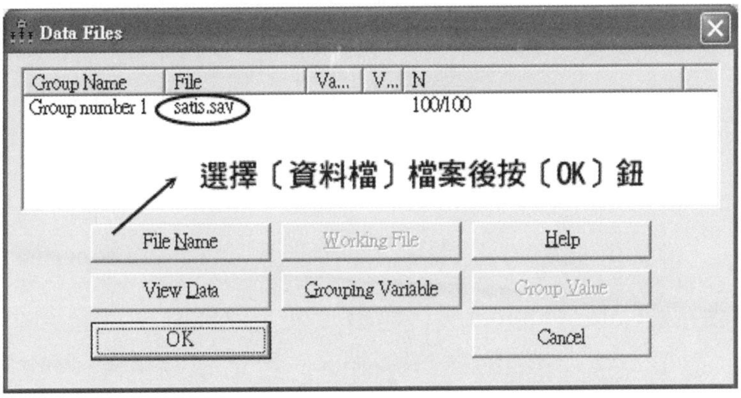

圖 19-31

㈢點選 ▦ 「列出資料組內的變數名稱」工具圖像，出現「Variables in Data-
set」（資料組中的變數）的對話視窗，選取每個變數，按住滑鼠左鍵不放，
直接拉曳至觀察變數中（觀察變數會出現變數註解的名稱，如果沒有加註
變數註解，則會呈現變數名稱）。

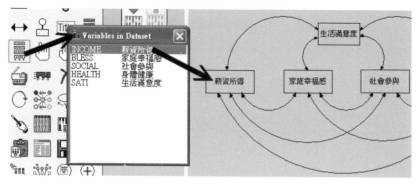

圖 19-32

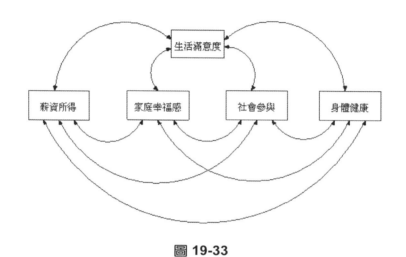

圖 19-33

㈣點選 「分析的性質」工具圖像，出現「Analysis Properties」（分析性質）的對話視窗，按『Output』（輸出結果）標籤鈕，勾選「☑Standardized estimates」選項→按「Analysis Properties」對話視窗右上角的視窗關閉鈕「╳」。

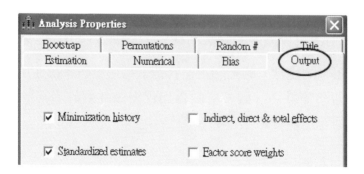

圖 19-34

㈤點選 ⊟ 「儲存目前的徑路圖」工具圖像,將模式徑路圖存檔,其存檔類

型為「Input file(*.amw)」,存檔後的副檔名為「*.amw」→點選 ▥▥ 「計算

估計值」工具圖像估計路徑圖的各統計量。

模式圖如果沒有存檔,在按「計算估計值」工具圖像後,也會出現存檔的
對話視窗,先存完檔後才能計算模式圖的各項估計值。

四、輸出結果的說明

㈠在模式(Model)方盒中,如果出現「OK: Default model」(預設模式OK −

表示模式估計值計算完成),則可顯示參數估計值,此時「檢視輸出結果

徑路圖」(View the output path diagram) 的圖像會出現,按一下此圖

像會出現模式圖中「未標準化估計值」之參數。

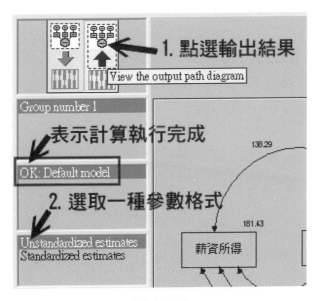

圖 19-35

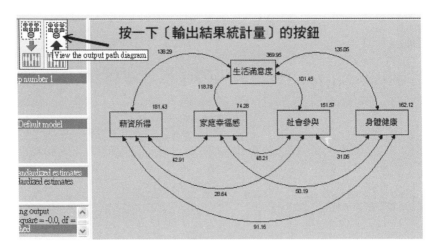

圖 19-36

下圖為點選參數格式中「未標準化估計值」（Unstandardized estimates）輸出結果之模式圖。圖中雙箭號上的數字為二個變數的共變異數（covariance）觀察變項右上方的數字為每個自變項（外內變數）的變異數（variance）。

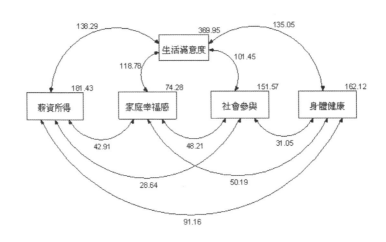

圖 19-37

點選「標準化估計值」（Standardized estimates）輸出結果之模式圖如下，圖中的數字即二個變項間的積差相關係數。

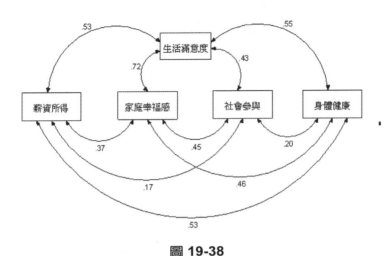

圖 19-38

點選  「瀏覽文字」工具圖像,以查看模式統計之各項數據。點選「瀏覽文字」工具圖像後,可開啟「Amos Output」對話視窗,點選左邊的樹狀目錄,右邊會出現其詳細內容。

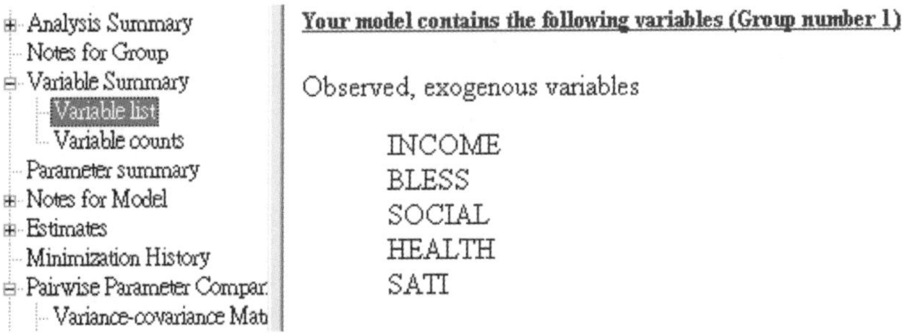

圖 19-39

上圖為「變項目錄」,可觀察的外因變項共有五個:income、bless、social、health、sati。

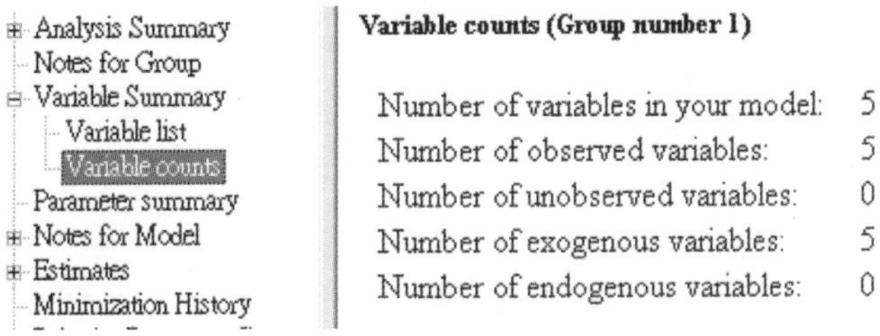

圖 19-40

上圖為變項個數（Variable counts）說明：

1. 模式中的變數個數共有 5 個。

2. 觀察變項的個數有 5 個。

3. 未被直接觀察的變數有 0 個。

4. 外因變項（均為自變項）的個數有 5 個。

5. 內因變項（依變項）的個數有 0 個。

下面為點選「估計值」（Estimates）選項的估計值說明

Estimates（Group number 1 - Default model）（組別數目 1 －預設模式）

Scalar Estimates（Group number 1 - Default model）（組別數目 1 －預設模式）

Maximum Likelihood Estimates（以最大概似法估計）

Covariances: (Group number 1 - Default model)

			Estimate	S.E.	C.R.	P	Label
INCOME	<-->	BLESS	42.914	12.439	3.450	***	par_1
BLESS	<-->	SOCIAL	48.212	11.713	4.116	***	par_2
SOCIAL	<-->	HEALTH	31.047	16.061	1.933	.053	par_3
INCOME	<-->	SOCIAL	28.642	16.913	1.694	.090	par_4
BLESS	<-->	HEALTH	50.188	12.128	4.138	***	par_5
INCOME	<-->	HEALTH	91.159	19.520	4.670	***	par_6
INCOME	<-->	SATI	138.294	29.515	4.685	***	par_7
HEALTH	<-->	SATI	135.052	28.108	4.805	***	par_8
BLESS	<-->	SATI	118.776	20.496	5.795	***	par_9
SOCIAL	<-->	SATI	101.452	25.891	3.918	***	par_10

上表右方「Estimate」（估計值）欄的數字為二個變數的共變異量（Co-variance）、第二欄「S.E.」為「共變異數的標準誤估計值」（estimate of the standard error of the covariance）、第三欄「C.R.」為「臨界比」（critical ratio），臨界比為第一欄共變異量估計值除以第二欄共變異數的標準誤估計值，此值如果大於 1.96，則達顯著，顯著的機率值如果小於.001，則第四欄 p 值會以「***」表示，否則會直接呈現 p 值大小。

以「薪資所得」及「家庭幸福感」二變數相關為例（INCOME<-->BLESS），二者之共變異量為 42.914、共變異數的標準誤為 12.439、臨界比值為 3.450（42.914÷12.439），二者的相關達到顯著。

共變異數檢定未達顯著者共有二組：SOCIAL<->HEALTH（臨界比為 1.933，p=.053）、INCOME<->SOCIAL（臨界比為 1.694，p=.090）。

Correlations: (Group number 1 - Default model)

			Estimate
INCOME	<-->	BLESS	.370
BLESS	<-->	SOCIAL	.454
SOCIAL	<-->	HEALTH	.198
INCOME	<-->	SOCIAL	.173
BLESS	<-->	HEALTH	.457
INCOME	<-->	HEALTH	.532
INCOME	<-->	SATI	.534
HEALTH	<-->	SATI	.551
BLESS	<-->	SATI	.716
SOCIAL	<-->	SATI	.428

上表為變項間的積差相關係數。因積差相關係數乃由共變異數換算而來，積差相關係數是否達到.05的顯著水準，可檢視前一個共變異數的C.R.值與p值。

Variances: (Group number 1 - Default model)

	Estimate	S.E.	C.R.	P	Label
INCOME	181.427	25.787	7.036	***	par_11
BLESS	74.282	10.558	7.036	***	par_12
SOCIAL	151.567	21.543	7.036	***	par_13
HEALTH	162.124	23.043	7.036	***	par_14
SATI	369.950	52.582	7.036	***	par_15

上表為五個觀察變項的變異數估計值，p值小於.001，均達顯著。

19-3 徑路分析

一、【問題研究】

某成人教育學者想探究成人的薪資所得、身體健康、家庭幸福感與生活滿意度的因果模式，根據相關文獻與理論，並參考成人生活的經驗法則，提

出以下的徑路分析模式圖，此模式圖中成人的「薪資所得」會直接影響成人的「生活滿意度」（直接效果），並透過「家庭幸福感」變數間接影響成人的「生活滿意度」（間接效果）；此外，成人的「身體健康」變項也會直接影響成人的「生活滿意度」（直接效果），並透過「家庭幸福感」變數間接影響成人的生活滿意度（間接效果）。此學者隨機抽取 100 名受試者，試問此徑路分析的模式圖是否可得到支持。

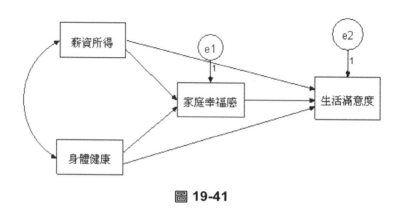

圖 19-41

二、操作程序說明

(一)利用 ▢ 、 ←| 、 ↔ 三個工具圖像繪製下列的徑路圖

　　繪製後的觀察變數方格如果太小或太大，可以點選 ✥ 「變更物件的形狀大小」工具圖像調整。也可以先以 ▢ 工具圖像繪製一個觀察變數，再用 ⎙ 「複製物件」工具圖像複製其餘三個觀察變數→利用箭號工具繪製觀察變數間的因果關係。

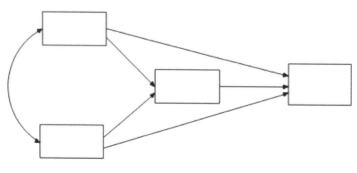

圖 19-42

㈠增列依變項的誤差變數

點選 ⬚ 「增列誤差變數到已有的變數中」工具圖像在內因變項（作為其他變項的依變項）之觀察變項增列誤差變項

【說明】

在 Amos 的模式分析中，作為內因變項（endogenous variables）（依變項）的變數均要增列一個誤差變數，此誤差變數的參數設定起始值內定為 1。而其預設的相關結構中誤差潛在變數間彼此沒有相關，而與其他的外因變項（exogenous variables）間也沒有相關。所有觀察之外因變數（observed exogenous variables）與非誤差潛在之外因變數（non-unique latent exogenous variables）間有相關。

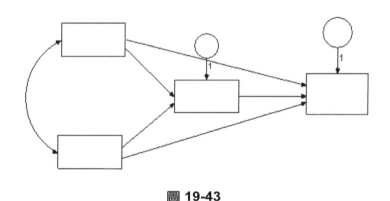

圖 19-43

㈡設定誤差變數名稱

在誤差變數圓形的圖示上按右鍵，選取「物件性質」（Object Properties …）快速選單，出現「Object Properties」對話視窗，在「Variable name」（變數名稱）方盒鍵入誤差變項的名稱，如「e1」、「e2」

【說明】

在「變數名稱」下的「變數註解」「Variable label」方格中如輸入變數的註解，如「error_1」，則模式圖會呈現變數的註解。誤差變量是「error」，故通常以簡寫 e1、e2、e3……表示誤差變項名稱。

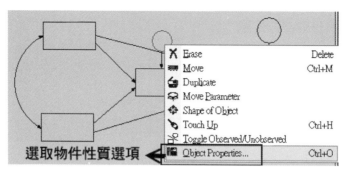

圖 19-44

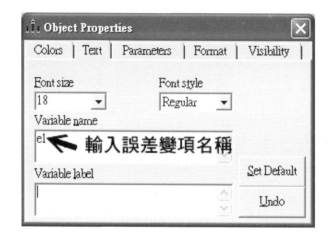

圖 19-45

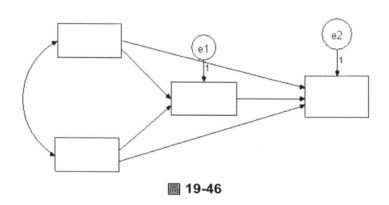

圖 19-46

㈣設定觀察變項

　　點選 ▦ 「選擇資料檔」工具圖像，按『File Name』（檔案名稱）鈕選

取資料檔「sati.sav」→按『OK』（確定）鈕→點選 ▤ 「列出資料組內的變

數名稱」工具圖像，出現「Variables in Dataset」（資料組中的變數）的對話視窗，選取每個變數，按住滑鼠左鍵不放，直接拉曳至觀察變數中（觀察變數會出現變數註解的名稱，如果 SPSS 之『*sav』資料檔中沒有增列變數註解，則直接呈現觀察變數的變項名稱）。

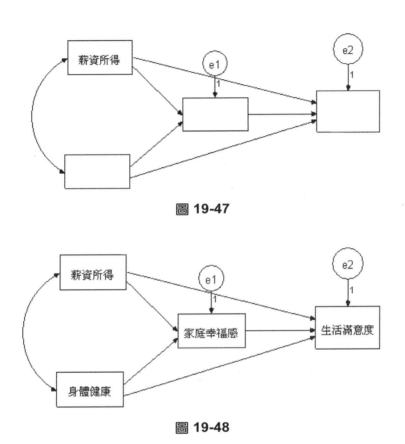

圖 19-47

圖 19-48

㈦設定輸出結果的統計量

點選 ![分析] 「分析的性質」工具圖像，出現「Analysis Properties」（分析性質）的對話視窗，按『Output』（輸出結果）標籤鈕，勾選「☑Standardized estimates」（標準化的估計值）、「☑Squared multiple estimates」（多元相關的平方）、「☑Indirect, direct & total effects」（間接效果、直接效果與總效果）選項→按「Analysis Properties」對話視窗右上角的視窗關閉鈕「✕」。

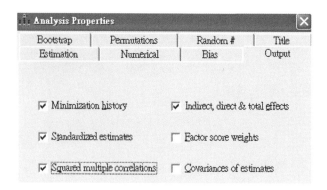

圖 19-49

㈥將模式徑路圖存檔

點選 💾 「儲存目前的徑路圖」工具圖像將模式徑路圖存檔，其存檔類型為「Input file（*.amw）」，存檔後的副檔名為「*.amw」→點選 ▦ 「計算估計值」工具圖像估計路徑圖的各統計量。如果模式徑路圖沒有存檔，則在按「計算估計值」工具圖像後，會先出現「另存新檔」對話視窗，要先輸入檔名，再按『儲存』鈕，關閉另存新檔對話視窗後，才會執行「計算估計值」的程序。

三、模式輸出結果的說明

㈠參數格式為未標準化之估計值的徑路圖

觀察變項右上方的數字為變項的變異量。

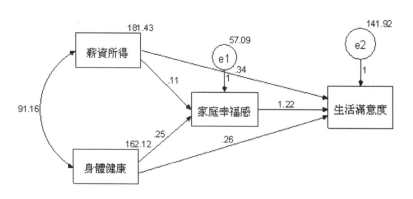

圖 19-50

㈠參數格式為標準化之估計值的徑路圖

雙箭號上的係數為二個變數的相關係數，「薪資所得」與「身體健康」二個變數的相關為.53。單箭號上的路徑係數為標準化的迴歸係數（Beat）。內因變數右上方的數字為「多元相關平方」（squared multiple correlations），亦即複迴歸中的解釋變異數。各徑路係數（迴歸係數）是否顯著，可參考下列分析摘要中的「迴歸加權值」（Regression Weights）呈現的數據，由此報表中，薪資所得（INCOME）對家庭幸福感（BLESS）變數的迴歸加權值為.113、估計標準誤為.067、檢定統計量為 1.696（小於 1.960），p 值=.090，未達顯著，除此條徑路係數未達顯著外，餘均達顯著水準。

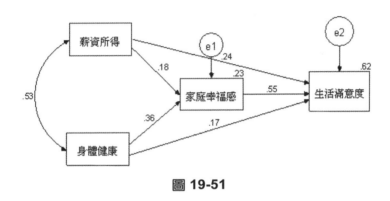

圖 19-51

㈡、輸出參數估計量

Analysis Summary（分析摘要表）

Variable Summary （Group number 1）

Your model contains the following variables （Group number 1）（模式包含下面的變數）

Observed, endogenous variables

BLESS

SATI

【說明】

內因變項之觀察變項（作為其他變項的依變項者）有二個：家庭幸福感（BLESS）與生活滿意度（SATI）。

Observed, exogenous variables
INCOME
HEALTH

【說明】

外因變項之觀察變項（作為自變項者）有二個：薪資所得（INCOME）與
身體健康（HEALTH）。

Unobserved, exogenous variables
e1
e2

【說明】

外因變項之無法具體觀察變項有二個：e1、e2（均為誤差變數）

Variable counts　（Group number 1）
Number of variables in your model:　6
Number of observed variables:　　　4
Number of unobserved variables:　　2
Number of exogenous variables:　　　4
Number of endogenous variables:　　2

【說明】

模式中全部的變項有 6 個、觀察變項有 4 個（INCOME、BLESS、HEA-
LTH、SATI）、無法直接觀察的變項有 2 個（e1、e2），外因變項有 4 個
（INCOME、HEALTH、e1、e2），內因變項有 2 個（BLESS、SATI）。

Estimates　（Group number 1 - Default model）（估計值）
Scalar Estimates　（Group number 1 - Default model）
Maximum Likelihood Estimates（最大概似法之估計值）

Regression Weights: (Group number 1 - Default model)

			Estimate	S.E.	C.R.	P	Label
BLESS	<---	INCOME	.113	.067	1.696	.090	
BLESS	<---	HEALTH	.246	.070	3.495	***	
SATI	<---	HEALTH	.262	.118	2.228	.026	
SATI	<---	INCOME	.341	.106	3.201	.001	
SATI	<---	BLESS	1.225	.158	7.730	***	

上表中右邊第一欄的估計值為非標準化的迴歸係數，第二欄為估計參數的標準誤，第三欄 C.R.為檢定統計量（臨界比），此值如果大於 1.96 表示顯著，第四欄 p 值為顯著性，如果 p<.001，會以符號「***」表示，以身體健康（HEALTH）對家庭幸福感（BLESS）的迴歸加權值而言，其估計值為.246、估計標準誤為.070、檢定統計量為 3.495（>1.960），p<.001。從上述數據中，除 INCOME→BLESS 的徑路係數未達顯著外，其餘的徑路係數均達顯著。

Standardized Regression Weights: (Group number 1 - Default model)

			Estimate
BLESS	<---	INCOME	.176
BLESS	<---	HEALTH	.364
SATI	<---	HEALTH	.174
SATI	<---	INCOME	.239
SATI	<---	BLESS	.549

上表為標準化的迴歸係數值（Beta），亦即徑路係數。參數格式方盒中如選擇「標準化估計值」（Standardized estimates），呈現之徑路模式圖中的徑路係數即為標準化的迴歸係數。

Covariances: (Group number 1 - Default model)

			Estimate	S.E.	C.R.	P	Label
INCOME	<-->	HEALTH	91.159	19.520	4.670	***	

上表為 INCOME<-->HEALTH 二個變項間的共變異數，其值為 91.159，估計標準誤為 19.520，臨界比＝ 91.159÷19.520 ＝ 4.670（>1.960），p 值小於.001，二者的共變異數達到顯著。

Correlations: (Group number 1 - Default model)

	Estimate
INCOME <--> HEALTH	.532

上表為 INCOME<-->HEALTH 二個變項間的相關係數，其值為.532，此相關係數達到顯著。當二個變數的共變異數達到顯著水準，其相關係數也會達到顯著水準，相關係數是否達到顯著，要由上面共變異數（Covariances）中的報表查看。

Variances: (Group number 1 - Default model)

	Estimate	S.E.	C.R.	P	Label
INCOME	181.427	25.787	7.036	***	
HEALTH	162.124	23.043	7.036	***	
E1	57.087	8.114	7.036	***	
E2	141.917	20.171	7.036	***	

上表為變項的變異量（variances）。參數格式方盒中如選擇「非標準化估計值」（Unstandardized estimates），呈現之徑路模式圖中的徑路係數即為非標準化的迴歸係數。四個外因變數（INCOME －薪資所得、HEALTH －身體健康、E1、E2）右上方的數字即為此報表中的估計值（變項的變異數）。

Squared Multiple Correlations: (Group number 1 - Default model)

	Estimate
BLESS	.231
SATI	.616

上表為二個依變項之多元相關係數的平方（R^2），以薪資所得、身體健康二個自變項對家庭幸福感（BLESS）變項所進行的複迴歸分析之多元相關係數平方為.231；以薪資所得、身體健康、家庭幸福感三個自變項對生活滿意度（SATI）變項所進行的複迴歸分析之多元相關係數平方為.616。

Matrices (Group number 1 - Default model)
Total Effects (Group number 1 - Default model)

	HEALTH	INCOME	BLESS
BLESS	.246	.113	.000
SATI	.564	.479	1.225

上表為非標準化的總效果值，為下面非標準化直接效果值＋非標準化間接效果值。

Standardized Total Effects (Group number 1 - Default model)

	HEALTH	INCOME	BLESS
BLESS	.364	.176	.000
SATI	.373	.335	.549

上表為標準化的總效果值（Standardized Total Effects），為下面標準化直接效果值（Standardized Direct Effects）＋標準化間接效果值（Standardized Indirect Effects）。

　如：INCOME----->SATI 的標準化的總效果值
　　＝標準化直接效果值＋標準化間接效果值=.239 ＋.097=.336。
　　HEALTH----->SATI 的標準化的總效果值
　　＝標準化直接效果值＋標準化間接效果值=.174 ＋.200=.374。

Direct Effects (Group number 1 - Default model)

	HEALTH	INCOME	BLESS
BLESS	.246	.113	.000
SATI	.262	.341	1.225

上表為非標準化的直接效果值，此值等於非標準化的迴歸係數值。

Standardized Direct Effects (Group number 1 - Default model)

	HEALTH	INCOME	BLESS
BLESS	.364	.176	.000
SATI	.174	.239	.549

上表爲標準化的直接效果值，此值等於標準化的迴歸係數值。

外因變數 INCOME（薪資所得）對 BLESS（家庭幸福感）內因變數的直接效果值等於.176（模式圖中四捨五入到小數第二位爲.18）、外因變數INCOME（薪資所得）對 SATI（生活滿意度）內因變數的直接效果值等於.239；外因變數 HEALTH（身體健康）對 BLESS（家庭幸福感）內因變數的直接效果值等於.364（模式圖中四捨五入到小數第二位爲.36）、外因變數 HEALTH（身體健康）對 SATI（生活滿意度）內因變數的直接效果值等於.174；外因變數 BLESS 對 SATI 內因變數的直接效果值等於.549。

Indirect Effects (Group number 1 - Default model)

	HEALTH	INCOME	BLESS
BLESS	.000	.000	.000
SATI	.301	.138	.000

上表爲非標準化的間接效果值。

Standardized Indirect Effects (Group number 1 - Default model)

	HEALTH	INCOME	BLESS
BLESS	.000	.000	.000
SATI	.200	.097	.000

上表爲標準化的間接效果值。

HEALTH----＞ SATI 的間接效果值等於.364×.549=.200

INCOME----＞ SATI 的間接效果值等於.176×.549=.097

Model Fit Summary（模式適配度摘要表）
CMIN

Model	NPAR	CMIN	DF	P	CMIN/DF
Default model	10	.000	0		
Saturated model	10	.000	0		
Independence model	4	153.790	6	.000	25.632

上表左邊的模式（Model）欄中呈現三種模式：「預設模式」（Default model）、「飽和模式」（Saturated model）、「獨立模式」（Independence model）。飽和模式是估計參數的個數最多之模式，獨立模式是估計參數的個數最少時之模式，其所有觀察變項間是完全不相關的，亦即所有的變項是完成獨立的，界於二個參數估計個數中間的最佳模式為預設模式。

RMR, GFI

Model	RMR	GFI	AGFI	PGFI
Default model	.000	1.000		
Saturated model	.000	1.000		
Independence model	80.089	.536	.227	.322

徑路分析之模式由於是飽和模式（saturated）或「恰好可辦認」（just-identified）模式，因而卡方值為 0、自由度（degree of freedom）也為 0，而 GFI 值通常為 1。

如果是模式是飽和模式，可查看各徑路係數顯著性情形，及直接效果值、間接效果值及總效果值來判別徑路分析整體情形。

四、非飽和模式之徑路模式圖

徑路分析之飽和模式，也稱為「完全模式」（full model），即所有變數間不是成單箭號的因果關係，就是有雙箭號的相關關係。

傳統徑路分析模式如果不是飽和模式，則除了會呈現徑路係數外，也會呈現整體模式適配度的各項指標，以下圖模式圖為例。

㈠假設之理論模式圖

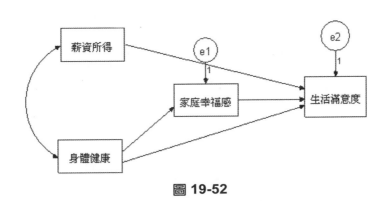

圖 19-52

(二)非標準化的輸出結果模式圖

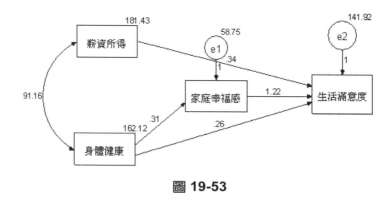

圖 19-53

(三)標準化的輸出結果模式圖

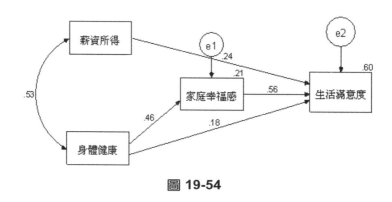

圖 19-54

(四)估計統計量

Estimates (Group number 1 - Default model)

Scalar Estimates (Group number 1 - Default model)

Maximum Likelihood Estimates

Regression Weights: (Group number 1 - Default model)

			Estimate	S.E.	C.R.	P	Label
BLESS	<---	HEALTH	.310	.060	5.117	***	
SATI	<---	HEALTH	.262	.121	2.165	.030	
SATI	<---	INCOME	.341	.105	3.247	.001	
SATI	<---	BLESS	1.225	.156	7.842	***	

Standardized Regression Weights: (Group number 1 - Default model)

			Estimate
BLESS	<---	HEALTH	.457
SATI	<---	HEALTH	.177
SATI	<---	INCOME	.243
SATI	<---	BLESS	.558

　　上表為標準化的迴歸係數,即徑路分析模式圖中的徑路係數,四條徑路係數均達顯著。

Covariances: (Group number 1 - Default model)

	Estimate	S.E.	C.R.	P	Label
HEALTH <--> INCOME	91.159	19.520	4.670	***	

Correlations: (Group number 1 - Default model)

	Estimate
HEALTH <--> INCOME	.532

Variances: (Group number 1 - Default model)

	Estimate	S.E.	C.R.	P	Label
HEALTH	162.124	23.043	7.036	***	
INCOME	181.427	25.787	7.036	***	
E1	58.746	8.350	7.036	***	
E2	141.917	20.171	7.036	***	

　　上表為四個外因變項的變異量。

Squared Multiple Correlations: (Group number 1 - Default model)

	Estimate
BLESS	.209
SATI	.603

　　上表為多元相關係數的平方,即自變項對依變項的聯合解釋變異量。

Matrices (Group number 1 - Default model)

Standardized Total Effects (Group number 1 - Default model)

	INCOME	HEALTH	BLESS
BLESS	.000	.457	.000
SATI	.243	.432	.558

上表為標準化的總效果值。

Standardized Direct Effects (Group number 1 - Default model)

	INCOME	HEALTH	BLESS
BLESS	.000	.457	.000
SATI	.243	.177	.558

上表為標準化的直接效果值。

Standardized Indirect Effects (Group number 1 - Default model)

	INCOME	HEALTH	BLESS
BLESS	.000	.000	.000
SATI	.000	.255	.000

上表為標準化的間接效果值。

Model Fit Summary（模式適配度摘要）

CMIN

Model	NPAR	CMIN	DF	P	CMIN/DF
Default model	9	2.836	1	.092	2.836
Saturated model	10	.000	0		
Independence model	4	153.790	6	.000	25.632

　　預設模式（Default model）的參數個數有九個、χ² 值（CMIN 欄數值）＝ 2.836，自由度＝ 1，p 值＝.092>.05，卡方值未達顯著水準，表示假設徑路模式圖與實際資料適配。

Amos與結構方程模式

RMR, GFI

Model	RMR	GFI	AGFI	PGFI
Default model	8.459	.986	.861	.099
Saturated model	.000	1.000		
Independence model	80.089	.536	.227	.322

RMR 值＝ 8.456，大於.05 的接受值；AGFI=.861，小於.90 的接受值，PGFI ＝.099 小於.50 的接受值，顯示徑路圖模式適配度未達理想。

Baseline Comparisons

Model	NFI Delta1	RFI rho1	IFI Delta2	TLI rho2	CFI
Default model	.982	.889	.988	.925	.988
Saturated model	1.000		1.000		1.000
Independence model	.000	.000	.000	.000	.000

Parsimony-Adjusted Measures

Model	PRATIO	PNFI	PCFI
Default model	.167	.164	.165
Saturated model	.000	.000	
Independence model	1.000	.000	.227

PNFI 值與 PCFI 值分別為.164、.165，均小於.50，表示徑路圖之模式被拒絕。

RMSEA

Model	RMSEA	LO 90	HI 90	PCLOSE
Default model	.136	.000	.335	.132
Independence model	.499	.432	.568	.000

RMSEA 值為.136，大於.100 以上，表示模式的適配度不佳。

HOELTER

Model	HOELTER .05	HOELTER .01
Default model	135	232
Independence model	9	11

模式於.05 顯著水準時，CN 值=135，小於接受值 200。

　　茲將上述的數據與模式檢定的判斷標準整理如下表：

統計檢定量	適配的標準或臨界值	檢定結果數據	模式適配判斷
絕對適配度指數			
χ^2 值	p>.05（未達顯著水準）	2.836（p>.05）	是
GFI 值	>.90 以上	.986	是
RMR 值	<0.05	8.459	否
RMSEA 值	<0.08	.136	否
增值適配度指數			
AGFI 值	>.90 以上	.861	否
NFI 值	>.90 以上	.982	是
RFI 值	>.90 以上	.889	否
IFI 值	>.90 以上	.988	是
TLI 值（NNFI 值）	>.90 以上	.925	是
CFI 值	>.90 以上	.988	是
簡約適配度指數			
PGFI 值	>.50 以上	.099	否
PNFI 值	>.50 以上	.164	否
PCFI 值	>.50 以上	.165	否
CN 值	>200	135	否
模式內在品質			
所估計的參數	p<.05（達到顯著）		是

　　由上表可知，整體適配度指標中，包括 RMR=8.459、RMSEA=.136、AGFI=.861、RFI=.889、PGFI=.099、PNFI=.164、PCFI=.165、CN=135 等八個評鑑指標均未達接受標準，表示徑路圖的模式與實際資料無法適配，雖然個別徑路係數值均達顯著，但整個模式圖無法適配實際資料，表示研究者所提

出的徑路模式圖或所建構的理論模式無法獲得支持。

　　Amos在徑路分析的理論模式中，作為內因變項（依變項）的變數均要設定一個「誤差變數」，以下面學生學習壓力的徑路分析模式圖而言，「人際關係」、「學習壓力」、「能力歸因」、「學業成就」四個內因變數均要設定誤差變數；而作為外因變數（自變項）的變數則要設定為共變異數關係，即二者沒有因果關係，如「關懷取向」與「教師評價」二個變數。

　　學生學習壓力之徑路分析圖如下：

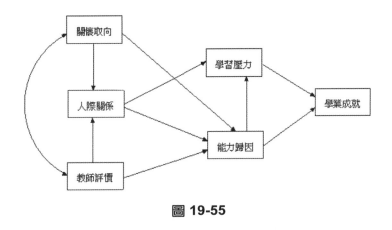

圖 19-55

　　學生學習壓力之理論模式圖如下：內因變數要設誤差變數，而外因變數要設定共變異數關係。

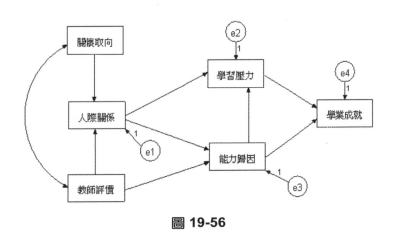

圖 19-56

　　執行完成之輸出結果模式圖如下：

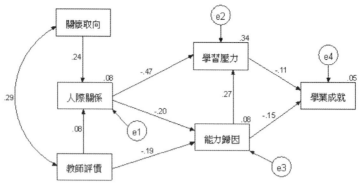

圖 19-57

　　如果作為內因變數（endogenous）的變項，沒有設定測量誤差變項，則在按下【計算估計值】（Calculate estimates）後，會出現警告視窗，如人際關係（PER）內因變數沒有設定誤差變數，則會出現：「The following variables are endogenous, but have no residual（error）variables. * PER」（PER 變項是內因變數，但是沒有設定殘差／誤差變數）的警告視窗。

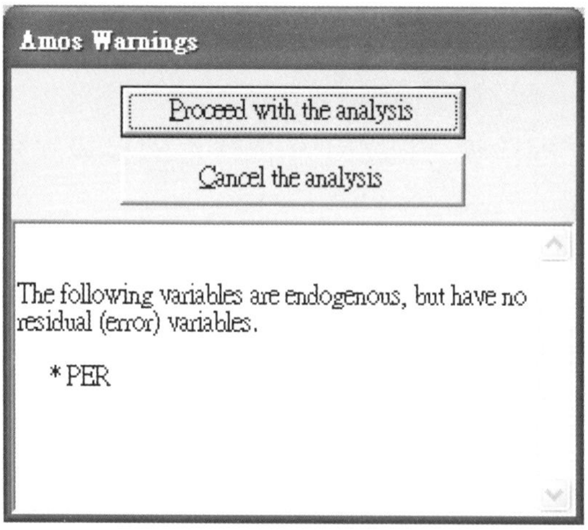

圖 19-58

　　如果作為外因變數（exogenous）的變項，沒有設定相關，則在按下【計算估計值】（Calculate estimates）後，會出現警告視窗，如「關懷取向」（CON）與「教師評價」二個外因變數沒有設定共變異數（雙箭號），則會出現：「Amos will require the following pairs of variables to be uncorrelated. * CON◇EVA」的警告視窗。

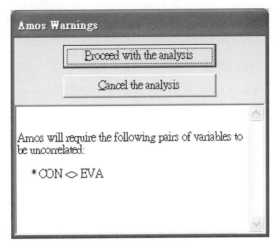

圖 19-59

19-4 線性結構模式之驗證

一、【問題研究】

某一成人教育研究學者根據相關文獻探討與理論分析，提出企業組織文化、組織學習、知識管理與企業組織效能四個變項間的因果模式圖，研究者採取分層隨機取樣方式，從企業界隨機抽取企業員工 1204 位為樣本，請問研究者所提之線性結構模式與實際蒐集的資料是否適配？

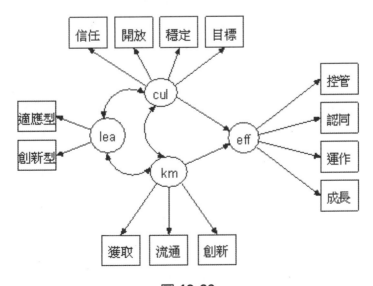

圖 19-60

在上述研究問題中，四個潛在變項與十三個觀察變項說明如下：

1. 「組織文化」（cul）潛在變項的四個觀察變項：信任和諧、開放創新、穩定運作、目標成就，此四個觀察變項簡稱為「信任」、「開放」、「穩定」與「目標」。

2. 「組織學習」（lea）潛在變項的二個觀察變項：適應型學習、創新型學習，此二個觀察變項簡稱為「適應型」、「創新型」。

3. 「知識管理」（km）潛在變項的三個觀察變項：知識獲取、知識流通、知識創新，此三個觀察變項簡稱為「獲取」、「流通」、「創新。

4. 「組織效能」（eff）潛在變項的四個觀察變項：財務控管、顧客認同、內部運作、學習成長，此四個觀察變項簡稱為「控管」、「認同」、「運作」與「成長」。

觀察變項的測量模式圖（measurement model）如下：

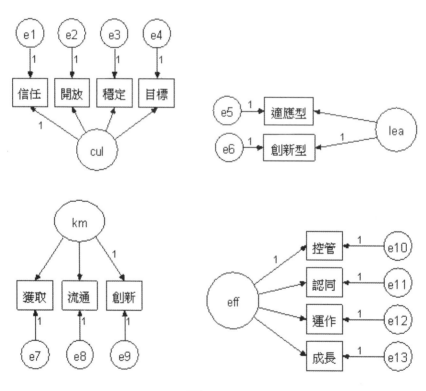

圖 19-61

潛在變項的結構模式（structural model）圖如圖 19-62。

在 AMOS 之理論模式中，所有測量誤差（誤差變數）起始值設為 1，而作為依變項的潛在變項須有一個觀察變項之指標也須設為 1。以「知識管理」（km）潛在變數而言，其觀察指標變數之參數設為 1 者為「知識創新」（參數值 1 的設定為那個指標變數均可，輸出結果均相同）。

二、操作步驟說明

(一)繪製潛在變項及結構模式

以 ⬭ 工具圖像繪製四個潛在變項，繪製四個潛在變項後，而以 ← 、

↔ 二個箭號工具圖像繪製潛在變項的因果關係→ ⚲ 以「增列誤差變數」

工具圖像在作為依變項（內因變項）之潛在變數圖示按一下，利用 🚚 「移動物件」工具圖像將誤差變數向右移動至適當位置，或直接在潛在變數上按一下「增列誤差變數」工具圖像，潛在變數之誤差變數會依順時針方向作 45 度的旋轉。

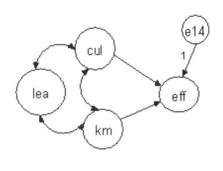

圖 19-62

(二)增列潛在變數的指標變數

點選 🔱 「增畫潛在變數的指標變數」工具圖像，在潛在變數組織文化「cul」的圖示連按四下，增列四個指標變數；在潛在變數組織效能「eff」的圖示連按四下，增列四個指標變數；在潛在變數知識管理「km」的圖示連按三下，增列三個指標變數；在潛在變數知識學習「lea」的圖示連按二下，增列二個指標變數。

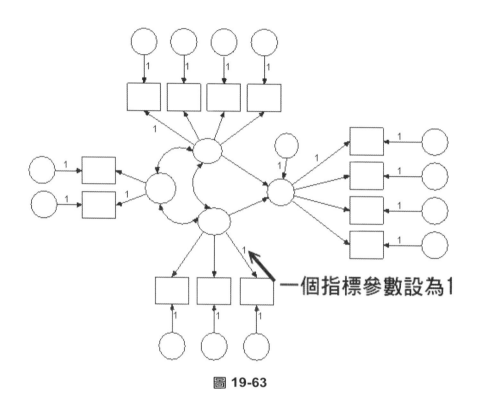

(三)調整指標變數至適當位置

點選 ⟳ 「旋轉潛在變數之指標變數」工具圖像,將潛在變數組織效能「eff」、知識管理「km」、知識學習「lea」之指標變數旋轉至適當位置(點選旋轉潛在變數之指標變數圖像後,按一下潛在變數,其所有指標變數會依順時針方向每次旋轉 90 度)。

一個指標參數設為1

圖 19-63

(四)設定潛在變數的名稱

在潛在變項的圖示上按右鍵,出現快顯功能表選取【Object Properties】(物件性質)選項,出現「Object Properties」對話視窗,按『Text』(文字)標籤頁,在「Variable name」(變數名稱)下空格中輸入潛在變數的名稱,如「lea」、「cul」、「km」、「eff」。

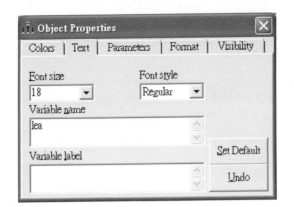

圖 19-64

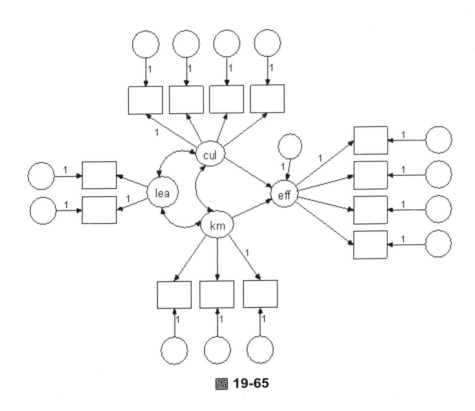

圖 19-65

㈤設定誤差變項名稱

在誤差變項的圖示上按右鍵，出現快顯功能表選取【Object Properties】（物件性質）選項，出現「Object Properties」對話視窗，按『Text』（文字）標籤頁，在「Variable name」（變數名稱）下空格中輸入誤差變數的名稱，如「e1」、「e2」……。

所有的測量誤差變數均需要設定一個變數名稱，而且變數名稱不能重複。潛在變數的每個指標變數均有一個誤差變數，而作為內因變數的潛在變數

（eff）也要設定測量誤差（模式中共有十四個誤差變數，其變數名稱分別以 e1、e2……e13、e14 命名）。

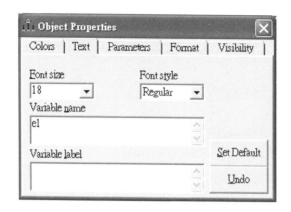

圖 19-66

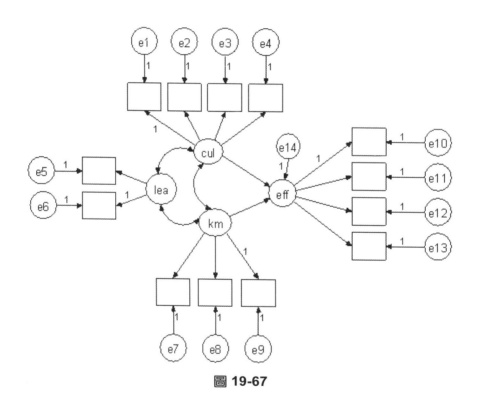

圖 19-67

㈥拉曳資料檔中的觀察變數

點選 「選擇資料檔」工具圖像，按『File Name』（檔案名稱）鈕選

取資料檔「km_1.sav」→按『OK』（確定）鈕→點選 「列出資料組內的

變數名稱」工具圖像，出現「Variables in Dataset」（資料組中的變數）的對話視窗，選取每個變數，按任滑鼠左鍵不放，直接拉曳至觀察變數中。

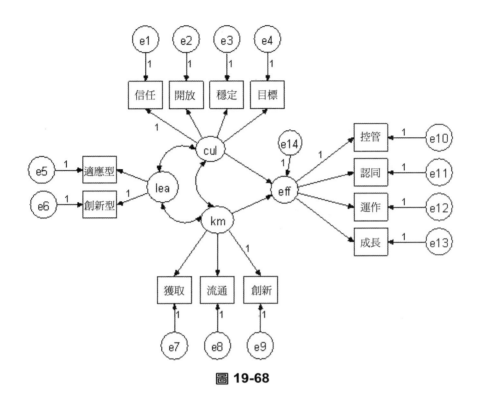

圖 19-68

㈦勾選分析性質的統計量

點選 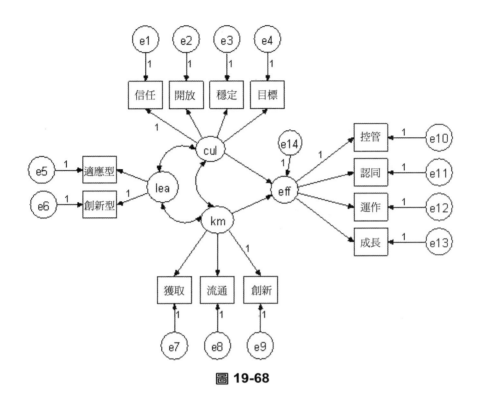「分析的性質」工具圖像，出現「Analysis Properties」（分析性質）的對話視窗，按『Output』（輸出結果）標籤鈕，勾選「☑Standardized estimates」（標準化的估計值）、「☑Residual moments」（殘差數據估計值）、「☑Modification indices」（修正指標）選項→按「Analysis Properties」對話視窗右上角的視窗關閉鈕「×」。

㈧儲存與估計

點選 「儲存目前的徑路圖」工具圖像，將模式徑路圖存檔，其存檔類型為「Input file（*.amw）」，輸入檔名後按『儲存』鈕→點選 「計算估計值」工具圖像估計路徑圖的各統計量。

【說明】

在 AMOS 之理論模式中，所有測量誤差（誤差變數）起始值設為 1，而作為依變項的潛在變項須有一個觀察變項之指標也須設為 1，如果要更改潛在變數之指標變數（觀察變數）的參數設定，在徑路圖上按右鍵，出現快顯功能表選取【Object Properties】（物件性質）選項，出現「Object Properties」對話視窗，按『Parameters』（參數）標籤頁，在「Regression weight」（迴歸加權值）下空格中輸入 1 或將 1 刪除。

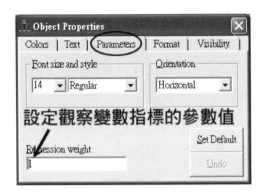

圖 19-69

三、輸出結果說明

(一)非標準化估計值的模式圖

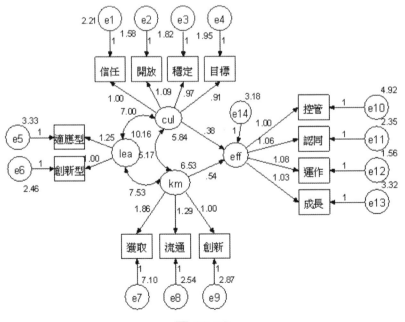

圖 19-70

(二)標準化估計值的模式圖

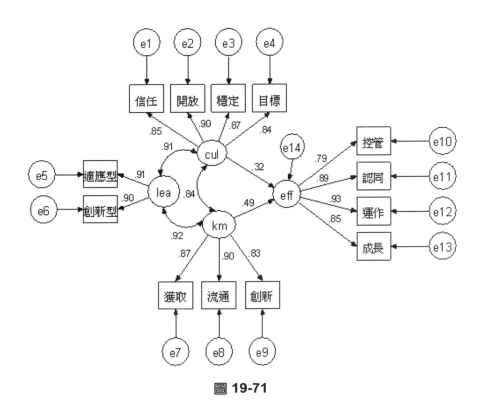

圖 19-71

(三)模式適配度摘要表

Model Fit Summary

CMIN

Model	NPAR	CMIN	DF	P	CMIN/DF
Default model	31	479.732	60	.000	7.996
Saturated model	91	.000	0		
Independence model	13	15250.029	78	.000	195.513

上表中左邊中的模式有「預設模式」（Default model）、「飽和模式」
（Saturated model）與「獨立模式」（Independence model），數據資料以預設
模式列數據為判別依據。卡方值（CMIN 欄數值）= 479.762，自由度為 60，
p=.000，達到顯著水準；卡方值比率為 7.996（479.732÷60），此值愈接近 0，
表示理論模式與觀察數據的整體適配性愈佳，一般的判別標準為其值小於 3。

由於卡方值容易受到樣本數而波動，當樣本數愈大時，卡方值愈容易達到顯著水準，本研究分析的取樣對象高達 1204 位，因而卡方值易達到顯著水準，是故在整體模式適配度的檢驗上定要參考其他評鑑指標值。

右邊 NPAR 欄為參數個數，其中預設模式的參數個數有 31 個、飽和模式的參數個數有 91 個、獨立模式的參數個數有 13，獨立模式的自由度為 78。

RMR, GFI

Model	RMR	GFI	AGFI	PGFI
Default model	.284	.936	.903	.617
Saturated model	.000	1.000		
Independence model	7.493	.166	.027	.142

上表中 RMR 值（殘差均方和平方根）為.284 大於 0.05，GFI（適配度指數）值、AGFI（調整後適配度指數）值分別為.936、.903 均大於接受值.90（AGFI值通常會小於GFI值）。PGFI為「簡約適配度指數」（parsimony goodness of fit index）值為.617 大於接受值.500。

AGFI 值＝ 1 －（1 －.936）×91÷60 ＝.903

91 ＝飽和模式的參數個數；60 ＝預設模式的自由度

PGFI 值＝.936×60÷91 ＝.617

Baseline Comparisons

Model	NFI Delta1	RFI rho1	IFI Delta2	TLI rho2	CFI
Default model	.969	.959	.972	.964	.972
Saturated model	1.000		1.000		1.000
Independence model	.000	.000	.000	.000	.000

上表為各種「基準線比較」（Baseline Comparisons）估計量、NFI 為「規準適配指數」（normal fit index）、RFI 為「相對適配指數」（relative fit index）、IFI 為「增值適配指數」（incremental fit index）、TLI 為「非規準適配指數」（Tacker-Lewis index-non-normal fir index；NNFI）、CFI 為「比較適配指數」（comparative fit index）。NFI 值為.969、RFI 值為.959、IFI 值為.972、NNFI 值為.964、 CFI 值為.972，均在.90 以上，表示理論模式與觀察資料的整體適配度佳。

NFI 值 = 1 － （預設模式 χ^2 值 ÷ 獨立模式 χ^2 值） = 1 － （479.732 ÷ 15250.029）

　　　 = .969

TL = NNFI = （獨立模式 CMIN/DF － 預設模式 CMIN/DF） ÷ （獨立模式

　　 CMIN/DF － 1） = （195.513 － 7.996） ÷ （195.513 － 1） = .964

Parsimony-Adjusted Measures

Model	PRATIO	PNFI	PCFI
Default model	.769	.745	.748
Saturated model	.000	.000	.000
Independence model	1.000	.000	.000

　　上表為「簡約調整後的測量值」（Parsimony-Adjusted Measures），PRATIO 欄為「簡約比」（parsimony ratio），為計算「簡約 NFI」值與「簡約 CFI」值時使用，PRATIO 欄之值等於「預設模式」的自由度除以「獨立模式」的自由度 = 60 ÷ 78 = .769。PNFI 值 =「簡約比」× NFI 值 = .769 × .969 = .745；PCFI 值 =「簡約比」× CFI 值 = .769 × .972 = .748。此處的 PNFI 值等於 .745、PCFI 值等於 .748，均大於模式可接受的要求值 0.500。

NCP

Model	NCP	LO 90	HI 90
Default model	419.732	353.663	493.276
Saturated model	.000	.000	.000
Independence model	15172.029	14769.449	15580.894

　　上表中的 NCP 為「非中心性參數」（Noncentrality parameter），是評量估計參數偏離程度的指標。此處 NCP 值為 419.732，其 90% 的信賴區間為〔353.663，493.276〕，區間值未包含 0。

　　NCP = 預設模式 CMIN 值 － 自由度 = 479.732 － 60 = 419.732。由於 NCP 指標無統計檢定的準則作為依據，因而此指標值多用於模式選擇時判別的參考，如果 NCP 的值較小，表示理論模式優於其他競爭模式。

FMIN

Model	FMIN	F0	LO 90	HI 90
Default model	.399	.349	.294	.410
Saturated model	.000	.000	.000	.000
Independence model	12.677	12.612	12.277	12.952

上表中的FMIN為「最小差異值」，「F0」為母群差異函數值，其90%的信賴區間為〔.294，.410〕，此數值愈接近 0 表示理論模式與實際資料的適配度愈佳。

$$F0 = NCP \div (N-1) = 419.732 \div (1204-1) = .349$$

RMSEA

Model	RMSEA	LO 90	HI 90	PCLOSE
Default model	.076	.070	.083	.000
Independence model	.402	.397	.407	.000

RMSEA 為「漸進殘差均方和平方根」（root mean square error of approximation），其值愈小，表示模式的適配度愈佳。此處RMSEA值=.076 小於 0.80 的判別標準。

AIC

Model	AIC	BCC	BIC	CAIC
Default model	541.732	542.462	699.627	730.627
Saturated model	182.000	184.143	645.500	736.500
Independence model	15276.029	15276.335	15342.243	15355.243

AIC 為「Akaike 訊息效標」（Akaike information criterion），其值愈小表示模式的適配度愈佳。AIC值主要用於判斷理論模式所要估計的參數數目是否符合精簡的指標，常用於數個模式的比較。表中列出四個判斷值 AIC、BCC（Brown-cudeck criterion）、BIC（Bayes information criterion）、CAIC（Consistent AIC）。

ECVI

Model	ECVI	LO 90	HI 90	MECVI
Default model	.450	.395	.511	.451
Saturated model	.151	.151	.151	.153
Independence model	12.698	12.364	13.038	12.699

ECVI為「期望跨效度指數」（expected cross-validation index），其 90%的信賴區間為〔.395，.511〕。MECVI 值＝ BCC（Brown-cudeck criterion）值÷（觀察組個數－組數）。上表中的 ECVI 值=.450，小於獨立模式之 ECVI 值（=12.698）、但大於飽和模式之 ECVI 值（=.151），表示模式被拒絕。一個可接受的假設理論模式，預設模式之ECVI值最好同時小於獨立模式與飽和模式的 ECVI 值。

ECVI 值＝ AIC÷（N － 1）＝ 541.732÷（1204 － 1）＝.450

MECVI 值＝ BCC÷（N － 1）＝ 542.462÷（1204 － 1）=.451

HOELTER

Model	HOELTER .05	HOELTER .01
Default model	199	222
Independence model	8	9

上表HOELTER為「Hoelter's Critical N」，在.05 顯著水準時，CN 值=199，接近 200；於.01 顯著水準時，CN 值=222，理想模式適配度的判別標準為CN≥200。

Scalar Estimates (Group number 1 - Default model)

Maximum Likelihood Estimates

Regression Weights: (Group number 1 - Default model)

			Estimate	S.E.	C.R.	P	Label
Eff	<---	km	.544	.054	10.151	***	
Eff	<---	cul	.382	.055	6.951	***	
信任	<---	cul	1.000				
開放	<---	cul	1.086	.026	42.255	***	
穩定	<---	cul	.968	.025	39.283	***	
目標	<---	cul	.907	.024	37.471	***	
創新型	<---	lea	1.000				
適應型	<---	lea	1.248	.026	48.199	***	
創新	<---	km	1.000				
流通	<---	km	1.286	.032	39.728	***	
獲取	<---	km	1.859	.049	37.803	***	
控管	<---	eff	1.000				
認同	<---	eff	1.060	.030	35.664	***	
運作	<---	eff	1.079	.029	37.473	***	
成長	<---	eff	1.033	.031	33.438	***	

　　上表為以「最大概似法」（Maximum Likelihood Estimates）求出之非標準化的各項估計值，最大概似法的目的在於替母群參數找出最適宜或最可能解釋觀察資料的值。在所有的估計參數中，每個估計參數均達到顯著水準，顯示模式的內在品質良好。

Standardized Regression Weights: (Group number 1 - Default model)

			Estimate
eff	<---	km	.488
eff	<---	cul	.324
信任	<---	cul	.852
開放	<---	cul	.902
穩定	<---	cul	.866
目標	<---	cul	.843
創新型	<---	lea	.897
適應型	<---	lea	.909
創新	<---	km	.833
流通	<---	km	.900
獲取	<---	km	.872
控管	<---	eff	.789
認同	<---	eff	.892
運作	<---	eff	.927
成長	<---	eff	.850

　　上表爲以「最大概似法」（Maximum Likelihood Estimates）求出之標準化的各項估計值。潛在變數與其指標變數間的因素負荷量均在.50以上，表示模式的內在品質不錯。

Covariances: (Group number 1 - Default model)

			Estimate	S.E.	C.R.	P	Label
km	<-->	lea	7.533	.374	20.165	***	
cul	<-->	lea	7.004	.346	20.263	***	
km	<-->	cul	5.171	.275	18.800	***	

　　上表爲外因潛在變項（自變項）間的共變異數，km、lea、cul三組間的共變異數爲7.533、7.004、5.171，p值小於.001，均達到顯著水準。

Correlations: (Group number 1 - Default model)

			Estimate
km	<-->	lea	.925
cul	<-->	lea	.909
km	<-->	cul	.837

　　上表為外因潛在變項（自變項）間的相關係數，變數「km」與變數「lea」的相關為.925、變數「cul」與變數「lea」的相關為.909、變數「km」與變數「cul」的相關為.837，三組潛在變數間的相關均達顯著。

Variances: (Group number 1 - Default model)

	Estimate	S.E.	C.R.	P	Label
km	6.531	.373	17.495	***	
cul	5.845	.322	18.178	***	
lea	10.163	.515	19.747	***	
E14	3.180	.214	14.865	***	
E1	2.209	.108	20.360	***	
E2	1.583	.090	17.610	***	
E3	1.822	.092	19.781	***	
E4	1.953	.095	20.661	***	
E6	2.462	.142	17.388	***	
E5	3.333	.207	16.134	***	
E9	2.871	.141	20.405	***	
E8	2.539	.152	16.657	***	
E7	7.099	.380	18.691	***	
E10	4.922	.225	21.864	***	
E11	2.347	.130	17.989	***	
E12	1.556	.107	14.500	***	
E13	3.320	.164	20.238	***	

　　上表為三個外因潛在變項及十四個誤差變項的變異量。在模式基本適配標準方面，主要評鑑標準有以下幾項：因素負荷量值最好在.50 至.95 之間、不能有負的誤差變異、所有的誤差變異均須達到顯著水準、估計標準誤不能太大。上表數據均符合模式可接受的範圍。

Matrices (Group number 1 - Default model)
Residual Covariances (Group number 1 - Default model)

	成長	運作	認同	控管	獲取	流通	創新	適應型	創新型	目標	穩定	開放	信任
成　長	.000												
運　作	.090	.000											
認　同	-.225	.042	.000										
控　管	-.331	-.133	.422	.000									
獲　取	1.044	.181	-.064	.406	.000								
流　通	.604	-.175	-.562	-.325	.006	.000							
創　新	.603	.124	-.005	.129	-.276	.088	.000						
適應型	.323	-.284	-.524	-.289	.572	-.122	-.275	.000					
創新型	.455	-.335	-.378	-.262	-.184	.098	.179	.000	.000				
目　標	.040	.007	.078	.511	.019	-.224	-.006	.184	-.307	.000			
穩　定	.560	.245	.055	.419	.164	.045	-.187	.134	-.210	.348	.000		
開　放	.237	-.142	-.079	.072	-.199	-.206	.393	-.119	.008	-.035	-.151	.000	
信　任	.457	-.521	-.282	-.351	-.184	.235	.117	.011	.474	-.312	-.164	.257	.000

Standardized Residual Covariances (Group number 1 - Default model)

	成長	運作	認同	控管	獲取	流通	創新	適應型	創新型	目標	穩定	開放	信任
成　長	.000												
運　作	.215	.000											
認　同	-.532	.101	.000										
控　管	-.764	-.312	.979	.000									
獲　取	1.673	.296	-.104	.634	.000								
流　通	1.433	-.423	-1.346	-.753	.008	.000							
創　新	1.735	.364	-.014	.362	-.463	.217	.000						
適應型	.640	-.575	-1.050	-.559	.671	-.212	-.582	.000					
創新型	1.114	-.838	-.937	-.628	-.267	.209	.467	.000	.000				
目　標	.138	.025	.271	1.699	.040	-.692	-.023	.460	-.950	.000			
穩　定	1.827	.818	.181	1.333	.326	.132	-.669	.320	-.621	1.388	.000		
開　放	.710	-.436	-.241	.210	-.363	-.555	1.292	-.261	.021	-.126	-.525	.000	
信　任	1.425	-1.661	-.888	-1.067	-.351	.662	.400	.026	1.339	-1.191	-.598	.856	.000

　　上表為標準化殘差矩陣，標準化殘差也是檢視模式內在品質的一個重要指標。其判斷標準為標準化殘差的絕對值小於 1.96，如果標準化殘差的絕對值大於1.96，表示有細列誤差存在。表中數據的標準化殘差絕對值均小於1.96，表示模式的內在品質不錯。

四、整體模式適配度說明

茲將上述的數據與模式檢定的判斷標準整理如下表：

統計檢定量	適配的標準或臨界值	檢定結果數據	模式適配判斷
絕對適配度指數			
χ^2 值	p>.05（未達顯著水準）	479.732	否
GFI 值	>.90 以上	.936	是
RMR 值	<0.05	.284	否
RMSEA 值	<0.08	.076	是
增值適配度指數			
AGFI 值	>.90 以上	.903	是
NFI 值	>.90 以上	.969	是
RFI 值	>.90 以上	.959	是
IFI 值	>.90 以上	.972	是
TLI 值（NNFI 值）	>.90 以上	.964	是
CFI 值	>.90 以上	.972	是
簡約適配度指數			
PGFI 值	>.50 以上	.617	是
PNFI 值	>.50 以上	.745	是
PCFI 值	>.50 以上	.748	是
CN 值	>200	222	是
模式內在品質			
估計的參數	p<.05		是
標準化殘差	絕對值<1.96		是
誤差變異	均達顯著且沒有負的誤差變異	均達顯著且沒有負的誤差變異	是
因素負荷量	.50<值<.95	.79 至 .93	是

模式內在品質達到判別標準，表示模式內在品質佳；而模式基本適配標準也達到可接受範圍。在整體模式適配度的各項評鑑指標中，卡方值達到顯著水準（p<.05），但由於本研究樣本數高達 1204 位，因而須參考其他指標來判斷。在其餘適配度指標的判斷上除 RMR 值未達標準外，餘適配度的指數所呈現的統計量均達到標準值，可見整體模式的適配度尚稱理想，亦即模式之

徑路圖與實際觀察資料之適配度尚佳，研究所提的因果模式圖假設獲得統計上的支持。

五、假設模式的修正或理論剪裁（theory trimming）

在線性結構模式的考驗上，如果在整體模式適配度不佳，則研究者可減化其因果模式圖，或將部分變項合併，或將未達顯著的因素負荷量與徑路圖刪除，再重新考驗。在模式修正上，如果發現輸出模式圖與理論或已有經驗法則相矛盾之徑路圖，則應將此徑路圖刪除。以下述假設模式圖為例，研究者假設企業組織文化、組織學習、知識管理三個變數均會影響企業組織效能，但經模式考驗結果，發現組織學習（lea）對組織效能（eff）的徑路係數為-.34，此結果與原有理論剛好相反，模式圖無法合理解釋，因而在模式修正時可將此條徑路圖刪除。

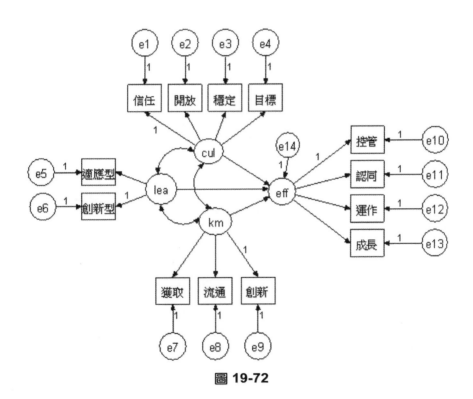

圖 19-72

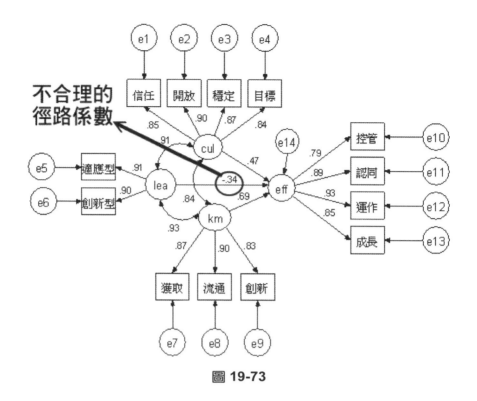

圖 19-73

19-5 一階驗證性因素分析

一、【問題研究】

某一成人教育學者，以探索性因素分析（exploratory factor analysis），發現其修訂編製之企業組織文化（organizational culture）量表，12 個題項共包含三個層面（構念）：其層面與包含題項如下：

1. 目標成就（TARG）

X1：我覺得公司各部門講求工作效率及工作表現，彼此相互競爭。

X2：我覺得公司成功最主要是強調競爭和成就，重視可衡量目標。

X3：我覺得公司強調任務與目標的達成，追求高效率與成就感，維持競爭力。

X4：我覺得公司領導階層如生產者、技師般，事必躬親，目標要求嚴格。

2.開放創新（OPEN）

X5：我覺得公司領導階層如一群創業家、冒險家般，積極革新。

X6：我覺得公司成功最主要是因為有獨特產品或技術，而且不斷創新接受挑戰。

X7：我覺得公司強調走在同業前端，重視員工獨特性與創新能力而結合在一起。

X8：我覺得公司員工具有創業冒險的精神，有鬥志、有活力，樂於承擔責任。

3.穩定運作（STAB）

X9： 我覺得公司講求正式化與制度化，職責明確，按辦法規章行事，有條不紊。

X10：我覺得公司成功最主要是因為工作運作順暢，產品品質穩定。

X11：我覺得公司強調制訂運作的規章制度，使公司能穩定運作，確保員工安全與保障。

X12：我覺得公司領導階層如協調者、指揮管理者般，重視協調與監督。

之後，此成人教育學者採分層隨機取樣方式，從企業界抽取 1092 位員工為受試者，改以驗證性因素分析（confirmatory factor analysis），以探究其所提的因素層面模式圖是否可以得到支持。

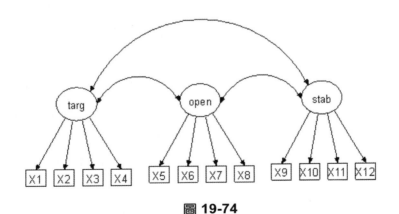

圖 19-74

二、驗證性因素分析模式圖

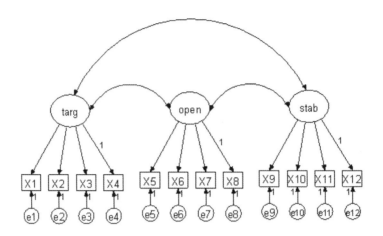

圖 19-75

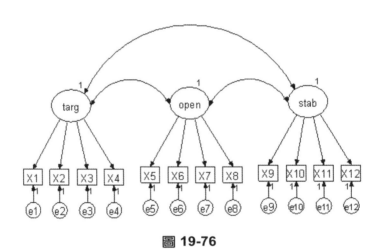

圖 19-76

　　在Amos理論模式圖的繪製中，所有測量之誤差變數的參數（e1……e12）均須設定其參數起始值為1，而每個潛在變數的指標變項（觀察變數）中，須有一個指標變項（觀察變數）的參數起始值也須設為1（圖 19-75）。如果不設定潛在變數的參數在指標變項中，則潛在變數的變異數參數要設定為 1（圖 19-76）。二種模式圖所呈現的輸出結果均相同。

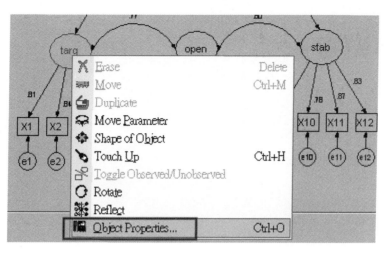

圖 19-77

　　設定潛在變數變異數參數值為 1 的程序：在潛在變數如「targ」上按右鍵，出現快顯功能表，選取『Object Properties…』（物件性質）選項，出現「Object Properties」對話視窗，按『Parameters』（參數）標籤頁，在下方「Variance」（變異數）下的方格中輸入參數值 1。

圖 19-78

三、輸出結果說明

(一)非標準化估計結果模式圖

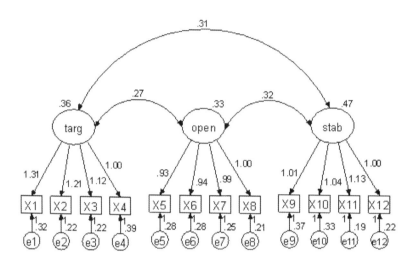

圖 19-79

(二)標準化估計結果的模式圖

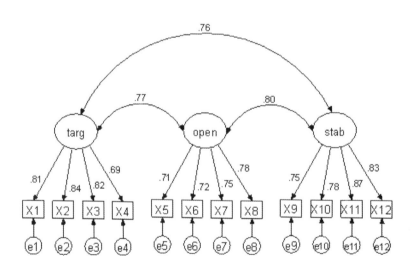

圖 19-80

從上述標準化輸出模式圖中，可以發現三個因素層面彼此間的相關為.76、.77、.80。因素層面「targ」（目標成就）與四個觀察變數題項的因素負荷量分別為.81、.84、.82、.69；因素層面「open」（開放創新）與四個觀察變數題項

的因素負荷量分別爲.71、.72、.75、.78；因素層面「stab」（穩定運作）與四個觀察變數題項的因素負荷量分別爲.75、.78、.87、.83。而從非標準化輸出模式圖的數據中，得知所有誤差變異均達顯著。

㈡參數估計值

Notes for Group （Group number 1）

The model is recursive.

Sample size = 1092

上表爲組別的註解，有效的樣本數爲 1092 位。

Variable Summary （Group number 1）（變項摘要）

Your model contains the following variables （Group number 1）

Observed, endogenous variables

X4

X3

X2

X1

X8

X7

X6

X5

X12

X11

X10

X9

上面數據爲 12 個觀察變項（內因變項）

Unobserved, exogenous variables

targ

e4

e3

e2

e1

open

e8

e7

e6

e5

stab

e12

e11

e10

e9

　　上面數據為無法具體觀察的外因變項，包括三個因素層面及十二個誤差變項。

Variable counts （Group number 1）

Number of variables in your model:　27

Number of observed variables:　　　12

Number of unobserved variables:　　15

Number of exogenous variables:　　　15

Number of endogenous variables:　　12

　　上面數據為模式中變項的計數統計，模式中所有的變數有 27 個，觀察變數有 12 個、無法具體觀察到的變數有 15 個、外因變數有 15 個、內因變數有 12 個。

Notes for Model （Default model）－模式註解（預設模式）

Computation of degrees of freedom （Default model）

Number of distinct sample moments:　　78

Number of distinct parameters to be estimated:　　27

Degrees of freedom (78 - 27):　　51

Result （Default model）

Minimum was achieved

Chi-square = 279.178

Degrees of freedom = 51

Probability level = .000

上面的數據為模式的χ^2值與自由度。χ^2值=279.178、自由度=51、p值=.000，達到顯著水準。由於研究樣本高達1092位，χ^2值極易達到顯著，因而在整體模式適配度的考驗上，如果樣本數很大，最好再參考其他的適配度評鑑指標，χ^2值的數據可作為參考指標之一。

Estimates (Group number 1 - Default mode)
Scalar Estimates(Group number 1 - Default model)
Maximum Likelihood Estimates（最大概似法估計）
Regression Weights: (Group number 1 - Default model)
（迴歸加權－預設模式）

			Estimate	S.E.	C.R.	P	Label
X4	<---	targ	1.000				
X3	<---	targ	1.121	.046	24.210	***	
X2	<---	targ	1.209	.049	24.773	***	
X1	<---	targ	1.312	.054	24.105	***	
X8	<---	open	1.000				
X7	<---	open	.986	.040	24.831	***	
X6	<---	open	.939	.040	23.584	***	
X5	<---	open	.926	.040	23.396	***	
X12	<---	stab	1.000				
X11	<---	stab	1.129	.033	33.851	***	
X10	<---	stab	1.044	.036	29.205	***	
X9	<---	stab	1.014	.037	27.722	***	

上表迴歸加權的估計值為非標準化模式圖中的數據。

Standardized Regression Weights: (Group number 1 - Default model)

			Estimate
X4	<---	targ	.691
X3	<---	targ	.816
X2	<---	targ	.839
X1	<---	targ	.812
X8	<---	open	.780
X7	<---	open	.751
X6	<---	open	.717
X5	<---	open	.712
X12	<---	stab	.827
X11	<---	stab	.870
X10	<---	stab	.781
X9	<---	stab	.752

上表數據為標準化模式圖中的因素負荷量。

Covariances: (Group number 1 - Default model)

			Estimate	S.E.	C.R.	P	Label
targ	<-->	open	.266	.018	14.821	***	
open	<-->	stab	.317	.019	16.392	***	
targ	<-->	stab	.309	.020	15.170	***	

上表為層面因素間的共變異數，分別為.266、.317、.309，p 值小於.001，均達到顯著水準。

Correlations: (Group number 1 - Default model)

			Estimate
targ	<-->	open	.770
open	<-->	stab	.801
targ	<-->	stab	.757

上表為層面因素間的相關係數，變數「targ」與「open」的相關為.770、變數「targ」與「stab」的相關為.757、變數「open」與「stab」的相關為.801。

Variances: (Group number 1 - Default model)

	Estimate	S.E.	C.R.	P	Label
targ	.357	.029	12.489	***	
open	.334	.023	14.539	***	
stab	.468	.029	16.239	***	
E4	.391	.019	20.866	***	
E3	.224	.013	17.797	***	
E2	.219	.013	16.710	***	
E1	.317	.018	17.968	***	
E8	.215	.012	17.866	***	
E7	.251	.013	18.799	***	
E6	.279	.014	19.658	***	
E5	.279	.014	19.768	***	
E12	.216	.012	18.004	***	
E11	.191	.012	15.655	***	
E10	.326	.017	19.527	***	
E9	.370	.018	20.190	***	

上表為十五個外因變項（三個因素層面與十二個誤差變數）的變異量。十五外因變數的變異數估計值均為達顯著。

Model Fit Summary（模式適配度摘要）
CMIN

Model	NPAR	CMIN	DF	P	CMIN/DF
Default model	27	279.178	51	.000	5.474
Saturated model	78	.000	0		
Independence model	12	7767.178	66	.000	117.685

上表預設模式中 NPAR 表示模式中共有 27 個變數、CMIN 欄為χ^2值、DF欄為自由度，CMIN/DF 為χ^2值比率=χ^2值除以自由度。模式χ^2值=279.178、自由度=51，p 值＝.000，達到顯著水準。由於研究樣本高達 1092 位，χ^2值很容易達到顯著，因而須再參考其他適配度指標。

RMR, GFI

Model	RMR	GFI	AGFI	PGFI
Default model	.023	.958	.935	.626
Saturated model	.000	1.000		
Independence model	.339	.254	.118	.215

上表中的「殘差均方平方和」（RMR）值=.023、GFI值=.958、AGFI值=.935、PGFI=.626。

Baseline Comparisons

Model	NFI Delta1	RFI rho1	IFI Delta2	TLI rho2	CFI
Default model	.964	.953	.970	.962	.970
Saturated model	1.000		1.000		1.000
Independence model	.000	.000	.000	.000	.000

上表為基準線比較值：NFI 值=.964、RFI 值=.953、IFI 值=.970、TLI 值=.962、CFI 值=.970，均大於.900，表示整體模式的適配度佳。

Parsimony-Adjusted Measures

Model	PRATIO	PNFI	PCFI
Default model	.773	.745	.750
Saturated model	.000	.000	.000
Independence model	1.000	.000	.000

上表為「簡約調整後的測量值」，PRATIO欄為預設模式的自由度÷獨立模式的自由度=51÷66=.773。PNFI值=.745、PCFI值=.750，均大於接受值.500。

NCP

Model	NCP	LO 90	HI 90
Default model	228.178	179.490	284.384
Saturated model	.000	.000	.000
Independence model	7701.178	7415.024	7993.625

上表「非中心性參數」值為 228.178，其 90%的信賴區間為〔179.490，284.384〕。

FMIN

Model	FMIN	F0	LO 90	HI 90
Default model	.256	.209	.165	.261
Saturated model	.000	.000	.000	.000
Independence model	7.119	7.059	6.797	7.327

上表「最小差異值」為.256，其 90%的信賴區間為〔.165，.261〕。

RMSEA

Model	RMSEA	LO 90	HI 90	PCLOSE
Default model	.064	.057	.071	.001
Independence model	.327	.321	.333	.000

上表「漸進殘差均方和平方根」（RMSEA）值=.064，小於.080的接受值。

AIC

Model	AIC	BCC	BIC	CAIC
Default model	333.178	333.830	468.064	495.064
Saturated model	156.000	157.881	545.670	623.670
Independence model	7791.178	7791.467	7851.127	7863.127

「Akaike 訊息效標值」=333.178、BCC 值=333.830、BIC 值=468.064，此值小於獨立模式之 BIC 值，也小於飽和模式之 BIC 值、CAIC 值=495.064，此值小於獨立模式之 BIC 值，也小於飽和模式之 BIC 值。

ECVI

Model	ECVI	LO 90	HI 90	MECVI
Default model	.305	.261	.357	.306
Saturated model	.143	.143	.143	.145
Independence model	7.141	6.879	7.409	7.142

上表「期望跨效度指數」為.305，其 90%的信賴區間為〔.261，.357〕。

HOELTER

Model	HOELTER .05	HOELTER .01
Default model	269	303
Independence model	13	14

上表為 CN 值，模式在.05 顯著水準時，CN 值=269，大於接受值 200，在.01顯著水準時，CN 值等於 303，也大於 200。

四、驗證性因素分析適配的檢定結果

茲將上述的數據與模式檢定的判斷標準整理如下表：

統計檢定量	適配的標準或臨界值	檢定結果數據	模式適配判斷
絕對適配度指數			
χ^2 值	p>.05（未達顯著水準）	279.178(p<.05)	否
GFI 值	>.90 以上	.958	是
RMR 值	<0.05	.023	是
RMSEA 值	<0.08	.064	是
增值適配度指數			
AGFI 值	>.90 以上	.935	是
NFI 值	>.90 以上	.964	是
RFI 值	>.90 以上	.953	是
IFI 值	>.90 以上	.970	是
TLI 值（NNFI 值）	>.90 以上	.962	是
CFI 值	>.90 以上	.970	是
簡約適配度指數			
PGFI 值	>.50 以上	.626	是
PNFI 值	>.50 以上	.745	是
PCFI 值	>.50 以上	.750	是
CN 值	>200	269	是
模式內在品質			
所估計的參數	p<.05(達到顯著)		是
基本適配度指標			
因素負荷量	0.5<值<0.95	.69～.87	是
誤差變異	沒有負數具均達顯著	沒有負數具均達顯著	是

在整體模式適配度的各項評鑑指標中，χ² 值達到顯著水準（p<.05），由於本研究樣本數高達 1092，因而須參考其他指標來判斷。在其餘適配度指標的判斷上：絕對適配度指數、增值適配度指數與簡約適配度指數所呈現的統計量均達到標準值或接受值，此外，模式內在品質也達到判別標準，而在基本適配度指標之因素負荷量值也達到評鑑理想值，可見整體模式的適配度良好，亦即模式之徑路圖與實際觀察資料之適配度佳，研究所提的驗證性因素分析之模式圖假設獲得統計上的支持，亦即企業組織文化量表經探索性因素分析結果所得之模式可解釋實際搜集之資料。

19-6 二階驗證性因素分析

一、【問題研究】

某一企業管理學者想編製一份「知識管理」（Knowledge Management）量表，此學者根據文獻與知識管理理論發現，知識管理可以分為「知識獲取」、「知識流通」、「知識創新」三個構念（層面），此三個構念共同構成一個「知識管理共同因素」。此學者進一步根據各個構念分別編製四至五個測量題項，其中「知識獲取」（acqu）包括五個測量題項、「知識流通」（ciru）包括四個測量題項、「知識創新」（crea）包括五個測量題項，編製完成的「知識管理量表」共計包含十四個測量題項。之後，此學者採取分層隨機抽樣抽取企業員工 1092 位填寫其編製的「知識管理量表」，試以驗證性因素分析探究此學者編製之「知識管理量表」的建構效度為何？

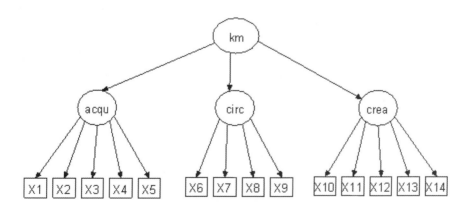

圖 19-81

二、理論模式圖

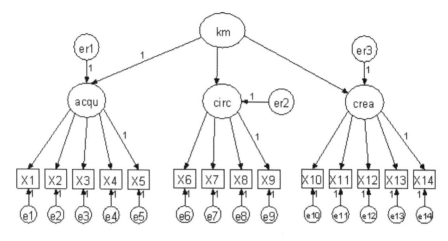

圖 19-82

三、輸出結果模式圖

(一)參數格式為非標準化的模式圖

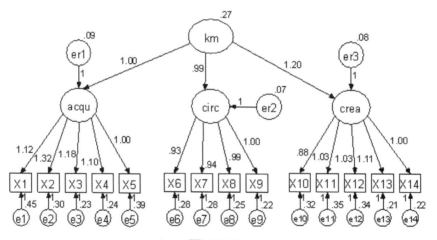

圖 19-83

(二)參數格式為標準化的模式圖

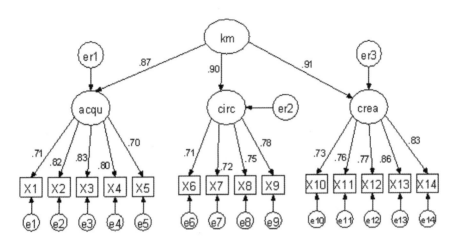

圖 19-84

(三)報表統計量

Notes for Model (Default model)

Computation of degrees of freedom (Default model)

> Number of distinct sample moments: 105

> Number of distinct parameters to be estimated: 31

> Degrees of freedom (105 - 31): 74

Result (Default model)

Minimum was achieved

Chi-square = 433.426

Degrees of freedom = 74

Probability level = .000

　　上面的數據為模式的χ^2值與自由度。χ^2值=433.426、自由度=74、p值=.000，達到顯著水準。由於研究樣本高達 1092 位，χ^2值極易達到顯著，因而在整體模式適配度的考驗上，如果樣本數很大，最好再參考其他的適配度評鑑指標，χ^2值的數據可作為參考指標之一。

Scalar Estimates (Group number 1 - Default model)
Maximum Likelihood Estimates
Regression Weights: (Group number 1 - Default model)

			Estimate	S.E.	C.R.	P	Label
acqu	<---	km	1.000				
circ	<---	km	.990	.052	19.206	***	
crea	<---	km	1.197	.060	20.023	***	
X5	<---	acqu	1.000				
X4	<---	acqu	1.095	.045	24.374	***	
X3	<---	acqu	1.185	.047	25.040	***	
X2	<---	acqu	1.320	.053	24.903	***	
X1	<---	acqu	1.119	.052	21.676	***	
X14	<---	crea	1.000				
X13	<---	crea	1.110	.033	33.582	***	
X12	<---	crea	1.026	.036	28.764	***	
X11	<---	crea	1.030	.036	28.593	***	
X10	<---	crea	.883	.033	26.940	***	
X9	<---	circ	1.000				
X8	<---	circ	.986	.040	24.759	***	
X7	<---	circ	.944	.040	23.650	***	
X6	<---	circ	.931	.040	23.460	***	

上表迴歸加權的估計值為非標準化模式圖中的數據。

Standardized Regression Weights: (Group number 1 - Default model)

			Estimate
acqu	<---	km	.866
circ	<---	km	.896
crea	<---	km	.912
X5	<---	acqu	.696
X4	<---	acqu	.804
X3	<---	acqu	.829
X2	<---	acqu	.824
X1	<---	acqu	.708
X14	<---	crea	.827
X13	<---	crea	.855
X12	<---	crea	.767
X11	<---	crea	.764
X10	<---	crea	.732
X9	<---	circ	.778
X8	<---	circ	.749
X7	<---	circ	.719
X6	<---	circ	.713

上表數據為標準化模式圖中的因素負荷量，其值在.70 至.91 間。

Variances:（Group number 1 - Default model）

	Estimate	S.E.	C.R.	P	Label
km	.272	.024	11.111	***	
er1	.091	.010	8.802	***	
er2	.066	.009	7.210	***	
er3	.079	.011	7.067	***	
E5	.386	.018	21.075	***	
E4	.238	.013	18.871	***	
E3	.232	.013	17.965	***	
E2	.299	.016	18.175	***	
E1	.450	.022	20.910	***	
E14	.217	.012	18.601	***	
e13	.211	.012	17.342	***	
e12	.344	.017	20.226	***	
e11	.354	.017	20.291	***	
e10	.317	.015	20.849	***	
e9	.216	.012	18.006	***	
e8	.252	.013	18.913	***	
e7	.277	.014	19.666	***	
e6	.278	.014	19.777	***	

所有誤差變異均達顯著，且沒有負的誤差變異存在。

Model Fit Summary（模式適配度摘要）

CMIN

Model	NPAR	CMIN	DF	P	CMIN/DF
Default model	31	433.426	74	.000	5.857
Saturated model	105	.000	0		
Independence model	14	9282.201	91	.000	102.002

上表預設模式中 NPAR 表示模式中共有 31 個變數（參數個數）、CMIN 欄為 χ^2 值、DF 欄為自由度，CMIN/DF 為 χ^2 值比率＝χ^2 值除以自由度。模式 χ^2 值＝433.426、自由度＝74，p 值＝.000，達到顯著水準。由於研究樣本高達 1092，χ^2 值很容易達到顯著（p＜.05），因而須再參考其他適配度指標。

RMR, GFI

Model	RMR	GFI	AGFI	PGFI
Default model	.027	.945	.922	.666
Saturated model	.000	1.000		
Independence model	.347	.225	.106	.195

上表中的「殘差均方平方和」（RMR）值＝.027、GFI 值＝.945、AGFI 值＝.922、PGFI＝.666，均達到模式可接受的範圍。

Baseline Comparisons

Model	NFI Delta1	RFI rho1	IFI Delta2	TLI rho2	CFI
Default model	.953	.943	.961	.952	.961
Saturated model	1.000		1.000		1.000
Independence model	.000	.000	.000	.000	.000

上表基準線比較值：NFI 值＝.953、RFI 值＝.943、IFI 值＝.961、TLI 值＝.952、CFI 值＝.961，均大於 .900 可接受的範圍，表示整體模式的適配度佳。

Parsimony-Adjusted Measures

Model	PRATIO	PNFI	PCFI
Default model	.813	.775	.781
Saturated model	.000	.000	.000
Independence model	1.000	.000	.000

上表為「簡約調整後的測量值」，PRATIO值為.813。PNFI值=.775、PCFI值=.781，均大於接受值.500，顯示模式被接受。

NCP

Model	NCP	LO 90	HI 90
Default model	359.426	297.638	428.722
Saturated model	.000	.000	.000
Independence model	9191.201	8878.191	9510.506

上表「非中心性參數」（Noncentrality parameter）值為 359.426，其 90%的信賴區間為〔297.638，428.722〕。

FMIN

Model	FMIN	F0	LO 90	HI 90
Default model	.397	.329	.273	.393
Saturated model	.000	.000	.000	.000
Independence model	8.508	8.425	8.138	8.717

上表「最小差異值」（Minimum of the discrepancy F）為.397，其 90%的信賴區間為〔.273，.393〕。

RMSEA

Model	RMSEA	LO 90	HI 90	PCLOSE
Default model	.067	.061	.073	.000
Independence model	.304	.299	.310	.000

上表「漸進殘差均方和平方根」（RMSEA）值=.067，小於.080的接受值。

AIC

Model	AIC	BCC	BIC	CAIC
Default model	495.426	496.290	650.295	681.295
Saturated model	210.000	212.928	734.555	839.555
Independence model	9310.201	9310.591	9380.141	9394.141

「Akaike 訊息效標值」（AIC 值）=495.426、BCC 值=496.290、BIC 值=650.295，此值小於獨立模式之 BIC 值（=9380.141），也小於飽和模式之 BIC 值（=734.555）、CAIC 值=681.295，此值小於獨立模式之 BIC 值（=9394.141），也小於飽和模式之 BIC 值（=839.555）。

ECVI

Model	ECVI	LO 90	HI 90	MECVI
Default model	.454	.397	.518	.455
Saturated model	.192	.192	.192	.195
Independence model	8.534	8.247	8.826	8.534

上表「期望跨效度指數」為.454，其 90%的信賴區間為〔.397，.518〕，MECVI 值等於.455。

HOELTER

Model	HOELTER .05	HOELTER .01
Default model	240	265
Independence model	14	15

上表為 CN 值，模式在.05 顯著水準時，CN 值=240、模式在.01 顯著水準時，CN 值=265，均大於接受值 200，表示模式可被接受。

四、驗證性因素分析適配的檢定結果

茲將上述的數據與模式檢定的判斷標準整理如下表：

統計檢定量	適配的標準或臨界值	檢定結果數據	模式適配判斷
絕對適配度指數			
χ^2 值	p>.05（未達顯著水準）	433.426(p<.05)	否
GFI 值	>.90 以上	.945	是
RMR 值	<0.05	.027	是
RMSEA 值	<0.08	.067	是
增值適配度指數			
AGFI 值	>.90 以上	.922	是
NFI 值	>.90 以上	.953	是
RFI 值	>.90 以上	.943	是
IFI 值	>.90 以上	.961	是
TLI 值（NNFI 值）	>.90 以上	.952	是
CFI 值	>.90 以上	.961	是
簡約適配度指數			
PGFI 值	>.50 以上	.666	是
PNFI 值	>.50 以上	.775	是
PCFI 值	>.50 以上	.781	是
CN 值	>200	240	是
模式內在品質			
所估計的參數	p<.05(達到顯著)		是
基本適配度指標			
因素負荷量	0.5<值<0.95	.70～.91	是
誤差變異	沒有負數具均達顯著	沒有負數具均達顯著	是

　　在整體模式適配度的各項評鑑指標中，χ^2 值達到顯著水準（p<.05），由於本研究樣本數高達 1092，因而須參考其他指標來判斷。在其餘適配度指標的判斷上：絕對適配度指數、增值適配度指數與簡約適配度指數所呈現的統計量均達到標準值或接受值，此外，模式內在品質也達到判別標準，而在基本適配度指標之因素負荷量值也達到評鑑理想值，可見整體模式的適配度佳，亦即模式之徑路圖與實際觀察資料之適配度良好，研究所提的知識管理建構效度之驗證性因素分析之模式圖假設獲得統計上的支持，亦即知識管理三個構念「知識獲取」、「知識流通」、「知識創新」所建構的「知識管理共同因素」之因果理論模式與實際資料能相適配。

參考資料

郭祥益（民 94）。企業組織文化、組織學習、知識管理對組織效能影響之研究。國立高雄師範大學成人教育研究所博士論文(未出版)。

黃芳銘(民 93)。結構方程模式。台北；五南。

Arbucke, James L., & Wothke, W. (1999). Amos 4.0 user's guide. SmallWaters Corporation.

Hair, J. F., Anderson, R. E., Tatham, R. L., & Black, W. C. (1998). Multivariate data analysis (5th ed.). Upper Saddle River, NJ:Prentice Hall..

Hoelter, J. W. (1983). The analysis of covariance structures: goodness-of-fit indices. Sociological Methods and Research, 11, 325-344.

Hu, L., & Bentler P. M. (1999). Cutoff criteria for fit indexes in covariance structure analysis: conventional criteria versus new alternatives. Structural Equation Modeling, 6(1), 1-55.

參考文獻

一、中文部分

王文中（民 89）。《統計學與 Excel 資料分析之實習應用》。台北：博碩文化。

王文科（民 80）。《教育研究法》。台北：五南圖書公司。

王保進（民 91）。《視窗版 SPSS 與行為科學研究》。台北：心理出版社。

王保進（民 93）。《多變量分析：套裝程式與資料分析》。台北：高等教育文化事業有限公司。

王國川（民 91）。《圖解 SAS 在變異數分析上的應用》。台北：五南圖書公司。

王瑞安（民 87）。《公立非正規成人教育機構員工工作壓力、工作倦怠與學習需求之關係研究》。高師大成人教育研究所碩士論文（未出版）。

王濟川、郭志剛（民 93）。《Logistic 迴歸模型－方法與應用》。台北：五南圖書公司。

余民寧（民 86）。《心理與教育統計學》。台北：三民書局。

余民寧（民 91）。《教育測驗與評量－成就測驗與教學評量》。台北：心理出版社。

吳冬友、楊玉坤（民 92）。《統計學》。台北：五南圖書公司。

吳宗正（民 85）。《迴歸分析》。台北：三民書局公司。

吳忠武、陳立信、陳明輝、劉應興譯（民 93）。《應用統計學》。台北：華泰文化事業股份有限公司。

吳明清（民 80）：《教育研究》。台北：五南圖書公司。

吳明隆（民 86）：《國小學生數學學習行為與其電腦焦慮、電腦態度關係之研究》。國立高雄師範大學教育學系博士論文（未出版）。

吳明隆（民 91）。《SPSS 統計應用實務》。台北：松崗電腦圖書公司。

吳齊殷譯（DeVellis, R. F. 著）（民 87）：《量表發展：理論與應用》。台北：弘智文化事業有限公司。

沈明來（民 87）。《實用多變數分析》。台北：九州圖書文物有限公司。

周文欽（民 93）。《研究方法實徵性研究取向》。台北：心理出版社。

林生傳（民 91）。《教育研究法》。台北：心理出版社。

林清山（民 81）。《心理與教育統計學》。台北：東華書局。

林清山（民 92）。《多變項分析統計法》（五版）。台北：東華書局。

邱兆偉（民 84）。「質的研究」的訴求與設計。《教育研究，第 4 期》，頁
　　1-33。

邱皓政（民 89）。《量化研究與統計分析－SPSS中文視窗版資料分析範例解
　　析》。台北：五南圖書公司。

馬信行（民 88）。《教育科學研究法》。台北：五南圖書公司。

張春興（民 78）。《張氏心理學辭典》。台北：東華書局。

張紹勳（民 87）。《SPSS For Windows 多變量統計分析》。台北：松崗電腦
　　圖書公司。

張紹勳、張紹評、林秀娟（民 93a）。《SPSS For Windows（上冊）統計分析
　　－初等統計與高等統計》。台北：松崗電腦圖書公司。

張紹勳、張紹評、林秀娟（民 93b）。《SPSS For Windows（下冊）統計分析
　　－初等統計與高等統計》。台北：松崗電腦圖書公司。

張漢宜（民 92）。《教學實驗中的考驗力分析》。國立高雄師範大學教育學
　　系博士論文（未出版）。

郭生玉（民 76）。《心理與教育測驗》。台北：精華書局。

陳正昌（民 91）。《行為及社會科學統計學》。台北：巨流圖書有限公司。

陳正昌、程炳林（民 83）。《SPSS、SAS、BMDP 統計軟體在多變量統計上
　　的應用》。台北：五南圖書公司。

陳正昌、程炳林、陳新豐、劉子鍵（民 92）。《多變量分析方法－統計軟體
　　應用》。台北：五南圖書公司。

陳李綢譯（民 89）；T. Kubiszyn & G. Borich 著。《教育測驗與評量》。台北：
　　五南圖書公司。

陳明華（民 93）。《高中職學校行政主管時間管理現況及其策略運用之研
　　究》。國立高雄師範大學成人教育研究所組織發展與領導專班碩士論文
　　（未出版）。

陳英豪、吳裕益（民 80）。《測驗與評量》（修訂一版）。高雄：復文圖書
　　出版社。

傅粹馨（民 85）。事後比較的方法。《教育學刊，第 12 期》，頁 149-170。

傅粹馨（民 85）。多元迴歸分析中之結構係數與逐步迴歸。《教育資料與研
　　究，第 11 期》，頁 24-35。

傅粹馨（民 86）。多變量變異數分析的顯著性考驗。《教育與研究，第 5
　　期》，頁 1-14。

傅粹馨（民 87）。典型相關分析：與其他統計方法之關係。《高雄師大學報，
　　第 9 期》，頁 173-186。

傅粹馨（民 87a）。影響積差相關係數與信度係數之因素。《教育學刊，第 14 期》，頁 193-206。

傅粹馨（民 87b）。典型相關分析簡介。《教育研究，第 6 期》，頁 25-40。

傅粹馨（民 91a）。主成份分析和共同因素分析相關議題之探究。《教育與社會研究，第 3 期》，頁 107-132。

傅粹馨（民 91b）。信度、Alpha 係數與相關議題之探究。《教育學刊，第 18 期》，頁 163-184。

彭仁信（民 83）。《李克特式量表中選項問題之探究—以學生在疏離量表上的反應為研究案例》。國立高雄師範大學教育研究所碩士論文（未出版）。

儲全滋（民 81）。《抽樣方法》。台北：三民書局。

謝季宏、涂金堂（民 87）。t 考驗的統計考驗力之研究。《教育學刊，第 14 期》，頁 93-114。

二、英文部分

Afifi, A. A., & Clark, V. (1990). *Computer-aided multivariate analysis*(2nd ed.). New York: Chapman & Hall.

Agresti, A., & Finlay, B. (1986). *Statistical Methods for the Social Sciences* (2nd ed.).

Ahmanan, J. S., & Glock, M. D. (1981). *Evaluating student progress: Principles of tests and measurement*. (6th ed.). Boston: Allyn and Bacon.

Anastasi, A. (1988). *Psychological testing*.(6th ed.). New York: Macmillan Publishing.

Bartlett, M. S. (1951). The goodness of fit of a single hypothetical discriminant function in the case of several groups. *Annuals of Eugenics*, 16, pp.199-214.

Benton, R. L. (1991, January). *The redundancy index in canonical correlation analysis*. Paper presented at the annual meeting of the Southwest Educational Research Association. San Antonio. (ERIC Document Reproduction Service No. ED 334 215).

Bird, K. D. (1975). Simultaneous contrast testing procedures for multivariate experiments. *Multivariate Behavioral Research*, *10*, pp.343-351.

Borg, W. R., & Gall, M . D. (1983). *Educational Research: An introduction*(4th ed.). New York: Longman.

Borgen, F., & Seling, M. (1978). Uses of discirminant analysis following MANOVA: Multivariate statistics for multivariate purposes. *Journal of Applied Psychology*, *63*, pp.689-697.

Bray, J. H., & Maxwell, S. E. (1985). *Multivariate analysis of variance*. Newbury Park:

Sage.

Bryman, A., & Cramer, D. (1997). *Quantitative Data Analysis with SPSS for Windows*. London: Routledge.

Camines, E. G., & Zeller, R. A. (1979). *Reliability and validity assessment*. Beverly Hills, CA: Sage.

Campo, S. F. (1990, January). *Canonical correlation as the most general parametric method: Implication for educational research*. Paper presented at the annual meeting of the Southwest Educational Research Association. Austin. (ERIC Document Reproduction Service No. ED 315 440).

Chase, C. I. (1978). *Measurement for educational evaluation* (2nd ed.). Reading, Massachusetts: Addison-Wesley.

Clark-Cater, D. (1997). The account taken of statistical power in research published in the British Journal of Psychology. *British Journal of Psychology, 88*, pp.71-83.

Cliff, N. (1988). The eigenvalue-greater-than-one rule and the reliability of components. *Psychological Bulletin, 103*, pp.276-279.

Comrey, A. L. (1973). A first course in factor analysis. New York: Academic Press.

Comrey, A. L., (1988). Factor analytic methods of scale development in personality and clinical psychology. *Journal of Consulting and Clinical Psychology, 56*, pp. 754-761.

Conover, (1980). *Practical Nonparametric Statistics*(2nd ed.). New York: Wiley & Sons.

Cowles, M., & Davis, C. (1982). On the origins of the .05 level of statistical significant. *American Psychologist, 37*, pp.553-558.

Cronbach, L. (1951). Coefficient alpha and the internal structure of tests. *Psychometrika, 16*, pp.297-334.

Cronbach, L. J. (1990). *Essentials of psychological testing*(5th ed.). New York: Happer Collins.

Cureton, E. E. (1957). The upper and lower twenty-seven percent rule, *Psychometrika, 22*, pp.293-296.

DeVellis, R. F. (1991). *Scale Development Theory and Applications*. London: SAGE.

Ebel, R. L. (1979). *Essentials of educational measurement* (3rd ed.). Englewood Cliffs, NJ: Prentice Hall.

Ebel, R. L., & Frisbie, D. A. (1991). *Essentials of educational measurement* (5th ed.). Englewood, NJ: Prentice Hall.

Fan, C. T. (1952). *Item analysis table*. Princeton, NJ: Educational Testing Service.

Fan, X., & Thompson, B. (2001). Confidence intervals about score reliability coefficient please: An EPM guidelines editorial. *Educational and Psychological Measurement, 61*(4), pp.517-531.

Ford, J. K., MacCllum, R. C., & Tait, M. (1986). The application of exploratory factor analysis in applied psychology: A critical review and analysis. *Personnel Psychology, 39*, pp.291-314.

Gardner, P. L. (1995). Measuring attitudes to science: Unidimensionality and internal consistency revisited. *Research in Science Education, 25*(3), pp.283-289.

Gay, L. R. (1992). *Educational Research Competencies for Analysis and Application*. New York: Macmillan.

Girden, E. R. (1992). *ANOVA: Repeated measures*. Newbury Park: Sage Publication.

Gorsuch, R. L. (1983). *Factor Analysis. Hillsdale*, NJ: Lawrence Erlbaum.

Gorsuch, R. L. (1988). Exploratory factor analysis. In J. Nesselroade &R. B. Cattell (Eds.), *Handbook of multivariate experimental psychology* (pp. 231-258). New York: Plenum Press.

Greenhouse, S. W., & Geisser, S. (1959). On methods in the analysis of profile data. *Psychometrika, 24*, pp.95-122.

Gulliksen, H. (1987). *Theory of mental test. Hillsdale*, NJ: Lawrence Erlbaum Associates.

Hair, J. F., Jr., Anderson, R. E., Tatham, R. L., & Black, W. C. (1998). M*ultivariate data analysis.* Upper Saddle River, NJ: Prentice-Hall.

Hardy, M. A. (1993). *Regression with dummy variable*. Newbury Park: Sage.

Harman, H. H. (1960). *Modern factor analysis*. Chicago: The University of Chicago Press.

Harman, H. H. (1976). *Modern factor analysis* (3rd ed.). Chicago: The University of Chicago Press.

Harris, R. J. (1975). *A primer multivariate statistics*. NY: Academic.

Hays, W. L. (1988). *Statistics for Psychologist*. New York: Holt, Rinehart & Winston.

Hays, W. L. (1994). *Statistics* (5th ed.). Orlando, FL: Holt, Rinehart and Winston.

Henson, R. K. (2001). Understanding internal consistency reliability estimates: A conceptual primer on coefficient alpha. *Measurement and Evaluation in Counseling and Development, 34*, pp.177-189.

Hinkle, D. E., & Oliver, J. D. (1983). How large should the sample be? A question with no simple answer? *Educational and Psychological Measurement, 43*, pp. 1041-1060.

Hosmer, D. W., & Lemeshow, S. (2000). *Applied logistic regression* (2nd ed.). New York: John Wiley & Sons.

Howell, D. C. (1987). *Statistical Methods for Psychology* (2nd ed.). Boston: Duxbury Press.

Huberty, C. J. (1993). Historical origins of statistical testing practices: The treatment of Fisher versus Neyman-Pearson views in textbooks. *Journal of experimental education, 6*, pp.317-333.

Huberty, C. J. (1994). *Applied dicriminant analysis*. New York: John Wily.

Huynh, H., & Feldt, L. (1976). Estimation of the Box correction for degrees of freedom from sample data in the randomized block and split plot designs. *Journal of Educational Statistics, 1*, pp.69-82.

Jennings, D. E. (1986). Judging inference adequacy in logistic regression. *Journal of the American Statistical Association, 81*, pp.987-990.

Johnson, D. E. (1998). *Applied multivariate methods for data analysis*. Pacific Grove, CA: Duxbury Press.

Judd, C. M., Smith, E. R., & Kidder, L. H. (1991). *Research methods in social relations*. Fort Worth, TX: Halt, Rinehart and Winston.

Kaiser, H. F. (1960). The application of electronic computers to factor analysis. *Educational and Psychological Measurement, 20*, pp.141-151.

Kaiser, H. F. (1970). A second-generation Little Jiffy. *Psychological, 35*, pp.401-415.

Kaiser, H. F. (1974). Little Jiffy, Mark IV. *Educational and Psychological Measurement, 34*, pp.111-117.

Kazdin, A. E., & Bass, D. (1989). Power to detect differences between treatments in comparative psychotherapy outcome research. *Journal of Consulting and Clinical Psychology, 57*, pp.138-147.

Kelley, T. L. (1939). The selection of upper and lower groups for the validation of test items. *Journal of Educational Psychology, 30*, pp.17-24.

Kenny, D. A. (1987). *Statistics for social and behavioral science*. Boston: Little, Brown and Company.

Kiess, H. O. (1989). *Statistical concepts for the behavioral science*. Boston: Allyn & Bacon.

Kirk, R. E. (1982). *Experimental Design Procedures for the Behavior Sciences*. Belmont, CA: Brooks-Cole.

Kirk, R. E. (1995). *Experimental Design Procedures for the Behavior Sciences*(3rd ed.). Pacific Grove, CA: Brooks/Cole.

Klecka, W. R. (1980). *Discriminant analysis*. CA: Sage Publications, Inc.

Kleinbaum, D. G, Kupper, L. L., & Muller K. E. (1988). *Applied Regression Analysis and Other Multivariable Methods*(2nd ed.). Boston: PWS-KENT.

Lewis-Beck, M. S. (1993). *Regression Analysis*. London: SAGE.

Loo, R. (2001). Motivational orientations toward work: An evaluation of the Work Preference Inventory (Student form). *Measurement and Evaluation in Counseling and Development, 33*, pp.222-233.

MacDonald, R. P. (1999). *Test theory: A unified treatment*. Mahwah, NJ: Lawrence Erlbaum.

Menard, S. (1995). *Applied logistic regression analysis*. Thousand Oaks, CA: Sage.

Merrian, S. B. (1988). *Case study research in education: A qualitative approach*. San Francisco & London: Jossey-Bass Publishers.

Meyer, G. E. (1993). *SPSS A Minimalist Approach*. Orlando: Holt, Rinehart and Winston.

Noll, V. H., Scannell, D. P., & Craig, R. C.(1979). *Introduction to educational measurement* (4th ed.). Boston: Houghton Mifflin.

Nunnally, J. C. (1978). *Psychometric Theory* (2nd ed.). New York: McGraw-Hill.

Olson, C. L. (1976). On choosing a test statistic in multivariate analysis of variance. *Psychological Bulletin, 83*(4), pp.579-586.

Pedhazur, E. J. (1982). *Multiple regression in behavior research: Explanation and prediction* (2nd ed.). New York: Holt, Rinehart & Winston.

Pedhazur, E. J. (1997). *Multiple regression in behavioral research: Explanation and prediction* (3rd ed.). New York: Harcourt Brace College Publishers.

Reinhart, B. (1996). Factors affecting coefficient alpha: A mini Monte Carlo study. In B. Thompson(Ed.), *Advanced in Social Science Methodology* (Vol. 4, pp.3-20). Greenwich, CT: JAI Press.

Reise, S. P., Waller, N. G., & Comery, A. L. (2000). Factor analysis and scale revison. *Psychological Assessment, 12*(3), pp.287-297.

Rossi, J. (1990). Statistical power of psychological research: What have we gained in 20 years? *Journal of Consulting and Clinical Psychology, 58*, pp.646-656.

Sadlmeier, P., & Gigerenzer, G. (1989). Do studies of statistical power have an effect on power of studies? *Psychological Bulletin, 105*, pp.309-316.

Sax, G., & Newton, J. W. (1997). *Principles of educational and psychological measurement* (4th ed .). Belmont, CA: Wadsworth.

Sharma, S. (1996). *Applied multivariate techniques*. New York: John Wiley.

SPSS Inc.(1998). *SPSS BASE 8.0-Applications Guide*. Chicago: SPSS Inc.

SPSS Inc.(1999). *SPSS BASE 10.0 使用者指南* Chicago: SPSS Inc.

SPSS(1999). *SPSS Base 10.0 Applications guide*. Chicago: Editor.

SPSS(2000). *Advanced statistical analysis using SPSS*. Chicago: Editor.

Stevens, J. (1979). Comment on Olson: Choosing a test statistic in multivariate analysis of variance. *Psychological Bulletin, 86*(2), pp.355-360.

Stevens, J. (1992). *Applied Multivariate Statistics for the Social Sciences* (2nd ed.). Hillsdale, NJ: Lawrence Erlbaum.

Stevens, J. (1996). *Applied multivariate statistics for the social science*. Mahwah, NJ: Lawrence Erlbaum.

Sudman, S. (1976). *Applied Sampling*. New York: Academic Press.

Tabachnick, B. G., & Fidell, L. S. (1989). *Using Multivariate Statistics* (2nd ed.). New York: Harper & Row.

Tacq, J. (1997). *Multivariate Analysis Techniques in Social Science Research*. London: SAGE.

Thompson, B. (1984). *Canonical correlation analysis: Uses and interpretation*. Newbury Park: Sage.

Thompson, B. (1988a, April). *Canonical correlation analysis: An explanation with comments on correct practice*. Paper presented at the annual meeting of the Southwest Educational Research Association. New Orelean. (ERIC Document Reproduction Service No. ED 315 440).

Thompson, B. (1988b, November). *Canonical methodology mistakes in dissertation: Improving dissertation quality*. Paper presented at the annual meeting of the Southwest Educational Research Association. Louisvile. (ERIC Document Reproduction Service No. ED 315 440).

Thompson, B. (1991). A primer on the logic and use of canonical correlation analysis. *Measurement and Evaluation in Counseling and Development, 24*, pp.80-95.

Thompson, B. (1994). Guideline for authors. *Educational and Psychological Measurement, 54*, pp.837-847.

Thompson, B. (1996). Variable important in multiple regression and canonical correlation. *Advances in Social Science Methodology*, *4*, pp.107-135.

Tinsley, H. E. A., & Tinsley, D. J. (1987). Uses of factor analysis in counseling psychology research. *Journal of Counseling Psychology*, *34*, pp.414-424.

Tzeng, O. S. (1992). On reliability and number of principal components jojinder with Cliff and Kaiser. *Perceptual and Motor Skill*, *75*, pp.929-930.

Widaman, K. F. (1990). Bias in pattern loading represented by common factor analysis and component analysis. *Multivariate Behavioral Research*, *25*(1), pp.89-95.

Zwick, W. R., & Velicer, W. F. (1986). A comparison of five rules for determining the number of factors to retain. *Psychological Bulletin*, *99*, pp.432-442.

國家圖書館出版品預行編目資料

SPSS與統計應用分析／吳明隆，涂金堂著.--二
版.--臺北市：五南圖書出版股份有限公司,
2006.02
　面；　公分
　ISBN 978-957-11-4173-2（平裝）
　1.統計-電腦程式
512.4　　　　　　　　　　　94022268

1H32

SPSS與統計應用分析

作　　　者 ─ 吳明隆(60.2)、涂金堂

企劃主編 ─ 侯家嵐

責任編輯 ─ 侯家嵐

文字校對 ─ 徐慧如

出 版 者 ─ 五南圖書出版股份有限公司

發 行 人 ─ 楊榮川

總 經 理 ─ 楊士清

總 編 輯 ─ 楊秀麗

地　　　址：106台北市大安區和平東路二段339號4樓

電　　　話：(02)2705-5066　　傳　　真：(02)2706-6100

網　　　址：https://www.wunan.com.tw

電子郵件：wunan@wunan.com.tw

劃撥帳號：01068953

戶　　　名：五南圖書出版股份有限公司

法律顧問　林勝安律師

出版日期　2005年 5 月初版一刷（共三刷）

　　　　　2006年 2 月二版一刷

　　　　　2024年 8 月二版二十四刷

定　　　價　新臺幣1000元

經典永恆·名著常在

五十週年的獻禮 —— 經典名著文庫

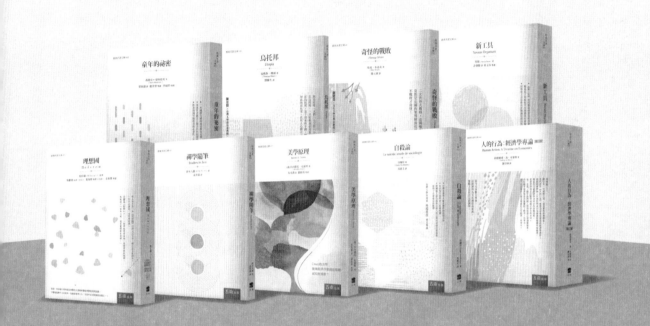

五南，五十年了，半個世紀，人生旅程的一大半，走過來了。

思索著，邁向百年的未來歷程，能為知識界、文化學術界作些什麼？

在速食文化的生態下，有什麼值得讓人雋永品味的？

歷代經典·當今名著，經過時間的洗禮，千錘百鍊，流傳至今，光芒耀人；

不僅使我們能領悟前人的智慧，同時也增深加廣我們思考的深度與視野。

我們決心投入巨資，有計畫的系統梳選，成立「經典名著文庫」，

希望收入古今中外思想性的、充滿睿智與獨見的經典、名著。

這是一項理想性的、永續性的巨大出版工程。

不在意讀者的眾寡，只考慮它的學術價值，力求完整展現先哲思想的軌跡；

為知識界開啟一片智慧之窗，營造一座百花綻放的世界文明公園，

任君遨遊、取菁吸蜜、嘉惠學子！